LES GRANDS LIVRES DU ZODIAQUE

Collection dirigée par Joanne Esner

LE GRAND LIVRE DES GÉMEAUX

© S.E. Tchou, éditeur, 1982

PAUL COLOMBET
né sous le signe des Gémeaux

Le Grand Livre des Gémeaux

avec la participation technique de
ROBERT MALZAC

TCHOU
6, rue du Mail, Paris 2ᵉ

Cet ouvrage comporte des tableaux vous permettant de saisir immédiatement :

- *De quel côté penche votre personnalité Gémeaux*.............. p. 15
- *Comment déceler vos points d'accord avec autrui*.............. p. 76
- *Comment trouver votre Ascendant sans aucun calcul*........... p. 98
- *Où se trouvent toutes les autres planètes dans votre thème*....... p. 152
- *Les aspects saillants de votre « Moi » profond*................ p. 199
- *Comment prévoir vos chances et en tirer parti*................ p. 238
- *Les dominantes fondamentales de votre comportement, en tiré à part.*

Dans chaque Grand Livre du Zodiaque, *les parties « Comment interpréter les Planètes dans les Signes » et « Comment interpréter les Signes dans les Maisons » ont été écrites par les auteurs suivants :*

Bélier, Arnold Waldstein ; Taureau, Jean-Pierre Nicola ; Gémeaux, Paul Colombet ; Cancer, Sara Sand ; Lion, Jean-Pierre Vezien ; Vierge, Béatrice Guénin ; Balance, Henri Latou ; Scorpion, Marguerite de Bizemont ; Sagittaire, Solange Dessagne et Jacques Halbronn ; Capricorne, Joëlle de Gravelaine ; Verseau, Denise Perret-Lagrange ; Poissons, Annie Lachèroy.

SOMMAIRE

PLANISPHÈRE 8
INTRODUCTION 11

CHAPITRE PREMIER
SYMBOLIQUE ET MYTHOLOGIE DU SIGNE

- La Symbolique du Signe 19
- Le Symbolisme mercurien 25
- La Mythologie du Signe 31

CHAPITRE II
CARACTÉROLOGIE GÉNÉRALE DU SIGNE

- Le Gémeaux dans la Vie 35
- Le Gémeaux et l'Amour 43
- Le Gémeaux et l'Amitié 53
- Le Gémeaux et son Éducation 57
- Le Gémeaux et son Travail 61
- Le Gémeaux et l'Argent 65
- Le Gémeaux et sa Santé 69

CHAPITRE III
L'ENTENTE DU GÉMEAUX AVEC LES AUTRES SIGNES

- Comment vous accordez-vous avec les autres Signes 75
- Les Astromariages de la Femme Gémeaux, *par Sara Sand* 79
- Les Astromariages de l'Homme Gémeaux, *par Sara Sand* 83
- Comment trouver votre Ascendant 87
- Combinaison du Signe avec les Ascendants 127

CHAPITRE IV
QUELQUES PERSONNALITÉS NÉES SOUS LE SIGNE DU GÉMEAUX

- Quelques grands noms, *par Joëlle de Gravelaine* 139

CHAPITRE V
A LA RECHERCHE DE VOTRE « MOI » PROFOND

- Dans quel Signe se trouvaient les Planètes à votre naissance 151
- Comment interpréter Mercure dans les Signes 199
- Généralités sur les aspects planétaires 205
- Comment interpréter les aspects de Mercure avec les autres Planètes 211
- Comment interpréter les Planètes dans les Signes 217
- Comment interpréter les Planètes dans les Maisons 243
- Comment interpréter les Signes dans les Maisons 255

CHAPITRE VI
D'AUTRES INFLUENCES A DÉCOUVRIR

- Les Images Degrés 285
- Les Étoiles Fixes 291
- La Lune Noire 295

Comment passer de votre heure solaire de naissance
à l'heure universelle de Greenwich

Comment passer de votre heure solaire de naissance à l'heure universelle de Greenwich

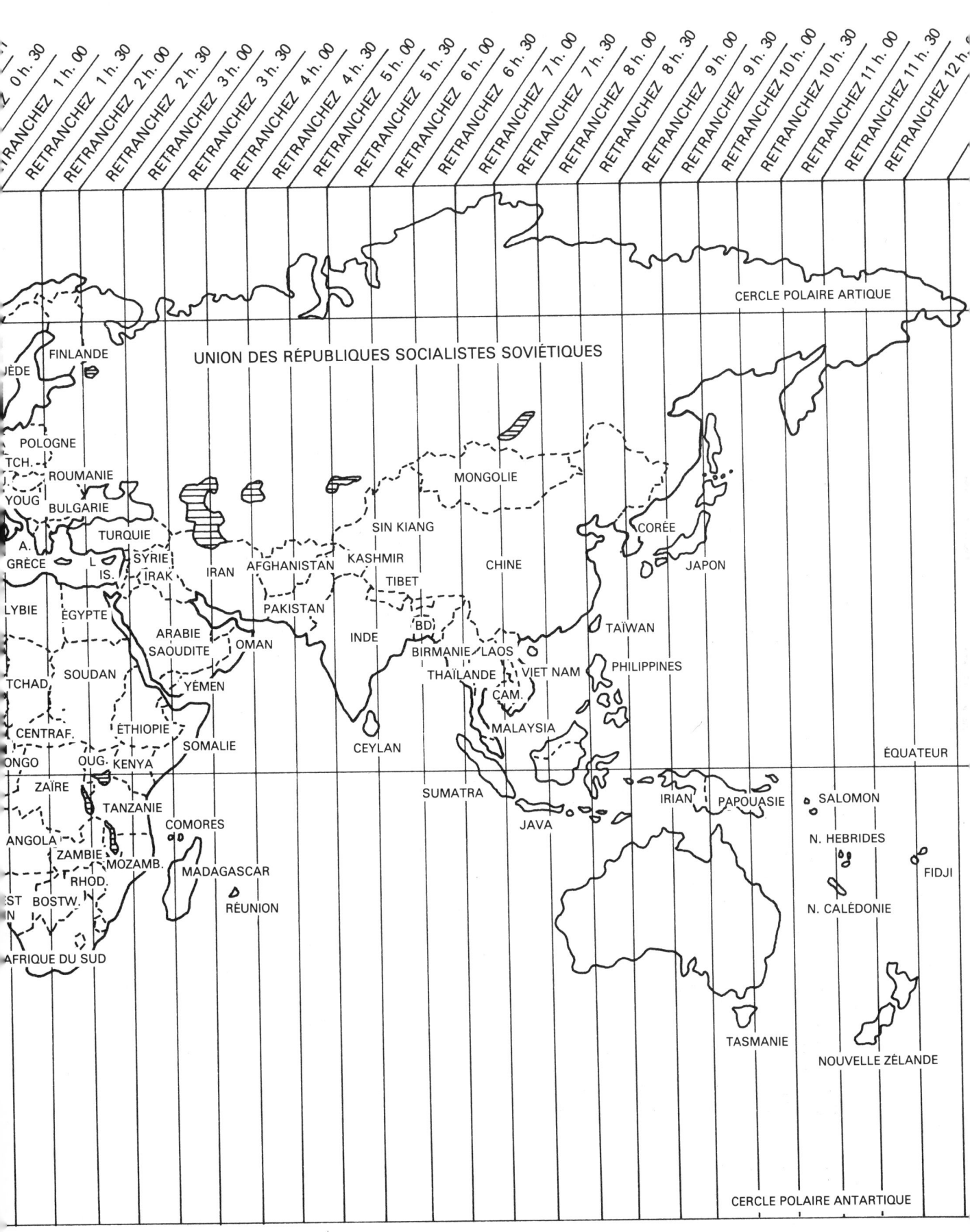

Rouault, peintre des Gémeaux, illustre de façon saisissante, dans cette toile, les obsessions de son signe : le masque du clown et le thème du double.

Introduction

Parler de son propre signe semble être le comble de la facilité. L'astrologue Gémeaux, jouant de la réputation de facilité que l'on accorde à sa nature, se contenterait de puiser dans le répertoire des lieux communs, et remplirait ainsi des pages à un rythme accéléré. Il ne lui est, certes, pas interdit d'utiliser ce qui a été dit sur la question, les siècles nous ayant laissé un *corpus* qui se vérifie dans ses grandes lignes et ne peut être bouleversé. Vénus ne deviendra jamais Mars, ni la Lune Noire Jupiter. C'est pourquoi, malgré son désir d'un langage nouveau, notre astrologue devra, lui aussi, recourir au décryptage des légendes mythologiques, des quatre éléments et des rythmes saisonniers. Il devra également éviter les pièges d'une astrologie d'allure trop scientifique, recouvrant de vieilles idées sous ce langage terriblement abstrait et précieusement mathématique qu'affectionnent certains, oubliant que l'être humain est bien plus qu'un mammifère bipède.

Un ouvrage consacré à un signe, si détaillé soit-il, n'est pas un traité d'astrologie, mais il doit, à mon sens, entrebâiller les portes d'une certaine connaissance, afin que le lecteur intéressé comprenne que l'astrologie n'est pas uniquement une répartition commode de la population en douze catégories aux caractéristiques bien tranchées. Déjà, beaucoup savent que cette première répartition s'affine avec la connaissance de l'heure et du lieu de naissance, éléments indispensables au calcul, en vérité facile, du signe Ascendant. Mais le public perd souvent pied dès qu'on veut aller plus loin en lui parlant des planètes. Seule une minorité persévère et c'est en son sein que se forment constamment de nouveaux étudiants qui assurent la pérennité de la très antique astrologie.

Pourquoi ne pas dire que c'est ce qui m'advint il y a déjà un certain nombre d'années ? Le livre fascinant que l'on déniche chez un bouquiniste amène à fréquenter les librairies spécialisées, rassemblées au Quartier latin ou autour de Saint-Germain-des-Prés, boutiques alors obscures où régnaient de majestueux vieillards. Aujourd'hui, trente ans après, les conditions ont changé. A côté des mêmes librairies, dépoussiérées, les ouvrages d'astrologie populaire, et même parfois d'un certain niveau, tiennent une bonne place dans les magnifiques rayons de librairie des grands magasins. Qui veut être documenté n'a aucun mal à y parvenir. Les cours, les réunions et les conférences publiques abondent, le contact avec les « pontifes » de l'astrologie est facile, alors que naguère l'auréole du mystère entourait les noms connus.

Après d'assez longues années de travail désintéressé, mes connaissances théoriques mises au contact de la réalité dans une activité de chef du personnel, il a fallu qu'un coup de pied du destin m'inflige trois années de traversée du désert pour que l'astrologie de violon d'Ingres devienne mon alpha et mon oméga, le liquide amniotique dans lequel je baigne à la fois consciemment et inconsciemment.

C'est de la schizophrénie, diront certains. Bien au contraire, il s'agit d'un sentiment de participation au monde rassurant et vivifiant. Il ne s'agit pas de faire de l'« astrolâtrie », de considérer les astres comme des superpuissances douées d'un pouvoir irrésistible qui réglerait nos désirs, nos pensées et nos actes, donc notre destin. Je récuse le fatalisme et je suis sûr que l'être humain a son mot à dire dans la direction de sa vie. Il serait vain de nier qu'il subit un certain conditionnement, celui de son hérédité, celui de son éducation, de son milieu. De même que son physique lui impose des limitations — il n'est pas donné à chacun d'être champion de boxe —, son conditionnement astrologique peut privilégier certaines orientations et en interdire d'autres. A un niveau assez primaire, l'astrologie désignera avec certitude l'être intériorisé, attaché à ses habitudes, ou l'amoureux du risque, pour qui la Terre est trop petite. L'astrologue dégagera ainsi les données fondamentales d'un sujet et pourra lui dresser un plan de vie tenant compte de ces données. Mais cela va beaucoup plus loin. L'interprétation astrologique n'est pas un simple catalogue, elle s'enrichit des apports de la typologie, de la psychologie et de la psychanalyse, freudienne ou même jungienne, car ce sont là des modes d'exploration de l'inconscient humain. Leur langage a souvent des bases communes, ne serait-ce que le recours aux mythes. L'astrologue André Barbault a été le premier à établir des corrélations entre les significations des planètes et celles des complexes. L'analogie entre les forces du ciel et celles qui animent notre âme était déjà reconnue par les hermétistes du Moyen Age.

Pour ma part, je répète que je ne vois aucun fatalisme, aucune vie tracée d'avance jusqu'en ses plus ultimes détails dans un « Grand Livre du Destin » tenu par une équipe d'archanges spécialisés. L'homme vit sur Terre dans la limite de quelques décennies : il lui appartient d'accomplir les efforts physiques, intellectuels et moraux nécessaires pour jouer un rôle qui le satisfasse intérieurement. Certes, il est déplaisant d'admettre une inégalité entre les êtres, qu'une société parfaite ne pourrait corriger que dans une mesure assez restreinte. Ce ne sont pas des mesures économiques et sociales qui suffiront à mettre fin aux rivalités, aux antipathies, à l'égoïsme, et l'on a déjà dit qu'une révolution mondiale devrait passer par une révolution affective et morale pour chaque individu. Ce serait la vraie révolution permanente, toujours recommencée à chaque génération, et l'on aboutirait peut-être au bout de quelques siècles à l'âge d'or des lendemains qui chantent.

Quelle peut être l'attitude d'un astrologue à l'égard de son propre signe ? Sera-t-il sincère et objectif en écrivant une étude qui, inévitablement, le met en cause ? Va-t-il embellir le tableau par autosatisfaction ou accentuer les dissonances pour impressionner ? A dire vrai, j'eusse sans doute préféré un autre signe que le mien si le choix m'en avait été laissé. D'autres signes que les Gémeaux permettent des développements plus spectaculaires, ou bien sont plus riches en personnalités fascinantes. Le Scorpion me tentait, outre qu'il est mon signe Ascendant et que je le connais bien pour avoir éprouvé ses ébranlements volcaniques. Mais je me serais senti plus libre avec l'un des neuf autres signes, sauf peut-être avec la Vierge.

Le problème, c'est que les Gémeaux me semblent trop simples. Ce sont de trop bons enfants, ces jumeaux célestes, lâchés dans la vie comme deux cabris, espiègles, curieux de tout, ne voyant pas le mal. Que dire d'eux qui puisse vraiment retenir l'intérêt, où sont les complications qui justifieraient mes exégèses ? Il y a cette dualité, bien compliquée, me dira-t-on. C'est vrai. Je ne la ressens pas tellement, bien que mon monologue intérieur se transforme parfois en dialogue, mais en dialogue moralisateur. Le côté double, je le perçois plutôt dans une sensibilité excessive aux guerres civiles, à la guerre de Sécession, aux luttes fratricides de la Chouannerie, de l'Occupation, de la Libération. Je me tuerais moi-même en tuant un autre Français.

Par ma note Gémeaux, je déteste ce qui est buté, stupide. Je me sens surtout très mercurien, mais avec quelque chose d'autre qui m'empêche d'utiliser mes petites ailes. Sans doute Saturne. Et je patauge aussi quelquefois dans mon cloaque scorpionique.

Le Gémeaux est direct, dépouillé, son style est bref, sec, il n'est pas à l'aise dans les périphrases, les redites, les boursouflures. Il recherche les arguments stricts, inattaquables, un peu spécieux peut-être, mais logiques. J'aime que les choses soient bien classées, sans fouillis, un peu scolaires. Je déteste les textes lourds, compacts, j'aime les encadrés, les mots soulignés, la variété des caractères typographiques, une présentation qui supprimerait les mots inutiles. Je sais que je peux abuser des allusions ironiques, perfides même.

On peut se demander quelle sera l'attitude d'un individu à l'égard d'un natif du même signe. Il m'est arrivé un jour de rencontrer ma jumelle authentique, née un 2 juin, même année, mais heures différentes. Ce fut une des quelques grandes déceptions de ma vie. Elle n'était pas un autre moi-même, mon miroir, mon Narcisse féminin. Aucune curiosité intellectuelle, la routine quotidienne en tout. J'ai failli abandonner l'astrologie. Aujourd'hui encore, je ne me l'explique pas. Physiquement, la ressemblance était nulle. Peut-être de longues discussions auraient-elles fait découvrir une identité profonde, mais elles n'eurent pas lieu. De ce fait, je me tiens sur la réserve à l'approche d'autres Gémeaux, craignant sottement d'y trouver une caricature de moi-même, mais je dois dire que l'on se comprend à demi-mot, dans un même regard sur le monde. Ce qui est intolérable, c'est d'admettre que l'on est comme eux : se peut-il que je parle tant, que je sois aussi impatient ? Mais pourquoi vais-je ainsi, nerveux sans raison, pourquoi m'agiter pour de telles

Introduction

vétilles ? Et le désordre, dans ce tas de papiers ? Vraiment, j'aime mieux ne pas trop voir mes frères Gémeaux, ils sont pour moi le vivant modèle de ce que je ne devrais pas faire. Je me sens infiniment plus à l'aise avec les Balance, leur désir de me plaire me touche, mais ils en font trop et je sais bien qu'ils ne pensent, au fond, qu'à eux-mêmes. Les Verseau veulent m'entraîner où je me refuse à aller et leurs arguments m'ébranlent, bien que je ressente leur invraisemblance. Quant à mes demi-frères les Scorpion, je connais bien leur enfer et leur paradis, je voudrais le leur expliquer pour leur ouvrir prétentieusement d'autres portes, mais ils ne me croiront pas : il faut qu'ils les ouvrent eux-mêmes.

Ce périple autour du Zodiaque, il faut y mettre fin, car je vais m'attirer l'hostilité de tous les autres signes. Ils n'admettent pas qu'un Gémeaux ait l'air de se payer leur tête. En fait, je les aime bien tous, mais, moi, j'essaie de les comprendre.

Pour un Gémeaux, le métier d'astrologue — car c'est un vrai métier, avec bien des astreintes — est aussi un plaisir. Quel autre pourrait le combler davantage ? Chaque jour apporte de nouveaux contacts, tous les signes, tous les âges, toutes les classes sociales, souvent des nationalités différentes.

Les problèmes posés, eux, se ramènent aux trois invariables paragraphes des chroniques astrologiques de la presse : travail, amour, santé. C'est bien la vie, celle de tous les jours ! L'astrologue est plus heureux lorsque la psychologie fait son entrée, et que le problème posé n'est plus de savoir s'il convient de revendre l'appartement, mais d'éclairer quelqu'un sur son Moi véritable. C'est un dialogue tout d'abord difficile et l'astrologue risque de piétiner jusqu'à la minute où il prononce les mots justes. Alors l'étincelle jaillit, le consultant capitule, il lâche ses défenses, admet être ce qu'il est et non ce que son attitude voulait qu'il soit. Pour beaucoup, seuls le destin, la mauvaise fortune, l'incompréhension des autres sont cause de leurs revers. Plus souvent qu'on ne le pense, même dans les grandes cités, un responsable est trouvé : l'envieux, le sorcier, la bohémienne, celui qui a appris au loin les sortilèges. Ceux-là se refusent à être détrompés. Le mieux est de les adresser au grand exorciseur, car l'Église, prudente, a su en conserver.

Il y a, heureusement, une autre catégorie de consultants, de plus en plus nombreux, âgés de moins de trente-cinq ans en général. Leur désir : voir plus clair en eux-mêmes, se connaître pour mieux comprendre les autres. Ils sont tout prêts à la révélation astrologique qui leur facilitera la prise de conscience salutaire, leur montrera la voie meilleure, qui est souvent la plus difficile. L'astrologue digne de ce nom se sent alors en ligne directe avec ses illustres prédécesseurs, ceux qui guidaient les grands et les princes. En nos jours d'égalité, il est tout aussi noble de bien guider un vendeur de supermarché. C'est la même responsabilité. Et seul peut être astrologue celui qui est conscient de sa responsabilité à l'égard de ceux qui lui font confiance. Certains croient que l'astrologie est un bon moyen de gagner de l'argent sans se fatiguer. Généralement ils déchantent, car se plonger à longueur de journée dans les situations les plus confuses, aider à résoudre les cas les plus délicats, n'est pas un travail de tout repos.

Voici que Castor et Pollux, lisant par-dessus mon épaule, me font quelques remarques ironiques. Je parle d'eux, je parle de l'astrologie, mais il paraît que je ne parle pas de moi. Je me croyais bavard, pourtant. A cinq ans, j'étais exhibitionniste, mais je n'ai plus cinq ans. Et que puis-je dire de moi qui puisse intéresser les lecteurs ? C'est l'astrologie qui les a attirés, et non pas Paul Colombet. Bien sûr, je pourrais dire qu'on m'a souvent appelé Popaul, et encore de nos jours Monsieur Paulo, mais c'est peut-être saper le prestige qui s'attache à un familier des constellations zodiacales.

S'en tirer par une pirouette infantile ne suffit pas, me souffle-t-on. Il faut donc que je m'y résolve et que je laisse Saturne dans son coin, avec ses inhibitions.

En aurai-je eu du mal, avec Saturne, sa réserve, le temps d'arrêt qu'il impose avant l'action, la façon dont il me contraint à l'instant même, au lieu de laisser le joyeux Gémeaux se dérider dans des bavardages où la gaieté, à défaut de l'esprit, fuse souvent. Après les épreuves qui ont commencé tôt, avec l'incompréhension d'un aïeul trop empêtré dans sa bourgeoisie rigide, la peine de n'avoir pas été admis par lui m'a suivi à travers la vie. La frustration a joué dès la naissance. Vénus et Saturne ensemble ne sont pas très épanouis, c'est pourquoi il faut se rabattre sur l'humour, parfois un peu noir, que l'alliage Gémeaux-Scorpion fournit comme mécanisme de défense. Imaginez votre patron en caleçon, disait un humoriste américain, et vous ne le craindrez plus. Le moyen n'est pas si sot.

En même temps, Jupiter au trigone du Soleil aspire à une sorte de consécration officielle, à une reconnaissance et c'est un fait que, dans les moments les plus durs, je n'ai jamais abandonné une certaine dignité. Je subis les innombrables contraintes que m'impose le fait d'être président de la Société française d'astrologie en caressant le fantasme qu'un jour, peut-être, je pourrais être utile à mes collègues et à la cause de l'astrologie en intervenant si les pouvoirs publics veulent mettre de l'ordre dans la pratique de l'astrologie. Mais cette attente ne saurait se prolonger bien longtemps.

Peut-être reconnaîtra-t-on dans les lignes qui précèdent la crainte quasi obsessionnelle des Gémeaux de ne pas se sentir suffisamment pris au sérieux, et je me surprends à exprimer cette crainte. Il est vrai qu'il fut très pénible aux Gémeaux de trente ans que j'ai été, et qui en paraissait vingt, de se voir traiter en gamin. Aujourd'hui, je souhaiterais qu'il en fût encore ainsi.

Je poursuivrai cette revue de détail en disant que les deux Maisons les plus importantes de mon thème sont la Maison VIII et la IX. Que peut-on en dire, sinon qu'il y a là une forte attirance vers tous les problèmes liés à l'évolution de la personne, aux disciplines secrètes, à l'ésotérisme, au désir de transcendance, tout en restant soigneusement à l'écart de ce qui peut altérer l'intégrité de la personne, la lucidité, ou pousser aux obsessions nocives comme aux cérémonies de pacotille.

Il me paraît difficile, quoi qu'en pensent Castor et Pollux, d'aller plus loin dans cette présentation. J'ajouterai que les déceptions, les épreuves, les maladies n'ont pas diminué l'immense amour que je porte à la vie, dont j'apprécie intensément tout ce qu'elle offre. Une sorte de participation, pour ne pas dire de communion, avec la nature m'apporte beaucoup. Je l'étends aussi aux êtres, car je sais par expérience qu'il suffit souvent de bien peu de choses pour les aider. Pour conclure, je crains fort que les divinités des Gémeaux ne m'aient joué un vilain tour en me suggérant de rédiger ces aveux !

De quel côté penche votre personnalité Gémeaux ?

Les deux listes d'adjectifs ci-dessous décrivent les aspects positifs et négatifs de la personnalité Gémeaux. Vous lisez chaque mot et, le plus honnêtement possible, vous évaluez si ce mot vous concerne ou non. Chaque fois que votre réponse est « Oui, ce mot me concerne », vous cochez la case correspondante dans la colonne 1 (maintenant).

Totalisez maintenant le nombre de croix de la colonne de gauche et inscrivez ce nombre dans la case Total ; faites de même pour la colonne de droite. Si votre total de gauche est supérieur de huit points ou plus à votre total de droite, vous êtes actuellement dominé(e) par les excès et les contradictions de votre signe. Si votre total de droite est supérieur à votre total de gauche de huit points ou plus, vous réalisez pleinement le potentiel du Gémeaux. Refaites cette exploration dans un an puis dans deux ans ; chaque fois que vous pourrez honnêtement supprimer une croix dans la colonne de gauche et ajouter une croix dans la colonne de droite, vous avancerez sur la voie de votre heureux accomplissement personnel.

	maintenant	dans 1 an	dans 2 ans		maintenant	dans 1 an	dans 2 ans
INDÉCIS				ADAPTABLE			
DISPERSÉ				TALENTUEUX			
INSOUCIANT				INTELLIGENT			
SCEPTIQUE				JUVÉNILE			
JOUEUR				SUBTIL			
IMPATIENT				VIVANT			
TOUCHE A TOUT				LOGIQUE			
LÉGER				AGRÉABLE CAUSEUR			
DISTRAIT				BON RÉDACTEUR			
INDISCIPLINÉ				CULTIVÉ			
TRICHEUR				SENSIBLE			
CYNIQUE				BRILLANT			
TROP CÉRÉBRAL				DÉSIREUX D'APPRENDRE			
INFIDÈLE				DOUÉ D'UNE COMPRÉHENSION TRÈS RAPIDE			
TROMPEUR				SÉDUISANT			
CANCANIER				DIPLOMATE			
AGITÉ				VIRTUOSE			
COMÉDIEN				PERSUASIF			
DILETTANTE				CURIEUX DE NOUVEAUTÉ			
INQUIET				ADROIT			
HYPERNERVEUX				CHARMEUR			
RUSÉ				MAITRE DE SOI			
INCONSTANT				SOCIABLE			
IMMORAL				TOLÉRANT			
BAVARD				HABILE DE SES MAINS			
Total				Total			

La Danse, *par Carpeaux. Grâce à leur légèreté aérienne, les natifs du Gémeaux manifestent un don inné pour la danse.*

Chapitre Premier

Symbolique et Mythologie du Signe

Le Gémeaux est un signe d'air. Cet élément lui confère à la fois un grand besoin d'oxygène et une attirance pour les activités qui en dépendent : la voile, l'aviation. (Détail de La Naissance de Vénus *par Botticelli.)*

La Symbolique du Signe

C'est autour de quelques concepts fondamentaux très simples que s'est construite la symbolique du signe des Gémeaux.

Ce sont : l'élément Air, exprimant lui-même l'idée de mobilité ; la qualité de signe double ou mutable, signifiant la dualité profonde de l'être ; l'analogie saisonnière qui lui confère les caractéristiques du printemps.

L'idéogramme du signe est simplement la géométrisation du dessin représentant deux gamins ou deux adolescents, deux jumeaux, schématisés souvent par deux traits verticaux reliés par deux traits horizontaux. Le thème des deux jumeaux se retrouve dans diverses civilisations : nous le développerons plus amplement.

Dans de très anciens Zodiaques égyptiens, le signe des Gémeaux était figuré par deux feuilles de lotus, affirmant déjà l'idée de dualité.

On a cherché à dégager de l'idéogramme des Gémeaux des contenus ésotériques. Les deux lignes verticales représenteraient les deux signes qui précèdent les Gémeaux, c'est-à-dire les énergies primitives indifférenciées. Celle du Bélier jouant sur un mode positif et celle du Taureau sur un mode réceptif. De leur interaction surgirait une énergie nouvelle, celle des Gémeaux, exprimant, selon Sénard, une loi primordiale : la vie émane de l'union des contraires. De ces deux forces antagonistes émanerait donc un troisième mode d'énergie, formant le premier terme de l'individuation et de la prise de conscience.

L'Air des Gémeaux

La symbolique des douze signes a pour base essentielle l'antique théorie des quatre éléments : le Feu, la Terre, l'Air et l'Eau.

Le lecteur, soucieux de son équilibre intellectuel d'homme moderne et rationnel, se demande si cette théorie, fondée elle même sur l'interpénétration des quatre principes, le Chaud, le Froid, le Sec et l'Humide, conserve encore quelque validité en cette fin du XXe siècle. Est-il indispensable d'exiger qu'elle cadre complètement avec les données actuelles sur la constitution de la matière ? Nous ne le pensons pas, car la science est en évolution permanente et, périodiquement, de nouvelles théories renversent les précédentes sans s'imposer durablement. En fait, la tradition — qui, sur ce point, remonte au moins à Platon — nous apporte une conception symbolique du monde et de l'homme, dans laquelle les composants dynamiques du macrocosme et du microcosme sont considérés comme des principes que l'on retrouve dans chaque manifestation de la vie universelle. Il ne faut donc pas les prendre au pied de la lettre et croire que l'élément Eau ne représente que la formule H₂0, alors qu'il est le symbole de l'état matériel liquide. C'est ici que l'antique principe de l'analogie prend toute sa valeur, car, grâce à lui, tout s'éclaire et devient accessible à notre entendement.

Formé par l'action du Chaud et de l'Humide, l'élément Air a pour traits caractéristiques la légèreté, la mobilité, la fluidité. Son état impalpable lui permet d'être comprimé, ce qui lui donne alors une force très puissante. Indispensable à la vie sur la Terre, il entoure celle-ci d'une sorte de placenta invisible. Il est le souffle vital et se trouve à la base du phénomène respiratoire. Psychologiquement, l'Air, en perpétuel état de liberté et de disponibilité, développe la sensibilité, le besoin de contacts, rend influençable tout en donnant le désir de se sentir libre. Sur le plan humain intérieur, il est, par analogie, la plasticité féconde, la sensibilité impressionnable. Avec lui, les émotions, les réactions sont rapides, peu fortes et peu durables, la spontanéité, le besoin d'initiative sont marquants. La subtilité, l'esprit d'invention, l'adresse sont contrariés par le manque de patience et d'attention. L'opportunisme est fréquent.

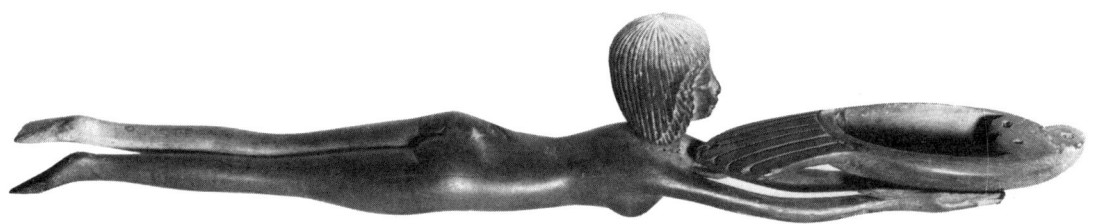

Cette cuiller à parfum égyptienne, à la forme élancée, semble porteuse du souffle léger et doux du printemps finissant.

Le philosophe Gaston Bachelard (1884-1962) a étudié la psychanalyse des quatre éléments. Dans son livre *l'Air et les Songes,* il insiste sur l'existence d'une psychologie ascensionnelle : le sujet qui en est animé prend conscience d'un allégement, d'une allégresse, d'une légèreté... L'air naturel est l'air libre, dit-il. Pour un esprit « aérien », tout s'assemble, tout s'enrichit en montant, et il explique les rêves où le sujet vole ou se déplace en flèche. Un esprit « terrestre », en revanche — mais ce n'est pas notre rôle d'en traiter longuement —, se disperse et se perd en quittant la terre. La conséquence pratique est qu'un individu né sous un signe d'Air n'atteint son plein épanouissement que dans la mesure où il se donne l'aération la plus complète, mais aussi en vivant pleinement toute la symbolique de l'air, c'est-à-dire en atteignant la liberté d'expression la plus complète et en fuyant la solitude.

Le mot « air », qui paraît simple, recouvre en fait bien des concepts et, en premier lieu, celui du vent. Les Grecs et les Romains reconnaissaient un dieu des vents, Éole, qui a donné son nom aux îles Éoliennes et à l'instrument qui permet de capter la force des vents. De nombreuses divinités secondaires personnifiaient les vents agréables avec Zéphyr, le brutal vent du Nord avec Borée, et bien d'autres. On retrouve le rôle important des vents dans *l'Odyssée,* où Homère a décrit sous les traits d'Ulysse un Mercurien des Gémeaux, à l'esprit aventureux, débrouillard, subtil, poussé vers l'aventure par les vents brutaux, symbole des passions humaines, mais qui retrouvera finalement son foyer lorsque les vents favorables le ramèneront au port.

C'est un autre aspect du symbolisme de l'air que nous retrouvons avec la notion de « souffle ».

La Genèse nous dit que Dieu, après avoir modelé l'homme, souffla dans ses narines un souffle de vie et l'homme devint un être vivant. Aux Indes, l'air (en sanscrit *vayou*) est considéré comme un agent fluidique, mobile, et serait en rapport avec la force nerveuse. C'est également, dans les diverses écoles de yoga, le *prana* ou souffle de vie, élément très subtil véhiculé par l'air. Ce souffle de vie est en rapport avec l'âme, l'*anima* des Grecs et des Romains, qui entre mystérieusement en contact avec l'âme du monde. Si le souffle est l'agent qui fait mouvoir les « soufflets » que sont les poumons, il est symboliquement l'agent qui relie tous les êtres, il est ce qui permet à l'imagination de devenir créatrice et active. Matériellement, c'est l'air qui est à la base de la fécondité végétale, puisque c'est lui qui transporte la graine et la dépose parfois loin de son origine. Mais il transporte

Cette stèle égyptienne qui représente Amon, dieu-soleil à tête d'oiseau, avec, à ses pieds, un joueur de harpe, suggère les thèmes favoris des Gémeaux : l'élévation de l'âme et la virtuosité manuelle.

aussi la parole, puisque celle-ci est une vibration qui ébranle l'air et c'est elle, la parole, qui a permis l'évolution de l'homme par la communication verbale, la plus efficace, la plus vivante, la plus secrète aussi.

L'air devenu son est aussi à la base de la musique, qui est le plus prodigieux moyen de transmettre les émotions et les sentiments, le plus sûr aussi d'élever l'être vers son maximum de puissance ascensionnelle, qui correspond si bien à la fière parole : « Suis ta pente, pourvu que ce soit en montant ! »

L'apogée du printemps

C'est à partir du 21 mai que le printemps atteint son épanouissement. La végétation, bien fournie, les fleurs, les feuillages amples agités par un vent doux et léger, tout concourt à donner

La liturgie du Moyen Age a réalisé l'harmonie absolue du verbe et de la musique. Sous les voûtes romanes, la ligne du chant grégorien...

une impression d'équilibre correspondant à la satisfaction et à la plénitude intérieures des natifs des Gémeaux dans cette période qui leur convient si parfaitement. Mais on perçoit déjà une transformation se manifestant peu à peu : la chaleur, en général, s'accentue, les premiers fruits apparaissent, une impression de maturité émane de toutes choses. L'été tout proche fait pressentir de nouvelles transformations. Il s'agit donc d'une saison intermédiaire, qui est à la fois, dans son début, la fin du printemps, et, dans sa seconde partie, l'entrée triomphale de l'été.

On retrouve l'idée du rôle d'intermédiaire attribué aux Gémeaux et à Mercure, à ces êtres qui ne sont plus tout à fait des enfants sans être encore des adultes accomplis.

Ce que les astrologues nomment l'analogie saisonnière peut cependant choquer les esprits pour qui la rationalité compte avant tout. N'est-il pas vrai, en effet, que cette analogie entre la saison et la période du signe est loin de s'appliquer à la totalité de notre globe terrestre ? On sait que dans nombre de contrées, on ne distingue en fait que deux grandes saisons : la saison sèche et la saison humide. Dans d'autres, l'hiver ne laisse qu'une faible place à un été de pacotille. Comment concilier les constatations de l'expérience avec les données traditionnelles ?

Certes, l'argument est de poids. C'est lorsque le Soleil entre dans la Balance que survient le printemps dans la zone tempérée australe. Mais on sait aussi que l'astrologie, comme toute la culture occidentale, est née et s'est développée dans la zone tempérée boréale, principalement dans le bassin méditerranéen. Cela conduit à la conception d'une astrologie plus symbolique que physique, qui n'exclut pas, d'ailleurs, le côté influent du Soleil et de la Lune, en attendant la découverte et l'identification d'autres rayonnements issus des planètes.

Il convient de dire, à l'intention de ceux qui voudraient approfondir ces questions d'ordre cosmographique, que le phénomène des saisons ne serait pas dû au passage du Soleil dans chacun des douze signes. C'est la déclinaison du Soleil, c'est-à-dire son passage au-dessus ou au-dessous de l'équateur, qui en est cause, cette déclinaison provenant de l'obliquité de l'axe de la Terre.

... témoigne de la création d'un espace spiritualisé. (Les tons du plain-chant figurés aux chapiteaux de l'abbaye du Cluny.)

Les astrologues d'Amérique du Sud, d'Afrique du Sud et d'Australie, qui ont maintenant une longue expérience, sont d'ailleurs unanimes à conserver les significations de l'hémisphère Nord. Cette donnée expérimentale tend donc à prouver que les significations des signes, en tant qu'elles paraissent se rapporter aux quatre saisons traditionnelles, relèvent de données plus symboliques que matérielles. N'a-t-on pas dit, il y a longtemps, que l'astrologie est avant tout l'art subtil des correspondances ?

Ce que le lecteur curieux d'astrologie devra surtout retenir de la répartition, c'est que les signes dits cardinaux (Bélier, Cancer, Balance et Capricorne) sont ceux où une saison s'installe ; les signes fixes (Taureau, Lion, Scorpion et Verseau) ceux où la saison correspondante atteint son maximum d'intensité, et, enfin, les signes mutables (Gémeaux, Vierge, Sagittaire et Poissons) ceux pendant lesquels une mutation s'opère et où la saison suivante fait sentir son approche.

On constatera qu'il existe un net rapprochement entre le psychisme de chacun des signes compris dans une même catégorie ou, en termes techniques, dans une même quadruplicité. Les signes mutables sont souvent marqués par l'indécision, un esprit mobile et subtil, la nervosité, le flottement. Cette appartenance aux signes mutables est modulée par le fait que chacun de ces quatre signes est en outre caractérisé par un « élément » différent : c'est ainsi que l'indécision du Sagittaire se dissimule sous l'apparence dynamique qui lui est conférée par le Feu. Il met donc fin à ses hésitations par de brusques poussées d'enthousiasme. La Vierge, signe de Terre, y mettra fin par une réflexion plus poussée, une concentration maximale.

Quant aux Poissons, signe d'Eau, hypersensibles, ils s'en remettront à l'inspiration qu'ils trouveront dans la nuit de leur inconscient.

Les Gémeaux, signe d'Air, éprouvent plus de difficultés à surmonter leurs doutes et leurs hésitations : le remède est dans ce que leur apporte leur élément aérien, c'est-à-dire un courant nouveau, un flux d'autres idées, qui de la thèse et de l'antithèse feront jaillir la synthèse.

Les pieds ailés de Mercure, ici enlevant Psyché, lui assurent sa légèreté légendaire ; ils facilitent ses déplacements incessants, ses départs et ses fuites.

Le Symbolisme mercurien

La planète Mercure

A chaque signe la tradition astrologique attribue un astre, une planète, dont le symbolisme est en étroite affinité avec celui de ce signe.

Il existe, cependant, une différence profonde entre le signe et sa planète « maîtresse » et il convient de ne pas les confondre. La planète est un facteur dynamique, un corps céleste que l'on voit évoluer dans le ciel et qui est susceptible d'avoir une action propre sur les autres éléments du système solaire, bien que cette action ne soit pas encore scientifiquement reconnue : le signe, au contraire, n'a pas d'existence propre. C'est un compartiment du Zodiaque, que l'on a plus ou moins arbitrairement mis en rapport avec les constellations, ces lointains groupes d'étoiles qui sont hors de notre système solaire.

Aux Gémeaux correspond Mercure, qui est la planète la plus rapide après la Lune. Il met en effet quatre-vingt-huit jours seulement pour accomplir sa révolution tropique. Comme Vénus, qui est souvent très proche de lui dans le ciel, il ne s'écarte jamais beaucoup du Soleil, la distance angulaire qui le sépare de celui-ci n'excédant pas 28 degrés. De ce fait, Mercure est difficilement visible à nos yeux, perdu qu'il est dans l'éclat de la lumière solaire. Pratiquement, Mercure ne peut donc guère se trouver que dans le signe solaire natal, dans le signe précédent ou dans le signe suivant.

Le dieu Mercure

Les représentations antiques du dieu Mercure donnent l'image d'un jeune athlète aux muscles fins dont l'attitude exprime toujours le mouvement, Il est chaussé de sandales munies chacune de deux petites ailes, et son couvre-chef est aussi équipé de petites ailes. Tout dans cette image exprime la jeunesse, l'élan, la mobilité, et non la force brutale comme les images de Mars, ni la puissance majestueuse qui caractérise Jupiter.

Cet être, à peine sorti de l'adolescence, semble taillé plus pour l'adresse que pour la lutte. Son visage triangulaire, la pointe en bas, son regard malicieux, parfois rusé, expriment nettement l'agilité sous son double aspect, corporel et mental.

Les astrologues de jadis considéraient Mercure comme une planète neutre ou « convertible », c'est-à-dire qu'il n'émettait par lui-même aucune influence, aucune force particulière, mais que son action était colorée ou modulée par les rapports qu'il pouvait avoir — en termes techniques, par ses aspects — avec d'autres planètes aux influences plus typées. Symboliquement, car il faut toujours essayer de comprendre le langage de la Tradition en le considérant comme un ensemble de symboles, c'est la traduction du titre de « Messager des dieux » qui lui était attribué. Les dieux-planètes doivent être compris comme la représentation imagée et vivante des grandes forces cosmiques qui agissent à l'intérieur de notre système solaire, le macrocosme, et se retrouvent dans l'âme aussi bien que dans le corps de l'homme, le microcosme. On a pu dire, dans un langage plus courant, que par rapport au Soleil, figure centrale de notre cosmos limité, Mercure jouait le rôle du

Porteur du caducée, symbole du pouvoir magique, Mercure devient Hermès Trismégiste, le maître des connaissances cachées.

secrétaire par rapport au patron, de l'émissaire par rapport au chef, dont il retransmet les directives.

Dans l'ancienne Grèce, Mercure était connu sous le nom d'Hermès. Plus anciennement encore, c'est une divinité analogue que les Babyloniens honoraient sous le nom de Nebo ou Nabou, et les Égyptiens sous le nom de Thot.

Mais c'est toute une gamme de significations assez surprenantes dans leurs contrastes qu'évoque le personnage mythologique de Mercure. Sa légende nous le montre d'abord comme un gamin malicieux, adroit et peu scrupuleux, qui vola le troupeau de son frère Apollon et sut se faire pardonner par ses arguments, mais lui offrit en dédommagement la lyre qu'il venait d'inventer. Nous reconnaissons là le type inférieur mercurien, celui de l'être rusé, fraudeur, beau parleur, aux arguments convaincants. Le Mercure adulte, c'est l'intermédiaire-né, le dieu du commerce, celui qui sait chiffrer à son avantage mais qui préside aux échanges et fait circuler la production. Parallèlement, il est aussi le scribe, celui qui enregistre les faits et les actes sur ses tablettes. Son rôle sur le plan de l'intellect grandit : il répand la connaissance à la fois par la voie orale et par l'écriture, il préside à la formation des idées. Il a reçu la faculté du raisonnement logique qui lui permet de développer ses propres connaissances.

Enfin, à un stade supérieur, Mercure devient Hermès Trismégiste (trois fois le plus grand), maître des connaissances cachées, porteur du caducée, la baguette aux deux serpents enroulés, symbole du pouvoir magique, de la force nerveuse et de l'art de guérir. Il peut être aussi Hermès Psychopompe, celui qui guide les âmes vers le séjour des morts.

Comment les astrologues modernes peuvent-ils intégrer les données anciennes pour parvenir à une interprétation adaptée aux connaissances de notre temps ?

*La vie du Gémeaux est constituée d'instants brefs de concentration et de détente, qui se succèdent selon un rythme aussi saccadé que celui du tir à l'arc (*les Tireurs d'arc, *par Pérugin).*

La dualité mercurienne

Tout d'abord, il ressort à l'évidence que Mercure, au contraire des planètes considérées comme instinctives, et qui entrent dans les catégories du Ça freudien — c'est-à-dire surtout la Lune, Mars, Vénus, Neptune, Pluton — n'est absolument pas en rapport avec nos pulsions, nos besoins charnels, nos élans affectifs. La sphère d'activité qui lui est dévolue dans notre psychisme est essentiellement cérébrale. C'est par le cerveau et le système nerveux cérébro-spinal que Mercure agit ; il ne met pas en jeu nos appétits, mais bien notre capacité de raisonner en fonction de la logique et sur un plan purement conscient.

Mais il n'est pas l'intelligence, cette fée qui répartit si inégalement ses dons, et qui entre si difficilement dans le cadre d'une définition précise. Mercure est l'instrument dont l'intelligence se sert pour manifester son existence : Mercure, planète de l'expression, dispose de l'expression corporelle, l'expression verbale et l'expression écrite. S'il n'est pas notre intellect, il est du moins l'équivalent astral de notre mental, de notre cérébralité. Le métal auquel on a donné son nom, le mercure, appelé naguère le vif-argent, étrange corps où le métal devient à demi liquide, est un équivalent de la planète dans sa propriété d'être ambivalente, de revêtir des formes contraires, d'être « protéiforme », d'incarner à la fois le Bien et le Mal.

Cette dualité est l'une des caractéristiques essentielles de Mercure, dualité qui est aussi fondamentale dans la structure des Gémeaux, telle qu'elle a été analysée plus haut. Comme le dit André Barbault, Mercure représente un « processus de différenciation des contraires, terre-ciel, ténèbres-lumière, masculin-féminin [...]. Se séparer des choses pour ne plus se confondre avec elles... » Ce n'est pas pour rien que, traditionnellement, l'âge mercurien, dans la série du développement de l'individu, est celui du début de l'adolescence, l'âge où le gamin commence à peser le pour et le contre, se dégageant du stade confus d'une enfance lunaire pour exprimer les premiers balbutiements d'un raisonnement déjà logique, où la curiosité devient exigeante et les questions embarrassantes.

Rapide, mobile, double, ces qualificatifs précisent le comportement que Mercure confère à ceux qu'il influence particulièrement.

Il en résulte une grande facilité d'adaptation, se traduisant par un comportement souple, élastique même, dans le sens favorable du terme. Mercure, tout mouvement, va au-devant des contacts, et ne peut supporter l'isolement, car le dialogue est la condition même de son existence. Le besoin de comprendre le pourquoi des choses, aussi bien que le mobile des autres êtres, met sans cesse sa curiosité en éveil. Si le contact pose un problème, ce n'est donc pas par la force ou par une longue patience qu'il voudra le résoudre, mais par la compréhension exacte de la situation, l'évaluation juste des atouts du partenaire ou de l'adversaire. Les arguments ne lui manquent pas et surgissent à point nommé, l'esprit d'à-propos les rend percutants, parfois drôles. Les arguments spécieux, mais bien présentés, lui donnent l'avantage de la bonne foi. La diplomatie est l'arme préférée, mais elle peut faire place à un combat verbal, qui n'est pas sans danger pour peu qu'une influence annexe de Mars vienne s'y mêler. Arguties, paradoxes, sophismes, ironie (cette arme si mal comprise...) lui permettent de mener discussions et négociations de main de maître. Les situations les plus contradictoires ne le gênent pas, puisqu'il est capable de présenter successivement les arguments les plus opposés, ne craignant même pas de se déjuger. C'est son côté un peu trop « débrouillard », qui lui permet de dire que la fin justifie les moyens.

Le rôle joué par Mercure est considérable, partout dans le monde. Que l'on ne me fasse pas dire que je voue un culte à un dieu-planète, que ce soit Mercure ou un autre. Mais après tout, qui sait ? Divaguons un peu, au risque de succomber sous les anathèmes les plus variés. Qui sait, après tout, si toutes ces petites sphères qui tournent bien sagement autour de leur patron céleste ne sont pas chargées par une puissance tutélaire de quelque mission, même s'il ne s'agissait que de perpétuer dans le système solaire un équilibre permettant le maintien de la vie, qui doit bien exister ailleurs qu'ici-bas ? « L'astrologue Gémeaux devient fou », me direz-vous. Non, il voudrait seulement que Mercure diffuse à notre intention un peu plus de raison, de compréhension, de communication entre les êtres, son sens de la fraternité.

Pour chaque individu, Mercure représente le domaine de la cérébralité, des études, des échanges intellectuels, la plus ou moins grande facilité à s'adapter logiquement et raisonnablement aux situations et aux êtres, sans être détourné par la passion. Il indique aussi de préférence les rapports avec les proches, frères, sœurs, cousins, les voisins, les collaborateurs, les êtres jeunes, les étudiants.

Planète dite « neutre » ou « convertible », il convient de le rappeler, Mercure voit ses significations se colorer selon les aspects qu'il forme avec les autres planètes, aspects que nous étudierons plus en détail. Dès maintenant, on retiendra que ses aspects avec Mars activent le sens critique, une certaine contestation ; avec Vénus, le goût, la sensibilité, l'accueil ; avec Jupiter, la cohésion, l'organisation ; avec Saturne, l'avidité et la rigueur intellectuelles, l'abstraction ; avec Neptune, l'intuition ou l'utopie ; avec Uranus, l'esprit novateur ou systématique ; avec Pluton, l'inquiétude ou la révolte.

Mais Mercure, comme d'ailleurs les autres planètes, a aussi des significations sur ce que les astrologues appellent le « plan mondial », c'est-à-dire, en dehors du domaine individuel, celui des grandes activités terrestres. On notera donc ses rapports avec le commerce, surtout de détail, l'édition, les écrits, les études, la presse, les moyens de communication et de transmission, le courrier, la poste, le téléphone, la radio, les lieux d'échange, marchés, bourses, les écoles, les facultés, les contrats, les déplacements d'affaires. Ce sont, au fond, les significations psychologiques de base qui, par voie d'analogie, sont transposées sur un autre plan.

*Par la danse, le Gémeaux échappe à la totale soumission aux sens pour s'élever jusqu'à l'inexprimable (*Terpsichore, *par Fragonard).*

Le Castor et Pollux *de Nicolas Poussin est exemplaire de la dualité intérieure du signe : chez le Gémeaux, il y a toujours un être agissant et un être passif.*

La Mythologie du Signe

C'est autour de l'image fondamentale des Gémeaux que se retrouvent les diverses traditions mythologiques puisque leur élément commun est le duo de deux enfants mâles (ou de deux éphèbes) se tenant par le bras. Ce n'est que dans des dessins contemporains plus ou moins fantaisistes que l'on voit parfois un couple homme-femme, mais cela n'a plus rien à voir avec la Tradition. En revanche, nul ne s'est encore hasardé à représenter un couple de deux jeunes filles.

L'origine de ce symbole est certainement commune à l'humanité entière, puisqu'il se rencontre dans diverses civilisations primitives, notamment en Amérique du Sud. Dans les civilisations d'Europe et d'Asie, l'évocation la plus ancienne est représentée par les *Ashvins*. C'étaient des dieux jumeaux, l'un représentant le ciel, le jour, et l'autre la terre, la nuit. Ils possédaient des dons de guérisseurs, notamment celui de rendre la jeunesse. Toujours à cheval, ils apparaissent en Inde, à l'époque védique, vers 1500 avant notre ère environ. Ils sont sans doute une image idéalisée des peuplades nomades, de race indo-européenne, qui parcouraient à cheval les steppes de l'Asie centrale et qui envahirent à diverses époques l'Inde, l'Iran et même l'Égypte.

Le mythe des Dioscures

Le même couple symbolique se retrouve en Grèce, avec les *Cabires,* également divinités guérisseuses, et surtout avec les *Dioscures*. On trouve à leur sujet un récit détaillé, qui éclaire singulièrement le contenu psychique du troisième signe. La version la plus claire, car il en existe plusieurs, affirme que Léda, épouse du roi Tyndare, aurait donné le jour à deux jumeaux, dont l'un, Pollux, avait été conçu par Jupiter : il était donc d'essence divine et, par conséquent, immortel. Le second, Castor, avait pour père le roi Tyndare ; il était d'essence humaine, donc mortel. Les deux frères passaient un jour au royaume des ombres et le jour suivant au séjour des dieux, allusion au besoin de changement alterné, si fréquent chez les natifs du signe.

Dieux guérisseurs comme les Ashvins, ils étaient capables de rétablir l'harmonie des courants fluidiques du corps. Le symbole est clair : Pollux, fils de Jupiter (Zeus), en raison de son essence divine, représente la partie évoluée, spirituelle, de chaque Gémeaux, et Castor, fils d'un simple mortel, fût-il roi, est la partie matérielle, animale, corporelle de l'individu. Castor ne peut résister aux tentations sans l'intervention de son frère. C'est l'image de l'être humain qui, dans son état le plus primitif, ne songe qu'à la satisfaction de ses instincts vitaux, sans en envisager les suites possibles. Mais, plus il évolue, plus l'étincelle spirituelle qui est en lui — disons sa petite parcelle divine — le met en garde contre la totale soumission aux sens, et le fait aspirer à quelque chose d'inexprimable qui le guide dans son évolution.

Tout être humain, quel que soit son signe, est ainsi constitué selon les antiques doctrines. Mais le natif des Gémeaux est plus particulièrement apte, sur le plan psychique, à ressentir avec force cette sorte de partition. Nous ne dirons évidemment pas que son cerveau est différent de celui des natifs des autres signes, mais ce qui se passe dans le domaine de la psyché n'a pas nécessairement un support matériel testable et mesurable. Les conséquences de cette dualité géminienne dans la psychologie et le comportement des natifs seront envisagées plus loin.

Le mythe des Dioscures exprime une réalité tellement vivante qu'on en retrouve une résurgence dans le Moyen Age chrétien, avec la création des divers ordres de chevalerie, et en particulier de l'ordre du Temple. Le sceau de cet ordre ne montre-t-il pas un couple de cavaliers chevauchant la même monture ? Sans doute bien des symboles encore mal expliqués pourraient-ils se préciser en approfondissant cette comparaison.

La légende grecque des Dioscures se poursuit par une sorte de fait divers. Les deux frères ayant ravi deux jeunes filles à leurs fiancés, une bagarre s'ensuivit, au cours de laquelle Castor fut tué, et Pollux dut son salut à l'intervention de son père Jupiter. Le sens caché de ce récit est qu'il est périlleux pour les Gémeaux de se laisser aller aux débordements passionnels et de ne pas contrôler leurs impulsions parfois trop fougueuses. C'est pourquoi Castor, trop avide et manquant de réflexion, succombe, alors que Pollux, plus subtil et maître de lui, prend le temps de la réflexion et reçoit l'aide des puissances supérieures.

Le sceau des Templiers.

Le mythe des Dioscures permet de mieux comprendre cette dualité qui est peut-être le point le plus caractéristique, le plus typique du signe. Si on l'ajoute à la dualité de Mercure, cet astre qui n'accepte de se montrer aux yeux des Terriens qu'à l'aube ou au coucher du Soleil, on se trouve en présence d'une alternance rythmique — celle de l'ombre et de la lumière —, qui exprime, en termes de psychologie, le manque d'unité de ce signe, sa trop grande perméabilité aux excitants externes ou internes, ce que Jean-Pierre Nicola décrit dans son *Astrologie conditionnelle* comme force d'excitation et faiblesse d'inhibition.

La vie du natif se trouve donc constituée par une succession ininterrompue d'instants brefs, de clichés intérieurs auxquels il réagit avec une vitesse d'adaptation étonnante. Ce sont des clignotements signalant un rythme plutôt saccadé, le Gémeaux ne présentant qu'un côté de lui-même en même temps, afin de coller instantanément au moment présent, à l'appel que le destin lui fait, quitte à rejeter cet appel un peu plus tard, lorsque les deux instances intérieures symbolisées par Castor et Pollux auront délibéré et trouvé une solution au problème.

La dualité géminienne suggère aussi une analogie avec le Yin-Yang, l'antique principe chinois. Des rapports très subtils existent entre ces deux données, susceptibles de se transformer de l'une en l'autre indéfiniment ; cela n'est pas sans rappeler le passage qui, dans les Gémeaux, fait évoluer l'être de Castor, principe lunaire, passif, à Pollux, principe actif solaire, si bien qu'aucun des deux ne peut être pensé sans son frère, et que le Gémeaux oscille constamment entre ces deux pôles opposés mais indéfectiblement liés. Dans l'image du signe, les deux jumeaux se tiennent enlacés, mais, dans la vie, il leur arrive de se tirer la langue ou de se pincer discrètement. Telle est la loi de la dualité, manifestation d'ambivalence, cette curieuse tendance de l'affectivité qui pousse à aimer et à détester la même personne, mais qui n'est pas une exclusivité géminienne.

Chapitre II

Caractérologie générale du Signe

Barbara : cette chanteuse (au visage triangulaire typique de son signe) a exprimé avec talent, émotion et lyrisme un thème obsédant pour le Gémeaux : celui du « temps qui ne se rattrape plus ».

Le Gémeaux dans la Vie

Le tempérament attribué aux Gémeaux est le tempérament sanguin, qui régit la fonction respiratoire. Mais les Gémeaux nous réservent une surprise. Ce signe double, illustré par Castor et Pollux, il fallait bien qu'il dispose aussi de deux tempéraments ! Signe d'Air, de printemps, la respiration est à la fois son point faible et sa fonction de base. Mais sa morphologie n'est en général pas dilatée, ses formes sont le plus souvent minces, peu musclées et peu enveloppées, alors que le tempérament sanguin, qui concerne également la Balance et le Verseau, ainsi que les planètes Vénus et Jupiter, donne plutôt des formes épanouies, parfois même massives. Il semble donc assuré qu'en ce qui concerne les Gémeaux, seul signe dont il y a lieu de se préoccuper ici, les effets du tempérament sanguin, qui est traditionnellement chaud et humide, se manifestent plus visiblement sur le plan psychologique. Assez rares, en effet, sont les Gémeaux au teint clair, et comme on disait jadis, vermeil ; plus nombreux sont ceux aux traits rétractés, aux formes minces, au teint plus pâle que coloré, et ceux-ci appartiennent au tempérament nerveux ; en d'autres termes, ils sont plus directement sous l'influence de Mercure, dont ils reproduisent la sveltesse, l'allure nerveuse et précipitée, la nature excitable, et cependant réfléchie.

Tout cela peut paraître un peu trop subtil au néophyte, mais il n'a jamais été dit que l'astrologie était un jeu d'enfant, même au stade des douze signes. Tout, d'ailleurs, dans la nature, est à la fois plus simple et plus complexe que l'on se l'imagine. Une explication subtile, mais véridique et acceptable à qui s'efforce de manier les symboles, nous est donnée par l'astrologue André Barbault, qui explique ainsi l'interpénétration du signe des Gémeaux et de son régent planétaire, Mercure :

Le signe d'Air, du fait qu'il est, comme nous l'avons vu, mobile, exprime le déplacement de l'air, sous sa forme de vent. Mercure, quant à lui, est l'astre le plus sec. Or, son élément, la terre, sous l'action du vent s'émiette et s'éparpille, et l'on retrouve ainsi la nature géminienne, mobile, instable, flottante... C'est ainsi que l'on peut expliquer la fusion de la cérébralité mercurienne avec l'adaptation plus souple et plus naturelle du signe lui-même.

L'extraversion géminienne

La deuxième typologie étudiée pour ce signe est celle donnée par la dialectique extraversion-introversion établie par C.G. Jung, ou type d'attitude.

On sait qu'il s'agit d'une attitude générale de l'être à l'égard de ses rapports profonds avec le monde extérieur. L'extraverti se tourne vers le monde et établit avec lui un contact aisé qui lui est indispensable. L'introverti, au contraire, se renferme dans sa subjectivité par crainte de se perdre dans le monde extérieur. L'homme d'action est plutôt extraverti, le philosophe introverti. Jupiter et Mars sont typiques du premier cas, Saturne et, souvent, la Lune, du second. Sur le plan du Zodiaque, les signes du Capricorne, du Cancer, du Verseau, des Poissons et de la Vierge sont nettement introvertis. Au contraire, le Lion, le Bélier, le Taureau et les Gémeaux sont considérés comme extravertis. Quant aux autres, Balance, Scorpion et Sagittaire, ils sont ambivalents sur ce point. D'ailleurs, pour établir le bilan de l'introversion et de l'extraversion pour chaque cas, il convient d'ajouter à la tendance de base du signe solaire celle exprimée par les planètes dominantes

Le Grand Livre des Gémeaux

du thème natal. Pour préciser cette notion, on peut dire que l'extraverti va joyeusement au-devant des autres, et que l'introverti, sans être timide, est plutôt réfractaire à l'emprise du milieu extérieur.

Le natif des Gémeaux est donc nettement extraverti. Une note d'introversion s'établirait cependant si à sa naissance Mercure se trouvait dans le signe introverti du Cancer. Cette note s'étofferait davantage si Saturne, planète type de l'introversion, se trouvait dans le signe à la naissance. Ce cas s'est produit de mai 1942 à juin 1944 et de juillet 1971 à août 1973.

Au fond, ces deux notions sont à la base de l'explication psychologique de la tendance Gémeaux à aller au-devant du monde, à rechercher le contact, à participer à toutes les manifestations de la vie sociale, dans la mesure où ils sont, en majorité, beaucoup plus extravertis qu'introvertis. Mais un correctif s'impose : c'est que nul n'est totalement introverti ou totalement extraverti, sinon quelques cas relevant de la psychiatrie. Le Gémeaux est donc nettement plus extraverti qu'introverti, c'est ce qu'il faut retenir à son sujet.

De l'émotivité à la distanciation

Une autre méthode d'étude typologique est la caractérologie, répandue en France par les travaux de Le Senne et de Gaston Berger.

Cette méthode se fonde sur les trois propriétés fondamentales du caractère :

— *L'émotivité,* qui est l'intensité de notre réaction psychologique, aussi bien dans l'action que dans la connaissance. On peut d'ailleurs être émotif dans certains domaines de l'existence, et non émotif dans d'autres.

— *L'activité,* qui n'est pas l'activité apparente et momentanée, mais bien la disposition d'un être vivant pour l'action. Cette fonction est stimulée par l'obstacle, l'inactif, au contraire, étant découragé par l'obstacle.

— *Le retentissement des représentations* engendre deux catégories d'êtres. Celui qui vit surtout dans l'instant présent manifeste des réactions très vives, mais qui sont promptement oubliées. On le dit marqué par la fonction de primarité. Au contraire, la fonction de secondarité rend les impressions quasi ineffaçables, mais permet, en revanche, une continuité de vue et d'action.

D'autres propriétés viennent s'ajouter aux précédentes, parmi lesquelles, en premier lieu, l'ampleur ou l'étroitesse du champ de conscience, propriété qui rend sensible à un plus ou moins grand nombre de représentations mentales, facilitant ou non la concentration de l'esprit.

Si l'on applique ces données au signe des Gémeaux, on constate qu'il est essentiellement caractérisé par la primarité et l'ampleur du champ de conscience. Cette affirmation est en accord avec les significations fondamentales du signe, telles que la Tradition les a transmises. La primarité est, au fond, une synthèse moderne de ce que l'astrologie rassemble sous les désignations de signe mobile, signe mutable et signe d'Air. Négativement, ce sont bien les défauts reprochés aux Gémeaux : manque d'attention, dispersion, superficialité, inconstance, tableau peu flatteur que l'on s'acharne à brandir sous nos yeux dès qu'il est question de notre signe, mais qui renferme une part de vérité. Soyons beaux joueurs, nous avons bien d'autres cordes à notre arc et notre bonne volonté est si grande ! D'autres sont rigides ; nous, nous plions, mais ne rompons pas.

Revenons à la caractérologie de Le Senne. Le premier est l'émotif non actif primaire (E-nA-P), que Le Senne a dénommé nerveux, et caractérise ainsi : il change avec les instants puisque sa primarité se trouve exaltée par son émotivité. Son humeur est inégale et ses sympathies peu constantes. Il peut souffrir vivement, mais se console assez vite. Le besoin d'émotions nouvelles lui est essentiel, il aime le changement et les divertissements. Tout ce qu'il fait a pour but de le singulariser aux yeux d'autrui. Ne croirait-on pas lire un portrait simplifié mais réel du Gémeaux tel qu'il se dégage des textes astrologiques ?

Le second type est le non émotif actif primaire (nE-A-P) désigné comme tempérament sanguin par les caractérologues lesenniens. C'est donc l'absence, ou la moindre présence, de l'émotivité qui le distingue du précédent. Il est ainsi défini : « Il est assidu au travail, froid, objectif, décidé, et net dans sa façon de parler. Il a du bon sens et fait preuve de sens pratique dans ses observations. Il aime le sport et l'activité physique. Continuellement occupé, il a une grande rapidité de conception et cherche à obtenir des résultats immédiats dans ses activités. »

C'est une autre variété de Gémeaux qui surgit de cette brève description, et il est vrai qu'elle est aussi répandue que la première. C'est le Gémeaux qui se maîtrise, se contrôle, en vue de réalisations concrètes. Il ne se perd pas dans des rêveries fantaisistes, des gamineries, des activités de touche-à-tout. Il n'est plus esclave d'une émotivité excessive, ce qui lui permet de rassembler ses énergies. Sa primarité le fait sans doute trop vivre dans l'instant présent, mais l'empêche d'être trop influencé par les regrets et les déceptions du passé. Fait pour l'action, il correspond assez bien au Gémeaux sportif, à celui qui est en prise sur un réel dont il ne cherche pas à s'évader, car il y trouve le plaisir d'être lui-même.

Quant au sanguin de Le Senne, beaucoup plus maître de lui et de ses ressorts grâce à sa faible émotivité (ou à son absence), s'il est tout aussi vivant et vivace, il sait prendre un certain recul. C'est cette recherche de la maîtrise de ses impulsions, surtout, qui établit le rapprochement avec Pollux. Les références à la mythologie nous ont montré que ce dernier exprimait surtout le dégagement de la matérialité, le dépassement des pulsions charnelles. Ce sont là des préoccupations spirituelles échappant aux classifications de la psychologie moderne, qui ignore le mot âme et s'attache au concret. Le Pollux légendaire a donc une dimension supplémentaire par rapport au type sanguin. C'est un exemple entre mille de la plus grande richesse des contenus astrologiques par rapport aux analyses scientifiques contemporaines.

Il n'est pas aisé, en présence d'un Gémeaux, de déterminer le type dont il dépend, sauf, bien entendu, si son comportement est suffisamment caractéristique de l'un ou de l'autre des deux types. Seule l'analyse du thème individuel permet de le faire. Toujours selon Barbault, la plus grande importance de la Lune au moment de la naissance fait pencher la balance en faveur du type nerveux, celui de Castor. Si la Lune elle-même est présente dans le signe, il n'y a aucun doute, comme on le verra dans les pages consacrées aux planètes situées dans les Gémeaux.

Le mythe du double

Tout, dans les Gémeaux, exprime la dualité, qu'il s'agisse du tempérament, du signe qui n'est déjà plus le printemps mais pas encore l'été, de cette éternelle adolescence qui n'est plus l'enfance.

Un autre trait caractéristique des Gémeaux est l'instinct ludique. Ce terme désigne l'activité spontanée de jeu, celui-ci n'ayant d'autre utilité pratique que le plaisir de celui qui s'y adonne, selon la définition du *Dictionnaire de la psychologie*. Il répond à un besoin aussi authentique que les besoins physiologiques ou sociaux ; il n'a rien d'artificiel, puisqu'il existe de façon innée chez les jeunes animaux. (Rien ne m'a jamais semblé aussi réjouissant que le spectacle de petits lapins s'ébattant dans la rosée.) L'instinct ludique est le premier moyen d'expression du petit enfant et le jeu devient ensuite un apprentissage de la vie sociale quand l'enfant imite l'adulte.

Cet instinct relève certainement de Mercure, mais il trouve un terrain d'élection chez les Gémeaux, déjà disposés à la fantaisie, alors qu'on le rencontre beaucoup moins chez la Vierge, pourtant signe mercurien. Il persiste chez la plupart des Gémeaux adultes, qui excellent dans les jeux d'adresse ou d'esprit ; le plaisir du déguisement exprime leur désir fréquent de se faire passer pour ce qu'ils ne sont pas, souvent par instinct de provocation. Un autre plaisir très voisin est celui de manipuler les gadgets, les appareils à l'aspect compliqué qui inquiètent le profane. L'instinct d'imitation est très lié à l'instinct ludique, et la tendance Mercure-Gémeaux cherche ainsi à revêtir l'apparence d'une supériorité qui n'est pas réelle, mais qui pourrait l'être. C'est donc aussi la manifestation d'une certaine ambiguïté, due peut-être à un désaccord entre Castor et Pollux. A l'extrême, nous rencontrerions l'affabulation, un mélange de candeur et de ruse, mais qui a peine à atteindre les rivages de l'état adulte.

Si, dans la psychologie de Jung, l'homme est double, puisqu'il traîne avec lui son ombre, qui n'est en fait que ses propres pulsions refusées et projetées, le Gémeaux ne semble pas faire mauvais ménage avec son double. Castor ne refuse pas Pollux, et vice versa. Au contraire, il l'écoute, lui répond, et mène avec lui un perpétuel dialogue. Ce n'est sans doute qu'exceptionnellement que l'un des Dioscures tyrannise et ligote son frère. Si sa voix s'élève avec plus de force, elle n'en laisse pas moins celle de l'Autre s'exprimer, même si ce n'est qu'en sourdine.

Un Gémeaux célèbre, Jean-Paul Sartre, qui, croyons-nous, n'éprouvait pas de sympathie pour l'astrologie, a pourtant parlé complaisamment de sa dualité, dans *les Mots* :

« Et puis je me dédoublai. L'année précédente, quand je faisais du cinéma, je jouais mon propre rôle, je me jetais à corps perdu dans l'imaginaire et j'ai pensé plus d'une fois m'y engouffrer tout entier. Auteur, le héros c'était encore moi, je projetais en lui mes rêves épiques. Nous étions deux, pourtant ; il ne portait pas mon nom et je ne parlais de lui qu'à la troisième personne. Au lieu de lui prêter mes gestes, je lui façonnais par des mots un corps que je prétendis voir. Cette distanciation soudaine aurait pu m'effrayer ; elle me charma ; je me réjouis d'être lui sans qu'il fût tout à fait moi. C'était ma poupée, je le pliais à mes caprices... »

Les Gémeaux, Mercure et la Maison III

Sous cette triple égide s'étend le domaine de l'intelligence.

C'est l'alliance de la planète régissant l'intellect et ses mécanismes, de son signe de prédilection et de la Maison astrologique qui, entre les douze, est en affinité avec le troisième signe, son homologue, en somme.

Cette Maison régit la pensée sur un plan pratique et plutôt rationnel, la relation de cause à effet, le travail cérébral, le champ opératoire du mental, l'expression par la parole, par l'écrit et par le geste. Par extension, entrent dans son domaine les contacts immédiats, l'adaptation au milieu ambiant, les rapports avec les frères, sœurs, cousins. Sur un plan général, tout ce qui a trait aux communications, publications, déplacements, démarches, etc.

On conçoit qu'un thème où l'on trouverait Mercure en Gémeaux et en Maison III, de préférence en aspect harmonique avec d'autres planètes telles qu'Uranus ou Saturne, exprimerait à un haut niveau d'excellentes possibilités intellectuelles.

Mais il ne faut pas entrer en astrologie avec des idées préconçues. L'intelligence est un facteur tellement complexe qu'il semble bien que les psychologues les plus récents aient renoncé à en donner une définition nette. En dernière analyse, ils la considèrent plutôt comme une faculté d'adaptation à toutes les situations nouvelles : c'est au fond ce qui différencierait l'être humain des animaux, lesquels agissent suivant un code génétique bien précis. Mercure accorde aux Gémeaux une rapidité d'adaptation qui est quasi intuitive tout en restant logique. Dans le second signe gouverné par Mercure, la Vierge, le mécanisme mental est moins libre, plus analytique encore, plus réservé, trop raisonnable peut-être.

Les relations subtiles existant entre les Gémeaux et le signe qui lui fait face dans le Zodiaque, le Sagittaire, signe de Jupiter, éclaireront ces complications intellectuelles. Regrettons, en tant que Gémeaux, que notre signe n'ait pas aussi reçu en partage les flatteuses attributions du Sagittaire, lequel peut se targuer d'aller au-delà du connu afin d'opérer des synthèses plus vastes et de se dépasser ; cela lui adjoint la Maison IX, domaine des grands voyages, mais aussi des facultés supérieures, de la foi au sens le plus élevé du terme, et de la sagesse. L'inspiration Gémeaux se transforme au Sagittaire en une intuition globale.

Plus modeste dans ses envolées, le signe des Gémeaux se contente d'explorer un univers moins lointain. Point n'est besoin d'aller à Katmandou lorsque les ruines des châteaux cathares cachent encore bien des mystères. Les tuyauteries bariolées de Beaubourg dissimulent de riches bibliothèques où il fait bon se plonger, tout en jetant un œil sur les baladins du trottoir. Rassurés sur nos possibilités intellectuelles, nous allons démêler leurs intrications.

Cet intellectuel type qu'est le Gémeaux est à l'opposé du rat de bibliothèque et du coupeur de cheveux en quatre. Son intelligence est en oscillation perpétuelle, comme si elle était à l'affût de ce qui pourrait soudain capter et retenir une attention qui se lasse, il faut bien l'avouer, assez rapidement. On retrouve les côtés mobiles, nerveux, spontanés décrits précédemment.

Par l'air, la rapidité de la pensée lui fait survoler les questions au lieu de s'y accrocher. La dualité introduit le doute et l'esprit de contradiction.

Comprenant très vite l'ensemble, l'essentiel, il n'éprouve pas tellement la nécessité de se fatiguer pour entrer très avant dans les détails, contrairement à la Vierge, qui n'apprécie que les détails. C'est pourquoi on le taxe de superficialité, à son grand dépit. C'est pourquoi aussi on ne trouve guère de savants et de mathématiciens parmi les célébrités du signe : une exception, mais de taille, Pascal. Les idées ne surviennent pas à jet continu, mais plutôt par brèves pulsions. Il lui est difficile de retrouver une remarque, une idée qui n'a pu être notée sur le moment. La source semble alors tarie, jusqu'à un nouveau jaillissement dont on ne peut prévoir ni la venue ni la durée. C'est pourquoi les intellectuels Gémeaux ont souvent plusieurs dossiers ou projets en cours, qu'ils reprennent lorsque le premier ne les inspire plus pour un temps.

Quelques lignes de Sartre sur son désir d'écrire dès l'âge de sept ans éclairent ce mélange de fantaisie, de jeu, d'imitation, bien géminien : « Tous les enfants ont du génie... En 1912 ils en avaient tous, sauf moi : j'écrivais par singerie, par cérémonie, pour faire la grande personne ; j'écrivais surtout parce que j'étais le petit-fils de Charles Schweitzer (professeur d'allemand)... J'essayais d'arracher les images de ma tête et de les réaliser hors de moi, entre de vrais meubles et de vrais murs... Vainement ; je ne pouvais plus ignorer ma double imposture ; je feignais d'être un acteur feignant d'être un héros. »

Parmi les dons que peut utiliser le Gémeaux figure une capacité de synthèse assez remarquable, qui va de pair avec sa facilité à survoler les questions. Certes, les détails d'application sont trop souvent négligés ou abandonnés à l'intuition du moment, mais du moins saisit-il l'essentiel, sans se perdre dans l'accessoire et les doutes paralysants. D'ailleurs, il trouve souvent des solutions astucieuses à tous les problèmes.

Dans les discussions de tous ordres, sa présence d'esprit et ses réparties incisives sont des armes efficaces. Mais il arrive que l'excès même de sa rapidité verbale conduise à des maladresses, voire à des gaffes qui auraient pu être évitées avec un léger temps de recul. Très conscient de ses pouvoirs d'utilisation d'un mental suractivé, il en joue avec complaisance, sachant embarrasser l'adversaire et l'amener à dévoiler ses batteries. Il jouit de cet avantage, qui lui permet de se rehausser à ses propres yeux, et de compenser l'infériorité où il se sent placé du fait de son allure parfois bien jeune malgré les années. Il ne peut admettre, et il a raison, qu'on le juge sur son apparence et qu'on le traite en gamin. Cette mésaventure survint à dix-huit ans et à plus de quarante à l'auteur de ces lignes, qui fit mine d'ignorer qu'on l'interpellait.

Qu'il soit artiste, écrivain ou simplement qu'il ait à s'exprimer de quelque manière, le Gémeaux manifeste dans tout mode d'expression son désir d'être précis et d'être concis. A l'extrême, on peut lui reprocher une certaine sécheresse, un dépouillement excessif, surtout si Saturne vient dire son mot. Chez les peintres, on constatera souvent la prédominance du trait sur la couleur. Exceptions : Courbet, qui n'est pas tellement Gémeaux ; Dufy, qui, bien que coloriste, se montre très Gémeaux par le mouvement, l'instantanéité quasi cinématographique et son trait simplifié ; Dürer plus dessinateur que coloriste ; la musique de Stravinski atteint un maximum de dépouillement ; Poussin, dont on a pu dire que son trait est nerveux et qu'en lui l'intelligence et la pensée contrôlaient les élans du cœur.

Chez les écrivains du troisième signe, il faut noter l'extrême virtuosité dans le maniement d'une langue à la fois élégante et précise. Céline en est un exemple. Son style a bouleversé la littérature et influencé un grand nombre de jeunes auteurs. A un degré moindre, Pierre Daninos, Gémeaux également, écrit avec un humour parfois acide et joue avec les mots comme un équilibriste. L'observation lucide n'hésite pas à utiliser une certaine agressivité qui se veut cependant sans méchanceté et relève plutôt de la malice, de la vivacité de l'esprit critique. L'humour, visible ou sous-jacent, utilise souvent la parodie.

Trois types principaux

Classe 1. C'est un peu la caricature du Gémeaux type. Manquant d'une certaine solidité intérieure, il oublie ses craintes en s'éparpillant dans une superficialité excessive. Selon Jean-Pierre Nicola, il est instable par manque de fermeture aux excitants externes ou internes (suggestibilité plus agitation). Sa curiosité, banale, n'est éveillée que par le quotidien, la presse à sensation.

L'autodéfense porte au mensonge et à la ruse, armes favorites de Mercure dans son aspect déplaisant, mais qui sont au fond une compensation mentale. C'est dans la même catégorie que Marcelle Sénard *(le Zodiaque)* situe les hâbleurs, les roublards, les filous de toutes catégories, exploitant la crédulité publique par la persuasion, l'emploi abusif de leurs dons d'expression et de leur verbalisme. S'y trouvent aussi les mythomanes, faux médiums, etc.

Classe 2. Ce type moyen est évidemment celui que l'on rencontre le plus souvent. A des degrés divers, il vit et exprime les tendances qui ont été étudiées. L'astrologue Sementovski-Kurilo *(Par les astres vers l'humain)* affirme que seuls ceux qui savent donner une direction à leur dynamisme parviennent à une activité réellement productive ; les autres, plus nombreux, à la recherche continuelle de nouveaux champs d'étude ou d'action, ressemblent à l'écureuil captif qui, en faisant tourner sa roue, croit accomplir les bonds qu'il ferait naturellement en liberté. L'esprit de découverte s'est dilué en curiosité, celui d'innovation en ingéniosité, dit Jean-Pierre Nicola.

Ce Gémeaux de bonne volonté, très sociable, n'est heureux qu'en compagnie et se sent partout à l'aise, mais plutôt superficiellement, dans un demi-épanouissement qui attend autre chose. Il aime rendre service et donner des encouragements. Poli, plein de tact avec son entourage, il désire pouvoir s'exprimer librement sans être remis en place. En revanche, un certain manque de puissance vitale le fait renâcler devant les travaux trop longs ou trop pénibles, devenant vite monotones et fastidieux. Mais il a l'air d'être toujours très occupé. Il a souvent beaucoup de dons qu'il ne sait pas bien exploiter. S'il trouve un appui qui lui donne confiance, il peut faire des merveilles car il mettra en œuvre toutes ses capacités.

Classe 3. Cette quintessence de l'esprit Gémeaux n'a aucun rapport avec le niveau social, c'est un état qualitatif qui exprime les valeurs essentielles du signe.

Ici, la curiosité devient un désir d'approfondissement des connaissances, qu'il s'agisse de mieux connaître les êtres ou le monde. Le besoin de changement s'affine en amour de la variété, qui risque toutefois de déboucher sur le dilettantisme. L'individu possède le sens de l'humain. La façon dont il se comporte, à la fois simple et « gentlemanlike » sans affectation, lui attire la sympathie et souvent la considération. Il a horreur de toute violence, ne pouvant lui-même supporter d'être contraint. Il est compréhensif parce qu'il a assimilé des connaissances très diverses, ce qui lui fait mieux sentir la diversité des choses et lui fait détester encore plus tous les totalitarismes. Son désir secret est de trouver une synthèse unificatrice qui lui permettrait de comprendre l'univers.

Deux lignes de conduite

L'angoisse devant la vie n'épargne pas les Gémeaux. Le problème qui se posera toujours à chaque être est évoqué par Philippe Metman[1] à qui nous emprunterons quelques idées particulières au troisième signe.

Une double échappée s'offre au Gémeaux : celle des plaisirs du monde extérieur, et celle, plus subtile, du sentiment et de l'intellect, de l'intuition et de la sensation. Si certains signes se dévorent eux-mêmes en dévorant la vie, les Gémeaux, au contraire, risquent de se flétrir en se refusant à la vie dans un comportement de prudence, et en ignorant volontairement leurs propres possibilités. Leur manque de confiance en eux-mêmes s'accentue en raison directe de la méfiance que leur témoignent des êtres à l'esprit moins délié, mais détenteurs des puissances de ce monde. Le type Gémeaux qui sait harmoniser ses instances intérieures, c'est-à-dire ses pulsions inconscientes, est guidé par un désir de pureté qui le tient sans peine à l'écart de toute vulgarité.

Tout d'abord, le Gémeaux de cette fin de siècle devrait prendre conscience qu'il ne dispose pas, à l'inverse d'autres signes, d'une puissance agressive lui permettant de se comporter en conquérant. Mais cette constatation qu'il ne peut façonner la réalité ne doit pas faire place à un pessimisme de renoncement. C'est en lui-même, plus précisément au Pollux qui est en lui, qu'il doit demander aide et c'est grâce à lui qu'il parviendra à exorciser les démons de l'angoisse que la vie actuelle dresse sans cesse sur son chemin. Mais l'homme actuel a perdu Dieu et trouvé la bombe atomique. Ce n'est qu'en mettant ses forces instinctives au service de sa moitié immortelle qu'il donnera vie à toutes ses possibilités d'expression.

1. Philippe Metman, *les Astres et la Destinée,* Payot, 1941.

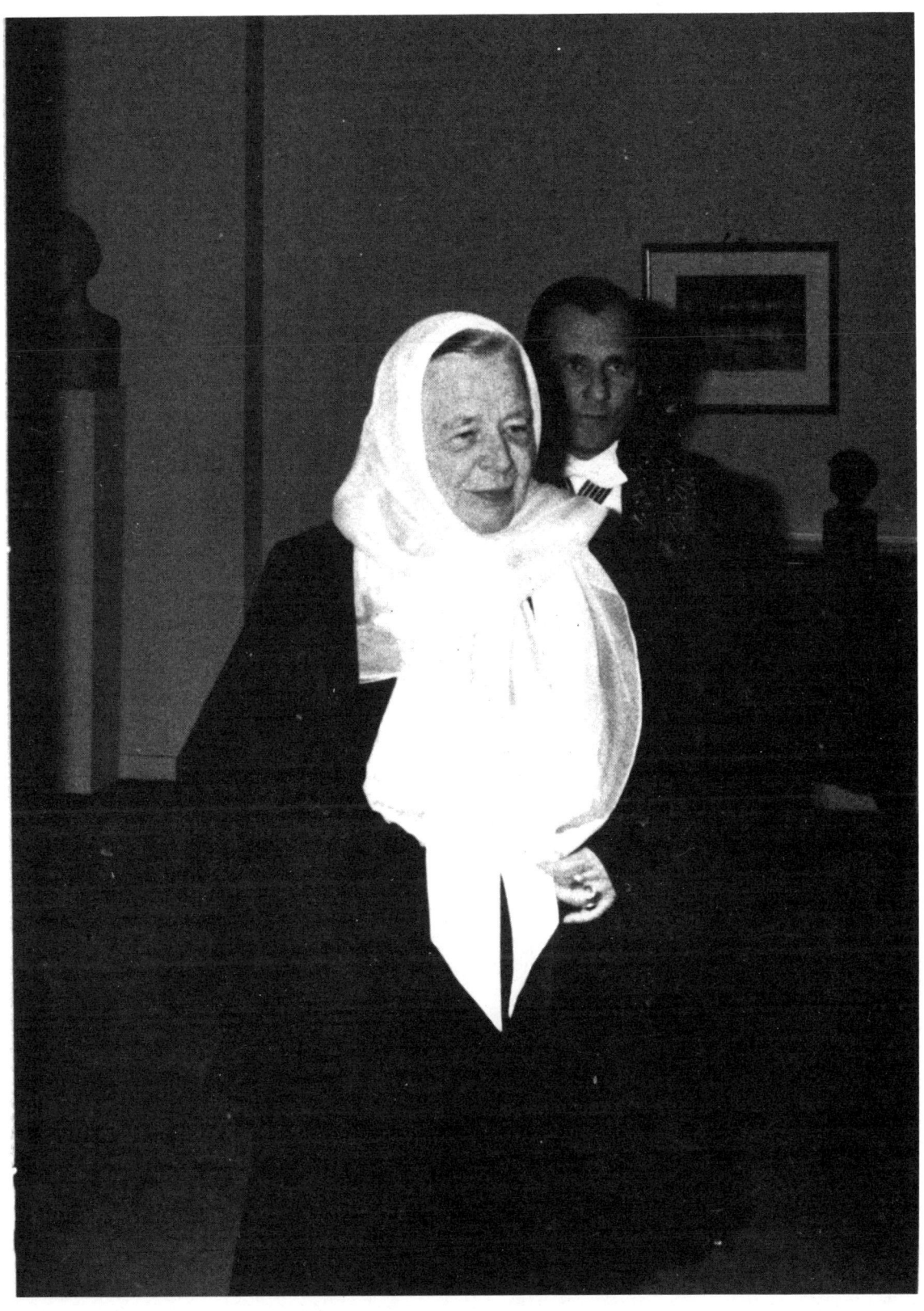

Marguerite Yourcenar, première femme admise à l'Académie française, le 22 janvier 1981, a expliqué dans les Yeux ouverts *sa préférence pour l'amitié :* « L'amour est un désordre, [...] mettons que ce soit un danger. » *Nombre de Gémeaux (et d'écrivains du signe) ont exprimé — avec d'autres mots — cette résistance à l'égard des grands sentiments. (Derrière elle, Jean d'Ormesson, écrivain des Gémeaux.)*

Marilyn Monroe, pendant le tournage des Misfits. *Cette actrice adulée par des millions d'hommes dans le monde n'en a pas trouvé un auprès de qui se fixer. Elle avait, à l'égard de l'amour, le comportement classique des Gémeaux : pour eux, il est beaucoup plus fondamental de chercher que de trouver.*

Le Gémeaux et l'Amour

La vie affective est une expression commode pour rassembler tout ce qui, dans la vie d'un être, a trait à sa façon d'aimer, à celle dont il voudrait lui-même être aimé, à son idéal en somme, et aux péripéties qui rempliront vraisemblablement ses expériences, sans oublier le choix de l'objet d'amour et le comportement possessif ou oblatif.

La seule étude du signe natal, reconnaissons-le d'emblée, est insuffisante pour établir le diagnostic et le pronostic d'une vie amoureuse. C'est là le domaine d'Aphrodite, dont nous préférons le nom plus suggestif de Vénus, cette Vénus qui s'entend si bien, selon le Gémeaux Offenbach, « à faire cascader la vertu » ! Pour un natif des Gémeaux, nous savons qu'à sa naissance Vénus ne pouvait se situer que dans le troisième signe, ou bien en Taureau ou en Cancer, et, dans certains cas, la deuxième moitié du Bélier ou la première moitié du Lion, puisqu'elle ne peut jamais se situer à plus de 45 degrés de la position du Soleil. Le symbolisme zodiacal est suffisamment riche et fécond pour donner des lignes de force dont on ne peut que reconnaître la réalité.

La capacité d'aimer me semble être la source même du sens de la vie. L'attraction magnétique, le désir et la répulsion, le don de soi, la possession esclavagiste, l'égoïsme buté, toutes ces orientations sont plus fréquentes que la fusion harmonieuse qui aboutit à la souriante vieillesse de Philémon et Baucis. Mais mieux vaut encore aimer maladroitement que vivre dans le dessèchement du cœur, la haine ou l'autodénigrement ce qui, la consultation quotidienne le prouve, est moins rare qu'on ne le croirait. L'affectivité est le terreau où grandissent toutes nos puissances du dedans : privé de cet humus, l'être se dévalorise à ses propres yeux.

Signe de dialogue

Si l'on a quelque connaissance du symbolisme zodiacal, on constate que chaque signe a une façon bien caractéristique de rechercher et de vivre l'amour. La passion exigeante et totalitaire se dégage des signes de Feu, l'attachement possessif des signes de Terre, la sensibilité trop tôt blessée des signes d'Eau, si l'on excepte cet inclassable Scorpion... Quant aux signes d'Air, c'est surtout la formation et la survivance du couple, la durée du dialogue amoureux et du dialogue tout court qui forment leur problème. L'air, c'est la vie libre, et ce mot de liberté vient au premier rang des motivations affectives des Gémeaux. On pourrait peut-être placer avant tout le besoin de contacts et d'échanges, l'attente curieuse de ce que demain peut apporter. Il faut toujours songer à Mercure, qui entrelace ses significations et ses tendances à celles des Gémeaux, et nous savons bien que Mercure, ce grand voyageur, même s'il ne voyage qu'en esprit, apporte aux autres un renouveau constant mais veut en recevoir au moins une stimulation.

Ce besoin inné d'établir une relation avec l'Autre, qui est peut-être le point à la fois le plus typique et le plus profond du personnage Gémeaux, se manifeste dès l'enfance dans la relation qui s'établit avec le frère ou la sœur. C'est d'ailleurs pour lui une déception et un malaise durable s'il existe une différence d'âge notable entre lui et ses frères et sœurs, différence qui supprime le principe d'égalité auquel le Gémeaux tient essentiellement. Le Gémeaux est toujours jeune, ou, du moins, le paraît, ou croit l'être, si bien que son cadet est pour lui un bambin et son aîné un vieillard. Cela lui vaudra d'ailleurs bien des déconvenues, lorsque, mûrissant, il portera encore intérêt « aux jeunesses ». Tout ce qui est dit ici est fait d'expérience et s'applique, bien entendu, aussi bien aux Géminiennes qu'aux Géminiens (épithète agréable évitant l'incessante répétition du mot Gémeaux).

Certes, la relation entre frères et sœurs n'est pas particulière au troisième signe, mais elle est chez lui une constante beaucoup plus marquante. Sur le plan parental, il peut trébucher sur le complexe œdipien, mais il s'agit là d'un rapport planétaire totalement indépendant du signe.

La comédie amoureuse

C'est une fois arrivé au stade de l'adolescence que le Gémeaux se différencie nettement de ses camarades des onze autres signes et ce chapitre devrait être intitulé « les Amours de l'adolescence ». On sait qu'en général les attachements sentimentaux des adolescents sont passionnés et exclusifs, mais ne durent que peu de temps. Cela est également vrai pour les Gémeaux, mais leur période d'adolescence tendant à se prolonger, sinon à s'éterniser, leur inconstance de passagère peut devenir un trait bien affirmé.

Il est moins aisé qu'on ne le croirait de trouver des raisons logiques à ce comportement, mais il est non moins irritant, lorsque l'on est Gémeaux et que la conversation roule agréablement sur l'amour, de se faire taxer de légèreté, d'infidélité permanente, de papillonnage — il est vrai que nos anciens ont eu l'idée d'insérer le papillon parmi les animaux affectés à ce signe. L'astrologue est pourtant bien placé pour savoir que l'infidélité n'est pas un symptôme uniquement géminien. La statistique, si elle était possible, renverserait bien des idées reçues. Et d'abord, pourquoi est-on infidèle ? Par incompatibilité d'humeur, de goûts, d'opinions, par inadaptation sexuelle, toutes raisons fort valables en soi. Et le — ou la — Gémeaux serait infidèle comme cela, parce que son secteur zodiacal l'y pousserait insidieusement ? Permettez à un Gémeaux de défendre ses frères et ses sœurs diffamés, de justifier leur comportement si critiqué.

Avant d'être un amoureux, le jeune Gémeaux est d'abord et, plus qu'un autre, un camarade, un ami, qui recherche le dialogue, l'échange, parce que c'est là que se trouve sa vraie nature. Or, le dialogue, l'échange, si naturels pour lui, le sont beaucoup moins pour d'autres. Il se réduit trop souvent au monologue de celui qui a quelque chose à dire, donc du Gémeaux, qui se sent alors isolé et abandonne cette relation à sens unique. Parallèlement, peut survenir l'ennui, monstre absolument insupportable au Géminien, et qui est un motif valable de décrochage.

Pendant quelques années, l'adolescent des Gémeaux limite ses investigations sentimentales au domaine de la camaraderie et de l'amitié amoureuse. C'est là, en effet, qu'il peut donner libre cours à son goût du jeu, à une façon légère, spontanée, détendue de jouer la comédie de l'amour tout en reculant l'échéance, qu'il redoute confusément, de la passion authentique, avec ses tumultes et ses orages. Devant la tragi-comédie de l'amour, il s'entraîne, pour ses débuts, à ne jouer que des saynètes de collégiens. Son goût de la comédie le pousse à multiplier les répétitions de ce qui sera plus tard la véritable pièce. Il croit aimer et souffrir intensément, alors qu'il n'est qu'un acteur qui, souvent, s'amuse à s'observer lui-même dans son rôle de séducteur.

L'instinct du jeu aboutit à une comédie légère, on aurait dit naguère à un marivaudage. Le Gémeaux croit bon de se comporter en dilettante de l'amour, il se montre trop gai, trop léger, trop fantaisiste (que l'on songe à la Lune en Gémeaux de Brigitte Bardot). Travestissant sa vérité profonde en jouant le bel indifférent, il risque alors de ne trouver que des passades, des amours de peu de durée. Le pire serait alors qu'il se marie par lassitude.

Sincérité et égoïsme

Les deux types de Gémeaux ne jouent pas sur le même registre. Castor et Pollux montrent dans les jeux de l'amour une tonalité assez différente.

Castor, le lunaire, le bohème, le tendre, est celui qui risque le plus de souffrir d'amour, car il est sincère et ses émotions ne sont pas feintes. Qu'il y ait une part de comédie en lui, comme dans son compère Pollux, est une évidence. Mais elle n'est qu'accessoire et c'est la sincérité qui l'emporte. L'ennui est que cette sincérité n'est que passagère, et dure le temps de faire vibrer notre amoureux capricieux. Sa charge émotive est telle qu'elle ne peut durer, son enthousiasme est en réalité une projection sur l'être désiré, qu'il pare de tous les charmes et dont il attend beaucoup trop. Telle un soufflé, l'ardeur retombe et Castor, considéré alors comme un instable, part vers une nouvelle rencontre. Mais la faute peut en incomber au (ou à la) partenaire qui n'a pas su discerner que ce Gémeaux, sous ses airs légers, désirait en réalité une grande passion. Responsabilité partagée tout de même puisque Castor, dans ses mirages, ne veut pas s'avouer le but inconscient de sa recherche, l'amour total, et non des fragments d'amour.

Pollux est le Gémeaux plus sûr de lui, chez qui la logique, la lucidité, une certaine distanciation à l'égard des autres freinent et même suppriment l'élan du cœur. Il rationalise ses amours afin d'en tirer le meilleur profit, car il est assez égoïste. Il n'est pas question de l'entraîner là où il ne veut pas aller. Volontiers persifleur, son esprit ironique n'est guère favorable à un épanouissement complet dans une passion partagée. Il se console aisément en cas de déconvenue, on peut même penser qu'à part un amour-propre chatouilleux, ses échecs ne l'atteignent pas. C'est un type de don Juan, ou, plus simplement, de play-boy qui n'est pas sans séduction mais n'est pas recommandé aux cœurs sensibles. Son amour de la liberté le maintient le plus tard possible dans un agréable célibat. Si Castor peut éprouver l'amour fou, Pollux l'évitera adroitement de crainte de s'y perdre.

Mais ces deux catégories dans lesquelles l'astrologue s'obstine à vouloir enfermer les Gémeaux ne sont pas irréductibles l'une à l'autre. Une secrète osmose peut faire circuler du Castor dans le Pollux et inversement, selon les périodes et les circonstances. Cela explique le comportement souvent contradictoire des Gémeaux, si déroutant pour ceux qui les entourent, car ils sont imprévisibles, mais attachants en raison même du renouvellement perpétuel qui est leur marque de fabrique. Tendre un jour, détaché le lendemain, copain ensuite, puis enthousiaste, le Géminien ne peut être comparé à un feu de paille, car sa passion, de toute façon, est rarement brûlante, mais ne manque pas d'agrément pour autant.

La sexualité n'est pas son terrain d'élection, elle est rarement obsédante. A l'image de la personnalité totale, dont elle n'est qu'une facette, elle n'est pas exempte de caprices et de fantaisies.

Son désir s'amplifie avec les jeux érotiques, la variété dans les postures, le décor même et l'éclairage. Lié au rythme vital, dont on verra plus loin les variations parfois surprenantes, l'amour physique ne peut tolérer d'être réglementé dans ses horaires, ses lieux. Brillant un jour, il pense à autre chose le lendemain. Avec lui, le désir s'éteint vite s'il ne peut être satisfait dans l'instant même. Cela vaut, bien entendu, pour les deux sexes. Il faut donc considérer le menu type de l'amour Gémeaux comme une suite de petits plats raffinés et non comme une choucroute monumentale, et donner l'importance qui convient aux préliminaires. Il arrive que la nervosité complique le jeu et cause la brièveté de l'acte. Là aussi les techniques de décontraction seront un utile recours sur le plan de la réalisation afin de désarmer l'impatience ou la crainte de l'échec. Les complications morbides de sadomasochisme n'entrent pas dans les vues du Gémeaux, bien que le divin marquis de Sade figure parmi les célébrités du signe. A mon avis, il n'a de Gémeaux que l'étiquette et sans doute son Ascendant modifie-t-il le tableau, mais son heure de naissance reste ignorée en dépit de toutes les recherches.

La femme Gémeaux

Que peut-elle avoir qui la distingue de son frère zodiacal ? Rien, en vérité, si ce n'est qu'elle est une femme, et que, pour elle, il faudrait tenir compte de la situation de la Lune au moment de sa naissance, ce qui nous fait retomber dans le thème individuel. Cela dit, il y a aussi des femmes Castor et des femmes Pollux, bien qu'une désignation plus féminine aurait clarifié les choses.

Nerveuse, mobile, la Géminienne exprime par son regard malicieux le rythme ultra-rapide de sa pensée et de ses réactions. Vivant dans l'instant présent, détestant toute discipline, elle connaît ses limites et craint de ne pas être à la hauteur d'une grande passion qui risquerait d'aliéner son indépendance. Mais elle voudrait bien savoir ce qu'elle éprouverait si elle était réellement et profondément amoureuse. Habile à jouer s'il le faut le jeu sentimental, elle est capable, le plus souvent, d'incarner toutes les sortes d'amoureuses dont son partenaire peut rêver, mais elle s'en dégage au moment où il commence à y croire. Cette adaptation facile lui permet de rebâtir plusieurs fois s'il le faut sa vie de femme et de persuader son compagnon que lui seul compte parmi ses expériences.

Elle a souvent, physiquement, un côté assez « garçonnier », elle aime faire de l'esprit, et ne se prive pas de lancer des flèches bien aiguës sur les hommes qui l'entourent, désarçonnés par sa rosserie. Un peu trop rapide dans ses jugements sans appel, capricieuse et changeante dans ses humeurs, elle ignore les suites que son inconséquence peut provoquer, aussi bien dans ses relations que dans sa vie de travail. Plus portée aux coups de tête que l'homme de son signe, elle est fréquemment moins expansive et moins concernée par le sexe. Meilleure mère qu'épouse, elle élève ses enfants avec la simplicité d'une grande sœur et ne cherche pas à aliéner leur liberté, consciente qu'elle est de ce que ce mot représente.

On ne connaîtra jamais à fond le caractère de la Géminienne, car c'est un jeu de miroirs peuplé de silhouettes différentes. Sa vérité n'est jamais la même, car elle vit peut-être encore plus dans l'instant présent que son frère zodiacal, et entreprend mille constructions contradictoires de son avenir. Bien sûr, c'est la mille et unième qu'elle choisira.

Toute discipline l'écrase. Il lui faut du nouveau, des détails qui changent tout, dans sa toilette comme dans ses relations. Curieuse, elle sait questionner les autres, mais on ne peut même pas croire le contraire de ce qu'elle affirme, suivant l'expression de Sacha Guitry.

Il ne faut surtout pas exiger d'elle un amour éternel, se montrer trop strict sur sa ponctualité, incapable de meubler intelligemment les creux de dialogue, ou lui reprocher son usage intensif du téléphone.

Ce portrait, excessif jusqu'à la caricature, ne doit pas nous faire oublier que la Géminienne, lorsque des aspects stabilisants marquent sa naissance, est capable d'un amour profond et durable, telle la reine Victoria d'Angleterre, qui adora son époux pendant vingt-trois ans, puis, devenue veuve, retrouva un nouvel amour, secret, mais qui devait aussi durer longtemps.

Comment vivre avec un Gémeaux

La vie avec un Gémeaux n'est pas monotone, mais, pour la partager, il est souhaitable d'aimer l'imprévu, les nouveautés, les sorties, et surtout d'accepter que la porte reste ouverte à tous les amis et copains. Deux Gémeaux ensemble, c'est le mouvement perpétuel, la conversation qui surmonte sans peine les bavardages de la radio et de la télévision. Mais si l'épouse ou la compagne est du style tricot et robe de chambre, le pauvre Gémeaux va s'ennuyer à mourir. Pourtant, et c'est là une de ses contradictions, certains astrologues prétendent que ce Gémeaux si mobile préfère s'unir à des femmes absolument à l'opposé, donc stables et régulières. Cette loi des contraires s'expliquerait par le désir de trouver un équilibre plus assuré avec une compagne attentive et gardienne du foyer. Mais une certaine tolérance, une grande indulgence doit être la règle d'or de la compagne, qui ne peut enchaîner, même symboliquement, un être pour qui la liberté est le plus précieux de tous les biens. Il convient aussi de respecter ses « hobbies » qui sont parfois son principal motif d'intérêt.

L'art de la conversation devient une nécessité : si le Gémeaux parle, et il aime parler, il veut aussi être écouté. Plus encore, il demande le dialogue, et il convient qu'on lui réponde et qu'on discute, même avec passion mais sans animosité. Il estime qu'on peut tout dire et tout envisager en parole sans emportement ni irritation. Il faut savoir s'intéresser à ses sujets de prédilection, discuter un spectacle, un livre, une émission avec un esprit critique qui fasse une petite place à l'humour. Il a besoin de rire, comme le gamin qu'il est resté, aussi est-il nécessaire d'éviter à tout prix que le foyer soit pour lui un lieu d'ennui et de monotonie.

Comment vivre avec une Géminienne

Il faut encore plus de doigté et de patience qu'avec le Géminien. On risque d'être dépassé par cet être fantaisiste, remuant, bavard, suspendu au téléphone, submergé de journaux et de magazines, n'appréciant pas du tout les anecdotes du passé, ironisant si le compagnon n'est pas très au courant de ce qui se dit ou de ce qui se fait, toujours prête à sauter en voiture ou en avion.

En contrepartie, il trouvera en elle une femme à l'esprit toujours en éveil, prête à s'intéresser aux problèmes sérieux, à remuer ses relations pour l'aider et le dépanner. Mais il ne faut pas lui imposer les joies du devoir conjugal si elle n'y est pas disposée : si elle simule l'enthousiasme, se sera par gentillesse et l'on ne s'y trompera pas. Mais on appréciera ses facultés d'adaptation, son acceptation des goûts et des désirs de son mari. Elle risque parfois de perdre cette personnalité si particulière, qui fait son charme, dans ce phénomène de mimétisme qui la fait se modeler trop complètement à l'homme de sa vie. C'est elle qui surmontera le plus aisément les différences raciales, religieuses, culturelles formant obstacle à l'harmonie du couple.

Le Gémeaux et l'Amour

Du duo au trio

Le Gémeaux est un être double, on le répète à satiété. A lui seul, il forme déjà un duo dans son dialogue intérieur. Puis la vie veut qu'il crée un couple au sein duquel doit naître le vrai et salubre dialogue. Mais il est souvent conditionné par une situation qui s'est créée à l'adolescence, époque des premiers émois. Les psychanalystes ont remarqué le curieux rapport qui peut se créer entre deux amis, ou amies du même sexe, à l'égard d'un troisième partenaire, unis par une curieuse et inconsciente complicité. Il advient que, quelques années plus tard, une pareille situation se renouvelle et perturbe la vie du couple. On s'aperçoit que des femmes tombent amoureuses uniquement des maris de leurs amies, ou inversement. La relation à deux ne peut alors être satisfaisante et l'équilibre s'établit par l'intervention d'une tierce personne amie du couple. André Barbault cite le cas de Jean-Jacques Rousseau, qui ne fut vraiment heureux dans sa liaison avec Mme de Warens que lorsqu'un jeune intendant vint y occuper la troisième place. Cette situation triangulaire n'est pas particulière aux Gémeaux, mais elle n'est pas sans rapport avec le psychisme affectif du troisième signe.

Le psychanalyste Georg Groddeck, né un 13 octobre, donc Balance, avec la Lune et Vénus, les deux planètes affectives en Sagittaire, signe opposé aux Gémeaux mais qui lui est lié symboliquement, s'exprime ainsi sur la « situation triangulaire » :

« Quand je médite sur ce qu'a été ma vie sentimentale, je m'aperçois que si souvent que parlât mon cœur, je suis toujours arrivé en troisième entre deux êtres unis par un certain penchant, que j'ai chaque fois séparé de son partenaire la personne qui excitait ma passion, et que mes propres sentiments refroidissaient sitôt que j'y étais parvenu. Je me souviens même que, pour rendre un peu de vie à mon inclination défaillante, j'attirais à nouveau un troisième larron, pour l'évincer ensuite. »

Le mieux pour que le Gémeaux n'échoue pas dans un tel imbroglio est qu'il s'efforce d'éliminer le risque du troisième larron. Pour cela, il peut enrichir la relation affective en se montrant tout à la fois amant et ami (ou maîtresse et amie). Il peut dérouler comme un tapis magique l'attrait d'une communion intellectuelle, élargissant l'horizon en insistant sur une communauté de goûts et d'intérêts — non matériels. Ainsi l'ami, l'alter ego, relaiera l'amant, remplaçant la morne cigarette d'après l'amour par un dialogue vivant.

Le risque sera donc exclu de voir un familier ou une amie du couple y conquérir peu à peu une place bien spéciale, aboutissant à plus ou moins brève échéance à un conflit, avec pour conclusion la désagrégation du couple ou la formation du ménage à trois cher aux vaudevillistes de la Belle Époque.

Le troisième signe et les onze autres

Rapports entre les Gémeaux et le Bélier. Il existe beaucoup de points communs entre ces deux signes, le premier étant, sur le plan psychologique, ce besoin de vivre dans l'instant présent le plus intensément possible. C'est aussi le besoin de mouvement, l'esprit alerte et souvent le sens de l'humour, l'irrésistible envie de rire des choses, peut-être pour ne pas en pleurer. Car il y a un optimisme solide, grâce auquel on avance d'un même pas en chantant. C'est un air vif qui balaie les soucis, le Feu réchauffe l'Air, celui-ci attise le Feu. C'est tout d'abord une complicité, une compréhension spontanée et immédiate, qui rapidement devient chaleureuse, et entraîne loin des esprits chagrins et moroses.

Ce bain de Jouvence s'accroît rapidement dans l'intensité de la vie amoureuse. On vibre sur la même fréquence, et, le jour pénible où la haute fidélité présente des grincements, on revit en souriant un passé qui ne sera jamais complètement mort. L'un et l'autre, dans le cours de leur entente, n'ont que peu d'efforts à faire pour donner le meilleur d'eux-mêmes, le Gémeaux se faisant moins ironique et le Bélier retenant son impulsivité, sa rosserie et son impulsivité, son désir d'être le plus fort. Il y a tellement d'heureux souvenirs à préserver que chacun se retient pour ne pas les ternir.

Une telle force d'amour ne peut résister à l'usure du temps, mais cette rencontre reste pour le Gémeaux, très certainement, son maximum de joie affective. Il y gagnera sans doute plus de stabilité. Dans les collaborations de travail et d'affaires, il faudrait l'aide d'un tiers, moins dynamique mais plus apte à une gestion solide.

Rapports entre les Gémeaux et le Taureau. Il y a peu de partenaires aussi différents dans leur essence et dans leur extériorisation. Cet attelage du lent et du rapide ne pourra avancer que précautionneusement. Il n'est que de comparer la musique de Brahms et celle d'Offenbach pour saisir la différence.

Le Taureau n'accepte le changement qu'après beaucoup de réflexion, sa réticence devant les nouveautés ne cède que bien lentement. Le Gémeaux, en revanche, c'est l'évolution permanente. Dans une association, c'est lui qui devrait se charger des relations extérieures et de la stimulation du personnel, l'autre se délectant au contraire des problèmes de technique et d'organisation.

Les chances de durée d'une telle association sont peu évidentes. Il vaut mieux se limiter à des relations courtoises sans engagement véritable. Les contacts quotidiens donneraient trop d'occasions au Gémeaux d'exercer son ironie pirouettante et au Taureau d'asséner des répliques définitives. Toutefois, s'il est certain qu'une secrétaire Gémeaux ne pourrait supporter sans crise nerveuse un patron Taureau, à l'inverse, une secrétaire Taureau serait follement utile à un directeur Gémeaux, mais à l'unique condition qu'il consacre le plus clair de son temps à voyager.

S'ils s'aiment, le robuste appétit taurien pourra-t-il se contenter du grignotage fréquent mais léger du capricieux Géminien ? Il y a là un problème qui ne peut être réglé qu'avec l'intervention de puissants rapports entre les planètes particulières au thème de chacun des intéressés.

Rapports entre les Gémeaux et le Cancer. En dépit de la bienveillante opinion de certains astrologues, il ne paraît pas acquis que les relations affectives entre ces deux signes ouvrent la « porte du bonheur » selon le langage de la presse du cœur.

Le point faible est la difficulté que chacun d'eux éprouve à atteindre une maturité affective suffisante. Si l'on admet que le Gémeaux justifie sa réputation d'éternel adolescent, et qu'il n'est pas rare de rencontrer un Cancérien empêtré dans un attachement familial un peu trop infantile, la vie d'un pareil couple risquera fort de multiplier par deux des problèmes affectifs qu'aucun d'eux n'osera aborder en face. Dans une hypothèse moins poussée, la vie quotidienne sera tiraillée entre deux modes de vie opposés. Le Gémeaux ne peut supporter à forte dose l'ennui, la monotonie, et veut un dialogue. Le Cancérien, dans sa béatitude rêveuse, se satisfait de longs silences qu'il croit partagés. Sa mémoire indestructible, dans les mauvais moments, exhumera de très anciens griefs depuis longtemps oubliés par le Gémeaux. Comment aussi concilier la paisible solitude à deux si appréciée par l'un avec l'entourage parfois trop animé d'amis plus ou moins superficiels, mal supportés par l'autre qui voit sa paix perturbée ? C'est un tableau bien sombre, dira-t-on, mais il comporte aussi des zones lumineuses.

L'amour commun des voyages, la découverte d'antiques monuments, le côté culturel peuvent apporter un trait d'union. Le Gémeaux, par la vie de ses commentaires et de ses aperçus, éveillera l'intérêt de son partenaire. D'ailleurs, il existe des Cancer « réactionnels » qui n'attendent qu'une stimulation pour participer très activement aux discussions intellectuelles ou autres. A ce moment-là, le contact sera vivifiant.

Rapports entre les Gémeaux et le Lion. Si la sympathie s'établit vite, c'est tout aussi rapidement que des grincements perturberont le duo. Le Gémeaux ne tardera pas à prendre sa revanche, lorsqu'il constatera que le Lion, confiant en sa supériorité incontestable, ne daigne pas tenir compte de ses idées et suggestions. Il faudrait donc que chacun d'eux ait pu se libérer d'un égocentrisme excessif, et accepte de reconnaître la personnalité de l'autre et ses qualités propres. C'est donc surtout au sein d'une collaboration que l'on peut tirer le meilleur de cette entente. Il serait alors nécessaire qu'aucun lien de subordination n'existât, car chacun est très conscient des atouts qu'il apporte, et ne pourrait se sentir minimisé. Le Gémeaux aurait cependant avantage à ne projeter aucune ombre sur son sourcilleux associé, tout en jouant l'inspirateur discret de celui qui compte avant tout sur son prestige.

C'est le même scénario qui se joue dans les relations sentimentales. Une passion très vive peut exister de part et d'autre, mais on ne peut parier gros sur sa durée. Le Gémeaux, homme ou femme, se lassera vite du grand air de la jalousie : le Lion ne supportera aucune piqûre d'amour-propre, mais trouvera naturel de prendre ses ébats amoureux quand bon lui semblera. L'amour entre ces deux êtres prend des airs de comédie, mais entre gens de noble compagnie, dont le dialogue est fertile en discours orageux et réconciliations palpitantes.

Le Gémeaux et l'Amour

Rapport entre les Gémeaux et la Vierge. L'ambiance un peu stricte et concentrée que le Virginien crée autour de lui ne peut vraiment pas convenir au Géminien du type indépendant. Ce n'est que si ce Géminien est animé par des motivations pratiques qu'il peut aliéner une partie de sa liberté.

Gémeaux et Vierge sont tous deux gouvernés par Mercure, et c'est là la clé de leurs rapports. Il va de soi qu'il y a un accord, tout au moins une compréhension au niveau intellectuel, tous deux étant en principe bien équipés sur ce plan, sauf dissonances du thème individuel. Mais la Vierge est un signe de Terre, intériorisé, scrutateur, exigeant, et surtout d'une patience infinie devant les tâches à remplir. Les Gémeaux, nous l'avons assez répété, n'apprécient vraiment que leur propre indépendance et ne pourraient, sauf exception remarquable, se plier constamment au rigoureux esprit d'analyse de la Vierge, qui ne veut absolument pas laisser la moindre part à l'imprévu et à l'inspiration du moment, arme absolue pour le Géminien. Ce dernier est ainsi privé de son esprit d'initiative et de sa spontanéité. Si l'on envisage le meilleur cas, le Virginien se détendra et l'autre tiendra davantage compte des impitoyables réalités. Il peut alors se produire une collaboration fructueuse, par exemple dans un travail de documentation.

L'entente amoureuse est beaucoup plus problématique. La nervosité et la cérébralité qui leur sont communes n'aident guère à l'épanouissement affectif. Cette combinaison astrale est plutôt déconseillée, si elle vise à autre chose qu'à une alliance à but lucratif. Les discussions intellectuelles ne suffisent pas à provoquer la fusion du couple, à moins qu'une extrême tolérance ne permette à chacun d'évoluer librement.

Rapports entre les Gémeaux et la Balance. Astrologiquement, ce pourrait être l'accord parfait. Rien ne semble le contrarier : il se produit dès l'abord un échange subtil, une entente qui va au-delà des mots, ce sont deux hirondelles qui volent dans un rayon de soleil. Le Gémeaux se sent pleinement rassuré et compris, grâce à l'esprit conciliant et à la séduction souriante de la Balance. Qu'il s'agisse de relations de travail, d'amitié du même sexe ou d'un amour naissant, aucune difficulté ne s'inscrit à l'horizon. Chacun se dit avec ravissement : « Je me sens compris, apprécié, tout se passera sans conflits ! » Mais les conflits viennent de l'extérieur, de tiers qui s'interposent et dont on ne peut se délivrer. Les beaux projets, conçus sans souci des réalités, arrivent difficilement à se bâtir, car l'un et l'autre se font mutuellement confiance et ne jugent pas nécessaire de faire d'efforts.

L'amour a bien du charme, entremêlé de beaux discours, de prévenance, de petits cadeaux, de sorties. Le Gémeaux s'aperçoit bientôt que de nombreux amis bénéficient d'un traitement aussi agréable et son bonheur n'est plus aussi vif. Pourtant, l'intimité s'installe, la Balance trouve son équilibre, satisfaite d'être traitée avec ménagement. De longues conversations peuplent la détente, le décor est gracieux et l'avenir est préparé, en paroles euphorisantes, en projets toujours remaniés.

Rapports entre les Gémeaux et le Scorpion. S'il y a un point commun entre ces deux signes si différents, c'est leur esprit volontiers critique, le regard qui juge instantanément l'autre. Le Géminien, qui cherche à échapper à tout et se veut insaisissable, réagira par des plaisanteries et des remarques ironiques très mal reçues par le Scorpion, qui n'est que trop porté à des réactions sadomasochistes. Une attitude plus ou moins hostile se dégagera vite d'un dialogue parsemé de remarques cinglantes. S'ils ont l'un et l'autre la bonne idée de surmonter ces faiblesses d'amour-propre, ils sont capables d'agir en associés actifs et pleins d'astuce, surtout si leurs attributions ne se chevauchent pas et laissent à chacun une certaine autonomie.

Sur le plan d'une collaboration intellectuelle très spécialisée, chacun se réservant un secteur bien déterminé, de très bons résultats peuvent être espérés. Les rapports ne devront jamais impliquer une dépendance marquée.

Les problèmes ne manqueront pas dans les relations affectives. Comment le Gémeaux, être nerveux aux appétits charnels capricieux, pourrait-il vivre harmonieusement avec un Scorpion, érotique en diable, imposant son joug à son (ou à sa) partenaire ? L'union fondée sur des rapports de force plus que sur un dialogue permanent est insupportable au Gémeaux, qui prendra la fuite, ne pouvant admettre la jalousie inquisitoriale du Scorpion. Il faudrait qu'il y ait plus de simplicité et de bonne volonté dans ces rapports.

Rapports entre les Gémeaux et le Sagittaire. Différents et proches à la fois, ces deux signes vivent sur des données assez voisines. La mobilité, le désir des voyages, l'indépendance de corps et d'esprit sont des points communs que le Sagittaire ressent, certes, avec une plus grande intensité, qui se manifestera par le désir lancinant des horizons lointains, des voyages dans l'autre hémisphère, le Gémeaux pouvant se satisfaire à moindres frais dans ses évasions où l'Alpe d'Huez peut faire figure d'Himâlaya. Il n'y a que rarement, chez le Gémeaux, le désir d'imposer ses idées pour rebâtir le monde, alors que, tout au moins chez un certain type de Sagittaire, l'idéologie en rébellion imprègne toutes les actions. Le Gémeaux veut bien faire partie d'une équipe où il formera vite un duo avec un camarade ; le Sagittaire, quant à lui, voudra diriger le groupe comme un grand frère.

Certes, ces différences ne sont pas irréductibles, mais contribuent à créer des frictions, dans les équipes sportives comme à l'atelier ou au bureau. Il faut admettre que le Gémeaux ne se laissera imposer aucune idéologie, aucune ligne de conduite s'il n'y est pas contraint et suivra sa pente comme il le pourra.

Dans la vie du couple, les ardeurs amoureuses du Sagittaire, souvent pleines de fougue, lassent le Gémeaux qui apprécie les prémices plus que le plat de résistance. Les divergences se retrouvent dans les loisirs. Le Sagittaire, plus athlétique, aimera les longues randonnées, l'équitation, alors que le Gémeaux perdra vite souffle, les Eddy Merckx étant des exceptions. Quant au Sagittaire du type « embourgeoisé », c'est son respect excessif des usages et de la forme qui ne conviendra pas au Gémeaux.

Rapport entre les Gémeaux et le Capricorne. Ce n'est pas une sympathie spontanée qui surgit entre ces deux signes. Le Géminien est très capable d'éblouir le Capricorne par son esprit vif, sa conversation, tout ce qui fait souvent défaut à ce dernier, mais il perdra vite son entrain en face d'un être dont il ne parvient pas à attiédir la froideur apparente. L'accord bute sur le problème de savoir ce qui est sérieux dans la vie, ce qui l'est trop ou ce qui ne l'est pas du tout. Être à principes très stricts, le Capricorne ne voit pas ce qu'il peut faire avec ce jeune excité.

Pourtant, si l'étincelle jaillit, il peut en résulter une excellente collaboration dans le domaine des affaires ou de l'intelligence, sur une base d'estime réciproque. Mais il faudrait prendre cela comme un rapport frère aîné-frère cadet, l'aîné devant admettre que son cadet n'est plus un galopin.

En amour, si la femme est Capricorne, elle devra avoir beaucoup de tact pour ne pas rebuter son époux Gémeaux, et se montrer conciliante sur son emploi du temps. Dans le cas inverse, l'épouse Gémeaux pourrait bien mener son mari tambour battant sans qu'il s'en rende bien compte. Les difficultés sont plus grandes dans les rapports amoureux. Le rythme personnel des deux partenaires est très différent, et il faut meubler les instants d'épanchement. C'est surtout une solide affection à base d'estime et de compréhension qui peut cimenter cette union, à défaut d'élans passionnés qui semblent plus délibérément voulus que venus du fond de l'être. La maxime du moraliste : « Il est de bons mariages, il n'en est point de délicieux » semble faite pour l'union Gémeaux-Capricorne.

Rapports entre les Gémeaux et le Verseau. Assez semblables aux relations entre les Gémeaux et la Balance, celles qui s'établissent entre les Gémeaux et le Verseau sont fondées sur un idéal de liberté et d'échanges. C'est pourquoi il faut les choisir surtout au niveau des idées, des projets, d'une communauté d'engagement ou de croyance. En cas de divergences — et elles ne manqueront pas entre deux êtres également cérébralisés et manieurs de projets —, les routes se séparent. A intelligence et capacités égales, le Géminien peut se trouver inférorisé à l'égard du Verseau, dont les certitudes apparentes et les affirmations souvent tranchantes lui en imposent. L'entourage s'émerveille devant les propos imprévus, subtils, pleins d'humour ou de paradoxe, les rapports d'idées enrichissants qui peuvent faire d'un dialogue Gémeaux-Verseau un festival verbal.

Cette complicité peut être profitable à l'amour, mais celui-ci peut manquer de la vraie passion et se teinter d'un intellectualisme d'autant plus crispant que le Verseau n'est généralement pas un tendre. L'amour, peu ardent, ne survit que grâce à une tolérance mutuelle. Jeu dangereux, alimenté par les équipes d'amis et de copains qui abondent autour du couple. Rien, pourtant, n'est perdu si l'affection non passionnée est assez grande et que les deux partenaires ne jouent pas malignement à se faire souffrir. C'est, au fond, l'amitié amoureuse qui est reine dans ce duo : ce sentiment peut durer toute une vie et se montrer irremplaçable, s'il sait ignorer les passades qui ne signifient rien.

Rapports entre les Gémeaux et les Poissons. L'un s'envole, l'autre nage, comment trouveraient-ils un terrain d'entente ? Il y a plus qu'une différence de rythme, il y a aussi une différence de tempérament, d'appétit, de conception de la vie. S'il y a deux types de Gémeaux, il y a aussi deux types de Poissons, celui qui vit en retrait, celui qui vit en expansion, celui qui se sacrifie et celui qui veut sa large part des plaisirs matériels.

Beaucoup de flou et peu de clarté dans ces rapports, au grand dam du Gémeaux, qui aspire à plus de logique et de précision. S'il s'agit de rapports d'affaires, le Poissons voit plus grand, trop parfois, et il n'est pas mauvais que le Gémeaux éclaire sa route et écarte ses fantasmes. Dans les affaires, l'intervention d'un troisième homme peut se justifier par la nécessité d'une plus grande rigueur dans l'organisation, les comptes, les formalités, toutes choses peu appréciées par l'alliance Gémeaux-Poissons. Mais il faut être bien d'accord sur les mots, qui n'ont pas toujours le même sens pour chacun des deux.

Dans la vie du couple, les amours étranges ne manquent pas. Le Gémeaux reste envoûté, bien qu'il s'étonne parfois de l'appétit sexuel des Poissons, et la vie à deux ne sera pas sans problèmes à tous les niveaux. La durée de l'union, légale ou non, est incertaine. Il y a cependant bien des charmes indicibles dans cet amour, ne serait-ce que ses incertitudes et le plaisir de jongler avec l'univers.

Si le Gémeaux ne favorise pas l'expression de l'amour, il est, en revanche, très réconfortant en amitié : c'est un bon camarade, complice et drôle : Johnny Halliday (ici avec son fils) a montré ses qualités de père-copain.

Le Gémeaux et l'Amitié

Les Gémeaux, signe de la communication et des échanges, sont aussi celui de la camaraderie. Mais celle-ci n'est pas l'amitié, ou du moins, n'est-elle que la surface de l'amitié, la mince pellicule émotive qui laisse passer les ondes de l'attraction. Elle peut en être le début et faire place à cette relation qui n'est pas l'amour, mais joue aussi entre les sexes.

C'est à un autre signe d'Air, le Verseau, que l'on attribue les meilleures dispositions pour éprouver ce don si rare, l'amitié, et rencontrer toujours de nouveaux amis. Dans le thème individuel, c'est la Maison XI, analogue au onzième signe, le Verseau, que l'on consulte pour analyser les chances du sujet sur ce plan. Pour un Gémeaux dont on ignore l'heure de naissance, la Maison XI tombe en Bélier. Il y a donc un rapport privilégié entre ces deux signes. Il est fréquent que l'on constate une bonne entente entre eux, ce qui s'explique car ils ont en commun un caractère jeune et dynamique ; de plus, la stimulation qu'ils exercent l'un sur l'autre, leur permet de se conduire dans la vie avec optimisme et entrain.

Si l'on se reporte à la dualité du signe, à l'image des Dioscures, les deux cavaliers évoquent l'idée d'une camaraderie fraternelle, à la fois sportive et un peu militaire : c'est bien cette tendance qui caractérise le troisième signe. Dans son besoin irrésistible de contacts humains, le Gémeaux est volontaire pour la recherche de la camaraderie, celle qui naît spontanément à l'école, au club sportif, à l'armée et qui souvent s'imprime pour la vie. Marquée essentiellement par les moments de gaieté, les fredaines, les blagues faites ensemble, c'est celle qui préside aux dîners d'anciens élèves, où l'on est heureux de se retrouver, mais où l'on peut aussi attendre sans la moindre impatience les prochaines retrouvailles. Tout passe dans la spontanéité des souvenirs et des rires, mais l'émotion profonde, le souci que l'on n'avoue pas, la partie cachée, celle des échecs et des regrets, n'est pas de la fête.

Amitiés renouvelées sans cesse

Le Gémeaux serait-il peu doué pour l'amitié ? Certes non, il peut éprouver une amitié profonde, comme il peut vivre un grand amour. Mais l'amitié est une chose rare, qui exige beaucoup de patience, d'indulgence, de compréhension. Il faut pouvoir supporter les défauts de l'ami, comme ceux de la personne aimée. Or, le Gémeaux n'est guère patient, on le répète sans cesse. Il a besoin de voir les gens et les choses se renouveler, et s'il peut éprouver une profonde amitié, il peut aussi bien éprouver trop rapidement des moments de lassitude, où le contact amical devient ennuyeux, fastidieux même. Les amis et les amies des Gémeaux devraient éviter les histoires sans cesse répétées et vidées de leur intérêt. Il est surtout souhaitable d'avoir des idées communes, de partager des goûts afin de pouvoir en parler souvent. C'est souvent par le truchement d'une discussion sur un sujet plus ou moins bizarre, la musique mongole ou l'harmonie des couleurs, que les liens se créent, car il y aura de longs échanges de vues qui inciteront à multiplier les rencontres.

Lorsqu'une relation amicale devient fastidieuse au Gémeaux, l'intervention d'autres amis prend le relais, et l'ami initial retrouve son attrait grâce à l'apport de nouveaux visages dont il devient le pourvoyeur. Ses chances augmentent encore s'il parvient à introduire le Gémeaux dans des endroits ou des milieux jusque-là inconnus, surtout s'il a une chance d'y briller.

Le Gémeaux prend volontiers ses amis pour cible de ses bons mots : s'ils sont un peu caustiques, ils ne sont jamais blessants et lui servent de prétexte pour justifier et maintenir sa réputation d'homme d'esprit. Il convient donc de les accepter avec le sourire.

Si étonnant que cela paraisse, le Gémeaux est d'ordinaire plus fidèle dans ses amitiés que dans ses amours. L'amitié lui donne davantage un sentiment de sécurité, et c'est pour ce motif qu'il accepte de lui sacrifier une partie de sa chère indépendance.

Certes, son image de l'ami est celle d'un frère idéal, capable de comprendre ses problèmes et de suivre son rythme. A défaut d'un être aussi rare, il aura autour de lui des camarades, agréables et nombreux, ou de simples relations avec qui il établira un mode d'échanges décontractés, un dialogue sans arrière-pensée. L'importance du milieu où il vit est capitale pour lui. Suivant la parole de Sartre, « il a besoin de la galerie pour se sentir exister ». Sur un autre plan, il ne faut pas essayer de le battre sur ses terrains de prédilection : une certaine élégance, de la fantaisie, des mots d'esprit ; l'ami prendrait alors figure de rival, cible de choix pour ses sarcasmes et ce serait la fin de leur relation.

Françoise Sagan, elle aussi être d'amitié, a bien exprimé, dans ses romans, la difficulté qu'ont les Gémeaux à aimer : ils se dédoublent, se détachent de l'objet d'amour tout en le désirant. Dans l'état amoureux, il est plus important à leurs yeux d'analyser le phénomène que de le vivre.

Brigitte Fossey dans Jeux Interdits : *la particularité des enfants géminiens est de manifester une vivacité intellectuelle très précoce et d'exprimer de manière éblouissante leurs dons multiples. En son temps, la prestation de cette petite actrice avait fait merveille.*

Le Gémeaux et son Éducation

En règle générale, l'enfant né pendant la période des Gémeaux est considéré très vite comme un enfant éveillé et intelligent. Il s'intéresse à ce qui l'entoure, se montre curieux de tout. Il parle précocement et son vocabulaire s'enrichit très vite. Il abandonne rapidement son langage de bébé et veut connaître le nom des gens et des choses.

On s'apercevra vite qu'il est bavard. Cette tendance sera cependant très diminuée si, dans son thème individuel, on trouve une influence dissonante de Saturne. La tendance au silence serait un signal d'alarme, dans la mesure où elle exprimerait une intériorisation qui serait comme un corps étranger dans la structure affective et mentale du jeune Gémeaux, le mutisme n'étant vraiment pas dans sa nature, surtout portée à l'extériorisation.

Par comparaison avec les autres enfants, son vocabulaire et son élocution dépasseront nettement en quantité comme en qualité leur niveau de loquacité. Mais on ne négligera pas d'étudier son signe ascendant qui peut introduire un élément de variabilité modifiant quelquefois les tendances générales du signe solaire.

Jeu et boulimie intellectuelle

Que l'enfant Gémeaux n'exprime pas un grand amour pour la discipline n'étonnera nullement. Ce n'est pas qu'il se comporte en contestataire, en révolté, mais son besoin de remuer, de bouger, de circuler fait qu'il ne peut rester longtemps en place. De bonne heure, on lui accordera la liberté de mouvement qui lui est nécessaire, en songeant qu'avec un système nerveux capricieux, et même survolté, il ne lui est pas physiquement possible de conserver une immobilité telle qu'on l'exigeait naguère dans les familles comme dans les écoles.

Il est souvent taquin et son instinct d'imitation le pousse à jouer la comédie. Il adore se déguiser, jouer des rôles, surtout en parodiant, parfois avec humour, les personnages qu'il voit à la télévision. Vers l'âge de dix ans, il sera bon de vérifier si cet amour du déguisement n'aboutit pas au travestissement sexuel. De même le besoin de raconter sans cesse des histoires extraordinaires ne devra pas se révéler comme cachant trop souvent des mensonges, des affabulations qui seraient alors l'indicateur de tendances mythomaniaques. On devrait alors consulter un psychologue.

La solitude est mauvaise pour tous les enfants, et c'est particulièrement vrai pour le petit Géminien. On veillera à ne pas le laisser seul trop longtemps. Pour lui, ce risque de solitude est fortement diminué depuis quelques années, où la scolarisation se fait de très bonne heure. Si la pureté de son langage en souffre, l'apprentissage plus précoce de la vie en société est un élément qui ne manque pas de valeur formative.

L'enseignement moderne, par la large place qu'il fait à l'image, à l'audio-visuel, est apprécié par l'enfant Gémeaux auquel il facilite les raccourcis, les synthèses qu'il affectionne. Mais la chose écrite est pour lui irremplaçable ; seule elle peut fournir à sa boulimie intellectuelle un aliment suffisamment riche. Il ne faut donc pas croire que la lecture doit être sacrifiée, au contraire, elle doit être encouragée, à un moment où notre culture donne la priorité à l'image, et où les jeunes, et même beaucoup d'adultes, n'ont pour aliment intellectuel que la bande dessinée. Je ne dédaigne pas ce moyen d'expression, utilisé par des dessinateurs dont la virtuosité est prodigieuse, mais je dis qu'il ne peut apporter qu'une culture superficielle. N'oublions pas que le Géminien, plus qu'un autre, est fait pour tous les modes d'expression, écrite, verbale, par l'image, mais que son royaume est celui du verbe, de la parole, et qu'il ne pourra donc y exceller que s'il dispose d'un vocabulaire suffisant. La pauvreté du vocabulaire de la jeunesse contemporaine est un sujet d'affliction qui ne semble pas près de disparaître.

L'activité cérébrale, sous quelque forme qu'elle se présente, doit d'ailleurs s'équilibrer par l'alternance avec des exercices physiques légers, notamment la danse et, pourquoi pas, dès l'enfance, les postures apaisantes et décontractantes du yoga. Il est en particulier nécessaire d'échapper au déversement ininterrompu de la radio et de la télévision qui dans trop de familles constitue un fond sonore au moins dix heures sur vingt-quatre.

Une exigence de variété

Il convient d'ajouter quelques compléments aux remarques qui précèdent.

Depuis quelques années, les enfants sont persuadés d'avoir atteint l'état adulte au moins dès onze ou douze ans, et veulent, en conséquence, être traités comme tels. C'est particulièrement vrai en ce qui concerne les petits Gémeaux, déjà précoces par nature.

Le petit Gémeaux franchit plutôt facilement les premières étapes de la connaissance : parler, lire, écrire, compter, ce qui provoque bien entendu l'admiration de l'entourage. Cet enthousiasme faiblira par la suite devant l'insatiable curiosité de l'enfant, et la nécessité de répondre rapidement à d'incessantes questions qui exigeront la possession d'une bonne encyclopédie. Un dictionnaire assez complet est d'ailleurs un cadeau toujours bien reçu par l'enfant. Il serait maladroit d'esquiver toutes ses questions et il faut l'aider à trouver lui-même les réponses. On ne craindra pas qu'il s'encombre l'esprit de notions et de faits dont l'utilité n'est pas évidente, mais qui contribueront à la formation du type particulier d'esprit qui est le sien.

Parmi ses exigences figure au premier plan la variété. La monotonie, l'uniformité en toutes choses provoquent en lui un phénomène de rejet. On ne le taxera pas d'instabilité intellectuelle si son intérêt se porte successivement sur les vieilles automobiles, les voyages interplanétaires ou sur les sujets les plus divers. Cette variété dans les intérêts personnels satisfait sa curiosité qui a sans cesse besoin d'éléments nouveaux, aussi ne faut-il pas la juger du seul point de vue du temps perdu. Elle le sauve, en tout cas, de l'ennui, cette plaie mortelle pour un Gémeaux, qui ne peut absolument pas rester inactif, qu'il s'agisse du corps ou de l'esprit. D'ailleurs, la multiplicité d'intérêts le détend et le repose, c'est au contraire la concentration trop poussée qui est source de fatigue et stérilise sa réflexion. Le problème, car c'en est un, consiste à le faire profiter de cette variété indispensable tout en évitant la dispersion excessive. Aucun progrès intellectuel ne peut s'accomplir sans un minimum de concentration, et c'est là que le jeune Gémeaux risque de buter, au moment où l'ardeur de l'adolescence l'attire vers la vie extérieure, alors que les programmes du lycée se compliquent et exigent une attention plus soutenue. Bien des échecs n'ont d'autre cause que le manque d'intérêt pour certaines matières et le manque de volonté nécessaire pour fournir un effort régulier.

Si l'enfant Gémeaux est plus bavard qu'on ne le souhaiterait, il existe un bon moyen de lui faire admettre qu'il doit canaliser ce flot verbal. On lui fera enregistrer une conversation sur un petit magnétophone : à l'audition, il sera certainement effrayé de son propre verbiage et fera de son mieux afin de le canaliser. Il arrive que la curiosité alliée au bavardage aboutisse à l'indiscrétion. On évitera alors de parler devant lui de problèmes trop personnels qu'il pourrait répéter à l'extérieur. Dans son désir d'être pris au sérieux, il se mêle trop volontiers à la conversation des adultes, mais il serait contre-indiqué de le rabrouer trop sévèrement. En raison de sa curiosité et de son goût de l'aventure, il peut lui arriver de se trouver dans une situation délicate, compromettante même, avant qu'il ait pu s'en rendre compte.

En ce qui concerne le développement harmonieux de l'enfant Gémeaux dans son milieu familial, il ne peut s'effectuer que si les rapports avec les parents sont effectivement libres et détendus.

Au contraire d'autres signes, comme le Cancer qui accepte la dépendance parce qu'elle lui assure chaleur et protection, le Gémeaux ne peut s'épanouir que si on lui concède une certaine autonomie. Tout excès d'autorité, qu'il émane du père ou de la mère, est refusé et rejette l'enfant vers le milieu extérieur, moins contraignant. Il faut également qu'il puisse vivre dans la gaieté et la spontanéité.

Il apprécie beaucoup le petit monde formé par les frères et sœurs, les cousins et cousines, avec qui il est tout de suite de plain-pied. Il y acquiert le sens des rapports humains et, plus tard, c'est surtout dans l'entourage proche, le voisinage, qu'il établira les relations les plus libres. On a remarqué la fréquence des situations géminiennes marquées par le rôle important, même à l'âge adulte, non seulement des frères, sœurs et très proches parents, mais aussi des amis de ces derniers, comme si le cercle s'agrandissait de proche en proche. Cette constatation vaut aussi sous l'angle de la vie sentimentale.

Jean-Paul Sartre : « *Je restais seul... j'allais rejoindre la vie, la folie dans les livres.* » *Cet aveu, tiré des* Mots, *illustre, on ne peut plus parfaitement, les intérêts profonds du Gémeaux.*

Le Gémeaux et son Travail

Interrogé sur le choix d'un métier, il est rare qu'un jeune Gémeaux réponde avec netteté et désigne une profession, un type d'activité bien précis. Ce n'est pas qu'il soit rebuté par le travail quotidien, ce mal nécessaire, mais peut-on imaginer que cet être aérien puisse se cantonner dans l'étroit secteur d'un métier qu'il devrait exercer chaque jour jusqu'à la lointaine retraite ? Il s'inquiète surtout, sans pouvoir l'avouer, de ce que deviendra sa précieuse liberté. A quelles obligations sera-t-il astreint ? Il se voit forçat en col blanc, sous la férule d'un directeur rébarbatif, vieillissant peu à peu sans avoir connu d'aventures, alors qu'il y a tant de possibilités de par le vaste monde.

Ennemis de la routine

Les activités rêvées, c'est-à-dire avant tout sans horaires fixes, sans parcours répétitifs, sans tâches fastidieuses, ne sont pas d'un accès facile. Il s'aperçoit vite que les débouchés sont restreints s'il envisage le journalisme, ou des activités du même ordre qui l'attirent généralement.

Les vocations, ces attirances irrésistibles, ne sont en vérité que des cas d'exception, fortement individualisés et qui peuvent s'opposer totalement aux tendances fondamentales d'un signe. Ce sont donc des tendances, prises à leur niveau le plus simple, qui sont susceptibles de constituer les lignes de force d'une orientation générale acceptable pour l'ensemble des sujets d'un signe donné. Il faut tenir compte également de « l'air du temps » dont l'influence oriente certains vers des professions brusquement mises en valeur et appréciées l'espace d'une génération (comme l'informatique et la sociologie il y a quelques années) dont l'engouement s'estompe peu à peu, dès que les inconvénients de ces métiers sont mieux connus.

Parmi les dix catégories de motivations sélectionnées dans un ouvrage sur l'orientation professionnelle[1], trois s'adaptent parfaitement au caractère Gémeaux. Ce sont : « Je voudrais voyager, voir du pays » ; « Je voudrais être indépendant » ; « Je voudrais avoir des contacts ». Cela confirme les mots clés choisis par André Barbault pour ce signe, c'est-à-dire : « Besoin de mouvement, de contacts, d'échanges. Voir, entendre, comprendre, parler, s'exprimer, bouger. Traduire, transmettre, échanger, circuler, déplacer, vendre, adapter. »

Certes, plusieurs de ces éléments de base concernent aussi d'autres signes, mais leur regroupement est très significatif, et représentatif de la tendance générale des Gémeaux. Ce ne sont pas les mouvements fondés sur la volonté de puissance, le dévouement ou la possession qui se placeront au premier rang, bien qu'ils puissent accessoirement être valables pour plus d'un Gémeaux. Ils s'effaceront devant la satisfaction que le Gémeaux éprouve à se mouvoir dans un univers de contacts et d'échanges, où son rôle est surtout de persuader les autres tout en réfutant leurs arguments.

La variété est grande des métiers et professions susceptibles de s'adapter aux mots clés du signe. La liste n'est pas limitative.

---

1. *Sept Cents Métiers selon vos goûts,* Stock.

Des métiers de contacts et d'échanges

Tout d'abord, on trouve le bonimenteur de foire, l'as du porte-à-porte, l'intermédiaire que rien ne rebute, le baladin expert en tours de passe-passe, les métiers de la rue en somme, avec en plus la persuasion, une certaine psychologie innée et affinée par l'expérience humaine. Je n'oserai y ajouter le joueur de bonneteau, espèce quasi disparue, le bookmaker preneur de paris clandestins, l'as des tripots, toutes activités un peu marginales exigeant sinon une base Gémeaux, du moins un Mercure important et peu scrupuleux. Le chauffeur de taxi, de car (mais non le routier).

Apparaissent ensuite le secrétaire, l'interprète, l'enseignant aux méthodes personnelles, le journaliste, le traducteur multilingue, l'animateur de groupes variés, l'organisateur d'expositions, de circuits. La radio et la télévision offrent nombre de postes, mais il est évident que les seuls Gémeaux n'en ont pas le monopole. Il faut comprendre ces indications comme des activités pouvant plus particulièrement convenir aux Gémeaux. La politique pourrait être un débouché valable, mais on trouve relativement peu de Gémeaux parmi les politiciens. Si les qualités pratiques l'emportent, le commerce, la représentation, le « marketing » offrent un champ d'action favorable à tous les niveaux, partout où il faut convaincre le public par une élocution qui ne soit jamais à court d'arguments. Nous allions oublier les relations publiques, convenant d'ailleurs à tous les signes d'Air.

En revanche, les activités exigeant une grosse dépense physique, une force musculaire disponible, sont absolument contre-indiquées. Il en est de même des activités monotones, répétitives, ou totalement sédentaires, comme la comptabilité, les statistiques.

Le Gémeaux apprécie beaucoup les horaires à la carte qui se répandent actuellement dans nombre d'entreprises, de même que la possibilité, s'il est sédentaire, de pouvoir de temps à autre faire quelques déplacements qui le remettent au contact de la vie extérieure. Il apprécie également de pouvoir s'exprimer sans entraves, de varier ses centres d'intérêt et ses tâches quotidiennes.

Le problème de l'adaptation du rythme personnel à celui du poste de travail occupé est sans doute un des plus importants que le Gémeaux est appelé à résoudre au cours de sa vie de travail.

A la fois le plus individualiste et le plus sociable des douze signes, le Gémeaux est toujours plein de bonne volonté lorsqu'il prend un nouvel emploi. Mais, au bout de quelques jours, son rythme personnel d'activité a refait surface et, comme l'on s'en doute, il se trouve totalement désaccordé avec celui de ses collègues. En fait, il est enclin à travailler par décharges successives, si l'on peut ainsi s'exprimer. Après un instant de travail intensif, sous une haute tension nerveuse, où il ne tolère pas d'être interrompu, fût-ce par son directeur, le retour au calme s'impose. C'est alors qu'il distraira l'équipe appliquée qui l'entoure par ses plaisanteries et ses calembours, ou bien il monopolisera le téléphone, mais là il faut dire qu'il n'est pas le seul.

Un autre trait bien Gémeaux consiste à dédoubler ses occupations. Il aura plusieurs travaux en chantier, les mènera de front, courant le risque qu'aucun d'eux ne soit prêt en temps voulu. S'il est astrologue, ou avocat, il se détendra de l'étude d'un dossier en se plongeant dans un autre, pour reprendre le premier un peu plus tard, se fiant à un cerveau qui aime les équilibres instables. La pile des dossiers en cours restera donc assez haute, celle des dossiers réglés ne progressant guère. Seul un directeur vraiment indulgent tolérerait cette méthode de travail dans une administration.

On notera aussi l'intérêt que le Gémeaux porte aux gadgets de bureau, aux stylos, crayons, feutres multicolores, aux super-carnets de rendez-vous qu'il remplace bientôt par un bout de papier, aux machines à écrire aux caractères multiples, aux cadrans téléphoniques et répondeurs perfectionnés, son plus grand plaisir étant de répondre alternativement à deux ou trois récepteurs pour faire preuve de sa dextérité manuelle, intellectuelle et verbale.

Tout cela est souvent vrai et a été constaté. Mais qui n'a pas ses défauts mignons ? Le côté volontiers spectaculaire, parfois quasi exhibitionniste du Gémeaux au travail, est un effet voulu de son goût pour l'humour et la comédie. Le travail doit, selon lui, s'effectuer dans la bonne humeur, ce qui n'exclut pas le rendement et le succès final.

Comment l'entourage de travail d'un Gémeaux, et surtout ceux qui le dirigent, le considèrent-ils en fonction de son comportement et de sa façon bien personnelle de travailler ? Seuls ceux qui ont l'esprit large et s'attachant plus au résultat final qu'à l'attitude parfois trop libre et indifférente au code du parfait petit travailleur considèrent sans irritation cet être vraiment dégagé de toute entrave qu'est le vrai Gémeaux. Mais l'air du temps qui souffle peu à peu dans les entreprises est bien une brise géminienne : c'est un souffle de libéralisation. Le port ou l'absence de cravate, le complet strict ou la tenue « sportwear », la longueur de la chevelure, tout cela n'est encore un problème que dans quelques grandes sociétés surtout américaines. Un peu partout, la libéralisation s'accompagne même d'un certain relâchement. C'est peut-être dans certaines administrations de l'État, toujours conservatrices, que le comportement du personnel reste encore assez figé et parfaitement artificiel. Le vent géminien finira bien par y pénétrer aussi.

Par sa sensibilité nerveuse, le Gémeaux peut être très perturbé s'il doit travailler dans une ambiance hostile, ou simplement manquant de compréhension à son égard. En effet, il ne faudrait tout de même pas prendre les natifs de ce signe pour des farfelus, et ils sont très capables de remplir leurs tâches aussi bien que d'autres, mais à leur façon ; on conçoit donc qu'ils soient facilement blessés de se sentir considérés comme d'aimables plaisantins incapables de s'attacher aux choses sérieuses. Cette mésestimation les atteint au plus profond d'eux-mêmes et les dévalorise à leurs propres yeux, accentuant l'insuffisance de confiance en soi qui est l'un de leurs pires défauts. Inversement, la moindre marque d'estime, le plus petit compliment les réjouissent et les stimulent. Si l'astrologie était mieux connue, les chefs d'entreprise et les directeurs de personnel devraient savoir comment — sans les exploiter — tirer psychologiquement le meilleur parti des capacités de leurs subordonnés en fonction, sinon de leur thème complet, du moins de leur signe de naissance.

La discipline rigide qu'acceptera un Capricorne ou un Virginien signifierait pour un Gémeaux l'étouffement de ses qualités principales, toutes à base de spontanéité et d'aisance ; cependant, il admettra parfaitement qu'un minimum de discipline assure l'ordre nécessaire dans un bureau ou un magasin.

La tendance de l'astrologie populaire et des bavardages de salon sur les douze signes est de dresser un portrait caricatural du Gémeaux en insistant pesamment sur sa prétendue légèreté et son incapacité à faire preuve de sérieux : il s'agit là d'une déviation malsaine de l'astrologie. On pourrait l'étendre aux onze autres signes avec un mélange égal de vérité et d'exagération. En présence de ces déformations outrancières, l'astrologue se hérisse. Il est fréquent qu'un consultant l'aborde ainsi : « Je suis Gémeaux [ou Vierge ou Poissons], c'est un mauvais signe, n'est-ce pas ? » Et il n'est pas simple de déraciner cette idée fausse et nocive, de convaincre le sujet inquiet qu'il n'y a ni bons ni mauvais signes, qu'il en est de même avec les planètes, et que l'être humain est perfectible, ce qui est à mon sens la grande leçon de l'astrologie.

Le Gémeaux est donc très capable de tenir honorablement sa place à son échelon professionnel, place qu'il lui est possible d'améliorer s'il accepte de faire des efforts pour cela. Ses atouts, ses qualités particulières, ne manquent pas ; avec, en premier lieu, sa vivacité d'esprit, sa rapidité de compréhension et d'analyse face à un problème.

Bien que le Gémeaux ne soit pas un être d'argent (ni de gestion), il lui arrive d'en gagner énormément : en jouant, et en s'en jouant. Témoin John Wayne.

Le Gémeaux et l'Argent

L'argent, le mystère des banques suisses, la ploutocratie, les coups de bourse, le Veau d'or, et, plus modestement, l'épargne, la thésaurisation, comment toute cette imagerie peuple-t-elle les rêves des Gémeaux, ou s'agit-il d'un domaine qui leur est complètement étranger ?

L'obsession d'amasser, la croyance que tout s'achète, cette avidité permanente familière aux psychanalystes, n'ont rien de commun avec le troisième signe, qui est la zone zodiacale du libre échange des idées, des biens et des personnes, où l'argent n'est pas ignoré, mais ne peut accéder au rôle de tyran bien-aimé. C'est surtout dans l'axe Taureau-Scorpion, analogue à l'axe Maison II-Maison VIII, que l'on peut rencontrer les zélateurs du capital. Il est maintenant bien connu qu'un lien secret existe entre l'or et les déjections sous le signe de l'analité, base d'un psychisme tyrannique et tyrannisé qui n'a rien à voir avec le psychisme aérien des Gémeaux.

Ce signe est donc dégagé de tout arrière-plan obsessionnel, prémice d'un sadomasochisme extrêmement rare chez le Géminien, si l'on excepte le cas monumental du marquis de Sade, né un 2 juin, mais dont le thème est doté de configurations qui ne se produisent que rarement dans la ronde cyclique des planètes et forment un véritable corps étranger lorsqu'il s'agit des Gémeaux.

L'attitude de ces derniers envers le dieu Argent est donc très nettement saine, en ce qu'il n'y a pas de dépendance psychique envers Mammon, la divinité syrienne des richesses injustement acquises flétrie par les Écritures. Il va sans dire que si dans le thème individuel d'un Géminien l'axe des Maisons II et VIII contient des planètes significatrices d'un besoin puissant de possession et d'acquisition, le sujet de ce thème se trouvera confronté constamment à ce désir et modifiera son optique fondamentale de Gémeaux. Il deviendra alors un serviteur du dieu Mammon mais y perdra, sinon son âme, du moins ce climat intérieur de liberté qui est l'apanage du Gémeaux pur de toute avidité déraisonnable.

Dégagé d'une sujétion excessive à l'argent, le Gémeaux n'en est que plus à l'aise pour conduire sa vie matérielle au gré de son humeur. Il n'est pas l'homme des plans d'épargne laborieusement constitués au détriment de ce superflu qui, seul, lui permet de varier la monotonie de l'existence en satisfaisant quelques caprices.

Il lui importe avant tout de couvrir sans trop de difficultés les charges essentielles, de façon à vivre intensément d'une façon indépendante, soucieux de s'attacher à ses préoccupations du moment, de satisfaire sa curiosité toujours éveillée, et cela sans attaches trop lourdes. Pour peu que le natif ait une activité d'allure intellectuelle qui lui donne l'impression de ne pas être tout à fait l'homme de la rue, il s'attache moins à l'argent qu'à l'existence sans contrainte que celui-ci autorise. On ne trouve guère de Gémeaux avares, puisque le besoin de posséder et d'entasser ne les détermine pas profondément. Ils ne sont pas non plus de grands prodigues, bien qu'ils soient souvent entraînés à dépenser plus qu'il ne faudrait pour satisfaire quelques caprices, que les esprits critiques trouveront futiles. Une bonne part peut aller aux dépenses vestimentaires, car le Gémeaux est coquet. Même s'il porte volontiers la tenue de l'année qui, depuis quelques années, est peu onéreuse avec la mode des jeans et des baskets, il veut la personnaliser, chercher des harmonies assez subtiles de couleurs. Il faut dire qu'il a bien souvent l'âme d'un dandy, il essaie toutes les lotions après-rasage et eaux de toilette tant le soin de son image le préoccupe.

Cependant, le désir de se faire prendre au sérieux l'incite parfois à grossir le rang des propriétaires d'appartements ou de résidences secondaires. Il joue alors avec le plus grand naturel le rôle du propriétaire heureux de faire les honneurs de sa résidence ou de ses terres. Il s'est si souvent fait considérer comme un fantaisiste qu'il éprouve une très réelle satisfaction à prouver qu'il est, quoi que l'on en pense, un homme pratique et qui a du bien au soleil. Il joue avec naturel le rôle du propriétaire affairé à l'entretien de sa maison et de son jardin. Mais, au fond, les servitudes et les corvées que cela comporte l'ennuient profondément.

La prévoyance n'est pas un trait dominant de son caractère et il ne commence à s'en soucier qu'au moment où l'âge vient tirer le signal d'alarme. L'imprévoyance, le gaspillage, l'oubli de quelques précautions ou formalités élémentaires ne sont pas rares.

Dans la vie quotidienne, le Gémeaux du type intellectuel est particulièrement mal à l'aise en face des questions d'argent. Il se fait rouler par des gens sûrs d'eux qui lui en imposent et le traitent en petit garçon ou le flattent outrageusement ; il est donc une proie facile pour les spécialistes de la vente à domicile, surtout les marchands de livres, d'encyclopédies et de reproductions de tableaux. Les autres Gémeaux, plus matérialistes, se croyant plus habiles qu'ils ne le sont, se laissent aller à la facilité. Experts en arguments spécieux, en publicité outrancière, il est fréquent qu'ils côtoient les limites de la fraude, prêts à faire marche arrière si le client montre les dents. Certes, il n'y a pas que des Gémeaux dans cette foule de vendeurs rusés, véritables maquignons, mais ils excellent à dissimuler les tares de leur camelote et à rédiger des publicités mensongères.

Ses dons de persuasion, son habileté verbale peuvent aussi faire de lui un excellent vendeur, dont les gains sont sans limites tant il est capable de subjuguer le client avec beaucoup d'amitié apparente. Il est rare que le Gémeaux devienne un grand brasseur d'affaires, un magnat, car il faut pour cela une structure psychique plus dure. Mais ses dons sont productifs dans la mesure où il n'endosse pas la responsabilité d'une grosse entreprise.

Autre « gagnant » ludique : Hergé, l'inventeur de Tintin. Peut-on trouver meilleure façon de remplir son bas de laine que de dessiner les aventures d'un personnage qui s'amuse ?

La constitution du Gémeaux est de type résistant fragile. Ses poumons — points sensibles de son anatomie — doivent être surveillés. Il a un tempérament généralement vif, nerveux et fatigable.

Le Gémeaux et sa Santé

La constitution physique des Gémeaux n'est pas caractérisée par une forte musculature. Leur morphologie longiligne affine les muscles, qui ne manquent cependant pas de robustesse, et l'on peut trouver parmi les natifs de ce signe des champions sportifs réputés, tels jadis Suzanne Lenglen et plus récemment Eddy Merckx et Michel Jazy. La vérité oblige à dire qu'on rencontre parfois des Gémeaux aux formes enveloppées : ces exceptions sont dues à des conjonctions de planètes telles que la Lune, Vénus, Jupiter et Neptune occupant une position particulière à la naissance. Selon d'anciens ouvrages, les natifs de la première moitié du signe seraient plutôt petits et d'apparence frêle, les autres étant plus grands et plus robustes. D'autres ouvrages parlent de la grande taille des Gémeaux, de leur silhouette filiforme, évoquant en particulier l'image de Philippe II d'Espagne, reproduite dans la plupart des dictionnaires. Le Gémeaux moyen, le plus souvent rencontré, correspond assez bien à l'image de Mercure, cet être jeune aux formes minces et assez élégantes, qui accorde à ceux qu'il gouverne le privilège de conserver très tard une certaine jeunesse du corps et de l'esprit.

Cette interpénétration, cette fusion qui s'opère chez les Gémeaux entre le tempérament du signe, qui est sanguin, et celui de la planète Mercure, qui est nerveux, s'explique malaisément mais c'est un fait d'expérience.

Le tempérament sanguin exprime la priorité de la fonction respiratoire associée à la circulation sanguine. Le tempérament nerveux marque la réceptivité au monde extérieur et tend à cérébraliser toutes les fonctions, au détriment de l'instinct et en privilégiant le mental.

Les conséquences de cette dualité tempéramentale sont très nettes : la fonction respiratoire est moins ample et moins libre que chez les deux autres signes d'Air, Balance et Verseau. Elle se trouve pratiquement sous le contrôle d'un système nerveux qui finalement conquiert la direction de tout l'organisme dont il restreint le libre jeu. La respiration se voit donc ralentie ou déréglée par un blocage nerveux dû lui-même aux « stress » de la vie quotidienne.

Dans l'antique conception de l'homme-zodiaque, chaque signe se voit attribuer la maîtrise d'une partie du corps bien déterminée. C'est ainsi que le Bélier gouverne la tête, le Taureau le cou et la gorge, pour finir aux Poissons qui régissent les pieds. Les Gémeaux ont pour localisation corporelle les bronches et les poumons, ainsi que les épaules, les bras et les mains. L'appareil respiratoire se trouve donc gouverné par le Taureau dans sa partie pharynx et larynx, et par les Gémeaux pour les bronches et les poumons.

Les Gémeaux sont exposés aux maladies affectant ces organes : bronchites, pneumonies, pleurésies, emphysèmes. Ils doivent être très prudents en ce qui concerne les risques de refroidissement, particulièrement les vents violents et glacés, les bourrasques, et se protéger suffisamment la poitrine dès les premiers froids. La tuberculose, naguère maladie courante chez les Géminiens, ainsi que les Sagittaire et les Poissons qui ont Mercure très dissonant, disparaît aujourd'hui, mais l'accoutumance des microbes aux antibiotiques peut faire craindre un jour sa réapparition.

En raison de leur sensibilité nerveuse, les Gémeaux s'exposent à des réactions allergiques très sérieuses lorsqu'ils sont soumis à des traitements de choc, comportant des antibiotiques ou les divers produits de la chimiothérapie. C'est pourquoi, afin d'éviter ce type de réaction très pénible,

Le Grand Livre des Gémeaux

ils ont intérêt à se soigner, sinon préventivement, du moins dès le tout début des troubles respiratoires, où un traitement plus doux, de préférence homéopathique, peut enrayer rapidement la maladie. Ces risques d'allergie sont accrus du fait qu'ils ont souvent une insuffisance hépatique qui ne facilite pas l'élimination des toxines, naturelles ou consécutives à un traitement dur.

Les bras et les mains sont exposés à des névrites, et le manque de contrôle des mouvements trop rapides provoque souvent des blessures et de petits accidents.

L'interconnexion du plan respiratoire et du plan nerveux est sans doute un phénomène général. Sa fréquence et son importance sont beaucoup plus considérables chez les Gémeaux, dont on peut affirmer que l'existence est très fortement conditionnée par cette relation. Ils sont donc davantage prédisposés aux maladies psychosomatiques, le facteur nerveux risquant d'aggraver les troubles purement somatiques. C'est peut-être chez les Gémeaux qu'apparaît le plus nettement l'intrication du plan physique et du plan mental, la conséquence heureuse étant que bien des troubles peuvent disparaître aussi brusquement qu'ils étaient venus.

La priorité revendiquée par le système nerveux confère à chaque Géminien un rythme bien personnel, en général irrégulier et plutôt rapide, dont les difficultés d'adaptation à la vie actuelle sont bien souvent à l'origine de troubles neuro-végétatifs, des périodes dépressives, de l'anxiété. Il peut en résulter un dérèglement des fonctions respiratoires aboutissant à des crises d'asthme. Il ne s'agit pas toujours d'asthme authentique : on retrouve ici le phénomène de simulation inconsciente qui se manifeste sur un autre plan par le désir de passer pour un autre, d'adopter un pseudonyme, de jouer un rôle. Les activités de l'inconscient sont parfois surprenantes, les douleurs simulant une attaque cardiaque ou coronarienne peuvent se produire par des contractions musculaires, elles-mêmes d'origine nerveuse.

Dans le processus de guérison, il faut souligner l'importance du facteur psychique. Le malade doit retrouver des motifs d'intérêt, afin d'éviter la rumination mentale, où les idées tournent en rond sans déboucher sur une quelconque décision. La monotonie et l'ennui sont les pires ennemis psychologiques des Gémeaux comme le froid et la bise glacée sur le plan physique. Mais lorsque Saturne est important et « mal aspecté », il est plus difficile d'échapper à la mélancolie, aux obsessions déprimantes. Il existe une possibilité tout à fait contraire : c'est celle où Mercure, dissonant à la naissance, augmente la nervosité dans le sens d'un équilibre chancelant, toujours remis en question. Le mécanisme mental, déjà très délicat dans sa finesse et, pourrait-on dire, dans sa sophistication, se grippe et produit des crispations contraires à toute activité régulière. L'agitation, le manque de contrôle sont alors le lot de chaque journée. Les cas extrêmes seraient la tendance à la mythomanie, dérèglement essentiellement mercurien, mélange singulier de suggestibilité et d'affabulation.

Conseils aux Gémeaux

Le parfait fonctionnement de l'appareil respiratoire est la clé d'une vie équilibrée. Il importe d'assurer l'oxygénation tout d'abord par l'apport constant d'un air non pollué, condition impossible à réaliser dans la vie des grandes cités. Il faut donc que le Géminien fréquente dès qu'il le peut les parcs et jardins de sa ville, en fuyant les lieux enfumés, le tabagisme, les rues à circulation automobile intense où s'accumulent parfois de véritables nappes de brouillards toxiques. Une activité physique régulière est également nécessaire, à condition qu'elle n'exige pas d'efforts violents et trop soutenus. La marche quotidienne est indispensable. La bicyclette, le tennis, le ping-pong sont utiles surtout si l'on évite l'essoufflement.

La qualité de l'air doit s'accompagner de sa quantité. Il convient donc de pratiquer le plus souvent possible des exercices respiratoires, en particulier au lever et au coucher, devant la fenêtre à condition qu'un vent trop vif ne saisisse pas. Le rythme de ces exercices est important : il doit être lent, régulier, et non pas trop rapide ou saccadé. On doit marquer les trois temps : aspiration, rétention, expiration, comme cela est enseigné dans le hatha-yoga. Cependant, si l'on opère sans professeur, il faut absolument éviter d'augmenter excessivement la période de rétention du souffle, car il pourrait en résulter par la suite des troubles cardiaques. Le yoga révèle des forces explosives qu'il ne faut pas manier à tort et à travers. On doit rapidement trouver son rythme personnel qui, au bout de quelques mois, devrait devenir quasi automatique et aider beaucoup à la régulation des deux fonctions de base, respiratoire et nerveuse. Bien entendu, ces exercices peuvent se combiner aux postures ou « asanas » du yoga, mais, là aussi, le contrôle d'un spécialiste averti est indispensable. Des hernies sont parfois dues à des efforts exagérés pour réaliser ces postures.

Le Gémeaux et sa Santé

Si le Géminien veut se retremper passagèrement dans la nature, il a intérêt à aller à la campagne ou en moyenne montagne, en évitant les altitudes trop élevées dont l'air ne lui convient plus. Les bords de mer ne sont pas toujours recommandés, car ce climat n'apporte pas la relaxation souhaitable, surtout aux sujets à tendance asthmatique. Bien entendu, il est bon que ces séjours comportent une partie distrayante, avec des contacts stimulants, car, à tout âge et en tous lieux, le Gémeaux doit chasser l'ennui et la monotonie. Mais les voyages organisés et les séjours en groupe ne sont pas toujours souhaitables.

En ce qui concerne l'alimentation, sans entrer dans des régimes trop stricts et parfois nocifs dans leur rigueur même, il est bon d'observer quelques règles. Tout d'abord, l'alcool et le tabac sont à proscrire, surtout dans la mesure où leur usage devient automatique. Fort heureusement, le Gémeaux est peu attiré par les plats lourds, trop épicés, qui ne lui conviennent pas du tout. Son goût pour les nourritures variées et légères permet d'inclure dans les menus beaucoup de légumes et de fruits. Le Gémeaux est « omnivore », il n'est pas fait pour un végétarisme exclusif mais devrait réserver la viande pour le repas de midi. Son appétit est capricieux, à l'image de sa personnalité, et il n'est pas fait pour les grands repas à l'ancienne, les surcharges alimentaires qui le mettent hors jeu pendant deux jours. Mais tout en s'efforçant à une certaine régularité dans ses horaires, le Géminien ne doit pas négliger ses petites fringales, qui l'incitent à grignoter, à picorer à plusieurs reprises dans la journée. Il notera également que le lait, les corps gras, la charcuterie, les sauces, les viandes lourdes, les ragoûts, les poissons gras, les abats, les légumes secs ne doivent figurer qu'épisodiquement dans ses menus. Une orange pressée chaque matin sera la meilleure mise en train pour une journée dynamique. Il n'est pas question de café le soir.

Parmi les plantes, heureusement de nouveau à la mode, le thym et le romarin devraient souvent accompagner les aliments, le romarin se prenant également en infusion le soir. On trouvera d'autres recettes simples et utiles dans les ouvrages d'Olenka de Veer et d'Eric Bontemps.

La subtilité est une qualité bien Gémeaux. C'est en l'appliquant quotidiennement, en déjouant les pièges des configurations astrales selon les recettes confirmées par des siècles d'expérience, en dehors bien sûr de tout recours à de dangereuses pratiques de sorcellerie des campagnes, que le Géminien maintiendra son équilibre et sa joie de vivre.

Quelques remarques encore dont les Gémeaux pourront tirer un parti profitable.

Un clou qu'il faut enfoncer sans cesse, même si cette répétition voulue paraît fastidieuse, c'est la primauté de la respiration. Bien des troubles viennent en définitive de la hâte excessive qui fait respirer superficiellement. Il est bon de s'arrêter parfois dans ce que l'on fait pour reprendre haleine et donner un cours plus lent et plus profond à la respiration. En même temps, on pensera que l'on assimile les forces cosmiques positives en inspirant, et que l'on se débarrasse des toxines du corps et de l'esprit par l'expiration.

On évitera les bains de mer si l'eau semble froide, car une réaction brutale serait nocive. Dans les grignotages quotidiens, on fera une large place aux fruits secs, dattes, raisins, figues. Le vieux remède du cataplasme sinapisé est souvent suffisant pour enrayer un refroidissement, si on l'utilise à temps.

Le Gémeaux est facilement fatigué : il doit s'accorder sans hésitation quelques temps de repos. En cas de fatigue mentale, il peut bricoler pour récupérer. Ne supportant pas les excès et les tours de force, il doit se tenir dans un juste milieu. En cas de maladie, il ne faut pas le contraindre à rester assis ou couché sans bouger. Les natifs constateront qu'une petite pluie fine et tiède apaise leurs nerfs. Trop souvent, le Gémeaux n'aime pas se soigner, espérant que ses ennuis de santé se régleront tout seuls, ce qui n'est pas toujours le cas. Il n'a pas la patience d'aller jusqu'au bout de ses traitements, et s'impatiente devant les horaires, les dosages, les traitements réguliers (ces conseils pratiques sont dus à l'astrologue néerlandaise Mellie Uylder). Ajoutons que dès que l'esprit retrouve un sujet d'intérêt, la santé s'améliore.

A travers ses Feuilles d'herbe, *Walt Whitman a chanté la camaraderie amoureuse, ce mélange entre amitié et amour si caractéristique du Gémeaux.*

Chapitre III

L'entente du Gémeaux
avec les autres Signes

Thomas Mann (prix Nobel de littérature en 1929) fut hanté par la décadence, la dégradation sous toutes leurs formes. Mort à Venise *reste une de ses œuvres les plus célèbres pour avoir été portée à l'écran par Visconti.*

Comment vous accordez-vous avec les autres Signes

Il est possible d'explorer vos affinités et vos incompatibilités d'humeur avec les autres en partant des caractéristiques de votre signe solaire.

Ce signe exerce en effet une action particulièrement puissante sur vos goûts et sur vos buts dans la vie.

Dans le tableau qui suit, vous découvrirez sous la forme de plusieurs mots clés la manière dont chaque signe zodiacal perçoit les onze autres signes, en termes d'accord, de conflit ou d'indifférence.

Votre personnalité est certes plus vaste que votre seul signe solaire, c'est pourquoi, pour en explorer un autre aspect, vous pouvez utiliser le même tableau mais en partant cette fois de votre signe ascendant.

Votre Ascendant influence en effet directement votre comportement social spontané.

Si cette deuxième exploration recoupe la première, vous possédez une personnalité dont les affinités et les antipathies sont nettement tranchées ; si, en revanche, les deux résultats sont différents, votre capacité de contacts constructifs est très large.

Votre signe solaire	Perçoit les autres signes comme ci-dessous					
	BÉLIER	TAUREAU	GÉMEAUX	CANCER	LION	VIER...
BELIER		Routinier Possessif Lent	Vif, rapide Intelligent Stimulant	Trop sensible Susceptible Nostalgique Rêveur	Organisateur Puissant Juste Créatif	Critiq... Pointi... Timor... Inquiè...
TAUREAU	Impulsif Brusque Égoïste Imprudent		Inconstant Dilettante Bavard Trompeur	Maternel Économe Aimant le foyer	Autoritaire Théâtral Dépensier Dogmatique	Pratiq... Méth... Servi... Persp...
GÉMEAUX	Audacieux Entraînant Libre Décidé	Lourd Entêté Avide Rigide		Craintif Paresseux Peu ambitieux Désordonné	Chaleureux Large d'esprit Solide Plein d'autorité	Anxi... Mani... Trop aux c...
CANCER	Agressif Indiscret Précipité Avide de nouveau	Fidèle Aimant Patient Solide	Nerveux Trop cérébral Insouciant Sceptique		Tumultueux Arriviste Snob Écrasant	Effici... Rése... Conc... Honn...
LION	Enthousiaste Entreprenant Efficace Rapide	Fruste Obstiné Matérialiste Jaloux	Adaptable Talentueux Charmeur Habile	Capricieux Rancunier Faible Plaintif		Petite... Étroit... Crain... Critiq...
VIERGE	Aventureux Imprévoyant Irréfléchi	Doué pour gagner de l'argent Concret Travailleur	Joueur Insouciant Comédien Théoricien	Aimant l'intimité Délicat Prudent	Mégalomane Surmené Prétentieux Dépensier	
BALANCE	Ardent Actif Novateur Remuant	Grossier Instinctif Utilitaire Exclusif	Cultivé Brillant Diplomate Sociable	Replié sur soi Casanier Timide Paresseux	Rayonnant Esthète Courtois Loyal	Trop r... Critiq... Timide... Égoïst...
SCORPION	Imprudent Versatile Précipité Hâbleur	Pratique Stable Affectueux Digne de confiance	Superficiel Dispersé Bavard Comédien	Fécond Compréhensif Tenace Profond	Despotique Orgueilleux Théâtral Conformiste	Précis... Perspi... Ponctu... Pratiq...
SAGITTAIRE	Énergique Disponible Dynamique Animateur	Limité Terre à terre Enraciné Intéressé	Juvénile Curieux Communicatif Mobile	Fantasque Casanier Désordonné Morose	Optimiste Organisateur Ambitieux Loyal	Manqu... d'enve... Anxieu... Refroi...
CAPRICORNE	Impulsif Fiévreux Révolutionnaire Changeant	Réalisateur Persévérant Gai, fidèle Sincère	Léger Distrait Bavard Superficiel	Pratique Aisé dans ses contacts Maternel Prudent	Théâtral Dépensier Fixé dans ses idées Autoritaire	Discip... Métho... Ration... Pratiq...
VERSEAU	Inventif Progressiste Persuasif Militant	Matérialiste Rétrograde Épais Fatigant	Tolérant Intelligent Curieux de nouveauté Sociable	Passéiste Vulnérable Replié sur soi Infantile	Rayonnant Large d'esprit Maître de soi Efficace	Restric... Froide Matéri... Limitée
POISSONS	Agressif Violent Précipité Égoïste	Sécurisant Sensuel Calme Affectueux	Agité Verbeux Trompeur	Compréhensif Profond Idéaliste Maternel	Hautain Agressif Tumultueux Égoïste	Précise Servia... Pratiq... Consci...

	Perçoit les autres signes comme ci-dessous					Votre signe Ascendant
	SCORPION	SAGITTAIRE	CAPRICORNE	VERSEAU	POISSONS	
	Secret Vindicatif Obstiné Destructeur	Jovial, sincère Large d'esprit Philosophe Sportif	Décourageant Froid Mesquin Rigide	Indécis Ouvert, amical Progressive Sincère	Impressionnable Fuyant Sentimental	BÉLIER
	Fascinant Fécond Instinctif Persévérant	Trop optimiste Risque-tout Joueur Tendu	Solide Ambitieux Patient Doué d'humour	Utopiste Excentrique Révolté Brusque	Hospitalier Généreux Compatissant Intuitif	TAUREAU
harme	Critique Tortueux Jaloux Brutal	Optimiste Large d'esprit Sportif Explorateur	Pessimiste Mesquin Rigoriste Rancunier	Fraternel Libre Intensif Humain	Romanesque Vague, secret Indécis Abandonné	GÉMEAUX
e	Profond Mystique Perspicace Tenace	Aventureux Exagéré Imprudent Peu délicat	Intériorisé Responsable Maître de soi Intègre	Imprévisible Inconstant Intellectuel Trop vaste	Bon, sensible Détaché Mystique Inspiré	CANCER
	Envieux Arrogant Extrêmiste Violent	Large, vital Entreprenant Compétent Clairvoyant	Isolé, froid Trop ambitieux Rigide Concentré	Humanitaire Complaisant Loyal Idéaliste Inventif	Impressionnable Dissimulé Morbide Faible	LION
	Énergique Bénéfique Scrupuleux Passionné	Trop extériorisé Aventureux Joueur Trop habile	Économe Persévérant Voyant loin	Idéaliste Révolté Tendu	Ayant le sens du sacrifice Intuitif Bénéfique	VIERGE
	Tyrannique Brutal Instinctif Entier	Riche Talentueux Organisé Large d'esprit Enthousiaste	Décourageant Solitaire Calculateur Froid	Altruiste Fidèle Amical Intelligent	Replié sur soi Timide Secret, mou Négligent	BALANCE
ate e		Extériorisé Changeant Trop optimiste Diffus	Ambitieux Résolu Solide Perspicace	Excentrique Irréaliste Théorique Trop confiant	Mystique Inspiré Compréhensif Persuasif	SCORPION
ative	Destructeur Révolté Secret Dangereux		Casanier Routinier Pessimiste Rancunier	Humain Libre, inventif Disponible Sincère	Empêtré dans son émotivité Confus, passif Fuyant	SAGITTAIRE
vérance ale lle	Tenace Volontaire Fidèle Perspicace	Superficiel Aventureux Joueur Peu rigoureux		Rebelle Trop tendu Utopiste Imprévisible	Compatissant Hospitalier Intuitif Bon	CAPRICORNE
nte	Caustique Antisocial Jaloux Méfiant	Ouvert, sincère Mondialiste Explorateur Indépendant	Trop centré sur soi, froid Calculateur Pessimiste		Trop émotif Désordonné Fluctuant Flou	VERSEAU
ée e	Mystique Passionné Profond Énergique	Trop extériorisé Excessif Turbulent	Solide, calme Prévoyant Concret Supérieur	Excentrique Brusque Révolté Prométhéen		POISSONS

Ce « baiser » de Klimt, qui exprime tant de tendresse complice, tant de ferveur et de spiritualité, révèle l'attitude du Gémeaux en amour : il cherche l'idée de l'amour plus que l'amour, l'étreinte affectueuse plus que charnelle. Ici, les gestes du couple, entrelacés avec une grâce aérienne, parlent plus que leur corps.

Les Astromariages de la Femme Gémeaux

Femme Gémeaux et homme Bélier

Une étrange alchimie se produit entre les deux compères. L'homme Bélier qui a, en principe, horreur des femmes compliquées, un rien doubles et allumeuses, se laisse littéralement envoûter par cette créature gaie, vivante, joueuse, hyperdouée. Il n'a rien de commun avec elle, ni le goût du sport ni celui du danger, mais elle le *stimule*. Son enthousiasme, sa légèreté, sa façon de prendre la vie au comique le subjuguent. En outre, sa faconde de femme souvent cultivée et toujours informée, son immense savoir-faire social, professionnel et privé, achèvent d'amadouer notre play-boy, plutôt maladroit dans les salons. Mais attention : couple fragile. Ne résiste guère aux intempéries de la vie à deux. Parce qu'elle déteste ne pas se sentir indépendante. Et qu'il déteste la laisser libre.

Femme Gémeaux et homme Taureau

C'est la Terre, pleine de sensualité, de désir de posséder, alliée à l'Air désinvolte des Gémeaux : elle est peut-être trop cérébrale, pour lui, trop légère, ne prenant rien au sérieux, ni les attachements du Taurien ni son goût de la propriété. De plus, ils n'ont pas les mêmes désirs : lui recherche la jouissance matérielle, elle veut jouer et toute sa fantaisie est au service de ses instincts ludiques. Que faire ? Se rejoindre à travers d'autres intérêts, les enfants, un métier commun ou simplement des loisirs bien orchestrés.

Femme Gémeaux et homme Gémeaux

Voilà un alliage brillant, spirituel, léger comme des bulles de champagne : tout à fait grisant. Mais, Mercure et Mercure font-ils longtemps bon ménage ? Le flirt, la camaraderie, les jeux intellectuels lient ce couple davantage que l'amour à proprement parler. Les Gémeaux, qui ont toujours un problème d'identité et d'adaptation, ont besoin, à leurs côtés, d'une personne solide qui leur donne accès à la réalité. S'ils sont deux Gémeaux, cela multiplie les difficultés. Mais si l'un des deux *veut* vraiment (ah ! la volonté : que de Mercuriens en manquent !) réussir ce couple, il doit consentir à se poser sur terre. Auquel cas, c'est un mariage gai, divertissant, plein de fantaisie.

Femme Gémeaux et homme Cancer

Ce feu follet toujours en mouvement, cet être léger qui réagit à la moindre brise, ce vif-argent étincelant, fait un tel contraste avec le pauvre Cancer, si lourd dans sa cuirasse !
Tandis qu'elle virevolte sous ses pinces, il en a le tournis ; il veut essayer de l'attraper, mais elle lui file comme un courant d'air entre les antennes ! Il croyait la saisir : pffft ! elle a disparu, puis réapparaît, mutine et taquine, pour se moquer de lui. Rien de plus excitant.
S'ils se marient, cependant, elle risque de perdre la partie : le jour où le tourteau l'aura coincée

avec ses grosses pinces et ses principes conservateurs, la pauvrette s'étiolera. La fantaisie et l'indépendance lui sont aussi indispensables que l'air pur. Elle risque la grande déprime, devant ce mur d'immobilisme. Peut-on marier la brise du matin et le crustacé fossile ? C'est risqué.

Femme Gémeaux et homme Lion

Vive, enjouée, folâtre, un vrai petit lutin, cette Gémeaux... Elle gardera toute la vie une allure d'adolescente. Sa démarche sautillante, ses réparties vives séduisent le Lion qui n'a pas cette légèreté. Lui qui adore le théâtre, le voilà servi ! Les Gémeaux sont des prestidigitateurs de premier ordre : adroits comme des singes, ils savent tout faire, ils vous sortent en un clin d'œil un lapin d'un chapeau de roue, et une citronnade d'une pomme d'escalier...

Là, le Lion est bluffé : il en redemande... Les rois s'ennuient, ils ont toujours eu besoin de baladins pour les distraire, et la petite Gémeaux, fine mouche, a vite compris comment on séduit le Roi des Savanes...

Elle a l'échine souple : elle ne se laissera pas écraser sous la grosse patte du fauve ; elle le contourne, joue à cache-crinière avec lui, et, finalement, n'en fait qu'à sa tête, avec un tel brio que le Lion, sidéré, laisse faire... En flattant sa barbiche, on peut tout obtenir !

Femme Gémeaux et homme Vierge

Lui, Mercurien méthodique et concis, à la cérébralité pure et dure, face au Mercure brillant et virevoltant de la femme Gémeaux, il peut être ébloui, disons-le. Sa vivacité intellectuelle, son don de repartie humoristique, sa virtuosité d'élocution laissent notre homme Vierge pantois d'admiration. Mais qu'il se méfie : si elle n'a pas un Ascendant en signe de Terre, elle lui échappera toujours par une pirouette et ne prendra pas au sérieux son insécurité affective.

Femme Gémeaux et homme Balance

L'Air devrait s'entendre avec l'Air. C'est à qui échappera le mieux à l'autre, à qui jouera le plus au chat et à la souris. Merveilleux couple intellectuel et affectif, sans base solide et terrienne : pour l'un comme pour l'autre, le principe de réalité existe à peine. Ils peuvent rire la vie ensemble, sans devenir adultes.

Femme Gémeaux et homme Scorpion

Rien n'amuse tant ces lutins de Gémeaux que de jouer avec le feu. Voyez cette petite vif-argent, qui taquine le Scorpion, virevolte devant lui avec son tablier rouge, et lui pique des banderilles plein la carapace. Il a beau allonger les pinces, il n'arrive jamais à la saisir complètement : il n'agrippe qu'une « Gémelle » à la fois !

L'autre lui file entre les pinces, comme un vrai courant d'air. Coucou ! C'est moi ! Et la voilà qui réapparaît là où il ne l'attendait pas. Elle rit, ne prend rien au tragique. Fine mouche, elle contourne la forteresse qu'est le Scorpion et s'adapte à lui avec inventivité.

Pourtant, si le Scorpion est mauvais, c'est elle qui souffrira le plus : l'agressivité et l'esprit critique de ce redoutable imprécateur peuvent lui faire beaucoup de mal. Si le Scorpion a l'impression qu'elle se moque de lui, ou le trompe, il sera terrible.

En revanche, un Scorpion Ascendant Vierge, moins agressif, peut être un élément de stabilité et de sécurité pour une femme Gémeaux. Possible, encore, un Scorpion-Sagittaire (comme le général de Gaulle dont l'épouse était Gémeaux).

Femme Gémeaux et homme Sagittaire

Dans le zodiaque, ils se trouvent à l'opposé l'un de l'autre. D'où une certaine attirance qui n'est pas toujours bénéfique : tous les deux volages, ils ne parviendront jamais à modifier leur nature. L'homme Sagittaire étant plus possessif que la femme Gémeaux, c'est elle qui aura le dernier mot et notre homme de Feu souffrira bien inutilement.

Femme Gémeaux et homme Capricorne

C'est l'alliage de la vieille âme et du jeune farfadet, de la sagesse posée et de l'inconscience légère, de la gravité et d'une certaine indifférence. L'homme Capricorne peut être attiré par cette antithèse de lui-même, par l'humour joueur et facétieux de la dame Gémeaux, par son astuce, son sens de la repartie, sa désinvolture et, disons-le, sa grâce en toutes choses. Mais des difficultés relationnelles risquent d'apparaître à cause de la disparité des caractères.

Femme Gémeaux et homme Verseau

Là, il y a incontestablement attirance : l'Air fait vibrer l'Air, la grâce fuyante et aguicheuse de la dame des Gémeaux intéresse au plus haut point notre monsieur Verseau, et lui, par sa nonchalante désinvolture, son intelligence incisive, son discernement, la surprend. Cela dit, il comprend vite ses jeux, ses fugues et ses frasques. Si une solide intelligence et une vraie culture ne soutient pas cette personnalité aux multiples facettes, il s'en désintéressera.

Femme Gémeaux et homme Poissons

C'est un amour un peu difficile car le Poissons et le Gémeaux sont sur deux longueurs d'ondes différentes. L'un trouve l'autre un peu ridicule : leurs sensibilités se heurtent. S'ils n'ont pas un rapport de complicité très grand, leur couple sera des plus fragiles. Le Gémeaux n'est pas toujours compris par le Poissons qui est beaucoup moins cérébral. L'un et l'autre risquent très vite de s'ennuyer... L'un adore le bruit, l'autre préfère le silence. Il est certain que l'intimité, dans un tel couple, n'est pas toujours très réussie.

L'homme Poissons qui rencontre une femme Gémeaux peut avoir la tête qui tourne rapidement car, plutôt réservé, il se trouve en face d'une femme qui le fascine. Mais le couple ne s'équilibrera pas pour autant facilement ; à moins qu'ils ne parviennent à faire régner entre eux un climat d'amitié qui satisfera peut-être dame Gémeaux mais pas pour autant Monsieur Poissons... Vie trépidante, vie intérieure, voilà vraiment deux univers difficiles à unir. L'aventure matrimoniale de Françoise Sagan, Gémeaux, avec Bob Westloff, natif des Poissons, illustre les difficultés de ce couple qui joue souvent un peu à « cache-cache ».

Philippe d'Edimbourg (Gémeaux) avec sa femme, la reine Elisabeth. L'homme des Gémeaux est particulièrement à l'aise dans ses rôles de composition, du moment qu'il joue. Il se présente souvent comme un être charmant, extrêmement bien élevé (quoique désinvolte) bon danseur, mondain, sportif accompli et bourré de talents de société.

Les Astromariages de l'Homme Gémeaux

Homme Gémeaux et femme Bélier

Là encore, l'Air (Gémeaux) attise le Feu (Bélier). Une entente spontanée et inattendue fait de ces êtres au fond très différents des complices. Meilleure combinaison que l'inverse (homme Bélier et femme Gémeaux) dans la mesure où la femme Bélier est plus souple, plus adaptable que l'homme du signe. Elle possède des qualités qui font défaut à l'homme des Gémeaux : l'esprit de décision, l'obstination, l'endurance et une certaine façon d'aller jusqu'au bout de ses actes. Elle peut le dynamiser et prendre en main ses projets qui, sans elle, resteraient à l'état de projets. Son petit désir d'évasion, ses velléités, elle peut les transformer en grande aventure, tout en sachant respecter son besoin d'indépendance. Formule excellente pour un couple qui a des intérêts en commun ou qui fait le même métier.

Homme Gémeaux et femme Taureau

Ici, c'est la femme qui est possessive, sensuelle, terrienne et l'homme qui est fuyant comme du mercure. Elle a besoin d'assurance, d'équilibre, et d'un mari dont elle soit l'unique propriétaire malgré ses apparences de grande séductrice. Or, l'inconstance et l'instabilité de Monsieur Gémeaux n'est plus à prouver. Il adore batifoler, comme un éternel adolescent, plaire au plus grand nombre d'êtres humains, et plus particulièrement aux dames, sans se soucier beaucoup du confort matériel de sa compagne ni accorder grande importance à ses scènes de jalousie. Autant le savoir, ce couple est fragile s'il privilégie l'intimité du foyer ; en revanche, s'il développe une vie sociale et culturelle, il se donne de bonnes conditions d'épanouissement.

Homme Gémeaux et femme Gémeaux

Voir la combinaison inverse « Femme Gémeaux et homme Gémeaux », page 79.

Homme Gémeaux et femme Cancer

On peut se marier pour mille raisons qui n'ont rien à voir avec l'entente profonde et la compatibilité d'humeur. C'est ce qui arrive ici. Une Cancer Ascendant Sagittaire peut être attirée par un homme Gémeaux, mais ce n'est pas à conseiller en général.

Certes, le Gémeaux séduit tout le monde par son humour, son habileté, son optimisme et ses brillantes relations. Mais les pinces d'une dame Cancer ne sont pas assez longues pour coincer cet éternel courant d'air qui ne cesse de jouer à cache-cache avec lui-même (et avec tout le monde).

De son côté, il ne peut comprendre à quel point sa Cancer a besoin de stabilité et de tendresse... à moins d'être Gémeaux-Poissons (mais dans ce cas, encore plus insaisissable), ou Gémeaux-Cancer, et là encore, peu d'espoir de bonne entente...

Homme Gémeaux et femme Lion

En principe, le Feu et l'Air s'entendent bien, les deux Soleils étant ici en sextile (à 60 degrés), et tout devrait aller pour le mieux. Pourtant, trop souvent, Mercure des Gémeaux ne fait pas le poids devant l'éclat écrasant du Soleil léonien.

Bien entendu, la Lionne, énergique et entreprenante, s'efforcera de coincer les deux jumeaux pour les obliger à marcher droit : travailler, gagner de l'argent, faire des affaires, bref, rentrer dans le système... Le but étant de lui offrir, à elle, le somptueux train de vie dont elle ne pourrait se passer. Et sans être aussi méchant, on peut dire que la Lionne n'apprécie pas tellement la bohème des Gémeaux, leur non-conformisme...

Mais si nos jumeaux souhaitent être fermement pris en main, surtout quand ils sont jeunes, cela ne saurait durer éternellement. Comme tous les signes d'Air, leur fantaisie se nourrit de liberté... A vouloir enfermer le vent dans une boîte, on l'anéantit, on stérilise sa créativité... Attention, Lionne ! Votre poigne trop dure risque de détruire les deux brillants petits Gémeaux dont le charme vous amusait tant : vos exigences risquent de bloquer leur vivacité, leur génie inventif, leur vitalité à mille facettes. Le Gémeaux qu'on veut coincer réagit très mal : par la violence, par la dépression... ou encore par la fuite. Laissez-les vivre !

Homme Gémeaux et femme Vierge

Très difficile. La Vierge pudique, à l'affectivité profonde, authentique et grave, que voulez-vous qu'elle devienne devant un feu follet dilettante et léger, qui galvaude ses sentiments avec une facilité déconcertante ? (Il aime bien tout le monde.) Rien ne va dans ce petit ménage aux pieds ailés, excepté l'entente intellectuelle : ils sont très complémentaires dans leur façon d'analyser une situation, un être ou un problème. Cela suffit-il à faire un bon couple ? Il leur manque une complicité affective et sensuelle.

Homme Gémeaux et femme Balance

Ce sont plus de grands amis que de grands amoureux. Bien sûr, ils peuvent avoir une inclination amoureuse l'un pour l'autre, mais c'est léger, printanier, délivré de la passion. Ils cohabitent avec la plus grande aisance et font un couple uni par la complicité intellectuelle, les relations communes et la vie sociale.

Homme Gémeaux et femme Scorpion

D'aucunes se plaignent vivement des Gémeaux : insaisissables, légers, farceurs, brillants voire malhonnêtes, misogynes, homosexuels...

Avec la Scorpionne, ils ne pourront plus jouer à cache-cache. Inutile de faire les malins avec elle : elle les voit venir ! Elle en coince un dans chaque pince et le tour est joué.

La complexité des Gémeaux affole peut-être bien des gens, mais sûrement pas une Scorpionne, qui en a vu d'autres... Et qui, de toute façon, devine tout. Elle s'agacera de l'irrégularité de l'homme Gémeaux, génie de l'improvisation, roi du système D, qui retourne sa veste et change d'humeur comme le vent. Il passera par des hauts et des bas, oscillant sans cesse entre l'amour fou et le ras-le-bol hurlant.

Si elle tient bon, elle le stabilisera ; c'est elle le « signe fixe » ! Ce serait plus facile si elle était Scorpion-Vierge, et lui Gémeaux-Cancer, par exemple.

L'humour, l'intelligence, la gaieté des Gémeaux l'aideront à ne pas s'enliser dans le tragique quotidien, tentation permanente du signe.

Ils ne vieilliront pas : l'éternelle jeunesse des Gémeaux stimule la Scorpionne dans la lutte sans merci qu'elle mène toujours contre la vieillesse et la décrépitude. Le couple sera meilleur encore au fil des années.

Homme Gémeaux et femme Sagittaire

Voilà un couple que l'on voit souvent et qui semble admirablement s'accorder : l'homme Gémeaux, plus dépendant qu'il n'y paraît, lorsqu'on ne va pas lui chercher noise sur son emploi du temps, se trouve très à l'aise dans l'univers de la dame Sagittaire qui ne s'intéresse pas aux détails de la vie quotidienne. En outre, elle sait l'entraîner dans les aventures qui le tiennent en haleine, des voyages pleins de rebondissements, des fêtes entre amis...

Homme Gémeaux et femme Capricorne

Ils s'attirent parfois, s'unissent rarement et ne durent qu'exceptionnellement. L'homme Gémeaux a encore moins d'interdits que la femme du signe, ce qui le rend instable affectivement, folâtre, extrêmement peu fiable. Il aime le flirt et a besoin de changement en amour. Elle, qui recherche tellement le roc, le seul amour, celui qui dure toute la vie, elle risque d'être fort malheureuse avec lui, sauf si un Ascendant « Terre » ou des aspects forts dans son thème le retiennent au sol.

Homme Gémeaux et femme Verseau

Voici deux voltigeurs. Tous deux enfants des airs et des nuages, tous deux légers, optimistes, volatiles. Elle, plus sérieuse que lui : ses responsabilités, son travail, sa famille, ses amis requièrent toute son attention. Lui, l'homme Gémeaux, est parfaitement insouciant. Seul le moment qu'il vit l'intéresse. Ce qui doit arriver un peu plus tard ou le lendemain l'ennuie vraiment. Son incapacité à se projeter dans le futur, même immédiat, est viscérale. Il y a entre eux une grande complicité intellectuelle faite d'humour, de reparties caustiques, de compréhension et de vivacité. Mais aucun être un peu profond n'a de prise sur un Gémeaux : et s'il était, comme on le dit souvent, indifférent ?

Homme Gémeaux et femme Poissons

La femme Poissons est une énigme pour Monsieur Gémeaux. Leurs sensibilités se heurtent, l'un et l'autre s'égratignent mutuellement. L'humeur changeante des Gémeaux parvient-elle à saisir l'ambiance mystérieuse, floue, incertaine, dans laquelle vit la femme Poissons ? Ce n'est pas certain : et tout cela peut conduire le couple à une désagrégation, d'autant plus que la tendresse du Poissons est débordante, envahissante, alors que celle du Gémeaux est toujours réservée, retenue, pudique, et qu'il livre difficilement son cœur. On voit que ce sont là, vraiment, deux univers très difficiles à concilier... Il faudra pour ce faire beaucoup d'amour et de patience... à tous deux !

Igor Stravinsky : fils d'un chanteur du théâtre impérial, en Russie, il a mené de front des études de droit et de piano. Il a créé son premier ballet, l'Oiseau de feu, à 28 ans. Comme cela arrive fréquemment dans le destin géminien, son existence a été marquée par deux grands tournants : son installation en France, puis son départ pour les États-Unis.

Comment trouver votre Ascendant

Je vous suppose assez averti des notions de base de l'astrologie pour ne pas confondre votre Ascendant horoscopique avec vos ascendants juridiques : l'Ascendant qui nous intéresse, vous le savez, n'a rien à voir avec vos chers parents, grands-parents et arrière-grands-parents. Il n'est cependant pas mauvais de rappeler brièvement quelques définitions avant d'entrer dans le vif du sujet.

Vous qui avez acheté ce livre parce qu'il vous concernait, votre anniversaire se situe forcément entre le 21 mai et le 22 juin, période annuelle durant laquelle le Soleil occupe le secteur zodiacal appelé Gémeaux. Vous savez donc que vous êtes natif des Gémeaux ou encore que les Gémeaux sont votre signe solaire. Le jour où vous êtes né, quand le Soleil s'est levé, le signe des Gémeaux qu'il occupait se levait donc en même temps. Puis, ce Soleil en Gémeaux est monté dans le ciel printanier, et un peu plus tard dans la matinée, le signe du Cancer s'est levé à son tour. Ce furent ensuite, au cours de la journée, les levers successifs du Lion, de la Vierge, de la Balance et *tutti quanti*. C'est ainsi qu'en une période de vingt-quatre heures, du fait de la rotation de la Terre, les douze signes du Zodiaque se lèvent tour à tour. Moyennant la connaissance de votre heure et de votre lieu de naissance, il est possible de déterminer lequel des douze se levait à l'instant précis de votre venue au monde : vous connaîtrez alors votre signe Ascendant. Les pages techniques de ce livre vous fourniront tous les moyens de trouver vous-même si vous êtes Gémeaux Ascendant Bélier, Gémeaux Ascendant Verseau ou Gémeaux — autre chose encore.

Pour trouver tout de suite votre Ascendant, vous avez besoin de connaître votre heure de naissance

Pour connaître votre heure de naissance, vous interrogez vos parents, ou bien, dans de nombreux pays, vous pouvez également l'obtenir auprès de votre mairie, en demandant un extrait d'acte de naissance.

Toutefois, l'heure que vos parents ou la mairie vous indiquent est une heure officielle qui ne coïncide pas forcément avec l'heure solaire.

Souvenez-vous qu'à la campagne certaines personnes ne désirent pas vivre à l'heure officielle et préfèrent suivre l'heure du Soleil.

De même, un enfant né à 14 heures officiellement serait, en fait, né à midi solaire.

Pour que vous puissiez facilement transformer votre heure officielle de naissance en heure solaire, nous avons établi un tableau par pays.

Vous recherchez, dans les pages suivantes, le tableau concernant votre pays de naissance et vous lisez ce que vous avez à faire.

Si le tableau vous demande « Retranchez une heure », cela veut dire que vous devez retrancher une heure de votre heure de naissance officielle pour trouver l'heure solaire.

Si le tableau vous demande « Ajoutez 0 h 30 », c'est l'inverse.

Si enfin le tableau indique « Aucun changement », c'est que l'heure officielle est la même que l'heure solaire.

Pourquoi est-il nécessaire que vous trouviez l'heure solaire de votre naissance ?

Tout simplement parce que, si vous utilisiez directement votre heure officielle de naissance, vous trouveriez un Ascendant inexact chaque fois que cette heure aurait une avance ou un retard notable sur l'heure du Soleil.

Si vous avez bien noté votre heure de naissance, vous pouvez passer maintenant à la page 98 où vous lirez comment trouver votre Ascendant sans aucun calcul.

Isadora Duncan s'est rendue célèbre par sa conception originale de la danse. Elle apparaissait sur scène pieds nus, pour laisser plus de liberté à son corps, ce qui est tout à fait dans la nature d'un Gémeaux. Elle créa une école de danse qui fit beaucoup d'adeptes.

TRANSFORMATION DE VOTRE HEURE DE NAISSANCE EN HEURE SOLAIRE DE NAISSANCE

AFRIQUE

AFFARS ET ISSAS (DJIBOUTI)
Depuis 1900 aucun changement.

AFRIQUE DU SUD
Ouest
Province du Cap Occidentale et Sud-Ouest Africain
De 1900 à 1902 retranchez 0 h 15.
Depuis 1903 retranchez 1 h 15.
Est
Orange, Transvaal, Natal, Province du Cap Orientale.
De 1900 à 1902 ajoutez 0 h 25 (1).
Depuis 1903 aucun changement.

ALGÉRIE
De 1900 à 1910 aucun changement.
De 1910 à 1915 ajoutez 0 h 10.
Du 20 mai au 14 juin 1916 ajoutez 0 h 10.
Du 17 au 22 juin 1916 retranchez 0 h 50.
De 1917 à 1920 retranchez 0 h 50.
Du 20 mai au 21 juin 1921 retranchez 0 h 50.
Le 22 juin 1921 ajoutez 0 h 10.
De 1922 à 1939 ajoutez 0 h 10.
De 1940 à 1943 retranchez 0 h 50.
En 1944 et 1945 retranchez 1 h 50.
En 1946 retranchez 0 h 50.
De 1947 à 1955 ajoutez 0 h 10.
De 1956 à 1962 retranchez 0 h 50.
De 1963 à 1970 ajoutez 0 h 10.
En 1971 retranchez 0 h 50.
De 1972 à 1976 ajoutez 0 h 10.
En 1977 retranchez 0 h 50.
En 1978 retranchez 1 h 50.
Depuis 1979 retranchez 0 h 50.

ANGOLA
Occidental
Depuis 1900 aucun changement.
Oriental
Depuis 1900 ajoutez 0 h 20.

BÉNIN (DAHOMEY)
De 1900 à 1933 aucun changement.
Depuis 1934 retranchez 0 h 50.

BOTSWANA
Depuis 1900 retranchez 0 h 20.

BURUNDI
Depuis 1900 aucun changement.

CAMEROUN
De 1900 à 1911 aucun changement.
Depuis 1912 retranchez 0 h 10.

CENTRAFRICAINE (REP.)
De 1900 à 1911 aucun changement.
Depuis 1912 ajoutez 0 h 20.

COMORES (ILES)
Depuis 1900 aucun changement.

1. Sauf Natal aucun changement.

CONGO
Depuis 1900 aucun changement.

CÔTE-D'IVOIRE
De 1900 à 1911 aucun changement.
Depuis 1912 retranchez 0 h 20.

ÉGYPTE
De 1900 à 1939 aucun changement.
De 1940 à 1945 retranchez 1 h.
De 1946 à 1959 aucun changement.
Depuis 1960 retranchez 1 h.

ÉTHIOPIE (sauf ÉRYTHRÉE)
De 1900 à 1935 aucun changement.
Depuis 1936 retranchez 0 h 25.

ÉRYTHRÉE
De 1900 à 1930 aucun changement.
Depuis 1931 retranchez 0 h 20.

GABON
De 1900 à 1911 aucun changement.
Depuis 1912 retranchez 0 h 15.

GAMBIE
De 1900 à 1963 aucun changement.
Depuis 1964 retranchez 1 h.

GHANA
Depuis 1900 aucun changement.

GUINÉE
De 1900 à 1911 aucun changement.
De 1912 à 1933 retranchez 0 h 45.
De 1934 à 1959 ajoutez 0 h 15.
Depuis 1960 retranchez 0 h 45.

GUINÉE BISSAU
Depuis 1900 aucun changement.

GUINÉE ÉQUATORIALE
De 1900 à 1911 aucun changement.
De 1912 à 1963 ajoutez 0 h 40.
Depuis 1964 retranchez 0 h 20.

HAUTE-VOLTA
Depuis 1900 aucun changement.

KENYA
De 1900 à 1928 aucun changement.
En 1929 retranchez 0 h 30.
De 1930 à 1939 aucun changement.
De 1940 à 1960 retranchez 0 h 15.
Depuis 1960 retranchez 0 h 30.

LESOTHO
Depuis 1900 aucun changement.

LIBÉRIA
Depuis 1900 aucun changement.

LIBYE
Tripolitaine, Syrte
De 1900 à 1963 aucun changement.
Depuis 1964 retranchez 1 h.
Cyrénaïque
De 1900 à 1919 aucun changement.
De 1920 à 1963 ajoutez 0 h 30.
Depuis 1964 retranchez 0 h 30.

MADAGASCAR
Depuis 1900 aucun changement.

MALAWI
Depuis 1900 ajoutez 0 h 15.

MALI
Occidental (Bamako)
De 1900 à 1911 aucun changement.
De 1912 à 1933 retranchez 0 h 30.
De 1933 à 1959 ajoutez 0 h 30.
Du 20 mai au 20 juin 1960 ajoutez 0 h 30.
Les 21 et 22 juin 1960 retranchez 0 h 30.
Depuis 1961 retranchez 0 h 30.
Oriental (Tombouctou-Gao)
De 1900 à 1911 aucun changement.
De 1912 à 1933 retranchez 0 h 10.
De 1933 à 1959 ajoutez 0 h 30.
Du 20 mai au 20 juin 1960 ajoutez 0 h 50.
Les 21 et 22 juin 1960 retranchez 0 h 10.
Depuis 1961 retranchez 0 h 10.

MAROC
De 1900 à 1913 aucun changement.
De 1914 à 1939 retranchez 0 h 30.
De 1940 à 1945 retranchez 1 h 30.
De 1946 à 1949 retranchez 0 h 30.
Du 20 mai au 10 juin 1950 retranchez 0 h 30.
Du 11 au 22 juin 1950 retranchez 1 h 30.
De 1951 à 1966 retranchez 0 h 30.
Du 20 mai au 3 juin 1967 retranchez 0 h 30.
Du 4 au 22 juin 1967 retranchez 1 h 30.
De 1968 à 1975 retranchez 0 h 30.
Du 20 mai au 20 juin 1976 retranchez 0 h 30.
Les 21 et 22 juin 1976 retranchez 1 h 30.
En 1977 retranchez 1 h 30.
En 1978 retranchez 1 h 30.

MAURICE (ILE)
Depuis 1900 aucun changement.

MAURITANIE
De 1900 à 1911 aucun changement.
De 1912 à 1933 retranchez 0 h 55.
De 1934 à 1959 aucun changement.
Depuis 1960 retranchez 0 h 55.

MOZAMBIQUE
De 1900 à 1902 retranchez 0 h 15.
Depuis 1903 ajoutez 0 h 25.

NIGER
Occidental (Niamey)
De 1900 à 1911 aucun changement.
De 1912 à 1933 ajoutez 1 h 10.
De 1934 à 1959 ajoutez 0 h 10.
Depuis 1960 retranchez 0 h 50.
Central (Tahoua, Nkoni, Ingall, Maradi)
De 1900 à 1911 aucun changement.
De 1912 à 1959 ajoutez 0 h 25.
Depuis 1960 retranchez 0 h 35.

TRANSFORMATION DE VOTRE HEURE DE NAISSANCE EN HEURE SOLAIRE DE NAISSANCE

Oriental (Agadez, Bilma, Zinder, Nguigmi)
De 1900 à 1911 aucun changement.
Depuis 1912 retranchez 0 h 20.

NIGÉRIA
De 1900 à 1919 aucun changement.
Depuis 1920 retranchez 0 h 30 (2).

OUGANDA
De 1900 à 1919 aucun changement.
De 1920 à 1928 retranchez 0 h 20.
En 1929 retranchez 0 h 50.
De 1930 à 1947 retranchez 0 h 20.
De 1948 à 1963 retranchez 0 h 35.
Depuis 1964 retranchez 0 h 50.

RÉUNION (ILE DE LA)
De 1900 à 1910 aucun changement.
Du 20 au 31 mai 1911 aucun changement.
Du 1er au 22 juin 1911 retranchez 0 h 20.
Depuis 1912 retranchez 0 h 20.

RHODÉSIE
Depuis 1900 aucun changement.

RWANDA
Depuis 1900 aucun changement.

SÉNÉGAL
De 1900 à 1940 aucun changement.
Du 20 au 31 mai 1941 aucun changement.
Du 1er au 22 juin 1941 retranchez 1 h.
Depuis 1942 retranchez 1 h.

SIERRA LEONE
De 1900 à 1912 aucun changement.
De 1913 à 1963 ajoutez 0 h 15.
Depuis 1964 retranchez 0 h 45.

SOMALIE
Ex-française et italienne
Depuis 1900 aucun changement.
Ex-anglaise
De 1900 à 1965 ajoutez 0 h 30.
Depuis 1966 aucun changement.

SOUDAN
Depuis 1900 aucun changement.

SWAZILAND
Depuis 1900 aucun changement.

TANZANIE
Tanganyika
De 1900 à 1930 aucun changement.
De 1930 à 1947 retranchez 0 h 30.
De 1948 à 1960 retranchez 0 h 15.
Depuis 1961 retranchez 0 h 30.
Zanzibar
De 1900 à 1930 aucun changement.
De 1931 à 1939 ajoutez 0 h 10.
Depuis 1940 retranchez 0 h 20.

TCHAD
De 1900 à 1911 aucun changement.
Depuis 1912 ajoutez 0 h 10.

TOGO
Depuis 1900 aucun changement.

TUNISIE
De 1900 à 1910 ajoutez 0 h 30.
De 1911 à 1938 retranchez 0 h 20.
De 1939 à 1945 retranchez 1 h 20.
De 1946 à 1976 retranchez 0 h 20.
En 1977 retranchez 1 h 20.

ZAÏRE
Province de Kinshasa (Léopoldville) et Mbandaka (Coquillatville)
De 1900 à 1919 aucun changement.
De 1920 à 1934 retranchez 1 h.
Du 20 mai au 13 juin 1935 retranchez 1 h.
Du 14 au 22 juin 1935, aucun changement.
Depuis 1936 aucun changement.

Provinces orientales (Kasaï et Katanga)
De 1900 à 1919 ajoutez 0 h 45 (3).
Depuis 1920 retranchez 0 h 15.

ZAMBIE
Depuis 1900 aucun changement.

AMÉRIQUE DU NORD

ALASKA
Région de Wrangel
En 1900 aucun changement.
Depuis 1901 retranchez 1 h.
Région de Juneau
En 1900 aucun changement.
Depuis 1901 retranchez 0 h 15.
Central
Depuis 1900 aucun changement.
Bordure occidentale
Depuis 1900 aucun changement.

CANADA*
Alberta retranchez 0 h 40.
Colombie aucun changement.
Manitoba retranchez 0 h 30.
N. Brunswick retranchez 0 h 30.
NF. Labrador retranchez 0 h 40.
N. Écosse aucun changement.
Ontario Est retranchez 0 h 20.
Ontario Ouest retranchez 1 h.
Québec : ouest de port Cartier ajoutez 0 h 15.
Québec : port Cartier et Est retranchez 0 h 20.
Saskatchewan aucun changement.

ÉTATS-UNIS*
Alabama ajoutez 0 h 15.
Arizona retranchez 0 h 25.
Arkansas retranchez 0 h 10.
Californie aucun changement.
Caroline Nord retranchez 0 h 20.
Caroline Sud retranchez 0 h 25.
Colorado aucun changement.
Connecticut ajoutez 0 h 10.
Dakota Nord (Est) retranchez 0 h 40.
Dakota Nord (Ouest) aucun changement.
Dakota du Sud (Est) retranchez 0 h 35.
Dakota Sud (Ouest) ajoutez 0 h 10.
Delaware aucun changement.
District féd. aucun changement.
Floride retranchez 0 h 30.
Sauf Panama-Pensacola ajoutez 0 h 20.
Géorgie retranchez 0 h 35.
Idaho (Ouest) ajoutez 0 h 15.
Idaho (Est) retranchez 0 h 30.
Illinois aucun changement.
Indiana ajoutez 0 h 15.
Iowa retranchez 0 h 15.
Kansas retranchez 0 h 30.
Sauf Dodge City et Ouest ajoutez 0 h 20.
Kentucky Centre et Est retranchez 0 h 40.
Kentucky Ouest ajoutez 0 h 10.
Louisiane aucun changement.
Maine ajoutez 0 h 20.
Maryland retranchez 0 h 10.
Massachusetts ajoutez 0 h 15.
Michigan retranchez 0 h 45.
Minnesota retranchez 0 h 15.
Mississippi aucun changement.
Missouri retranchez 0 h 10.
Montana retranchez 0 h 20.
Nebraska Est retranchez 0 h 30.
Nebraska Ouest ajoutez 0 h 10.
Névada ajoutez 0 h 15.
N. Hampshire ajoutez 0 h 15.
N. Jersey aucun changement.
N. York aucun changement.
N. Mexique aucun changement.
Ohio retranchez 0 h 30.
Oklahoma retranchez 0 h 30.
Orégon aucun changement.
Pennsylvanie retranchez 0 h 15.
Rhode Island aucun changement.
Tennessee Est retranchez 0 h 35.
Tennessee Ouest et Centre ajoutez 0 h 10.
Texas Est retranchez 0 h 25.
Texas Ouest retranchez 0 h 45.
Utah Est retranchez 0 h 20.
Utah Ouest ajoutez 0 h 30.
Vermont aucun changement.
Virginie ajoutez 0 h 15.
Virginie Occid. retranchez 0 h 25.
Washington (DC) aucun changement.
Washington (État) aucun changement.
Wisconsin aucun changement.
Wyoming retranchez 0 h 10.
Hawaï retranchez 0 h 20.

TERRE NEUVE
Retranchez 0 h 15.

---

2. Sauf région du lac Tchad aucun changement.

3. Ainsi que de 1920 à 1935 pour le Kasaï.

* Pour les pays suivis du *, voir tableau spécial de l'heure d'été page 96 et l'appliquer en fonction de vos informations personnelles.

TRANSFORMATION DE VOTRE HEURE DE NAISSANCE EN HEURE SOLAIRE DE NAISSANCE

AMÉRIQUE CENTRALE

BAHAMAS (ILES)*
Aucun changement.

COSTA RICA
De 1900 à 1920 aucun changement.
Depuis 1921 ajoutez 0 h 25.

CUBA
De 1900 à 1925 ajoutez 0 h 15.
Depuis 1926 retranchez 0 h 15.

RÉP. DOMINICAINE*
De 1900 à 1932 aucun changement.
Depuis 1933 ajoutez 0 h 20.

GUADELOUPE
Depuis 1900 aucun changement.

GUATEMALA
Depuis 1900 aucun changement.

HAÏTI
Depuis 1900 aucun changement.

HONDURAS
Depuis 1900 aucun changement.

HONDURAS BRITANNIQUE*
Depuis 1900 aucun changement.

JAMAÏQUE
Depuis 1900 aucun changement.

MARTINIQUE
Depuis 1900 aucun changement.

MEXIQUE
Provinces de Yucatan, Campeche, Chiapas, Oaxaca, Tabasco, Tamaulipas, Vera-Cruz
De 1900 à 1911 aucun changement.
De 1912 à 1921 ajoutez 0 h 15.
De 1922 à 1931 ajoutez 0 h 50.
Depuis 1932 retranchez 0 h 10.

Provinces de Californie Nord, Sud
De 1900 à 1911 aucun changement.
De 1912 à 1921 retranchez 1 h 05.
De 1922 à 1921 retranchez 0 h 30.
Depuis 1932
Californie Nord ajoutez 0 h 20.
Californie Sud retranchez 0 h 30.

Central et toutes les autres provinces
De 1900 à 1911 aucun changement.
De 1912 à 1921 retranchez 0 h 25.
De 1922 à 1931 ajoutez 0 h 10.
Depuis 1932 retranchez 0 h 50.

NICARAGUA
De 1900 à 1934 aucun changement.
Depuis 1935 ajoutez 0 h 20.

PANAMA
De 1900 à 1907 aucun changement.
Depuis 1908 retranchez 0 h 20.

PETITES ANTILLES (ILES)
Depuis 1900 aucun changement.

PORTO RICO
Depuis 1900 retranchez 0 h 25.

SAN SALVADOR
Depuis 1900 aucun changement.

AMÉRIQUE DU SUD

ARGENTINE*
Est
Régions de Santa Fé, Cordoba, Buenos-Aires, Bahia, Blanca.
De 1900 à 1919 ajoutez 0 h 10.
Depuis 1920 aucun changement.

Ouest
Régions de Tucuman, Mendoza et de Patagonie.
De 1900 à 1919 retranchez 0 h 20.
Depuis 1920 retranchez 0 h 40.

BOLIVIE
De 1900 à 1931 ajoutez 0 h 10.
Depuis 1932 retranchez 0 h 25.

BRÉSIL* (sauf ACCRE)
Depuis 1900 aucun changement.

Accre*
De 1900 à 1913 aucun changement.
Depuis 1914 ajoutez 0 h 20.

CHILI*
De 1900 à 1909 aucun changement.
De 1910 à 1932 ajoutez 0 h 15.
Depuis 1933 retranchez 0 h 45.

COLOMBIE
Depuis 1900 aucun changement.

ÉQUATEUR
Depuis 1900 aucun changement.

GUYANA
Depuis 1900 aucun changement.

GUYANE FRANÇAISE
De 1900 à 1911 aucun changement.
Depuis 1912 ajoutez 0 h 30.

PARAGUAY
De 1900 à 1931 retranchez 0 h 15.
Depuis 1932 ajoutez 0 h 10.

PÉROU
Depuis 1900 aucun changement.

SURINAM
Depuis 1900 aucun changement.

URUGUAY*
De 1900 à 1919 ajoutez 0 h 15.
Depuis 1920 retranchez 0 h 15.

VENEZUELA
De 1910 à 1911 ajoutez 0 h 20.
Depuis 1912 retranchez 0 h 30.

MOYEN ORIENT

ARABIE SAOUDITE (4)
Ouest
Retranchez 0 h 20.
Est dont Er Riad
Retranchez 0 h 50.

ÉMIRATS ARABES (4)
Retranchez 0 h 20.

IRAK
Aucun changement.

IRAN
Aucun changement.

ISRAËL
Ajoutez 0 h 20.

JORDANIE
Ajoutez 0 h 25.

KOWEIT
Aucun changement.

LIBAN*
Ajoutez 0 h 20.

SYRIE*
Ajoutez 0 h 30.

YEMEN NORD ET SUD
Aucun changement.

ASIE

AFGHANISTAN
Aucun changement.

BIRMANIE
Aucun changement.

CEYLAN
Aucun changement.

CHINE
Pour Pékin et toute la côte Est
Aucun changement.
Pour le reste de la Chine
Se reporter à l'heure locale.
Sans aucun changement.

---

* Pour les pays suivis du *, voir tableau spécial de l'heure d'été page 96 et l'appliquer en fonction de vos informations personnelles.
4. Ces informations concernent la période récente. Se renseigner sur l'heure officielle avant 1960.

TRANSFORMATION DE VOTRE HEURE DE NAISSANCE EN HEURE SOLAIRE DE NAISSANCE

CORÉE (4)
Retranchez 0 h 30.

CAMBODGE
Aucun changement.

INDE
Assam
Ajoutez 0 h 40.
Côte et partie orientale
Aucun changement.
Côte et partie occidentale
Retranchez 0 h 30.

INDONÉSIE (4)
Sumatra
Retranchez 0 h 15.
Java, Bali
Ajoutez 0 h 20.
Bornéo
Retranchez 0 h 25.
Celebes, Timor, Flores
Aucun changement.
Irian (Nouvelle-Guinée)
Aucun changement.
Moluques
Retranchez 0 h 25.

JAPON
Kiou Siou
Retranchez 0 h 10.
Sikok, Hondo, Ouest de Tokyo
Aucun changement.
Hondo, Nord de Tokyo et Yeso
Ajoutez 0 h 30.

LAOS
Aucun changement.

MALAYSIA (FÉD.)
Péninsule malaise
Sabah, Sarawak (4)
Aucun changement.

MANDCHOURIE
De 1900 à 1903 aucun changement.
De 1904 à 1927 retranchez 0 h 30.
De 1928 à 1931 aucun changement.
De 1932 à 1959 ajoutez 0 h 30.
Depuis 1960 se renseigner.

PAKISTAN
Oriental
Aucun changement.
Occidental (4)
Retranchez 0 h 30.

PHILIPPINES (ILES)
Aucun changement.

---
4. Ces informations concernent la période récente. Se renseigner sur l'heure officielle avant 1960.

TAÏWAN (FORMOSE)
Aucun changement.

THAÏLANDE
De 1900 à 1919 aucun changement.
Depuis 1920 retranchez 0 h 15.

VIET-NAM
Aucun changement.
Sauf Viet-Nam du Sud
De 1956 à 1975 retranchez 0 h 50.

URSS
Sibérie
Kazakhstan oriental
Kirghizistan, Tadjikistan
Région de Omsk
De 1900 à 1930 retranchez 2 h.
De 1931 à 1963 aucun changement.
Depuis 1964 retranchez 1 h.

Altaï, régions de Tomsk Novossibirsk, Krasnoïarsk
De 1900 à 1930 retranchez 1 h.
De 1931 à 1963 aucun changement.
Depuis 1964 retranchez 1 h.

Lac Baïkal, Irkoutsk
De 1900 à 1963 aucun changement.
Depuis 1964 retranchez 1 h.

Région de Tchita, Mogotcha
De 1900 à 1930 ajoutez 1 h.
De 1931 à 1963 aucun changement.
Depuis 1964 retranchez 1 h.

Régions de Vladivostock, Komsomolsk, Okmotsk
De 1900 à 1963 aucun changement.
Depuis 1964 retranchez 1 h.

Régions de Magadan et Kamtchatka
De 1900 à 1930 ajoutez 1 h.
De 1931 à 1963 aucun changement.
Depuis 1964 retranchez 1 h.

OCÉANIE

AUSTRALIE
Provinces de Canberra, N. Galles du Sud, Papouasie (N. Guinée), Queensland, Victoria, Tasmanie
Aucun changement.
Territoire du Nord et Australie méridionale
Retranchez 0 h 30.
Australie occidentale
Aucun changement.

NOUVELLE-ZÉLANDE
Aucun changement.

TOUTES ILES DE L'OCÉANIE
Pratiquement aucun changement.

EUROPE

ALBANIE
De 1900 à 1914 aucun changement.
De 1915 à 1939 ajoutez 0 h 20.
De 1940 à 1943 retranchez 0 h 40.
De 1944 à 1971 ajoutez 0 h 20.
Depuis 1972 retranchez 0 h 40.

ALLEMAGNE DE L'EST (RDA)
De 1900 à 1915 retranchez 0 h 10.
De 1916 à 1918 retranchez 1 h 10.
De 1919 à 1939 retranchez 0 h 10.
De 1940 à 1946 retranchez 1 h 10.
En 1947 retranchez 2 h 10.
En 1948 et 1949 retranchez 1 h 10.
De 1950 à 1979 retranchez 0 h 10.
Depuis 1980 retranchez 1 h 10.

ALLEMAGNE DE L'OUEST (RFA)
De 1900 à 1915 retranchez 0 h 20.
De 1916 à 1918 retranchez 1 h 20.
De 1919 à 1939 retranchez 0 h 20.
De 1940 à 1946 retranchez 1 h 20.
En 1947 retranchez 2 h 20.
En 1948 et 1949 retranchez 1 h 20.
De 1950 à 1979 retranchez 0 h 20.
Depuis 1980 retranchez 1 h 20.

ANGLETERRE
(sauf Cornouailles)
De 1900 à 1915 aucun changement.
20 mai 1916 aucun changement.
21 mai au 22 juin 1916 retranchez 1 h.
De 1917 à 1940 retranchez 1 h.
De 1941 à 1945 retranchez 2 h.
En 1946 retranchez 1 h.
En 1947 retranchez 2 h.
De 1948 à 1967 retranchez 1 h.
En 1968 retranchez 2 h.
Depuis 1969 retranchez 1 h.

Cornouailles, Écosse, Galles
De 1900 à 1915 retranchez 0 h 15.
20 mai 1916 retranchez 0 h 15.
21 mai au 22 juin 1916 retranchez 1 h 15 (5).
De 1917 à 1920 retranchez 1 h 15 (5).
De 1921 à 1940 retranchez 1 h 15.
De 1941 à 1945 retranchez 2 h 15.
En 1946 retranchez 1 h 15.
En 1947 retranchez 2 h 15.
De 1948 à 1967 retranchez 1 h 15.
En 1968 retranchez 2 h 15.
Depuis 1969 retranchez 1 h 15.

AUTRICHE
De 1900 à 1916 aucun changement.
En 1917 et 1918 retranchez 1 h.
De 1919 à 1939 aucun changement.
De 1940 à 1944 retranchez 1 h.
En 1945 aucun changement.
De 1946 à 1948 retranchez 1 h.
De 1949 à 1979 aucun changement.
Depuis 1980 retranchez 1 h.

BELGIQUE
De 1900 à 1914 ajoutez 0 h 20.
En 1915 retranchez 0 h 40.
De 1916 à 1918 retranchez 1 h 40.
De 1919 à 1939 retranchez 0 h 40.

---
5. Sauf Galles retranchez 0 h 15.

TRANSFORMATION DE VOTRE HEURE DE NAISSANCE EN HEURE SOLAIRE DE NAISSANCE

De 1940 à 1946 retranchez 1 h 40.
De 1947 à 1976 retranchez 0 h 40.
Depuis 1977 retranchez 1 h 40.

BULGARIE
De 1900 à 1944 retranchez 0 h 20.
En 1945 retranchez 1 h 20.
De 1946 à 1978 retranchez 0 h 20.
Depuis 1979 retranchez 1 h 20.

CHYPRE
De 1900 à 1921 aucun changement.
De 1922 à 1974 ajoutez 0 h 15.
Depuis 1975 retranchez 0 h 45.

DANEMARK
De 1900 à 1915 retranchez 0 h 15.
En 1916 retranchez 1 h 15.
De 1917 à 1939 retranchez 0 h 15.
De 1940 à 1951 retranchez 1 h 15.
De 1952 à 1979 retranchez 0 h 15.
Depuis 1980 retranchez 1 h 15.

ESPAGNE

Aragon (Baléares), Catalogne, Murcie, Navarre, Valence
(R) = zone républicaine.
(F) = zone franquiste.
De 1900 à 1916 aucun changement.
De 1917 à 1919 retranchez 1 h.
De 1920 à 1923 aucun changement.
En 1924 retranchez 1 h.
En 1925 aucun changement.
De 1926 à 1929 retranchez 1 h.
De 1930 à 1936 aucun changement.
Du 20 mai au 16 juin 1937 (R) aucun changement.
Du 17 au 22 juin 1937 (R) retranchez 1 h.
Du 20 au 23 mai 1937 (F) aucun changement.
Du 24 mai au 22 juin 1937 (F) retranchez 1 h.
En 1938 (R) retranchez 2 h.
En 1938 (F) retranchez 1 h.
De 1939 à 1941 retranchez 1 h.
De 1942 à 1946 retranchez 2 h.
De 1947 à 1973 retranchez 1 h.
Depuis 1974 retranchez 2 h.

Andalousie, Basque, Leon, Castilles, Galice, Extremadura
De 1900 à 1916 retranchez 0 h 20.
De 1917 à 1919 retranchez 1 h 20.
De 1920 à 1923 retranchez 0 h 20.
En 1924 retranchez 1 h 20.
En 1925 retranchez 0 h 20.
De 1926 à 1929 retranchez 1 h 20.
De 1930 à 1936 retranchez 0 h 20.
Du 20 mai au 16 juin 1937 (R) retranchez 0 h 20.
Du 17 au 22 juin 1937 (R) retranchez 1 h 20.
Du 20 au 23 mai 1937 (F) retranchez 0 h 20.
Du 24 mai au 22 juin 1937 (F) retranchez 1 h 20.
En 1938 (R) retranchez 2 h 20.
En 1938 (F) retranchez 1 h 20.
De 1939 à 1941 retranchez 1 h 20.
De 1942 à 1946 retranchez 2 h 20.
De 1947 à 1973 retranchez 1 h 20.
Depuis 1974 retranchez 2 h 20.

ESTONIE
De 1900 à 1917 aucun changement.
En 1918 et 1919 retranchez 0 h 20.
En 1920 aucun changement.
De 1921 à 1963 retranchez 1 h.
Depuis 1964 retranchez 1 h 20.

FINLANDE
De 1900 à 1920 aucun changement.
De 1921 à 1941 retranchez 0 h 20.
En 1942 retranchez 1 h 20.
De 1943 à 1980 retranchez 0 h 20.
Depuis 1981 retranchez 1 h 20.

FRANCE

Aquitaine, Bretagne, Centre, Ile-de-France, Midi-Pyrénées, Nord, Normandie, Limousin, Pays-de-Loire, Poitou-Charentes, Picardie
ZO = zone occupée.
ZNO = zone non occupée.
De 1900 à 1910 retranchez 0 h 10.
De 1911 à 1915 aucun changement.
Du 20 mai au 14 juin 1916 aucun changement.
Du 15 au 22 juin 1916 retranchez 1 h.
De 1917 à 1922 retranchez 1 h.
Du 20 au 26 mai 1923 aucun changement.
Du 27 mai au 22 juin 1923 retranchez 1 h.
De 1924 à 1939 retranchez 1 h.
Du 20 mai au 14 juin 1940 (ZO) retranchez 1 h.
Du 15 au 22 juin 1940 (ZO) retranchez 2 h.
En 1940 (ZNO) retranchez 1 h.
De 1941 à 1945 retranchez 2 h.
De 1946 à 1975 retranchez 1 h.
Depuis 1976 retranchez 2 h.

Alsace, Auvergne, Bourgogne, Champagne, Ardennes, Franche-Comté, Languedoc-Roussillon, Lorraine, Rhône-Alpes, Provence-Côte d'Azur, Corse, Principauté de Monaco
De 1900 à 1910 ajoutez 0 h 10.
De 1911 à 1915 ajoutez 0 h 40.
Du 20 mai au 14 juin 1916 ajoutez 0 h 20.
Du 15 au 22 juin 1916 retranchez 0 h 40.
De 1917 à 1922 retranchez 0 h 40.
Du 20 au 26 mai 1923 ajoutez 0 h 20.
Du 27 mai au 22 juin 1923 retranchez 0 h 40.
De 1924 à 1939 retranchez 0 h 40.
Du 20 mai au 14 juin 1940 (ZO) retranchez 0 h 40.
Du 15 au 22 juin 1940 (ZO) retranchez 1 h 40.
En 1940 (ZNO) retranchez 0 h 40.
De 1941 à 1945 retranchez 1 h 40.
De 1946 à 1975 retranchez 0 h 40.
Depuis 1976 retranchez 1 h 40.

GRÈCE
De 1900 à 1916 aucun changement.
De 1917 à 1974 retranchez 0 h 30.
Depuis 1975 retranchez 1 h 30.

GROENLAND
De 1900 à 1979 aucun changement.
Depuis 1980 retranchez 1 h.

HOLLANDE
De 1900 à 1915 aucun changement.
De 1916 à 1922 retranchez 1 h.
Du 20 au 31 mai 1923 aucun changement.
Du 1er au 22 juin 1923 retranchez 1 h.
En 1924 retranchez 1 h.
Du 20 mai au 4 juin 1925 aucun changement.
Du 5 au 22 juin 1925 retranchez 1 h.
De 1926 à 1931 retranchez 1 h.
Les 20 et 21 mai 1932 aucun changement.
Du 22 mai au 20 juin 1932 retranchez 1 h.
De 1933 à 1936 retranchez 1 h.
Du 20 au 22 mai 1937 aucun changement.
Du 23 mai au 22 juin 1937 retranchez 1 h.
En 1938 et 1939 retranchez 1 h.
De 1940 à 1945 retranchez 1 h 40.
De 1946 à 1976 retranchez 0 h 40.
Depuis 1977 retranchez 1 h 40.

HONGRIE
De 1900 à 1915 ajoutez 0 h 15.
En 1916 et 1917 retranchez 0 h 45.
De 1918 à 1940 ajoutez 0 h 15.
De 1941 à 1945 retranchez 0 h 45.
De 1946 à 1953 ajoutez 0 h 15.
Du 20 au 22 mai 1954 ajoutez 0 h 15.
Du 23 mai au 22 juin 1954 retranchez 0 h 45.
Du 20 au 22 mai 1955 ajoutez 0 h 15.
Du 23 mai au 22 juin 1955 retranchez 0 h 45.
Du 20 mai au 2 juin 1956 ajoutez 0 h 15.
Du 3 au 22 juin 1956 retranchez 0 h 45.
Du 20 mai au 12 juin 1957 ajoutez 0 h 15.
Du 13 au 22 juin 1957 retranchez 0 h 45.
De 1958 à 1979 ajoutez 0 h 15.
Depuis 1980 retranchez 0 h 45.

IRLANDE (EIRE)
De 1900 à 1916 aucun changement.
De 1917 à 1967 retranchez 1 h 30.
En 1968 retranchez 2 h 30.
Depuis 1969 retranchez 1 h 30.

IRLANDE DU NORD
De 1900 à 1915 aucun changement.
Le 20 mai 1916 aucun changement.
Du 21 mai au 22 juin 1916 retranchez 0 h 25.
De 1917 à 1920 retranchez 0 h 25.
De 1921 à 1940 retranchez 1 h 25.
De 1941 à 1945 retranchez 2 h 25.
Depuis 1946 retranchez 1 h 25.

ISLANDE
De 1900 à 1907 aucun changement.
De 1908 à 1916 retranchez 0 h 25.
De 1917 à 1919 retranchez 1 h 25.
En 1920 retranchez 0 h 25.
Du 20 mai au 21 juin 1921 retranchez 1 h 25.
Le 22 juin 1921 retranchez 0 h 25.
De 1922 à 1940 retranchez 0 h 25.
Depuis 1941 retranchez 1 h 25.

TRANSFORMATION DE VOTRE HEURE DE NAISSANCE EN HEURE SOLAIRE DE NAISSANCE

ITALIE

Émilie, Ligurie, Lombardie, Piémont, Toscane, Sardaigne

De 1900 à 1915 retranchez 0 h 20.
Du 20 mai au 3 juin 1916 retranchez 0 h 20.
Du 4 au 22 juin 1916 retranchez 1 h 20.
De 1917 à 1920 retranchez 1 h 20.
De 1921 à 1939 retranchez 0 h 20.
Du 20 mai au 14 juin 1940 retranchez 0 h 20.
Du 15 au 22 juin 1940 retranchez 1 h 20.
De 1941 à 1948 retranchez 1 h 20.
De 1949 à 1965 retranchez 0 h 20.
Les 20 et 21 mai 1966 retranchez 0 h 20.
Du 22 mai au 22 juin 1966 retranchez 1 h 20.
Du 20 au 27 mai 1967 retranchez 0 h 20.
Du 28 mai au 22 juin 1967 retranchez 1 h 20.
Du 20 au 25 mai 1968 retranchez 0 h 20.
Du 26 mai au 22 juin 1968 retranchez 1 h 20.
Du 20 au 31 mai 1969 retranchez 0 h 20.
Du 1er au 22 juin 1969 retranchez 1 h 20.
Du 20 au 30 mai 1970 retranchez 0 h 20.
Du 31 mai au 22 juin 1970 retranchez 1 h 20.
Du 20 au 22 mai 1971 retranchez 0 h 20.
Du 23 mai au 22 juin 1971 retranchez 1 h 20.
Du 20 au 27 mai 1972 retranchez 0 h 20.
Du 28 mai au 22 juin 1972 retranchez 1 h 20.
Du 20 mai au 2 juin 1973 retranchez 0 h 20.
Du 3 au 22 juin 1973 retranchez 1 h 20.
Du 20 au 25 mai 1974 retranchez 0 h 20.
Du 26 mai au 22 juin 1974 retranchez 1 h 20.
Du 20 au 31 mai 1975 retranchez 0 h 20.
Du 1er au 22 juin 1975 retranchez 1 h 20.
Du 20 au 29 mai 1976 retranchez 0 h 20.
Du 30 mai au 22 juin 1976 retranchez 1 h 20.
Du 20 au 28 mai 1977 retranchez 0 h 20.
Du 29 mai au 22 juin 1977 retranchez 1 h 20.
Du 20 au 27 mai 1978 retranchez 0 h 20.
Du 23 mai au 22 juin 1978 retranchez 1 h 20.
Depuis 1979 retranchez 1 h 20.

Abruzzes, Calabre, Campanie, Latium, Marches, Ombrie, Pouilles, San Marino, Sicile, Vénétie

De 1900 à 1915 aucun changement.
Du 20 mai au 3 juin 1916 aucun changement.
Du 4 au 22 juin 1916 retranchez 1 h.
De 1917 à 1920 retranchez 1 h.
De 1921 à 1939 aucun changement.
Du 20 mai au 14 juin 1940 aucun changement.
Du 15 au 22 juin 1940 retranchez 1 h.
De 1945 à 1948 retranchez 1 h.
De 1949 à 1965 aucun changement.
Les 20 et 21 mai 1966 aucun changement.
Du 22 mai au 22 juin 1966 retranchez 1 h.
Du 20 au 27 mai 1967 aucun changement.
Du 28 mai au 22 juin 1967 retranchez 1 h.
Du 20 au 25 mai 1968 aucun changement.
Du 26 mai au 22 juin 1968 retranchez 1 h.
Du 20 au 31 mai 1969 aucun changement.
Du 1er au 22 juin 1969 retranchez 1 h.
Du 20 au 30 mai 1970 aucun changement.
Du 31 mai au 22 juin 1970 retranchez 1 h.
Du 20 au 22 mai 1971 aucun changement.
Du 23 mai au 22 juin 1971 retranchez 1 h.
Du 20 au 27 mai 1972 aucun changement.
Du 28 mai au 22 juin 1972 retranchez 1 h.
Du 20 mai au 2 juin 1973 aucun changement.
Du 3 au 22 juin 1973 retranchez 1 h.
Du 20 au 25 mai 1974 aucun changement.
Du 26 mai au 22 juin 1974 retranchez 1 h.
Du 20 au 31 mai 1975 aucun changement.
Du 1er au 22 juin 1975 retranchez 1 h.
Du 20 au 29 mai 1976 aucun changement.
Du 30 mai au 22 juin 1976 retranchez 1 h.
Du 20 au 28 mai 1977 aucun changement.
Du 29 mai au 22 juin 1977 retranchez 1 h.
Du 20 au 27 mai 1978 aucun changement.
Du 28 mai au 22 juin 1978 retranchez 1 h.
Depuis 1979 retranchez 1 h.

LETTONIE

De 1900 à 1917 retranchez 0 h 25.
En 1918 retranchez 1 h.
Les 20 et 21 mai 1919 retranchez 1 h.
Du 22 au 22 juin 1919 aucun changement.
De 1920 à 1925 aucun changement.
Du 20 mai au 10 juin 1926 aucun changement.
Du 11 au 22 juin 1926 retranchez 0 h 25.
De 1927 à 1963 retranchez 0 h 25.
Depuis 1964 retranchez 1 h 25.

LITUANIE

De 1900 à 1919 aucun changement.
De 1920 à 1939 ajoutez 0 h 30.
Du 20 mai au 14 juin 1940 ajoutez 0 h 30.
Du 15 au 22 juin 1940 retranchez 0 h 30.
De 1941 à 1963 retranchez 0 h 30.
Depuis 1964 retranchez 1 h 30.

LUXEMBOURG

De 1900 à 1903 aucun changement.
Du 20 au 31 mai 1904 aucun changement.
Du 1er au 22 juin 1904 retranchez 0 h 35.
De 1905 à 1915 retranchez 0 h 35.
De 1916 à 1918 retranchez 1 h 35.
De 1919 à 1939 retranchez 0 h 35.
De 1940 à 1946 retranchez 1 h 35.
De 1947 à 1976 retranchez 0 h 35.
Depuis 1977 retranchez 1 h 35.

MALTE

De 1900 à 1973 voir Sicile.
Depuis 1974 retranchez 1 h.

NORVÈGE

De 1900 à 1915 retranchez 0 h 20.
Les 20 et 21 mai 1916 retranchez 0 h 20.
Du 22 mai au 22 juin 1916 retranchez 1 h 20.
De 1917 à 1940 retranchez 0 h 20.
De 1941 à 1945 retranchez 1 h 20.
De 1946 à 1958 retranchez 0 h 20.
De 1959 à 1965 retranchez 1 h 20.
De 1966 à 1979 retranchez 0 h 20.
Depuis 1980 retranchez 1 h 20.

POLOGNE

De 1900 à 1919
Pour les territoires sous contrôle allemand voir Allemagne de l'Est.
Pour ceux sous contrôle autrichien voir Autriche.
Pour ceux sous contrôle russe heure sans aucun changement.
En 1920 et 1921 retranchez 0 h 45.
Du 20 au 31 mai 1922 retranchez 0 h 45.
Du 1er au 22 juin 1922 ajoutez 0 h 15.
De 1923 à 1939 ajoutez 0 h 15.
De 1940 à 1945 retranchez 0 h 45.
De 1946 à 1955 ajoutez 0 h 15.
Du 20 mai au 2 juin 1956 ajoutez 0 h 15.
Du 3 au 22 juin 1956 retranchez 0 h 45.
Du 20 mai au 12 juin 1957 ajoutez 0 h 15.
Du 13 au 22 juin 1957 retranchez 0 h 45.
Du 20 mai au 1er juin 1958 ajoutez 0 h 15.
Du 2 au 22 juin 1958 retranchez 0 h 45.
Du 20 au 31 mai 1959 ajoutez 0 h 15.
Du 1er au 22 juin 1959 retranchez 0 h 45.
Du 20 au 29 mai 1960 ajoutez 0 h 15.
Du 30 mai au 22 juin 1960 retranchez 0 h 45.
Du 20 au 28 mai 1961 ajoutez 0 h 15.
Du 29 mai au 22 juin 1961 retranchez 0 h 45.
Du 20 au 27 mai 1962 ajoutez 0 h 15.
Du 28 mai au 22 juin 1962 retranchez 0 h 45.
Du 20 au 26 mai 1963 ajoutez 0 h 15.
Du 27 mai au 22 juin 1963 retranchez 0 h 45.
Du 20 au 31 mai 1964 ajoutez 0 h 15.
Du 1er au 22 juin 1964 retranchez 0 h 45.
De 1965 à 1976 ajoutez 0 h 15.
Depuis 1977 retranchez 0 h 45.

PORTUGAL

De 1900 à 1911 aucun changement.
De 1912 à 1915 retranchez 0 h 30.
Du 20 mai au 17 juin 1916 aucun changement.
Du 18 au 22 juin 1916 retranchez 1 h 30.
De 1917 à 1921 retranchez 1 h 30.
En 1922 et 1923 retranchez 0 h 30.
En 1924 retranchez 1 h 30.
En 1925 retranchez 0 h 30.
De 1926 à 1929 retranchez 1 h 30.
En 1930 retranchez 0 h 30.
En 1931 et 1932 retranchez 1 h 30.
En 1933 retranchez 0 h 30.
De 1934 à 1941 retranchez 1 h 30.
De 1942 à 1945 retranchez 2 h 30.
Depuis 1946 retranchez 1 h 30.

ROUMANIE

De 1900 à 1931 aucun changement.
Les 20 et 21 mai 1932 retranchez 0 h 15.
Du 22 mai au 22 juin 1932 retranchez 1 h 15.
De 1933 à 1940 retranchez 1 h 15.
De 1941 à 1945 retranchez 0 h 15.
De 1946 à 1978 retranchez 0 h 15.
Du 20 au 26 mai 1979 retranchez 0 h 15.
Du 27 mai au 23 juin 1979 retranchez 1 h 15.
Depuis 1980 retranchez 1 h 15.

6. De 1941 à 1945, heure d'été, se reporter au tableau spécial page 96.

TRANSFORMATION DE VOTRE HEURE DE NAISSANCE EN HEURE SOLAIRE DE NAISSANCE

SUÈDE
De 1900 à 1915 ajoutez 0 h 10.
En 1916 retranchez 0 h 50.
De 1917 à 1979 ajoutez 0 h 10.
Depuis 1980 retranchez 0 h 50.

SUISSE
De 1900 à 1940 retranchez 0 h 25.
En 1941 et 1942 retranchez 1 h 25.
De 1943 à 1980 retranchez 0 h 25.
Depuis 1981 retranchez 1 h 25.

TCHÉCOSLOVAQUIE
De 1900 à 1915 ajoutez 0 h 10.
De 1916 à 1918 retranchez 0 h 50.
De 1919 à 1939 ajoutez 0 h 10.
De 1940 à 1945 retranchez 0 h 50.
De 1946 à 1949 retranchez 0 h 50.
De 1950 à 1978 ajoutez 0 h 10.
Depuis 1979 retranchez 0 h 50.

TURQUIE (6)
Occidentale
De 1900 à 1919 aucun changement.
De 1920 à 1925 retranchez 1 h.
De 1926 à 1940 aucun changement.
En 1941 à 1975 retranchez 1 h.
Du 20 au 31 mai 1976 aucun changement.
Du 1er au 22 juin 1976 retranchez 1 h.
Depuis 1977 retranchez 1 h.

Orientale
De 1900 à 1919 ajoutez 0 h 40.
De 1920 à 1925 retranchez 0 h 20.
De 1926 à 1940 ajoutez 0 h 40.
De 1941 à 1975 retranchez 0 h 20.
Du 20 au 31 mai 1976 ajoutez 0 h 40.
Du 1er au 22 juin 1976 retranchez 0 h 20.
Depuis 1977 retranchez 0 h 20.

URSS
Bielorussie, Carélie, Crimée, Moldavie, Ukraine, Régions de Leningrad, Moscou, Orel
De 1900 à 1916 aucun changement.
Du 20 au 31 mai 1917 retranchez 1 h.
Du 1er au 22 juin 1917 aucun changement.
Du 20 au 30 mai 1918 aucun changement.
Du 31 mai au 22 juin 1918 retranchez 2 h.
De 1919 à 1929 aucun changement.
Du 20 mai au 15 juin 1930 aucun changement.
Du 16 au 22 juin 1930 retranchez 1 h.
De 1931 à 1963 aucun changement (6).
De 1964 à 1979 retranchez 1 h.
Depuis 1980 retranchez 2 h.

Arménie, Azerbaïdjan, Géorgie, Régions du Caucase, de la Volga centrale et méridionale et de Kirov
De 1900 à 1916 ajoutez 1 h (7).
Du 20 mai au 31 mai 1917 aucun changement.

7. Sauf : Géorgie aucun changement.

Du 1er au 22 juin 1917 ajoutez 1 h (7).
Du 20 au 30 mai 1918 ajoutez 1 h (7).
Du 31 mai au 22 juin 1918 retranchez 1 h (7).
De 1919 à 1929 ajoutez 1 h (7).
Du 20 mai au 15 juin 1930 ajoutez 1 h (7).
Du 16 juin au 22 juin 1930 aucun changement.
De 1931 à 1963 aucun changement.
De 1964 à 1979 retranchez 1 h.
Depuis 1980 retranchez 2 h.

Versants occidental et oriental de l'Oural, Kazakhstan occidental, Turkmenistan, Ouzbekistan
De 1900 à 1916 ajoutez 2 h.
Du 20 au 31 mai 1917 ajoutez 1 h.
Du 1er au 22 juin 1917 ajoutez 2 h.
Du 20 au 30 mai 1918 ajoutez 2 h.
Du 31 mai au 22 juin 1918 aucun changement.
De 1919 à 1929 ajoutez 2 h.
Du 20 mai au 15 juin 1930 ajoutez 2 h.
Du 16 au 22 juin 1930 ajoutez 1 h.
De 1931 à 1963 aucun changement.
De 1964 à 1979 retranchez 1 h.
Depuis 1980 retranchez 2 h.

YOUGOSLAVIE
De 1900 à 1940 ajoutez 0 h 15.
De 1941 à 1945 retranchez 0 h 45.
Depuis 1946 ajoutez 0 h 15.

Tableau spécial de l'heure d'été, pour certains pays

Pour les pays marqués d'un * nous savons qu'ils pratiquent l'heure d'été, mais les dates précises de début et de fin de période ne nous sont pas connues, ainsi que les années.

Le tableau suivant vous indique comment passer directement d'une heure officielle d'été à l'heure solaire de naissance correspondante.

Vous devez utiliser ce tableau spécial si vous êtes certain(e) que votre naissance a eu lieu pendant la période officielle d'application de l'heure d'été *pour l'année de votre naissance*.

Par exemple, pour les États-Unis, cette période va du dernier dimanche d'avril à 2 heures du matin jusqu'au dernier dimanche d'octobre à 2 heures du matin.

AMERIQUE DU NORD

ALASKA
Région de Wrangel retranchez 2 h.
Région de Juneau retranchez 1 h. 15
Alaska central retranchez 1 h.
Alaska occid. retranchez 1 h.

CANADA sauf Alberta, Nouv.-Brunswick, Nouvelle-Écosse
Colombie retranchez 1 h.
Manitoba retranchez 1 h. 30
NF.Labrador retranchez 1 h. 40
Ontario Est retranchez 1 h. 20
Ontario Ouest retranchez 2 h
Québec Est retranchez 1 h. 20
Québec Ouest retranchez 0 h. 45
Saskatchewan retranchez 1 h.

ETATS−UNIS
Alabama retranchez 0 h. 45
Arizona pas d'heure d'été
Arkansas retranchez 1 h. 10
Californie retranchez 1 h.
Caroline Nord retranchez 1 h. 20
Caroline Sud retranchez 1 h. 25
Colorado retranchez 1 h.
Connecticut retranchez 0 h. 50
Dakota Nord (Est) retranchez 1 h. 40
Dakota Nord (Ouest) retranchez 1 h.
Dakota Sud (Est) retranchez 1 h. 35
Dakota Sud (Ouest) retranchez 0 h. 50
Delaware retranchez 1 h.
District Fédéral retranchez 1 h.
Floride retranchez 1 h. 30
S.F. Panama Pensacola retranchez 0 h. 40
Géorgie retranchez 1 h. 35
Idaho Est retranchez 1 h. 30
Idaho Ouest retranchez 0 h. 45
Illinois retranchez 1 h.
Indiana retranchez 0 h. 45
Iowa retranchez 0 h. 45
Kansas retranchez 1 h. 30
S.F. Dodge city et Ouest retranchez 0 h. 40
Kentucky Centre et Est retranchez 1 h. 40
Kentucky Ouest retranchez 0 h. 50
Louisiane retranchez 1 h.
Maine retranchez 0 h. 40
Maryland retranchez 1 h. 10
Massachussets retranchez 0 h.45
Michigan retranchez 1 h. 45
Minnesota retranchez 1 h. 15
Mississipi retranchez 1 h.
Missouri retranchez 1 h. 10
Montana retranchez 1 h. 20
Nebraska Est retranchez 1 h. 30
Nebraska Ouest retranchez 0 h. 50
Nevada retranchez 0 h. 45
N. Hampshire retranchez 0 h. 45
N. Jersey retranchez 1 h.
New York retranchez 1 h.
N. Mexique retranchez 1 h.
Ohio retranchez 1 h. 30
Oklahoma retranchez 1 h. 30
Oregon retranchez 1 h.
Pennsylvanie retranchez 1 h. 15
Rhode Island retranchez 1 h.
Tennessee Est retranchez 1 h. 35
Tennessee Ouest retranchez 0 h. 50
Texas Est retranchez 1 h. 25
Texas Ouest retranchez 1 h. 45
Utah Est retranchez 1 h. 20
Utah Ouest retranchez 0 h. 30
Vermont retranchez 1 h.
Virginie Occidentale retranchez 1 h. 25
Washington (D.C.) retranchez 1 h.
Washington (état) retranchez 1 h.
Wisconsin retranchez 1 h.
Wyoming retranchez 1 h. 10
Hawaï pas d'heure d'été.

AMERIQUE CENTRALE

BAHAMAS (Iles) retranchez 1 h.
REP. DOMINICAINE retranchez 0 h. 40

AMERIQUE DU SUD

ARGENTINE (après 1920)
Est retranchez 1 h.
Ouest retranchez 1 h. 40
BRESIL
Sauf Accre retranchez 1 h.
Accre retranchez 0 h. 40

URUGUAY (après 1920) retranchez 1 h. 15

MOYEN ORIENT

LIBAN retranchez 0 h. 40
SYRIE retranchez 0 h. 30

Musicien romantique par excellence, Robert Schumann fit du piano et de la voix les véhicules privilégiés de son génie. En tant que critique musical, il exprima aussi sa nature géminienne, sous la double signature d'Eusébius et de Florestan.

Comment découvrir votre Ascendant
sans aucun calcul

Votre Ascendant est le signe zodiacal qui se levait à l'horizon Est au moment de votre naissance.

Il dépend étroitement de votre heure et de votre lieu de naissance, éléments dont nous avons déjà tenu compte dans la transformation de votre heure officielle en heure solaire de naissance.

Sans effectuer de calcul, vous pouvez dès maintenant découvrir votre signe Ascendant dans la Table des Ascendants qui vous concerne.

Pour savoir quelle Table consulter, il vous suffit de regarder à la page suivante le numéro de la Table correspondant à votre pays de naissance.

Vous consultez alors votre Table, en recherchant la colonne de votre jour de naissance, puis la ligne de votre heure solaire de naissance qui vous donne votre signe Ascendant.

Si ce signe est le dernier d'une série, vous pouvez considérer que vous êtes également influencé(e) par le signe suivant.

Exemple :

	Scorpion	
	Scorpion	
	Scorpion	
Ligne de votre heure...	**Scorpion**	... vous êtes **Scorpion** mais
	Sagittaire	vous êtes également **Sagittaire**
	Sagittaire	

En effet, en raison de la rotation de la Terre sur elle-même en 24 heures, chaque signe zodiacal se lève à son tour à l'horizon Est d'un lieu terrestre déterminé.

Ainsi dans l'ordre des signes, lorsque le **Scorpion** a fini de se lever, c'est au tour du **Sagittaire** d'apparaître, si bien que le début du **Sagittaire** se lève quelques minutes après la fin du **Scorpion** : voilà qui explique l'influence de ces deux signes Ascendants sur une personne.

Le signe Ascendant exerce une influence prépondérante sur votre tempérament, sur votre morphologie et votre comportement.

Étant l'élément le plus individualisé de votre configuration astrologique natale, votre Ascendant caractérise votre mode d'adaptation au monde extérieur aussi bien sur les plans biologique, social que professionnel.

L'analyse concernant votre signe Ascendant s'applique donc essentiellement à votre façon d'être avec les autres et, par conséquent, à la manière dont les autres vous perçoivent.

Si vous ne connaissez votre heure de naissance que de façon approximative, par exemple, « dans la matinée », « en fin d'après-midi », vous pouvez vous reporter aux descriptions et juger, à la lecture de leur analyse, du signe qui correspond le mieux à votre comportement spontané.

Vous pouvez contrôler le résultat avec un de vos proches.

Numéro de la Table des Ascendants à consulter pour chaque pays

PAYS	TABLE N° 1	2	3	4	5	6
AFRIQUE						
AFFARS ET ISSAS	1					
AFRIQUE DU SUD		2				
ALGÉRIE			3			
SAHARA ALGÉRIEN		2				
ANGOLA	1					
BENIN (DAHOMEY)	1					
BOTSWANA		2				
CAMEROUN	1					
CAP VERT (ÎLES)	1					
CENTRAFRIQUE Rép.	1					
COMORES (ÎLES)	1					
CONGO	1					
CÔTE D'IVOIRE	1					
ÉGYPTE		2				
ÉTHIOPIE	1					
GABON	1					
GAMBIE	1					
GHANA	1					
GUINÉE	1					
GUINÉE BISSAU	1					
GUINÉE ÉQUAT.	1					
HAUTE VOLTA	1					
KENYA	1					
LESOTHO		2				
LIBÉRIA	1					
LIBYE		2				
MADAGASCAR		2				
MALAWI	1					
MAROC NORD			3			
MAURICE (ÎLE)		2				
MAURITANIE		2				
MOZAMBIQUE NORD	1					
MOZAMBIQUE SUD		2				
NIGER	1					
NIGÉRIA	1					
OUGANDA	1					
RÉUNION (ÎLE)		2				
RHODÉSIE		2				
RWANDA	1					
SAOTOME (ÎLE)	1					
SÉNÉGAL	1					
SEYCHELLES (ÎLES)	1					
SIERRA LÉONE	1					
SOMALIE	1					
SOUDAN	1					
SUD-OUEST AFRICAIN		2				
SWAZILAND				4		
TANGER			3			
TANZANIE	1					
TCHAD	1					
TOGO	1					
TUNISIE NORD			3			
TUNISIE SUD		2				
ZAÏRE	1					
ZAMBIE	1					
AMÉRIQUE DU NORD						
CANADA						
ALBERTA SUD					5	
ALBERTA NORD						6
BRITISH COLUMBIA SUD					5	
BRITISH COLUMBIA NORD						6
MANITOBA SUD					5	
MANITOBA NORD						6
NEW BRUNSWICK				4		
NEW F. LABRADOR						6
NOUVELLE ÉCOSSE				4		
ONTARIO SUD				4		

PAYS	TABLE N° 1	2	3	4	5	6
ONTARIO NORD					5	
QUÉBEC SUD				4		
QUÉBEC NORD					5	
SASKATCHEWAN SUD					5	
SASKATCHEWAN NORD						6
TERRIT. NORD-OUEST						6
St PIERRE ET MIQUELON				4		
ETATS-UNIS						
ALABAMA			3			
ALASKA						6
ARIZONA			3			
ARKANSAS			3			
CALIFORNIE			3			
CAROLINE NORD			3			
CAROLINE SUD			3			
COLORADO			3			
CONNECTICUT				4		
DAKOTA NORD				4		
DAKOTA SUD				4		
DELAWARE			3			
FLORIDE		2				
GÉORGIE			3			
IDAHO				4		
ILLINOIS			3			
INDIANA			3			
IOWA			3			
KANSAS			3			
KENTUCKY			3			
LOUISIANE		2				
MAINE				4		
MARYLAND			3			
MASSACHUSETTS				4		
MICHIGAN				4		
MINNESOTA				4		
MISSISSIPI			3			
MISSOURI			3			
MONTANA				4		
NEBRASKA			3			
NEVADA			3			
NEW HAMPSHIRE				4		
NEW JERSEY			3			
NEW YORK				4		
NOUVEAU MEXIQUE			3			
OHIO			3			
OKLAHOMA			3			
OREGON				4		
PENNSYLVANIE			3			
RHODE-ISLAND			3			
TENNESSEE			3			
TEXAS		2				
UTAH			3			
VERMONT				4		
VIRGINIE			3			
VIRGINIE OCCID.			3			
WASHINGTON			3			
WASHINGTON ÉTAT				4		
WISCONSIN				4		
WYOMING				4		
HAWAÏ		2				
BERMUDES DES (ÎLE)			3			
TERRE NEUVE (ÎLE)				4		
AMERIQUE CENTRALE						
BAHAMAS (ÎLES)		2				
BARBADE (ÎLES)	1					
COSTA—RICA	1					

PAYS	TABLE N° 1	2	3	4	5	6
CUBA		2				
CURAÇAO	1					
DOMINICAINE Rép.		2				
GUADELOUPE		2				
GUATÉMALA	1					
HAÏTI		2				
HONDURAS	1					
HONDURAS BOIT.		2				
JAMAÏQUE		2				
MARTINIQUE	1					
MEXIQUE		2				
NICARAGUA	1					
PANAMA	1					
PETITES ANTILLES (ÎLES)	1					
PORTO-RICO		2				
SAN SALVADOR	1					
AMÉRIQUE DU SUD						
ARGENTINE NORD		2				
ARGENTINE CENTRE			3			
ARGENTINE SUD				4		
BOLIVIE NORD	1					
BOLIVIE SUD		2				
BRÉSIL NORD	1					
BRÉSIL SUD soit :						
MINAS GERAIS		2				
SAO PAULO-RIO		2				
CHILI NORD		2				
CHILI CENTRE			3			
CHILI SUD				4		
COLOMBIE	1					
ÉQUATEUR	1					
GUYANA	1					
GUYANE FRANÇAISE	1					
PARAGUAY		2				
PÉROU	1					
SURINAM	1					
URUGUAY			3			
VÉNÉZUELA	1					
ASIE						
AFGHANISTAN			3			
BIRMANIE		2				
BHOUTAN		2				
CACHEMIRE			3			
CAMBODGE	1					
CEYLAN (SRILANKA)	1					
CHINE DU NORD			3			
(SINKIANG, LIAO MING,						
HOPEH, CHANSI, CHENSI						
MANDCHOURIE, KANSOU						
KIANG-SOU, NAN CHAN)						
CHINE CENTRALE		2				
(YANG TSE KIANG)						
CHINE DU SUD		2				
CORÉE DU NORD			3			
CORÉE DU SUD			3			
INDE SUD	1					
INDE CENTRE		2				
INDE NORD		2				
INDONÉSIE	1					
JAPON			3			
JAPON (YESO)				4		
LAOS		2				
MALAYSIA (FÉD.)	1					
MONGOLIE EXT.				4		
NÉPAL		2				

99

PAYS	1	2	3	4	5	6
PAKISTAN OR. OCC.		2				
PHILIPPINES (ÎLES)	1					
THAÏLANDE	1					
U.R.S.S.						
KAZAKHSTAN				4		
KIRGHIZISTAN			3			
OUZBEKISTAN			3			
SIBÉRIE SUD					5	
(OMSK, NOVOSSIBIRSK						
IRKOUTSK)						
RESTE SIBÉRIE						6
TADJIKISTAN			3			
TURKMENISTAN			3			
VLADIVOSTOK (PROV.)				4		
VIETNAM (NORD)		2				
VIETNAM (SUD)	1					

EUROPE

PAYS	1	2	3	4	5	6
ALBANIE			3			
NORD ÉCOSSE						6
ALLEMAGNE DE L'EST					5	
ALLEMAGNE OUEST NORD-CENTRE					5	
BAVIÈRE-BADE				4		
ANGLETERRE					5	
AUTRICHE				4		
BELGIQUE					5	
BULGARIE				4		
CHYPRE (ÎLE)			3			
DANEMARK						6
ESPAGNE NORD				4		
ESPAGNE CENTRE			3			
ESPAGNE SUD			3			
BALÉARES (ÎLES)			3			
ESTONIE						6
FINLANDE						6
FRANCE				4		
GRÈCE			3			
GROËNLAND						6
HOLLALNDE					5	
HONGRIE				4		
IRLANDE (EIRE)					5	

PAYS	1	2	3	4	5	6
IRLANDE DU NORD					5	
ISLANDE						6
ITALIE NORD CENTRE				4		
ITALIE SUD			3			
SARDAIGNE-SICILE			3			
LETTONIE						6
LITHUANIE						6
LUXEMBOURG					5	
MALTE			3			
NORVÈGE						6
POLOGNE					5	
PORTUGAL			3			
ROUMANIE				4		
SUÈDE						6
SUISSE				4		
TCHÉCOSLOVAQUIE					5	
TURQUIE			3			
U.R.S.S.						
AZERBAÏDJAN				4		
ARMÉNIE				4		
BIELORUSSIE					5	
GÉORGIE				4		
UKRAINE				4		
U.R.S.S. NORD LIGNE SMOLENSK-MOSCOU-KAZAN						6
U.R.S.S.-SUD					5	
YOUGOSLAVIE				4		

MOYEN ORIENT

PAYS	1	2	3	4	5	6
ARABIE SAOUDITE		2				
ÉMIRATS ARABES		2				
IRAK			3			
IRAN NORD			3			
IRAN SUD		2				
ISRAËL		2				
JORDANIE		2				
KOWEIT		2				
LIBAN			3			
SAMOA		2				
SYRIE			3			

PAYS	1	2	3	4	5
YEMEN NORD	1				
YEMEN SUD	1				

OCÉANIE

PAYS	1	2	3	4	5
AUSTRALIE					
AUSTRALIE MÉRIDIONALE			3		
AUSTRALIE OCCIDENTALE		2			
NOUVELLES—GALLES DU SUD			3		
QUEEN'S LAND		2			
SAUF PÉNINSULE D'YORK	1				
TERRIT. DU NORD (NORD)	1				
TERRIT. DU NORD (SUD)		2			
VICTORIA			3		
TASMANIE				4	
NOUVELLE—CALÉDONIE		2			
NOUVELLE—GUINÉE	1				
NOUVELLE—ZÉLANDE					
NORD ÎLE FUMANTE			3		
SUD ÎLE DE JADE				4	

AUTRES ÎLES

PAYS	1	2	3	4	5
CAROLINES	1				
CHATHAM				4	
CHESTERFIELD		2			
ELLICE	1				
FIDJI	1				
GILBERT	1				
HÉBRIDES	1				
KERMADEC			3		
LOYAUTÉ		2			
MARIANNES	1				
MARQUISES	1				
MARSHALL	1				
MIDWAY		2			
SALOMON	1				
SAOA	1				
SOCIÉTÉ	1				
TONGA		2			
TOUAMOTOU	1				
TUBUAÏ		2			

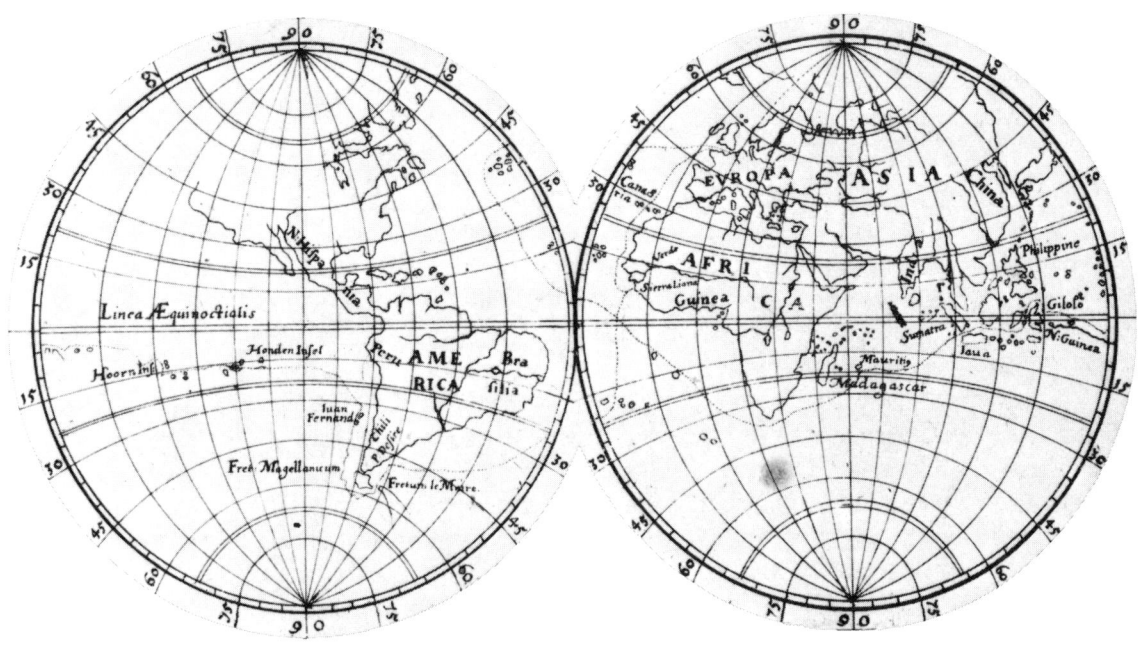

Comment découvrir votre Ascendant si vous êtes né(e) dans l'hémisphère Sud

Par rapport au Zodiaque, l'horizon Est dans l'hémisphère Sud n'est pas le même que dans l'hémisphère Nord.

Pour tenir compte de ce fait, vous ajoutez simplement 12 heures à votre heure solaire de naissance.

Si le total est supérieur à 24 heures, vous retranchez 24 heures : par exemple 20 h 30 + 12 h = 32 h 30 — 24 h = 8 h 30.

En prenant la nouvelle heure obtenue, 8 h 30 dans notre exemple, vous recherchez votre signe Ascendant exactement comme pour une naissance dans l'hémisphère Nord.

Vous obtenez le nom d'un signe zodiacal.

Celui-ci n'est pas encore votre Ascendant.

En effet, vous savez que les saisons australes sont inversées par rapport aux saisons boréales ; l'été en Australie correspond à l'hiver en Europe.

De même, le signe du Bélier de l'hémisphère Nord, c'est-à-dire le début du printemps, correspond au signe de la Balance qui marque le début du printemps dans l'hémisphère Sud.

C'est donc le signe zodiacal opposé au signe que vous avez trouvé précédemment qui est votre signe Ascendant final, et le tableau ci-dessous vous permet de trouver immédiatement ce signe.

Votre signe Ascendant lu dans la Table ▼	Votre signe Ascendant final ▼
Bélier	Balance
Taureau	Scorpion
Gémeaux	Sagittaire
Cancer	Capricorne
Lion	Verseau
Vierge	Poissons
Balance	Bélier
Scorpion	Taureau
Sagittaire	Gémeaux
Capricorne	Cancer
Verseau	Lion
Poissons	Vierge

DÉCOUVREZ VOTRE ASCENDANT SANS AUCUN CALCUL : TABLE Nº 1

VOTRE HEURE DE NAISSANCE	20 MAI	21 MAI	22 MAI	23 MAI	24 MAI	25 MAI	26 MAI	27 MAI
0 h 00	VERSEAU	VERSEAU	VERSEAU	VERSEAU	VERSEAU	VERSEAU	POISSONS	POISSONS
0 h 30	POISSONS	POISSONS	POISSONS	POISSONS	POISSONS	POISSONS	POISSONS	POISSONS
1 h 00	POISSONS	POISSONS	POISSONS	POISSONS	POISSONS	POISSONS	POISSONS	POISSONS
1 h 30	POISSONS	POISSONS	POISSONS	POISSONS	POISSONS	POISSONS	POISSONS	POISSONS
2 h 00	POISSONS	POISSONS	BÉLIER	BÉLIER	BÉLIER	BÉLIER	BÉLIER	BÉLIER
2 h 30	BÉLIER	BÉLIER	BÉLIER	BÉLIER	BÉLIER	BÉLIER	BÉLIER	BÉLIER
3 h 00	BÉLIER	BÉLIER	BÉLIER	BÉLIER	BÉLIER	BÉLIER	BÉLIER	BÉLIER
3 h 30	BÉLIER	BÉLIER	BÉLIER	BÉLIER	BÉLIER	BÉLIER	BÉLIER	TAUREAU
4 h 00	TAUREAU	TAUREAU	TAUREAU	TAUREAU	TAUREAU	TAUREAU	TAUREAU	TAUREAU
4 h 30	TAUREAU	TAUREAU	TAUREAU	TAUREAU	TAUREAU	TAUREAU	TAUREAU	TAUREAU
5 h 00	TAUREAU	TAUREAU	TAUREAU	TAUREAU	TAUREAU	TAUREAU	TAUREAU	TAUREAU
5 h 30	TAUREAU	TAUREAU	TAUREAU	TAUREAU	TAUREAU	GÉMEAUX	GÉMEAUX	GÉMEAUX
6 h 00	GÉMEAUX	GÉMEAUX	GÉMEAUX	GÉMEAUX	GÉMEAUX	GÉMEAUX	GÉMEAUX	GÉMEAUX
6 h 30	GÉMEAUX	GÉMEAUX	GÉMEAUX	GÉMEAUX	GÉMEAUX	GÉMEAUX	GÉMEAUX	GÉMEAUX
7 h 00	GÉMEAUX	GÉMEAUX	GÉMEAUX	GÉMEAUX	GÉMEAUX	GÉMEAUX	GÉMEAUX	GÉMEAUX
7 h 30	GÉMEAUX	GÉMEAUX	GÉMEAUX	GÉMEAUX	GÉMEAUX	GÉMEAUX	CANCER	CANCER
8 h 00	CANCER	CANCER	CANCER	CANCER	CANCER	CANCER	CANCER	CANCER
8 h 30	CANCER	CANCER	CANCER	CANCER	CANCER	CANCER	CANCER	CANCER
9 h 00	CANCER	CANCER	CANCER	CANCER	CANCER	CANCER	CANCER	CANCER
9 h 30	CANCER	CANCER	CANCER	CANCER	CANCER	CANCER	CANCER	CANCER
10 h 00	CANCER	CANCER	LION	LION	LION	LION	LION	LION
10 h 30	LION	LION	LION	LION	LION	LION	LION	LION
11 h 00	LION	LION	LION	LION	LION	LION	LION	LION
11 h 30	LION	LION	LION	LION	LION	LION	LION	LION
MIDI	LION	LION	LION	VIERGE	VIERGE	VIERGE	VIERGE	VIERGE
12 h 30	VIERGE	VIERGE	VIERGE	VIERGE	VIERGE	VIERGE	VIERGE	VIERGE
13 h 00	VIERGE	VIERGE	VIERGE	VIERGE	VIERGE	VIERGE	VIERGE	VIERGE
13 h 30	VIERGE	VIERGE	VIERGE	VIERGE	VIERGE	VIERGE	VIERGE	VIERGE
14 h 00	VIERGE	VIERGE	BALANCE	BALANCE	BALANCE	BALANCE	BALANCE	BALANCE
14 h 30	BALANCE	BALANCE	BALANCE	BALANCE	BALANCE	BALANCE	BALANCE	BALANCE
15 h 00	BALANCE	BALANCE	BALANCE	BALANCE	BALANCE	BALANCE	BALANCE	BALANCE
15 h 30	BALANCE	BALANCE	BALANCE	BALANCE	BALANCE	BALANCE	BALANCE	BALANCE
16 h 00	BALANCE	BALANCE	SCORPION	SCORPION	SCORPION	SCORPION	SCORPION	SCORPION
16 h 30	SCORPION	SCORPION	SCORPION	SCORPION	SCORPION	SCORPION	SCORPION	SCORPION
17 h 00	SCORPION	SCORPION	SCORPION	SCORPION	SCORPION	SCORPION	SCORPION	SCORPION
17 h 30	SCORPION	SCORPION	SCORPION	SCORPION	SCORPION	SCORPION	SCORPION	SCORPION
18 h 00	SCORPION	SCORPION	SCORPION	SAGITTAIRE	SAGITTAIRE	SAGITTAIRE	SAGITTAIRE	SAGITTAIRE
18 h 30	SAGITTAIRE	SAGITTAIRE	SAGITTAIRE	SAGITTAIRE	SAGITTAIRE	SAGITTAIRE	SAGITTAIRE	SAGITTAIRE
19 h 00	SAGITTAIRE	SAGITTAIRE	SAGITTAIRE	SAGITTAIRE	SAGITTAIRE	SAGITTAIRE	SAGITTAIRE	SAGITTAIRE
19 h 30	SAGITTAIRE	SAGITTAIRE	SAGITTAIRE	SAGITTAIRE	SAGITTAIRE	SAGITTAIRE	SAGITTAIRE	SAGITTAIRE
20 h 00	SAGITTAIRE	SAGITTAIRE	SAGITTAIRE	SAGITTAIRE	SAGITTAIRE	CAPRICORNE	CAPRICORNE	CAPRICORNE
20 h 30	CAPRICORNE	CAPRICORNE	CAPRICORNE	CAPRICORNE	CAPRICORNE	CAPRICORNE	CAPRICORNE	CAPRICORNE
21 h 00	CAPRICORNE	CAPRICORNE	CAPRICORNE	CAPRICORNE	CAPRICORNE	CAPRICORNE	CAPRICORNE	CAPRICORNE
21 h 30	CAPRICORNE	CAPRICORNE	CAPRICORNE	CAPRICORNE	CAPRICORNE	CAPRICORNE	CAPRICORNE	CAPRICORNE
22 h 00	CAPRICORNE	CAPRICORNE	CAPRICORNE	CAPRICORNE	CAPRICORNE	CAPRICORNE	CAPRICORNE	VERSEAU
22 h 30	VERSEAU	VERSEAU	VERSEAU	VERSEAU	VERSEAU	VERSEAU	VERSEAU	VERSEAU
23 h 00	VERSEAU	VERSEAU	VERSEAU	VERSEAU	VERSEAU	VERSEAU	VERSEAU	VERSEAU
23 h 30	VERSEAU	VERSEAU	VERSEAU	VERSEAU	VERSEAU	VERSEAU	VERSEAU	VERSEAU

DÉCOUVREZ VOTRE ASCENDANT SANS AUCUN CALCUL : TABLE N° 1

VOTRE HEURE DE NAISSANCE	28 MAI	29 MAI	30 MAI	31 MAI	1 JUIN	2 JUIN	3 JUIN	4 JUIN
0 h 00	POISSONS	POISSONS	POISSONS	POISSONS	POISSONS	POISSONS	POISSONS	POISSONS
0 h 30	POISSONS	POISSONS	POISSONS	POISSONS	POISSONS	POISSONS	POISSONS	POISSONS
1 h 00	POISSONS	POISSONS	POISSONS	POISSONS	POISSONS	POISSONS	POISSONS	POISSONS
1 h 30	POISSONS	POISSONS	BÉLIER	BÉLIER	BÉLIER	BÉLIER	BÉLIER	BÉLIER
2 h 00	BÉLIER	BÉLIER	BÉLIER	BÉLIER	BÉLIER	BÉLIER	BÉLIER	BÉLIER
2 h 30	BÉLIER	BÉLIER	BÉLIER	BÉLIER	BÉLIER	BÉLIER	BÉLIER	BÉLIER
3 h 00	BÉLIER	BÉLIER	BÉLIER	BÉLIER	BÉLIER	BÉLIER	TAUREAU	TAUREAU
3 h 30	TAUREAU	TAUREAU	TAUREAU	TAUREAU	TAUREAU	TAUREAU	TAUREAU	TAUREAU
4 h 00	TAUREAU	TAUREAU	TAUREAU	TAUREAU	TAUREAU	TAUREAU	TAUREAU	TAUREAU
4 h 30	TAUREAU	TAUREAU	TAUREAU	TAUREAU	TAUREAU	TAUREAU	TAUREAU	TAUREAU
5 h 00	TAUREAU	TAUREAU	TAUREAU	TAUREAU	GÉMEAUX	GÉMEAUX	GÉMEAUX	GÉMEAUX
5 h 30	GÉMEAUX	GÉMEAUX	GÉMEAUX	GÉMEAUX	GÉMEAUX	GÉMEAUX	GÉMEAUX	GÉMEAUX
6 h 00	GÉMEAUX	GÉMEAUX	GÉMEAUX	GÉMEAUX	GÉMEAUX	GÉMEAUX	GÉMEAUX	GÉMEAUX
6 h 30	GÉMEAUX	GÉMEAUX	GÉMEAUX	GÉMEAUX	GÉMEAUX	GÉMEAUX	GÉMEAUX	GÉMEAUX
7 h 00	GÉMEAUX	GÉMEAUX	GÉMEAUX	GÉMEAUX	GÉMEAUX	GÉMEAUX	CANCER	CANCER
7 h 30	CANCER	CANCER	CANCER	CANCER	CANCER	CANCER	CANCER	CANCER
8 h 00	CANCER	CANCER	CANCER	CANCER	CANCER	CANCER	CANCER	CANCER
8 h 30	CANCER	CANCER	CANCER	CANCER	CANCER	CANCER	CANCER	CANCER
9 h 00	CANCER	CANCER	CANCER	CANCER	CANCER	CANCER	CANCER	CANCER
9 h 30	CANCER	LION	LION	LION	LION	LION	LION	LION
10 h 00	LION	LION	LION	LION	LION	LION	LION	LION
10 h 30	LION	LION	LION	LION	LION	LION	LION	LION
11 h 00	LION	LION	LION	LION	LION	LION	LION	LION
11 h 30	LION	LION	VIERGE	VIERGE	VIERGE	VIERGE	VIERGE	VIERGE
MIDI	VIERGE	VIERGE	VIERGE	VIERGE	VIERGE	VIERGE	VIERGE	VIERGE
12 h 30	VIERGE	VIERGE	VIERGE	VIERGE	VIERGE	VIERGE	VIERGE	VIERGE
13 h 00	VIERGE	VIERGE	VIERGE	VIERGE	VIERGE	VIERGE	VIERGE	VIERGE
13 h 30	VIERGE	VIERGE	BALANCE	BALANCE	BALANCE	BALANCE	BALANCE	BALANCE
14 h 00	BALANCE	BALANCE	BALANCE	BALANCE	BALANCE	BALANCE	BALANCE	BALANCE
14 h 30	BALANCE	BALANCE	BALANCE	BALANCE	BALANCE	BALANCE	BALANCE	BALANCE
15 h 00	BALANCE	BALANCE	BALANCE	BALANCE	BALANCE	BALANCE	BALANCE	BALANCE
15 h 30	BALANCE	BALANCE	SCORPION	SCORPION	SCORPION	SCORPION	SCORPION	SCORPION
16 h 00	SCORPION	SCORPION	SCORPION	SCORPION	SCORPION	SCORPION	SCORPION	SCORPION
16 h 30	SCORPION	SCORPION	SCORPION	SCORPION	SCORPION	SCORPION	SCORPION	SCORPION
17 h 00	SCORPION	SCORPION	SCORPION	SCORPION	SCORPION	SCORPION	SCORPION	SCORPION
17 h 30	SCORPION	SCORPION	SAGITTAIRE	SAGITTAIRE	SAGITTAIRE	SAGITTAIRE	SAGITTAIRE	SAGITTAIRE
18 h 00	SAGITTAIRE	SAGITTAIRE	SAGITTAIRE	SAGITTAIRE	SAGITTAIRE	SAGITTAIRE	SAGITTAIRE	SAGITTAIRE
18 h 30	SAGITTAIRE	SAGITTAIRE	SAGITTAIRE	SAGITTAIRE	SAGITTAIRE	SAGITTAIRE	SAGITTAIRE	SAGITTAIRE
19 h 00	SAGITTAIRE	SAGITTAIRE	SAGITTAIRE	SAGITTAIRE	SAGITTAIRE	SAGITTAIRE	SAGITTAIRE	SAGITTAIRE
19 h 30	SAGITTAIRE	SAGITTAIRE	SAGITTAIRE	SAGITTAIRE	SAGITTAIRE	CAPRICORNE	CAPRICORNE	CAPRICORNE
20 h 00	CAPRICORNE	CAPRICORNE	CAPRICORNE	CAPRICORNE	CAPRICORNE	CAPRICORNE	CAPRICORNE	CAPRICORNE
20 h 30	CAPRICORNE	CAPRICORNE	CAPRICORNE	CAPRICORNE	CAPRICORNE	CAPRICORNE	CAPRICORNE	CAPRICORNE
21 h 00	CAPRICORNE	CAPRICORNE	CAPRICORNE	CAPRICORNE	CAPRICORNE	CAPRICORNE	CAPRICORNE	CAPRICORNE
21 h 30	CAPRICORNE	CAPRICORNE	CAPRICORNE	CAPRICORNE	CAPRICORNE	CAPRICORNE	VERSEAU	VERSEAU
22 h 00	VERSEAU	VERSEAU	VERSEAU	VERSEAU	VERSEAU	VERSEAU	VERSEAU	VERSEAU
22 h 30	VERSEAU	VERSEAU	VERSEAU	VERSEAU	VERSEAU	VERSEAU	VERSEAU	VERSEAU
23 h 00	VERSEAU	VERSEAU	VERSEAU	VERSEAU	VERSEAU	VERSEAU	VERSEAU	VERSEAU
23 h 30	VERSEAU	VERSEAU	VERSEAU	VERSEAU	VERSEAU	VERSEAU	POISSONS	POISSONS

DÉCOUVREZ VOTRE ASCENDANT SANS AUCUN CALCUL : TABLE N° 1

VOTRE HEURE DE NAISSANCE	5 JUIN	6 JUIN	7 JUIN	8 JUIN	9 JUIN	10 JUIN	11 JUIN	12 JUIN	13 JUIN
0 h 00	POISSONS	POISSONS	POISSONS	POISSONS	POISSONS	POISSONS	POISSONS	POISSONS	POISSONS
0 h 30	POISSONS	POISSONS	POISSONS	POISSONS	POISSONS	POISSONS	POISSONS	POISSONS	POISSONS
1 h 00	POISSONS	BÉLIER	BÉLIER	BÉLIER	BÉLIER	BÉLIER	BÉLIER	BÉLIER	BÉLIER
1 h 30	BÉLIER	BÉLIER	BÉLIER	BÉLIER	BÉLIER	BÉLIER	BÉLIER	BÉLIER	BÉLIER
2 h 00	BÉLIER	BÉLIER	BÉLIER	BÉLIER	BÉLIER	BÉLIER	BÉLIER	BÉLIER	BÉLIER
2 h 30	BÉLIER	BÉLIER	BÉLIER	BÉLIER	BÉLIER	TAUREAU	TAUREAU	TAUREAU	TAUREAU
3 h 00	TAUREAU	TAUREAU	TAUREAU	TAUREAU	TAUREAU	TAUREAU	TAUREAU	TAUREAU	TAUREAU
3 h 30	TAUREAU	TAUREAU	TAUREAU	TAUREAU	TAUREAU	TAUREAU	TAUREAU	TAUREAU	TAUREAU
4 h 00	TAUREAU	TAUREAU	TAUREAU	TAUREAU	TAUREAU	TAUREAU	TAUREAU	TAUREAU	TAUREAU
4 h 30	TAUREAU	TAUREAU	TAUREAU	TAUREAU	GÉMEAUX	GÉMEAUX	GÉMEAUX	GÉMEAUX	GÉMEAUX
5 h 00	GÉMEAUX	GÉMEAUX	GÉMEAUX	GÉMEAUX	GÉMEAUX	GÉMEAUX	GÉMEAUX	GÉMEAUX	GÉMEAUX
5 h 30	GÉMEAUX	GÉMEAUX	GÉMEAUX	GÉMEAUX	GÉMEAUX	GÉMEAUX	GÉMEAUX	GÉMEAUX	GÉMEAUX
6 h 00	GÉMEAUX	GÉMEAUX	GÉMEAUX	GÉMEAUX	GÉMEAUX	GÉMEAUX	GÉMEAUX	GÉMEAUX	GÉMEAUX
6 h 30	GÉMEAUX	GÉMEAUX	GÉMEAUX	GÉMEAUX	GÉMEAUX	CANCER	CANCER	CANCER	CANCER
7 h 00	CANCER	CANCER	CANCER	CANCER	CANCER	CANCER	CANCER	CANCER	CANCER
7 h 30	CANCER	CANCER	CANCER	CANCER	CANCER	CANCER	CANCER	CANCER	CANCER
8 h 00	CANCER	CANCER	CANCER	CANCER	CANCER	CANCER	CANCER	CANCER	CANCER
8 h 30	CANCER	CANCER	CANCER	CANCER	CANCER	CANCER	CANCER	CANCER	LION
9 h 00	LION	LION	LION	LION	LION	LION	LION	LION	LION
9 h 30	LION	LION	LION	LION	LION	LION	LION	LION	LION
10 h 00	LION	LION	LION	LION	LION	LION	LION	LION	LION
10 h 30	LION	LION	LION	LION	LION	LION	LION	LION	LION
11 h 00	LION	VIERGE	VIERGE	VIERGE	VIERGE	VIERGE	VIERGE	VIERGE	VIERGE
11 h 30	VIERGE	VIERGE	VIERGE	VIERGE	VIERGE	VIERGE	VIERGE	VIERGE	VIERGE
MIDI	VIERGE	VIERGE	VIERGE	VIERGE	VIERGE	VIERGE	VIERGE	VIERGE	VIERGE
12 h 30	VIERGE	VIERGE	VIERGE	VIERGE	VIERGE	VIERGE	VIERGE	VIERGE	VIERGE
13 h 00	VIERGE	BALANCE	BALANCE	BALANCE	BALANCE	BALANCE	BALANCE	BALANCE	BALANCE
13 h 30	BALANCE	BALANCE	BALANCE	BALANCE	BALANCE	BALANCE	BALANCE	BALANCE	BALANCE
14 h 00	BALANCE	BALANCE	BALANCE	BALANCE	BALANCE	BALANCE	BALANCE	BALANCE	BALANCE
14 h 30	BALANCE	BALANCE	BALANCE	BALANCE	BALANCE	BALANCE	BALANCE	BALANCE	BALANCE
15 h 00	BALANCE	SCORPION	SCORPION	SCORPION	SCORPION	SCORPION	SCORPION	SCORPION	SCORPION
15 h 30	SCORPION	SCORPION	SCORPION	SCORPION	SCORPION	SCORPION	SCORPION	SCORPION	SCORPION
16 h 00	SCORPION	SCORPION	SCORPION	SCORPION	SCORPION	SCORPION	SCORPION	SCORPION	SCORPION
16 h 30	SCORPION	SCORPION	SCORPION	SCORPION	SCORPION	SCORPION	SCORPION	SCORPION	SCORPION
17 h 00	SCORPION	SCORPION	SAGITTAIRE	SAGITTAIRE	SAGITTAIRE	SAGITTAIRE	SAGITTAIRE	SAGITTAIRE	SAGITTAIRE
17 h 30	SAGITTAIRE	SAGITTAIRE	SAGITTAIRE	SAGITTAIRE	SAGITTAIRE	SAGITTAIRE	SAGITTAIRE	SAGITTAIRE	SAGITTAIRE
18 h 00	SAGITTAIRE	SAGITTAIRE	SAGITTAIRE	SAGITTAIRE	SAGITTAIRE	SAGITTAIRE	SAGITTAIRE	SAGITTAIRE	SAGITTAIRE
18 h 30	SAGITTAIRE	SAGITTAIRE	SAGITTAIRE	SAGITTAIRE	SAGITTAIRE	SAGITTAIRE	SAGITTAIRE	SAGITTAIRE	SAGITTAIRE
19 h 00	SAGITTAIRE	SAGITTAIRE	SAGITTAIRE	SAGITTAIRE	SAGITTAIRE	CAPRICORNE	CAPRICORNE	CAPRICORNE	CAPRICORNE
19 h 30	CAPRICORNE	CAPRICORNE	CAPRICORNE	CAPRICORNE	CAPRICORNE	CAPRICORNE	CAPRICORNE	CAPRICORNE	CAPRICORNE
20 h 00	CAPRICORNE	CAPRICORNE	CAPRICORNE	CAPRICORNE	CAPRICORNE	CAPRICORNE	CAPRICORNE	CAPRICORNE	CAPRICORNE
20 h 30	CAPRICORNE	CAPRICORNE	CAPRICORNE	CAPRICORNE	CAPRICORNE	CAPRICORNE	CAPRICORNE	CAPRICORNE	CAPRICORNE
21 h 00	CAPRICORNE	CAPRICORNE	CAPRICORNE	CAPRICORNE	CAPRICORNE	CAPRICORNE	VERSEAU	VERSEAU	VERSEAU
21 h 30	VERSEAU	VERSEAU	VERSEAU	VERSEAU	VERSEAU	VERSEAU	VERSEAU	VERSEAU	VERSEAU
22 h 00	VERSEAU	VERSEAU	VERSEAU	VERSEAU	VERSEAU	VERSEAU	VERSEAU	VERSEAU	VERSEAU
22 h 30	VERSEAU	VERSEAU	VERSEAU	VERSEAU	VERSEAU	VERSEAU	VERSEAU	VERSEAU	VERSEAU
23 h 00	VERSEAU	VERSEAU	VERSEAU	VERSEAU	VERSEAU	VERSEAU	POISSONS	POISSONS	POISSONS
23 h 30	POISSONS	POISSONS	POISSONS	POISSONS	POISSONS	POISSONS	POISSONS	POISSONS	POISSONS

DÉCOUVREZ VOTRE ASCENDANT SANS AUCUN CALCUL : TABLE N° 1

VOTRE HEURE DE NAISSANCE	14 JUIN	15 JUIN	16 JUIN	17 JUIN	18 JUIN	19 JUIN	20 JUIN	21 JUIN	22 JUIN
0 h 00	POISSONS	POISSONS	POISSONS	POISSONS	POISSONS	POISSONS	POISSONS	POISSONS	BÉLIER
0 h 30	BÉLIER	BÉLIER	BÉLIER	BÉLIER	BÉLIER	BÉLIER	BÉLIER	BÉLIER	BÉLIER
1 h 00	BÉLIER	BÉLIER	BÉLIER	BÉLIER	BÉLIER	BÉLIER	BÉLIER	BÉLIER	BÉLIER
1 h 30	BÉLIER	BÉLIER	BÉLIER	BÉLIER	BÉLIER	BÉLIER	BÉLIER	BÉLIER	BÉLIER
2 h 00	BÉLIER	BÉLIER	BÉLIER	BÉLIER	TAUREAU	TAUREAU	TAUREAU	TAUREAU	TAUREAU
2 h 30	TAUREAU	TAUREAU	TAUREAU	TAUREAU	TAUREAU	TAUREAU	TAUREAU	TAUREAU	TAUREAU
3 h 00	TAUREAU	TAUREAU	TAUREAU	TAUREAU	TAUREAU	TAUREAU	TAUREAU	TAUREAU	TAUREAU
3 h 30	TAUREAU	TAUREAU	TAUREAU	TAUREAU	TAUREAU	TAUREAU	TAUREAU	TAUREAU	TAUREAU
4 h 00	TAUREAU	TAUREAU	GÉMEAUX	GÉMEAUX	GÉMEAUX	GÉMEAUX	GÉMEAUX	GÉMEAUX	GÉMEAUX
4 h 30	GÉMEAUX	GÉMEAUX	GÉMEAUX	GÉMEAUX	GÉMEAUX	GÉMEAUX	GÉMEAUX	GÉMEAUX	GÉMEAUX
5 h 00	GÉMEAUX	GÉMEAUX	GÉMEAUX	GÉMEAUX	GÉMEAUX	GÉMEAUX	GÉMEAUX	GÉMEAUX	GÉMEAUX
5 h 30	GÉMEAUX	GÉMEAUX	GÉMEAUX	GÉMEAUX	GÉMEAUX	GÉMEAUX	GÉMEAUX	GÉMEAUX	GÉMEAUX
6 h 00	GÉMEAUX	GÉMEAUX	GÉMEAUX	GÉMEAUX	CANCER	CANCER	CANCER	CANCER	CANCER
6 h 30	CANCER	CANCER	CANCER	CANCER	CANCER	CANCER	CANCER	CANCER	CANCER
7 h 00	CANCER	CANCER	CANCER	CANCER	CANCER	CANCER	CANCER	CANCER	CANCER
7 h 30	CANCER	CANCER	CANCER	CANCER	CANCER	CANCER	CANCER	CANCER	CANCER
8 h 00	CANCER	CANCER	CANCER	CANCER	CANCER	CANCER	LION	LION	LION
8 h 30	LION	LION	LION	LION	LION	LION	LION	LION	LION
9 h 00	LION	LION	LION	LION	LION	LION	LION	LION	LION
9 h 30	LION	LION	LION	LION	LION	LION	LION	LION	LION
10 h 00	LION	LION	LION	LION	LION	LION	LION	LION	VIERGE
10 h 30	VIERGE	VIERGE	VIERGE	VIERGE	VIERGE	VIERGE	VIERGE	VIERGE	VIERGE
11 h 00	VIERGE	VIERGE	VIERGE	VIERGE	VIERGE	VIERGE	VIERGE	VIERGE	VIERGE
11 h 30	VIERGE	VIERGE	VIERGE	VIERGE	VIERGE	VIERGE	VIERGE	VIERGE	VIERGE
MIDI	VIERGE	VIERGE	VIERGE	VIERGE	VIERGE	VIERGE	VIERGE	BALANCE	BALANCE
12 h 30	BALANCE	BALANCE	BALANCE	BALANCE	BALANCE	BALANCE	BALANCE	BALANCE	BALANCE
13 h 00	BALANCE	BALANCE	BALANCE	BALANCE	BALANCE	BALANCE	BALANCE	BALANCE	BALANCE
13 h 30	BALANCE	BALANCE	BALANCE	BALANCE	BALANCE	BALANCE	BALANCE	BALANCE	BALANCE
14 h 00	BALANCE	BALANCE	BALANCE	BALANCE	BALANCE	BALANCE	BALANCE	BALANCE	SCORPION
14 h 30	SCORPION	SCORPION	SCORPION	SCORPION	SCORPION	SCORPION	SCORPION	SCORPION	SCORPION
15 h 00	SCORPION	SCORPION	SCORPION	SCORPION	SCORPION	SCORPION	SCORPION	SCORPION	SCORPION
15 h 30	SCORPION	SCORPION	SCORPION	SCORPION	SCORPION	SCORPION	SCORPION	SCORPION	SCORPION
16 h 00	SCORPION	SCORPION	SCORPION	SCORPION	SCORPION	SCORPION	SCORPION	SCORPION	SAGITTAIRE
16 h 30	SAGITTAIRE	SAGITTAIRE	SAGITTAIRE	SAGITTAIRE	SAGITTAIRE	SAGITTAIRE	SAGITTAIRE	SAGITTAIRE	SAGITTAIRE
17 h 00	SAGITTAIRE	SAGITTAIRE	SAGITTAIRE	SAGITTAIRE	SAGITTAIRE	SAGITTAIRE	SAGITTAIRE	SAGITTAIRE	SAGITTAIRE
17 h 30	SAGITTAIRE	SAGITTAIRE	SAGITTAIRE	SAGITTAIRE	SAGITTAIRE	SAGITTAIRE	SAGITTAIRE	SAGITTAIRE	SAGITTAIRE
18 h 00	SAGITTAIRE	SAGITTAIRE	SAGITTAIRE	SAGITTAIRE	SAGITTAIRE	SAGITTAIRE	SAGITTAIRE	SAGITTAIRE	SAGITTAIRE
18 h 30	SAGITTAIRE	SAGITTAIRE	SAGITTAIRE	CAPRICORNE	CAPRICORNE	CAPRICORNE	CAPRICORNE	CAPRICORNE	CAPRICORNE
19 h 00	CAPRICORNE	CAPRICORNE	CAPRICORNE	CAPRICORNE	CAPRICORNE	CAPRICORNE	CAPRICORNE	CAPRICORNE	CAPRICORNE
19 h 30	CAPRICORNE	CAPRICORNE	CAPRICORNE	CAPRICORNE	CAPRICORNE	CAPRICORNE	CAPRICORNE	CAPRICORNE	CAPRICORNE
20 h 00	CAPRICORNE	CAPRICORNE	CAPRICORNE	CAPRICORNE	CAPRICORNE	CAPRICORNE	CAPRICORNE	CAPRICORNE	CAPRICORNE
20 h 30	CAPRICORNE	CAPRICORNE	CAPRICORNE	CAPRICORNE	CAPRICORNE	VERSEAU	VERSEAU	VERSEAU	VERSEAU
21 h 00	VERSEAU	VERSEAU	VERSEAU	VERSEAU	VERSEAU	VERSEAU	VERSEAU	VERSEAU	VERSEAU
21 h 30	VERSEAU	VERSEAU	VERSEAU	VERSEAU	VERSEAU	VERSEAU	VERSEAU	VERSEAU	VERSEAU
22 h 00	VERSEAU	VERSEAU	VERSEAU	VERSEAU	VERSEAU	VERSEAU	VERSEAU	VERSEAU	VERSEAU
22 h 30	VERSEAU	VERSEAU	VERSEAU	VERSEAU	POISSONS	POISSONS	POISSONS	POISSONS	POISSONS
23 h 00	POISSONS	POISSONS	POISSONS	POISSONS	POISSONS	POISSONS	POISSONS	POISSONS	POISSONS
23 h 30	POISSONS	POISSONS	POISSONS	POISSONS	POISSONS	POISSONS	POISSONS	POISSONS	POISSONS

DÉCOUVREZ VOTRE ASCENDANT SANS AUCUN CALCUL : TABLE N° 2

VOTRE HEURE DE NAISSANCE	20 MAI	21 MAI	22 MAI	23 MAI	24 MAI	25 MAI	26 MAI	27 MAI
0 h 00	VERSEAU	VERSEAU	VERSEAU	VERSEAU	VERSEAU	VERSEAU	VERSEAU	VERSEAU
0 h 30	VERSEAU	VERSEAU	VERSEAU	POISSONS	POISSONS	POISSONS	POISSONS	POISSONS
1 h 00	POISSONS	POISSONS	POISSONS	POISSONS	POISSONS	POISSONS	POISSONS	POISSONS
1 h 30	POISSONS	POISSONS	POISSONS	POISSONS	POISSONS	POISSONS	POISSONS	POISSONS
2 h 00	POISSONS	POISSONS	BÉLIER	BÉLIER	BÉLIER	BÉLIER	BÉLIER	BÉLIER
2 h 30	BÉLIER	BÉLIER	BÉLIER	BÉLIER	BÉLIER	BÉLIER	BÉLIER	BÉLIER
3 h 00	BÉLIER	BÉLIER	BÉLIER	BÉLIER	BÉLIER	BÉLIER	BÉLIER	BÉLIER
3 h 30	BÉLIER	BÉLIER	TAUREAU	TAUREAU	TAUREAU	TAUREAU	TAUREAU	TAUREAU
4 h 00	TAUREAU	TAUREAU	TAUREAU	TAUREAU	TAUREAU	TAUREAU	TAUREAU	TAUREAU
4 h 30	TAUREAU	TAUREAU	TAUREAU	TAUREAU	TAUREAU	TAUREAU	TAUREAU	TAUREAU
5 h 00	TAUREAU	TAUREAU	TAUREAU	TAUREAU	GÉMEAUX	GÉMEAUX	GÉMEAUX	GÉMEAUX
5 h 30	GÉMEAUX	GÉMEAUX	GÉMEAUX	GÉMEAUX	GÉMEAUX	GÉMEAUX	GÉMEAUX	GÉMEAUX
6 h 00	GÉMEAUX	GÉMEAUX	GÉMEAUX	GÉMEAUX	GÉMEAUX	GÉMEAUX	GÉMEAUX	GÉMEAUX
6 h 30	GÉMEAUX	GÉMEAUX	GÉMEAUX	GÉMEAUX	GÉMEAUX	GÉMEAUX	GÉMEAUX	GÉMEAUX
7 h 00	GÉMEAUX	GÉMEAUX	GÉMEAUX	GÉMEAUX	CANCER	CANCER	CANCER	CANCER
7 h 30	CANCER	CANCER	CANCER	CANCER	CANCER	CANCER	CANCER	CANCER
8 h 00	CANCER	CANCER	CANCER	CANCER	CANCER	CANCER	CANCER	CANCER
8 h 30	CANCER	CANCER	CANCER	CANCER	CANCER	CANCER	CANCER	CANCER
9 h 00	CANCER	CANCER	CANCER	CANCER	CANCER	CANCER	CANCER	CANCER
9 h 30	CANCER	LION	LION	LION	LION	LION	LION	LION
10 h 00	LION	LION	LION	LION	LION	LION	LION	LION
10 h 30	LION	LION	LION	LION	LION	LION	LION	LION
11 h 00	LION	LION	LION	LION	LION	LION	LION	LION
11 h 30	LION	LION	LION	LION	LION	LION	VIERGE	VIERGE
MIDI	VIERGE	VIERGE	VIERGE	VIERGE	VIERGE	VIERGE	VIERGE	VIERGE
12 h 30	VIERGE	VIERGE	VIERGE	VIERGE	VIERGE	VIERGE	VIERGE	VIERGE
13 h 00	VIERGE	VIERGE	VIERGE	VIERGE	VIERGE	VIERGE	VIERGE	VIERGE
13 h 30	VIERGE	VIERGE	VIERGE	VIERGE	VIERGE	VIERGE	VIERGE	VIERGE
14 h 00	VIERGE	VIERGE	BALANCE	BALANCE	BALANCE	BALANCE	BALANCE	BALANCE
14 h 30	BALANCE	BALANCE	BALANCE	BALANCE	BALANCE	BALANCE	BALANCE	BALANCE
15 h 00	BALANCE	BALANCE	BALANCE	BALANCE	BALANCE	BALANCE	BALANCE	BALANCE
15 h 30	BALANCE	BALANCE	BALANCE	BALANCE	BALANCE	BALANCE	BALANCE	BALANCE
16 h 00	BALANCE	BALANCE	BALANCE	BALANCE	BALANCE	BALANCE	SCORPION	SCORPION
16 h 30	SCORPION	SCORPION	SCORPION	SCORPION	SCORPION	SCORPION	SCORPION	SCORPION
17 h 00	SCORPION	SCORPION	SCORPION	SCORPION	SCORPION	SCORPION	SCORPION	SCORPION
17 h 30	SCORPION	SCORPION	SCORPION	SCORPION	SCORPION	SCORPION	SCORPION	SCORPION
18 h 00	SCORPION	SCORPION	SCORPION	SCORPION	SCORPION	SCORPION	SCORPION	SCORPION
18 h 30	SCORPION	SCORPION	SCORPION	SCORPION	SAGITTAIRE	SAGITTAIRE	SAGITTAIRE	SAGITTAIRE
19 h 00	SAGITTAIRE	SAGITTAIRE	SAGITTAIRE	SAGITTAIRE	SAGITTAIRE	SAGITTAIRE	SAGITTAIRE	SAGITTAIRE
19 h 30	SAGITTAIRE	SAGITTAIRE	SAGITTAIRE	SAGITTAIRE	SAGITTAIRE	SAGITTAIRE	SAGITTAIRE	SAGITTAIRE
20 h 00	SAGITTAIRE	SAGITTAIRE	SAGITTAIRE	SAGITTAIRE	SAGITTAIRE	SAGITTAIRE	SAGITTAIRE	SAGITTAIRE
20 h 30	SAGITTAIRE	SAGITTAIRE	SAGITTAIRE	SAGITTAIRE	SAGITTAIRE	SAGITTAIRE	SAGITTAIRE	SAGITTAIRE
21 h 00	SAGITTAIRE	CAPRICORNE	CAPRICORNE	CAPRICORNE	CAPRICORNE	CAPRICORNE	CAPRICORNE	CAPRICORNE
21 h 30	CAPRICORNE	CAPRICORNE	CAPRICORNE	CAPRICORNE	CAPRICORNE	CAPRICORNE	CAPRICORNE	CAPRICORNE
22 h 00	CAPRICORNE	CAPRICORNE	CAPRICORNE	CAPRICORNE	CAPRICORNE	CAPRICORNE	CAPRICORNE	CAPRICORNE
22 h 30	CAPRICORNE	CAPRICORNE	CAPRICORNE	CAPRICORNE	CAPRICORNE	CAPRICORNE	CAPRICORNE	CAPRICORNE
23 h 00	CAPRICORNE	VERSEAU	VERSEAU	VERSEAU	VERSEAU	VERSEAU	VERSEAU	VERSEAU
23 h 30	VERSEAU	VERSEAU	VERSEAU	VERSEAU	VERSEAU	VERSEAU	VERSEAU	VERSEAU

DÉCOUVREZ VOTRE ASCENDANT SANS AUCUN CALCUL : TABLE N° 2

VOTRE HEURE DE NAISSANCE	28 MAI	29 MAI	30 MAI	31 MAI	1 JUIN	2 JUIN	3 JUIN	4 JUIN
0 h 00	VERSEAU	VERSEAU	VERSEAU	POISSONS	POISSONS	POISSONS	POISSONS	POISSONS
0 h 30	POISSONS	POISSONS	POISSONS	POISSONS	POISSONS	POISSONS	POISSONS	POISSONS
1 h 00	POISSONS	POISSONS	POISSONS	POISSONS	POISSONS	POISSONS	POISSONS	POISSONS
1 h 30	POISSONS	POISSONS	BÉLIER	BÉLIER	BÉLIER	BÉLIER	BÉLIER	BÉLIER
2 h 00	BÉLIER	BÉLIER	BÉLIER	BÉLIER	BÉLIER	BÉLIER	BÉLIER	BÉLIER
2 h 30	BÉLIER	BÉLIER	BÉLIER	BÉLIER	BÉLIER	BÉLIER	BÉLIER	BÉLIER
3 h 00	BÉLIER	TAUREAU	TAUREAU	TAUREAU	TAUREAU	TAUREAU	TAUREAU	TAUREAU
3 h 30	TAUREAU	TAUREAU	TAUREAU	TAUREAU	TAUREAU	TAUREAU	TAUREAU	TAUREAU
4 h 00	TAUREAU	TAUREAU	TAUREAU	TAUREAU	TAUREAU	TAUREAU	TAUREAU	TAUREAU
4 h 30	TAUREAU	TAUREAU	TAUREAU	GÉMEAUX	GÉMEAUX	GÉMEAUX	GÉMEAUX	GÉMEAUX
5 h 00	GÉMEAUX	GÉMEAUX	GÉMEAUX	GÉMEAUX	GÉMEAUX	GÉMEAUX	GÉMEAUX	GÉMEAUX
5 h 30	GÉMEAUX	GÉMEAUX	GÉMEAUX	GÉMEAUX	GÉMEAUX	GÉMEAUX	GÉMEAUX	GÉMEAUX
6 h 00	GÉMEAUX	GÉMEAUX	GÉMEAUX	GÉMEAUX	GÉMEAUX	GÉMEAUX	GÉMEAUX	GÉMEAUX
6 h 30	GÉMEAUX	GÉMEAUX	GÉMEAUX	CANCER	CANCER	CANCER	CANCER	CANCER
7 h 00	CANCER	CANCER	CANCER	CANCER	CANCER	CANCER	CANCER	CANCER
7 h 30	CANCER	CANCER	CANCER	CANCER	CANCER	CANCER	CANCER	CANCER
8 h 00	CANCER	CANCER	CANCER	CANCER	CANCER	CANCER	CANCER	CANCER
8 h 30	CANCER	CANCER	CANCER	CANCER	CANCER	CANCER	CANCER	CANCER
9 h 00	LION	LION	LION	LION	LION	LION	LION	LION
9 h 30	LION	LION	LION	LION	LION	LION	LION	LION
10 h 00	LION	LION	LION	LION	LION	LION	LION	LION
10 h 30	LION	LION	LION	LION	LION	LION	LION	LION
11 h 00	LION	LION	LION	LION	LION	VIERGE	VIERGE	VIERGE
11 h 30	VIERGE	VIERGE	VIERGE	VIERGE	VIERGE	VIERGE	VIERGE	VIERGE
MIDI	VIERGE	VIERGE	VIERGE	VIERGE	VIERGE	VIERGE	VIERGE	VIERGE
12 h 30	VIERGE	VIERGE	VIERGE	VIERGE	VIERGE	VIERGE	VIERGE	VIERGE
13 h 00	VIERGE	VIERGE	VIERGE	VIERGE	VIERGE	VIERGE	VIERGE	VIERGE
13 h 30	VIERGE	VIERGE	BALANCE	BALANCE	BALANCE	BALANCE	BALANCE	BALANCE
14 h 00	BALANCE	BALANCE	BALANCE	BALANCE	BALANCE	BALANCE	BALANCE	BALANCE
14 h 30	BALANCE	BALANCE	BALANCE	BALANCE	BALANCE	BALANCE	BALANCE	BALANCE
15 h 00	BALANCE	BALANCE	BALANCE	BALANCE	BALANCE	BALANCE	BALANCE	BALANCE
15 h 30	BALANCE	BALANCE	BALANCE	BALANCE	BALANCE	BALANCE	SCORPION	SCORPION
16 h 00	SCORPION	SCORPION	SCORPION	SCORPION	SCORPION	SCORPION	SCORPION	SCORPION
16 h 30	SCORPION	SCORPION	SCORPION	SCORPION	SCORPION	SCORPION	SCORPION	SCORPION
17 h 00	SCORPION	SCORPION	SCORPION	SCORPION	SCORPION	SCORPION	SCORPION	SCORPION
17 h 30	SCORPION	SCORPION	SCORPION	SCORPION	SCORPION	SCORPION	SCORPION	SCORPION
18 h 00	SCORPION	SCORPION	SCORPION	SAGITTAIRE	SAGITTAIRE	SAGITTAIRE	SAGITTAIRE	SAGITTAIRE
18 h 30	SAGITTAIRE	SAGITTAIRE	SAGITTAIRE	SAGITTAIRE	SAGITTAIRE	SAGITTAIRE	SAGITTAIRE	SAGITTAIRE
19 h 00	SAGITTAIRE	SAGITTAIRE	SAGITTAIRE	SAGITTAIRE	SAGITTAIRE	SAGITTAIRE	SAGITTAIRE	SAGITTAIRE
19 h 30	SAGITTAIRE	SAGITTAIRE	SAGITTAIRE	SAGITTAIRE	SAGITTAIRE	SAGITTAIRE	SAGITTAIRE	SAGITTAIRE
20 h 00	SAGITTAIRE	SAGITTAIRE	SAGITTAIRE	SAGITTAIRE	SAGITTAIRE	SAGITTAIRE	SAGITTAIRE	SAGITTAIRE
20 h 30	CAPRICORNE	CAPRICORNE	CAPRICORNE	CAPRICORNE	CAPRICORNE	CAPRICORNE	CAPRICORNE	CAPRICORNE
21 h 00	CAPRICORNE	CAPRICORNE	CAPRICORNE	CAPRICORNE	CAPRICORNE	CAPRICORNE	CAPRICORNE	CAPRICORNE
21 h 30	CAPRICORNE	CAPRICORNE	CAPRICORNE	CAPRICORNE	CAPRICORNE	CAPRICORNE	CAPRICORNE	CAPRICORNE
22 h 00	CAPRICORNE	CAPRICORNE	CAPRICORNE	CAPRICORNE	CAPRICORNE	CAPRICORNE	CAPRICORNE	CAPRICORNE
22 h 30	CAPRICORNE	VERSEAU	VERSEAU	VERSEAU	VERSEAU	VERSEAU	VERSEAU	VERSEAU
23 h 00	VERSEAU	VERSEAU	VERSEAU	VERSEAU	VERSEAU	VERSEAU	VERSEAU	VERSEAU
23 h 30	VERSEAU	VERSEAU	VERSEAU	VERSEAU	VERSEAU	VERSEAU	VERSEAU	VERSEAU

DÉCOUVREZ VOTRE ASCENDANT SANS AUCUN CALCUL : TABLE N° 2

VOTRE HEURE DE NAISSANCE	5 JUIN	6 JUIN	7 JUIN	8 JUIN	9 JUIN	10 JUIN	11 JUIN	12 JUIN	13 JUIN
0 h 00	POISSONS	POISSONS	POISSONS	POISSONS	POISSONS	POISSONS	POISSONS	POISSONS	POISSONS
0 h 30	POISSONS	POISSONS	POISSONS	POISSONS	POISSONS	POISSONS	POISSONS	POISSONS	POISSONS
1 h 00	POISSONS	BÉLIER	BÉLIER	BÉLIER	BÉLIER	BÉLIER	BÉLIER	BÉLIER	BÉLIER
1 h 30	BÉLIER	BÉLIER	BÉLIER	BÉLIER	BÉLIER	BÉLIER	BÉLIER	BÉLIER	BÉLIER
2 h 00	BÉLIER	BÉLIER	BÉLIER	BÉLIER	BÉLIER	BÉLIER	BÉLIER	BÉLIER	TAUREAU
2 h 30	TAUREAU	TAUREAU	TAUREAU	TAUREAU	TAUREAU	TAUREAU	TAUREAU	TAUREAU	TAUREAU
3 h 00	TAUREAU	TAUREAU	TAUREAU	TAUREAU	TAUREAU	TAUREAU	TAUREAU	TAUREAU	TAUREAU
3 h 30	TAUREAU	TAUREAU	TAUREAU	TAUREAU	TAUREAU	TAUREAU	TAUREAU	TAUREAU	TAUREAU
4 h 00	TAUREAU	TAUREAU	TAUREAU	GÉMEAUX	GÉMEAUX	GÉMEAUX	GÉMEAUX	GÉMEAUX	GÉMEAUX
4 h 30	GÉMEAUX	GÉMEAUX	GÉMEAUX	GÉMEAUX	GÉMEAUX	GÉMEAUX	GÉMEAUX	GÉMEAUX	GÉMEAUX
5 h 00	GÉMEAUX	GÉMEAUX	GÉMEAUX	GÉMEAUX	GÉMEAUX	GÉMEAUX	GÉMEAUX	GÉMEAUX	GÉMEAUX
5 h 30	GÉMEAUX	GÉMEAUX	GÉMEAUX	GÉMEAUX	GÉMEAUX	GÉMEAUX	GÉMEAUX	GÉMEAUX	GÉMEAUX
6 h 00	GÉMEAUX	GÉMEAUX	GÉMEAUX	CANCER	CANCER	CANCER	CANCER	CANCER	CANCER
6 h 30	CANCER	CANCER	CANCER	CANCER	CANCER	CANCER	CANCER	CANCER	CANCER
7 h 00	CANCER	CANCER	CANCER	CANCER	CANCER	CANCER	CANCER	CANCER	CANCER
7 h 30	CANCER	CANCER	CANCER	CANCER	CANCER	CANCER	CANCER	CANCER	CANCER
8 h 00	CANCER	CANCER	CANCER	CANCER	CANCER	CANCER	CANCER	CANCER	LION
8 h 30	LION	LION	LION	LION	LION	LION	LION	LION	LION
9 h 00	LION	LION	LION	LION	LION	LION	LION	LION	LION
9 h 30	LION	LION	LION	LION	LION	LION	LION	LION	LION
10 h 00	LION	LION	LION	LION	LION	LION	LION	LION	LION
10 h 30	LION	LION	LION	LION	LION	VIERGE	VIERGE	VIERGE	VIERGE
11 h 00	VIERGE	VIERGE	VIERGE	VIERGE	VIERGE	VIERGE	VIERGE	VIERGE	VIERGE
11 h 30	VIERGE	VIERGE	VIERGE	VIERGE	VIERGE	VIERGE	VIERGE	VIERGE	VIERGE
MIDI	VIERGE	VIERGE	VIERGE	VIERGE	VIERGE	VIERGE	VIERGE	VIERGE	VIERGE
12 h 30	VIERGE	VIERGE	VIERGE	VIERGE	VIERGE	VIERGE	VIERGE	VIERGE	VIERGE
13 h 00	VIERGE	BALANCE	BALANCE	BALANCE	BALANCE	BALANCE	BALANCE	BALANCE	BALANCE
13 h 30	BALANCE	BALANCE	BALANCE	BALANCE	BALANCE	BALANCE	BALANCE	BALANCE	BALANCE
14 h 00	BALANCE	BALANCE	BALANCE	BALANCE	BALANCE	BALANCE	BALANCE	BALANCE	BALANCE
14 h 30	BALANCE	BALANCE	BALANCE	BALANCE	BALANCE	BALANCE	BALANCE	BALANCE	BALANCE
15 h 00	BALANCE	BALANCE	BALANCE	BALANCE	BALANCE	BALANCE	SCORPION	SCORPION	SCORPION
15 h 30	SCORPION	SCORPION	SCORPION	SCORPION	SCORPION	SCORPION	SCORPION	SCORPION	SCORPION
16 h 00	SCORPION	SCORPION	SCORPION	SCORPION	SCORPION	SCORPION	SCORPION	SCORPION	SCORPION
16 h 30	SCORPION	SCORPION	SCORPION	SCORPION	SCORPION	SCORPION	SCORPION	SCORPION	SCORPION
17 h 00	SCORPION	SCORPION	SCORPION	SCORPION	SCORPION	SCORPION	SCORPION	SCORPION	SCORPION
17 h 30	SCORPION	SCORPION	SCORPION	SAGITTAIRE	SAGITTAIRE	SAGITTAIRE	SAGITTAIRE	SAGITTAIRE	SAGITTAIRE
18 h 00	SAGITTAIRE	SAGITTAIRE	SAGITTAIRE	SAGITTAIRE	SAGITTAIRE	SAGITTAIRE	SAGITTAIRE	SAGITTAIRE	SAGITTAIRE
18 h 30	SAGITTAIRE	SAGITTAIRE	SAGITTAIRE	SAGITTAIRE	SAGITTAIRE	SAGITTAIRE	SAGITTAIRE	SAGITTAIRE	SAGITTAIRE
19 h 00	SAGITTAIRE	SAGITTAIRE	SAGITTAIRE	SAGITTAIRE	SAGITTAIRE	SAGITTAIRE	SAGITTAIRE	SAGITTAIRE	SAGITTAIRE
19 h 30	SAGITTAIRE	SAGITTAIRE	SAGITTAIRE	SAGITTAIRE	SAGITTAIRE	SAGITTAIRE	SAGITTAIRE	SAGITTAIRE	CAPRICORNE
20 h 00	CAPRICORNE	CAPRICORNE	CAPRICORNE	CAPRICORNE	CAPRICORNE	CAPRICORNE	CAPRICORNE	CAPRICORNE	CAPRICORNE
20 h 30	CAPRICORNE	CAPRICORNE	CAPRICORNE	CAPRICORNE	CAPRICORNE	CAPRICORNE	CAPRICORNE	CAPRICORNE	CAPRICORNE
21 h 00	CAPRICORNE	CAPRICORNE	CAPRICORNE	CAPRICORNE	CAPRICORNE	CAPRICORNE	CAPRICORNE	CAPRICORNE	CAPRICORNE
21 h 30	CAPRICORNE	CAPRICORNE	CAPRICORNE	CAPRICORNE	CAPRICORNE	CAPRICORNE	CAPRICORNE	CAPRICORNE	VERSEAU
22 h 00	VERSEAU	VERSEAU	VERSEAU	VERSEAU	VERSEAU	VERSEAU	VERSEAU	VERSEAU	VERSEAU
22 h 30	VERSEAU	VERSEAU	VERSEAU	VERSEAU	VERSEAU	VERSEAU	VERSEAU	VERSEAU	VERSEAU
23 h 00	VERSEAU	VERSEAU	VERSEAU	VERSEAU	VERSEAU	VERSEAU	VERSEAU	VERSEAU	VERSEAU
23 h 30	VERSEAU	VERSEAU	VERSEAU	POISSONS	POISSONS	POISSONS	POISSONS	POISSONS	POISSONS

DÉCOUVREZ VOTRE ASCENDANT SANS AUCUN CALCUL : TABLE N° 2

VOTRE HEURE DE NAISSANCE	14 JUIN	15 JUIN	16 JUIN	17 JUIN	18 JUIN	19 JUIN	20 JUIN	21 JUIN	22 JUIN
0 h 00	POISSONS	POISSONS	POISSONS	POISSONS	POISSONS	POISSONS	POISSONS	POISSONS	BÉLIER
0 h 30	BÉLIER	BÉLIER	BÉLIER	BÉLIER	BÉLIER	BÉLIER	BÉLIER	BÉLIER	BÉLIER
1 h 00	BÉLIER	BÉLIER	BÉLIER	BÉLIER	BÉLIER	BÉLIER	BÉLIER	BÉLIER	BÉLIER
1 h 30	BÉLIER	BÉLIER	BÉLIER	BÉLIER	BÉLIER	BÉLIER	BÉLIER	TAUREAU	TAUREAU
2 h 00	TAUREAU	TAUREAU	TAUREAU	TAUREAU	TAUREAU	TAUREAU	TAUREAU	TAUREAU	TAUREAU
2 h 30	TAUREAU	TAUREAU	TAUREAU	TAUREAU	TAUREAU	TAUREAU	TAUREAU	TAUREAU	TAUREAU
3 h 00	TAUREAU	TAUREAU	TAUREAU	TAUREAU	TAUREAU	TAUREAU	TAUREAU	TAUREAU	TAUREAU
3 h 30	TAUREAU	GÉMEAUX	GÉMEAUX	GÉMEAUX	GÉMEAUX	GÉMEAUX	GÉMEAUX	GÉMEAUX	GÉMEAUX
4 h 00	GÉMEAUX	GÉMEAUX	GÉMEAUX	GÉMEAUX	GÉMEAUX	GÉMEAUX	GÉMEAUX	GÉMEAUX	GÉMEAUX
4 h 30	GÉMEAUX	GÉMEAUX	GÉMEAUX	GÉMEAUX	GÉMEAUX	GÉMEAUX	GÉMEAUX	GÉMEAUX	GÉMEAUX
5 h 00	GÉMEAUX	GÉMEAUX	GÉMEAUX	GÉMEAUX	GÉMEAUX	GÉMEAUX	GÉMEAUX	GÉMEAUX	GÉMEAUX
5 h 30	GÉMEAUX	GÉMEAUX	CANCER	CANCER	CANCER	CANCER	CANCER	CANCER	CANCER
6 h 00	CANCER	CANCER	CANCER	CANCER	CANCER	CANCER	CANCER	CANCER	CANCER
6 h 30	CANCER	CANCER	CANCER	CANCER	CANCER	CANCER	CANCER	CANCER	CANCER
7 h 00	CANCER	CANCER	CANCER	CANCER	CANCER	CANCER	CANCER	CANCER	CANCER
7 h 30	CANCER	CANCER	CANCER	CANCER	CANCER	CANCER	LION	LION	LION
8 h 00	LION	LION	LION	LION	LION	LION	LION	LION	LION
8 h 30	LION	LION	LION	LION	LION	LION	LION	LION	LION
9 h 00	LION	LION	LION	LION	LION	LION	LION	LION	LION
9 h 30	LION	LION	LION	LION	LION	LION	LION	LION	LION
10 h 00	LION	LION	LION	VIERGE	VIERGE	VIERGE	VIERGE	VIERGE	VIERGE
10 h 30	VIERGE	VIERGE	VIERGE	VIERGE	VIERGE	VIERGE	VIERGE	VIERGE	VIERGE
11 h 00	VIERGE	VIERGE	VIERGE	VIERGE	VIERGE	VIERGE	VIERGE	VIERGE	VIERGE
11 h 30	VIERGE	VIERGE	VIERGE	VIERGE	VIERGE	VIERGE	VIERGE	VIERGE	VIERGE
MIDI	VIERGE	VIERGE	VIERGE	VIERGE	VIERGE	VIERGE	VIERGE	BALANCE	BALANCE
12 h 30	BALANCE	BALANCE	BALANCE	BALANCE	BALANCE	BALANCE	BALANCE	BALANCE	BALANCE
13 h 00	BALANCE	BALANCE	BALANCE	BALANCE	BALANCE	BALANCE	BALANCE	BALANCE	BALANCE
13 h 30	BALANCE	BALANCE	BALANCE	BALANCE	BALANCE	BALANCE	BALANCE	BALANCE	BALANCE
14 h 00	BALANCE	BALANCE	BALANCE	BALANCE	BALANCE	BALANCE	BALANCE	BALANCE	BALANCE
14 h 30	BALANCE	BALANCE	BALANCE	BALANCE	SCORPION	SCORPION	SCORPION	SCORPION	SCORPION
15 h 00	SCORPION	SCORPION	SCORPION	SCORPION	SCORPION	SCORPION	SCORPION	SCORPION	SCORPION
15 h 30	SCORPION	SCORPION	SCORPION	SCORPION	SCORPION	SCORPION	SCORPION	SCORPION	SCORPION
16 h 00	SCORPION	SCORPION	SCORPION	SCORPION	SCORPION	SCORPION	SCORPION	SCORPION	SCORPION
16 h 30	SCORPION	SCORPION	SCORPION	SCORPION	SCORPION	SCORPION	SCORPION	SCORPION	SCORPION
17 h 00	SCORPION	SCORPION	SAGITTAIRE	SAGITTAIRE	SAGITTAIRE	SAGITTAIRE	SAGITTAIRE	SAGITTAIRE	SAGITTAIRE
17 h 30	SAGITTAIRE	SAGITTAIRE	SAGITTAIRE	SAGITTAIRE	SAGITTAIRE	SAGITTAIRE	SAGITTAIRE	SAGITTAIRE	SAGITTAIRE
18 h 00	SAGITTAIRE	SAGITTAIRE	SAGITTAIRE	SAGITTAIRE	SAGITTAIRE	SAGITTAIRE	SAGITTAIRE	SAGITTAIRE	SAGITTAIRE
18 h 30	SAGITTAIRE	SAGITTAIRE	SAGITTAIRE	SAGITTAIRE	SAGITTAIRE	SAGITTAIRE	SAGITTAIRE	SAGITTAIRE	SAGITTAIRE
19 h 00	SAGITTAIRE	SAGITTAIRE	SAGITTAIRE	SAGITTAIRE	SAGITTAIRE	SAGITTAIRE	CAPRICORNE	CAPRICORNE	CAPRICORNE
19 h 30	CAPRICORNE	CAPRICORNE	CAPRICORNE	CAPRICORNE	CAPRICORNE	CAPRICORNE	CAPRICORNE	CAPRICORNE	CAPRICORNE
20 h 00	CAPRICORNE	CAPRICORNE	CAPRICORNE	CAPRICORNE	CAPRICORNE	CAPRICORNE	CAPRICORNE	CAPRICORNE	CAPRICORNE
20 h 30	CAPRICORNE	CAPRICORNE	CAPRICORNE	CAPRICORNE	CAPRICORNE	CAPRICORNE	CAPRICORNE	CAPRICORNE	CAPRICORNE
21 h 00	CAPRICORNE	CAPRICORNE	CAPRICORNE	CAPRICORNE	CAPRICORNE	CAPRICORNE	VERSEAU	VERSEAU	VERSEAU
21 h 30	VERSEAU	VERSEAU	VERSEAU	VERSEAU	VERSEAU	VERSEAU	VERSEAU	VERSEAU	VERSEAU
22 h 00	VERSEAU	VERSEAU	VERSEAU	VERSEAU	VERSEAU	VERSEAU	VERSEAU	VERSEAU	VERSEAU
22 h 30	VERSEAU	VERSEAU	VERSEAU	VERSEAU	VERSEAU	VERSEAU	VERSEAU	VERSEAU	VERSEAU
23 h 00	VERSEAU	POISSONS	POISSONS	POISSONS	POISSONS	POISSONS	POISSONS	POISSONS	POISSONS
23 h 30	POISSONS	POISSONS	POISSONS	POISSONS	POISSONS	POISSONS	POISSONS	POISSONS	POISSONS

DÉCOUVREZ VOTRE ASCENDANT SANS AUCUN CALCUL : TABLE N° 3

VOTRE HEURE DE NAISSANCE	20 MAI	21 MAI	22 MAI	23 MAI	24 MAI	25 MAI	26 MAI	27 MAI
0 h 00	VERSEAU	VERSEAU	VERSEAU	VERSEAU	VERSEAU	VERSEAU	VERSEAU	VERSEAU
0 h 30	VERSEAU	VERSEAU	VERSEAU	VERSEAU	VERSEAU	POISSONS	POISSONS	POISSONS
1 h 00	POISSONS	POISSONS	POISSONS	POISSONS	POISSONS	POISSONS	POISSONS	POISSONS
1 h 30	POISSONS	POISSONS	POISSONS	POISSONS	POISSONS	POISSONS	POISSONS	POISSONS
2 h 00	POISSONS	POISSONS	POISSONS	BÉLIER	BÉLIER	BÉLIER	BÉLIER	BÉLIER
2 h 30	BÉLIER	BÉLIER	BÉLIER	BÉLIER	BÉLIER	BÉLIER	BÉLIER	BÉLIER
3 h 00	BÉLIER	BÉLIER	BÉLIER	BÉLIER	BÉLIER	BÉLIER	BÉLIER	TAUREAU
3 h 30	TAUREAU	TAUREAU	TAUREAU	TAUREAU	TAUREAU	TAUREAU	TAUREAU	TAUREAU
4 h 00	TAUREAU	TAUREAU	TAUREAU	TAUREAU	TAUREAU	TAUREAU	TAUREAU	TAUREAU
4 h 30	TAUREAU	TAUREAU	TAUREAU	TAUREAU	TAUREAU	TAUREAU	TAUREAU	GÉMEAUX
5 h 00	GÉMEAUX	GÉMEAUX	GÉMEAUX	GÉMEAUX	GÉMEAUX	GÉMEAUX	GÉMEAUX	GÉMEAUX
5 h 30	GÉMEAUX	GÉMEAUX	GÉMEAUX	GÉMEAUX	GÉMEAUX	GÉMEAUX	GÉMEAUX	GÉMEAUX
6 h 00	GÉMEAUX	GÉMEAUX	GÉMEAUX	GÉMEAUX	GÉMEAUX	GÉMEAUX	GÉMEAUX	GÉMEAUX
6 h 30	GÉMEAUX	GÉMEAUX	GÉMEAUX	GÉMEAUX	GÉMEAUX	GÉMEAUX	CANCER	CANCER
7 h 00	CANCER	CANCER	CANCER	CANCER	CANCER	CANCER	CANCER	CANCER
7 h 30	CANCER	CANCER	CANCER	CANCER	CANCER	CANCER	CANCER	CANCER
8 h 00	CANCER	CANCER	CANCER	CANCER	CANCER	CANCER	CANCER	CANCER
8 h 30	CANCER	CANCER	CANCER	CANCER	CANCER	CANCER	CANCER	CANCER
9 h 00	CANCER	CANCER	CANCER	LION	LION	LION	LION	LION
9 h 30	LION	LION	LION	LION	LION	LION	LION	LION
10 h 00	LION	LION	LION	LION	LION	LION	LION	LION
10 h 30	LION	LION	LION	LION	LION	LION	LION	LION
11 h 00	LION	LION	LION	LION	LION	LION	LION	LION
11 h 30	LION	LION	LION	VIERGE	VIERGE	VIERGE	VIERGE	VIERGE
MIDI	VIERGE	VIERGE	VIERGE	VIERGE	VIERGE	VIERGE	VIERGE	VIERGE
12 h 30	VIERGE	VIERGE	VIERGE	VIERGE	VIERGE	VIERGE	VIERGE	VIERGE
13 h 00	VIERGE	VIERGE	VIERGE	VIERGE	VIERGE	VIERGE	VIERGE	VIERGE
13 h 30	VIERGE	VIERGE	VIERGE	VIERGE	VIERGE	VIERGE	VIERGE	VIERGE
14 h 00	VIERGE	VIERGE	BALANCE	BALANCE	BALANCE	BALANCE	BALANCE	BALANCE
14 h 30	BALANCE	BALANCE	BALANCE	BALANCE	BALANCE	BALANCE	BALANCE	BALANCE
15 h 00	BALANCE	BALANCE	BALANCE	BALANCE	BALANCE	BALANCE	BALANCE	BALANCE
15 h 30	BALANCE	BALANCE	BALANCE	BALANCE	BALANCE	BALANCE	BALANCE	BALANCE
16 h 00	BALANCE	BALANCE	BALANCE	BALANCE	BALANCE	BALANCE	BALANCE	BALANCE
16 h 30	BALANCE	SCORPION	SCORPION	SCORPION	SCORPION	SCORPION	SCORPION	SCORPION
17 h 00	SCORPION	SCORPION	SCORPION	SCORPION	SCORPION	SCORPION	SCORPION	SCORPION
17 h 30	SCORPION	SCORPION	SCORPION	SCORPION	SCORPION	SCORPION	SCORPION	SCORPION
18 h 00	SCORPION	SCORPION	SCORPION	SCORPION	SCORPION	SCORPION	SCORPION	SCORPION
18 h 30	SCORPION	SCORPION	SCORPION	SCORPION	SCORPION	SCORPION	SCORPION	SCORPION
19 h 00	SCORPION	SAGITTAIRE	SAGITTAIRE	SAGITTAIRE	SAGITTAIRE	SAGITTAIRE	SAGITTAIRE	SAGITTAIRE
19 h 30	SAGITTAIRE	SAGITTAIRE	SAGITTAIRE	SAGITTAIRE	SAGITTAIRE	SAGITTAIRE	SAGITTAIRE	SAGITTAIRE
20 h 00	SAGITTAIRE	SAGITTAIRE	SAGITTAIRE	SAGITTAIRE	SAGITTAIRE	SAGITTAIRE	SAGITTAIRE	SAGITTAIRE
20 h 30	SAGITTAIRE	SAGITTAIRE	SAGITTAIRE	SAGITTAIRE	SAGITTAIRE	SAGITTAIRE	SAGITTAIRE	SAGITTAIRE
21 h 00	SAGITTAIRE	SAGITTAIRE	SAGITTAIRE	SAGITTAIRE	SAGITTAIRE	SAGITTAIRE	SAGITTAIRE	CAPRICORNE
21 h 30	CAPRICORNE	CAPRICORNE	CAPRICORNE	CAPRICORNE	CAPRICORNE	CAPRICORNE	CAPRICORNE	CAPRICORNE
22 h 00	CAPRICORNE	CAPRICORNE	CAPRICORNE	CAPRICORNE	CAPRICORNE	CAPRICORNE	CAPRICORNE	CAPRICORNE
22 h 30	CAPRICORNE	CAPRICORNE	CAPRICORNE	CAPRICORNE	CAPRICORNE	CAPRICORNE	CAPRICORNE	CAPRICORNE
23 h 00	CAPRICORNE	CAPRICORNE	CAPRICORNE	CAPRICORNE	CAPRICORNE	CAPRICORNE	VERSEAU	VERSEAU
23 h 30	VERSEAU	VERSEAU	VERSEAU	VERSEAU	VERSEAU	VERSEAU	VERSEAU	VERSEAU

DÉCOUVREZ VOTRE ASCENDANT SANS AUCUN CALCUL : TABLE N° 3

VOTRE HEURE DE NAISSANCE	28 MAI	29 MAI	30 MAI	31 MAI	1 JUIN	2 JUIN	3 JUIN	4 JUIN
0 h 00	VERSEAU	VERSEAU	VERSEAU	VERSEAU	VERSEAU	VERSEAU	POISSONS	POISSONS
0 h 30	POISSONS	POISSONS	POISSONS	POISSONS	POISSONS	POISSONS	POISSONS	POISSONS
1 h 00	POISSONS	POISSONS	POISSONS	POISSONS	POISSONS	POISSONS	POISSONS	POISSONS
1 h 30	POISSONS	POISSONS	BÉLIER	BÉLIER	BÉLIER	BÉLIER	BÉLIER	BÉLIER
2 h 00	BÉLIER	BÉLIER	BÉLIER	BÉLIER	BÉLIER	BÉLIER	BÉLIER	BÉLIER
2 h 30	BÉLIER	BÉLIER	BÉLIER	BÉLIER	BÉLIER	BÉLIER	TAUREAU	TAUREAU
3 h 00	TAUREAU	TAUREAU	TAUREAU	TAUREAU	TAUREAU	TAUREAU	TAUREAU	TAUREAU
3 h 30	TAUREAU	TAUREAU	TAUREAU	TAUREAU	TAUREAU	TAUREAU	TAUREAU	TAUREAU
4 h 00	TAUREAU	TAUREAU	TAUREAU	TAUREAU	TAUREAU	TAUREAU	GÉMEAUX	GÉMEAUX
4 h 30	GÉMEAUX	GÉMEAUX	GÉMEAUX	GÉMEAUX	GÉMEAUX	GÉMEAUX	GÉMEAUX	GÉMEAUX
5 h 00	GÉMEAUX	GÉMEAUX	GÉMEAUX	GÉMEAUX	GÉMEAUX	GÉMEAUX	GÉMEAUX	GÉMEAUX
5 h 30	GÉMEAUX	GÉMEAUX	GÉMEAUX	GÉMEAUX	GÉMEAUX	GÉMEAUX	GÉMEAUX	GÉMEAUX
6 h 00	GÉMEAUX	GÉMEAUX	GÉMEAUX	GÉMEAUX	GÉMEAUX	CANCER	CANCER	CANCER
6 h 30	CANCER	CANCER	CANCER	CANCER	CANCER	CANCER	CANCER	CANCER
7 h 00	CANCER	CANCER	CANCER	CANCER	CANCER	CANCER	CANCER	CANCER
7 h 30	CANCER	CANCER	CANCER	CANCER	CANCER	CANCER	CANCER	CANCER
8 h 00	CANCER	CANCER	CANCER	CANCER	CANCER	CANCER	CANCER	CANCER
8 h 30	CANCER	CANCER	LION	LION	LION	LION	LION	LION
9 h 00	LION	LION	LION	LION	LION	LION	LION	LION
9 h 30	LION	LION	LION	LION	LION	LION	LION	LION
10 h 00	LION	LION	LION	LION	LION	LION	LION	LION
10 h 30	LION	LION	LION	LION	LION	LION	LION	LION
11 h 00	LION	LION	VIERGE	VIERGE	VIERGE	VIERGE	VIERGE	VIERGE
11 h 30	VIERGE	VIERGE	VIERGE	VIERGE	VIERGE	VIERGE	VIERGE	VIERGE
MIDI	VIERGE	VIERGE	VIERGE	VIERGE	VIERGE	VIERGE	VIERGE	VIERGE
12 h 30	VIERGE	VIERGE	VIERGE	VIERGE	VIERGE	VIERGE	VIERGE	VIERGE
13 h 00	VIERGE	VIERGE	VIERGE	VIERGE	VIERGE	VIERGE	VIERGE	VIERGE
13 h 30	VIERGE	VIERGE	BALANCE	BALANCE	BALANCE	BALANCE	BALANCE	BALANCE
14 h 00	BALANCE	BALANCE	BALANCE	BALANCE	BALANCE	BALANCE	BALANCE	BALANCE
14 h 30	BALANCE	BALANCE	BALANCE	BALANCE	BALANCE	BALANCE	BALANCE	BALANCE
15 h 00	BALANCE	BALANCE	BALANCE	BALANCE	BALANCE	BALANCE	BALANCE	BALANCE
15 h 30	BALANCE	BALANCE	BALANCE	BALANCE	BALANCE	BALANCE	BALANCE	BALANCE
16 h 00	BALANCE	SCORPION	SCORPION	SCORPION	SCORPION	SCORPION	SCORPION	SCORPION
16 h 30	SCORPION	SCORPION	SCORPION	SCORPION	SCORPION	SCORPION	SCORPION	SCORPION
17 h 00	SCORPION	SCORPION	SCORPION	SCORPION	SCORPION	SCORPION	SCORPION	SCORPION
17 h 30	SCORPION	SCORPION	SCORPION	SCORPION	SCORPION	SCORPION	SCORPION	SCORPION
18 h 00	SCORPION	SCORPION	SCORPION	SCORPION	SCORPION	SCORPION	SCORPION	SCORPION
18 h 30	SCORPION	SAGITTAIRE	SAGITTAIRE	SAGITTAIRE	SAGITTAIRE	SAGITTAIRE	SAGITTAIRE	SAGITTAIRE
19 h 00	SAGITTAIRE	SAGITTAIRE	SAGITTAIRE	SAGITTAIRE	SAGITTAIRE	SAGITTAIRE	SAGITTAIRE	SAGITTAIRE
19 h 30	SAGITTAIRE	SAGITTAIRE	SAGITTAIRE	SAGITTAIRE	SAGITTAIRE	SAGITTAIRE	SAGITTAIRE	SAGITTAIRE
20 h 00	SAGITTAIRE	SAGITTAIRE	SAGITTAIRE	SAGITTAIRE	SAGITTAIRE	SAGITTAIRE	SAGITTAIRE	SAGITTAIRE
20 h 30	SAGITTAIRE	SAGITTAIRE	SAGITTAIRE	SAGITTAIRE	SAGITTAIRE	SAGITTAIRE	SAGITTAIRE	CAPRICORNE
21 h 00	CAPRICORNE	CAPRICORNE	CAPRICORNE	CAPRICORNE	CAPRICORNE	CAPRICORNE	CAPRICORNE	CAPRICORNE
21 h 30	CAPRICORNE	CAPRICORNE	CAPRICORNE	CAPRICORNE	CAPRICORNE	CAPRICORNE	CAPRICORNE	CAPRICORNE
22 h 00	CAPRICORNE	CAPRICORNE	CAPRICORNE	CAPRICORNE	CAPRICORNE	CAPRICORNE	CAPRICORNE	CAPRICORNE
22 h 30	CAPRICORNE	CAPRICORNE	CAPRICORNE	CAPRICORNE	CAPRICORNE	CAPRICORNE	VERSEAU	VERSEAU
23 h 00	VERSEAU	VERSEAU	VERSEAU	VERSEAU	VERSEAU	VERSEAU	VERSEAU	VERSEAU
23 h 30	VERSEAU	VERSEAU	VERSEAU	VERSEAU	VERSEAU	VERSEAU	VERSEAU	VERSEAU

DÉCOUVREZ VOTRE ASCENDANT SANS AUCUN CALCUL : TABLE N° 3

VOTRE HEURE DE NAISSANCE	5 JUIN	6 JUIN	7 JUIN	8 JUIN	9 JUIN	10 JUIN	11 JUIN	12 JUIN	13 JUIN
0 h 00	POISSONS	POISSONS	POISSONS	POISSONS	POISSONS	POISSONS	POISSONS	POISSONS	POISSONS
0 h 30	POISSONS	POISSONS	POISSONS	POISSONS	POISSONS	POISSONS	POISSONS	POISSONS	POISSONS
1 h 00	POISSONS	POISSONS	BÉLIER	BÉLIER	BÉLIER	BÉLIER	BÉLIER	BÉLIER	BÉLIER
1 h 30	BÉLIER	BÉLIER	BÉLIER	BÉLIER	BÉLIER	BÉLIER	BÉLIER	BÉLIER	BÉLIER
2 h 00	BÉLIER	BÉLIER	BÉLIER	BÉLIER	BÉLIER	BÉLIER	TAUREAU	TAUREAU	TAUREAU
2 h 30	TAUREAU	TAUREAU	TAUREAU	TAUREAU	TAUREAU	TAUREAU	TAUREAU	TAUREAU	TAUREAU
3 h 00	TAUREAU	TAUREAU	TAUREAU	TAUREAU	TAUREAU	TAUREAU	TAUREAU	TAUREAU	TAUREAU
3 h 30	TAUREAU	TAUREAU	TAUREAU	TAUREAU	TAUREAU	GÉMEAUX	GÉMEAUX	GÉMEAUX	GÉMEAUX
4 h 00	GÉMEAUX	GÉMEAUX	GÉMEAUX	GÉMEAUX	GÉMEAUX	GÉMEAUX	GÉMEAUX	GÉMEAUX	GÉMEAUX
4 h 30	GÉMEAUX	GÉMEAUX	GÉMEAUX	GÉMEAUX	GÉMEAUX	GÉMEAUX	GÉMEAUX	GÉMEAUX	GÉMEAUX
5 h 00	GÉMEAUX	GÉMEAUX	GÉMEAUX	GÉMEAUX	GÉMEAUX	GÉMEAUX	GÉMEAUX	GÉMEAUX	GÉMEAUX
5 h 30	GÉMEAUX	GÉMEAUX	GÉMEAUX	GÉMEAUX	CANCER	CANCER	CANCER	CANCER	CANCER
6 h 00	CANCER	CANCER	CANCER	CANCER	CANCER	CANCER	CANCER	CANCER	CANCER
6 h 30	CANCER	CANCER	CANCER	CANCER	CANCER	CANCER	CANCER	CANCER	CANCER
7 h 00	CANCER	CANCER	CANCER	CANCER	CANCER	CANCER	CANCER	CANCER	CANCER
7 h 30	CANCER	CANCER	CANCER	CANCER	CANCER	CANCER	CANCER	CANCER	CANCER
8 h 00	CANCER	LION	LION	LION	LION	LION	LION	LION	LION
8 h 30	LION	LION	LION	LION	LION	LION	LION	LION	LION
9 h 00	LION	LION	LION	LION	LION	LION	LION	LION	LION
9 h 30	LION	LION	LION	LION	LION	LION	LION	LION	LION
10 h 00	LION	LION	VIERGE	VIERGE	VIERGE	VIERGE	VIERGE	VIERGE	VIERGE
10 h 30	VIERGE	VIERGE	VIERGE	VIERGE	VIERGE	VIERGE	VIERGE	VIERGE	VIERGE
11 h 00	VIERGE	VIERGE	VIERGE	VIERGE	VIERGE	VIERGE	VIERGE	VIERGE	VIERGE
11 h 30	VIERGE	VIERGE	VIERGE	VIERGE	VIERGE	VIERGE	VIERGE	VIERGE	VIERGE
MIDI	VIERGE	VIERGE	VIERGE	VIERGE	VIERGE	VIERGE	VIERGE	VIERGE	VIERGE
12 h 30	VIERGE	VIERGE	VIERGE	VIERGE	VIERGE	VIERGE	VIERGE	VIERGE	VIERGE
13 h 00	VIERGE	BALANCE	BALANCE	BALANCE	BALANCE	BALANCE	BALANCE	BALANCE	BALANCE
13 h 30	BALANCE	BALANCE	BALANCE	BALANCE	BALANCE	BALANCE	BALANCE	BALANCE	BALANCE
14 h 00	BALANCE	BALANCE	BALANCE	BALANCE	BALANCE	BALANCE	BALANCE	BALANCE	BALANCE
14 h 30	BALANCE	BALANCE	BALANCE	BALANCE	BALANCE	BALANCE	BALANCE	BALANCE	BALANCE
15 h 00	BALANCE	BALANCE	BALANCE	BALANCE	BALANCE	BALANCE	BALANCE	BALANCE	SCORPION
15 h 30	BALANCE	SCORPION	SCORPION	SCORPION	SCORPION	SCORPION	SCORPION	SCORPION	SCORPION
16 h 00	SCORPION	SCORPION	SCORPION	SCORPION	SCORPION	SCORPION	SCORPION	SCORPION	SCORPION
16 h 30	SCORPION	SCORPION	SCORPION	SCORPION	SCORPION	SCORPION	SCORPION	SCORPION	SCORPION
17 h 00	SCORPION	SCORPION	SCORPION	SCORPION	SCORPION	SCORPION	SCORPION	SCORPION	SCORPION
17 h 30	SCORPION	SCORPION	SCORPION	SCORPION	SCORPION	SCORPION	SCORPION	SCORPION	SAGITTAIRE
18 h 00	SCORPION	SAGITTAIRE	SAGITTAIRE	SAGITTAIRE	SAGITTAIRE	SAGITTAIRE	SAGITTAIRE	SAGITTAIRE	SAGITTAIRE
18 h 30	SAGITTAIRE	SAGITTAIRE	SAGITTAIRE	SAGITTAIRE	SAGITTAIRE	SAGITTAIRE	SAGITTAIRE	SAGITTAIRE	SAGITTAIRE
19 h 00	SAGITTAIRE	SAGITTAIRE	SAGITTAIRE	SAGITTAIRE	SAGITTAIRE	SAGITTAIRE	SAGITTAIRE	SAGITTAIRE	SAGITTAIRE
19 h 30	SAGITTAIRE	SAGITTAIRE	SAGITTAIRE	SAGITTAIRE	SAGITTAIRE	SAGITTAIRE	SAGITTAIRE	SAGITTAIRE	SAGITTAIRE
20 h 00	SAGITTAIRE	SAGITTAIRE	SAGITTAIRE	SAGITTAIRE	SAGITTAIRE	SAGITTAIRE	CAPRICORNE	CAPRICORNE	CAPRICORNE
20 h 30	CAPRICORNE	CAPRICORNE	CAPRICORNE	CAPRICORNE	CAPRICORNE	CAPRICORNE	CAPRICORNE	CAPRICORNE	CAPRICORNE
21 h 00	CAPRICORNE	CAPRICORNE	CAPRICORNE	CAPRICORNE	CAPRICORNE	CAPRICORNE	CAPRICORNE	CAPRICORNE	CAPRICORNE
21 h 30	CAPRICORNE	CAPRICORNE	CAPRICORNE	CAPRICORNE	CAPRICORNE	CAPRICORNE	CAPRICORNE	CAPRICORNE	CAPRICORNE
22 h 00	CAPRICORNE	CAPRICORNE	CAPRICORNE	CAPRICORNE	CAPRICORNE	VERSEAU	VERSEAU	VERSEAU	VERSEAU
22 h 30	VERSEAU	VERSEAU	VERSEAU	VERSEAU	VERSEAU	VERSEAU	VERSEAU	VERSEAU	VERSEAU
23 h 00	VERSEAU	VERSEAU	VERSEAU	VERSEAU	VERSEAU	VERSEAU	VERSEAU	VERSEAU	VERSEAU
23 h 30	VERSEAU	VERSEAU	VERSEAU	VERSEAU	VERSEAU	VERSEAU	POISSONS	POISSONS	POISSONS

DÉCOUVREZ VOTRE ASCENDANT SANS AUCUN CALCUL : TABLE N° 3

VOTRE HEURE DE NAISSANCE	14 JUIN	15 JUIN	16 JUIN	17 JUIN	18 JUIN	19 JUIN	20 JUIN	21 JUIN	22 JUIN
0 h 00	POISSONS	POISSONS	POISSONS	POISSONS	POISSONS	POISSONS	POISSONS	POISSONS	BÉLIER
0 h 30	BÉLIER	BÉLIER	BÉLIER	BÉLIER	BÉLIER	BÉLIER	BÉLIER	BÉLIER	BÉLIER
1 h 00	BÉLIER	BÉLIER	BÉLIER	BÉLIER	BÉLIER	BÉLIER	BÉLIER	BÉLIER	BÉLIER
1 h 30	BÉLIER	BÉLIER	BÉLIER	BÉLIER	TAUREAU	TAUREAU	TAUREAU	TAUREAU	TAUREAU
2 h 00	TAUREAU	TAUREAU	TAUREAU	TAUREAU	TAUREAU	TAUREAU	TAUREAU	TAUREAU	TAUREAU
2 h 30	TAUREAU	TAUREAU	TAUREAU	TAUREAU	TAUREAU	TAUREAU	TAUREAU	TAUREAU	TAUREAU
3 h 00	TAUREAU	TAUREAU	TAUREAU	TAUREAU	GÉMEAUX	GÉMEAUX	GÉMEAUX	GÉMEAUX	GÉMEAUX
3 h 30	GÉMEAUX	GÉMEAUX	GÉMEAUX	GÉMEAUX	GÉMEAUX	GÉMEAUX	GÉMEAUX	GÉMEAUX	GÉMEAUX
4 h 00	GÉMEAUX	GÉMEAUX	GÉMEAUX	GÉMEAUX	GÉMEAUX	GÉMEAUX	GÉMEAUX	GÉMEAUX	GÉMEAUX
4 h 30	GÉMEAUX	GÉMEAUX	GÉMEAUX	GÉMEAUX	GÉMEAUX	GÉMEAUX	GÉMEAUX	GÉMEAUX	GÉMEAUX
5 h 00	GÉMEAUX	GÉMEAUX	GÉMEAUX	CANCER	CANCER	CANCER	CANCER	CANCER	CANCER
5 h 30	CANCER	CANCER	CANCER	CANCER	CANCER	CANCER	CANCER	CANCER	CANCER
6 h 00	CANCER	CANCER	CANCER	CANCER	CANCER	CANCER	CANCER	CANCER	CANCER
6 h 30	CANCER	CANCER	CANCER	CANCER	CANCER	CANCER	CANCER	CANCER	CANCER
7 h 00	CANCER	CANCER	CANCER	CANCER	CANCER	CANCER	CANCER	CANCER	LION
7 h 30	LION	LION	LION	LION	LION	LION	LION	LION	LION
8 h 00	LION	LION	LION	LION	LION	LION	LION	LION	LION
8 h 30	LION	LION	LION	LION	LION	LION	LION	LION	LION
9 h 00	LION	LION	LION	LION	LION	LION	LION	LION	LION
9 h 30	LION	LION	LION	LION	LION	LION	LION	LION	VIERGE
10 h 00	LION	VIERGE	VIERGE	VIERGE	VIERGE	VIERGE	VIERGE	VIERGE	VIERGE
10 h 30	VIERGE	VIERGE	VIERGE	VIERGE	VIERGE	VIERGE	VIERGE	VIERGE	VIERGE
11 h 00	VIERGE	VIERGE	VIERGE	VIERGE	VIERGE	VIERGE	VIERGE	VIERGE	VIERGE
11 h 30	VIERGE	VIERGE	VIERGE	VIERGE	VIERGE	VIERGE	VIERGE	VIERGE	VIERGE
MIDI	VIERGE	VIERGE	VIERGE	VIERGE	VIERGE	VIERGE	VIERGE	BALANCE	BALANCE
12 h 30	BALANCE	BALANCE	BALANCE	BALANCE	BALANCE	BALANCE	BALANCE	BALANCE	BALANCE
13 h 00	BALANCE	BALANCE	BALANCE	BALANCE	BALANCE	BALANCE	BALANCE	BALANCE	BALANCE
13 h 30	BALANCE	BALANCE	BALANCE	BALANCE	BALANCE	BALANCE	BALANCE	BALANCE	BALANCE
14 h 00	BALANCE	BALANCE	BALANCE	BALANCE	BALANCE	BALANCE	BALANCE	BALANCE	BALANCE
14 h 30	BALANCE	BALANCE	BALANCE	BALANCE	BALANCE	BALANCE	BALANCE	SCORPION	SCORPION
15 h 00	SCORPION	SCORPION	SCORPION	SCORPION	SCORPION	SCORPION	SCORPION	SCORPION	SCORPION
15 h 30	SCORPION	SCORPION	SCORPION	SCORPION	SCORPION	SCORPION	SCORPION	SCORPION	SCORPION
16 h 00	SCORPION	SCORPION	SCORPION	SCORPION	SCORPION	SCORPION	SCORPION	SCORPION	SCORPION
16 h 30	SCORPION	SCORPION	SCORPION	SCORPION	SCORPION	SCORPION	SCORPION	SCORPION	SCORPION
17 h 00	SCORPION	SCORPION	SCORPION	SCORPION	SCORPION	SCORPION	SCORPION	SAGITTAIRE	SAGITTAIRE
17 h 30	SAGITTAIRE	SAGITTAIRE	SAGITTAIRE	SAGITTAIRE	SAGITTAIRE	SAGITTAIRE	SAGITTAIRE	SAGITTAIRE	SAGITTAIRE
18 h 00	SAGITTAIRE	SAGITTAIRE	SAGITTAIRE	SAGITTAIRE	SAGITTAIRE	SAGITTAIRE	SAGITTAIRE	SAGITTAIRE	SAGITTAIRE
18 h 30	SAGITTAIRE	SAGITTAIRE	SAGITTAIRE	SAGITTAIRE	SAGITTAIRE	SAGITTAIRE	SAGITTAIRE	SAGITTAIRE	SAGITTAIRE
19 h 00	SAGITTAIRE	SAGITTAIRE	SAGITTAIRE	SAGITTAIRE	SAGITTAIRE	SAGITTAIRE	SAGITTAIRE	SAGITTAIRE	SAGITTAIRE
19 h 30	SAGITTAIRE	SAGITTAIRE	SAGITTAIRE	SAGITTAIRE	SAGITTAIRE	CAPRICORNE	CAPRICORNE	CAPRICORNE	CAPRICORNE
20 h 00	CAPRICORNE	CAPRICORNE	CAPRICORNE	CAPRICORNE	CAPRICORNE	CAPRICORNE	CAPRICORNE	CAPRICORNE	CAPRICORNE
20 h 30	CAPRICORNE	CAPRICORNE	CAPRICORNE	CAPRICORNE	CAPRICORNE	CAPRICORNE	CAPRICORNE	CAPRICORNE	CAPRICORNE
21 h 00	CAPRICORNE	CAPRICORNE	CAPRICORNE	CAPRICORNE	CAPRICORNE	CAPRICORNE	CAPRICORNE	CAPRICORNE	CAPRICORNE
21 h 30	CAPRICORNE	CAPRICORNE	CAPRICORNE	CAPRICORNE	VERSEAU	VERSEAU	VERSEAU	VERSEAU	VERSEAU
22 h 00	VERSEAU	VERSEAU	VERSEAU	VERSEAU	VERSEAU	VERSEAU	VERSEAU	VERSEAU	VERSEAU
22 h 30	VERSEAU	VERSEAU	VERSEAU	VERSEAU	VERSEAU	VERSEAU	VERSEAU	VERSEAU	VERSEAU
23 h 00	VERSEAU	VERSEAU	VERSEAU	VERSEAU	POISSONS	POISSONS	POISSONS	POISSONS	POISSONS
23 h 30	POISSONS	POISSONS	POISSONS	POISSONS	POISSONS	POISSONS	POISSONS	POISSONS	POISSONS

DÉCOUVREZ VOTRE ASCENDANT SANS AUCUN CALCUL : TABLE N° 4

VOTRE HEURE DE NAISSANCE	20 MAI	21 MAI	22 MAI	23 MAI	24 MAI	25 MAI	26 MAI	27 MAI
0 h 00	VERSEAU	VERSEAU	VERSEAU	VERSEAU	VERSEAU	VERSEAU	VERSEAU	VERSEAU
0 h 30	VERSEAU	VERSEAU	VERSEAU	VERSEAU	VERSEAU	VERSEAU	VERSEAU	VERSEAU
1 h 00	VERSEAU	VERSEAU	POISSONS	POISSONS	POISSONS	POISSONS	POISSONS	POISSONS
1 h 30	POISSONS	POISSONS	POISSONS	POISSONS	POISSONS	POISSONS	POISSONS	POISSONS
2 h 00	POISSONS	POISSONS	BÉLIER	BÉLIER	BÉLIER	BÉLIER	BÉLIER	BÉLIER
2 h 30	BÉLIER	BÉLIER	BÉLIER	BÉLIER	BÉLIER	BÉLIER	BÉLIER	BÉLIER
3 h 00	BÉLIER	BÉLIER	BÉLIER	TAUREAU	TAUREAU	TAUREAU	TAUREAU	TAUREAU
3 h 30	TAUREAU	TAUREAU	TAUREAU	TAUREAU	TAUREAU	TAUREAU	TAUREAU	TAUREAU
4 h 00	TAUREAU	TAUREAU	TAUREAU	TAUREAU	TAUREAU	TAUREAU	TAUREAU	TAUREAU
4 h 30	TAUREAU	TAUREAU	GÉMEAUX	GÉMEAUX	GÉMEAUX	GÉMEAUX	GÉMEAUX	GÉMEAUX
5 h 00	GÉMEAUX	GÉMEAUX	GÉMEAUX	GÉMEAUX	GÉMEAUX	GÉMEAUX	GÉMEAUX	GÉMEAUX
5 h 30	GÉMEAUX	GÉMEAUX	GÉMEAUX	GÉMEAUX	GÉMEAUX	GÉMEAUX	GÉMEAUX	GÉMEAUX
6 h 00	GÉMEAUX	GÉMEAUX	GÉMEAUX	GÉMEAUX	GÉMEAUX	GÉMEAUX	GÉMEAUX	CANCER
6 h 30	CANCER	CANCER	CANCER	CANCER	CANCER	CANCER	CANCER	CANCER
7 h 00	CANCER	CANCER	CANCER	CANCER	CANCER	CANCER	CANCER	CANCER
7 h 30	CANCER	CANCER	CANCER	CANCER	CANCER	CANCER	CANCER	CANCER
8 h 00	CANCER	CANCER	CANCER	CANCER	CANCER	CANCER	CANCER	CANCER
8 h 30	CANCER	CANCER	CANCER	CANCER	CANCER	CANCER	LION	LION
9 h 00	LION	LION	LION	LION	LION	LION	LION	LION
9 h 30	LION	LION	LION	LION	LION	LION	LION	LION
10 h 00	LION	LION	LION	LION	LION	LION	LION	LION
10 h 30	LION	LION	LION	LION	LION	LION	LION	LION
11 h 00	LION	LION	LION	LION	LION	LION	LION	LION
11 h 30	VIERGE	VIERGE	VIERGE	VIERGE	VIERGE	VIERGE	VIERGE	VIERGE
MIDI	VIERGE	VIERGE	VIERGE	VIERGE	VIERGE	VIERGE	VIERGE	VIERGE
12 h 30	VIERGE	VIERGE	VIERGE	VIERGE	VIERGE	VIERGE	VIERGE	VIERGE
13 h 00	VIERGE	VIERGE	VIERGE	VIERGE	VIERGE	VIERGE	VIERGE	VIERGE
13 h 30	VIERGE	VIERGE	VIERGE	VIERGE	VIERGE	VIERGE	VIERGE	VIERGE
14 h 00	VIERGE	VIERGE	BALANCE	BALANCE	BALANCE	BALANCE	BALANCE	BALANCE
14 h 30	BALANCE	BALANCE	BALANCE	BALANCE	BALANCE	BALANCE	BALANCE	BALANCE
15 h 00	BALANCE	BALANCE	BALANCE	BALANCE	BALANCE	BALANCE	BALANCE	BALANCE
15 h 30	BALANCE	BALANCE	BALANCE	BALANCE	BALANCE	BALANCE	BALANCE	BALANCE
16 h 00	BALANCE	BALANCE	BALANCE	BALANCE	BALANCE	BALANCE	BALANCE	BALANCE
16 h 30	BALANCE	BALANCE	BALANCE	BALANCE	BALANCE	SCORPION	SCORPION	SCORPION
17 h 00	SCORPION	SCORPION	SCORPION	SCORPION	SCORPION	SCORPION	SCORPION	SCORPION
17 h 30	SCORPION	SCORPION	SCORPION	SCORPION	SCORPION	SCORPION	SCORPION	SCORPION
18 h 00	SCORPION	SCORPION	SCORPION	SCORPION	SCORPION	SCORPION	SCORPION	SCORPION
18 h 30	SCORPION	SCORPION	SCORPION	SCORPION	SCORPION	SCORPION	SCORPION	SCORPION
19 h 00	SCORPION	SCORPION	SCORPION	SCORPION	SCORPION	SCORPION	SCORPION	SAGITTAIRE
19 h 30	SAGITTAIRE	SAGITTAIRE	SAGITTAIRE	SAGITTAIRE	SAGITTAIRE	SAGITTAIRE	SAGITTAIRE	SAGITTAIRE
20 h 00	SAGITTAIRE	SAGITTAIRE	SAGITTAIRE	SAGITTAIRE	SAGITTAIRE	SAGITTAIRE	SAGITTAIRE	SAGITTAIRE
20 h 30	SAGITTAIRE	SAGITTAIRE	SAGITTAIRE	SAGITTAIRE	SAGITTAIRE	SAGITTAIRE	SAGITTAIRE	SAGITTAIRE
21 h 00	SAGITTAIRE	SAGITTAIRE	SAGITTAIRE	SAGITTAIRE	SAGITTAIRE	SAGITTAIRE	SAGITTAIRE	SAGITTAIRE
21 h 30	SAGITTAIRE	SAGITTAIRE	SAGITTAIRE	SAGITTAIRE	SAGITTAIRE	SAGITTAIRE	CAPRICORNE	CAPRICORNE
22 h 00	CAPRICORNE	CAPRICORNE	CAPRICORNE	CAPRICORNE	CAPRICORNE	CAPRICORNE	CAPRICORNE	CAPRICORNE
22 h 30	CAPRICORNE	CAPRICORNE	CAPRICORNE	CAPRICORNE	CAPRICORNE	CAPRICORNE	CAPRICORNE	CAPRICORNE
23 h 00	CAPRICORNE	CAPRICORNE	CAPRICORNE	CAPRICORNE	CAPRICORNE	CAPRICORNE	CAPRICORNE	CAPRICORNE
23 h 30	CAPRICORNE	CAPRICORNE	CAPRICORNE	CAPRICORNE	VERSEAU	VERSEAU	VERSEAU	VERSEAU

DÉCOUVREZ VOTRE ASCENDANT SANS AUCUN CALCUL : TABLE N° 4

VOTRE HEURE DE NAISSANCE	28 MAI	29 MAI	30 MAI	31 MAI	1 JUIN	2 JUIN	3 JUIN	4 JUIN
0 h 00	VERSEAU	VERSEAU	VERSEAU	VERSEAU	VERSEAU	VERSEAU	VERSEAU	VERSEAU
0 h 30	VERSEAU	POISSONS	POISSONS	POISSONS	POISSONS	POISSONS	POISSONS	POISSONS
1 h 00	POISSONS	POISSONS	POISSONS	POISSONS	POISSONS	POISSONS	POISSONS	POISSONS
1 h 30	POISSONS	POISSONS	BÉLIER	BÉLIER	BÉLIER	BÉLIER	BÉLIER	BÉLIER
2 h 00	BÉLIER	BÉLIER	BÉLIER	BÉLIER	BÉLIER	BÉLIER	BÉLIER	BÉLIER
2 h 30	BÉLIER	BÉLIER	BÉLIER	TAUREAU	TAUREAU	TAUREAU	TAUREAU	TAUREAU
3 h 00	TAUREAU	TAUREAU	TAUREAU	TAUREAU	TAUREAU	TAUREAU	TAUREAU	TAUREAU
3 h 30	TAUREAU	TAUREAU	TAUREAU	TAUREAU	TAUREAU	TAUREAU	TAUREAU	TAUREAU
4 h 00	GÉMEAUX	GÉMEAUX	GÉMEAUX	GÉMEAUX	GÉMEAUX	GÉMEAUX	GÉMEAUX	GÉMEAUX
4 h 30	GÉMEAUX	GÉMEAUX	GÉMEAUX	GÉMEAUX	GÉMEAUX	GÉMEAUX	GÉMEAUX	GÉMEAUX
5 h 00	GÉMEAUX	GÉMEAUX	GÉMEAUX	GÉMEAUX	GÉMEAUX	GÉMEAUX	GÉMEAUX	GÉMEAUX
5 h 30	GÉMEAUX	GÉMEAUX	GÉMEAUX	GÉMEAUX	GÉMEAUX	GÉMEAUX	CANCER	CANCER
6 h 00	CANCER	CANCER	CANCER	CANCER	CANCER	CANCER	CANCER	CANCER
6 h 30	CANCER	CANCER	CANCER	CANCER	CANCER	CANCER	CANCER	CANCER
7 h 00	CANCER	CANCER	CANCER	CANCER	CANCER	CANCER	CANCER	CANCER
7 h 30	CANCER	CANCER	CANCER	CANCER	CANCER	CANCER	CANCER	CANCER
8 h 00	CANCER	CANCER	CANCER	CANCER	CANCER	LION	LION	LION
8 h 30	LION	LION	LION	LION	LION	LION	LION	LION
9 h 00	LION	LION	LION	LION	LION	LION	LION	LION
9 h 30	LION	LION	LION	LION	LION	LION	LION	LION
10 h 00	LION	LION	LION	LION	LION	LION	LION	LION
10 h 30	LION	LION	LION	LION	LION	LION	LION	VIERGE
11 h 00	VIERGE	VIERGE	VIERGE	VIERGE	VIERGE	VIERGE	VIERGE	VIERGE
11 h 30	VIERGE	VIERGE	VIERGE	VIERGE	VIERGE	VIERGE	VIERGE	VIERGE
MIDI	VIERGE	VIERGE	VIERGE	VIERGE	VIERGE	VIERGE	VIERGE	VIERGE
12 h 30	VIERGE	VIERGE	VIERGE	VIERGE	VIERGE	VIERGE	VIERGE	VIERGE
13 h 00	VIERGE	VIERGE	VIERGE	VIERGE	VIERGE	VIERGE	VIERGE	VIERGE
13 h 30	VIERGE	VIERGE	BALANCE	BALANCE	BALANCE	BALANCE	BALANCE	BALANCE
14 h 00	BALANCE	BALANCE	BALANCE	BALANCE	BALANCE	BALANCE	BALANCE	BALANCE
14 h 30	BALANCE	BALANCE	BALANCE	BALANCE	BALANCE	BALANCE	BALANCE	BALANCE
15 h 00	BALANCE	BALANCE	BALANCE	BALANCE	BALANCE	BALANCE	BALANCE	BALANCE
15 h 30	BALANCE	BALANCE	BALANCE	BALANCE	BALANCE	BALANCE	BALANCE	BALANCE
16 h 00	BALANCE	BALANCE	BALANCE	BALANCE	SCORPION	SCORPION	SCORPION	SCORPION
16 h 30	SCORPION	SCORPION	SCORPION	SCORPION	SCORPION	SCORPION	SCORPION	SCORPION
17 h 00	SCORPION	SCORPION	SCORPION	SCORPION	SCORPION	SCORPION	SCORPION	SCORPION
17 h 30	SCORPION	SCORPION	SCORPION	SCORPION	SCORPION	SCORPION	SCORPION	SCORPION
18 h 00	SCORPION	SCORPION	SCORPION	SCORPION	SCORPION	SCORPION	SCORPION	SCORPION
18 h 30	SCORPION	SCORPION	SCORPION	SCORPION	SCORPION	SCORPION	SAGITTAIRE	SAGITTAIRE
19 h 00	SAGITTAIRE	SAGITTAIRE	SAGITTAIRE	SAGITTAIRE	SAGITTAIRE	SAGITTAIRE	SAGITTAIRE	SAGITTAIRE
19 h 30	SAGITTAIRE	SAGITTAIRE	SAGITTAIRE	SAGITTAIRE	SAGITTAIRE	SAGITTAIRE	SAGITTAIRE	SAGITTAIRE
20 h 00	SAGITTAIRE	SAGITTAIRE	SAGITTAIRE	SAGITTAIRE	SAGITTAIRE	SAGITTAIRE	SAGITTAIRE	SAGITTAIRE
20 h 30	SAGITTAIRE	SAGITTAIRE	SAGITTAIRE	SAGITTAIRE	SAGITTAIRE	SAGITTAIRE	SAGITTAIRE	SAGITTAIRE
21 h 00	SAGITTAIRE	SAGITTAIRE	SAGITTAIRE	SAGITTAIRE	SAGITTAIRE	CAPRICORNE	CAPRICORNE	CAPRICORNE
21 h 30	CAPRICORNE	CAPRICORNE	CAPRICORNE	CAPRICORNE	CAPRICORNE	CAPRICORNE	CAPRICORNE	CAPRICORNE
22 h 00	CAPRICORNE	CAPRICORNE	CAPRICORNE	CAPRICORNE	CAPRICORNE	CAPRICORNE	CAPRICORNE	CAPRICORNE
22 h 30	CAPRICORNE	CAPRICORNE	CAPRICORNE	CAPRICORNE	CAPRICORNE	CAPRICORNE	CAPRICORNE	CAPRICORNE
23 h 00	CAPRICORNE	CAPRICORNE	CAPRICORNE	VERSEAU	VERSEAU	VERSEAU	VERSEAU	VERSEAU
23 h 30	VERSEAU	VERSEAU	VERSEAU	VERSEAU	VERSEAU	VERSEAU	VERSEAU	VERSEAU

DÉCOUVREZ VOTRE ASCENDANT SANS AUCUN CALCUL : TABLE N° 4

VOTRE HEURE DE NAISSANCE	5 JUIN	6 JUIN	7 JUIN	8 JUIN	9 JUIN	10 JUIN	11 JUIN	12 JUIN	13 JUIN
0 h 00	POISSONS	POISSONS	POISSONS	POISSONS	POISSONS	POISSONS	POISSONS	POISSONS	POISSONS
0 h 30	POISSONS	POISSONS	POISSONS	POISSONS	POISSONS	POISSONS	POISSONS	POISSONS	POISSONS
1 h 00	POISSONS	BÉLIER	BÉLIER	BÉLIER	BÉLIER	BÉLIER	BÉLIER	BÉLIER	BÉLIER
1 h 30	BÉLIER	BÉLIER	BÉLIER	BÉLIER	BÉLIER	BÉLIER	BÉLIER	BÉLIER	BÉLIER
2 h 00	BÉLIER	BÉLIER	BÉLIER	TAUREAU	TAUREAU	TAUREAU	TAUREAU	TAUREAU	TAUREAU
2 h 30	TAUREAU	TAUREAU	TAUREAU	TAUREAU	TAUREAU	TAUREAU	TAUREAU	TAUREAU	TAUREAU
3 h 00	TAUREAU	TAUREAU	TAUREAU	TAUREAU	TAUREAU	TAUREAU	TAUREAU	TAUREAU	GÉMEAUX
3 h 30	GÉMEAUX	GÉMEAUX	GÉMEAUX	GÉMEAUX	GÉMEAUX	GÉMEAUX	GÉMEAUX	GÉMEAUX	GÉMEAUX
4 h 00	GÉMEAUX	GÉMEAUX	GÉMEAUX	GÉMEAUX	GÉMEAUX	GÉMEAUX	GÉMEAUX	GÉMEAUX	GÉMEAUX
4 h 30	GÉMEAUX	GÉMEAUX	GÉMEAUX	GÉMEAUX	GÉMEAUX	GÉMEAUX	GÉMEAUX	GÉMEAUX	GÉMEAUX
5 h 00	GÉMEAUX	GÉMEAUX	GÉMEAUX	GÉMEAUX	GÉMEAUX	CANCER	CANCER	CANCER	CANCER
5 h 30	CANCER	CANCER	CANCER	CANCER	CANCER	CANCER	CANCER	CANCER	CANCER
6 h 00	CANCER	CANCER	CANCER	CANCER	CANCER	CANCER	CANCER	CANCER	CANCER
6 h 30	CANCER	CANCER	CANCER	CANCER	CANCER	CANCER	CANCER	CANCER	CANCER
7 h 00	CANCER	CANCER	CANCER	CANCER	CANCER	CANCER	CANCER	CANCER	CANCER
7 h 30	CANCER	CANCER	CANCER	CANCER	LION	LION	LION	LION	LION
8 h 00	LION	LION	LION	LION	LION	LION	LION	LION	LION
8 h 30	LION	LION	LION	LION	LION	LION	LION	LION	LION
9 h 00	LION	LION	LION	LION	LION	LION	LION	LION	LION
9 h 30	LION	LION	LION	LION	LION	LION	LION	LION	LION
10 h 00	LION	LION	LION	LION	LION	LION	LION	VIERGE	VIERGE
10 h 30	VIERGE	VIERGE	VIERGE	VIERGE	VIERGE	VIERGE	VIERGE	VIERGE	VIERGE
11 h 00	VIERGE	VIERGE	VIERGE	VIERGE	VIERGE	VIERGE	VIERGE	VIERGE	VIERGE
11 h 30	VIERGE	VIERGE	VIERGE	VIERGE	VIERGE	VIERGE	VIERGE	VIERGE	VIERGE
MIDI	VIERGE	VIERGE	VIERGE	VIERGE	VIERGE	VIERGE	VIERGE	VIERGE	VIERGE
12 h 30	VIERGE	VIERGE	VIERGE	VIERGE	VIERGE	VIERGE	VIERGE	VIERGE	VIERGE
13 h 00	VIERGE	BALANCE	BALANCE	BALANCE	BALANCE	BALANCE	BALANCE	BALANCE	BALANCE
13 h 30	BALANCE	BALANCE	BALANCE	BALANCE	BALANCE	BALANCE	BALANCE	BALANCE	BALANCE
14 h 00	BALANCE	BALANCE	BALANCE	BALANCE	BALANCE	BALANCE	BALANCE	BALANCE	BALANCE
14 h 30	BALANCE	BALANCE	BALANCE	BALANCE	BALANCE	BALANCE	BALANCE	BALANCE	BALANCE
15 h 00	BALANCE	BALANCE	BALANCE	BALANCE	BALANCE	BALANCE	BALANCE	BALANCE	BALANCE
15 h 30	BALANCE	BALANCE	BALANCE	BALANCE	SCORPION	SCORPION	SCORPION	SCORPION	SCORPION
16 h 00	SCORPION	SCORPION	SCORPION	SCORPION	SCORPION	SCORPION	SCORPION	SCORPION	SCORPION
16 h 30	SCORPION	SCORPION	SCORPION	SCORPION	SCORPION	SCORPION	SCORPION	SCORPION	SCORPION
17 h 00	SCORPION	SCORPION	SCORPION	SCORPION	SCORPION	SCORPION	SCORPION	SCORPION	SCORPION
17 h 30	SCORPION	SCORPION	SCORPION	SCORPION	SCORPION	SCORPION	SCORPION	SCORPION	SCORPION
18 h 00	SCORPION	SCORPION	SCORPION	SCORPION	SCORPION	SCORPION	SAGITTAIRE	SAGITTAIRE	SAGITTAIRE
18 h 30	SAGITTAIRE	SAGITTAIRE	SAGITTAIRE	SAGITTAIRE	SAGITTAIRE	SAGITTAIRE	SAGITTAIRE	SAGITTAIRE	SAGITTAIRE
19 h 00	SAGITTAIRE	SAGITTAIRE	SAGITTAIRE	SAGITTAIRE	SAGITTAIRE	SAGITTAIRE	SAGITTAIRE	SAGITTAIRE	SAGITTAIRE
19 h 30	SAGITTAIRE	SAGITTAIRE	SAGITTAIRE	SAGITTAIRE	SAGITTAIRE	SAGITTAIRE	SAGITTAIRE	SAGITTAIRE	SAGITTAIRE
20 h 00	SAGITTAIRE	SAGITTAIRE	SAGITTAIRE	SAGITTAIRE	SAGITTAIRE	SAGITTAIRE	SAGITTAIRE	SAGITTAIRE	SAGITTAIRE
20 h 30	SAGITTAIRE	SAGITTAIRE	SAGITTAIRE	SAGITTAIRE	SAGITTAIRE	CAPRICORNE	CAPRICORNE	CAPRICORNE	CAPRICORNE
21 h 00	CAPRICORNE	CAPRICORNE	CAPRICORNE	CAPRICORNE	CAPRICORNE	CAPRICORNE	CAPRICORNE	CAPRICORNE	CAPRICORNE
21 h 30	CAPRICORNE	CAPRICORNE	CAPRICORNE	CAPRICORNE	CAPRICORNE	CAPRICORNE	CAPRICORNE	CAPRICORNE	CAPRICORNE
22 h 00	CAPRICORNE	CAPRICORNE	CAPRICORNE	CAPRICORNE	CAPRICORNE	CAPRICORNE	CAPRICORNE	CAPRICORNE	CAPRICORNE
22 h 30	CAPRICORNE	CAPRICORNE	CAPRICORNE	VERSEAU	VERSEAU	VERSEAU	VERSEAU	VERSEAU	VERSEAU
23 h 00	VERSEAU	VERSEAU	VERSEAU	VERSEAU	VERSEAU	VERSEAU	VERSEAU	VERSEAU	VERSEAU
23 h 30	VERSEAU	VERSEAU	VERSEAU	VERSEAU	VERSEAU	VERSEAU	VERSEAU	VERSEAU	POISSONS

DÉCOUVREZ VOTRE ASCENDANT SANS AUCUN CALCUL : TABLE N° 4

VOTRE HEURE DE NAISSANCE	14 JUIN	15 JUIN	16 JUIN	17 JUIN	18 JUIN	19 JUIN	20 JUIN	21 JUIN	22 JUIN
0 h 00	POISSONS	POISSONS	POISSONS	POISSONS	POISSONS	POISSONS	POISSONS	POISSONS	BÉLIER
0 h 30	BÉLIER	BÉLIER	BÉLIER	BÉLIER	BÉLIER	BÉLIER	BÉLIER	BÉLIER	BÉLIER
1 h 00	BÉLIER	BÉLIER	BÉLIER	BÉLIER	BÉLIER	BÉLIER	BÉLIER	BÉLIER	TAUREAU
1 h 30	BÉLIER	TAUREAU	TAUREAU	TAUREAU	TAUREAU	TAUREAU	TAUREAU	TAUREAU	TAUREAU
2 h 00	TAUREAU	TAUREAU	TAUREAU	TAUREAU	TAUREAU	TAUREAU	TAUREAU	TAUREAU	TAUREAU
2 h 30	TAUREAU	TAUREAU	TAUREAU	TAUREAU	TAUREAU	TAUREAU	GÉMEAUX	GÉMEAUX	GÉMEAUX
3 h 00	GÉMEAUX	GÉMEAUX	GÉMEAUX	GÉMEAUX	GÉMEAUX	GÉMEAUX	GÉMEAUX	GÉMEAUX	GÉMEAUX
3 h 30	GÉMEAUX	GÉMEAUX	GÉMEAUX	GÉMEAUX	GÉMEAUX	GÉMEAUX	GÉMEAUX	GÉMEAUX	GÉMEAUX
4 h 00	GÉMEAUX	GÉMEAUX	GÉMEAUX	GÉMEAUX	GÉMEAUX	GÉMEAUX	GÉMEAUX	GÉMEAUX	GÉMEAUX
4 h 30	GÉMEAUX	GÉMEAUX	GÉMEAUX	GÉMEAUX	CANCER	CANCER	CANCER	CANCER	CANCER
5 h 00	CANCER	CANCER	CANCER	CANCER	CANCER	CANCER	CANCER	CANCER	CANCER
5 h 30	CANCER	CANCER	CANCER	CANCER	CANCER	CANCER	CANCER	CANCER	CANCER
6 h 00	CANCER	CANCER	CANCER	CANCER	CANCER	CANCER	CANCER	CANCER	CANCER
6 h 30	CANCER	CANCER	CANCER	CANCER	CANCER	CANCER	CANCER	CANCER	CANCER
7 h 00	CANCER	CANCER	CANCER	LION	LION	LION	LION	LION	LION
7 h 30	LION	LION	LION	LION	LION	LION	LION	LION	LION
8 h 00	LION	LION	LION	LION	LION	LION	LION	LION	LION
8 h 30	LION	LION	LION	LION	LION	LION	LION	LION	LION
9 h 00	LION	LION	LION	LION	LION	LION	LION	LION	LION
9 h 30	LION	LION	LION	LION	LION	VIERGE	VIERGE	VIERGE	VIERGE
10 h 00	VIERGE	VIERGE	VIERGE	VIERGE	VIERGE	VIERGE	VIERGE	VIERGE	VIERGE
10 h 30	VIERGE	VIERGE	VIERGE	VIERGE	VIERGE	VIERGE	VIERGE	VIERGE	VIERGE
11 h 00	VIERGE	VIERGE	VIERGE	VIERGE	VIERGE	VIERGE	VIERGE	VIERGE	VIERGE
11 h 30	VIERGE	VIERGE	VIERGE	VIERGE	VIERGE	VIERGE	VIERGE	VIERGE	VIERGE
MIDI	VIERGE	VIERGE	VIERGE	VIERGE	VIERGE	VIERGE	VIERGE	BALANCE	BALANCE
12 h 30	BALANCE	BALANCE	BALANCE	BALANCE	BALANCE	BALANCE	BALANCE	BALANCE	BALANCE
13 h 00	BALANCE	BALANCE	BALANCE	BALANCE	BALANCE	BALANCE	BALANCE	BALANCE	BALANCE
13 h 30	BALANCE	BALANCE	BALANCE	BALANCE	BALANCE	BALANCE	BALANCE	BALANCE	BALANCE
14 h 00	BALANCE	BALANCE	BALANCE	BALANCE	BALANCE	BALANCE	BALANCE	BALANCE	BALANCE
14 h 30	BALANCE	BALANCE	BALANCE	BALANCE	BALANCE	BALANCE	BALANCE	BALANCE	BALANCE
15 h 00	BALANCE	BALANCE	SCORPION	SCORPION	SCORPION	SCORPION	SCORPION	SCORPION	SCORPION
15 h 30	SCORPION	SCORPION	SCORPION	SCORPION	SCORPION	SCORPION	SCORPION	SCORPION	SCORPION
16 h 00	SCORPION	SCORPION	SCORPION	SCORPION	SCORPION	SCORPION	SCORPION	SCORPION	SCORPION
16 h 30	SCORPION	SCORPION	SCORPION	SCORPION	SCORPION	SCORPION	SCORPION	SCORPION	SCORPION
17 h 00	SCORPION	SCORPION	SCORPION	SCORPION	SCORPION	SCORPION	SCORPION	SCORPION	SCORPION
17 h 30	SCORPION	SCORPION	SCORPION	SCORPION	SAGITTAIRE	SAGITTAIRE	SAGITTAIRE	SAGITTAIRE	SAGITTAIRE
18 h 00	SAGITTAIRE	SAGITTAIRE	SAGITTAIRE	SAGITTAIRE	SAGITTAIRE	SAGITTAIRE	SAGITTAIRE	SAGITTAIRE	SAGITTAIRE
18 h 30	SAGITTAIRE	SAGITTAIRE	SAGITTAIRE	SAGITTAIRE	SAGITTAIRE	SAGITTAIRE	SAGITTAIRE	SAGITTAIRE	SAGITTAIRE
19 h 00	SAGITTAIRE	SAGITTAIRE	SAGITTAIRE	SAGITTAIRE	SAGITTAIRE	SAGITTAIRE	SAGITTAIRE	SAGITTAIRE	SAGITTAIRE
19 h 30	SAGITTAIRE	SAGITTAIRE	SAGITTAIRE	SAGITTAIRE	SAGITTAIRE	SAGITTAIRE	SAGITTAIRE	SAGITTAIRE	SAGITTAIRE
20 h 00	SAGITTAIRE	SAGITTAIRE	SAGITTAIRE	CAPRICORNE	CAPRICORNE	CAPRICORNE	CAPRICORNE	CAPRICORNE	CAPRICORNE
20 h 30	CAPRICORNE	CAPRICORNE	CAPRICORNE	CAPRICORNE	CAPRICORNE	CAPRICORNE	CAPRICORNE	CAPRICORNE	CAPRICORNE
21 h 00	CAPRICORNE	CAPRICORNE	CAPRICORNE	CAPRICORNE	CAPRICORNE	CAPRICORNE	CAPRICORNE	CAPRICORNE	CAPRICORNE
21 h 30	CAPRICORNE	CAPRICORNE	CAPRICORNE	CAPRICORNE	CAPRICORNE	CAPRICORNE	CAPRICORNE	CAPRICORNE	CAPRICORNE
22 h 00	CAPRICORNE	CAPRICORNE	VERSEAU	VERSEAU	VERSEAU	VERSEAU	VERSEAU	VERSEAU	VERSEAU
22 h 30	VERSEAU	VERSEAU	VERSEAU	VERSEAU	VERSEAU	VERSEAU	VERSEAU	VERSEAU	VERSEAU
23 h 00	VERSEAU	VERSEAU	VERSEAU	VERSEAU	VERSEAU	VERSEAU	POISSONS	POISSONS	POISSONS
23 h 30	POISSONS	POISSONS	POISSONS	POISSONS	POISSONS	POISSONS	POISSONS	POISSONS	POISSONS

DÉCOUVREZ VOTRE ASCENDANT SANS AUCUN CALCUL : TABLE N° 5

VOTRE HEURE DE NAISSANCE	20 MAI	21 MAI	22 MAI	23 MAI	24 MAI	25 MAI	26 MAI	27 MAI
0 h 00	CAPRICORNE	CAPRICORNE	CAPRICORNE	VERSEAU	VERSEAU	VERSEAU	VERSEAU	VERSEAU
0 h 30	VERSEAU	VERSEAU	VERSEAU	VERSEAU	VERSEAU	VERSEAU	VERSEAU	VERSEAU
1 h 00	VERSEAU	VERSEAU	VERSEAU	VERSEAU	VERSEAU	POISSONS	POISSONS	POISSONS
1 h 30	POISSONS	POISSONS	POISSONS	POISSONS	POISSONS	POISSONS	POISSONS	POISSONS
2 h 00	POISSONS	POISSONS	POISSONS	BÉLIER	BÉLIER	BÉLIER	BÉLIER	BÉLIER
2 h 30	BÉLIER	BÉLIER	BÉLIER	BÉLIER	BÉLIER	BÉLIER	BÉLIER	BÉLIER
3 h 00	BÉLIER	TAUREAU	TAUREAU	TAUREAU	TAUREAU	TAUREAU	TAUREAU	TAUREAU
3 h 30	TAUREAU	TAUREAU	TAUREAU	TAUREAU	TAUREAU	TAUREAU	TAUREAU	TAUREAU
4 h 00	TAUREAU	TAUREAU	TAUREAU	GÉMEAUX	GÉMEAUX	GÉMEAUX	GÉMEAUX	GÉMEAUX
4 h 30	GÉMEAUX	GÉMEAUX	GÉMEAUX	GÉMEAUX	GÉMEAUX	GÉMEAUX	GÉMEAUX	GÉMEAUX
5 h 00	GÉMEAUX	GÉMEAUX	GÉMEAUX	GÉMEAUX	GÉMEAUX	GÉMEAUX	GÉMEAUX	GÉMEAUX
5 h 30	GÉMEAUX	GÉMEAUX	GÉMEAUX	GÉMEAUX	GÉMEAUX	GÉMEAUX	CANCER	CANCER
6 h 00	CANCER	CANCER	CANCER	CANCER	CANCER	CANCER	CANCER	CANCER
6 h 30	CANCER	CANCER	CANCER	CANCER	CANCER	CANCER	CANCER	CANCER
7 h 00	CANCER	CANCER	CANCER	CANCER	CANCER	CANCER	CANCER	CANCER
7 h 30	CANCER	CANCER	CANCER	CANCER	CANCER	CANCER	CANCER	CANCER
8 h 00	CANCER	CANCER	CANCER	CANCER	CANCER	CANCER	CANCER	LION
8 h 30	LION	LION	LION	LION	LION	LION	LION	LION
9 h 00	LION	LION	LION	LION	LION	LION	LION	LION
9 h 30	LION	LION	LION	LION	LION	LION	LION	LION
10 h 00	LION	LION	LION	LION	LION	LION	LION	LION
10 h 30	LION	LION	LION	LION	LION	LION	LION	LION
11 h 00	LION	LION	LION	LION	VIERGE	VIERGE	VIERGE	VIERGE
11 h 30	VIERGE	VIERGE	VIERGE	VIERGE	VIERGE	VIERGE	VIERGE	VIERGE
MIDI	VIERGE	VIERGE	VIERGE	VIERGE	VIERGE	VIERGE	VIERGE	VIERGE
12 h 30	VIERGE	VIERGE	VIERGE	VIERGE	VIERGE	VIERGE	VIERGE	VIERGE
13 h 00	VIERGE	VIERGE	VIERGE	VIERGE	VIERGE	VIERGE	VIERGE	VIERGE
13 h 30	VIERGE	VIERGE	VIERGE	VIERGE	VIERGE	VIERGE	VIERGE	VIERGE
14 h 00	VIERGE	VIERGE	VIERGE	BALANCE	BALANCE	BALANCE	BALANCE	BALANCE
14 h 30	BALANCE	BALANCE	BALANCE	BALANCE	BALANCE	BALANCE	BALANCE	BALANCE
15 h 00	BALANCE	BALANCE	BALANCE	BALANCE	BALANCE	BALANCE	BALANCE	BALANCE
15 h 30	BALANCE	BALANCE	BALANCE	BALANCE	BALANCE	BALANCE	BALANCE	BALANCE
16 h 00	BALANCE	BALANCE	BALANCE	BALANCE	BALANCE	BALANCE	BALANCE	BALANCE
16 h 30	BALANCE	BALANCE	BALANCE	BALANCE	BALANCE	BALANCE	BALANCE	BALANCE
17 h 00	SCORPION	SCORPION	SCORPION	SCORPION	SCORPION	SCORPION	SCORPION	SCORPION
17 h 30	SCORPION	SCORPION	SCORPION	SCORPION	SCORPION	SCORPION	SCORPION	SCORPION
18 h 00	SCORPION	SCORPION	SCORPION	SCORPION	SCORPION	SCORPION	SCORPION	SCORPION
18 h 30	SCORPION	SCORPION	SCORPION	SCORPION	SCORPION	SCORPION	SCORPION	SCORPION
19 h 00	SCORPION	SCORPION	SCORPION	SCORPION	SCORPION	SCORPION	SCORPION	SCORPION
19 h 30	SCORPION	SCORPION	SCORPION	SCORPION	SCORPION	SCORPION	SAGITTAIRE	SAGITTAIRE
20 h 00	SAGITTAIRE	SAGITTAIRE	SAGITTAIRE	SAGITTAIRE	SAGITTAIRE	SAGITTAIRE	SAGITTAIRE	SAGITTAIRE
20 h 30	SAGITTAIRE	SAGITTAIRE	SAGITTAIRE	SAGITTAIRE	SAGITTAIRE	SAGITTAIRE	SAGITTAIRE	SAGITTAIRE
21 h 00	SAGITTAIRE	SAGITTAIRE	SAGITTAIRE	SAGITTAIRE	SAGITTAIRE	SAGITTAIRE	SAGITTAIRE	SAGITTAIRE
21 h 30	SAGITTAIRE	SAGITTAIRE	SAGITTAIRE	SAGITTAIRE	SAGITTAIRE	SAGITTAIRE	SAGITTAIRE	SAGITTAIRE
22 h 00	SAGITTAIRE	SAGITTAIRE	SAGITTAIRE	SAGITTAIRE	SAGITTAIRE	SAGITTAIRE	CAPRICORNE	CAPRICORNE
22 h 30	CAPRICORNE	CAPRICORNE	CAPRICORNE	CAPRICORNE	CAPRICORNE	CAPRICORNE	CAPRICORNE	CAPRICORNE
23 h 00	CAPRICORNE	CAPRICORNE	CAPRICORNE	CAPRICORNE	CAPRICORNE	CAPRICORNE	CAPRICORNE	CAPRICORNE
23 h 30	CAPRICORNE	CAPRICORNE	CAPRICORNE	CAPRICORNE	CAPRICORNE	CAPRICORNE	CAPRICORNE	CAPRICORNE

DÉCOUVREZ VOTRE ASCENDANT SANS AUCUN CALCUL : TABLE N° 5

VOTRE HEURE DE NAISSANCE	28 MAI	29 MAI	30 MAI	31 MAI	1 JUIN	2 JUIN	3 JUIN	4 JUIN
0 h 00	VERSEAU	VERSEAU	VERSEAU	VERSEAU	VERSEAU	VERSEAU	VERSEAU	VERSEAU
0 h 30	VERSEAU	VERSEAU	VERSEAU	VERSEAU	POISSONS	POISSONS	POISSONS	POISSONS
1 h 00	POISSONS	POISSONS	POISSONS	POISSONS	POISSONS	POISSONS	POISSONS	POISSONS
1 h 30	POISSONS	POISSONS	BÉLIER	BÉLIER	BÉLIER	BÉLIER	BÉLIER	BÉLIER
2 h 00	BÉLIER	BÉLIER	BÉLIER	BÉLIER	BÉLIER	BÉLIER	BÉLIER	TAUREAU
2 h 30	TAUREAU	TAUREAU	TAUREAU	TAUREAU	TAUREAU	TAUREAU	TAUREAU	TAUREAU
3 h 00	TAUREAU	TAUREAU	TAUREAU	TAUREAU	TAUREAU	TAUREAU	TAUREAU	TAUREAU
3 h 30	TAUREAU	TAUREAU	GÉMEAUX	GÉMEAUX	GÉMEAUX	GÉMEAUX	GÉMEAUX	GÉMEAUX
4 h 00	GÉMEAUX	GÉMEAUX	GÉMEAUX	GÉMEAUX	GÉMEAUX	GÉMEAUX	GÉMEAUX	GÉMEAUX
4 h 30	GÉMEAUX	GÉMEAUX	GÉMEAUX	GÉMEAUX	GÉMEAUX	GÉMEAUX	GÉMEAUX	GÉMEAUX
5 h 00	GÉMEAUX	GÉMEAUX	GÉMEAUX	GÉMEAUX	GÉMEAUX	CANCER	CANCER	CANCER
5 h 30	CANCER	CANCER	CANCER	CANCER	CANCER	CANCER	CANCER	CANCER
6 h 00	CANCER	CANCER	CANCER	CANCER	CANCER	CANCER	CANCER	CANCER
6 h 30	CANCER	CANCER	CANCER	CANCER	CANCER	CANCER	CANCER	CANCER
7 h 00	CANCER	CANCER	CANCER	CANCER	CANCER	CANCER	CANCER	CANCER
7 h 30	CANCER	CANCER	CANCER	CANCER	CANCER	CANCER	LION	LION
8 h 00	LION	LION	LION	LION	LION	LION	LION	LION
8 h 30	LION	LION	LION	LION	LION	LION	LION	LION
9 h 00	LION	LION	LION	LION	LION	LION	LION	LION
9 h 30	LION	LION	LION	LION	LION	LION	LION	LION
10 h 00	LION	LION	LION	LION	LION	LION	LION	LION
10 h 30	LION	LION	LION	LION	VIERGE	VIERGE	VIERGE	VIERGE
11 h 00	VIERGE	VIERGE	VIERGE	VIERGE	VIERGE	VIERGE	VIERGE	VIERGE
11 h 30	VIERGE	VIERGE	VIERGE	VIERGE	VIERGE	VIERGE	VIERGE	VIERGE
MIDI	VIERGE	VIERGE	VIERGE	VIERGE	VIERGE	VIERGE	VIERGE	VIERGE
12 h 30	VIERGE	VIERGE	VIERGE	VIERGE	VIERGE	VIERGE	VIERGE	VIERGE
13 h 00	VIERGE	VIERGE	VIERGE	VIERGE	VIERGE	VIERGE	VIERGE	VIERGE
13 h 30	VIERGE	VIERGE	BALANCE	BALANCE	BALANCE	BALANCE	BALANCE	BALANCE
14 h 00	BALANCE	BALANCE	BALANCE	BALANCE	BALANCE	BALANCE	BALANCE	BALANCE
14 h 30	BALANCE	BALANCE	BALANCE	BALANCE	BALANCE	BALANCE	BALANCE	BALANCE
15 h 00	BALANCE	BALANCE	BALANCE	BALANCE	BALANCE	BALANCE	BALANCE	BALANCE
15 h 30	BALANCE	BALANCE	BALANCE	BALANCE	BALANCE	BALANCE	BALANCE	BALANCE
16 h 00	BALANCE	BALANCE	BALANCE	BALANCE	BALANCE	BALANCE	BALANCE	SCORPION
16 h 30	SCORPION	SCORPION	SCORPION	SCORPION	SCORPION	SCORPION	SCORPION	SCORPION
17 h 00	SCORPION	SCORPION	SCORPION	SCORPION	SCORPION	SCORPION	SCORPION	SCORPION
17 h 30	SCORPION	SCORPION	SCORPION	SCORPION	SCORPION	SCORPION	SCORPION	SCORPION
18 h 00	SCORPION	SCORPION	SCORPION	SCORPION	SCORPION	SCORPION	SCORPION	SCORPION
18 h 30	SCORPION	SCORPION	SCORPION	SCORPION	SCORPION	SCORPION	SCORPION	SCORPION
19 h 00	SCORPION	SCORPION	SCORPION	SCORPION	SCORPION	SAGITTAIRE	SAGITTAIRE	SAGITTAIRE
19 h 30	SAGITTAIRE	SAGITTAIRE	SAGITTAIRE	SAGITTAIRE	SAGITTAIRE	SAGITTAIRE	SAGITTAIRE	SAGITTAIRE
20 h 00	SAGITTAIRE	SAGITTAIRE	SAGITTAIRE	SAGITTAIRE	SAGITTAIRE	SAGITTAIRE	SAGITTAIRE	SAGITTAIRE
20 h 30	SAGITTAIRE	SAGITTAIRE	SAGITTAIRE	SAGITTAIRE	SAGITTAIRE	SAGITTAIRE	SAGITTAIRE	SAGITTAIRE
21 h 00	SAGITTAIRE	SAGITTAIRE	SAGITTAIRE	SAGITTAIRE	SAGITTAIRE	SAGITTAIRE	SAGITTAIRE	SAGITTAIRE
21 h 30	SAGITTAIRE	SAGITTAIRE	SAGITTAIRE	SAGITTAIRE	SAGITTAIRE	CAPRICORNE	CAPRICORNE	CAPRICORNE
22 h 00	CAPRICORNE	CAPRICORNE	CAPRICORNE	CAPRICORNE	CAPRICORNE	CAPRICORNE	CAPRICORNE	CAPRICORNE
22 h 30	CAPRICORNE	CAPRICORNE	CAPRICORNE	CAPRICORNE	CAPRICORNE	CAPRICORNE	CAPRICORNE	CAPRICORNE
23 h 00	CAPRICORNE	CAPRICORNE	CAPRICORNE	CAPRICORNE	CAPRICORNE	CAPRICORNE	CAPRICORNE	CAPRICORNE
23 h 30	CAPRICORNE	CAPRICORNE	VERSEAU	VERSEAU	VERSEAU	VERSEAU	VERSEAU	VERSEAU

DÉCOUVREZ VOTRE ASCENDANT SANS AUCUN CALCUL : TABLE N° 5

VOTRE HEURE DE NAISSANCE	5 JUIN	6 JUIN	7 JUIN	8 JUIN	9 JUIN	10 JUIN	11 JUIN	12 JUIN	13 JUIN
0 h 00	VERSEAU	VERSEAU	VERSEAU	VERSEAU	POISSONS	POISSONS	POISSONS	POISSONS	POISSONS
0 h 30	POISSONS	POISSONS	POISSONS	POISSONS	POISSONS	POISSONS	POISSONS	POISSONS	POISSONS
1 h 00	POISSONS	POISSONS	BÉLIER	BÉLIER	BÉLIER	BÉLIER	BÉLIER	BÉLIER	BÉLIER
1 h 30	BÉLIER	BÉLIER	BÉLIER	BÉLIER	BÉLIER	BÉLIER	BÉLIER	TAUREAU	TAUREAU
2 h 00	TAUREAU	TAUREAU	TAUREAU	TAUREAU	TAUREAU	TAUREAU	TAUREAU	TAUREAU	TAUREAU
2 h 30	TAUREAU	TAUREAU	TAUREAU	TAUREAU	TAUREAU	TAUREAU	TAUREAU	TAUREAU	TAUREAU
3 h 00	TAUREAU	TAUREAU	GÉMEAUX	GÉMEAUX	GÉMEAUX	GÉMEAUX	GÉMEAUX	GÉMEAUX	GÉMEAUX
3 h 30	GÉMEAUX	GÉMEAUX	GÉMEAUX	GÉMEAUX	GÉMEAUX	GÉMEAUX	GÉMEAUX	GÉMEAUX	GÉMEAUX
4 h 00	GÉMEAUX	GÉMEAUX	GÉMEAUX	GÉMEAUX	GÉMEAUX	GÉMEAUX	GÉMEAUX	GÉMEAUX	GÉMEAUX
4 h 30	GÉMEAUX	GÉMEAUX	GÉMEAUX	GÉMEAUX	GÉMEAUX	CANCER	CANCER	CANCER	CANCER
5 h 00	CANCER	CANCER	CANCER	CANCER	CANCER	CANCER	CANCER	CANCER	CANCER
5 h 30	CANCER	CANCER	CANCER	CANCER	CANCER	CANCER	CANCER	CANCER	CANCER
6 h 00	CANCER	CANCER	CANCER	CANCER	CANCER	CANCER	CANCER	CANCER	CANCER
6 h 30	CANCER	CANCER	CANCER	CANCER	CANCER	CANCER	CANCER	CANCER	CANCER
7 h 00	CANCER	CANCER	CANCER	CANCER	CANCER	CANCER	LION	LION	LION
7 h 30	LION	LION	LION	LION	LION	LION	LION	LION	LION
8 h 00	LION	LION	LION	LION	LION	LION	LION	LION	LION
8 h 30	LION	LION	LION	LION	LION	LION	LION	LION	LION
9 h 00	LION	LION	LION	LION	LION	LION	LION	LION	LION
9 h 30	LION	LION	LION	LION	LION	LION	LION	LION	LION
10 h 00	LION	LION	LION	LION	VIERGE	VIERGE	VIERGE	VIERGE	VIERGE
10 h 30	VIERGE	VIERGE	VIERGE	VIERGE	VIERGE	VIERGE	VIERGE	VIERGE	VIERGE
11 h 00	VIERGE	VIERGE	VIERGE	VIERGE	VIERGE	VIERGE	VIERGE	VIERGE	VIERGE
11 h 30	VIERGE	VIERGE	VIERGE	VIERGE	VIERGE	VIERGE	VIERGE	VIERGE	VIERGE
MIDI	VIERGE	VIERGE	VIERGE	VIERGE	VIERGE	VIERGE	VIERGE	VIERGE	VIERGE
12 h 30	VIERGE	VIERGE	VIERGE	VIERGE	VIERGE	VIERGE	VIERGE	VIERGE	VIERGE
13 h 00	VIERGE	BALANCE	BALANCE	BALANCE	BALANCE	BALANCE	BALANCE	BALANCE	BALANCE
13 h 30	BALANCE	BALANCE	BALANCE	BALANCE	BALANCE	BALANCE	BALANCE	BALANCE	BALANCE
14 h 00	BALANCE	BALANCE	BALANCE	BALANCE	BALANCE	BALANCE	BALANCE	BALANCE	BALANCE
14 h 30	BALANCE	BALANCE	BALANCE	BALANCE	BALANCE	BALANCE	BALANCE	BALANCE	BALANCE
15 h 00	BALANCE	BALANCE	BALANCE	BALANCE	BALANCE	BALANCE	BALANCE	BALANCE	BALANCE
15 h 30	BALANCE	BALANCE	BALANCE	BALANCE	BALANCE	BALANCE	BALANCE	SCORPION	SCORPION
16 h 00	SCORPION	SCORPION	SCORPION	SCORPION	SCORPION	SCORPION	SCORPION	SCORPION	SCORPION
16 h 30	SCORPION	SCORPION	SCORPION	SCORPION	SCORPION	SCORPION	SCORPION	SCORPION	SCORPION
17 h 00	SCORPION	SCORPION	SCORPION	SCORPION	SCORPION	SCORPION	SCORPION	SCORPION	SCORPION
17 h 30	SCORPION	SCORPION	SCORPION	SCORPION	SCORPION	SCORPION	SCORPION	SCORPION	SCORPION
18 h 00	SCORPION	SCORPION	SCORPION	SCORPION	SCORPION	SCORPION	SCORPION	SCORPION	SCORPION
18 h 30	SCORPION	SCORPION	SCORPION	SCORPION	SCORPION	SAGITTAIRE	SAGITTAIRE	SAGITTAIRE	SAGITTAIRE
19 h 00	SAGITTAIRE	SAGITTAIRE	SAGITTAIRE	SAGITTAIRE	SAGITTAIRE	SAGITTAIRE	SAGITTAIRE	SAGITTAIRE	SAGITTAIRE
19 h 30	SAGITTAIRE	SAGITTAIRE	SAGITTAIRE	SAGITTAIRE	SAGITTAIRE	SAGITTAIRE	SAGITTAIRE	SAGITTAIRE	SAGITTAIRE
20 h 00	SAGITTAIRE	SAGITTAIRE	SAGITTAIRE	SAGITTAIRE	SAGITTAIRE	SAGITTAIRE	SAGITTAIRE	SAGITTAIRE	SAGITTAIRE
20 h 30	SAGITTAIRE	SAGITTAIRE	SAGITTAIRE	SAGITTAIRE	SAGITTAIRE	SAGITTAIRE	SAGITTAIRE	SAGITTAIRE	SAGITTAIRE
21 h 00	SAGITTAIRE	SAGITTAIRE	SAGITTAIRE	SAGITTAIRE	SAGITTAIRE	CAPRICORNE	CAPRICORNE	CAPRICORNE	CAPRICORNE
21 h 30	CAPRICORNE	CAPRICORNE	CAPRICORNE	CAPRICORNE	CAPRICORNE	CAPRICORNE	CAPRICORNE	CAPRICORNE	CAPRICORNE
22 h 00	CAPRICORNE	CAPRICORNE	CAPRICORNE	CAPRICORNE	CAPRICORNE	CAPRICORNE	CAPRICORNE	CAPRICORNE	CAPRICORNE
22 h 30	CAPRICORNE	CAPRICORNE	CAPRICORNE	CAPRICORNE	CAPRICORNE	CAPRICORNE	CAPRICORNE	CAPRICORNE	CAPRICORNE
23 h 00	CAPRICORNE	CAPRICORNE	VERSEAU	VERSEAU	VERSEAU	VERSEAU	VERSEAU	VERSEAU	VERSEAU
23 h 30	VERSEAU	VERSEAU	VERSEAU	VERSEAU	VERSEAU	VERSEAU	VERSEAU	VERSEAU	VERSEAU

DÉCOUVREZ VOTRE ASCENDANT SANS AUCUN CALCUL : TABLE N° 5

VOTRE HEURE DE NAISSANCE	14 JUIN	15 JUIN	16 JUIN	17 JUIN	18 JUIN	19 JUIN	20 JUIN	21 JUIN	22 JUIN
0 h 00	POISSONS	POISSONS	POISSONS	POISSONS	POISSONS	POISSONS	POISSONS	POISSONS	BÉLIER
0 h 30	BÉLIER	BÉLIER	BÉLIER	BÉLIER	BÉLIER	BÉLIER	BÉLIER	BÉLIER	BÉLIER
1 h 00	BÉLIER	BÉLIER	BÉLIER	BÉLIER	BÉLIER	BÉLIER	TAUREAU	TAUREAU	TAUREAU
1 h 30	TAUREAU	TAUREAU	TAUREAU	TAUREAU	TAUREAU	TAUREAU	TAUREAU	TAUREAU	TAUREAU
2 h 00	TAUREAU	TAUREAU	TAUREAU	TAUREAU	TAUREAU	TAUREAU	TAUREAU	TAUREAU	GÉMEAUX
2 h 30	GÉMEAUX	GÉMEAUX	GÉMEAUX	GÉMEAUX	GÉMEAUX	GÉMEAUX	GÉMEAUX	GÉMEAUX	GÉMEAUX
3 h 00	GÉMEAUX	GÉMEAUX	GÉMEAUX	GÉMEAUX	GÉMEAUX	GÉMEAUX	GÉMEAUX	GÉMEAUX	GÉMEAUX
3 h 30	GÉMEAUX	GÉMEAUX	GÉMEAUX	GÉMEAUX	GÉMEAUX	GÉMEAUX	GÉMEAUX	GÉMEAUX	GÉMEAUX
4 h 00	GÉMEAUX	GÉMEAUX	GÉMEAUX	CANCER	CANCER	CANCER	CANCER	CANCER	CANCER
4 h 30	CANCER	CANCER	CANCER	CANCER	CANCER	CANCER	CANCER	CANCER	CANCER
5 h 00	CANCER	CANCER	CANCER	CANCER	CANCER	CANCER	CANCER	CANCER	CANCER
5 h 30	CANCER	CANCER	CANCER	CANCER	CANCER	CANCER	CANCER	CANCER	CANCER
6 h 00	CANCER	CANCER	CANCER	CANCER	CANCER	CANCER	CANCER	CANCER	CANCER
6 h 30	CANCER	CANCER	CANCER	CANCER	LION	LION	LION	LION	LION
7 h 00	LION	LION	LION	LION	LION	LION	LION	LION	LION
7 h 30	LION	LION	LION	LION	LION	LION	LION	LION	LION
8 h 00	LION	LION	LION	LION	LION	LION	LION	LION	LION
8 h 30	LION	LION	LION	LION	LION	LION	LION	LION	LION
9 h 00	LION	LION	LION	LION	LION	LION	LION	LION	LION
9 h 30	LION	LION	VIERGE	VIERGE	VIERGE	VIERGE	VIERGE	VIERGE	VIERGE
10 h 00	VIERGE	VIERGE	VIERGE	VIERGE	VIERGE	VIERGE	VIERGE	VIERGE	VIERGE
10 h 30	VIERGE	VIERGE	VIERGE	VIERGE	VIERGE	VIERGE	VIERGE	VIERGE	VIERGE
11 h 00	VIERGE	VIERGE	VIERGE	VIERGE	VIERGE	VIERGE	VIERGE	VIERGE	VIERGE
11 h 30	VIERGE	VIERGE	VIERGE	VIERGE	VIERGE	VIERGE	VIERGE	VIERGE	VIERGE
MIDI	VIERGE	VIERGE	VIERGE	VIERGE	VIERGE	VIERGE	VIERGE	VIERGE	BALANCE
12 h 30	BALANCE	BALANCE	BALANCE	BALANCE	BALANCE	BALANCE	BALANCE	BALANCE	BALANCE
13 h 00	BALANCE	BALANCE	BALANCE	BALANCE	BALANCE	BALANCE	BALANCE	BALANCE	BALANCE
13 h 30	BALANCE	BALANCE	BALANCE	BALANCE	BALANCE	BALANCE	BALANCE	BALANCE	BALANCE
14 h 00	BALANCE	BALANCE	BALANCE	BALANCE	BALANCE	BALANCE	BALANCE	BALANCE	BALANCE
14 h 30	BALANCE	BALANCE	BALANCE	BALANCE	BALANCE	BALANCE	BALANCE	BALANCE	BALANCE
15 h 00	BALANCE	BALANCE	BALANCE	BALANCE	BALANCE	SCORPION	SCORPION	SCORPION	SCORPION
15 h 30	SCORPION	SCORPION	SCORPION	SCORPION	SCORPION	SCORPION	SCORPION	SCORPION	SCORPION
16 h 00	SCORPION	SCORPION	SCORPION	SCORPION	SCORPION	SCORPION	SCORPION	SCORPION	SCORPION
16 h 30	SCORPION	SCORPION	SCORPION	SCORPION	SCORPION	SCORPION	SCORPION	SCORPION	SCORPION
17 h 00	SCORPION	SCORPION	SCORPION	SCORPION	SCORPION	SCORPION	SCORPION	SCORPION	SCORPION
17 h 30	SCORPION	SCORPION	SCORPION	SCORPION	SCORPION	SCORPION	SCORPION	SCORPION	SCORPION
18 h 00	SCORPION	SCORPION	SCORPION	SCORPION	SAGITTAIRE	SAGITTAIRE	SAGITTAIRE	SAGITTAIRE	SAGITTAIRE
18 h 30	SAGITTAIRE	SAGITTAIRE	SAGITTAIRE	SAGITTAIRE	SAGITTAIRE	SAGITTAIRE	SAGITTAIRE	SAGITTAIRE	SAGITTAIRE
19 h 00	SAGITTAIRE	SAGITTAIRE	SAGITTAIRE	SAGITTAIRE	SAGITTAIRE	SAGITTAIRE	SAGITTAIRE	SAGITTAIRE	SAGITTAIRE
19 h 30	SAGITTAIRE	SAGITTAIRE	SAGITTAIRE	SAGITTAIRE	SAGITTAIRE	SAGITTAIRE	SAGITTAIRE	SAGITTAIRE	SAGITTAIRE
20 h 00	SAGITTAIRE	SAGITTAIRE	SAGITTAIRE	SAGITTAIRE	SAGITTAIRE	SAGITTAIRE	SAGITTAIRE	SAGITTAIRE	SAGITTAIRE
20 h 30	SAGITTAIRE	SAGITTAIRE	SAGITTAIRE	SAGITTAIRE	CAPRICORNE	CAPRICORNE	CAPRICORNE	CAPRICORNE	CAPRICORNE
21 h 00	CAPRICORNE	CAPRICORNE	CAPRICORNE	CAPRICORNE	CAPRICORNE	CAPRICORNE	CAPRICORNE	CAPRICORNE	CAPRICORNE
21 h 30	CAPRICORNE	CAPRICORNE	CAPRICORNE	CAPRICORNE	CAPRICORNE	CAPRICORNE	CAPRICORNE	CAPRICORNE	CAPRICORNE
22 h 00	CAPRICORNE	CAPRICORNE	CAPRICORNE	CAPRICORNE	CAPRICORNE	CAPRICORNE	CAPRICORNE	CAPRICORNE	VERSEAU
22 h 30	VERSEAU	VERSEAU	VERSEAU	VERSEAU	VERSEAU	VERSEAU	VERSEAU	VERSEAU	VERSEAU
23 h 00	VERSEAU	VERSEAU	VERSEAU	VERSEAU	VERSEAU	VERSEAU	VERSEAU	VERSEAU	VERSEAU
23 h 30	VERSEAU	VERSEAU	VERSEAU	POISSONS	POISSONS	POISSONS	POISSONS	POISSONS	POISSONS

DÉCOUVREZ VOTRE ASCENDANT SANS AUCUN CALCUL : TABLE N° 6 (*)

(*) N'est plus valable au-delà du Cercle polaire.

VOTRE HEURE DE NAISSANCE	20 MAI	21 MAI	22 MAI	23 MAI	24 MAI	25 MAI	26 MAI	27 MAI
0 h 00	CAPRICORNE	CAPRICORNE	CAPRICORNE	CAPRICORNE	CAPRICORNE	CAPRICORNE	CAPRICORNE	CAPRICORNE
0 h 30	CAPRICORNE	CAPRICORNE	CAPRICORNE	CAPRICORNE	CAPRICORNE	VERSEAU	VERSEAU	VERSEAU
1 h 00	VERSEAU	VERSEAU	VERSEAU	VERSEAU	VERSEAU	VERSEAU	VERSEAU	VERSEAU
1 h 30	VERSEAU	VERSEAU	POISSONS	POISSONS	POISSONS	POISSONS	POISSONS	POISSONS
2 h 00	POISSONS	POISSONS	BÉLIER	BÉLIER	BÉLIER	BÉLIER	BÉLIER	BÉLIER
2 h 30	BÉLIER	BÉLIER	BÉLIER	TAUREAU	TAUREAU	TAUREAU	TAUREAU	TAUREAU
3 h 00	TAUREAU	TAUREAU	TAUREAU	TAUREAU	TAUREAU	TAUREAU	TAUREAU	TAUREAU
3 h 30	GÉMEAUX	GÉMEAUX	GÉMEAUX	GÉMEAUX	GÉMEAUX	GÉMEAUX	GÉMEAUX	GÉMEAUX
4 h 00	GÉMEAUX	GÉMEAUX	GÉMEAUX	GÉMEAUX	GÉMEAUX	GÉMEAUX	GÉMEAUX	GÉMEAUX
4 h 30	GÉMEAUX	GÉMEAUX	GÉMEAUX	GÉMEAUX	GÉMEAUX	GÉMEAUX	GÉMEAUX	GÉMEAUX
5 h 00	GÉMEAUX	CANCER	CANCER	CANCER	CANCER	CANCER	CANCER	CANCER
5 h 30	CANCER	CANCER	CANCER	CANCER	CANCER	CANCER	CANCER	CANCER
6 h 00	CANCER	CANCER	CANCER	CANCER	CANCER	CANCER	CANCER	CANCER
6 h 30	CANCER	CANCER	CANCER	CANCER	CANCER	CANCER	CANCER	CANCER
7 h 00	CANCER	CANCER	CANCER	CANCER	CANCER	CANCER	CANCER	CANCER
7 h 30	CANCER	CANCER	CANCER	CANCER	LION	LION	LION	LION
8 h 00	LION	LION	LION	LION	LION	LION	LION	LION
8 h 30	LION	LION	LION	LION	LION	LION	LION	LION
9 h 00	LION	LION	LION	LION	LION	LION	LION	LION
9 h 30	LION	LION	LION	LION	LION	LION	LION	LION
10 h 00	LION	LION	LION	LION	LION	LION	LION	LION
10 h 30	LION	LION	LION	LION	LION	LION	LION	VIERGE
11 h 00	VIERGE	VIERGE	VIERGE	VIERGE	VIERGE	VIERGE	VIERGE	VIERGE
11 h 30	VIERGE	VIERGE	VIERGE	VIERGE	VIERGE	VIERGE	VIERGE	VIERGE
MIDI	VIERGE	VIERGE	VIERGE	VIERGE	VIERGE	VIERGE	VIERGE	VIERGE
12 h 30	VIERGE	VIERGE	VIERGE	VIERGE	VIERGE	VIERGE	VIERGE	VIERGE
13 h 00	VIERGE	VIERGE	VIERGE	VIERGE	VIERGE	VIERGE	VIERGE	VIERGE
13 h 30	VIERGE	VIERGE	VIERGE	VIERGE	VIERGE	VIERGE	VIERGE	VIERGE
14 h 00	VIERGE	VIERGE	BALANCE	BALANCE	BALANCE	BALANCE	BALANCE	BALANCE
14 h 30	BALANCE	BALANCE	BALANCE	BALANCE	BALANCE	BALANCE	BALANCE	BALANCE
15 h 00	BALANCE	BALANCE	BALANCE	BALANCE	BALANCE	BALANCE	BALANCE	BALANCE
15 h 30	BALANCE	BALANCE	BALANCE	BALANCE	BALANCE	BALANCE	BALANCE	BALANCE
16 h 00	BALANCE	BALANCE	BALANCE	BALANCE	BALANCE	BALANCE	BALANCE	BALANCE
16 h 30	BALANCE	BALANCE	BALANCE	BALANCE	BALANCE	BALANCE	BALANCE	BALANCE
17 h 00	BALANCE	BALANCE	BALANCE	BALANCE	BALANCE	SCORPION	SCORPION	SCORPION
17 h 30	SCORPION	SCORPION	SCORPION	SCORPION	SCORPION	SCORPION	SCORPION	SCORPION
18 h 00	SCORPION	SCORPION	SCORPION	SCORPION	SCORPION	SCORPION	SCORPION	SCORPION
18 h 30	SCORPION	SCORPION	SCORPION	SCORPION	SCORPION	SCORPION	SCORPION	SCORPION
19 h 00	SCORPION	SCORPION	SCORPION	SCORPION	SCORPION	SCORPION	SCORPION	SCORPION
19 h 30	SCORPION	SCORPION	SCORPION	SCORPION	SCORPION	SCORPION	SCORPION	SCORPION
20 h 00	SCORPION	SCORPION	SCORPION	SCORPION	SCORPION	SCORPION	SCORPION	SAGITTAIRE
20 h 30	SAGITTAIRE	SAGITTAIRE	SAGITTAIRE	SAGITTAIRE	SAGITTAIRE	SAGITTAIRE	SAGITTAIRE	SAGITTAIRE
21 h 00	SAGITTAIRE	SAGITTAIRE	SAGITTAIRE	SAGITTAIRE	SAGITTAIRE	SAGITTAIRE	SAGITTAIRE	SAGITTAIRE
21 h 30	SAGITTAIRE	SAGITTAIRE	SAGITTAIRE	SAGITTAIRE	SAGITTAIRE	SAGITTAIRE	SAGITTAIRE	SAGITTAIRE
22 h 00	SAGITTAIRE	SAGITTAIRE	SAGITTAIRE	SAGITTAIRE	SAGITTAIRE	SAGITTAIRE	SAGITTAIRE	SAGITTAIRE
22 h 30	SAGITTAIRE	SAGITTAIRE	SAGITTAIRE	SAGITTAIRE	SAGITTAIRE	SAGITTAIRE	SAGITTAIRE	SAGITTAIRE
23 h 00	SAGITTAIRE	SAGITTAIRE	SAGITTAIRE	SAGITTAIRE	CAPRICORNE	CAPRICORNE	CAPRICORNE	CAPRICORNE
23 h 30	CAPRICORNE	CAPRICORNE	CAPRICORNE	CAPRICORNE	CAPRICORNE	CAPRICORNE	CAPRICORNE	CAPRICORNE

DÉCOUVREZ VOTRE ASCENDANT SANS AUCUN CALCUL : TABLE N° 6 (*)

N'est plus valable au-delà du Cercle polaire.

VOTRE HEURE DE NAISSANCE	28 MAI	29 MAI	30 MAI	31 MAI	1 JUIN	2 JUIN	3 JUIN	4 JUIN
0 h 00	CAPRICORNE	CAPRICORNE	CAPRICORNE	CAPRICORNE	CAPRICORNE	VERSEAU	VERSEAU	VERSEAU
0 h 30	VERSEAU	VERSEAU	VERSEAU	VERSEAU	VERSEAU	VERSEAU	VERSEAU	VERSEAU
1 h 00	VERSEAU	POISSONS	POISSONS	POISSONS	POISSONS	POISSONS	POISSONS	POISSONS
1 h 30	POISSONS	POISSONS	BÉLIER	BÉLIER	BÉLIER	BÉLIER	BÉLIER	BÉLIER
2 h 00	BÉLIER	BÉLIER	BÉLIER	TAUREAU	TAUREAU	TAUREAU	TAUREAU	TAUREAU
2 h 30	TAUREAU	TAUREAU	TAUREAU	TAUREAU	TAUREAU	TAUREAU	TAUREAU	GÉMEAUX
3 h 00	GÉMEAUX	GÉMEAUX	GÉMEAUX	GÉMEAUX	GÉMEAUX	GÉMEAUX	GÉMEAUX	GÉMEAUX
3 h 30	GÉMEAUX	GÉMEAUX	GÉMEAUX	GÉMEAUX	GÉMEAUX	GÉMEAUX	GÉMEAUX	GÉMEAUX
4 h 00	GÉMEAUX	GÉMEAUX	GÉMEAUX	GÉMEAUX	GÉMEAUX	GÉMEAUX	GÉMEAUX	GÉMEAUX
4 h 30	GÉMEAUX	CANCER	CANCER	CANCER	CANCER	CANCER	CANCER	CANCER
5 h 00	CANCER	CANCER	CANCER	CANCER	CANCER	CANCER	CANCER	CANCER
5 h 30	CANCER	CANCER	CANCER	CANCER	CANCER	CANCER	CANCER	CANCER
6 h 00	CANCER	CANCER	CANCER	CANCER	CANCER	CANCER	CANCER	CANCER
6 h 30	CANCER	CANCER	CANCER	CANCER	CANCER	CANCER	CANCER	CANCER
7 h 00	CANCER	CANCER	CANCER	CANCER	LION	LION	LION	LION
7 h 30	LION	LION	LION	LION	LION	LION	LION	LION
8 h 00	LION	LION	LION	LION	LION	LION	LION	LION
8 h 30	LION	LION	LION	LION	LION	LION	LION	LION
9 h 00	LION	LION	LION	LION	LION	LION	LION	LION
9 h 30	LION	LION	LION	LION	LION	LION	LION	LION
10 h 00	LION	LION	LION	LION	LION	LION	VIERGE	VIERGE
10 h 30	VIERGE	VIERGE	VIERGE	VIERGE	VIERGE	VIERGE	VIERGE	VIERGE
11 h 00	VIERGE	VIERGE	VIERGE	VIERGE	VIERGE	VIERGE	VIERGE	VIERGE
11 h 30	VIERGE	VIERGE	VIERGE	VIERGE	VIERGE	VIERGE	VIERGE	VIERGE
MIDI	VIERGE	VIERGE	VIERGE	VIERGE	VIERGE	VIERGE	VIERGE	VIERGE
12 h 30	VIERGE	VIERGE	VIERGE	VIERGE	VIERGE	VIERGE	VIERGE	VIERGE
13 h 00	VIERGE	VIERGE	VIERGE	VIERGE	VIERGE	VIERGE	VIERGE	VIERGE
13 h 30	VIERGE	VIERGE	BALANCE	BALANCE	BALANCE	BALANCE	BALANCE	BALANCE
14 h 00	BALANCE	BALANCE	BALANCE	BALANCE	BALANCE	BALANCE	BALANCE	BALANCE
14 h 30	BALANCE	BALANCE	BALANCE	BALANCE	BALANCE	BALANCE	BALANCE	BALANCE
15 h 00	BALANCE	BALANCE	BALANCE	BALANCE	BALANCE	BALANCE	BALANCE	BALANCE
15 h 30	BALANCE	BALANCE	BALANCE	BALANCE	BALANCE	BALANCE	BALANCE	BALANCE
16 h 00	BALANCE	BALANCE	BALANCE	BALANCE	BALANCE	BALANCE	BALANCE	BALANCE
16 h 30	BALANCE	BALANCE	BALANCE	BALANCE	SCORPION	SCORPION	SCORPION	SCORPION
17 h 00	SCORPION	SCORPION	SCORPION	SCORPION	SCORPION	SCORPION	SCORPION	SCORPION
17 h 30	SCORPION	SCORPION	SCORPION	SCORPION	SCORPION	SCORPION	SCORPION	SCORPION
18 h 00	SCORPION	SCORPION	SCORPION	SCORPION	SCORPION	SCORPION	SCORPION	SCORPION
18 h 30	SCORPION	SCORPION	SCORPION	SCORPION	SCORPION	SCORPION	SCORPION	SCORPION
19 h 00	SCORPION	SCORPION	SCORPION	SCORPION	SCORPION	SCORPION	SCORPION	SCORPION
19 h 30	SCORPION	SCORPION	SCORPION	SCORPION	SCORPION	SCORPION	SCORPION	SAGITTAIRE
20 h 00	SAGITTAIRE	SAGITTAIRE	SAGITTAIRE	SAGITTAIRE	SAGITTAIRE	SAGITTAIRE	SAGITTAIRE	SAGITTAIRE
20 h 30	SAGITTAIRE	SAGITTAIRE	SAGITTAIRE	SAGITTAIRE	SAGITTAIRE	SAGITTAIRE	SAGITTAIRE	SAGITTAIRE
21 h 00	SAGITTAIRE	SAGITTAIRE	SAGITTAIRE	SAGITTAIRE	SAGITTAIRE	SAGITTAIRE	SAGITTAIRE	SAGITTAIRE
21 h 30	SAGITTAIRE	SAGITTAIRE	SAGITTAIRE	SAGITTAIRE	SAGITTAIRE	SAGITTAIRE	SAGITTAIRE	SAGITTAIRE
22 h 00	SAGITTAIRE	SAGITTAIRE	SAGITTAIRE	SAGITTAIRE	SAGITTAIRE	SAGITTAIRE	SAGITTAIRE	SAGITTAIRE
22 h 30	SAGITTAIRE	SAGITTAIRE	SAGITTAIRE	CAPRICORNE	CAPRICORNE	CAPRICORNE	CAPRICORNE	CAPRICORNE
23 h 00	CAPRICORNE	CAPRICORNE	CAPRICORNE	CAPRICORNE	CAPRICORNE	CAPRICORNE	CAPRICORNE	CAPRICORNE
23 h 30	CAPRICORNE	CAPRICORNE	CAPRICORNE	CAPRICORNE	CAPRICORNE	CAPRICORNE	CAPRICORNE	CAPRICORNE

DÉCOUVREZ VOTRE ASCENDANT SANS AUCUN CALCUL : TABLE N° 6 (*)

(*) N'est plus valable au-delà du Cercle polaire.

VOTRE HEURE DE NAISSANCE	5 JUIN	6 JUIN	7 JUIN	8 JUIN	9 JUIN	10 JUIN	11 JUIN	12 JUIN	13 JUIN
0 h 00	VERSEAU	VERSEAU	VERSEAU	VERSEAU	VERSEAU	VERSEAU	VERSEAU	VERSEAU	VERSEAU
0 h 30	VERSEAU	POISSONS	POISSONS	POISSONS	POISSONS	POISSONS	POISSONS	POISSONS	POISSONS
1 h 00	POISSONS	POISSONS	BÉLIER	BÉLIER	BÉLIER	BÉLIER	BÉLIER	BÉLIER	BÉLIER
1 h 30	BÉLIER	BÉLIER	TAUREAU	TAUREAU	TAUREAU	TAUREAU	TAUREAU	TAUREAU	TAUREAU
2 h 00	TAUREAU	TAUREAU	TAUREAU	TAUREAU	TAUREAU	TAUREAU	TAUREAU	GÉMEAUX	GÉMEAUX
2 h 30	GÉMEAUX	GÉMEAUX	GÉMEAUX	GÉMEAUX	GÉMEAUX	GÉMEAUX	GÉMEAUX	GÉMEAUX	GÉMEAUX
3 h 00	GÉMEAUX	GÉMEAUX	GÉMEAUX	GÉMEAUX	GÉMEAUX	GÉMEAUX	GÉMEAUX	GÉMEAUX	GÉMEAUX
3 h 30	GÉMEAUX	GÉMEAUX	GÉMEAUX	GÉMEAUX	GÉMEAUX	GÉMEAUX	GÉMEAUX	GÉMEAUX	CANCER
4 h 00	CANCER	CANCER	CANCER	CANCER	CANCER	CANCER	CANCER	CANCER	CANCER
4 h 30	CANCER	CANCER	CANCER	CANCER	CANCER	CANCER	CANCER	CANCER	CANCER
5 h 00	CANCER	CANCER	CANCER	CANCER	CANCER	CANCER	CANCER	CANCER	CANCER
5 h 30	CANCER	CANCER	CANCER	CANCER	CANCER	CANCER	CANCER	CANCER	CANCER
6 h 00	CANCER	CANCER	CANCER	CANCER	CANCER	CANCER	CANCER	CANCER	CANCER
6 h 30	CANCER	CANCER	CANCER	LION	LION	LION	LION	LION	LION
7 h 00	LION	LION	LION	LION	LION	LION	LION	LION	LION
7 h 30	LION	LION	LION	LION	LION	LION	LION	LION	LION
8 h 00	LION	LION	LION	LION	LION	LION	LION	LION	LION
8 h 30	LION	LION	LION	LION	LION	LION	LION	LION	LION
9 h 00	LION	LION	LION	LION	LION	LION	LION	LION	LION
9 h 30	LION	LION	LION	LION	LION	LION	VIERGE	VIERGE	VIERGE
10 h 00	VIERGE	VIERGE	VIERGE	VIERGE	VIERGE	VIERGE	VIERGE	VIERGE	VIERGE
10 h 30	VIERGE	VIERGE	VIERGE	VIERGE	VIERGE	VIERGE	VIERGE	VIERGE	VIERGE
11 h 00	VIERGE	VIERGE	VIERGE	VIERGE	VIERGE	VIERGE	VIERGE	VIERGE	VIERGE
11 h 30	VIERGE	VIERGE	VIERGE	VIERGE	VIERGE	VIERGE	VIERGE	VIERGE	VIERGE
MIDI	VIERGE	VIERGE	VIERGE	VIERGE	VIERGE	VIERGE	VIERGE	VIERGE	VIERGE
12 h 30	VIERGE	VIERGE	VIERGE	VIERGE	VIERGE	VIERGE	VIERGE	VIERGE	VIERGE
13 h 00	VIERGE	BALANCE	BALANCE	BALANCE	BALANCE	BALANCE	BALANCE	BALANCE	BALANCE
13 h 30	BALANCE	BALANCE	BALANCE	BALANCE	BALANCE	BALANCE	BALANCE	BALANCE	BALANCE
14 h 00	BALANCE	BALANCE	BALANCE	BALANCE	BALANCE	BALANCE	BALANCE	BALANCE	BALANCE
14 h 30	BALANCE	BALANCE	BALANCE	BALANCE	BALANCE	BALANCE	BALANCE	BALANCE	BALANCE
15 h 00	BALANCE	BALANCE	BALANCE	BALANCE	BALANCE	BALANCE	BALANCE	BALANCE	BALANCE
15 h 30	BALANCE	BALANCE	BALANCE	BALANCE	BALANCE	BALANCE	BALANCE	BALANCE	BALANCE
16 h 00	BALANCE	BALANCE	BALANCE	SCORPION	SCORPION	SCORPION	SCORPION	SCORPION	SCORPION
16 h 30	SCORPION	SCORPION	SCORPION	SCORPION	SCORPION	SCORPION	SCORPION	SCORPION	SCORPION
17 h 00	SCORPION	SCORPION	SCORPION	SCORPION	SCORPION	SCORPION	SCORPION	SCORPION	SCORPION
17 h 30	SCORPION	SCORPION	SCORPION	SCORPION	SCORPION	SCORPION	SCORPION	SCORPION	SCORPION
18 h 00	SCORPION	SCORPION	SCORPION	SCORPION	SCORPION	SCORPION	SCORPION	SCORPION	SCORPION
18 h 30	SCORPION	SCORPION	SCORPION	SCORPION	SCORPION	SCORPION	SCORPION	SCORPION	SCORPION
19 h 00	SCORPION	SCORPION	SCORPION	SCORPION	SCORPION	SCORPION	SCORPION	SAGITTAIRE	SAGITTAIRE
19 h 30	SAGITTAIRE	SAGITTAIRE	SAGITTAIRE	SAGITTAIRE	SAGITTAIRE	SAGITTAIRE	SAGITTAIRE	SAGITTAIRE	SAGITTAIRE
20 h 00	SAGITTAIRE	SAGITTAIRE	SAGITTAIRE	SAGITTAIRE	SAGITTAIRE	SAGITTAIRE	SAGITTAIRE	SAGITTAIRE	SAGITTAIRE
20 h 30	SAGITTAIRE	SAGITTAIRE	SAGITTAIRE	SAGITTAIRE	SAGITTAIRE	SAGITTAIRE	SAGITTAIRE	SAGITTAIRE	SAGITTAIRE
21 h 00	SAGITTAIRE	SAGITTAIRE	SAGITTAIRE	SAGITTAIRE	SAGITTAIRE	SAGITTAIRE	SAGITTAIRE	SAGITTAIRE	SAGITTAIRE
21 h 30	SAGITTAIRE	SAGITTAIRE	SAGITTAIRE	SAGITTAIRE	SAGITTAIRE	SAGITTAIRE	SAGITTAIRE	SAGITTAIRE	SAGITTAIRE
22 h 00	SAGITTAIRE	SAGITTAIRE	SAGITTAIRE	CAPRICORNE	CAPRICORNE	CAPRICORNE	CAPRICORNE	CAPRICORNE	CAPRICORNE
22 h 30	CAPRICORNE	CAPRICORNE	CAPRICORNE	CAPRICORNE	CAPRICORNE	CAPRICORNE	CAPRICORNE	CAPRICORNE	CAPRICORNE
23 h 00	CAPRICORNE	CAPRICORNE	CAPRICORNE	CAPRICORNE	CAPRICORNE	CAPRICORNE	CAPRICORNE	CAPRICORNE	CAPRICORNE
23 h 30	CAPRICORNE	CAPRICORNE	CAPRICORNE	CAPRICORNE	VERSEAU	VERSEAU	VERSEAU	VERSEAU	VERSEAU

DÉCOUVREZ VOTRE ASCENDANT SANS AUCUN CALCUL : TABLE N° 6 (*)

N'est plus valable au-delà du Cercle polaire.

VOTRE HEURE DE NAISSANCE	14 JUIN	15 JUIN	16 JUIN	17 JUIN	18 JUIN	19 JUIN	20 JUIN	21 JUIN	22 JUIN
0 h 00	POISSONS	POISSONS	POISSONS	POISSONS	POISSONS	POISSONS	POISSONS	POISSONS	BÉLIER
0 h 30	BÉLIER	BÉLIER	BÉLIER	BÉLIER	BÉLIER	BÉLIER	BÉLIER	BÉLIER	BÉLIER
1 h 00	BÉLIER	TAUREAU	TAUREAU	TAUREAU	TAUREAU	TAUREAU	TAUREAU	TAUREAU	TAUREAU
1 h 30	TAUREAU	TAUREAU	TAUREAU	TAUREAU	TAUREAU	TAUREAU	GÉMEAUX	GÉMEAUX	GÉMEAUX
2 h 00	GÉMEAUX	GÉMEAUX	GÉMEAUX	GÉMEAUX	GÉMEAUX	GÉMEAUX	GÉMEAUX	GÉMEAUX	GÉMEAUX
2 h 30	GÉMEAUX	GÉMEAUX	GÉMEAUX	GÉMEAUX	GÉMEAUX	GÉMEAUX	GÉMEAUX	GÉMEAUX	GÉMEAUX
3 h 00	GÉMEAUX	GÉMEAUX	GÉMEAUX	GÉMEAUX	GÉMEAUX	GÉMEAUX	CANCER	CANCER	CANCER
3 h 30	CANCER	CANCER	CANCER	CANCER	CANCER	CANCER	CANCER	CANCER	CANCER
4 h 00	CANCER	CANCER	CANCER	CANCER	CANCER	CANCER	CANCER	CANCER	CANCER
4 h 30	CANCER	CANCER	CANCER	CANCER	CANCER	CANCER	CANCER	CANCER	CANCER
5 h 00	CANCER	CANCER	CANCER	CANCER	CANCER	CANCER	CANCER	CANCER	CANCER
5 h 30	CANCER	CANCER	CANCER	CANCER	CANCER	CANCER	CANCER	CANCER	CANCER
6 h 00	CANCER	CANCER	LION	LION	LION	LION	LION	LION	LION
6 h 30	LION	LION	LION	LION	LION	LION	LION	LION	LION
7 h 00	LION	LION	LION	LION	LION	LION	LION	LION	LION
7 h 30	LION	LION	LION	LION	LION	LION	LION	LION	LION
8 h 00	LION	LION	LION	LION	LION	LION	LION	LION	LION
8 h 30	LION	LION	LION	LION	LION	LION	LION	LION	LION
9 h 00	LION	LION	LION	LION	VIERGE	VIERGE	VIERGE	VIERGE	VIERGE
9 h 30	VIERGE	VIERGE	VIERGE	VIERGE	VIERGE	VIERGE	VIERGE	VIERGE	VIERGE
10 h 00	VIERGE	VIERGE	VIERGE	VIERGE	VIERGE	VIERGE	VIERGE	VIERGE	VIERGE
10 h 30	VIERGE	VIERGE	VIERGE	VIERGE	VIERGE	VIERGE	VIERGE	VIERGE	VIERGE
11 h 00	VIERGE	VIERGE	VIERGE	VIERGE	VIERGE	VIERGE	VIERGE	VIERGE	VIERGE
11 h 30	VIERGE	VIERGE	VIERGE	VIERGE	VIERGE	VIERGE	VIERGE	VIERGE	VIERGE
MIDI	VIERGE	VIERGE	VIERGE	VIERGE	VIERGE	VIERGE	VIERGE	BALANCE	BALANCE
12 h 30	BALANCE	BALANCE	BALANCE	BALANCE	BALANCE	BALANCE	BALANCE	BALANCE	BALANCE
13 h 00	BALANCE	BALANCE	BALANCE	BALANCE	BALANCE	BALANCE	BALANCE	BALANCE	BALANCE
13 h 30	BALANCE	BALANCE	BALANCE	BALANCE	BALANCE	BALANCE	BALANCE	BALANCE	BALANCE
14 h 00	BALANCE	BALANCE	BALANCE	BALANCE	BALANCE	BALANCE	BALANCE	BALANCE	BALANCE
14 h 30	BALANCE	BALANCE	BALANCE	BALANCE	BALANCE	BALANCE	BALANCE	BALANCE	BALANCE
15 h 00	BALANCE	BALANCE	BALANCE	BALANCE	BALANCE	BALANCE	BALANCE	BALANCE	BALANCE
15 h 30	BALANCE	BALANCE	SCORPION	SCORPION	SCORPION	SCORPION	SCORPION	SCORPION	SCORPION
16 h 00	SCORPION	SCORPION	SCORPION	SCORPION	SCORPION	SCORPION	SCORPION	SCORPION	SCORPION
16 h 30	SCORPION	SCORPION	SCORPION	SCORPION	SCORPION	SCORPION	SCORPION	SCORPION	SCORPION
17 h 00	SCORPION	SCORPION	SCORPION	SCORPION	SCORPION	SCORPION	SCORPION	SCORPION	SCORPION
17 h 30	SCORPION	SCORPION	SCORPION	SCORPION	SCORPION	SCORPION	SCORPION	SCORPION	SCORPION
18 h 00	SCORPION	SCORPION	SCORPION	SCORPION	SCORPION	SCORPION	SCORPION	SCORPION	SCORPION
18 h 30	SCORPION	SCORPION	SCORPION	SCORPION	SCORPION	SAGITTAIRE	SAGITTAIRE	SAGITTAIRE	SAGITTAIRE
19 h 00	SAGITTAIRE	SAGITTAIRE	SAGITTAIRE	SAGITTAIRE	SAGITTAIRE	SAGITTAIRE	SAGITTAIRE	SAGITTAIRE	SAGITTAIRE
19 h 30	SAGITTAIRE	SAGITTAIRE	SAGITTAIRE	SAGITTAIRE	SAGITTAIRE	SAGITTAIRE	SAGITTAIRE	SAGITTAIRE	SAGITTAIRE
20 h 00	SAGITTAIRE	SAGITTAIRE	SAGITTAIRE	SAGITTAIRE	SAGITTAIRE	SAGITTAIRE	SAGITTAIRE	SAGITTAIRE	SAGITTAIRE
20 h 30	SAGITTAIRE	SAGITTAIRE	SAGITTAIRE	SAGITTAIRE	SAGITTAIRE	SAGITTAIRE	SAGITTAIRE	SAGITTAIRE	SAGITTAIRE
21 h 00	SAGITTAIRE	SAGITTAIRE	SAGITTAIRE	SAGITTAIRE	SAGITTAIRE	SAGITTAIRE	SAGITTAIRE	SAGITTAIRE	SAGITTAIRE
21 h 30	SAGITTAIRE	CAPRICORNE	CAPRICORNE	CAPRICORNE	CAPRICORNE	CAPRICORNE	CAPRICORNE	CAPRICORNE	CAPRICORNE
22 h 00	CAPRICORNE	CAPRICORNE	CAPRICORNE	CAPRICORNE	CAPRICORNE	CAPRICORNE	CAPRICORNE	CAPRICORNE	CAPRICORNE
22 h 30	CAPRICORNE	CAPRICORNE	CAPRICORNE	CAPRICORNE	CAPRICORNE	CAPRICORNE	CAPRICORNE	CAPRICORNE	CAPRICORNE
23 h 00	CAPRICORNE	CAPRICORNE	VERSEAU	VERSEAU	VERSEAU	VERSEAU	VERSEAU	VERSEAU	VERSEAU
23 h 30	VERSEAU	VERSEAU	VERSEAU	VERSEAU	VERSEAU	VERSEAU	VERSEAU	POISSONS	POISSONS

Jack Nicholson, brillant interprète de très nombreux films, affiche cette expression à la fois juvénile, aiguë et délurée, qu'ont souvent les natifs du signe.

Combinaison du Signe avec les Ascendants

Gémeaux Ascendant Bélier

Cette combinaison zodiacale est simple, elle réunit l'Air et le Feu. La combustion qui en résulte est donc essentiellement dynamique. Elle accentue le caractère spontané, indépendant. Le sujet ainsi marqué ne voit guère les obstacles, ou, s'il les pressent, il compte sur son adaptation à l'instant présent pour éviter les dangers.

Le côté Bélier s'efforce de réaliser les idées qui viennent des Gémeaux. C'est donc une combinaison essentiellement pratique, qui ne se contente pas de parler, mais exige des réalisations effectives, et non pas seulement de beaux projets.

On constate chez les Gémeaux Ascendant Bélier beaucoup de jeunesse, d'allant, de brio. Leur caractère est le plus souvent gai, entraînant, et exprime une joie de vivre qui est en fait l'expression de la grande vitalité du Bélier. Le natif s'exprime avec facilité, il est plein d'humour, et ce côté sympathique l'aide à faire passer quelques rosseries ; on note parfois une certaine agressivité mentale, due à l'influence conjointe de Mercure et de Mars, les deux planètes qui gouvernent les signes en question. Les variations de l'humeur sont fréquentes, passant brusquement du rose au noir, produisant des alternances de dynamisme et de baisse de tension.

La hardiesse et l'impulsivité sont des traits dominants et facilitent les prises de contact, les relations de tous ordres. Le sujet trouve toujours un auditoire qui l'écoute avec plaisir et se laisse persuader par son côté vif et passionné. Il ne s'encombre pas trop de principes et s'adapte rapidement, modifiant s'il le juge bon ses idées et ses projets en fonction des circonstances. La nervosité, le danger de dispersion des efforts dus au côté Gémeaux peuvent être surmontés dans une activité réalisatrice et rapidement mise sur pied.

Gémeaux Ascendant Taureau

La rencontre du premier signe de Terre avec le premier signe d'Air détermine une nature en partie prudente, réaliste, réfléchie, ramassée, mais aussi indépendante et volontiers fantaisiste. Il en résulte un manque de certitude intérieure rendant le caractère plutôt ambivalent, et porté à suivre des influences contradictoires. Le Taureau apporte ses qualités essentiellement pratiques, son sens du concret, et le Gémeaux son habileté mentale, son opportunisme. Mais l'alliage est difficile, le Taureau reprochant au Gémeaux son impatience, sa futilité, et ce dernier ne comprenant pas l'opiniâtreté et une certaine pesanteur bien tauriennes.

Mais si l'harmonie s'établit, l'habileté, la facilité de contacts apportent au Taureau une façon plus rentable d'utiliser ses évidentes qualités et l'aident à se mettre en valeur avec une certaine astuce. Intellectuellement, l'esprit s'assouplit et se fait plus nuancé, il exige moins de preuves tangibles avant de comprendre, et se fait plus intuitif.

En cas de tendances artistiques, on constatera en peinture une alliance féconde du dessin et de la couleur.

Il s'agit généralement de grands travailleurs, de ceux qui suivent obstinément la voie qu'ils se

Le Grand Livre des Gémeaux

sont tracée, tout en sachant prendre à temps les raccourcis que le destin ouvre parfois à leur intention. Il faudrait de fortes dissonances pour qu'une belle réussite ne soit pas obtenue. Il advient qu'il émane d'eux un don de séduction, un magnétisme qui n'est pas sans effets tangibles sur leur carrière. Parfois aussi, l'influence vénusienne sécrétée par le Taureau les prédispose à une vie amoureuse marquée par de forts entraînements sexuels, auxquels il leur est difficile de résister.

Le cas de Richard Wagner est typique. Gémeaux, il l'est par le Soleil, mais il n'a pu être possible de préciser si l'Ascendant se situe à la fin du Taureau ou en Gémeaux. Les valeurs Taureau sont de toute façon importantes, par la présence de Vénus, qui a joué aussi bien affectivement que dans la création musicale.

C'est un tout autre personnage que nous révèle le thème de Georges Marchais. Ce Gémeaux malicieux et retors, ne pouvant renier sa souche paysanne normande, est solidement campé sur un fond Taureau, et les deux signes ont collaboré pour l'élever au premier plan de la scène politique, le Taureau et son magnétisme ayant permis d'estomper les imprudences que sa nature Gémeaux l'entraîne à multiplier.

Gémeaux Ascendant Gémeaux

C'est le cas de tous les Gémeaux qui sont nés au lever du Soleil. Cette « géminitude » poussée au maximum fait donc d'eux l'incarnation parfaite de ce type zodiacal, renforcée encore si Mercure et la Lune se trouvent dans ce signe.

Comment établir le portrait du double Gémeaux, sinon en répétant tout ce qui a été dit sur la caractérologie et les tendances générales ? Les traits de caractère, les qualités et défauts, la dualité, la mobilité, la curiosité, tout cela s'intensifie et, à la limite, on pourrait craindre qu'un pareil sujet soit vraiment trop typé et présente même quelque chose d'un peu caricatural.

On pourrait craindre qu'une telle nature présente un excès de fantaisie et de superficialité. Il n'en est rien, car la présence d'une planète donnant, si l'on peut dire, du poids à une personnalité trop aérienne, rétablit un équilibre satisfaisant. C'est le cas du chanteur Alain Souchon : la présence de Saturne à l'Ascendant en fin Gémeaux détermine en lui l'amour du passé et une certaine mélancolie. D'autres cas prouvent qu'il faut se garder de diagnostics trop simplistes, car nous trouvons parmi les « doubles Gémeaux » Pierre Brossolette, héros de la Résistance, et le président Soekarno qui gouverna la Malaisie pendant plusieurs années. Un autre cas tout différent est celui du criminel Yves Monpetit, évadé et repris au début de 1978 : mais on trouve dans son thème des structures agressives qu'il n'a pu sublimer.

Sur le plan de l'apparence corporelle, de la morphologie, il serait intéressant de vérifier si les doubles Gémeaux présentent bien les traits que la Tradition attribue à leur signe : c'est bien là un trait de ce secteur fantaisiste, qui, lorsqu'il est seulement signe solaire, donne à ses natifs une taille plutôt petite, une stature fine et déliée, en bref, une silhouette très mercurienne. Mais en Ascendant, les Gémeaux seraient plutôt de grande taille, l'exemple type étant le célèbre portrait du roi Philippe II d'Espagne. Quoi qu'il en soit, les traits et la corpulence dépendent plus nettement de la planète qui domine le thème, un compromis pouvant s'établir entre la minceur de base des Gémeaux et la plénitude apportée par la présence de la Lune, de Vénus ou de Jupiter près de l'Ascendant Gémeaux, la musculature étant surtout du domaine de Mars.

Le plus bel exemple de Gémeaux Ascendant Gémeaux est sans contredit Henry Kissinger, diplomate célèbre, grand voyageur, homme énergique s'il en fut, grâce à son Mars ascendant.

Gémeaux Ascendant Cancer

L'accord n'est pas des plus aisés entre l'Air, qui se veut libre, et l'Eau, paisible et ensommeillée dans son lit. Mercure, le vagabond à la recherche de contacts nouveaux, n'apprécie pas l'apparition de la Lune, planète des songes, qui régit le Cancer.

Comment réaliser cette vie d'adulte, à laquelle le Gémeaux aspire, si des rêves, des chimères enfantés par la Lune viennent troubler l'esprit clair et lucide du Mercurien ? L'indépendance disparaît, liée par l'attachement cancérien à la cellule familiale, par une sensibilité extrême, et l'énergie, déjà capricieuse avec le côté Gémeaux, risque de s'effilocher en vagues projets. Le goût du risque s'atténue pour faire place à un envahissant désir de sécurité, aussi bien matérielle qu'affective.

Il n'est pas aisé de s'évader de liens que l'on trouve paralysants, mais que l'on chérit quand même. Les décisions sont constamment repoussées, le sujet attend que les choses se règlent d'elles-mêmes. Il ne peut accomplir seul les efforts nécessaires à son évolution. Le Feu fait défaut dans cette combinaison zodiacale trop fluide, et le recours à des appuis extérieurs est souvent indispensable pour se risquer à l'action personnelle.

Il n'est pas rare que l'insatisfaction qui en résulte soit à la base de sérieuses crises intérieures à tendances dépressives.

Gémeaux Ascendant Lion

C'est la deuxième rencontre de l'Air des Gémeaux avec le Feu, la première ayant eu lieu avec le Bélier. Il s'agit donc d'une combinaison dynamique, passionnée même, mais elle s'orne du côté souvent triomphal qu'exprime le Lion. L'art des contacts et de la suggestion verbale joint à l'art inné de se mettre en valeur peut donner des êtres sûrs d'eux-mêmes et du pouvoir qu'ils exercent facilement sur un entourage heureux de les écouter. Du vendeur de haut niveau au politicien prestigieux, la gamme est large de ceux qui savent utiliser la parole avec une telle conviction qu'il n'est guère possible de ne pas se laisser entraîner.

Si persuadé qu'il soit de sa supériorité, un tel sujet ne peut cependant dissimuler la petite dose de fantaisie, voire de gaminerie que lui instille sa base Gémeaux. Ainsi en est-il du prince Philipp, époux d'Elizabeth d'Angleterre, dont on a souvent cité les facéties au cours de ses nombreuses croisières. Mais il se montre aussi Gémeaux dans l'intérêt qu'il porte à l'éducation des jeunes. La simplicité et le côté non conventionnel des Gémeaux font bon ménage avec la respectabilité décorative du Lion.

Le tandem Gémeaux-Lion, si simple soit-il dans son besoin de contacts humains, ne s'abaissera cependant jamais à la fréquentation de gens dont il ne peut admettre la vulgarité ou la bassesse de sentiments. La fierté et la susceptibilité, même si elles restent secrètes, peuvent se manifester par de brusques colères. Le maintien d'un certain prestige restera toujours une exigence rigoureuse. Mais les succès, sentimentaux aussi bien que mondains, ne manquent pas. La vie est généralement agréable, elle s'oriente souvent vers des carrières de prestige telles que les carrières du spectacle, la représentation de grandes firmes, la presse, le barreau. C'est la vedette qui n'a pas l'air de se prendre au sérieux, mais qui sait imposer le respect.

Sincères dans leurs amitiés et leurs affections, les Gémeaux Ascendant Lion savent cependant se dégager de situations difficiles avec beaucoup d'art et de simplicité et ne sont jamais à court d'arguments. Capables de prendre du recul, d'établir des programmes d'action, ils savent ne pas céder aux sollicitations immédiates et leur spontanéité n'est pas totale. Telle est l'action de la secondarité, facteur caractérologique existant chez le Lion, et de sa qualité de signe fixe, capable de stabiliser la mobilité parfois excessive du Gémeaux. L'extrême combativité que l'on trouve dans le thème du général Salan, ex-chef de l'OAS, s'explique par son Mars en Ascendant Lion en aspect avec quatre planètes, configuration guerrière et passionnée.

Gémeaux Ascendant Vierge

Placée sous la double influence de Mercure, cette combinaison est donc tout à la fois intellectuelle et pratique. Cette cérébralisation risque d'être excessive. Si tout est mis sous le contrôle de la rationalité, de la logique, la place disponible pour le sentiment et la passion se trouve bien réduite. Il n'est pas toujours bon de freiner les élans de l'enthousiasme, ou de chercher à se prémunir contre tous les risques.

Le natif possédant cette combinaison peut étouffer sa sensibilité en privilégiant outrancièrement une vision des choses ordonnée, presque mécanique. Mais l'esprit libre des Gémeaux regimbe parfois contre le cadre rigide et un peu artificiel exigé par la Vierge. C'est la lutte entre l'esprit de finesse et l'esprit de système. Sans vouloir minimiser le rôle des nombres dans l'architecture de l'univers, il semble que ce serait une erreur de géométriser à l'excès, de voir les mots et d'ignorer les choses. Dans le cas présent, il serait bon qu'un aspect planétaire vienne donner un peu plus de sang à un ensemble trop axé sur le système nerveux central.

Le thème de Françoise Sagan montre bien la lutte entre la tendance au contrôle exercée par un Moi hyper-mercurien et la puissance d'un Ça freudien engendrant l'anarchie. Conduire pieds nus pour mieux éprouver l'ivresse de la vitesse, risquer sa fortune au jeu pour finalement se soumettre à la raison mercurienne en se faisant volontairement interdire l'entrée dans les casinos, voilà un

Henry Kissinger a parfaitement utilisé les talents de son signe, régi par Mercure : il est l'inventeur de la célèbre « diplomatie à petits pas », et, du temps où il conseillait Nixon, chacun de ses déplacements — considéré comme une subtile manœuvre — était attendu et commenté.

exemple des luttes intérieures qui se produisent lorsqu'une tendance empiète par trop dans l'espace psychique.

Bien qu'ayant la structure inverse, c'est-à-dire Soleil en Vierge et Ascendant Gémeaux, Châteaubriand est un autre exemple de ces tensions.

Gémeaux Ascendant Balance

Une certaine analogie avec la combinaison Gémeaux Ascendant Taureau semble s'exprimer. C'est, en effet, sur le plan planétaire, un accord Mercure-Vénus. Mais une très nette différence surgit d'emblée, car la Balance, signe vénusien, certes, est également un signe d'Air, fondamentalement plus proche des Gémeaux que le Taureau, signe de Terre et de réflexion.

C'est donc surtout le point commun signifié par l'Air qui va caractériser ce type zodiacal. C'est la communication, les échanges, le désir profond de sociabilité, les rapports avec l'Autre. Le problème des relations prime donc tous les autres, aucun de ces deux signes ne pouvant supporter la solitude. Mais il faut aussi tenir compte de l'extrême sensibilité de la Balance : il ne s'agit donc pas de n'importe quels contacts, encore que pour elle un contact difficile vaille mieux que l'absence de contacts. Intervient la liberté, commune à ces deux signes, et qui veut que tout se passe dans une ambiance sans contraintes. Pour y parvenir, le Gémeaux reçoit l'apport vénusien de la Balance, sous la forme d'un accueil ouvert, tolérant, encourageant même. Le sourire devient une vertu, et il n'est pas uniquement un piège, il signifie bonne volonté.

L'intellectualisation Gémeaux se lie volontiers aux goûts très souvent artistiques latents chez la plupart des Balance. Si l'esprit créateur est assez puissant pour entraîner vers une activité où l'art et l'esprit s'allient, il se rencontre souvent des aptitudes pour le spectacle, la danse en particulier, la photographie, la mise en scène, la critique d'art. La compréhension sur le plan humain peut attirer vers la psychologie, mais il faut l'intervention de planètes plus fortes pour en faire une profession.

Georges Marchais, un chef de parti qui a au moins fait l'unanimité sur ses prestations télévisées, élaborées, préparées et animées comme de véritables shows. Il révèle un sens du spectacle, propre aux natifs du signe.

Le charme est tel que les appuis utiles à la réussite se produisent d'eux-mêmes. D'une distinction souvent raffinée et subtile, ces natifs font impression sur les autres, leur compagnie est plaisante, agréable, et leurs interlocuteurs ont l'impression d'être plus intelligents qu'ils ne le croyaient au début de la conversation.

Une tendance parfois romanesque fait considérer l'amour comme une fête du cœur et du corps : le goût d'une ambiance agréable donne le sens du décor qui convient à l'amour. Il advient que tout ne soit pas facile, la constance n'étant pas leur fort, et certaines volte-face imprévisibles ne garantissent pas la pérennité des sentiments les plus beaux en apparence.

On citera la chanteuse Barbara, dont l'hyper-sensibilité est bien connue, et le voyant Belline.

Gémeaux Ascendant Scorpion

Cette combinaison est certainement la plus complexe de toutes celles qui englobent les Gémeaux. Les sujets qui la possèdent sont souvent considérés comme un peu mystérieux et dotés d'un comportement imprévisible.

Le doute et l'inquiétude, fréquents chez les Scorpion, se traduisent dans cette combinaison par un certain recul, une réticence qui diminue fortement la spontanéité inhérente aux Gémeaux. Le caractère plus ferme, plus dur, plus apte à dire « non » alors que le Gémeaux tend à dire « peut-être », a en revanche l'avantage de permettre une très nette concentration mentale, et constitue donc un indiscutable apport de force mentale au Gémeaux. L'esprit très critique à la mode scorpionne se fait plus vif, plus incisif, avec parfois une tendance à l'humour noir que l'entourage n'apprécie pas tellement.

Toujours sur le plan mental, l'analyse se fait plus profonde, plus impitoyable, l'intelligence est portée à la déduction. Le goût plutonien d'aller au fond et même au tréfonds des choses, surtout s'il s'y cache un certain danger, donne à l'esprit une plus vaste dimension, et on ne peut en aucun

Les romans de Catherine Rihoit *(le Bal des débutantes, Portrait de Gabriel...)* mettent en scène des personnages adolescents, pleins d'un charme acidulé, souvent fuyants, par projection, peut-être, des traits de caractères de leur auteur.

cas accuser ce type de Gémeaux d'être superficiel. Le risque est l'apparition toujours possible d'une tendance obsessionnelle qui accentue l'inquiétude. On peut donc rencontrer le désir de jouer avec le mystère, de chercher les secrets comme un enfant joue à cache-cache. L'envers des choses, représenté par Pluton, le dieu à double face, doit être amené au grand jour, qu'il s'agisse des secrets de notre inconscient, des trésors cachés. Mais, pour cela, il ne faut pas craindre de remuer la boue, sans pour autant céder à l'attrait morbide des bas-fonds. Préoccupé par maints problèmes, dont le plus obsédant est celui de la mort, le sujet s'expose à une angoisse métaphysique permanente, qu'il s'efforce d'apaiser par l'étude de l'ésotérisme et des phénomènes occultes. Le besoin de comprendre devient lui aussi obsessionnel.

La vie affective est le plus souvent difficile, imprégnée d'érotisme. La nervosité ne facilite pas l'épanouissement, surtout lorsque s'y ajoutent des tendances sadomasochistes plus ou moins conscientes. Un contact très primitif et presque animal avec la nature est souvent source d'apaisement et de régénération. La vie du couple ne peut être durable que si le sujet prend conscience de son esprit trop critique, fait preuve d'une grande bonne volonté à l'égard du ou de la partenaire.

L'adaptation sociale n'est pas toujours facile, l'activité peut être marginale. Suivant le niveau et les aptitudes, des ouvertures sont possibles avec la biologie, la psychanalyse, la psychiatrie ; à un niveau différent, les services secrets, la procédure, les organismes de sondage, etc.

Ce natif n'oublie rien, sauf ses projets de vengeance. Il trouvera son équilibre s'il peut exprimer ce qui est en lui par une création personnelle, qu'elle soit littéraire ou artistique, dans une action d'ordre social, la politique pouvant être dangereuse. Sa cérébralité complexe exorcisera ainsi des démons intérieurs.

On citera comme exemples l'écrivain Raymond Radiguet, le dernier roi de Grèce Constantin II, le philosophe allemand Oswald Spengler... et l'auteur de ces lignes.

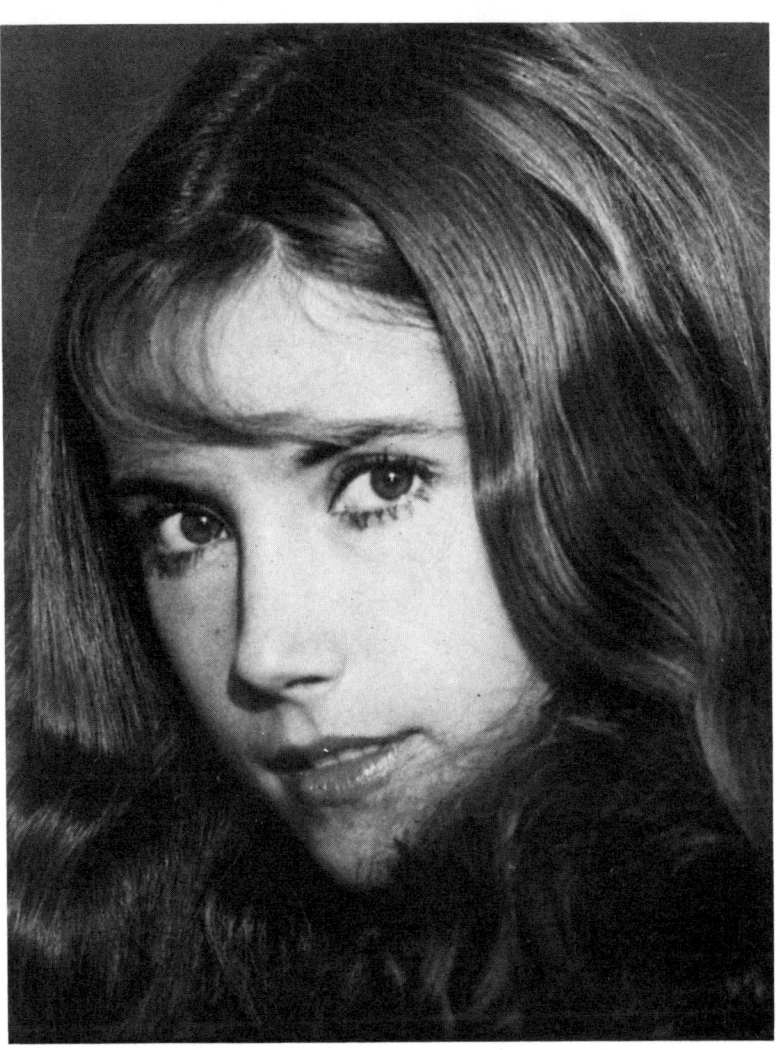

Muriel Cerf, l'écrivain prodige des années 70, a été saluée par la critique dès son premier livre *(le Diable vert)*. Son écriture pleine de verve a la volubilité virtuose des Gémeaux, leur légèreté spirituelle, leur brio un peu désordonné.

Gémeaux Ascendant Sagittaire

Cette opposition entre l'Air des Gémeaux et le Feu du Sagittaire ne risque-t-elle pas de provoquer un embrasement ? Et le Sagittaire, type adulte accompli, ne va-t-il pas étouffer le Gémeaux adolescent ? Il n'en est rien, car celui-ci aspire aisément l'apport de force et de dynamisme émanant du Sagittaire. Il en résulte pour ce type, contradictoire en apparence, une bonne dose d'enthousiasme, multipliant les projets, les initiatives, sans trop se soucier des difficultés. Le plaisir de l'action emporte tout, mais cet enthousiasme manque de consistance et retombe sans que les problèmes aient été résolus. C'est pourquoi la capacité de réflexion géminienne doit absolument précéder le passage à l'acte voulu par le Sagittaire. Ces chutes d'enthousiasme inattendues sont mal acceptées par le natif, qui ne s'en juge pas responsable.

Toutefois, ce type est fortement marqué d'ambivalence, l'une des deux tendances l'emportant alternativement, ce qui est dû à l'aspect d'opposition entre ces deux signes. Tous deux considérés comme mutables, c'est-à-dire enclins au changement et à l'alternance, ils ne peuvent vivre que dans une sorte d'instabilité, qui a au moins le mérite de n'être pas monotone, bien qu'un tel comportement soit en général peu apprécié. Du charme, de la séduction, certes, mais des caprices et des variations bien exaspérantes, avec des remises en cause perpétuelles.

En revanche, une certaine générosité, un esprit plutôt brillant, talonné par le désir de ne pas rester noyé dans la masse, de montrer qu'il n'est pas conformiste, sont là des traits très apparents. L'alliance des Dioscures et de Jupiter se fait en faveur d'une justice égale pour tous. Si l'on peut critiquer un certain esprit de provocation — celui d'un étudiant contestataire qui ne vieillirait pas —, on ne peut lui reprocher aucune tendance à la méchanceté ou à la duperie volontaire. S'il déçoit, c'est parce qu'il se prend lui-même à la flamme de ses illusions. Sa fantaisie, son besoin de surprendre et d'étonner ne manquent pas de séduction. Le Gémeaux Ascendant Sagittaire aime à

Voilà une Annie Cordy qui fait honneur à l'un des talents de son signe : sa faculté de paraître quelqu'un d'autre (ici, un clown) est étonnante.

produire la surprise et l'étonnement, car il se sent rassuré et oublie alors ses propres contradictions, persuadé qu'il est de sa propre importance et anxieux de gagner la confiance des autres. L'intérêt pour la médecine, mais une médecine liée aux connaissances naturelles souvent oubliées, n'est pas rare dans cette configuration. Quant aux voyages et déplacements, ils sont très souvent une note dominante de l'existence.

Un exemple typique se trouve dans le thème de Gérard de Nerval, « le prince d'Aquitaine à la tour abolie », où bien d'autres éléments entrent en jeu, mais où la dualité va jusqu'à la dissociation d'une personnalité envahie par le rêve, parcourant l'Orient à la recherche d'un fantôme.

Gémeaux Ascendant Capricorne

La dualité Gémeaux-Capricorne met en présence une nouvelle fois l'Air et la Terre. La fusion de leurs tendances respectives est beaucoup plus malaisée qu'avec le Taureau, premier signe de Terre mais de nature vénusienne. La nature saturnienne du Capricorne exprime une stabilité un peu pesante, s'extériorisant difficilement, d'une patience à toute épreuve. C'est vraiment l'antithèse de la nature mercurienne, toute de spontanéité et d'expression verbale et gestuelle. Il est donc à craindre que le natif des Gémeaux se trouve contraint de réprimer, sinon de refouler, ses tendances à la liberté en tous domaines et à la mobilité.

C'est un peu, a-t-on pu remarquer, la coexistence entre l'adolescent fantaisiste, voire frondeur, et le vieux sage se référant sans cesse à une expérience déjà ancienne, et craignant le changement. Certes, tout n'est pas négatif, et, dans bien des cas, il faut admettre que le Gémeaux y gagne plus de pondération, plus de concentration intellectuelle s'il y perd en humour et en élan. Les études d'un jeune Gémeaux Ascendant Capricorne se dérouleront régulièrement, avec plus de réflexion, de coordination ; leur objectif final gagnera en précision.

Joséphine Baker, en parfaite représentante de son signe, a su transmettre, par le chant et la danse, ses émotions et ses sentiments généreux.

Dans les meilleurs cas, l'adolescent fera preuve de ténacité, et son travail soutenu lui permettra de se lancer dans des entreprises de longue haleine quel que soit le temps nécessaire.

L'aspect concret de l'existence devient prioritaire, la vision des choses est lucide, parfois même assez dure. Le Capricorne apporte son ambition persistante : l'alliance bien équilibrée entre les deux partenaires donne la certitude d'un succès social et professionnel, parfois relativement tardif, atteignant un niveau de sécurité où aucune crise ne sera à redouter. On fait souvent mention d'activité dans les carrières juridiques, la médecine, les sciences, mais le succès peut être ailleurs. Ainsi en témoigne l'irrésistible réussite de Charles Aznavour, très Gémeaux par sa mobilité, son sens du rythme, ses voyages incessants et ses multiples domiciles. Saturne le rend insatisfait et avide, éternellement frustré et pessimiste. Mais il est aussi, par le Capricorne, un homme d'affaires avisé, rusé et prévoyant.

Si l'Ascendant Capricorne se révèle plus puissant que le côté Gémeaux, le sujet risque le surmenage, de brusques problèmes de santé sous forme de troubles respiratoires et rhumatismaux.

De toute façon, la réussite ne doit pas se construire au détriment du côté Gémeaux, qui n'est pas toujours capable de fournir les efforts exigés par le côté Capricorne, et se culpabilise s'il ne se sent pas capable de réaliser la tâche entreprise. Il serait souhaitable que le natif s'accorde toujours la somme de détente et de loisirs variés qui constituent le sel de son existence.

Gémeaux Ascendant Verseau

L'Air sous sa double appartenance à un signe mutable et à un signe fixe se laisse malaisément définir. Libre dans sa spontanéité géminienne, comprimé sous sa forme Verseau, il enregistre les moindres réactions environnantes et les répercute en les transformant à son gré. La cérébralité s'amplifie : le côté Gémeaux y gagne dans la mesure où il aurait trop tendance à évoluer au niveau du quotidien et où, sa vision des choses s'élargissant, il peut s'attaquer à des problèmes plus vastes. Tout en conservant son individualité, à laquelle il tient farouchement, il peut prendre conscience de l'utilité d'un travail collectif.

Quant au côté Verseau, souvent plus nerveux et tendu que le Gémeaux, il peut alors se décrisper, et humaniser sa tendance à voir les choses sous un aspect trop technique, trop idéologique.

Le couple Mercure-Uranus qui gouverne ces deux signes donne une intelligence subtile, aimant les idées peu communes, les nouveautés. Les arguments sont exposés sous une forme paradoxale propre à couper net toute réplique. Les us et coutumes, les traditions sont allégrement bousculés au profit de tout ce qui est surprenant et inattendu. L'allure peut se faire volontiers provocante, mais cela se trouve maintenant dépassé et rien ne peut plus choquer à l'approche des années 90. L'effet de surprise du Verseau a maintenant perdu toute son efficacité à moins d'atteindre un niveau, un paroxysme même, qui ne puisse donner l'impression du déjà vu.

Le Gémeaux Ascendant Verseau donne en définitive l'image d'un être de bonne volonté, fortement intellectualisé, éprouvant le besoin indispensable de dialoguer, multipliant les contacts humains, recherchant les possibilités d'expression de lui-même, de préférence dans un environnement compréhensif. Il évolue avec aisance au milieu des idées, des théories, des programmes, sans pour autant négliger l'application pratique de ce foisonnement d'idées. Il tend à se projeter dans un avenir reconstruit, mieux organisé et même planifié. Il a besoin sans cesse d'inédit pour créer une idée d'un monde nouveau, un peu trop proche peut-être de la science-fiction. Certains trouveront une évasion dans le domaine de la musique, d'autres dans l'enseignement, le journalisme technique. Ils sont aptes à diriger des séminaires, des stages de formation, des groupes de recherche.

A un niveau plus modeste, on trouve des sujets moins aptes à mettre leurs idées personnelles en pratique, mais capables d'occuper des emplois spécialisés, techniques.

Gémeaux Ascendant Poissons

Rien n'est simple dans cette combinaison zodiacale, moins encore qu'avec l'Ascendant Scorpion, autre exemple de l'union difficile de l'Air et de l'Eau.

La logique et le besoin de clarté des Gémeaux se bloquent devant l'extrême irrationalité et la nébulosité des Poissons. Un tel sujet éprouve une grande insécurité sur ce terrain mouvant et s'efforce de trouver une base solide à sa personnalité, recherche chimérique qui a besoin de forts appuis planétaires pour aboutir.

L'Air et l'Eau sont cependant tous deux assez fluctuants au gré des circonstances, mais il faut tenir compte ici des complications dues à Neptune, planète maîtresse des Poissons, astre qui est plus à l'aise dans l'imaginaire et l'évasion que dans le concret, trop terre-à-terre. Mais les Poissons sont soumis à deux maîtres planétaires, le second étant Jupiter, astre beaucoup plus axé sur les réalités et le bon sens que Neptune. Tout dépendra alors de l'étude du thème individuel, qui seul peut montrer le vrai maître du jeu : Jupiter, indice d'épanouissement dans la légalité, ou Neptune, facteur d'idéal souvent peu compatible avec les nécessités quotidiennes.

Il en résultera deux possibilités. Si Neptune domine, ce peut être le cas d'un intellectuel ou d'un artiste, recherchant l'expression subtile et poétique de ses visions intérieures. Si Jupiter domine, ce sera plutôt un être habile, apte à tirer parti des circonstances avec une chance appréciable. L'intuition Poissons s'oriente donc vers deux champs d'action opposés.

L'un des problèmes psychologiques soulevés dans le duo Gémeaux-Poissons est la difficulté que ressent le côté Gémeaux à s'exprimer avec son aisance habituelle, tant il risque de se perdre dans les nuées des Poissons : il éprouve alors la pénible impression d'être contraint au mutisme ou de ne pas posséder la clarté intellectuelle qui caractérise son signe.

A un certain niveau d'évolution, on peut trouver des savants, des psychologues, des astronomes, des diplomates. Le type peu évolué se contentera d'une existence apparemment paisible, livrée à la routine, avec des aspirations assez vagues, se réalisant chaque année dans des vacances qui le feront pénétrer dans un univers différent. Certains animent de petits groupes amicaux centrés sur une communauté de goûts et d'idées, comme l'écologie, l'hindouisme, le naturisme, la macrobiotique.

Chapitre IV

Quelques personnalités nées sous le Signe des Gémeaux

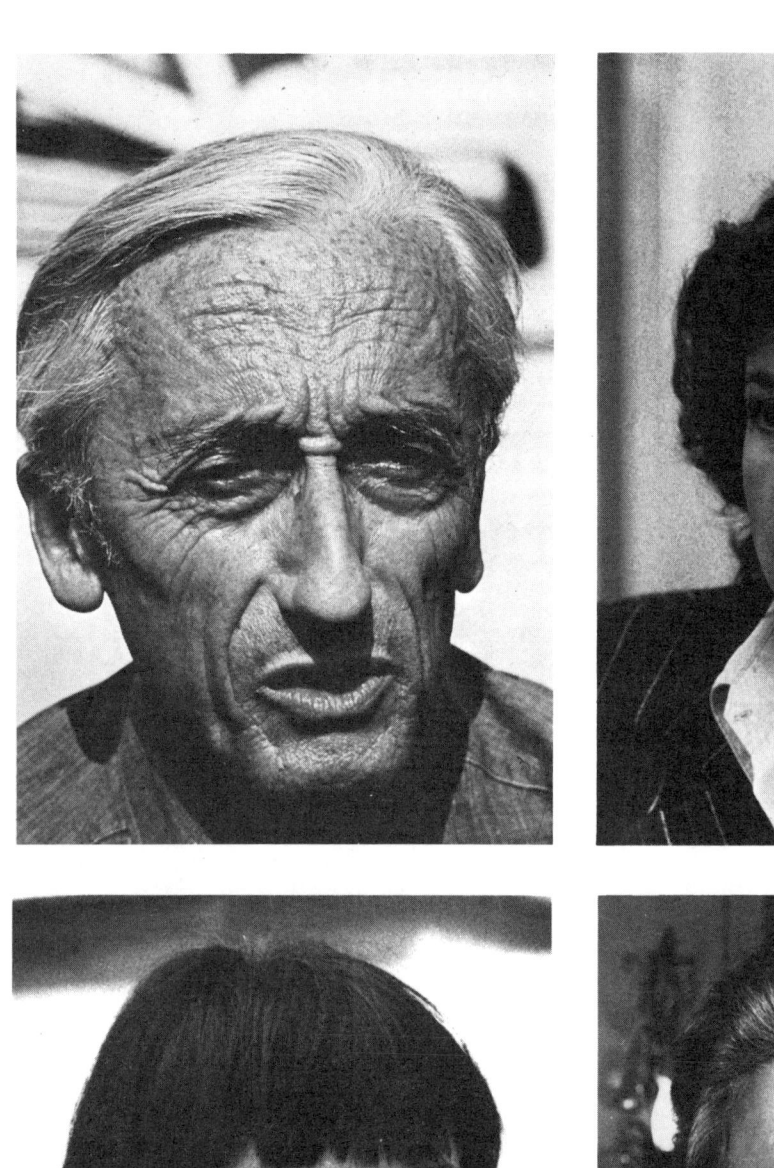

Jacques-Yves Cousteau, Michèle Cotta, Agnès Varda et Alain Resnais : quatre exemples de réussite dans des domaines où la communication, l'échange, les voyages permettent aux Gémeaux de s'épanouir et d'exceller.

Quelques grands noms

Cagliostro

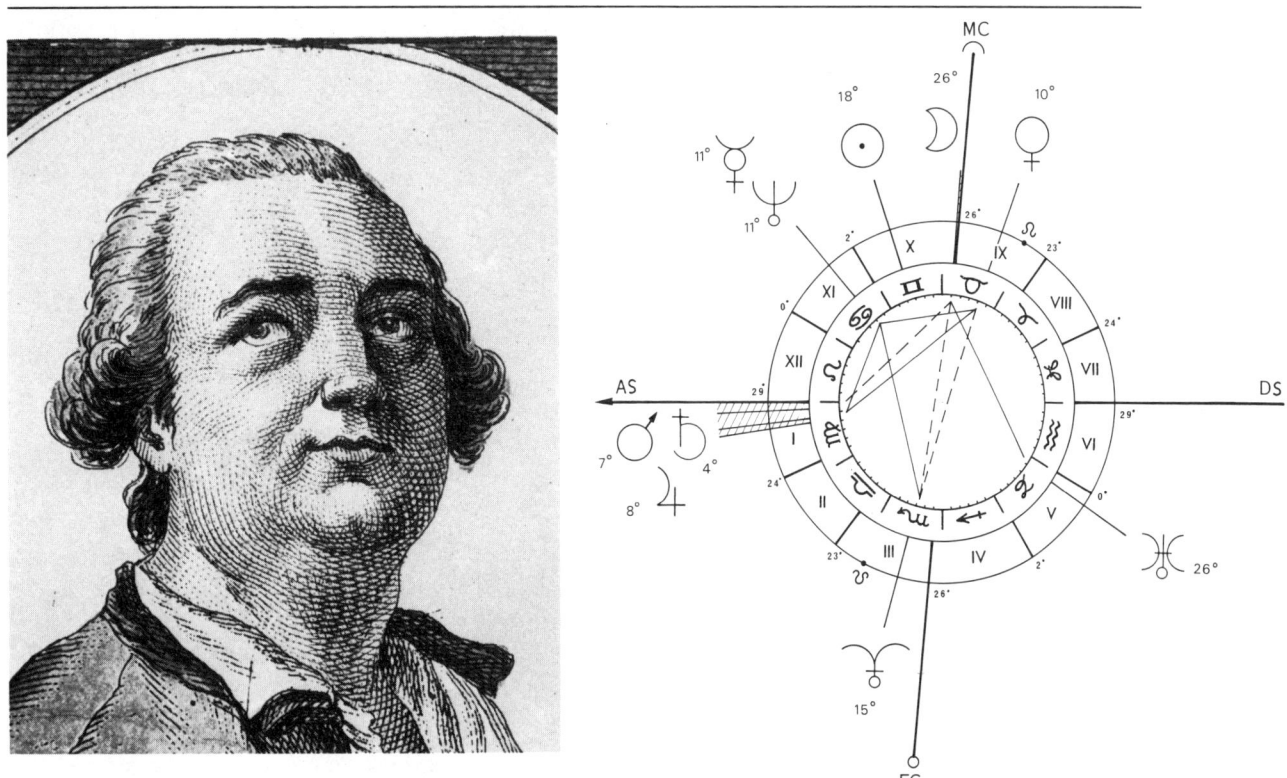

Cagliostro se révéla à l'Europe par ses talents de guérisseur et sa pratique des sciences occultes. Considéré comme un « aventurier », il fut impliqué, en 1786, dans l'affaire du collier, et condamné à mort en Italie pour franc-maçonnerie. La dualité Castor-Pollux des Gémeaux apparaît dans cette personnalité complexe.

Gémeaux Ascendant Vierge.

Son amas en Vierge à l'Ascendant lui donne une forte personnalité, une autorité naturelle, Mercure et Neptune en Cancer lui confèrent une intuition exceptionnelle doublée, comme toujours avec Neptune, d'un certain mystère.
Le trigone Lune-Uranus représente la séduction des foules, une notoriété insolite d'ailleurs, non conformiste. C'est un personnage très fluctuant.
Le problème clé du Gémeaux est son identité. Il est partagé entre deux contradictions : incapable d'être à la fois dans l'émotion et dans l'action. C'est un adolescent, une personnalité multiple, il reste toute une vie sans identité définie. Merveilleux ? Forban ? Astucieux, provocateur, commerçant : plus Pollux que Castor, il s'approprie les caractéristiques du dieu voleur, porteur de savoir. Castor est son double : Cagliostro est mort en prison, victime de sa propre astuce. Parce qu'il n'a pas su trouver son moi, il a mal fini. Il nous en reste une image d'un séducteur de mystère.

Louis-Ferdinand Céline

Gémeaux Ascendant Balance.

Ce Gémeaux Ascendant Balance a Uranus en Scorpion en maison I et un amas de planètes en Maison VIII : comme Sartre, il est marqué par l'épreuve, la mort. Son Uranus en Maison I lui donne une nature non conformiste, provocatrice, révolutionnaire. C'est un grand caractériel et un pessimiste absolu. Il ne fait pas confiance aux hommes (Saturne proche de l'Ascendant au carré de la Lune Noire). C'est un Gémeaux caractéristique : double identité de médecin et d'écrivain. Ses livres, dans lesquels il dénonce la misère, l'injustice, le malheur des pauvres, sont nourris de ce qu'il a connu en tant que médecin. Chez lui, l'écriture sert totalement ses pulsions suicidaires et l'intuition de Mercure conjoint à Neptune lui permet de plonger dans ses cauchemars ou ses rêves comme dans le réel. La Lune Noire en Maison III avec Saturne proche de l'Ascendant lui donne une écriture dépouillée, un peu scalpel.

Enfin, l'opposition Vénus-Saturne dans son thème enlève tout espoir de compensation affective : c'est un homme insatisfait, jamais comblé ; même au moment de sa gloire, il ressent des frustrations existentielles. Il est étonnant de constater que sa « chute » s'est produite au moment des transits de 1944 sur sa Maison VIII : la Maison de la mort, très occupée chez lui.

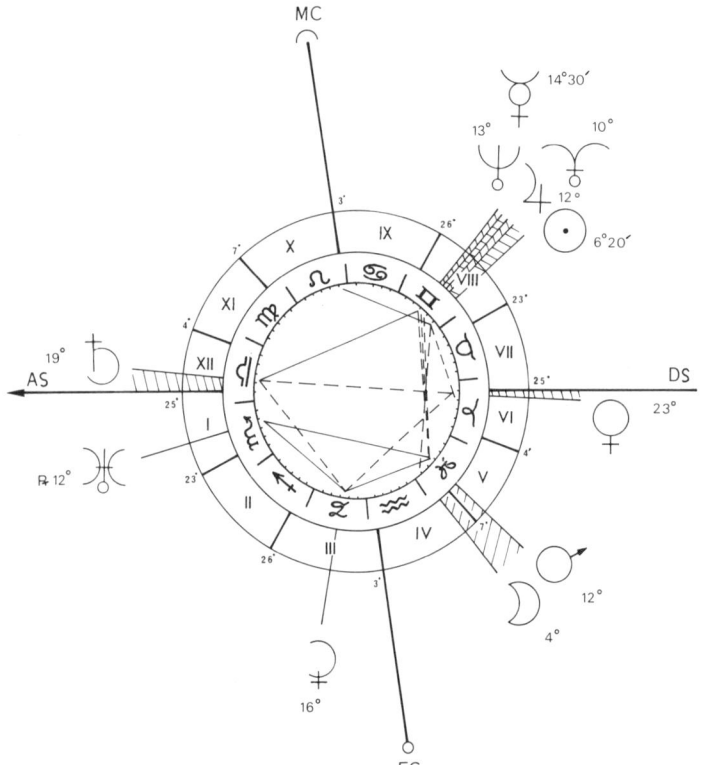 

Céline a été longtemps médecin avant d'écrire. On retrouve là une des caractéristiques du destin géminien (le dédoublement : soit de la personnalité, soit de l'existence). Dans son œuvre, la présence de tournures populaires, d'argot, alliée à un lyrisme prenant, témoigne d'une nature très mercurienne.

Bob Dylan

Gémeaux Ascendant Sagittaire.

Son amas de planètes en Maison VI symbolise une servitude. La trouve-t-on dans sa vie ? Ou dans son œuvre ? Certes, il s'est fait le chantre des minorités opprimées, ce qui est peut-être une manière de vivre cette structure pathologique.

C'est un être fondamentalement instable, mobile, avec des tendances à la folie (carré Mercure-Neptune), hyperdoué mais fragile.

Quelques grands noms

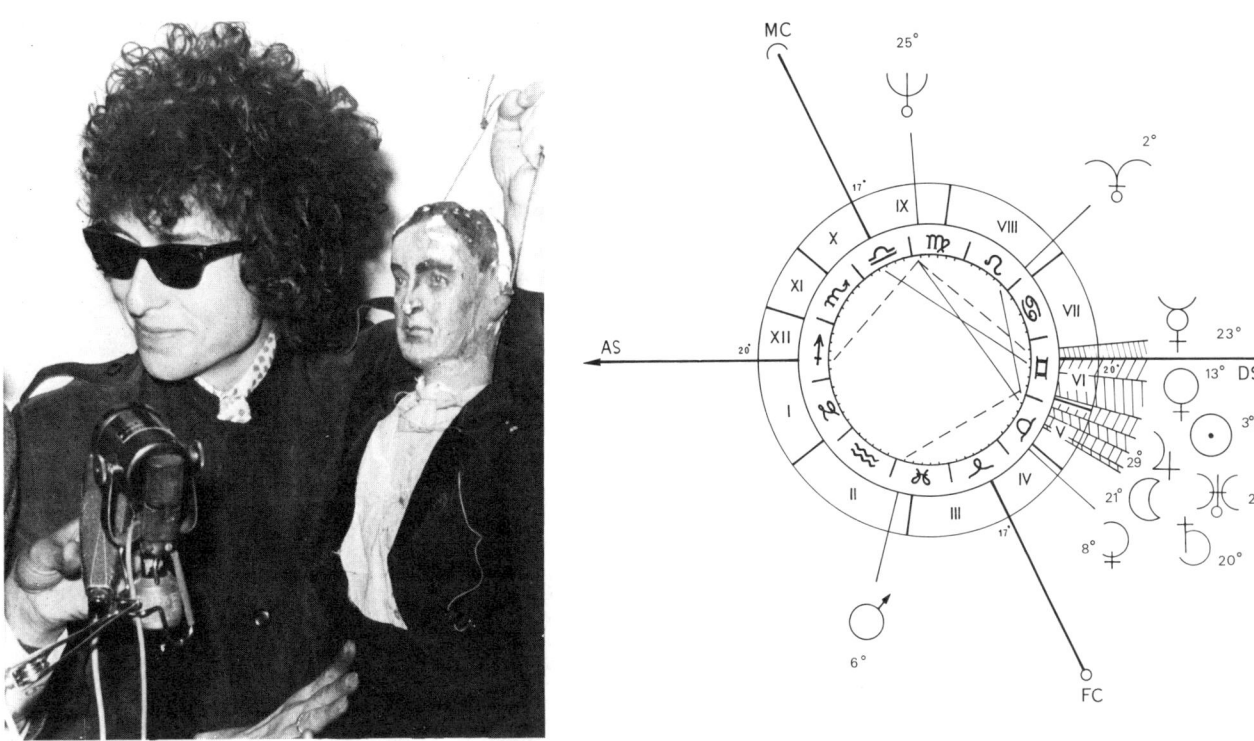

Bob Dylan, tenant une marionnette et ayant l'air de s'en amuser beaucoup, révèle, dans un condensé étonnant, les tendances de son signe : le dédoublement, les lunettes noires qui voilent son identité, une gestuelle très précise visant à distraire l'attention d'autrui.

John Fitzgerald Kennedy

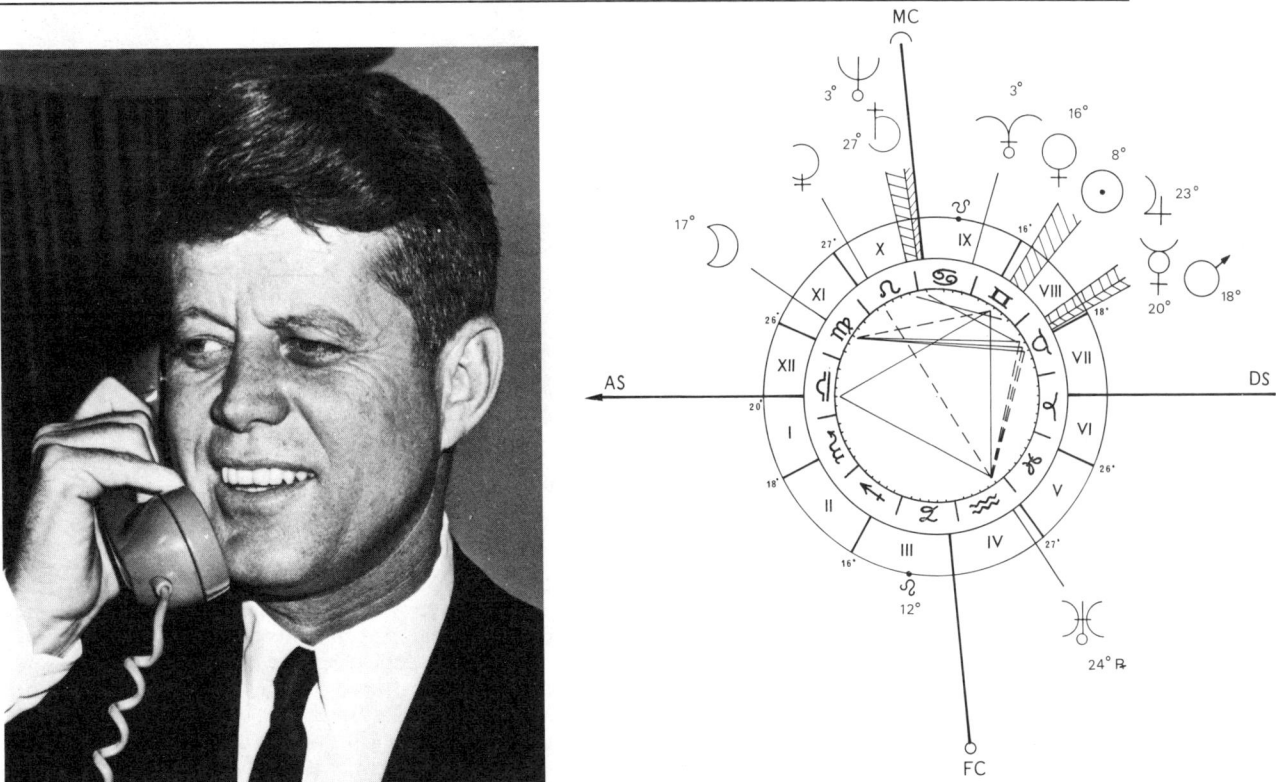

Un Gémeaux au destin bien lourd : Kennedy. Sa nature artiste et hypersensible se fût sans doute mieux accommodée d'une expression musicale ou romanesque.

Le Grand Livre des Gémeaux

Gémeaux Ascendant Balance.

Ce Gémeaux Ascendant Balance a, curieusement, beaucoup plus un thème d'écrivain ou de musicien que d'homme politique. C'était un être sensible, raffiné, extrêmement cultivé, qui aurait fait une brillante percée dans l'art s'il ne s'était pas lancé dans cette carrière d'homme d'État. Il a probablement réalisé le destin que son père voulait pour lui et non le destin pour lequel lui-même était fait.

Son Saturne au Milieu-du-Ciel, conjoint à Neptune, suggère tout de même des responsabilités importantes, pesantes, parfois (Saturne), et une très grande sensibilité à l'inconscient collectif. Il devait représenter pour la foule une sorte de modèle mythique, un idéal à atteindre (Neptune).

Toutes ses planètes sont au-dessus de l'horizon, ce qui donne à penser qu'il a toujours eu des opportunités brillantes.

Sa fin violente est probablement due à son amas de planètes en Maison VIII au carré d'Uranus.

Marilyn Monroe

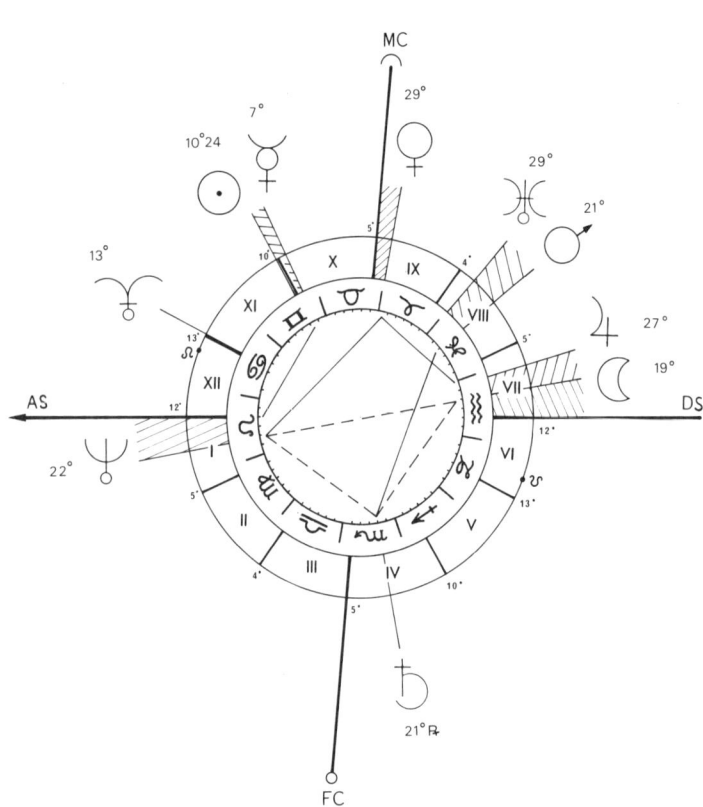

On l'a beaucoup dit : Marilyn Monroe est morte de son problème d'identité, typique des Gémeaux. Entre son image mythique de jeune femme adulée et sa recherche d'un homme maternel qui compense son absence de foyer, elle ne s'est pas retrouvée.

Gémeaux Ascendant Lion.

On retrouve dans son thème, avec netteté, la trace d'une enfance éprouvée, malheureuse. Elle a dû ressentir très fort l'absence de protection avec Saturne en Maison IV en Scorpion. En outre, son besoin de mère a été sans doute totalement frustré.

Vénus au Milieu-du-Ciel est évidemment responsable de son image presque mythique de « sex symbol ». Ajouté au charme, au magnétisme fusionnel de Neptune à l'Ascendant, elle ne pouvait échapper à la projection des hommes, de leurs fantasmes sur elle. Cette Vénus est en Bélier, conquérante, allumeuse, sans doute provocatrice, mais avec une certaine innocence, car elle est spontanée dans ses manifestations, sans perversité. La Lune, conjointe à Jupiter en Maison VII (la Maison du mariage, notamment), dessine le portrait du partenaire qu'elle cherchait : elle a essayé de trouver dans ses partenaires une mère protectrice. Mais cette conjonction Lune-Jupiter se trouve à l'opposition de Neptune et au carré de Saturne, d'où déception et frustration dans sa quête affective.

La Lune Noire est au trigone de sa Vénus, d'où le « complexe de la princesse de Clèves » : recherche inlassable de l'amour-magie, l'amour merveilleux et inaccessible. Impossible, avec cet aspect, de trouver l'homme idéal. Elle n'a d'ailleurs jamais rencontré la protection qu'elle cherchait. En revanche, cet aspect fait d'elle une femme fatale pour les hommes ; ils projettent leur propre psyché féminine sur elle.

Le carré Saturne-Lune n'est pas favorable à la maternité. En outre, c'est difficile, quand on incarne la femme-femme, de devenir une mère. Les Gémeaux ont du mal à s'intégrer à la réalité. Ils n'y arrivent que par les autres, à travers les autres, il leur faut un jumeau qui soit leur « passeur », leur trait d'union avec le réel. Hélas ! Marylin Monroe n'a pas trouvé son passeur. La Maison VI étant le symbole du giron maternel, quand on y a Saturne, on y est toujours malheureux, rejeté, abandonné. Avec son trigone Mars-Saturne, elle a lutté avec beaucoup de courage contre ses tendances dépressives, mais ses pulsions autodestructrices ont eu le dernier mot.

Gérard de Nerval

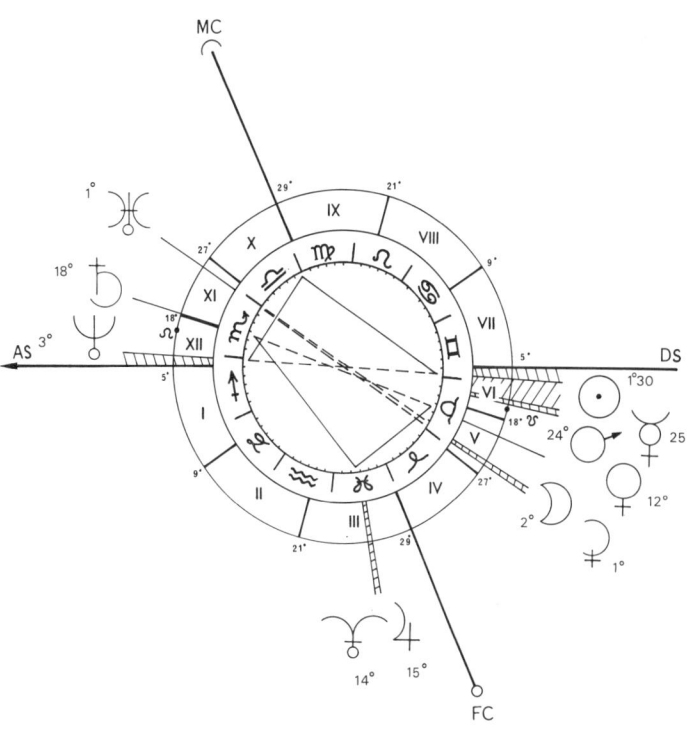

L'œuvre de Gérard de Nerval a été particulièrement célébrée pour son style qui est apparu surréaliste avant l'heure. Il fut le premier à mêler ses délires oniriques à ses contes et à ses poèmes.

Gémeaux Ascendant Sagittaire.

Gémeaux et Sagittaire comme Dylan. C'est un thème de fou génial ou de malade : le Soleil opposé à Neptune en Maison XII donne une fragilité psychique très grande ; la Lune, maîtresse de la Maison VIII, révèle une mère destructrice, non aimante, castratrice. C'était une mère aimée (la Lune se trouvant en Maison V), d'où une sorte de quête pathologique du refus affectif.

Être passionné, mais qui vit avec acuité toutes les frustrations amoureuses et sexuelles avec Mars et Vénus opposés à Saturne.

La Lune conjointe à la Lune Noire, opposées à Uranus, accroît ces frustrations originelles ; il a recherché l'amour inaccessible, impossible à atteindre.

Il y a un vertige du vide chez cet être à la structure si fragile. Grâce à sa conjonction Pluton-Jupiter, il sort de son enfer en le sublimant d'autant plus qu'ils sont maîtres des Maisons XII et I.

Pour un astrologue, il y a dans ce thème la marque d'une destinée tragique.

Padre Pio

Gémeaux Ascendant Balance.

Cette Maison IX très forte appelle à la spiritualité, à une quête mystique. La Lune, Vénus et Saturne en Cancer donnent à penser qu'il y a eu frustration maternelle. C'est un amoureux de la Sainte Vierge plus que de Dieu, vraisemblablement.

La Lune Noire en Maison V, opposée à Mars, signe le refus d'une affectivité « normale », de la sexualité, des conditions épanouissantes de l'existence.
Il y a là une accentuation d'un aspect de sublimation quasi masochiste, à laquelle il a donné une force et une chaleur remarquables grâce à Jupiter sur l'Ascendant.

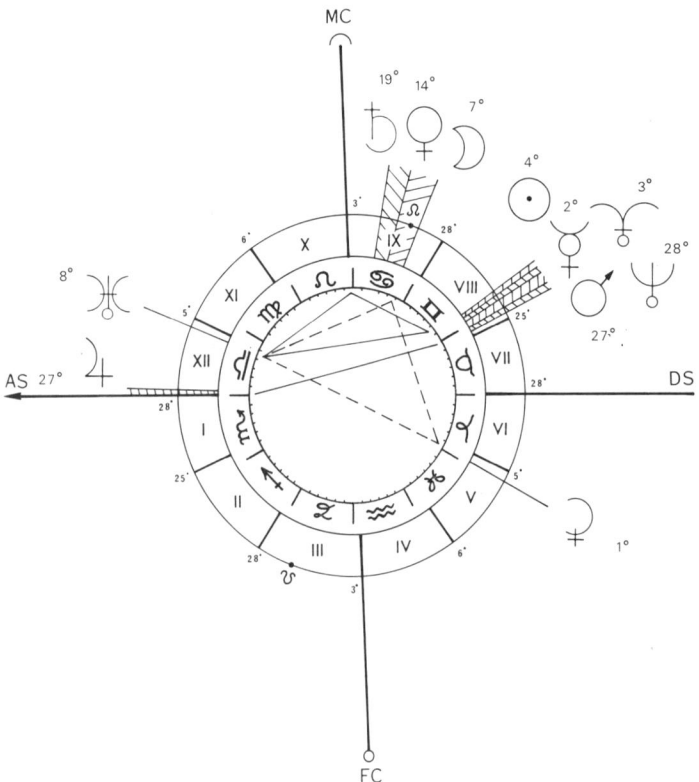

La quête mystique du Padre Pio le conduisait chaque année à revivre, dans sa chair, la passion du Christ, et le sang coulait des stigmates qui marquaient ses mains, ses pieds et son côté gauche. Après sa mort, en 1968, l'Église a ouvert un procès en béatification.

Marquis de Sade

Nous n'avons pas l'heure de naissance de Sade, ce qui interdit toute interprétation approfondie de son ciel natal. Mais il est intéressant de noter que l'inventeur du sadisme appartient au signe des Gémeaux : signe amoral, assez pervers, parfois, dans son art de manipuler autrui en s'en jouant, en s'en moquant : avec sadisme, justement ! Ce court extrait des *Infortunes de la vertu* permettra d'en juger : « Mais nous, Sophie, nous que cette providence barbare dont tu as la folie de faire ton idole, a condamnés à ramper sur la terre comme le serpent dans l'herbe, nous qu'on ne voit qu'avec dédain, parce que nous sommes pauvres, qu'on humilie parce que nous sommes faibles, nous qui ne trouvons enfin sur toute la surface du globe que du fiel et des épines, tu veux que nous nous défendions du crime quand sa main seule nous ouvre la porte de la vie, nous y maintient, nous y conserve, ou nous empêche de la perdre ; tu veux que perpétuellement soumis et humiliés, pendant que cette classe qui nous maîtrise a pour elle toutes les faveurs de la fortune, nous n'ayons pour nous que la peine, que l'abattement et la douleur, que le besoin et que les larmes, que la flétrissure et l'échafaud ! »

Quelques grands noms

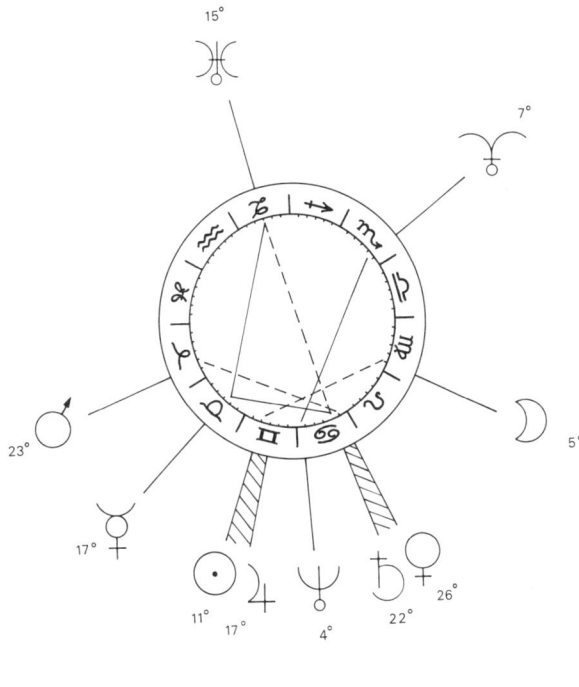

Sade fut emprisonné trente ans de sa vie pour ses actes de débauche et son apologie de la cruauté. (Portrait imaginaire de D.A.F. de Sade, *par Man Ray.*)

Alain Souchon

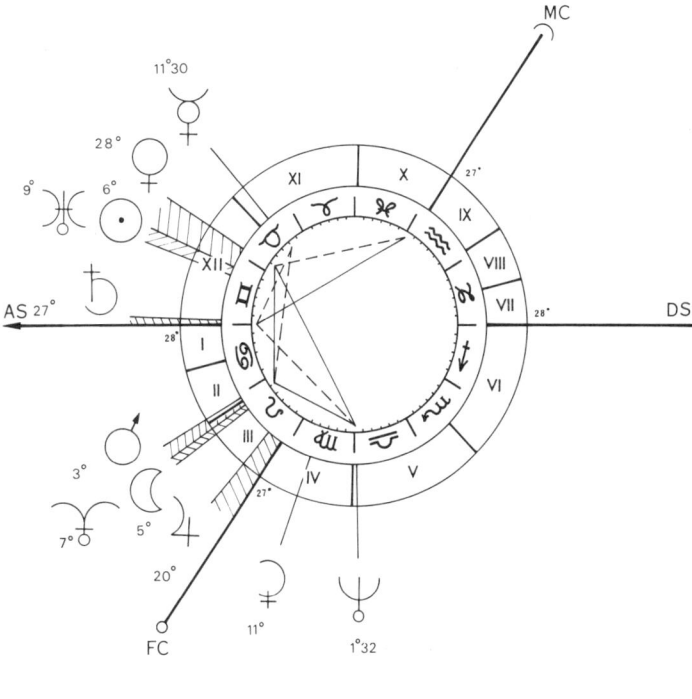

Le refrain d'Alain Souchon, « allô ! maman bobo », est caractéristique du Gémeaux : il évoque un téléphone sans lequel un mercurien ne peut vivre. Mais sa signature planétaire se retrouve dans cette difficulté d'être qu'il exprime avec les mots de sa génération : « Chuis mal en campagne et mal en ville, peut-être un petit peu trop fragile. »

145

Le Grand Livre des Gémeaux

Gémeaux Ascendant Gémeaux.

Ce troubadour fragile dont le mélancolique « allô ! maman bobo » a conquis toute une génération présente une double signature géminienne, puisqu'il est Gémeaux Ascendant Gémeaux, avec une conjonction Vénus-Soleil-Uranus dans le signe. Il aurait pu devenir insaisissable et inconsistant si Saturne n'était venu se poser à l'Ascendant en fin Gémeaux, lui donnant un tempérament mélancolique, dépressif, pessimiste et vulnérable.

Sa Maison III très riche, en Lion, lui confère de grandes facultés de communication et pas seulement dans la chanson : Alain Souchon pourrait écrire pour le cinéma, le théâtre, ou publier des romans, il réussirait dans toutes ces disciplines : il existe en lui une originalité spontanée, un non-conformisme réel. En outre, il dispose d'une palette exceptionnelle de dons grâce à ses planètes en Lion. Sa réussite soudaine est probablement le fait du Soleil et d'Uranus, maître de la Maison X.

Marguerite Yourcenar

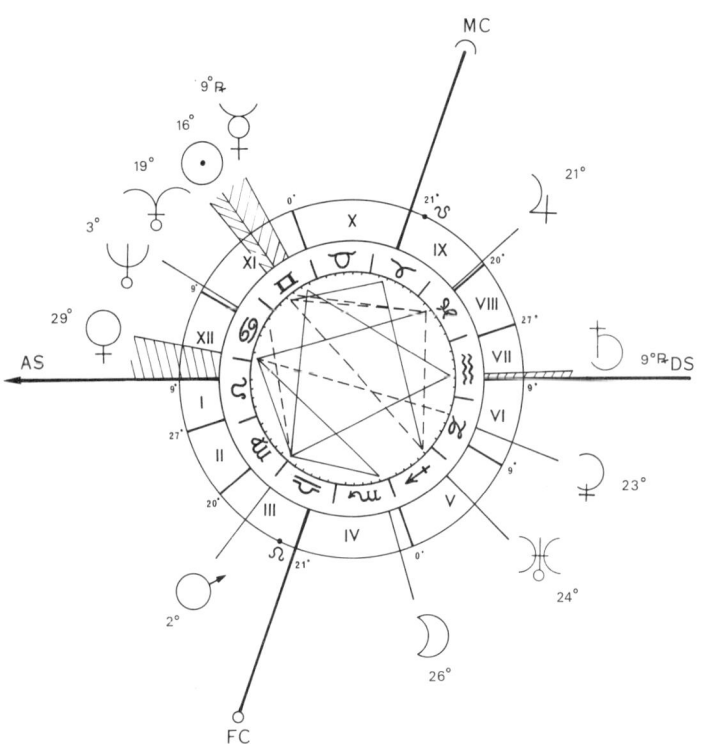 

On trouve exprimée dans l'œuvre de Marguerite Yourcenar la notion de dédoublement à laquelle les Gémeaux échappent rarement : « L'écrivain est le secrétaire de soi-même. Quand j'écris [...] je suis sous ma propre dictée. »

Gémeaux Ascendant Lion.

Structure hyperdouée, multiplicité de dons, parfois éparpillés, pas toujours exploités. Saturne au Descendant en Verseau au trigone de Mercure, au trigone de Mars, représente un pôle fort du thème : vigueur, discipline, austérité s'en dégagent. En plus, cet aspect révèle une certaine universalité de la pensée, grâce au Saturne en Verseau.
Quant au trigone Mercure-Soleil, il fait ressortir la brillante intelligence, la concentration d'esprit, l'efficacité de la pensée de ce grand écrivain. Le Gémeaux est un signe d'écriture, ne l'oublions pas.
Mais Marguerite Yourcenar n'est pas une femme d'imagination. Elle prend appui sur le passé réel :

Chronique des Flandres, Mémoires d'Hadrien, L'Œuvre au noir. Ce sont des livres fondés sur des personnages ou des faits historiques très précis. Avec sa Lune Noire en Capricorne, opposée à Vénus, Marguerite Yourcenar refuse la féminité. Elle-même androgyne, elle ne peut s'intéresser qu'à des personnages dont les valeurs masculines sont dominantes. Exigence, rigueur : la Lune en Scorpion en Maison IV signale la présence d'une mère de mort. Toute identification à la mère signifie pour elle une identification à la mort (Pluton, maître de la Maison XII : l'être aimé est condamné à mort). Mars en Maison III, maître du Milieu-du-Ciel : signature typique de la carrière fondée sur l'écriture, avec, ici, une identification à l'homme. Une grande force émane de cet aspect. Quelque chose de pamphlétaire et d'universaliste : peut-être sa lutte incessante pour l'écologie ? Un esprit assez combattant mais pas d'agressivité vindicative : elle est assez conciliante, grâce à Mars en Balance. Uranus en Maison V en Sagittaire suggère un non-conformisme de l'œuvre.

Sa conjonction Soleil-Pluton prouve qu'elle a rencontré l'angoisse. Une sorte d'énergie motrice que l'écriture a transcendée. Le père ne devait pas être rassurant pour elle. Il y avait une demande implicite formulée par lui, vécue par Marguerite Yourcenar petite fille comme angoissante. Il fallait qu'elle devînt le fils préféré de son père. Elle a sans doute pu répondre à cette demande grâce aux moyens exceptionnels dont elle disposait. Mais ce n'était pas chose facile.

Blaise Pascal : une intelligence adaptable, toute en souplesse, qui fait appel successivement à l'« esprit de géométrie » et à l'« esprit de finesse », pour déchiffrer le monde ou pour convaincre de sa finalité.

Chapitre V

A la recherche de votre « Moi » profond

Sous l'influence de Mercure, planète de la communication et des échanges, le Gémeaux apparaît comme un être spontané, vif, rapide, essentiellement mobile.

Dans quel Signe se trouvaient les Planètes à votre naissance

Comment utiliser les Tables des positions planétaires

Les planètes, le Soleil et la Lune sont des points d'émission énergétiques qui correspondent chacun à une certaine expression de votre personnalité.

Mais ces corps célestes n'agissent pas directement sur nous.

Entre eux et la Terre, le Zodiaque avec ses douze signes différents constitue une sorte de bande abstraite à travers laquelle va s'exercer l'action des astres sur la Terre.

Ainsi la planète Jupiter n'agit-elle pas directement sur vous mais à travers le signe zodiacal dans lequel, vue de la Terre, elle se trouvait au moment de votre naissance.

C'est pourquoi, pour connaître le mode d'action complet de Jupiter sur vous, vous devez rechercher ce signe.

Les Tables de positions planétaires, de 1910 à 1989 vous permettront de trouver d'un seul coup d'œil pour l'année et le jour de votre naissance le signe zodiacal dans lequel se trouvait chacune des huit planètes de Mercure à Pluton.

Vous pouvez reporter ces positions sur la page 3 de votre *Guide psycho-astrologique personnel* (en tiré à part).

Pour la Lune, vous procédez différemment car cet astre se déplace beaucoup plus rapidement que les planètes, si bien qu'il vous faut tenir compte de votre heure de naissance pour connaître son signe zodiacal.

Dans les *Tables des positions planétaires*, vous trouvez la position de la Lune à midi, temps universel de Greenwich, près de Londres.

Comme la Lune parcourt en moyenne 12 degrés zodiacaux par jour, elle reste environ deux jours et demi dans un signe puisque chaque signe compte 30 degrés zodiacaux.

Toutes les deux heures, la Lune parcourt 1 degré zodiacal et c'est en fonction de cela que nous trouverons sa position finale.

Pratiquement, voici comment vous allez opérer :

1) Si les *Tables des positions planétaires* vous indiquent une position de la Lune comprise entre 6 et 23 degrés de n'importe quel signe zodiacal, la Lune est restée toute la journée dans ce signe que vous inscrivez sur votre *Guide psycho-astrologique personnel* ;

2) Si les *Tables* vous indiquent une position 0, 1, 2, 3, 4, 5 ou 24, 25, 26, 27, 28, 29 degrés d'un signe zodiacal, vous devez tenir compte de vos heure et lieu de naissance pour trouver la position réelle de la Lune à ce moment-là. Vous procédez alors comme indiqué à la page 196.

DÉCOUVREZ DANS QUEL SIGNE SE TROUVAIENT LES PLANÈTES À VOTRE NAISSANCE

1910	MERCURE	VÉNUS	MARS	JUPITER	SATURNE	URANUS	NEPTUNE	PLUTON	LUNE*
21 MAI	GÉMEAUX	BÉLIER	CANCER	BALANCE	TAUREAU	CAPRICORNE	CANCER	GÉMEAUX	29 BALANCE
22 MAI	GÉMEAUX	BÉLIER	CANCER	BALANCE	TAUREAU	CAPRICORNE	CANCER	GÉMEAUX	11 SCORPION
23 MAI	GÉMEAUX	BÉLIER	CANCER	BALANCE	TAUREAU	CAPRICORNE	CANCER	GÉMEAUX	23 SCORPION
24 MAI	GÉMEAUX	BÉLIER	CANCER	BALANCE	TAUREAU	CAPRICORNE	CANCER	GÉMEAUX	5 SAGITTAIRE
25 MAI	GÉMEAUX	BÉLIER	CANCER	BALANCE	TAUREAU	CAPRICORNE	CANCER	GÉMEAUX	17 SAGITTAIRE
26 MAI	GÉMEAUX	BÉLIER	CANCER	BALANCE	TAUREAU	CAPRICORNE	CANCER	GÉMEAUX	29 SAGITTAIRE
27 MAI	GÉMEAUX	BÉLIER	CANCER	BALANCE	TAUREAU	CAPRICORNE	CANCER	GÉMEAUX	12 CAPRICORNE
28 MAI	GÉMEAUX	BÉLIER	CANCER	BALANCE	TAUREAU	CAPRICORNE	CANCER	GÉMEAUX	24 CAPRICORNE
29 MAI	GÉMEAUX	BÉLIER	CANCER	BALANCE	TAUREAU	CAPRICORNE	CANCER	GÉMEAUX	7 VERSEAU
30 MAI	GÉMEAUX	BÉLIER	CANCER	BALANCE	TAUREAU	CAPRICORNE	CANCER	GÉMEAUX	20 VERSEAU
31 MAI	GÉMEAUX	BÉLIER	CANCER	BALANCE	TAUREAU	CAPRICORNE	CANCER	GÉMEAUX	3 POISSONS
1 JUIN	GÉMEAUX	BÉLIER	CANCER	BALANCE	TAUREAU	CAPRICORNE	CANCER	GÉMEAUX	17 POISSONS
2 JUIN	TAUREAU	BÉLIER	CANCER	BALANCE	TAUREAU	CAPRICORNE	CANCER	GÉMEAUX	1 BÉLIER
3 JUIN	TAUREAU	BÉLIER	CANCER	BALANCE	TAUREAU	CAPRICORNE	CANCER	GÉMEAUX	15 BÉLIER
4 JUIN	TAUREAU	TAUREAU	CANCER	BALANCE	TAUREAU	CAPRICORNE	CANCER	GÉMEAUX	0 TAUREAU
5 JUIN	TAUREAU	TAUREAU	CANCER	BALANCE	TAUREAU	CAPRICORNE	CANCER	GÉMEAUX	15 TAUREAU
6 JUIN	TAUREAU	TAUREAU	CANCER	BALANCE	TAUREAU	CAPRICORNE	CANCER	GÉMEAUX	0 GÉMEAUX
7 JUIN	TAUREAU	TAUREAU	CANCER	BALANCE	TAUREAU	CAPRICORNE	CANCER	GÉMEAUX	15 GÉMEAUX
8 JUIN	TAUREAU	TAUREAU	CANCER	BALANCE	TAUREAU	CAPRICORNE	CANCER	GÉMEAUX	0 CANCER
9 JUIN	TAUREAU	TAUREAU	CANCER	BALANCE	TAUREAU	CAPRICORNE	CANCER	GÉMEAUX	14 CANCER
10 JUIN	TAUREAU	TAUREAU	CANCER	BALANCE	TAUREAU	CAPRICORNE	CANCER	GÉMEAUX	28 CANCER
11 JUIN	TAUREAU	TAUREAU	CANCER	BALANCE	TAUREAU	CAPRICORNE	CANCER	GÉMEAUX	12 LION
12 JUIN	GÉMEAUX	TAUREAU	CANCER	BALANCE	TAUREAU	CAPRICORNE	CANCER	GÉMEAUX	25 LION
13 JUIN	GÉMEAUX	TAUREAU	CANCER	BALANCE	TAUREAU	CAPRICORNE	CANCER	GÉMEAUX	8 VIERGE
14 JUIN	GÉMEAUX	TAUREAU	CANCER	BALANCE	TAUREAU	CAPRICORNE	CANCER	GÉMEAUX	20 VIERGE
15 JUIN	GÉMEAUX	TAUREAU	CANCER	BALANCE	TAUREAU	CAPRICORNE	CANCER	GÉMEAUX	2 BALANCE
16 JUIN	GÉMEAUX	TAUREAU	CANCER	BALANCE	TAUREAU	CAPRICORNE	CANCER	GÉMEAUX	14 BALANCE
17 JUIN	GÉMEAUX	TAUREAU	CANCER	BALANCE	TAUREAU	CAPRICORNE	CANCER	GÉMEAUX	26 BALANCE
18 JUIN	GÉMEAUX	TAUREAU	CANCER	BALANCE	TAUREAU	CAPRICORNE	CANCER	GÉMEAUX	8 SCORPION
19 JUIN	GÉMEAUX	TAUREAU	LION	BALANCE	TAUREAU	CAPRICORNE	CANCER	GÉMEAUX	20 SCORPION
20 JUIN	GÉMEAUX	TAUREAU	LION	BALANCE	TAUREAU	CAPRICORNE	CANCER	GÉMEAUX	2 SAGITTAIRE
21 JUIN	GÉMEAUX	TAUREAU	LION	BALANCE	TAUREAU	CAPRICORNE	CANCER	GÉMEAUX	14 SAGITTAIRE
22 JUIN	GÉMEAUX	TAUREAU	LION	BALANCE	TAUREAU	CAPRICORNE	CANCER	TAUREAU	26 SAGITTAIRE

LE SOLEIL ENTRE DANS LE SIGNE DES GÉMEAUX LE 21 MAI 1910 A 23 h 30
LE SOLEIL QUITTE LE SIGNE DES LE 22 JUIN A 7 h 50

* LES CHIFFRES INDIQUENT LES DEGRÉS

1911	MERCURE	VÉNUS	MARS	JUPITER	SATURNE	URANUS	NEPTUNE	PLUTON	LUNE*
22 MAI	TAUREAU	CANCER	POISSONS	SCORPION	TAUREAU	CAPRICORNE	CANCER	GÉMEAUX	13 POISSONS
23 MAI	TAUREAU	CANCER	POISSONS	SCORPION	TAUREAU	CAPRICORNE	CANCER	GÉMEAUX	26 POISSONS
24 MAI	TAUREAU	CANCER	POISSONS	SCORPION	TAUREAU	CAPRICORNE	CANCER	GÉMEAUX	10 BÉLIER
25 MAI	TAUREAU	CANCER	POISSONS	SCORPION	TAUREAU	CAPRICORNE	CANCER	GÉMEAUX	24 BÉLIER
26 MAI	TAUREAU	CANCER	POISSONS	SCORPION	TAUREAU	CAPRICORNE	CANCER	GÉMEAUX	9 TAUREAU
27 MAI	TAUREAU	CANCER	POISSONS	SCORPION	TAUREAU	CAPRICORNE	CANCER	GÉMEAUX	24 TAUREAU
28 MAI	TAUREAU	CANCER	POISSONS	SCORPION	TAUREAU	CAPRICORNE	CANCER	GÉMEAUX	9 GÉMEAUX
29 MAI	TAUREAU	CANCER	POISSONS	SCORPION	TAUREAU	CAPRICORNE	CANCER	GÉMEAUX	24 GÉMEAUX
30 MAI	TAUREAU	CANCER	POISSONS	SCORPION	TAUREAU	CAPRICORNE	CANCER	GÉMEAUX	9 CANCER
31 MAI	TAUREAU	CANCER	POISSONS	SCORPION	TAUREAU	CAPRICORNE	CANCER	GÉMEAUX	24 CANCER
1 JUIN	TAUREAU	CANCER	POISSONS	SCORPION	TAUREAU	CAPRICORNE	CANCER	GÉMEAUX	9 LION
2 JUIN	TAUREAU	CANCER	POISSONS	SCORPION	TAUREAU	CAPRICORNE	CANCER	GÉMEAUX	23 LION
3 JUIN	TAUREAU	CANCER	BÉLIER	SCORPION	TAUREAU	CAPRICORNE	CANCER	GÉMEAUX	6 VIERGE
4 JUIN	TAUREAU	CANCER	BÉLIER	SCORPION	TAUREAU	CAPRICORNE	CANCER	GÉMEAUX	19 VIERGE
5 JUIN	TAUREAU	CANCER	BÉLIER	SCORPION	TAUREAU	CAPRICORNE	CANCER	GÉMEAUX	2 BALANCE
6 JUIN	TAUREAU	CANCER	BÉLIER	SCORPION	TAUREAU	CAPRICORNE	CANCER	GÉMEAUX	15 BALANCE
7 JUIN	TAUREAU	CANCER	BÉLIER	SCORPION	TAUREAU	CAPRICORNE	CANCER	GÉMEAUX	27 BALANCE
8 JUIN	TAUREAU	CANCER	BÉLIER	SCORPION	TAUREAU	CAPRICORNE	CANCER	GÉMEAUX	9 SCORPION
9 JUIN	TAUREAU	LION	BÉLIER	SCORPION	TAUREAU	CAPRICORNE	CANCER	GÉMEAUX	21 SCORPION
10 JUIN	TAUREAU	LION	BÉLIER	SCORPION	TAUREAU	CAPRICORNE	CANCER	GÉMEAUX	3 SAGITTAIRE
11 JUIN	TAUREAU	LION	BÉLIER	SCORPION	TAUREAU	CAPRICORNE	CANCER	GÉMEAUX	15 SAGITTAIRE
12 JUIN	TAUREAU	LION	BÉLIER	SCORPION	TAUREAU	CAPRICORNE	CANCER	GÉMEAUX	26 SAGITTAIRE
13 JUIN	GÉMEAUX	LION	BÉLIER	SCORPION	TAUREAU	CAPRICORNE	CANCER	GÉMEAUX	8 CAPRICORNE
14 JUIN	GÉMEAUX	LION	BÉLIER	SCORPION	TAUREAU	CAPRICORNE	CANCER	GÉMEAUX	20 CAPRICORNE
15 JUIN	GÉMEAUX	LION	BÉLIER	SCORPION	TAUREAU	CAPRICORNE	CANCER	GÉMEAUX	2 VERSEAU
16 JUIN	GÉMEAUX	LION	BÉLIER	SCORPION	TAUREAU	CAPRICORNE	CANCER	GÉMEAUX	14 VERSEAU
17 JUIN	GÉMEAUX	LION	BÉLIER	SCORPION	TAUREAU	CAPRICORNE	CANCER	GÉMEAUX	27 VERSEAU
18 JUIN	GÉMEAUX	LION	BÉLIER	SCORPION	TAUREAU	CAPRICORNE	CANCER	GÉMEAUX	9 POISSONS
19 JUIN	GÉMEAUX	LION	BÉLIER	SCORPION	TAUREAU	CAPRICORNE	CANCER	GÉMEAUX	22 POISSONS
20 JUIN	GÉMEAUX	LION	BÉLIER	SCORPION	TAUREAU	CAPRICORNE	CANCER	GÉMEAUX	5 BÉLIER
21 JUIN	GÉMEAUX	LION	BÉLIER	SCORPION	TAUREAU	CAPRICORNE	CANCER	GÉMEAUX	19 BÉLIER
22 JUIN	GÉMEAUX	LION	BÉLIER	SCORPION	TAUREAU	CAPRICORNE	CANCER	GÉMEAUX	3 TAUREAU

LE SOLEIL ENTRE DANS LE SIGNE DES GÉMEAUX LE 22 MAI 1911 A 5 h 20
LE SOLEIL QUITTE LE SIGNE DES LE 22 JUIN A 13 h 30

* LES CHIFFRES INDIQUENT LES DEGRÉS

DÉCOUVREZ DANS QUEL SIGNE SE TROUVAIENT LES PLANÈTES À VOTRE NAISSANCE

1912	MERCURE	VÉNUS	MARS	JUPITER	SATURNE	URANUS	NEPTUNE	PLUTON	LUNE*
21 MAI	TAUREAU	TAUREAU	CANCER	SAGITTAIRE	TAUREAU	VERSEAU	CANCER	GÉMEAUX	2 LION
22 MAI	TAUREAU	TAUREAU	CANCER	SAGITTAIRE	TAUREAU	VERSEAU	CANCER	GÉMEAUX	16 LION
23 MAI	TAUREAU	TAUREAU	CANCER	SAGITTAIRE	TAUREAU	VERSEAU	CANCER	GÉMEAUX	0 VIERGE
24 MAI	TAUREAU	TAUREAU	CANCER	SAGITTAIRE	TAUREAU	VERSEAU	CANCER	GÉMEAUX	14 VIERGE
25 MAI	TAUREAU	TAUREAU	CANCER	SAGITTAIRE	TAUREAU	VERSEAU	CANCER	GÉMEAUX	28 VIERGE
26 MAI	TAUREAU	TAUREAU	CANCER	SAGITTAIRE	TAUREAU	VERSEAU	CANCER	GÉMEAUX	11 BALANCE
27 MAI	TAUREAU	TAUREAU	CANCER	SAGITTAIRE	TAUREAU	VERSEAU	CANCER	GÉMEAUX	24 BALANCE
28 MAI	TAUREAU	TAUREAU	LION	SAGITTAIRE	TAUREAU	VERSEAU	CANCER	GÉMEAUX	7 SCORPION
29 MAI	TAUREAU	TAUREAU	LION	SAGITTAIRE	TAUREAU	VERSEAU	CANCER	GÉMEAUX	20 SCORPION
30 MAI	TAUREAU	TAUREAU	LION	SAGITTAIRE	TAUREAU	VERSEAU	CANCER	GÉMEAUX	3 SAGITTAIRE
31 MAI	TAUREAU	TAUREAU	LION	SAGITTAIRE	TAUREAU	VERSEAU	CANCER	GÉMEAUX	15 SAGITTAIRE
1 JUIN	TAUREAU	GÉMEAUX	LION	SAGITTAIRE	TAUREAU	VERSEAU	CANCER	GÉMEAUX	27 SAGITTAIRE
2 JUIN	TAUREAU	GÉMEAUX	LION	SAGITTAIRE	TAUREAU	VERSEAU	CANCER	GÉMEAUX	10 CAPRICORNE
3 JUIN	TAUREAU	GÉMEAUX	LION	SAGITTAIRE	TAUREAU	VERSEAU	CANCER	GÉMEAUX	21 CAPRICORNE
4 JUIN	TAUREAU	GÉMEAUX	LION	SAGITTAIRE	TAUREAU	VERSEAU	CANCER	GÉMEAUX	3 VERSEAU
5 JUIN	GÉMEAUX	GÉMEAUX	LION	SAGITTAIRE	TAUREAU	VERSEAU	CANCER	GÉMEAUX	15 VERSEAU
6 JUIN	GÉMEAUX	GÉMEAUX	LION	SAGITTAIRE	TAUREAU	VERSEAU	CANCER	GÉMEAUX	27 VERSEAU
7 JUIN	GÉMEAUX	GÉMEAUX	LION	SAGITTAIRE	TAUREAU	VERSEAU	CANCER	GÉMEAUX	9 POISSONS
8 JUIN	GÉMEAUX	GÉMEAUX	LION	SAGITTAIRE	TAUREAU	VERSEAU	CANCER	GÉMEAUX	21 POISSONS
9 JUIN	GÉMEAUX	GÉMEAUX	LION	SAGITTAIRE	TAUREAU	VERSEAU	CANCER	GÉMEAUX	4 BÉLIER
10 JUIN	GÉMEAUX	GÉMEAUX	LION	SAGITTAIRE	TAUREAU	VERSEAU	CANCER	GÉMEAUX	17 BÉLIER
11 JUIN	GÉMEAUX	GÉMEAUX	LION	SAGITTAIRE	TAUREAU	VERSEAU	CANCER	GÉMEAUX	0 TAUREAU
12 JUIN	GÉMEAUX	GÉMEAUX	LION	SAGITTAIRE	TAUREAU	VERSEAU	CANCER	GÉMEAUX	13 TAUREAU
13 JUIN	GÉMEAUX	GÉMEAUX	LION	SAGITTAIRE	TAUREAU	VERSEAU	CANCER	GÉMEAUX	28 TAUREAU
14 JUIN	GÉMEAUX	GÉMEAUX	LION	SAGITTAIRE	TAUREAU	VERSEAU	CANCER	GÉMEAUX	12 GÉMEAUX
15 JUIN	GÉMEAUX	GÉMEAUX	LION	SAGITTAIRE	TAUREAU	VERSEAU	CANCER	GÉMEAUX	27 GÉMEAUX
16 JUIN	GÉMEAUX	GÉMEAUX	LION	SAGITTAIRE	TAUREAU	VERSEAU	CANCER	GÉMEAUX	12 CANCER
17 JUIN	GÉMEAUX	GÉMEAUX	LION	SAGITTAIRE	TAUREAU	VERSEAU	CANCER	GÉMEAUX	27 CANCER
18 JUIN	GÉMEAUX	GÉMEAUX	LION	SAGITTAIRE	TAUREAU	VERSEAU	CANCER	GÉMEAUX	12 LION
19 JUIN	CANCER	GÉMEAUX	LION	SAGITTAIRE	TAUREAU	VERSEAU	CANCER	GÉMEAUX	27 LION
20 JUIN	CANCER	GÉMEAUX	LION	SAGITTAIRE	TAUREAU	VERSEAU	CANCER	GÉMEAUX	11 VIERGE
21 JUIN	CANCER	GÉMEAUX	LION	SAGITTAIRE	TAUREAU	VERSEAU	CANCER	GÉMEAUX	25 VIERGE

LE SOLEIL ENTRE DANS LE SIGNE DES GÉMEAUX LE 21 MAI 1912 A 11 h 00
QUITTE LE SIGNE DES LE 21 JUIN A 20 h 30

* LES CHIFFRES INDIQUENT LES DEGRÉS

1913	MERCURE	VÉNUS	MARS	JUPITER	SATURNE	URANUS	NEPTUNE	PLUTON	LUNE*
21 MAI	TAUREAU	BÉLIER	BÉLIER	CAPRICORNE	GÉMEAUX	VERSEAU	CANCER	GÉMEAUX	15 SAGITTAIRE
22 MAI	TAUREAU	BÉLIER	BÉLIER	CAPRICORNE	GÉMEAUX	VERSEAU	CANCER	GÉMEAUX	28 SAGITTAIRE
23 MAI	TAUREAU	BÉLIER	BÉLIER	CAPRICORNE	GÉMEAUX	VERSEAU	CANCER	GÉMEAUX	11 CAPRICORNE
24 MAI	TAUREAU	BÉLIER	BÉLIER	CAPRICORNE	GÉMEAUX	VERSEAU	CANCER	GÉMEAUX	23 CAPRICORNE
25 MAI	TAUREAU	BÉLIER	BÉLIER	CAPRICORNE	GÉMEAUX	VERSEAU	CANCER	GÉMEAUX	6 VERSEAU
26 MAI	TAUREAU	BÉLIER	BÉLIER	CAPRICORNE	GÉMEAUX	VERSEAU	CANCER	GÉMEAUX	18 VERSEAU
27 MAI	TAUREAU	BÉLIER	BÉLIER	CAPRICORNE	GÉMEAUX	VERSEAU	CANCER	GÉMEAUX	0 POISSONS
28 MAI	GÉMEAUX	BÉLIER	BÉLIER	CAPRICORNE	GÉMEAUX	VERSEAU	CANCER	GÉMEAUX	12 POISSONS
29 MAI	GÉMEAUX	BÉLIER	BÉLIER	CAPRICORNE	GÉMEAUX	VERSEAU	CANCER	GÉMEAUX	23 POISSONS
30 MAI	GÉMEAUX	BÉLIER	BÉLIER	CAPRICORNE	GÉMEAUX	VERSEAU	CANCER	GÉMEAUX	5 BÉLIER
31 MAI	GÉMEAUX	TAUREAU	BÉLIER	CAPRICORNE	GÉMEAUX	VERSEAU	CANCER	GÉMEAUX	17 BÉLIER
1 JUIN	GÉMEAUX	TAUREAU	BÉLIER	CAPRICORNE	GÉMEAUX	VERSEAU	CANCER	GÉMEAUX	0 TAUREAU
2 JUIN	GÉMEAUX	TAUREAU	BÉLIER	CAPRICORNE	GÉMEAUX	VERSEAU	CANCER	GÉMEAUX	12 TAUREAU
3 JUIN	GÉMEAUX	TAUREAU	BÉLIER	CAPRICORNE	GÉMEAUX	VERSEAU	CANCER	GÉMEAUX	25 TAUREAU
4 JUIN	GÉMEAUX	TAUREAU	BÉLIER	CAPRICORNE	GÉMEAUX	VERSEAU	CANCER	GÉMEAUX	9 GÉMEAUX
5 JUIN	GÉMEAUX	TAUREAU	BÉLIER	CAPRICORNE	GÉMEAUX	VERSEAU	CANCER	GÉMEAUX	22 GÉMEAUX
6 JUIN	GÉMEAUX	TAUREAU	BÉLIER	CAPRICORNE	GÉMEAUX	VERSEAU	CANCER	GÉMEAUX	6 CANCER
7 JUIN	GÉMEAUX	TAUREAU	BÉLIER	CAPRICORNE	GÉMEAUX	VERSEAU	CANCER	GÉMEAUX	20 CANCER
8 JUIN	GÉMEAUX	TAUREAU	BÉLIER	CAPRICORNE	GÉMEAUX	VERSEAU	CANCER	GÉMEAUX	4 LION
9 JUIN	GÉMEAUX	TAUREAU	BÉLIER	CAPRICORNE	GÉMEAUX	VERSEAU	CANCER	GÉMEAUX	19 LION
10 JUIN	GÉMEAUX	TAUREAU	BÉLIER	CAPRICORNE	GÉMEAUX	VERSEAU	CANCER	GÉMEAUX	3 VIERGE
11 JUIN	CANCER	TAUREAU	BÉLIER	CAPRICORNE	GÉMEAUX	VERSEAU	CANCER	GÉMEAUX	17 VIERGE
12 JUIN	CANCER	TAUREAU	BÉLIER	CAPRICORNE	GÉMEAUX	VERSEAU	CANCER	GÉMEAUX	1 BALANCE
13 JUIN	CANCER	TAUREAU	BÉLIER	CAPRICORNE	GÉMEAUX	VERSEAU	CANCER	GÉMEAUX	15 BALANCE
14 JUIN	CANCER	TAUREAU	BÉLIER	CAPRICORNE	GÉMEAUX	VERSEAU	CANCER	GÉMEAUX	29 BALANCE
15 JUIN	CANCER	TAUREAU	BÉLIER	CAPRICORNE	GÉMEAUX	VERSEAU	CANCER	GÉMEAUX	13 SCORPION
16 JUIN	CANCER	TAUREAU	BÉLIER	CAPRICORNE	GÉMEAUX	VERSEAU	CANCER	GÉMEAUX	27 SCORPION
17 JUIN	CANCER	TAUREAU	TAUREAU	CAPRICORNE	GÉMEAUX	VERSEAU	CANCER	GÉMEAUX	10 SAGITTAIRE
18 JUIN	CANCER	TAUREAU	TAUREAU	CAPRICORNE	GÉMEAUX	VERSEAU	CANCER	GÉMEAUX	23 SAGITTAIRE
19 JUIN	CANCER	TAUREAU	TAUREAU	CAPRICORNE	GÉMEAUX	VERSEAU	CANCER	GÉMEAUX	6 CAPRICORNE
20 JUIN	CANCER	TAUREAU	TAUREAU	CAPRICORNE	GÉMEAUX	VERSEAU	CANCER	GÉMEAUX	19 CAPRICORNE
21 JUIN	CANCER	TAUREAU	TAUREAU	CAPRICORNE	GÉMEAUX	VERSEAU	CANCER	GÉMEAUX	2 VERSEAU
22 JUIN	CANCER	TAUREAU	TAUREAU	CAPRICORNE	GÉMEAUX	VERSEAU	CANCER	GÉMEAUX	14 VERSEAU

LE SOLEIL ENTRE DANS LE SIGNE DES GÉMEAUX LE 21 MAI 1913 A 17 h 00
QUITTE LE SIGNE DES LE 22 JUIN A 1 h 00

* LES CHIFFRES INDIQUENT LES DEGRÉS

DÉCOUVREZ DANS QUEL SIGNE SE TROUVAIENT LES PLANÈTES À VOTRE NAISSANCE

1914	MERCURE	VÉNUS	MARS	JUPITER	SATURNE	URANUS	NEPTUNE	PLUTON	LUNE*
21 MAI	GÉMEAUX	GÉMEAUX	LION	VERSEAU	GÉMEAUX	VERSEAU	CANCER	GÉMEAUX	19 BÉLIER
22 MAI	GÉMEAUX	GÉMEAUX	LION	VERSEAU	GÉMEAUX	VERSEAU	CANCER	GÉMEAUX	1 TAUREAU
23 MAI	GÉMEAUX	GÉMEAUX	LION	VERSEAU	GÉMEAUX	VERSEAU	CANCER	GÉMEAUX	13 TAUREAU
24 MAI	GÉMEAUX	GÉMEAUX	LION	VERSEAU	GÉMEAUX	VERSEAU	CANCER	GÉMEAUX	25 TAUREAU
25 MAI	GÉMEAUX	GÉMEAUX	LION	VERSEAU	GÉMEAUX	VERSEAU	CANCER	GÉMEAUX	8 GÉMEAUX
26 MAI	GÉMEAUX	CANCER	LION	VERSEAU	GÉMEAUX	VERSEAU	CANCER	GÉMEAUX	20 GÉMEAUX
27 MAI	GÉMEAUX	CANCER	LION	VERSEAU	GÉMEAUX	VERSEAU	CANCER	CANCER	3 CANCER
28 MAI	GÉMEAUX	CANCER	LION	VERSEAU	GÉMEAUX	VERSEAU	CANCER	CANCER	15 CANCER
29 MAI	GÉMEAUX	CANCER	LION	VERSEAU	GÉMEAUX	VERSEAU	CANCER	CANCER	28 CANCER
30 MAI	GÉMEAUX	CANCER	LION	VERSEAU	GÉMEAUX	VERSEAU	CANCER	CANCER	12 LION
31 MAI	GÉMEAUX	CANCER	LION	VERSEAU	GÉMEAUX	VERSEAU	CANCER	CANCER	25 LION
1 JUIN	GÉMEAUX	CANCER	LION	VERSEAU	GÉMEAUX	VERSEAU	CANCER	CANCER	9 VIERGE
2 JUIN	GÉMEAUX	CANCER	LION	VERSEAU	GÉMEAUX	VERSEAU	CANCER	CANCER	23 VIERGE
3 JUIN	CANCER	CANCER	LION	VERSEAU	GÉMEAUX	VERSEAU	CANCER	CANCER	7 BALANCE
4 JUIN	CANCER	CANCER	LION	VERSEAU	GÉMEAUX	VERSEAU	CANCER	CANCER	21 BALANCE
5 JUIN	CANCER	CANCER	LION	VERSEAU	GÉMEAUX	VERSEAU	CANCER	CANCER	6 SCORPION
6 JUIN	CANCER	CANCER	LION	VERSEAU	GÉMEAUX	VERSEAU	CANCER	CANCER	21 SCORPION
7 JUIN	CANCER	CANCER	LION	VERSEAU	GÉMEAUX	VERSEAU	CANCER	CANCER	6 SAGITTAIRE
8 JUIN	CANCER	CANCER	LION	VERSEAU	GÉMEAUX	VERSEAU	CANCER	CANCER	20 SAGITTAIRE
9 JUIN	CANCER	CANCER	LION	VERSEAU	GÉMEAUX	VERSEAU	CANCER	CANCER	5 CAPRICORNE
10 JUIN	CANCER	CANCER	LION	VERSEAU	GÉMEAUX	VERSEAU	CANCER	CANCER	19 CAPRICORNE
11 JUIN	CANCER	CANCER	LION	VERSEAU	GÉMEAUX	VERSEAU	CANCER	CANCER	2 VERSEAU
12 JUIN	CANCER	CANCER	LION	VERSEAU	GÉMEAUX	VERSEAU	CANCER	CANCER	15 VERSEAU
13 JUIN	CANCER	CANCER	LION	VERSEAU	GÉMEAUX	VERSEAU	CANCER	CANCER	28 VERSEAU
14 JUIN	CANCER	CANCER	LION	VERSEAU	GÉMEAUX	VERSEAU	CANCER	CANCER	10 POISSONS
15 JUIN	CANCER	CANCER	LION	VERSEAU	GÉMEAUX	VERSEAU	CANCER	CANCER	22 POISSONS
16 JUIN	CANCER	CANCER	LION	VERSEAU	GÉMEAUX	VERSEAU	CANCER	CANCER	4 BÉLIER
17 JUIN	CANCER	CANCER	LION	VERSEAU	GÉMEAUX	VERSEAU	CANCER	CANCER	16 BÉLIER
18 JUIN	CANCER	CANCER	LION	VERSEAU	GÉMEAUX	VERSEAU	CANCER	CANCER	28 BÉLIER
19 JUIN	CANCER	CANCER	LION	VERSEAU	GÉMEAUX	VERSEAU	CANCER	CANCER	10 TAUREAU
20 JUIN	CANCER	LION	LION	VERSEAU	GÉMEAUX	VERSEAU	CANCER	CANCER	22 TAUREAU
21 JUIN	CANCER	LION	LION	VERSEAU	GÉMEAUX	VERSEAU	CANCER	CANCER	4 GÉMEAUX
22 JUIN	CANCER	LION	LION	VERSEAU	GÉMEAUX	VERSEAU	CANCER	CANCER	16 GÉMEAUX

LE SOLEIL ENTRE DANS LE SIGNE DES GÉMEAUX LE 22 MAI 1914 A 22 h 30
QUITTE LE SIGNE DES LE 22 JUIN A 7 h 00
* LES CHIFFRES INDIQUENT LES DEGRÉS

1915	MERCURE	VÉNUS	MARS	JUPITER	SATURNE	URANUS	NEPTUNE	PLUTON	LUNE*
22 MAI	GÉMEAUX	TAUREAU	BÉLIER	POISSONS	CANCER	VERSEAU	CANCER	CANCER	4 VIERGE
23 MAI	GÉMEAUX	TAUREAU	BÉLIER	POISSONS	CANCER	VERSEAU	CANCER	CANCER	17 VIERGE
24 MAI	GÉMEAUX	TAUREAU	BÉLIER	POISSONS	CANCER	VERSEAU	CANCER	CANCER	1 BALANCE
25 MAI	GÉMEAUX	TAUREAU	BÉLIER	POISSONS	CANCER	VERSEAU	CANCER	CANCER	15 BALANCE
26 MAI	GÉMEAUX	TAUREAU	TAUREAU	POISSONS	CANCER	VERSEAU	CANCER	CANCER	0 SCORPION
27 MAI	GÉMEAUX	TAUREAU	TAUREAU	POISSONS	CANCER	VERSEAU	CANCER	CANCER	15 SCORPION
28 MAI	GÉMEAUX	TAUREAU	TAUREAU	POISSONS	CANCER	VERSEAU	CANCER	CANCER	0 SAGITTAIRE
29 MAI	CANCER	TAUREAU	TAUREAU	POISSONS	CANCER	VERSEAU	CANCER	CANCER	15 SAGITTAIRE
30 MAI	CANCER	TAUREAU	TAUREAU	POISSONS	CANCER	VERSEAU	CANCER	CANCER	0 CAPRICORNE
31 MAI	CANCER	TAUREAU	TAUREAU	POISSONS	CANCER	VERSEAU	CANCER	CANCER	15 CAPRICORNE
1 JUIN	CANCER	TAUREAU	TAUREAU	POISSONS	CANCER	VERSEAU	CANCER	CANCER	0 VERSEAU
2 JUIN	CANCER	TAUREAU	TAUREAU	POISSONS	CANCER	VERSEAU	CANCER	CANCER	14 VERSEAU
3 JUIN	CANCER	TAUREAU	TAUREAU	POISSONS	CANCER	VERSEAU	CANCER	CANCER	27 VERSEAU
4 JUIN	CANCER	TAUREAU	TAUREAU	POISSONS	CANCER	VERSEAU	CANCER	CANCER	10 POISSONS
5 JUIN	CANCER	TAUREAU	TAUREAU	POISSONS	CANCER	VERSEAU	CANCER	CANCER	23 POISSONS
6 JUIN	CANCER	TAUREAU	TAUREAU	POISSONS	CANCER	VERSEAU	CANCER	CANCER	5 BÉLIER
7 JUIN	CANCER	TAUREAU	TAUREAU	POISSONS	CANCER	VERSEAU	CANCER	CANCER	17 BÉLIER
8 JUIN	CANCER	TAUREAU	TAUREAU	POISSONS	CANCER	VERSEAU	CANCER	CANCER	29 BÉLIER
9 JUIN	CANCER	TAUREAU	TAUREAU	POISSONS	CANCER	VERSEAU	CANCER	CANCER	11 TAUREAU
10 JUIN	CANCER	TAUREAU	TAUREAU	POISSONS	CANCER	VERSEAU	CANCER	CANCER	23 TAUREAU
11 JUIN	CANCER	TAUREAU	TAUREAU	POISSONS	CANCER	VERSEAU	CANCER	CANCER	5 GÉMEAUX
12 JUIN	CANCER	TAUREAU	TAUREAU	POISSONS	CANCER	VERSEAU	CANCER	CANCER	17 GÉMEAUX
13 JUIN	CANCER	TAUREAU	TAUREAU	POISSONS	CANCER	VERSEAU	CANCER	CANCER	29 GÉMEAUX
14 JUIN	CANCER	TAUREAU	TAUREAU	POISSONS	CANCER	VERSEAU	CANCER	CANCER	11 CANCER
15 JUIN	CANCER	TAUREAU	TAUREAU	POISSONS	CANCER	VERSEAU	CANCER	CANCER	23 CANCER
16 JUIN	CANCER	GÉMEAUX	TAUREAU	POISSONS	CANCER	VERSEAU	CANCER	CANCER	5 LION
17 JUIN	CANCER	GÉMEAUX	TAUREAU	POISSONS	CANCER	VERSEAU	CANCER	CANCER	18 LION
18 JUIN	CANCER	GÉMEAUX	TAUREAU	POISSONS	CANCER	VERSEAU	CANCER	CANCER	0 VIERGE
19 JUIN	CANCER	GÉMEAUX	TAUREAU	POISSONS	CANCER	VERSEAU	CANCER	CANCER	13 VIERGE
20 JUIN	CANCER	GÉMEAUX	TAUREAU	POISSONS	CANCER	VERSEAU	CANCER	CANCER	26 VIERGE
21 JUIN	CANCER	GÉMEAUX	TAUREAU	POISSONS	CANCER	VERSEAU	CANCER	CANCER	10 BALANCE
22 JUIN	CANCER	GÉMEAUX	TAUREAU	POISSONS	CANCER	VERSEAU	CANCER	CANCER	24 BALANCE

LE SOLEIL ENTRE DANS LE SIGNE DES GÉMEAUX LE 22 MAI 1915 A 4 h 00
QUITTE LE SIGNE DES LE 22 JUIN A 12 h 30
* LES CHIFFRES INDIQUENT LES DEGRÉS

DÉCOUVREZ DANS QUEL SIGNE SE TROUVAIENT LES PLANÈTES À VOTRE NAISSANCE

1916	MERCURE	VÉNUS	MARS	JUPITER	SATURNE	URANUS	NEPTUNE	PLUTON	LUNE*
1 MAI	GÉMEAUX	CANCER	LION	BÉLIER	CANCER	VERSEAU	LION	CANCER	24 CAPRICORNE
2 MAI	GÉMEAUX	CANCER	LION	BÉLIER	CANCER	VERSEAU	LION	CANCER	8 VERSEAU
3 MAI	GÉMEAUX	CANCER	LION	BÉLIER	CANCER	VERSEAU	LION	CANCER	22 VERSEAU
4 MAI	GÉMEAUX	CANCER	LION	BÉLIER	CANCER	VERSEAU	LION	CANCER	6 POISSONS
5 MAI	GÉMEAUX	CANCER	LION	BÉLIER	CANCER	VERSEAU	LION	CANCER	20 POISSONS
6 MAI	GÉMEAUX	CANCER	LION	BÉLIER	CANCER	VERSEAU	LION	CANCER	3 BÉLIER
7 MAI	GÉMEAUX	CANCER	LION	BÉLIER	CANCER	VERSEAU	LION	CANCER	16 BÉLIER
8 MAI	GÉMEAUX	CANCER	LION	BÉLIER	CANCER	VERSEAU	LION	CANCER	29 BÉLIER
9 MAI	GÉMEAUX	CANCER	VIERGE	BÉLIER	CANCER	VERSEAU	LION	CANCER	11 TAUREAU
10 MAI	GÉMEAUX	CANCER	VIERGE	BÉLIER	CANCER	VERSEAU	LION	CANCER	24 TAUREAU
31 MAI	GÉMEAUX	CANCER	VIERGE	BÉLIER	CANCER	VERSEAU	LION	CANCER	6 GÉMEAUX
1 JUIN	GÉMEAUX	CANCER	VIERGE	BÉLIER	CANCER	VERSEAU	LION	CANCER	18 GÉMEAUX
2 JUIN	GÉMEAUX	CANCER	VIERGE	BÉLIER	CANCER	VERSEAU	LION	CANCER	0 CANCER
3 JUIN	GÉMEAUX	CANCER	VIERGE	BÉLIER	CANCER	VERSEAU	LION	CANCER	12 CANCER
4 JUIN	GÉMEAUX	CANCER	VIERGE	BÉLIER	CANCER	VERSEAU	LION	CANCER	23 CANCER
5 JUIN	GÉMEAUX	CANCER	VIERGE	BÉLIER	CANCER	VERSEAU	LION	CANCER	5 LION
6 JUIN	GÉMEAUX	CANCER	VIERGE	BÉLIER	CANCER	VERSEAU	LION	CANCER	17 LION
7 JUIN	GÉMEAUX	CANCER	VIERGE	BÉLIER	CANCER	VERSEAU	LION	CANCER	29 LION
8 JUIN	GÉMEAUX	CANCER	VIERGE	BÉLIER	CANCER	VERSEAU	LION	CANCER	11 VIERGE
9 JUIN	GÉMEAUX	CANCER	VIERGE	BÉLIER	CANCER	VERSEAU	LION	CANCER	24 VIERGE
10 JUIN	GÉMEAUX	CANCER	VIERGE	BÉLIER	CANCER	VERSEAU	LION	CANCER	7 BALANCE
11 JUIN	GÉMEAUX	CANCER	VIERGE	BÉLIER	CANCER	VERSEAU	LION	CANCER	20 BALANCE
12 JUIN	GÉMEAUX	CANCER	VIERGE	BÉLIER	CANCER	VERSEAU	LION	CANCER	4 SCORPION
13 JUIN	GÉMEAUX	CANCER	VIERGE	BÉLIER	CANCER	VERSEAU	LION	CANCER	18 SCORPION
14 JUIN	GÉMEAUX	CANCER	VIERGE	BÉLIER	CANCER	VERSEAU	LION	CANCER	3 SAGITTAIRE
15 JUIN	GÉMEAUX	CANCER	VIERGE	BÉLIER	CANCER	VERSEAU	LION	CANCER	18 SAGITTAIRE
16 JUIN	GÉMEAUX	CANCER	VIERGE	BÉLIER	CANCER	VERSEAU	LION	CANCER	3 CAPRICORNE
17 JUIN	GÉMEAUX	CANCER	VIERGE	BÉLIER	CANCER	VERSEAU	LION	CANCER	18 CAPRICORNE
18 JUIN	GÉMEAUX	CANCER	VIERGE	BÉLIER	CANCER	VERSEAU	LION	CANCER	3 VERSEAU
19 JUIN	GÉMEAUX	CANCER	VIERGE	BÉLIER	CANCER	VERSEAU	LION	CANCER	18 VERSEAU
20 JUIN	GÉMEAUX	CANCER	VIERGE	BÉLIER	CANCER	VERSEAU	LION	CANCER	2 POISSONS
21 JUIN	GÉMEAUX	CANCER	VIERGE	BÉLIER	CANCER	VERSEAU	LION	CANCER	16 POISSONS

LE SOLEIL ENTRE DANS LE SIGNE DES GÉMEAUX LE 21 MAI 1916 A 10 h 00
LE SOLEIL QUITTE LE SIGNE DES GÉMEAUX LE 21 JUIN A 18 h 20

* LES CHIFFRES INDIQUENT LES DEGRÉS

1917	MERCURE	VÉNUS	MARS	JUPITER	SATURNE	URANUS	NEPTUNE	PLUTON	LUNE*
21 MAI	TAUREAU	GÉMEAUX	TAUREAU	TAUREAU	CANCER	VERSEAU	LION	CANCER	5 GÉMEAUX
22 MAI	TAUREAU	GÉMEAUX	TAUREAU	TAUREAU	CANCER	VERSEAU	LION	CANCER	18 GÉMEAUX
23 MAI	TAUREAU	GÉMEAUX	TAUREAU	TAUREAU	CANCER	VERSEAU	LION	CANCER	1 CANCER
24 MAI	TAUREAU	GÉMEAUX	TAUREAU	TAUREAU	CANCER	VERSEAU	LION	CANCER	13 CANCER
25 MAI	TAUREAU	GÉMEAUX	TAUREAU	TAUREAU	CANCER	VERSEAU	LION	CANCER	25 CANCER
26 MAI	TAUREAU	GÉMEAUX	TAUREAU	TAUREAU	CANCER	VERSEAU	LION	CANCER	7 LION
27 MAI	TAUREAU	GÉMEAUX	TAUREAU	TAUREAU	CANCER	VERSEAU	LION	CANCER	19 LION
28 MAI	TAUREAU	GÉMEAUX	TAUREAU	TAUREAU	CANCER	VERSEAU	LION	CANCER	1 VIERGE
29 MAI	TAUREAU	GÉMEAUX	TAUREAU	TAUREAU	CANCER	VERSEAU	LION	CANCER	13 VIERGE
30 MAI	TAUREAU	GÉMEAUX	TAUREAU	TAUREAU	CANCER	VERSEAU	LION	CANCER	25 VIERGE
31 MAI	TAUREAU	GÉMEAUX	TAUREAU	TAUREAU	CANCER	VERSEAU	LION	CANCER	7 BALANCE
1 JUIN	TAUREAU	GÉMEAUX	TAUREAU	TAUREAU	CANCER	VERSEAU	LION	CANCER	20 BALANCE
2 JUIN	TAUREAU	GÉMEAUX	TAUREAU	TAUREAU	CANCER	VERSEAU	LION	CANCER	3 SCORPION
3 JUIN	TAUREAU	GÉMEAUX	TAUREAU	TAUREAU	CANCER	VERSEAU	LION	CANCER	16 SCORPION
4 JUIN	TAUREAU	GÉMEAUX	TAUREAU	TAUREAU	CANCER	VERSEAU	LION	CANCER	29 SCORPION
5 JUIN	TAUREAU	GÉMEAUX	TAUREAU	TAUREAU	CANCER	VERSEAU	LION	CANCER	13 SAGITTAIRE
6 JUIN	TAUREAU	GÉMEAUX	TAUREAU	TAUREAU	CANCER	VERSEAU	LION	CANCER	27 SAGITTAIRE
7 JUIN	TAUREAU	GÉMEAUX	TAUREAU	TAUREAU	CANCER	VERSEAU	LION	CANCER	12 CAPRICORNE
8 JUIN	TAUREAU	GÉMEAUX	TAUREAU	TAUREAU	CANCER	VERSEAU	LION	CANCER	26 CAPRICORNE
9 JUIN	TAUREAU	GÉMEAUX	TAUREAU	TAUREAU	CANCER	VERSEAU	LION	CANCER	11 VERSEAU
10 JUIN	TAUREAU	CANCER	TAUREAU	TAUREAU	CANCER	VERSEAU	LION	CANCER	25 VERSEAU
11 JUIN	TAUREAU	CANCER	TAUREAU	TAUREAU	CANCER	VERSEAU	LION	CANCER	9 POISSONS
12 JUIN	TAUREAU	CANCER	TAUREAU	TAUREAU	CANCER	VERSEAU	LION	CANCER	24 POISSONS
13 JUIN	TAUREAU	CANCER	TAUREAU	TAUREAU	CANCER	VERSEAU	LION	CANCER	8 BÉLIER
14 JUIN	TAUREAU	CANCER	TAUREAU	TAUREAU	CANCER	VERSEAU	LION	CANCER	21 BÉLIER
15 JUIN	GÉMEAUX	CANCER	GÉMEAUX	TAUREAU	CANCER	VERSEAU	LION	CANCER	5 TAUREAU
16 JUIN	GÉMEAUX	CANCER	GÉMEAUX	TAUREAU	CANCER	VERSEAU	LION	CANCER	18 TAUREAU
17 JUIN	GÉMEAUX	CANCER	GÉMEAUX	TAUREAU	CANCER	VERSEAU	LION	CANCER	1 GÉMEAUX
18 JUIN	GÉMEAUX	CANCER	GÉMEAUX	TAUREAU	CANCER	VERSEAU	LION	CANCER	14 GÉMEAUX
19 JUIN	GÉMEAUX	CANCER	GÉMEAUX	TAUREAU	CANCER	VERSEAU	LION	CANCER	27 GÉMEAUX
20 JUIN	GÉMEAUX	CANCER	GÉMEAUX	TAUREAU	CANCER	VERSEAU	LION	CANCER	9 CANCER
21 JUIN	GÉMEAUX	CANCER	GÉMEAUX	TAUREAU	CANCER	VERSEAU	LION	CANCER	21 CANCER

LE SOLEIL ENTRE DANS LE SIGNE DES GÉMEAUX LE 21 MAI 1917 A 16 h 00
LE SOLEIL QUITTE LE SIGNE DES GÉMEAUX LE 21 JUIN A 23 h 55

* LES CHIFFRES INDIQUENT LES DEGRÉS

155

DÉCOUVREZ DANS QUEL SIGNE SE TROUVAIENT LES PLANÈTES À VOTRE NAISSANCE

1918	MERCURE	VÉNUS	MARS	JUPITER	SATURNE	URANUS	NEPTUNE	PLUTON	LUNE*
21 MAI	TAUREAU	BÉLIER	VIERGE	GÉMEAUX	LION	VERSEAU	LION	CANCER	9 BALANCE
22 MAI	TAUREAU	BÉLIER	VIERGE	GÉMEAUX	LION	VERSEAU	LION	CANCER	21 BALANCE
23 MAI	TAUREAU	BÉLIER	VIERGE	GÉMEAUX	LION	VERSEAU	LION	CANCER	3 SCORPION
24 MAI	TAUREAU	BÉLIER	VIERGE	GÉMEAUX	LION	VERSEAU	LION	CANCER	16 SCORPION
25 MAI	TAUREAU	BÉLIER	VIERGE	GÉMEAUX	LION	VERSEAU	LION	CANCER	28 SCORPION
26 MAI	TAUREAU	BÉLIER	VIERGE	GÉMEAUX	LION	VERSEAU	LION	CANCER	11 SAGITTAIRE
27 MAI	TAUREAU	BÉLIER	VIERGE	GÉMEAUX	LION	VERSEAU	LION	CANCER	23 SAGITTAIRE
28 MAI	TAUREAU	BÉLIER	VIERGE	GÉMEAUX	LION	VERSEAU	LION	CANCER	7 CAPRICORNE
29 MAI	TAUREAU	BÉLIER	VIERGE	GÉMEAUX	LION	VERSEAU	LION	CANCER	20 CAPRICORNE
30 MAI	TAUREAU	BÉLIER	VIERGE	GÉMEAUX	LION	VERSEAU	LION	CANCER	3 VERSEAU
31 MAI	TAUREAU	BÉLIER	VIERGE	GÉMEAUX	LION	VERSEAU	LION	CANCER	17 VERSEAU
1 JUIN	TAUREAU	BÉLIER	VIERGE	GÉMEAUX	LION	VERSEAU	LION	CANCER	1 POISSONS
2 JUIN	TAUREAU	BÉLIER	VIERGE	GÉMEAUX	LION	VERSEAU	LION	CANCER	15 POISSONS
3 JUIN	TAUREAU	TAUREAU	VIERGE	GÉMEAUX	LION	VERSEAU	LION	CANCER	29 POISSONS
4 JUIN	TAUREAU	TAUREAU	VIERGE	GÉMEAUX	LION	VERSEAU	LION	CANCER	14 BÉLIER
5 JUIN	TAUREAU	TAUREAU	VIERGE	GÉMEAUX	LION	VERSEAU	LION	CANCER	28 BÉLIER
6 JUIN	TAUREAU	TAUREAU	VIERGE	GÉMEAUX	LION	VERSEAU	LION	CANCER	13 TAUREAU
7 JUIN	TAUREAU	TAUREAU	VIERGE	GÉMEAUX	LION	VERSEAU	LION	CANCER	27 TAUREAU
8 JUIN	TAUREAU	TAUREAU	VIERGE	GÉMEAUX	LION	VERSEAU	LION	CANCER	11 GÉMEAUX
9 JUIN	TAUREAU	TAUREAU	VIERGE	GÉMEAUX	LION	VERSEAU	LION	CANCER	25 GÉMEAUX
10 JUIN	GÉMEAUX	TAUREAU	VIERGE	GÉMEAUX	LION	VERSEAU	LION	CANCER	9 CANCER
11 JUIN	GÉMEAUX	TAUREAU	VIERGE	GÉMEAUX	LION	VERSEAU	LION	CANCER	22 CANCER
12 JUIN	GÉMEAUX	TAUREAU	VIERGE	GÉMEAUX	LION	VERSEAU	LION	CANCER	5 LION
13 JUIN	GÉMEAUX	TAUREAU	VIERGE	GÉMEAUX	LION	VERSEAU	LION	CANCER	17 LION
14 JUIN	GÉMEAUX	TAUREAU	VIERGE	GÉMEAUX	LION	VERSEAU	LION	CANCER	0 VIERGE
15 JUIN	GÉMEAUX	TAUREAU	VIERGE	GÉMEAUX	LION	VERSEAU	LION	CANCER	12 VIERGE
16 JUIN	GÉMEAUX	TAUREAU	VIERGE	GÉMEAUX	LION	VERSEAU	LION	CANCER	24 VIERGE
17 JUIN	GÉMEAUX	TAUREAU	VIERGE	GÉMEAUX	LION	VERSEAU	LION	CANCER	6 BALANCE
18 JUIN	GÉMEAUX	TAUREAU	VIERGE	GÉMEAUX	LION	VERSEAU	LION	CANCER	17 BALANCE
19 JUIN	GÉMEAUX	TAUREAU	VIERGE	GÉMEAUX	LION	VERSEAU	LION	CANCER	29 BALANCE
20 JUIN	GÉMEAUX	TAUREAU	VIERGE	GÉMEAUX	LION	VERSEAU	LION	CANCER	12 SCORPION
21 JUIN	GÉMEAUX	TAUREAU	VIERGE	GÉMEAUX	LION	VERSEAU	LION	CANCER	24 SCORPION
22 JUIN	GÉMEAUX	TAUREAU	VIERGE	GÉMEAUX	LION	VERSEAU	LION	CANCER	6 SAGITTAIRE

LE SOLEIL ENTRE DANS LE SIGNE DES GÉMEAUX LE 21 MAI 1918 A 21 h 40
QUITTE LE SIGNE DES LE 22 JUIN A 6 h 00
* LES CHIFFRES INDIQUENT LES DEGRÉS

1919	MERCURE	VÉNUS	MARS	JUPITER	SATURNE	URANUS	NEPTUNE	PLUTON	LUNE*
22 MAI	TAUREAU	CANCER	TAUREAU	CANCER	LION	POISSONS	LION	CANCER	25 VERSEAU
23 MAI	TAUREAU	CANCER	TAUREAU	CANCER	LION	POISSONS	LION	CANCER	8 POISSONS
24 MAI	TAUREAU	CANCER	TAUREAU	CANCER	LION	POISSONS	LION	CANCER	22 POISSONS
25 MAI	TAUREAU	CANCER	TAUREAU	CANCER	LION	POISSONS	LION	CANCER	6 BÉLIER
26 MAI	TAUREAU	CANCER	GÉMEAUX	CANCER	LION	POISSONS	LION	CANCER	21 BÉLIER
27 MAI	TAUREAU	CANCER	GÉMEAUX	CANCER	LION	POISSONS	LION	CANCER	6 TAUREAU
28 MAI	TAUREAU	CANCER	GÉMEAUX	CANCER	LION	POISSONS	LION	CANCER	21 TAUREAU
29 MAI	TAUREAU	CANCER	GÉMEAUX	CANCER	LION	POISSONS	LION	CANCER	6 GÉMEAUX
30 MAI	TAUREAU	CANCER	GÉMEAUX	CANCER	LION	POISSONS	LION	CANCER	21 GÉMEAUX
31 MAI	TAUREAU	CANCER	GÉMEAUX	CANCER	LION	POISSONS	LION	CANCER	6 CANCER
1 JUIN	TAUREAU	CANCER	GÉMEAUX	CANCER	LION	POISSONS	LION	CANCER	20 CANCER
2 JUIN	GÉMEAUX	CANCER	GÉMEAUX	CANCER	LION	POISSONS	LION	CANCER	4 LION
3 JUIN	GÉMEAUX	CANCER	GÉMEAUX	CANCER	LION	POISSONS	LION	CANCER	18 LION
4 JUIN	GÉMEAUX	CANCER	GÉMEAUX	CANCER	LION	POISSONS	LION	CANCER	1 VIERGE
5 JUIN	GÉMEAUX	CANCER	GÉMEAUX	CANCER	LION	POISSONS	LION	CANCER	13 VIERGE
6 JUIN	GÉMEAUX	CANCER	GÉMEAUX	CANCER	LION	POISSONS	LION	CANCER	26 VIERGE
7 JUIN	GÉMEAUX	CANCER	GÉMEAUX	CANCER	LION	POISSONS	LION	CANCER	8 BALANCE
8 JUIN	GÉMEAUX	LION	GÉMEAUX	CANCER	LION	POISSONS	LION	CANCER	20 BALANCE
9 JUIN	GÉMEAUX	LION	GÉMEAUX	CANCER	LION	POISSONS	LION	CANCER	2 SCORPION
10 JUIN	GÉMEAUX	LION	GÉMEAUX	CANCER	LION	POISSONS	LION	CANCER	13 SCORPION
11 JUIN	GÉMEAUX	LION	GÉMEAUX	CANCER	LION	POISSONS	LION	CANCER	25 SCORPION
12 JUIN	GÉMEAUX	LION	GÉMEAUX	CANCER	LION	POISSONS	LION	CANCER	7 SAGITTAIRE
13 JUIN	GÉMEAUX	LION	GÉMEAUX	CANCER	LION	POISSONS	LION	CANCER	19 SAGITTAIRE
14 JUIN	GÉMEAUX	LION	GÉMEAUX	CANCER	LION	POISSONS	LION	CANCER	1 CAPRICORNE
15 JUIN	GÉMEAUX	LION	GÉMEAUX	CANCER	LION	POISSONS	LION	CANCER	13 CAPRICORNE
16 JUIN	CANCER	LION	GÉMEAUX	CANCER	LION	POISSONS	LION	CANCER	26 CAPRICORNE
17 JUIN	CANCER	LION	GÉMEAUX	CANCER	LION	POISSONS	LION	CANCER	9 VERSEAU
18 JUIN	CANCER	LION	GÉMEAUX	CANCER	LION	POISSONS	LION	CANCER	22 VERSEAU
19 JUIN	CANCER	LION	GÉMEAUX	CANCER	LION	POISSONS	LION	CANCER	5 POISSONS
20 JUIN	CANCER	LION	GÉMEAUX	CANCER	LION	POISSONS	LION	CANCER	18 POISSONS
21 JUIN	CANCER	LION	GÉMEAUX	CANCER	LION	POISSONS	LION	CANCER	2 BÉLIER
22 JUIN	CANCER	LION	GÉMEAUX	CANCER	LION	POISSONS	LION	CANCER	16 BÉLIER

LE SOLEIL ENTRE DANS LE SIGNE DES GÉMEAUX LE 22 MAI 1919 A 3 h 30
QUITTE LE SIGNE DES LE 22 JUIN A 12 h 00
* LES CHIFFRES INDIQUENT LES DEGRÉS

DÉCOUVREZ DANS QUEL SIGNE SE TROUVAIENT LES PLANÈTES À VOTRE NAISSANCE

1920	MERCURE	VÉNUS	MARS	JUPITER	SATURNE	URANUS	NEPTUNE	PLUTON	LUNE*
21 MAI	TAUREAU	TAUREAU	BALANCE	LION	VIERGE	POISSONS	LION	CANCER	15 CANCER
22 MAI	TAUREAU	TAUREAU	BALANCE	LION	VIERGE	POISSONS	LION	CANCER	0 LION
23 MAI	TAUREAU	TAUREAU	BALANCE	LION	VIERGE	POISSONS	LION	CANCER	14 LION
24 MAI	GÉMEAUX	TAUREAU	BALANCE	LION	VIERGE	POISSONS	LION	CANCER	28 LION
25 MAI	GÉMEAUX	TAUREAU	BALANCE	LION	VIERGE	POISSONS	LION	CANCER	11 VIERGE
26 MAI	GÉMEAUX	TAUREAU	BALANCE	LION	VIERGE	POISSONS	LION	CANCER	24 VIERGE
27 MAI	GÉMEAUX	TAUREAU	BALANCE	LION	VIERGE	POISSONS	LION	CANCER	7 BALANCE
28 MAI	GÉMEAUX	TAUREAU	BALANCE	LION	VIERGE	POISSONS	LION	CANCER	20 BALANCE
29 MAI	GÉMEAUX	TAUREAU	BALANCE	LION	VIERGE	POISSONS	LION	CANCER	2 SCORPION
30 MAI	GÉMEAUX	TAUREAU	BALANCE	LION	VIERGE	POISSONS	LION	CANCER	14 SCORPION
31 MAI	GÉMEAUX	GÉMEAUX	BALANCE	LION	VIERGE	POISSONS	LION	CANCER	26 SCORPION
1 JUIN	GÉMEAUX	GÉMEAUX	BALANCE	LION	VIERGE	POISSONS	LION	CANCER	8 SAGITTAIRE
2 JUIN	GÉMEAUX	GÉMEAUX	BALANCE	LION	VIERGE	POISSONS	LION	CANCER	20 SAGITTAIRE
3 JUIN	GÉMEAUX	GÉMEAUX	BALANCE	LION	VIERGE	POISSONS	LION	CANCER	2 CAPRICORNE
4 JUIN	GÉMEAUX	GÉMEAUX	BALANCE	LION	VIERGE	POISSONS	LION	CANCER	13 CAPRICORNE
5 JUIN	GÉMEAUX	GÉMEAUX	BALANCE	LION	VIERGE	POISSONS	LION	CANCER	25 CAPRICORNE
6 JUIN	GÉMEAUX	GÉMEAUX	BALANCE	LION	VIERGE	POISSONS	LION	CANCER	7 VERSEAU
7 JUIN	CANCER	GÉMEAUX	BALANCE	LION	VIERGE	POISSONS	LION	CANCER	20 VERSEAU
8 JUIN	CANCER	GÉMEAUX	BALANCE	LION	VIERGE	POISSONS	LION	CANCER	2 POISSONS
9 JUIN	CANCER	GÉMEAUX	BALANCE	LION	VIERGE	POISSONS	LION	CANCER	15 POISSONS
10 JUIN	CANCER	GÉMEAUX	BALANCE	LION	VIERGE	POISSONS	LION	CANCER	28 POISSONS
11 JUIN	CANCER	GÉMEAUX	BALANCE	LION	VIERGE	POISSONS	LION	CANCER	11 BÉLIER
12 JUIN	CANCER	GÉMEAUX	BALANCE	LION	VIERGE	POISSONS	LION	CANCER	25 BÉLIER
13 JUIN	CANCER	GÉMEAUX	BALANCE	LION	VIERGE	POISSONS	LION	CANCER	9 TAUREAU
14 JUIN	CANCER	GÉMEAUX	BALANCE	LION	VIERGE	POISSONS	LION	CANCER	23 TAUREAU
15 JUIN	CANCER	GÉMEAUX	BALANCE	LION	VIERGE	POISSONS	LION	CANCER	8 GÉMEAUX
16 JUIN	CANCER	GÉMEAUX	BALANCE	LION	VIERGE	POISSONS	LION	CANCER	24 GÉMEAUX
17 JUIN	CANCER	GÉMEAUX	BALANCE	LION	VIERGE	POISSONS	LION	CANCER	9 CANCER
18 JUIN	CANCER	GÉMEAUX	BALANCE	LION	VIERGE	POISSONS	LION	CANCER	24 CANCER
19 JUIN	CANCER	GÉMEAUX	BALANCE	LION	VIERGE	POISSONS	LION	CANCER	9 LION
20 JUIN	CANCER	GÉMEAUX	BALANCE	LION	VIERGE	POISSONS	LION	CANCER	23 LION
21 JUIN	CANCER	GÉMEAUX	BALANCE	LION	VIERGE	POISSONS	LION	CANCER	7 VIERGE

LE SOLEIL ENTRE DANS LE SIGNE DES GÉMEAUX LE 21 MAI 1920 A 9 h 20
LE SOLEIL QUITTE LE SIGNE DES GÉMEAUX LE 21 JUIN A 17 h 40

* LES CHIFFRES INDIQUENT LES DEGRÉS

1921	MERCURE	VÉNUS	MARS	JUPITER	SATURNE	URANUS	NEPTUNE	PLUTON	LUNE*
21 MAI	GÉMEAUX	BÉLIER	GÉMEAUX	VIERGE	VIERGE	POISSONS	LION	CANCER	25 SCORPION
22 MAI	GÉMEAUX	BÉLIER	GÉMEAUX	VIERGE	VIERGE	POISSONS	LION	CANCER	8 SAGITTAIRE
23 MAI	GÉMEAUX	BÉLIER	GÉMEAUX	VIERGE	VIERGE	POISSONS	LION	CANCER	21 SAGITTAIRE
24 MAI	GÉMEAUX	BÉLIER	GÉMEAUX	VIERGE	VIERGE	POISSONS	LION	CANCER	3 CAPRICORNE
25 MAI	GÉMEAUX	BÉLIER	GÉMEAUX	VIERGE	VIERGE	POISSONS	LION	CANCER	15 CAPRICORNE
26 MAI	GÉMEAUX	BÉLIER	GÉMEAUX	VIERGE	VIERGE	POISSONS	LION	CANCER	27 CAPRICORNE
27 MAI	GÉMEAUX	BÉLIER	GÉMEAUX	VIERGE	VIERGE	POISSONS	LION	CANCER	9 VERSEAU
28 MAI	GÉMEAUX	BÉLIER	GÉMEAUX	VIERGE	VIERGE	POISSONS	LION	CANCER	21 VERSEAU
29 MAI	GÉMEAUX	BÉLIER	GÉMEAUX	VIERGE	VIERGE	POISSONS	LION	CANCER	3 POISSONS
30 MAI	GÉMEAUX	BÉLIER	GÉMEAUX	VIERGE	VIERGE	POISSONS	LION	CANCER	15 POISSONS
31 MAI	CANCER	BÉLIER	GÉMEAUX	VIERGE	VIERGE	POISSONS	LION	CANCER	27 POISSONS
1 JUIN	CANCER	BÉLIER	GÉMEAUX	VIERGE	VIERGE	POISSONS	LION	CANCER	10 BÉLIER
2 JUIN	CANCER	TAUREAU	GÉMEAUX	VIERGE	VIERGE	POISSONS	LION	CANCER	22 BÉLIER
3 JUIN	CANCER	TAUREAU	GÉMEAUX	VIERGE	VIERGE	POISSONS	LION	CANCER	6 TAUREAU
4 JUIN	CANCER	TAUREAU	GÉMEAUX	VIERGE	VIERGE	POISSONS	LION	CANCER	20 TAUREAU
5 JUIN	CANCER	TAUREAU	GÉMEAUX	VIERGE	VIERGE	POISSONS	LION	CANCER	4 GÉMEAUX
6 JUIN	CANCER	TAUREAU	GÉMEAUX	VIERGE	VIERGE	POISSONS	LION	CANCER	18 GÉMEAUX
7 JUIN	CANCER	TAUREAU	GÉMEAUX	VIERGE	VIERGE	POISSONS	LION	CANCER	3 CANCER
8 JUIN	CANCER	TAUREAU	GÉMEAUX	VIERGE	VIERGE	POISSONS	LION	CANCER	18 CANCER
9 JUIN	CANCER	TAUREAU	GÉMEAUX	VIERGE	VIERGE	POISSONS	LION	CANCER	3 LION
10 JUIN	CANCER	TAUREAU	GÉMEAUX	VIERGE	VIERGE	POISSONS	LION	CANCER	17 LION
11 JUIN	CANCER	TAUREAU	GÉMEAUX	VIERGE	VIERGE	POISSONS	LION	CANCER	2 VIERGE
12 JUIN	CANCER	TAUREAU	GÉMEAUX	VIERGE	VIERGE	POISSONS	LION	CANCER	16 VIERGE
13 JUIN	CANCER	TAUREAU	GÉMEAUX	VIERGE	VIERGE	POISSONS	LION	CANCER	0 BALANCE
14 JUIN	CANCER	TAUREAU	GÉMEAUX	VIERGE	VIERGE	POISSONS	LION	CANCER	13 BALANCE
15 JUIN	CANCER	TAUREAU	GÉMEAUX	VIERGE	VIERGE	POISSONS	LION	CANCER	26 BALANCE
16 JUIN	CANCER	TAUREAU	GÉMEAUX	VIERGE	VIERGE	POISSONS	LION	CANCER	9 SCORPION
17 JUIN	CANCER	TAUREAU	GÉMEAUX	VIERGE	VIERGE	POISSONS	LION	CANCER	22 SCORPION
18 JUIN	CANCER	TAUREAU	GÉMEAUX	VIERGE	VIERGE	POISSONS	LION	CANCER	5 SAGITTAIRE
19 JUIN	CANCER	TAUREAU	CANCER	VIERGE	VIERGE	POISSONS	LION	CANCER	17 SAGITTAIRE
20 JUIN	CANCER	TAUREAU	CANCER	VIERGE	VIERGE	POISSONS	LION	CANCER	29 SAGITTAIRE
21 JUIN	CANCER	TAUREAU	CANCER	VIERGE	VIERGE	POISSONS	LION	CANCER	11 CAPRICORNE

LE SOLEIL ENTRE DANS LE SIGNE DES GÉMEAUX LE 21 MAI 1921 A 15 h 15
LE SOLEIL QUITTE LE SIGNE DES GÉMEAUX LE 21 JUIN A 23 h 30

* LES CHIFFRES INDIQUENT LES DEGRÉS

DÉCOUVREZ DANS QUEL SIGNE SE TROUVAIENT LES PLANÈTES À VOTRE NAISSANCE

1922	MERCURE	VÉNUS	MARS	JUPITER	SATURNE	URANUS	NEPTUNE	PLUTON	LUNE*
21 MAI	GÉMEAUX	GÉMEAUX	SAGITTAIRE	BALANCE	BALANCE	POISSONS	LION	CANCER	29 POISSONS
22 MAI	GÉMEAUX	GÉMEAUX	SAGITTAIRE	BALANCE	BALANCE	POISSONS	LION	CANCER	11 BÉLIER
23 MAI	GÉMEAUX	GÉMEAUX	SAGITTAIRE	BALANCE	BALANCE	POISSONS	LION	CANCER	23 BÉLIER
24 MAI	GÉMEAUX	GÉMEAUX	SAGITTAIRE	BALANCE	BALANCE	POISSONS	LION	CANCER	5 TAUREAU
25 MAI	GÉMEAUX	GÉMEAUX	SAGITTAIRE	BALANCE	BALANCE	POISSONS	LION	CANCER	18 TAUREAU
26 MAI	GÉMEAUX	CANCER	SAGITTAIRE	BALANCE	BALANCE	POISSONS	LION	CANCER	1 GÉMEAUX
27 MAI	GÉMEAUX	CANCER	SAGITTAIRE	BALANCE	BALANCE	POISSONS	LION	CANCER	14 GÉMEAUX
28 MAI	GÉMEAUX	CANCER	SAGITTAIRE	BALANCE	BALANCE	POISSONS	LION	CANCER	28 GÉMEAUX
29 MAI	GÉMEAUX	CANCER	SAGITTAIRE	BALANCE	BALANCE	POISSONS	LION	CANCER	11 CANCER
30 MAI	GÉMEAUX	CANCER	SAGITTAIRE	BALANCE	BALANCE	POISSONS	LION	CANCER	25 CANCER
31 MAI	GÉMEAUX	CANCER	SAGITTAIRE	BALANCE	BALANCE	POISSONS	LION	CANCER	9 LION
1 JUIN	CANCER	CANCER	SAGITTAIRE	BALANCE	BALANCE	POISSONS	LION	CANCER	23 LION
2 JUIN	CANCER	CANCER	SAGITTAIRE	BALANCE	BALANCE	POISSONS	LION	CANCER	7 VIERGE
3 JUIN	CANCER	CANCER	SAGITTAIRE	BALANCE	BALANCE	POISSONS	LION	CANCER	22 VIERGE
4 JUIN	CANCER	CANCER	SAGITTAIRE	BALANCE	BALANCE	POISSONS	LION	CANCER	6 BALANCE
5 JUIN	CANCER	CANCER	SAGITTAIRE	BALANCE	BALANCE	POISSONS	LION	CANCER	20 BALANCE
6 JUIN	CANCER	CANCER	SAGITTAIRE	BALANCE	BALANCE	POISSONS	LION	CANCER	4 SCORPION
7 JUIN	CANCER	CANCER	SAGITTAIRE	BALANCE	BALANCE	POISSONS	LION	CANCER	18 SCORPION
8 JUIN	CANCER	CANCER	SAGITTAIRE	BALANCE	BALANCE	POISSONS	LION	CANCER	2 SAGITTAIRE
9 JUIN	CANCER	CANCER	SAGITTAIRE	BALANCE	BALANCE	POISSONS	LION	CANCER	15 SAGITTAIRE
10 JUIN	CANCER	CANCER	SAGITTAIRE	BALANCE	BALANCE	POISSONS	LION	CANCER	29 SAGITTAIRE
11 JUIN	GÉMEAUX	CANCER	SAGITTAIRE	BALANCE	BALANCE	POISSONS	LION	CANCER	12 CAPRICORNE
12 JUIN	GÉMEAUX	CANCER	SAGITTAIRE	BALANCE	BALANCE	POISSONS	LION	CANCER	25 CAPRICORNE
13 JUIN	GÉMEAUX	CANCER	SAGITTAIRE	BALANCE	BALANCE	POISSONS	LION	CANCER	7 VERSEAU
14 JUIN	GÉMEAUX	CANCER	SAGITTAIRE	BALANCE	BALANCE	POISSONS	LION	CANCER	19 VERSEAU
15 JUIN	GÉMEAUX	CANCER	SAGITTAIRE	BALANCE	BALANCE	POISSONS	LION	CANCER	1 POISSONS
16 JUIN	GÉMEAUX	CANCER	SAGITTAIRE	BALANCE	BALANCE	POISSONS	LION	CANCER	13 POISSONS
17 JUIN	GÉMEAUX	CANCER	SAGITTAIRE	BALANCE	BALANCE	POISSONS	LION	CANCER	25 POISSONS
18 JUIN	GÉMEAUX	CANCER	SAGITTAIRE	BALANCE	BALANCE	POISSONS	LION	CANCER	7 BÉLIER
19 JUIN	GÉMEAUX	CANCER	SAGITTAIRE	BALANCE	BALANCE	POISSONS	LION	CANCER	19 BÉLIER
20 JUIN	GÉMEAUX	LION	SAGITTAIRE	BALANCE	BALANCE	POISSONS	LION	CANCER	1 TAUREAU
21 JUIN	GÉMEAUX	LION	SAGITTAIRE	BALANCE	BALANCE	POISSONS	LION	CANCER	14 TAUREAU
22 JUIN	GÉMEAUX	LION	SAGITTAIRE	BALANCE	BALANCE	POISSONS	LION	CANCER	26 TAUREAU

LE SOLEIL ENTRE DANS LE SIGNE DES GÉMEAUX LE 21 MAI 1922 A 21 h 00
LE SOLEIL QUITTE LE SIGNE DES LE 22 JUIN A 5 h 20

* LES CHIFFRES INDIQUENT LES DEGRÉS

1923	MERCURE	VÉNUS	MARS	JUPITER	SATURNE	URANUS	NEPTUNE	PLUTON	LUNE*
22 MAI	GÉMEAUX	TAUREAU	GÉMEAUX	SCORPION	BALANCE	POISSONS	LION	CANCER	16 LION
23 MAI	GÉMEAUX	TAUREAU	GÉMEAUX	SCORPION	BALANCE	POISSONS	LION	CANCER	0 VIERGE
24 MAI	GÉMEAUX	TAUREAU	GÉMEAUX	SCORPION	BALANCE	POISSONS	LION	CANCER	14 VIERGE
25 MAI	GÉMEAUX	TAUREAU	GÉMEAUX	SCORPION	BALANCE	POISSONS	LION	CANCER	28 VIERGE
26 MAI	GÉMEAUX	TAUREAU	GÉMEAUX	SCORPION	BALANCE	POISSONS	LION	CANCER	12 BALANCE
27 MAI	GÉMEAUX	TAUREAU	GÉMEAUX	SCORPION	BALANCE	POISSONS	LION	CANCER	27 BALANCE
28 MAI	GÉMEAUX	TAUREAU	GÉMEAUX	SCORPION	BALANCE	POISSONS	LION	CANCER	12 SCORPION
29 MAI	GÉMEAUX	TAUREAU	GÉMEAUX	SCORPION	BALANCE	POISSONS	LION	CANCER	27 SCORPION
30 MAI	GÉMEAUX	TAUREAU	GÉMEAUX	SCORPION	BALANCE	POISSONS	LION	CANCER	12 SAGITTAIRE
31 MAI	GÉMEAUX	TAUREAU	CANCER	SCORPION	BALANCE	POISSONS	LION	CANCER	26 SAGITTAIRE
1 JUIN	GÉMEAUX	TAUREAU	CANCER	SCORPION	BALANCE	POISSONS	LION	CANCER	11 CAPRICORNE
2 JUIN	GÉMEAUX	TAUREAU	CANCER	SCORPION	BALANCE	POISSONS	LION	CANCER	25 CAPRICORNE
3 JUIN	GÉMEAUX	TAUREAU	CANCER	SCORPION	BALANCE	POISSONS	LION	CANCER	8 VERSEAU
4 JUIN	GÉMEAUX	TAUREAU	CANCER	SCORPION	BALANCE	POISSONS	LION	CANCER	21 VERSEAU
5 JUIN	GÉMEAUX	TAUREAU	CANCER	SCORPION	BALANCE	POISSONS	LION	CANCER	3 POISSONS
6 JUIN	GÉMEAUX	TAUREAU	CANCER	SCORPION	BALANCE	POISSONS	LION	CANCER	16 POISSONS
7 JUIN	GÉMEAUX	TAUREAU	CANCER	SCORPION	BALANCE	POISSONS	LION	CANCER	28 POISSONS
8 JUIN	GÉMEAUX	TAUREAU	CANCER	SCORPION	BALANCE	POISSONS	LION	CANCER	10 BÉLIER
9 JUIN	GÉMEAUX	TAUREAU	CANCER	SCORPION	BALANCE	POISSONS	LION	CANCER	21 BÉLIER
10 JUIN	GÉMEAUX	TAUREAU	CANCER	SCORPION	BALANCE	POISSONS	LION	CANCER	3 TAUREAU
11 JUIN	GÉMEAUX	TAUREAU	CANCER	SCORPION	BALANCE	POISSONS	LION	CANCER	15 TAUREAU
12 JUIN	GÉMEAUX	TAUREAU	CANCER	SCORPION	BALANCE	POISSONS	LION	CANCER	27 TAUREAU
13 JUIN	GÉMEAUX	TAUREAU	CANCER	SCORPION	BALANCE	POISSONS	LION	CANCER	9 GÉMEAUX
14 JUIN	GÉMEAUX	TAUREAU	CANCER	SCORPION	BALANCE	POISSONS	LION	CANCER	22 GÉMEAUX
15 JUIN	GÉMEAUX	GÉMEAUX	CANCER	SCORPION	BALANCE	POISSONS	LION	CANCER	4 CANCER
16 JUIN	GÉMEAUX	GÉMEAUX	CANCER	SCORPION	BALANCE	POISSONS	LION	CANCER	17 CANCER
17 JUIN	GÉMEAUX	GÉMEAUX	CANCER	SCORPION	BALANCE	POISSONS	LION	CANCER	0 LION
18 JUIN	GÉMEAUX	GÉMEAUX	CANCER	SCORPION	BALANCE	POISSONS	LION	CANCER	13 LION
19 JUIN	GÉMEAUX	GÉMEAUX	CANCER	SCORPION	BALANCE	POISSONS	LION	CANCER	27 LION
20 JUIN	GÉMEAUX	GÉMEAUX	CANCER	SCORPION	BALANCE	POISSONS	LION	CANCER	10 VIERGE
21 JUIN	GÉMEAUX	GÉMEAUX	CANCER	SCORPION	BALANCE	POISSONS	LION	CANCER	24 VIERGE
22 JUIN	GÉMEAUX	GÉMEAUX	CANCER	SCORPION	BALANCE	POISSONS	LION	CANCER	8 BALANCE

LE SOLEIL ENTRE DANS LE SIGNE DES GÉMEAUX LE 22 MAI 1923 A 2 h 40
LE SOLEIL QUITTE LE SIGNE DES LE 22 JUIN A 11 h 00

* LES CHIFFRES INDIQUENT LES DEGRÉS

DÉCOUVREZ DANS QUEL SIGNE SE TROUVAIENT LES PLANÈTES À VOTRE NAISSANCE

924	MERCURE	VÉNUS	MARS	JUPITER	SATURNE	URANUS	NEPTUNE	PLUTON	LUNE*
MAI	TAUREAU	CANCER	VERSEAU	SAGITTAIRE	BALANCE	POISSONS	LION	CANCER	7 CAPRICORNE
MAI	TAUREAU	CANCER	VERSEAU	SAGITTAIRE	BALANCE	POISSONS	LION	CANCER	21 CAPRICORNE
MAI	TAUREAU	CANCER	VERSEAU	SAGITTAIRE	BALANCE	POISSONS	LION	CANCER	5 VERSEAU
MAI	TAUREAU	CANCER	VERSEAU	SAGITTAIRE	BALANCE	POISSONS	LION	CANCER	19 VERSEAU
MAI	TAUREAU	CANCER	VERSEAU	SAGITTAIRE	BALANCE	POISSONS	LION	CANCER	2 POISSONS
MAI	TAUREAU	CANCER	VERSEAU	SAGITTAIRE	BALANCE	POISSONS	LION	CANCER	15 POISSONS
MAI	TAUREAU	CANCER	VERSEAU	SAGITTAIRE	BALANCE	POISSONS	LION	CANCER	28 POISSONS
MAI	TAUREAU	CANCER	VERSEAU	SAGITTAIRE	BALANCE	POISSONS	LION	CANCER	10 BÉLIER
MAI	TAUREAU	CANCER	VERSEAU	SAGITTAIRE	BALANCE	POISSONS	LION	CANCER	22 BÉLIER
MAI	TAUREAU	CANCER	VERSEAU	SAGITTAIRE	BALANCE	POISSONS	LION	CANCER	4 TAUREAU
MAI	TAUREAU	CANCER	VERSEAU	SAGITTAIRE	BALANCE	POISSONS	LION	CANCER	16 TAUREAU
JUIN	TAUREAU	CANCER	VERSEAU	SAGITTAIRE	BALANCE	POISSONS	LION	CANCER	28 TAUREAU
JUIN	TAUREAU	CANCER	VERSEAU	SAGITTAIRE	BALANCE	POISSONS	LION	CANCER	10 GÉMEAUX
JUIN	TAUREAU	CANCER	VERSEAU	SAGITTAIRE	BALANCE	POISSONS	LION	CANCER	22 GÉMEAUX
JUIN	TAUREAU	CANCER	VERSEAU	SAGITTAIRE	BALANCE	POISSONS	LION	CANCER	4 CANCER
JUIN	TAUREAU	CANCER	VERSEAU	SAGITTAIRE	BALANCE	POISSONS	LION	CANCER	16 CANCER
JUIN	TAUREAU	CANCER	VERSEAU	SAGITTAIRE	BALANCE	POISSONS	LION	CANCER	28 CANCER
JUIN	TAUREAU	CANCER	VERSEAU	SAGITTAIRE	BALANCE	POISSONS	LION	CANCER	10 LION
JUIN	TAUREAU	CANCER	VERSEAU	SAGITTAIRE	BALANCE	POISSONS	LION	CANCER	22 LION
JUIN	TAUREAU	CANCER	VERSEAU	SAGITTAIRE	BALANCE	POISSONS	LION	CANCER	5 VIERGE
JUIN	TAUREAU	CANCER	VERSEAU	SAGITTAIRE	BALANCE	POISSONS	LION	CANCER	18 VIERGE
JUIN	TAUREAU	CANCER	VERSEAU	SAGITTAIRE	BALANCE	POISSONS	LION	CANCER	2 BALANCE
JUIN	TAUREAU	CANCER	VERSEAU	SAGITTAIRE	BALANCE	POISSONS	LION	CANCER	15 BALANCE
JUIN	GÉMEAUX	CANCER	VERSEAU	SAGITTAIRE	BALANCE	POISSONS	LION	CANCER	0 SCORPION
JUIN	GÉMEAUX	CANCER	VERSEAU	SAGITTAIRE	BALANCE	POISSONS	LION	CANCER	14 SCORPION
JUIN	GÉMEAUX	CANCER	VERSEAU	SAGITTAIRE	BALANCE	POISSONS	LION	CANCER	29 SCORPION
JUIN	GÉMEAUX	CANCER	VERSEAU	SAGITTAIRE	BALANCE	POISSONS	LION	CANCER	15 SAGITTAIRE
JUIN	GÉMEAUX	CANCER	VERSEAU	SAGITTAIRE	BALANCE	POISSONS	LION	CANCER	0 CAPRICORNE
JUIN	GÉMEAUX	CANCER	VERSEAU	SAGITTAIRE	BALANCE	POISSONS	LION	CANCER	15 CAPRICORNE
JUIN	GÉMEAUX	CANCER	VERSEAU	SAGITTAIRE	BALANCE	POISSONS	LION	CANCER	0 VERSEAU
JUIN	GÉMEAUX	CANCER	VERSEAU	SAGITTAIRE	BALANCE	POISSONS	LION	CANCER	14 VERSEAU
JUIN	GÉMEAUX	CANCER	VERSEAU	SAGITTAIRE	BALANCE	POISSONS	LION	CANCER	28 VERSEAU

LE SOLEIL ENTRE DANS LE SIGNE DES GÉMEAUX LE 21 MAI 1924 A 8 h 30
QUITTE LE SIGNE DES LE 21 JUIN A 17 h 00
* LES CHIFFRES INDIQUENT LES DEGRÉS

925	MERCURE	VÉNUS	MARS	JUPITER	SATURNE	URANUS	NEPTUNE	PLUTON	LUNE*
MAI	TAUREAU	GÉMEAUX	CANCER	CAPRICORNE	SCORPION	POISSONS	LION	CANCER	16 TAUREAU
MAI	TAUREAU	GÉMEAUX	CANCER	CAPRICORNE	SCORPION	POISSONS	LION	CANCER	29 TAUREAU
MAI	TAUREAU	GÉMEAUX	CANCER	CAPRICORNE	SCORPION	POISSONS	LION	CANCER	11 GÉMEAUX
MAI	TAUREAU	GÉMEAUX	CANCER	CAPRICORNE	SCORPION	POISSONS	LION	CANCER	23 GÉMEAUX
MAI	TAUREAU	GÉMEAUX	CANCER	CAPRICORNE	SCORPION	POISSONS	LION	CANCER	5 CANCER
MAI	TAUREAU	GÉMEAUX	CANCER	CAPRICORNE	SCORPION	POISSONS	LION	CANCER	17 CANCER
MAI	TAUREAU	GÉMEAUX	CANCER	CAPRICORNE	SCORPION	POISSONS	LION	CANCER	29 CANCER
MAI	TAUREAU	GÉMEAUX	CANCER	CAPRICORNE	SCORPION	POISSONS	LION	CANCER	10 LION
MAI	TAUREAU	GÉMEAUX	CANCER	CAPRICORNE	SCORPION	POISSONS	LION	CANCER	22 LION
MAI	TAUREAU	GÉMEAUX	CANCER	CAPRICORNE	SCORPION	POISSONS	LION	CANCER	4 VIERGE
MAI	TAUREAU	GÉMEAUX	CANCER	CAPRICORNE	SCORPION	POISSONS	LION	CANCER	17 VIERGE
JUIN	TAUREAU	GÉMEAUX	CANCER	CAPRICORNE	SCORPION	POISSONS	LION	CANCER	29 VIERGE
JUIN	TAUREAU	GÉMEAUX	CANCER	CAPRICORNE	SCORPION	POISSONS	LION	CANCER	12 BALANCE
JUIN	TAUREAU	GÉMEAUX	CANCER	CAPRICORNE	SCORPION	POISSONS	LION	CANCER	26 BALANCE
JUIN	TAUREAU	GÉMEAUX	CANCER	CAPRICORNE	SCORPION	POISSONS	LION	CANCER	10 SCORPION
JUIN	TAUREAU	GÉMEAUX	CANCER	CAPRICORNE	SCORPION	POISSONS	LION	CANCER	24 SCORPION
JUIN	TAUREAU	GÉMEAUX	CANCER	CAPRICORNE	SCORPION	POISSONS	LION	CANCER	9 SAGITTAIRE
JUIN	GÉMEAUX	GÉMEAUX	CANCER	CAPRICORNE	SCORPION	POISSONS	LION	CANCER	24 SAGITTAIRE
JUIN	GÉMEAUX	GÉMEAUX	CANCER	CAPRICORNE	SCORPION	POISSONS	LION	CANCER	9 CAPRICORNE
JUIN	GÉMEAUX	CANCER	CANCER	CAPRICORNE	SCORPION	POISSONS	LION	CANCER	24 CAPRICORNE
JUIN	GÉMEAUX	CANCER	CANCER	CAPRICORNE	SCORPION	POISSONS	LION	CANCER	9 VERSEAU
JUIN	GÉMEAUX	CANCER	CANCER	CAPRICORNE	SCORPION	POISSONS	LION	CANCER	23 VERSEAU
JUIN	GÉMEAUX	CANCER	CANCER	CAPRICORNE	SCORPION	POISSONS	LION	CANCER	7 POISSONS
JUIN	GÉMEAUX	CANCER	CANCER	CAPRICORNE	SCORPION	POISSONS	LION	CANCER	21 POISSONS
JUIN	GÉMEAUX	CANCER	CANCER	CAPRICORNE	SCORPION	POISSONS	LION	CANCER	5 BÉLIER
JUIN	GÉMEAUX	CANCER	CANCER	CAPRICORNE	SCORPION	POISSONS	LION	CANCER	18 BÉLIER
JUIN	GÉMEAUX	CANCER	CANCER	CAPRICORNE	SCORPION	POISSONS	LION	CANCER	1 TAUREAU
JUIN	GÉMEAUX	CANCER	CANCER	CAPRICORNE	SCORPION	POISSONS	LION	CANCER	13 TAUREAU
JUIN	GÉMEAUX	CANCER	CANCER	CAPRICORNE	SCORPION	POISSONS	LION	CANCER	26 TAUREAU
JUIN	GÉMEAUX	CANCER	CANCER	CAPRICORNE	SCORPION	POISSONS	LION	CANCER	8 GÉMEAUX
JUIN	GÉMEAUX	CANCER	CANCER	CAPRICORNE	SCORPION	POISSONS	LION	CANCER	20 GÉMEAUX
JUIN	CANCER	CANCER	CANCER	CAPRICORNE	SCORPION	POISSONS	LION	CANCER	2 CANCER

LE SOLEIL ENTRE DANS LE SIGNE DES GÉMEAUX LE 21 MAI 1925 A 14 h 30
QUITTE LE SIGNE DES LE 21 JUIN A 22 h 40
* LES CHIFFRES INDIQUENT LES DEGRÉS

DÉCOUVREZ DANS QUEL SIGNE SE TROUVAIENT LES PLANÈTES À VOTRE NAISSANCE

1926	MERCURE	VÉNUS	MARS	JUPITER	SATURNE	URANUS	NEPTUNE	PLUTON	LUNE*
21 MAI	TAUREAU	BÉLIER	POISSONS	VERSEAU	SCORPION	POISSONS	LION	CANCER	19 VIERGE
22 MAI	TAUREAU	BÉLIER	POISSONS	VERSEAU	SCORPION	POISSONS	LION	CANCER	1 BALANCE
23 MAI	TAUREAU	BÉLIER	POISSONS	VERSEAU	SCORPION	POISSONS	LION	CANCER	13 BALANCE
24 MAI	TAUREAU	BÉLIER	POISSONS	VERSEAU	SCORPION	POISSONS	LION	CANCER	26 BALANCE
25 MAI	TAUREAU	BÉLIER	POISSONS	VERSEAU	SCORPION	POISSONS	LION	CANCER	8 SCORPION
26 MAI	TAUREAU	BÉLIER	POISSONS	VERSEAU	SCORPION	POISSONS	LION	CANCER	22 SCORPION
27 MAI	TAUREAU	BÉLIER	POISSONS	VERSEAU	SCORPION	POISSONS	LION	CANCER	5 SAGITTAIR
28 MAI	TAUREAU	BÉLIER	POISSONS	VERSEAU	SCORPION	POISSONS	LION	CANCER	19 SAGITTAIR
29 MAI	TAUREAU	BÉLIER	POISSONS	VERSEAU	SCORPION	POISSONS	LION	CANCER	3 CAPRICORI
30 MAI	GÉMEAUX	BÉLIER	POISSONS	VERSEAU	SCORPION	POISSONS	LION	CANCER	17 CAPRICORI
31 MAI	GÉMEAUX	BÉLIER	POISSONS	VERSEAU	SCORPION	POISSONS	LION	CANCER	1 VERSEAU
1 JUIN	GÉMEAUX	BÉLIER	POISSONS	VERSEAU	SCORPION	POISSONS	LION	CANCER	15 VERSEAU
2 JUIN	GÉMEAUX	BÉLIER	POISSONS	VERSEAU	SCORPION	POISSONS	LION	CANCER	0 POISSONS
3 JUIN	GÉMEAUX	TAUREAU	POISSONS	VERSEAU	SCORPION	POISSONS	LION	CANCER	14 POISSONS
4 JUIN	GÉMEAUX	TAUREAU	POISSONS	VERSEAU	SCORPION	POISSONS	LION	CANCER	28 POISSONS
5 JUIN	GÉMEAUX	TAUREAU	POISSONS	VERSEAU	SCORPION	POISSONS	LION	CANCER	12 BÉLIER
6 JUIN	GÉMEAUX	TAUREAU	POISSONS	VERSEAU	SCORPION	POISSONS	LION	CANCER	26 BÉLIER
7 JUIN	GÉMEAUX	TAUREAU	POISSONS	VERSEAU	SCORPION	POISSONS	LION	CANCER	10 TAUREAU
8 JUIN	GÉMEAUX	TAUREAU	POISSONS	VERSEAU	SCORPION	POISSONS	LION	CANCER	23 TAUREAU
9 JUIN	GÉMEAUX	TAUREAU	POISSONS	VERSEAU	SCORPION	POISSONS	LION	CANCER	6 GÉMEAUX
10 JUIN	GÉMEAUX	TAUREAU	POISSONS	VERSEAU	SCORPION	POISSONS	LION	CANCER	19 GÉMEAUX
11 JUIN	GÉMEAUX	TAUREAU	POISSONS	VERSEAU	SCORPION	POISSONS	LION	CANCER	2 CANCER
12 JUIN	CANCER	TAUREAU	POISSONS	VERSEAU	SCORPION	POISSONS	LION	CANCER	15 CANCER
13 JUIN	CANCER	TAUREAU	POISSONS	VERSEAU	SCORPION	POISSONS	LION	CANCER	27 CANCER
14 JUIN	CANCER	TAUREAU	POISSONS	VERSEAU	SCORPION	POISSONS	LION	CANCER	9 LION
15 JUIN	CANCER	TAUREAU	BÉLIER	VERSEAU	SCORPION	POISSONS	LION	CANCER	21 LION
16 JUIN	CANCER	TAUREAU	BÉLIER	VERSEAU	SCORPION	POISSONS	LION	CANCER	3 VIERGE
17 JUIN	CANCER	TAUREAU	BÉLIER	VERSEAU	SCORPION	POISSONS	LION	CANCER	15 VIERGE
18 JUIN	CANCER	TAUREAU	BÉLIER	VERSEAU	SCORPION	POISSONS	LION	CANCER	27 VIERGE
19 JUIN	CANCER	TAUREAU	BÉLIER	VERSEAU	SCORPION	POISSONS	LION	CANCER	9 BALANCE
20 JUIN	CANCER	TAUREAU	BÉLIER	VERSEAU	SCORPION	POISSONS	LION	CANCER	21 BALANCE
21 JUIN	CANCER	TAUREAU	BÉLIER	VERSEAU	SCORPION	POISSONS	LION	CANCER	4 SCORPION
22 JUIN	CANCER	TAUREAU	BÉLIER	VERSEAU	SCORPION	POISSONS	LION	CANCER	17 SCORPION

LE SOLEIL ENTRE DANS LE SIGNE DES GÉMEAUX LE 21 MAI 1926 A 20 h 10
QUITTE LE SIGNE DES LE 22 JUIN A 4 h 30
* LES CHIFFRES INDIQUENT LES DEGRÉS

1927	MERCURE	VÉNUS	MARS	JUPITER	SATURNE	URANUS	NEPTUNE	PLUTON	LUNE*
22 MAI	GÉMEAUX	CANCER	CANCER	POISSONS	SAGITTAIRE	BÉLIER	LION	CANCER	8 VERSEAU
23 MAI	GÉMEAUX	CANCER	CANCER	POISSONS	SAGITTAIRE	BÉLIER	LION	CANCER	22 VERSEAU
24 MAI	GÉMEAUX	CANCER	CANCER	POISSONS	SAGITTAIRE	BÉLIER	LION	CANCER	5 POISSONS
25 MAI	GÉMEAUX	CANCER	CANCER	POISSONS	SAGITTAIRE	BÉLIER	LION	CANCER	20 POISSONS
26 MAI	GÉMEAUX	CANCER	CANCER	POISSONS	SAGITTAIRE	BÉLIER	LION	CANCER	4 BÉLIER
27 MAI	GÉMEAUX	CANCER	CANCER	POISSONS	SAGITTAIRE	BÉLIER	LION	CANCER	19 BÉLIER
28 MAI	GÉMEAUX	CANCER	CANCER	POISSONS	SAGITTAIRE	BÉLIER	LION	CANCER	3 TAUREAU
29 MAI	GÉMEAUX	CANCER	CANCER	POISSONS	SAGITTAIRE	BÉLIER	LION	CANCER	18 TAUREAU
30 MAI	GÉMEAUX	CANCER	CANCER	POISSONS	SAGITTAIRE	BÉLIER	LION	CANCER	3 GÉMEAUX
31 MAI	GÉMEAUX	CANCER	CANCER	POISSONS	SAGITTAIRE	BÉLIER	LION	CANCER	17 GÉMEAUX
1 JUIN	GÉMEAUX	CANCER	CANCER	POISSONS	SAGITTAIRE	BÉLIER	LION	CANCER	1 CANCER
2 JUIN	GÉMEAUX	CANCER	CANCER	POISSONS	SAGITTAIRE	BÉLIER	LION	CANCER	14 CANCER
3 JUIN	GÉMEAUX	CANCER	CANCER	POISSONS	SAGITTAIRE	BÉLIER	LION	CANCER	28 CANCER
4 JUIN	GÉMEAUX	CANCER	CANCER	POISSONS	SAGITTAIRE	BÉLIER	LION	CANCER	11 LION
5 JUIN	CANCER	CANCER	CANCER	POISSONS	SAGITTAIRE	BÉLIER	LION	CANCER	23 LION
6 JUIN	CANCER	CANCER	LION	BÉLIER	SAGITTAIRE	BÉLIER	LION	CANCER	5 VIERGE
7 JUIN	CANCER	CANCER	LION	BÉLIER	SAGITTAIRE	BÉLIER	LION	CANCER	17 VIERGE
8 JUIN	CANCER	LION	LION	BÉLIER	SAGITTAIRE	BÉLIER	LION	CANCER	29 VIERGE
9 JUIN	CANCER	LION	LION	BÉLIER	SAGITTAIRE	BÉLIER	LION	CANCER	11 BALANCE
10 JUIN	CANCER	LION	LION	BÉLIER	SAGITTAIRE	BÉLIER	LION	CANCER	23 BALANCE
11 JUIN	CANCER	LION	LION	BÉLIER	SAGITTAIRE	BÉLIER	LION	CANCER	5 SCORPION
12 JUIN	CANCER	LION	LION	BÉLIER	SAGITTAIRE	BÉLIER	LION	CANCER	17 SCORPION
13 JUIN	CANCER	LION	LION	BÉLIER	SAGITTAIRE	BÉLIER	LION	CANCER	0 SAGITTAIR
14 JUIN	CANCER	LION	LION	BÉLIER	SAGITTAIRE	BÉLIER	LION	CANCER	12 SAGITTAIR
15 JUIN	CANCER	LION	LION	BÉLIER	SAGITTAIRE	BÉLIER	LION	CANCER	25 SAGITTAIR
16 JUIN	CANCER	LION	LION	BÉLIER	SAGITTAIRE	BÉLIER	LION	CANCER	8 CAPRICORI
17 JUIN	CANCER	LION	LION	BÉLIER	SAGITTAIRE	BÉLIER	LION	CANCER	21 CAPRICORI
18 JUIN	CANCER	LION	LION	BÉLIER	SAGITTAIRE	BÉLIER	LION	CANCER	5 VERSEAU
19 JUIN	CANCER	LION	LION	BÉLIER	SAGITTAIRE	BÉLIER	LION	CANCER	18 VERSEAU
20 JUIN	CANCER	LION	LION	BÉLIER	SAGITTAIRE	BÉLIER	LION	CANCER	2 POISSONS
21 JUIN	CANCER	LION	LION	BÉLIER	SAGITTAIRE	BÉLIER	LION	CANCER	16 POISSONS
22 JUIN	CANCER	LION	LION	BÉLIER	SAGITTAIRE	BÉLIER	LION	CANCER	1 BÉLIER

LE SOLEIL ENTRE DANS LE SIGNE DES GÉMEAUX LE 22 MAI 1927 A 2 h 00
QUITTE LE SIGNE DES LE 22 JUIN A 10 h 15
* LES CHIFFRES INDIQUENT LES DEGRÉS

DÉCOUVREZ DANS QUEL SIGNE SE TROUVAIENT LES PLANÈTES À VOTRE NAISSANCE

1928	MERCURE	VÉNUS	MARS	JUPITER	SATURNE	URANUS	NEPTUNE	PLUTON	LUNE*
1 MAI	GÉMEAUX	TAUREAU	BÉLIER	BÉLIER	SAGITTAIRE	BÉLIER	LION	CANCER	27 GÉMEAUX
2 MAI	GÉMEAUX	TAUREAU	BÉLIER	BÉLIER	SAGITTAIRE	BÉLIER	LION	CANCER	12 CANCER
3 MAI	GÉMEAUX	TAUREAU	BÉLIER	BÉLIER	SAGITTAIRE	BÉLIER	LION	CANCER	26 CANCER
4 MAI	GÉMEAUX	TAUREAU	BÉLIER	BÉLIER	SAGITTAIRE	BÉLIER	LION	CANCER	10 LION
5 MAI	GÉMEAUX	TAUREAU	BÉLIER	BÉLIER	SAGITTAIRE	BÉLIER	LION	CANCER	23 LION
6 MAI	GÉMEAUX	TAUREAU	BÉLIER	BÉLIER	SAGITTAIRE	BÉLIER	LION	CANCER	6 VIERGE
7 MAI	GÉMEAUX	TAUREAU	BÉLIER	BÉLIER	SAGITTAIRE	BÉLIER	LION	CANCER	19 VIERGE
8 MAI	GÉMEAUX	TAUREAU	BÉLIER	BÉLIER	SAGITTAIRE	BÉLIER	LION	CANCER	1 BALANCE
9 MAI	CANCER	TAUREAU	BÉLIER	BÉLIER	SAGITTAIRE	BÉLIER	LION	CANCER	13 BALANCE
10 MAI	CANCER	GÉMEAUX	BÉLIER	BÉLIER	SAGITTAIRE	BÉLIER	LION	CANCER	25 BALANCE
11 MAI	CANCER	GÉMEAUX	BÉLIER	BÉLIER	SAGITTAIRE	BÉLIER	LION	CANCER	7 SCORPION
1 JUIN	CANCER	GÉMEAUX	BÉLIER	BÉLIER	SAGITTAIRE	BÉLIER	LION	CANCER	19 SCORPION
2 JUIN	CANCER	GÉMEAUX	BÉLIER	BÉLIER	SAGITTAIRE	BÉLIER	LION	CANCER	0 SAGITTAIRE
3 JUIN	CANCER	GÉMEAUX	BÉLIER	BÉLIER	SAGITTAIRE	BÉLIER	LION	CANCER	12 SAGITTAIRE
4 JUIN	CANCER	GÉMEAUX	BÉLIER	TAUREAU	SAGITTAIRE	BÉLIER	LION	CANCER	24 SAGITTAIRE
5 JUIN	CANCER	GÉMEAUX	BÉLIER	TAUREAU	SAGITTAIRE	BÉLIER	LION	CANCER	6 CAPRICORNE
6 JUIN	CANCER	GÉMEAUX	BÉLIER	TAUREAU	SAGITTAIRE	BÉLIER	LION	CANCER	18 CAPRICORNE
7 JUIN	CANCER	GÉMEAUX	BÉLIER	TAUREAU	SAGITTAIRE	BÉLIER	LION	CANCER	1 VERSEAU
8 JUIN	CANCER	GÉMEAUX	BÉLIER	TAUREAU	SAGITTAIRE	BÉLIER	LION	CANCER	14 VERSEAU
9 JUIN	CANCER	GÉMEAUX	BÉLIER	TAUREAU	SAGITTAIRE	BÉLIER	LION	CANCER	26 VERSEAU
10 JUIN	CANCER	GÉMEAUX	BÉLIER	TAUREAU	SAGITTAIRE	BÉLIER	LION	CANCER	10 POISSONS
11 JUIN	CANCER	GÉMEAUX	BÉLIER	TAUREAU	SAGITTAIRE	BÉLIER	LION	CANCER	23 POISSONS
12 JUIN	CANCER	GÉMEAUX	BÉLIER	TAUREAU	SAGITTAIRE	BÉLIER	LION	CANCER	7 BÉLIER
13 JUIN	CANCER	GÉMEAUX	BÉLIER	TAUREAU	SAGITTAIRE	BÉLIER	LION	CANCER	21 BÉLIER
14 JUIN	CANCER	GÉMEAUX	BÉLIER	TAUREAU	SAGITTAIRE	BÉLIER	LION	CANCER	6 TAUREAU
15 JUIN	CANCER	GÉMEAUX	BÉLIER	TAUREAU	SAGITTAIRE	BÉLIER	LION	CANCER	21 TAUREAU
16 JUIN	CANCER	GÉMEAUX	BÉLIER	TAUREAU	SAGITTAIRE	BÉLIER	LION	CANCER	6 GÉMEAUX
17 JUIN	CANCER	GÉMEAUX	BÉLIER	TAUREAU	SAGITTAIRE	BÉLIER	LION	CANCER	21 GÉMEAUX
18 JUIN	CANCER	GÉMEAUX	BÉLIER	TAUREAU	SAGITTAIRE	BÉLIER	LION	CANCER	5 CANCER
19 JUIN	CANCER	GÉMEAUX	BÉLIER	TAUREAU	SAGITTAIRE	BÉLIER	LION	CANCER	20 CANCER
20 JUIN	CANCER	GÉMEAUX	BÉLIER	TAUREAU	SAGITTAIRE	BÉLIER	LION	CANCER	4 LION
21 JUIN	CANCER	GÉMEAUX	BÉLIER	TAUREAU	SAGITTAIRE	BÉLIER	LION	CANCER	18 LION

LE SOLEIL ENTRE DANS LE SIGNE DES GÉMEAUX LE 21 MAI 1928 A 7 h 50
LE SOLEIL QUITTE LE SIGNE DES LE 21 JUIN A 16 h 00
* LES CHIFFRES INDIQUENT LES DEGRÉS

1929	MERCURE	VÉNUS	MARS	JUPITER	SATURNE	URANUS	NEPTUNE	PLUTON	LUNE*
1 MAI	GÉMEAUX	BÉLIER	LION	TAUREAU	SAGITTAIRE	BÉLIER	LION	CANCER	7 SCORPION
2 MAI	GÉMEAUX	BÉLIER	LION	TAUREAU	SAGITTAIRE	BÉLIER	LION	CANCER	19 SCORPION
3 MAI	GÉMEAUX	BÉLIER	LION	TAUREAU	SAGITTAIRE	BÉLIER	LION	CANCER	1 SAGITTAIRE
4 MAI	GÉMEAUX	BÉLIER	LION	TAUREAU	SAGITTAIRE	BÉLIER	LION	CANCER	13 SAGITTAIRE
5 MAI	GÉMEAUX	BÉLIER	LION	TAUREAU	SAGITTAIRE	BÉLIER	LION	CANCER	25 SAGITTAIRE
6 MAI	GÉMEAUX	BÉLIER	LION	TAUREAU	SAGITTAIRE	BÉLIER	LION	CANCER	7 CAPRICORNE
7 MAI	GÉMEAUX	BÉLIER	LION	TAUREAU	SAGITTAIRE	BÉLIER	LION	CANCER	19 CAPRICORNE
8 MAI	GÉMEAUX	BÉLIER	LION	TAUREAU	SAGITTAIRE	BÉLIER	LION	CANCER	1 VERSEAU
9 MAI	GÉMEAUX	BÉLIER	LION	TAUREAU	SAGITTAIRE	BÉLIER	LION	CANCER	13 VERSEAU
10 MAI	GÉMEAUX	BÉLIER	LION	TAUREAU	SAGITTAIRE	BÉLIER	LION	CANCER	25 VERSEAU
11 MAI	GÉMEAUX	BÉLIER	LION	TAUREAU	SAGITTAIRE	BÉLIER	LION	CANCER	7 POISSONS
1 JUIN	GÉMEAUX	BÉLIER	LION	TAUREAU	SAGITTAIRE	BÉLIER	LION	CANCER	20 POISSONS
2 JUIN	GÉMEAUX	BÉLIER	LION	TAUREAU	SAGITTAIRE	BÉLIER	LION	CANCER	3 BÉLIER
3 JUIN	GÉMEAUX	TAUREAU	LION	TAUREAU	SAGITTAIRE	BÉLIER	LION	CANCER	17 BÉLIER
4 JUIN	GÉMEAUX	TAUREAU	LION	TAUREAU	SAGITTAIRE	BÉLIER	LION	CANCER	1 TAUREAU
5 JUIN	GÉMEAUX	TAUREAU	LION	TAUREAU	SAGITTAIRE	BÉLIER	LION	CANCER	15 TAUREAU
6 JUIN	GÉMEAUX	TAUREAU	LION	TAUREAU	SAGITTAIRE	BÉLIER	LION	CANCER	0 GÉMEAUX
7 JUIN	GÉMEAUX	TAUREAU	LION	TAUREAU	SAGITTAIRE	BÉLIER	LION	CANCER	15 GÉMEAUX
8 JUIN	GÉMEAUX	TAUREAU	LION	TAUREAU	SAGITTAIRE	BÉLIER	LION	CANCER	0 CANCER
9 JUIN	GÉMEAUX	TAUREAU	LION	TAUREAU	SAGITTAIRE	BÉLIER	LION	CANCER	15 CANCER
10 JUIN	GÉMEAUX	TAUREAU	LION	TAUREAU	SAGITTAIRE	BÉLIER	LION	CANCER	0 LION
11 JUIN	GÉMEAUX	TAUREAU	LION	TAUREAU	SAGITTAIRE	BÉLIER	LION	CANCER	15 LION
12 JUIN	GÉMEAUX	TAUREAU	LION	GÉMEAUX	SAGITTAIRE	BÉLIER	LION	CANCER	29 LION
13 JUIN	GÉMEAUX	TAUREAU	LION	GÉMEAUX	SAGITTAIRE	BÉLIER	LION	CANCER	13 VIERGE
14 JUIN	GÉMEAUX	TAUREAU	LION	GÉMEAUX	SAGITTAIRE	BÉLIER	LION	CANCER	26 VIERGE
15 JUIN	GÉMEAUX	TAUREAU	LION	GÉMEAUX	SAGITTAIRE	BÉLIER	LION	CANCER	9 BALANCE
16 JUIN	GÉMEAUX	TAUREAU	LION	GÉMEAUX	SAGITTAIRE	BÉLIER	LION	CANCER	22 BALANCE
17 JUIN	GÉMEAUX	TAUREAU	LION	GÉMEAUX	SAGITTAIRE	BÉLIER	LION	CANCER	4 SCORPION
18 JUIN	GÉMEAUX	TAUREAU	LION	GÉMEAUX	SAGITTAIRE	BÉLIER	LION	CANCER	16 SCORPION
19 JUIN	GÉMEAUX	TAUREAU	LION	GÉMEAUX	SAGITTAIRE	BÉLIER	LION	CANCER	28 SCORPION
20 JUIN	GÉMEAUX	TAUREAU	LION	GÉMEAUX	SAGITTAIRE	BÉLIER	LION	CANCER	10 SAGITTAIRE
21 JUIN	GÉMEAUX	TAUREAU	LION	GÉMEAUX	SAGITTAIRE	BÉLIER	LION	CANCER	22 SAGITTAIRE

LE SOLEIL ENTRE DANS LE SIGNE DES GÉMEAUX LE 21 MAI 1929 A 13 h 40
LE SOLEIL QUITTE LE SIGNE DES LE 21 JUIN A 22 h 00
* LES CHIFFRES INDIQUENT LES DEGRÉS

DÉCOUVREZ DANS QUEL SIGNE SE TROUVAIENT LES PLANÈTES À VOTRE NAISSANCE

1930	MERCURE	VÉNUS	MARS	JUPITER	SATURNE	URANUS	NEPTUNE	PLUTON	LUNE*
21 MAI	TAUREAU	GÉMEAUX	BÉLIER	GÉMEAUX	CAPRICORNE	BÉLIER	VIERGE	CANCER	8 POISSONS
22 MAI	TAUREAU	GÉMEAUX	BÉLIER	GÉMEAUX	CAPRICORNE	BÉLIER	VIERGE	CANCER	20 POISSONS
23 MAI	TAUREAU	GÉMEAUX	BÉLIER	GÉMEAUX	CAPRICORNE	BÉLIER	VIERGE	CANCER	3 BÉLIER
24 MAI	TAUREAU	GÉMEAUX	BÉLIER	GÉMEAUX	CAPRICORNE	BÉLIER	VIERGE	CANCER	15 BÉLIER
25 MAI	TAUREAU	CANCER	BÉLIER	GÉMEAUX	CAPRICORNE	BÉLIER	VIERGE	CANCER	28 BÉLIER
26 MAI	TAUREAU	CANCER	BÉLIER	GÉMEAUX	CAPRICORNE	BÉLIER	VIERGE	CANCER	12 TAUREAU
27 MAI	TAUREAU	CANCER	BÉLIER	GÉMEAUX	CAPRICORNE	BÉLIER	VIERGE	CANCER	26 TAUREAU
28 MAI	TAUREAU	CANCER	BÉLIER	GÉMEAUX	CAPRICORNE	BÉLIER	VIERGE	CANCER	10 GÉMEAUX
29 MAI	TAUREAU	CANCER	BÉLIER	GÉMEAUX	CAPRICORNE	BÉLIER	VIERGE	CANCER	24 GÉMEAUX
30 MAI	TAUREAU	CANCER	BÉLIER	GÉMEAUX	CAPRICORNE	BÉLIER	VIERGE	CANCER	8 CANCER
31 MAI	TAUREAU	CANCER	BÉLIER	GÉMEAUX	CAPRICORNE	BÉLIER	VIERGE	CANCER	23 CANCER
1 JUIN	TAUREAU	CANCER	BÉLIER	GÉMEAUX	CAPRICORNE	BÉLIER	VIERGE	CANCER	8 LION
2 JUIN	TAUREAU	CANCER	BÉLIER	GÉMEAUX	CAPRICORNE	BÉLIER	VIERGE	CANCER	22 LION
3 JUIN	TAUREAU	CANCER	TAUREAU	GÉMEAUX	CAPRICORNE	BÉLIER	VIERGE	CANCER	6 VIERGE
4 JUIN	TAUREAU	CANCER	TAUREAU	GÉMEAUX	CAPRICORNE	BÉLIER	VIERGE	CANCER	20 VIERGE
5 JUIN	TAUREAU	CANCER	TAUREAU	GÉMEAUX	CAPRICORNE	BÉLIER	VIERGE	CANCER	4 BALANCE
6 JUIN	TAUREAU	CANCER	TAUREAU	GÉMEAUX	CAPRICORNE	BÉLIER	VIERGE	CANCER	18 BALANCE
7 JUIN	TAUREAU	CANCER	TAUREAU	GÉMEAUX	CAPRICORNE	BÉLIER	VIERGE	CANCER	1 SCORPION
8 JUIN	TAUREAU	CANCER	TAUREAU	GÉMEAUX	CAPRICORNE	BÉLIER	VIERGE	CANCER	14 SCORPION
9 JUIN	TAUREAU	CANCER	TAUREAU	GÉMEAUX	CAPRICORNE	BÉLIER	VIERGE	CANCER	27 SCORPION
10 JUIN	TAUREAU	CANCER	TAUREAU	GÉMEAUX	CAPRICORNE	BÉLIER	VIERGE	CANCER	10 SAGITTAIRE
11 JUIN	TAUREAU	CANCER	TAUREAU	GÉMEAUX	CAPRICORNE	BÉLIER	VIERGE	CANCER	22 SAGITTAIRE
12 JUIN	TAUREAU	CANCER	TAUREAU	GÉMEAUX	CAPRICORNE	BÉLIER	VIERGE	CANCER	4 CAPRICORNE
13 JUIN	TAUREAU	CANCER	TAUREAU	GÉMEAUX	CAPRICORNE	BÉLIER	VIERGE	CANCER	17 CAPRICORNE
14 JUIN	TAUREAU	CANCER	TAUREAU	GÉMEAUX	CAPRICORNE	BÉLIER	VIERGE	CANCER	29 CAPRICORNE
15 JUIN	GÉMEAUX	CANCER	TAUREAU	GÉMEAUX	CAPRICORNE	BÉLIER	VIERGE	CANCER	11 VERSEAU
16 JUIN	GÉMEAUX	CANCER	TAUREAU	GÉMEAUX	CAPRICORNE	BÉLIER	VIERGE	CANCER	23 VERSEAU
17 JUIN	GÉMEAUX	CANCER	TAUREAU	GÉMEAUX	CAPRICORNE	BÉLIER	VIERGE	CANCER	4 POISSONS
18 JUIN	GÉMEAUX	CANCER	TAUREAU	GÉMEAUX	CAPRICORNE	BÉLIER	VIERGE	CANCER	16 POISSONS
19 JUIN	GÉMEAUX	LION	TAUREAU	GÉMEAUX	CAPRICORNE	BÉLIER	VIERGE	CANCER	29 POISSONS
20 JUIN	GÉMEAUX	LION	TAUREAU	GÉMEAUX	CAPRICORNE	BÉLIER	VIERGE	CANCER	11 BÉLIER
21 JUIN	GÉMEAUX	LION	TAUREAU	GÉMEAUX	CAPRICORNE	BÉLIER	VIERGE	CANCER	23 BÉLIER
22 JUIN	GÉMEAUX	LION	TAUREAU	GÉMEAUX	CAPRICORNE	BÉLIER	VIERGE	CANCER	6 TAUREAU

LE SOLEIL — ENTRE DANS LE SIGNE DES GÉMEAUX LE 21 MAI 1930 A 19 h 30
QUITTE LE SIGNE DES LE 22 JUIN A 3 h 40
* LES CHIFFRES INDIQUENT LES DEGRÉS

1931	MERCURE	VÉNUS	MARS	JUPITER	SATURNE	URANUS	NEPTUNE	PLUTON	LUNE*
22 MAI	TAUREAU	TAUREAU	LION	CANCER	CAPRICORNE	BÉLIER	VIERGE	CANCER	0 LION
23 MAI	TAUREAU	TAUREAU	LION	CANCER	CAPRICORNE	BÉLIER	VIERGE	CANCER	14 LION
24 MAI	TAUREAU	TAUREAU	LION	CANCER	CAPRICORNE	BÉLIER	VIERGE	CANCER	28 LION
25 MAI	TAUREAU	TAUREAU	LION	CANCER	CAPRICORNE	BÉLIER	VIERGE	CANCER	12 VIERGE
26 MAI	TAUREAU	TAUREAU	LION	CANCER	CAPRICORNE	BÉLIER	VIERGE	CANCER	26 VIERGE
27 MAI	TAUREAU	TAUREAU	LION	CANCER	CAPRICORNE	BÉLIER	VIERGE	CANCER	10 BALANCE
28 MAI	TAUREAU	TAUREAU	LION	CANCER	CAPRICORNE	BÉLIER	VIERGE	CANCER	25 BALANCE
29 MAI	TAUREAU	TAUREAU	LION	CANCER	CAPRICORNE	BÉLIER	VIERGE	CANCER	9 SCORPION
30 MAI	TAUREAU	TAUREAU	LION	CANCER	CAPRICORNE	BÉLIER	VIERGE	CANCER	23 SCORPION
31 MAI	TAUREAU	TAUREAU	LION	CANCER	CAPRICORNE	BÉLIER	VIERGE	CANCER	7 SAGITTAIRE
1 JUIN	TAUREAU	TAUREAU	LION	CANCER	CAPRICORNE	BÉLIER	VIERGE	CANCER	21 SAGITTAIRE
2 JUIN	TAUREAU	TAUREAU	LION	CANCER	CAPRICORNE	BÉLIER	VIERGE	CANCER	5 CAPRICORNE
3 JUIN	TAUREAU	TAUREAU	LION	CANCER	CAPRICORNE	BÉLIER	VIERGE	CANCER	18 CAPRICORNE
4 JUIN	TAUREAU	TAUREAU	LION	CANCER	CAPRICORNE	BÉLIER	VIERGE	CANCER	1 VERSEAU
5 JUIN	TAUREAU	TAUREAU	LION	CANCER	CAPRICORNE	BÉLIER	VIERGE	CANCER	13 VERSEAU
6 JUIN	TAUREAU	TAUREAU	LION	CANCER	CAPRICORNE	BÉLIER	VIERGE	CANCER	25 VERSEAU
7 JUIN	TAUREAU	TAUREAU	LION	CANCER	CAPRICORNE	BÉLIER	VIERGE	CANCER	7 POISSONS
8 JUIN	TAUREAU	TAUREAU	LION	CANCER	CAPRICORNE	BÉLIER	VIERGE	CANCER	19 POISSONS
9 JUIN	TAUREAU	TAUREAU	LION	CANCER	CAPRICORNE	BÉLIER	VIERGE	CANCER	1 BÉLIER
10 JUIN	TAUREAU	TAUREAU	LION	CANCER	CAPRICORNE	BÉLIER	VIERGE	CANCER	12 BÉLIER
11 JUIN	GÉMEAUX	TAUREAU	VIERGE	CANCER	CAPRICORNE	BÉLIER	VIERGE	CANCER	25 BÉLIER
12 JUIN	GÉMEAUX	TAUREAU	VIERGE	CANCER	CAPRICORNE	BÉLIER	VIERGE	CANCER	7 TAUREAU
13 JUIN	GÉMEAUX	TAUREAU	VIERGE	CANCER	CAPRICORNE	BÉLIER	VIERGE	CANCER	19 TAUREAU
14 JUIN	GÉMEAUX	TAUREAU	VIERGE	CANCER	CAPRICORNE	BÉLIER	VIERGE	CANCER	2 GÉMEAUX
15 JUIN	GÉMEAUX	GÉMEAUX	VIERGE	CANCER	CAPRICORNE	BÉLIER	VIERGE	CANCER	15 GÉMEAUX
16 JUIN	GÉMEAUX	GÉMEAUX	VIERGE	CANCER	CAPRICORNE	BÉLIER	VIERGE	CANCER	29 GÉMEAUX
17 JUIN	GÉMEAUX	GÉMEAUX	VIERGE	CANCER	CAPRICORNE	BÉLIER	VIERGE	CANCER	12 CANCER
18 JUIN	GÉMEAUX	GÉMEAUX	VIERGE	CANCER	CAPRICORNE	BÉLIER	VIERGE	CANCER	26 CANCER
19 JUIN	GÉMEAUX	GÉMEAUX	VIERGE	CANCER	CAPRICORNE	BÉLIER	VIERGE	CANCER	10 LION
20 JUIN	GÉMEAUX	GÉMEAUX	VIERGE	CANCER	CAPRICORNE	BÉLIER	VIERGE	CANCER	25 LION
21 JUIN	GÉMEAUX	GÉMEAUX	VIERGE	CANCER	CAPRICORNE	BÉLIER	VIERGE	CANCER	9 VIERGE
22 JUIN	GÉMEAUX	GÉMEAUX	VIERGE	CANCER	CAPRICORNE	BÉLIER	VIERGE	CANCER	23 VIERGE

LE SOLEIL — ENTRE DANS LE SIGNE DES GÉMEAUX LE 22 MAI 1931 A 1 h 00
QUITTE LE SIGNE DES LE 22 JUIN A 9 h 20
* LES CHIFFRES INDIQUENT LES DEGRÉS

DÉCOUVREZ DANS QUEL SIGNE SE TROUVAIENT LES PLANÈTES À VOTRE NAISSANCE

1932

	MERCURE	VÉNUS	MARS	JUPITER	SATURNE	URANUS	NEPTUNE	PLUTON	LUNE*
MAI	TAUREAU	CANCER	TAUREAU	LION	VERSEAU	BÉLIER	VIERGE	CANCER	18 SAGITTAIRE
MAI	TAUREAU	CANCER	TAUREAU	LION	VERSEAU	BÉLIER	VIERGE	CANCER	3 CAPRICORNE
MAI	TAUREAU	CANCER	TAUREAU	LION	VERSEAU	BÉLIER	VIERGE	CANCER	17 CAPRICORNE
MAI	TAUREAU	CANCER	TAUREAU	LION	VERSEAU	BÉLIER	VIERGE	CANCER	1 VERSEAU
MAI	TAUREAU	CANCER	TAUREAU	LION	VERSEAU	BÉLIER	VIERGE	CANCER	14 VERSEAU
MAI	TAUREAU	CANCER	TAUREAU	LION	VERSEAU	BÉLIER	VIERGE	CANCER	27 VERSEAU
MAI	TAUREAU	CANCER	TAUREAU	LION	VERSEAU	BÉLIER	VIERGE	CANCER	9 POISSONS
MAI	TAUREAU	CANCER	TAUREAU	LION	VERSEAU	BÉLIER	VIERGE	CANCER	21 POISSONS
MAI	TAUREAU	CANCER	TAUREAU	LION	VERSEAU	BÉLIER	VIERGE	CANCER	3 BÉLIER
MAI	TAUREAU	CANCER	TAUREAU	LION	VERSEAU	BÉLIER	VIERGE	CANCER	15 BÉLIER
MAI	TAUREAU	CANCER	TAUREAU	LION	VERSEAU	BÉLIER	VIERGE	CANCER	27 BÉLIER
JUIN	TAUREAU	CANCER	TAUREAU	LION	VERSEAU	BÉLIER	VIERGE	CANCER	8 TAUREAU
JUIN	TAUREAU	CANCER	TAUREAU	LION	VERSEAU	BÉLIER	VIERGE	CANCER	20 TAUREAU
JUIN	GÉMEAUX	CANCER	TAUREAU	LION	VERSEAU	BÉLIER	VIERGE	CANCER	2 GÉMEAUX
JUIN	GÉMEAUX	CANCER	TAUREAU	LION	VERSEAU	BÉLIER	VIERGE	CANCER	15 GÉMEAUX
JUIN	GÉMEAUX	CANCER	TAUREAU	LION	VERSEAU	BÉLIER	VIERGE	CANCER	27 GÉMEAUX
JUIN	GÉMEAUX	CANCER	TAUREAU	LION	VERSEAU	BÉLIER	VIERGE	CANCER	9 CANCER
JUIN	GÉMEAUX	CANCER	TAUREAU	LION	VERSEAU	BÉLIER	VIERGE	CANCER	22 CANCER
JUIN	GÉMEAUX	CANCER	TAUREAU	LION	VERSEAU	BÉLIER	VIERGE	CANCER	5 LION
JUIN	GÉMEAUX	CANCER	TAUREAU	LION	VERSEAU	BÉLIER	VIERGE	CANCER	18 LION
JUIN	GÉMEAUX	CANCER	TAUREAU	LION	VERSEAU	BÉLIER	VIERGE	CANCER	1 VIERGE
JUIN	GÉMEAUX	CANCER	TAUREAU	LION	VERSEAU	BÉLIER	VIERGE	CANCER	15 VIERGE
JUIN	GÉMEAUX	CANCER	TAUREAU	LION	VERSEAU	BÉLIER	VIERGE	CANCER	29 VIERGE
JUIN	GÉMEAUX	CANCER	TAUREAU	LION	VERSEAU	BÉLIER	VIERGE	CANCER	13 BALANCE
JUIN	GÉMEAUX	CANCER	TAUREAU	LION	VERSEAU	BÉLIER	VIERGE	CANCER	27 BALANCE
JUIN	GÉMEAUX	CANCER	TAUREAU	LION	VERSEAU	BÉLIER	VIERGE	CANCER	12 SCORPION
JUIN	GÉMEAUX	CANCER	TAUREAU	LION	VERSEAU	BÉLIER	VIERGE	CANCER	27 SCORPION
JUIN	CANCER	CANCER	TAUREAU	LION	VERSEAU	BÉLIER	VIERGE	CANCER	12 SAGITTAIRE
JUIN	CANCER	CANCER	TAUREAU	LION	VERSEAU	BÉLIER	VIERGE	CANCER	26 SAGITTAIRE
JUIN	CANCER	CANCER	TAUREAU	LION	VERSEAU	BÉLIER	VIERGE	CANCER	11 CAPRICORNE
JUIN	CANCER	CANCER	TAUREAU	LION	VERSEAU	BÉLIER	VIERGE	CANCER	25 CAPRICORNE
JUIN	CANCER	CANCER	TAUREAU	LION	VERSEAU	BÉLIER	VIERGE	CANCER	9 VERSEAU

LE SOLEIL ENTRE DANS LE SIGNE DES GÉMEAUX LE 21 MAI 1932 A 7 h 00
LE SOLEIL QUITTE LE SIGNE DES LE 21 JUIN A 15 h 15

* LES CHIFFRES INDIQUENT LES DEGRÉS

1933

	MERCURE	VÉNUS	MARS	JUPITER	SATURNE	URANUS	NEPTUNE	PLUTON	LUNE*
1 MAI	TAUREAU	GÉMEAUX	VIERGE	VIERGE	VERSEAU	BÉLIER	VIERGE	CANCER	27 BÉLIER
2 MAI	TAUREAU	GÉMEAUX	VIERGE	VIERGE	VERSEAU	BÉLIER	VIERGE	CANCER	9 TAUREAU
3 MAI	TAUREAU	GÉMEAUX	VIERGE	VIERGE	VERSEAU	BÉLIER	VIERGE	CANCER	21 TAUREAU
4 MAI	TAUREAU	GÉMEAUX	VIERGE	VIERGE	VERSEAU	BÉLIER	VIERGE	CANCER	3 GÉMEAUX
5 MAI	TAUREAU	GÉMEAUX	VIERGE	VIERGE	VERSEAU	BÉLIER	VIERGE	CANCER	15 GÉMEAUX
6 MAI	GÉMEAUX	GÉMEAUX	VIERGE	VIERGE	VERSEAU	BÉLIER	VIERGE	CANCER	27 GÉMEAUX
7 MAI	GÉMEAUX	GÉMEAUX	VIERGE	VIERGE	VERSEAU	BÉLIER	VIERGE	CANCER	9 CANCER
8 MAI	GÉMEAUX	GÉMEAUX	VIERGE	VIERGE	VERSEAU	BÉLIER	VIERGE	CANCER	21 CANCER
9 MAI	GÉMEAUX	GÉMEAUX	VIERGE	VIERGE	VERSEAU	BÉLIER	VIERGE	CANCER	3 LION
10 MAI	GÉMEAUX	GÉMEAUX	VIERGE	VIERGE	VERSEAU	BÉLIER	VIERGE	CANCER	15 LION
11 MAI	GÉMEAUX	GÉMEAUX	VIERGE	VIERGE	VERSEAU	BÉLIER	VIERGE	CANCER	27 LION
1 JUIN	GÉMEAUX	GÉMEAUX	VIERGE	VIERGE	VERSEAU	BÉLIER	VIERGE	CANCER	10 VIERGE
2 JUIN	GÉMEAUX	GÉMEAUX	VIERGE	VIERGE	VERSEAU	BÉLIER	VIERGE	CANCER	23 VIERGE
3 JUIN	GÉMEAUX	GÉMEAUX	VIERGE	VIERGE	VERSEAU	BÉLIER	VIERGE	CANCER	7 BALANCE
4 JUIN	GÉMEAUX	GÉMEAUX	VIERGE	VIERGE	VERSEAU	BÉLIER	VIERGE	CANCER	21 BALANCE
5 JUIN	GÉMEAUX	GÉMEAUX	VIERGE	VIERGE	VERSEAU	BÉLIER	VIERGE	CANCER	6 SCORPION
6 JUIN	GÉMEAUX	GÉMEAUX	VIERGE	VIERGE	VERSEAU	BÉLIER	VIERGE	CANCER	20 SCORPION
7 JUIN	GÉMEAUX	GÉMEAUX	VIERGE	VIERGE	VERSEAU	BÉLIER	VIERGE	CANCER	6 SAGITTAIRE
8 JUIN	GÉMEAUX	GÉMEAUX	VIERGE	VIERGE	VERSEAU	BÉLIER	VIERGE	CANCER	21 SAGITTAIRE
9 JUIN	CANCER	CANCER	VIERGE	VIERGE	VERSEAU	BÉLIER	VIERGE	CANCER	6 CAPRICORNE
10 JUIN	CANCER	CANCER	VIERGE	VIERGE	VERSEAU	BÉLIER	VIERGE	CANCER	21 CAPRICORNE
11 JUIN	CANCER	CANCER	VIERGE	VIERGE	VERSEAU	BÉLIER	VIERGE	CANCER	6 VERSEAU
12 JUIN	CANCER	CANCER	VIERGE	VIERGE	VERSEAU	BÉLIER	VIERGE	CANCER	20 VERSEAU
13 JUIN	CANCER	CANCER	VIERGE	VIERGE	VERSEAU	BÉLIER	VIERGE	CANCER	4 POISSONS
14 JUIN	CANCER	CANCER	VIERGE	VIERGE	VERSEAU	BÉLIER	VIERGE	CANCER	17 POISSONS
15 JUIN	CANCER	CANCER	VIERGE	VIERGE	VERSEAU	BÉLIER	VIERGE	CANCER	0 BÉLIER
16 JUIN	CANCER	CANCER	VIERGE	VIERGE	VERSEAU	BÉLIER	VIERGE	CANCER	12 BÉLIER
17 JUIN	CANCER	CANCER	VIERGE	VIERGE	VERSEAU	BÉLIER	VIERGE	CANCER	24 BÉLIER
18 JUIN	CANCER	CANCER	VIERGE	VIERGE	VERSEAU	BÉLIER	VIERGE	CANCER	7 TAUREAU
19 JUIN	CANCER	CANCER	VIERGE	VIERGE	VERSEAU	BÉLIER	VIERGE	CANCER	19 TAUREAU
20 JUIN	CANCER	CANCER	VIERGE	VIERGE	VERSEAU	BÉLIER	VIERGE	CANCER	0 GÉMEAUX
21 JUIN	CANCER	CANCER	VIERGE	VIERGE	VERSEAU	BÉLIER	VIERGE	CANCER	12 GÉMEAUX

LE SOLEIL ENTRE DANS LE SIGNE DES GÉMEAUX LE 21 MAI 1933 A 13 h 00
LE SOLEIL QUITTE LE SIGNE DES LE 21 JUIN A 21 h 00

* LES CHIFFRES INDIQUENT LES DEGRÉS

DÉCOUVREZ DANS QUEL SIGNE SE TROUVAIENT LES PLANÈTES À VOTRE NAISSANCE

1934	MERCURE	VÉNUS	MARS	JUPITER	SATURNE	URANUS	NEPTUNE	PLUTON	LUNE*
21 MAI	GÉMEAUX	BÉLIER	TAUREAU	BALANCE	VERSEAU	BÉLIER	VIERGE	CANCER	28 LION
22 MAI	GÉMEAUX	BÉLIER	TAUREAU	BALANCE	VERSEAU	BÉLIER	VIERGE	CANCER	10 VIERGE
23 MAI	GÉMEAUX	BÉLIER	TAUREAU	BALANCE	VERSEAU	BÉLIER	VIERGE	CANCER	22 VIERGE
24 MAI	GÉMEAUX	BÉLIER	TAUREAU	BALANCE	VERSEAU	BÉLIER	VIERGE	CANCER	5 BALANCE
25 MAI	GÉMEAUX	BÉLIER	TAUREAU	BALANCE	VERSEAU	BÉLIER	VIERGE	CANCER	18 BALANCE
26 MAI	GÉMEAUX	BÉLIER	TAUREAU	BALANCE	VERSEAU	BÉLIER	VIERGE	CANCER	2 SCORPION
27 MAI	GÉMEAUX	BÉLIER	TAUREAU	BALANCE	VERSEAU	BÉLIER	VIERGE	CANCER	16 SCORPION
28 MAI	GÉMEAUX	BÉLIER	TAUREAU	BALANCE	VERSEAU	BÉLIER	VIERGE	CANCER	1 SAGITTAIRE
29 MAI	GÉMEAUX	BÉLIER	TAUREAU	BALANCE	VERSEAU	BÉLIER	VIERGE	CANCER	15 SAGITTAIRE
30 MAI	GÉMEAUX	BÉLIER	TAUREAU	BALANCE	VERSEAU	BÉLIER	VIERGE	CANCER	0 CAPRICORNE
31 MAI	GÉMEAUX	BÉLIER	TAUREAU	BALANCE	VERSEAU	BÉLIER	VIERGE	CANCER	15 CAPRICORNE
1 JUIN	CANCER	BÉLIER	TAUREAU	BALANCE	VERSEAU	BÉLIER	VIERGE	CANCER	0 VERSEAU
2 JUIN	CANCER	TAUREAU	TAUREAU	BALANCE	VERSEAU	BÉLIER	VIERGE	CANCER	14 VERSEAU
3 JUIN	CANCER	TAUREAU	GÉMEAUX	BALANCE	VERSEAU	BÉLIER	VIERGE	CANCER	28 VERSEAU
4 JUIN	CANCER	TAUREAU	GÉMEAUX	BALANCE	VERSEAU	BÉLIER	VIERGE	CANCER	12 POISSONS
5 JUIN	CANCER	TAUREAU	GÉMEAUX	BALANCE	VERSEAU	BÉLIER	VIERGE	CANCER	26 POISSONS
6 JUIN	CANCER	TAUREAU	GÉMEAUX	BALANCE	VERSEAU	TAUREAU	VIERGE	CANCER	9 BÉLIER
7 JUIN	CANCER	TAUREAU	GÉMEAUX	BALANCE	VERSEAU	TAUREAU	VIERGE	CANCER	22 BÉLIER
8 JUIN	CANCER	TAUREAU	GÉMEAUX	BALANCE	VERSEAU	TAUREAU	VIERGE	CANCER	5 TAUREAU
9 JUIN	CANCER	TAUREAU	GÉMEAUX	BALANCE	VERSEAU	TAUREAU	VIERGE	CANCER	18 TAUREAU
10 JUIN	CANCER	TAUREAU	GÉMEAUX	BALANCE	VERSEAU	TAUREAU	VIERGE	CANCER	1 GÉMEAUX
11 JUIN	CANCER	TAUREAU	GÉMEAUX	BALANCE	VERSEAU	TAUREAU	VIERGE	CANCER	13 GÉMEAUX
12 JUIN	CANCER	TAUREAU	GÉMEAUX	BALANCE	VERSEAU	TAUREAU	VIERGE	CANCER	25 GÉMEAUX
13 JUIN	CANCER	TAUREAU	GÉMEAUX	BALANCE	VERSEAU	TAUREAU	VIERGE	CANCER	7 CANCER
14 JUIN	CANCER	TAUREAU	GÉMEAUX	BALANCE	VERSEAU	TAUREAU	VIERGE	CANCER	19 CANCER
15 JUIN	CANCER	TAUREAU	GÉMEAUX	BALANCE	VERSEAU	TAUREAU	VIERGE	CANCER	1 LION
16 JUIN	CANCER	TAUREAU	GÉMEAUX	BALANCE	VERSEAU	TAUREAU	VIERGE	CANCER	12 LION
17 JUIN	CANCER	TAUREAU	GÉMEAUX	BALANCE	VERSEAU	TAUREAU	VIERGE	CANCER	24 LION
18 JUIN	CANCER	TAUREAU	GÉMEAUX	BALANCE	VERSEAU	TAUREAU	VIERGE	CANCER	6 VIERGE
19 JUIN	CANCER	TAUREAU	GÉMEAUX	BALANCE	VERSEAU	TAUREAU	VIERGE	CANCER	18 VIERGE
20 JUIN	CANCER	TAUREAU	GÉMEAUX	BALANCE	VERSEAU	TAUREAU	VIERGE	CANCER	1 BALANCE
21 JUIN	CANCER	TAUREAU	GÉMEAUX	BALANCE	VERSEAU	TAUREAU	VIERGE	CANCER	13 BALANCE
22 JUIN	CANCER	TAUREAU	GÉMEAUX	BALANCE	VERSEAU	TAUREAU	VIERGE	CANCER	27 BALANCE

LE SOLEIL ENTRE DANS LE SIGNE DES GÉMEAUX LE 21 MAI 1934 A 18 h 30
QUITTE LE SIGNE DES LE 22 JUIN A 2 h 40
* LES CHIFFRES INDIQUENT LES DEGRÉS

1935	MERCURE	VÉNUS	MARS	JUPITER	SATURNE	URANUS	NEPTUNE	PLUTON	LUNE*
22 MAI	GÉMEAUX	CANCER	BALANCE	SCORPION	POISSONS	TAUREAU	VIERGE	CANCER	22 CAPRICORNE
23 MAI	GÉMEAUX	CANCER	BALANCE	SCORPION	POISSONS	TAUREAU	VIERGE	CANCER	6 VERSEAU
24 MAI	GÉMEAUX	CANCER	BALANCE	SCORPION	POISSONS	TAUREAU	VIERGE	CANCER	20 VERSEAU
25 MAI	GÉMEAUX	CANCER	BALANCE	SCORPION	POISSONS	TAUREAU	VIERGE	CANCER	4 POISSONS
26 MAI	GÉMEAUX	CANCER	BALANCE	SCORPION	POISSONS	TAUREAU	VIERGE	CANCER	18 POISSONS
27 MAI	GÉMEAUX	CANCER	BALANCE	SCORPION	POISSONS	TAUREAU	VIERGE	CANCER	3 BÉLIER
28 MAI	GÉMEAUX	CANCER	BALANCE	SCORPION	POISSONS	TAUREAU	VIERGE	CANCER	17 BÉLIER
29 MAI	GÉMEAUX	CANCER	BALANCE	SCORPION	POISSONS	TAUREAU	VIERGE	CANCER	1 TAUREAU
30 MAI	CANCER	CANCER	BALANCE	SCORPION	POISSONS	TAUREAU	VIERGE	CANCER	15 TAUREAU
31 MAI	CANCER	CANCER	BALANCE	SCORPION	POISSONS	TAUREAU	VIERGE	CANCER	28 TAUREAU
1 JUIN	CANCER	CANCER	BALANCE	SCORPION	POISSONS	TAUREAU	VIERGE	CANCER	12 GÉMEAUX
2 JUIN	CANCER	CANCER	BALANCE	SCORPION	POISSONS	TAUREAU	VIERGE	CANCER	25 GÉMEAUX
3 JUIN	CANCER	CANCER	BALANCE	SCORPION	POISSONS	TAUREAU	VIERGE	CANCER	8 CANCER
4 JUIN	CANCER	CANCER	BALANCE	SCORPION	POISSONS	TAUREAU	VIERGE	CANCER	20 CANCER
5 JUIN	CANCER	CANCER	BALANCE	SCORPION	POISSONS	TAUREAU	VIERGE	CANCER	3 LION
6 JUIN	CANCER	CANCER	BALANCE	SCORPION	POISSONS	TAUREAU	VIERGE	CANCER	15 LION
7 JUIN	CANCER	CANCER	BALANCE	SCORPION	POISSONS	TAUREAU	VIERGE	CANCER	26 LION
8 JUIN	CANCER	LION	BALANCE	SCORPION	POISSONS	TAUREAU	VIERGE	CANCER	8 VIERGE
9 JUIN	CANCER	LION	BALANCE	SCORPION	POISSONS	TAUREAU	VIERGE	CANCER	20 VIERGE
10 JUIN	CANCER	LION	BALANCE	SCORPION	POISSONS	TAUREAU	VIERGE	CANCER	2 BALANCE
11 JUIN	CANCER	LION	BALANCE	SCORPION	POISSONS	TAUREAU	VIERGE	CANCER	14 BALANCE
12 JUIN	CANCER	LION	BALANCE	SCORPION	POISSONS	TAUREAU	VIERGE	CANCER	27 BALANCE
13 JUIN	CANCER	LION	BALANCE	SCORPION	POISSONS	TAUREAU	VIERGE	CANCER	9 SCORPION
14 JUIN	CANCER	LION	BALANCE	SCORPION	POISSONS	TAUREAU	VIERGE	CANCER	22 SCORPION
15 JUIN	CANCER	LION	BALANCE	SCORPION	POISSONS	TAUREAU	VIERGE	CANCER	6 SAGITTAIRE
16 JUIN	CANCER	LION	BALANCE	SCORPION	POISSONS	TAUREAU	VIERGE	CANCER	20 SAGITTAIRE
17 JUIN	CANCER	LION	BALANCE	SCORPION	POISSONS	TAUREAU	VIERGE	CANCER	4 CAPRICORNE
18 JUIN	CANCER	LION	BALANCE	SCORPION	POISSONS	TAUREAU	VIERGE	CANCER	18 CAPRICORNE
19 JUIN	CANCER	LION	BALANCE	SCORPION	POISSONS	TAUREAU	VIERGE	CANCER	2 VERSEAU
20 JUIN	CANCER	LION	BALANCE	SCORPION	POISSONS	TAUREAU	VIERGE	CANCER	16 VERSEAU
21 JUIN	GÉMEAUX	LION	BALANCE	SCORPION	POISSONS	TAUREAU	VIERGE	CANCER	1 POISSONS
22 JUIN	GÉMEAUX	LION	BALANCE	SCORPION	POISSONS	TAUREAU	VIERGE	CANCER	15 POISSONS

LE SOLEIL ENTRE DANS LE SIGNE DES GÉMEAUX LE 22 MAI 1935 A 0 h 20
QUITTE LE SIGNE DES LE 22 JUIN A 8 h 30
* LES CHIFFRES INDIQUENT LES DEGRÉS

DÉCOUVREZ DANS QUEL SIGNE SE TROUVAIENT LES PLANÈTES À VOTRE NAISSANCE

1936	MERCURE	VÉNUS	MARS	JUPITER	SATURNE	URANUS	NEPTUNE	PLUTON	LUNE*
MAI	GÉMEAUX	TAUREAU	GÉMEAUX	SAGITTAIRE	POISSONS	TAUREAU	VIERGE	CANCER	9 GÉMEAUX
MAI	GÉMEAUX	TAUREAU	GÉMEAUX	SAGITTAIRE	POISSONS	TAUREAU	VIERGE	CANCER	23 GÉMEAUX
MAI	GÉMEAUX	TAUREAU	GÉMEAUX	SAGITTAIRE	POISSONS	TAUREAU	VIERGE	CANCER	7 CANCER
MAI	GÉMEAUX	TAUREAU	GÉMEAUX	SAGITTAIRE	POISSONS	TAUREAU	VIERGE	CANCER	20 CANCER
MAI	GÉMEAUX	TAUREAU	GÉMEAUX	SAGITTAIRE	POISSONS	TAUREAU	VIERGE	CANCER	4 LION
MAI	GÉMEAUX	TAUREAU	GÉMEAUX	SAGITTAIRE	POISSONS	TAUREAU	VIERGE	CANCER	16 LION
MAI	GÉMEAUX	TAUREAU	GÉMEAUX	SAGITTAIRE	POISSONS	TAUREAU	VIERGE	CANCER	29 LION
MAI	GÉMEAUX	TAUREAU	GÉMEAUX	SAGITTAIRE	POISSONS	TAUREAU	VIERGE	CANCER	11 VIERGE
MAI	GÉMEAUX	TAUREAU	GÉMEAUX	SAGITTAIRE	POISSONS	TAUREAU	VIERGE	CANCER	23 VIERGE
MAI	GÉMEAUX	GÉMEAUX	GÉMEAUX	SAGITTAIRE	POISSONS	TAUREAU	VIERGE	CANCER	5 BALANCE
MAI	GÉMEAUX	GÉMEAUX	GÉMEAUX	SAGITTAIRE	POISSONS	TAUREAU	VIERGE	CANCER	17 BALANCE
JUIN	GÉMEAUX	GÉMEAUX	GÉMEAUX	SAGITTAIRE	POISSONS	TAUREAU	VIERGE	CANCER	29 BALANCE
JUIN	GÉMEAUX	GÉMEAUX	GÉMEAUX	SAGITTAIRE	POISSONS	TAUREAU	VIERGE	CANCER	11 SCORPION
JUIN	GÉMEAUX	GÉMEAUX	GÉMEAUX	SAGITTAIRE	POISSONS	TAUREAU	VIERGE	CANCER	23 SCORPION
JUIN	GÉMEAUX	GÉMEAUX	GÉMEAUX	SAGITTAIRE	POISSONS	TAUREAU	VIERGE	CANCER	5 SAGITTAIRE
JUIN	GÉMEAUX	GÉMEAUX	GÉMEAUX	SAGITTAIRE	POISSONS	TAUREAU	VIERGE	CANCER	17 SAGITTAIRE
JUIN	GÉMEAUX	GÉMEAUX	GÉMEAUX	SAGITTAIRE	POISSONS	TAUREAU	VIERGE	CANCER	0 CAPRICORNE
JUIN	GÉMEAUX	GÉMEAUX	GÉMEAUX	SAGITTAIRE	POISSONS	TAUREAU	VIERGE	CANCER	13 CAPRICORNE
JUIN	GÉMEAUX	GÉMEAUX	GÉMEAUX	SAGITTAIRE	POISSONS	TAUREAU	VIERGE	CANCER	26 CAPRICORNE
JUIN	GÉMEAUX	GÉMEAUX	GÉMEAUX	SAGITTAIRE	POISSONS	TAUREAU	VIERGE	CANCER	10 VERSEAU
JUIN	GÉMEAUX	GÉMEAUX	GÉMEAUX	SAGITTAIRE	POISSONS	TAUREAU	VIERGE	CANCER	23 VERSEAU
JUIN	GÉMEAUX	GÉMEAUX	GÉMEAUX	SAGITTAIRE	POISSONS	TAUREAU	VIERGE	CANCER	7 POISSONS
JUIN	GÉMEAUX	GÉMEAUX	GÉMEAUX	SAGITTAIRE	POISSONS	TAUREAU	VIERGE	CANCER	21 POISSONS
JUIN	GÉMEAUX	GÉMEAUX	GÉMEAUX	SAGITTAIRE	POISSONS	TAUREAU	VIERGE	CANCER	5 BÉLIER
JUIN	GÉMEAUX	GÉMEAUX	GÉMEAUX	SAGITTAIRE	POISSONS	TAUREAU	VIERGE	CANCER	20 BÉLIER
JUIN	GÉMEAUX	GÉMEAUX	GÉMEAUX	SAGITTAIRE	POISSONS	TAUREAU	VIERGE	CANCER	4 TAUREAU
JUIN	GÉMEAUX	GÉMEAUX	GÉMEAUX	SAGITTAIRE	POISSONS	TAUREAU	VIERGE	CANCER	19 TAUREAU
JUIN	GÉMEAUX	GÉMEAUX	GÉMEAUX	SAGITTAIRE	POISSONS	TAUREAU	VIERGE	CANCER	3 GÉMEAUX
JUIN	GÉMEAUX	GÉMEAUX	GÉMEAUX	SAGITTAIRE	POISSONS	TAUREAU	VIERGE	CANCER	17 GÉMEAUX
JUIN	GÉMEAUX	GÉMEAUX	GÉMEAUX	SAGITTAIRE	POISSONS	TAUREAU	VIERGE	CANCER	1 CANCER
JUIN	GÉMEAUX	GÉMEAUX	GÉMEAUX	SAGITTAIRE	POISSONS	TAUREAU	VIERGE	CANCER	15 CANCER
JUIN	GÉMEAUX	GÉMEAUX	GÉMEAUX	SAGITTAIRE	POISSONS	TAUREAU	VIERGE	CANCER	28 CANCER

LE SOLEIL ENTRE DANS LE SIGNE DES GÉMEAUX LE 21 MAI 1936 A 6 h 00
LE SOLEIL QUITTE LE SIGNE DES LE 21 JUIN A 14 h 15

* LES CHIFFRES INDIQUENT LES DEGRÉS

1937	MERCURE	VÉNUS	MARS	JUPITER	SATURNE	URANUS	NEPTUNE	PLUTON	LUNE*
1 MAI	TAUREAU	BÉLIER	SCORPION	CAPRICORNE	BÉLIER	TAUREAU	VIERGE	CANCER	8 BALANCE
2 MAI	TAUREAU	BÉLIER	SCORPION	CAPRICORNE	BÉLIER	TAUREAU	VIERGE	CANCER	0 SCORPION
3 MAI	TAUREAU	BÉLIER	SCORPION	CAPRICORNE	BÉLIER	TAUREAU	VIERGE	CANCER	12 SCORPION
4 MAI	TAUREAU	BÉLIER	SCORPION	CAPRICORNE	BÉLIER	TAUREAU	VIERGE	CANCER	24 SCORPION
5 MAI	TAUREAU	BÉLIER	SCORPION	CAPRICORNE	BÉLIER	TAUREAU	VIERGE	CANCER	5 SAGITTAIRE
6 MAI	TAUREAU	BÉLIER	SCORPION	CAPRICORNE	BÉLIER	TAUREAU	VIERGE	CANCER	17 SAGITTAIRE
7 MAI	TAUREAU	BÉLIER	SCORPION	CAPRICORNE	BÉLIER	TAUREAU	VIERGE	CANCER	29 SAGITTAIRE
8 MAI	TAUREAU	BÉLIER	SCORPION	CAPRICORNE	BÉLIER	TAUREAU	VIERGE	CANCER	11 CAPRICORNE
9 MAI	TAUREAU	BÉLIER	SCORPION	CAPRICORNE	BÉLIER	TAUREAU	VIERGE	CANCER	23 CAPRICORNE
10 MAI	TAUREAU	BÉLIER	SCORPION	CAPRICORNE	BÉLIER	TAUREAU	VIERGE	CANCER	6 VERSEAU
11 MAI	TAUREAU	BÉLIER	SCORPION	CAPRICORNE	BÉLIER	TAUREAU	VIERGE	CANCER	18 VERSEAU
1 JUIN	TAUREAU	BÉLIER	SCORPION	CAPRICORNE	BÉLIER	TAUREAU	VIERGE	CANCER	1 POISSONS
2 JUIN	TAUREAU	BÉLIER	SCORPION	CAPRICORNE	BÉLIER	TAUREAU	VIERGE	CANCER	15 POISSONS
3 JUIN	TAUREAU	BÉLIER	SCORPION	CAPRICORNE	BÉLIER	TAUREAU	VIERGE	CANCER	28 POISSONS
4 JUIN	TAUREAU	TAUREAU	SCORPION	CAPRICORNE	BÉLIER	TAUREAU	VIERGE	CANCER	12 BÉLIER
5 JUIN	TAUREAU	TAUREAU	SCORPION	CAPRICORNE	BÉLIER	TAUREAU	VIERGE	CANCER	27 BÉLIER
6 JUIN	TAUREAU	TAUREAU	SCORPION	CAPRICORNE	BÉLIER	TAUREAU	VIERGE	CANCER	12 TAUREAU
7 JUIN	TAUREAU	TAUREAU	SCORPION	CAPRICORNE	BÉLIER	TAUREAU	VIERGE	CANCER	27 TAUREAU
8 JUIN	TAUREAU	TAUREAU	SCORPION	CAPRICORNE	BÉLIER	TAUREAU	VIERGE	CANCER	12 GÉMEAUX
9 JUIN	TAUREAU	TAUREAU	SCORPION	CAPRICORNE	BÉLIER	TAUREAU	VIERGE	CANCER	27 GÉMEAUX
10 JUIN	TAUREAU	TAUREAU	SCORPION	CAPRICORNE	BÉLIER	TAUREAU	VIERGE	CANCER	12 CANCER
1 JUIN	TAUREAU	TAUREAU	SCORPION	CAPRICORNE	BÉLIER	TAUREAU	VIERGE	CANCER	26 CANCER
2 JUIN	TAUREAU	TAUREAU	SCORPION	CAPRICORNE	BÉLIER	TAUREAU	VIERGE	CANCER	10 LION
3 JUIN	TAUREAU	TAUREAU	SCORPION	CAPRICORNE	BÉLIER	TAUREAU	VIERGE	CANCER	24 LION
4 JUIN	GÉMEAUX	TAUREAU	SCORPION	CAPRICORNE	BÉLIER	TAUREAU	VIERGE	CANCER	7 VIERGE
5 JUIN	GÉMEAUX	TAUREAU	SCORPION	CAPRICORNE	BÉLIER	TAUREAU	VIERGE	CANCER	20 VIERGE
6 JUIN	GÉMEAUX	TAUREAU	SCORPION	CAPRICORNE	BÉLIER	TAUREAU	VIERGE	CANCER	3 BALANCE
7 JUIN	GÉMEAUX	TAUREAU	SCORPION	CAPRICORNE	BÉLIER	TAUREAU	VIERGE	CANCER	15 BALANCE
8 JUIN	GÉMEAUX	TAUREAU	SCORPION	CAPRICORNE	BÉLIER	TAUREAU	VIERGE	CANCER	27 BALANCE
9 JUIN	GÉMEAUX	TAUREAU	SCORPION	CAPRICORNE	BÉLIER	TAUREAU	VIERGE	CANCER	9 SCORPION
10 JUIN	GÉMEAUX	TAUREAU	SCORPION	CAPRICORNE	BÉLIER	TAUREAU	VIERGE	CANCER	21 SCORPION
1 JUIN	GÉMEAUX	TAUREAU	SCORPION	CAPRICORNE	BÉLIER	TAUREAU	VIERGE	CANCER	2 SAGITTAIRE

LE SOLEIL ENTRE DANS LE SIGNE DES GÉMEAUX LE 21 MAI 1936 A 12 h 00
LE SOLEIL QUITTE LE SIGNE DES LE 21 JUIN A 20 h 00

* LES CHIFFRES INDIQUENT LES DEGRÉS

DÉCOUVREZ DANS QUEL SIGNE SE TROUVAIENT LES PLANÈTES À VOTRE NAISSANCE

1938	MERCURE	VÉNUS	MARS	JUPITER	SATURNE	URANUS	NEPTUNE	PLUTON	LUNE*
21 MAI	TAUREAU	GÉMEAUX	GÉMEAUX	POISSONS	BÉLIER	TAUREAU	VIERGE	CANCER	18 VERSEAU
22 MAI	TAUREAU	GÉMEAUX	GÉMEAUX	POISSONS	BÉLIER	TAUREAU	VIERGE	CANCER	0 POISSONS
23 MAI	TAUREAU	GÉMEAUX	GÉMEAUX	POISSONS	BÉLIER	TAUREAU	VIERGE	CANCER	13 POISSONS
24 MAI	TAUREAU	GÉMEAUX	GÉMEAUX	POISSONS	BÉLIER	TAUREAU	VIERGE	CANCER	25 POISSONS
25 MAI	TAUREAU	CANCER	GÉMEAUX	POISSONS	BÉLIER	TAUREAU	VIERGE	CANCER	9 BÉLIER
26 MAI	TAUREAU	CANCER	GÉMEAUX	POISSONS	BÉLIER	TAUREAU	VIERGE	CANCER	22 BÉLIER
27 MAI	TAUREAU	CANCER	GÉMEAUX	POISSONS	BÉLIER	TAUREAU	VIERGE	CANCER	7 TAUREAU
28 MAI	TAUREAU	CANCER	GÉMEAUX	POISSONS	BÉLIER	TAUREAU	VIERGE	CANCER	21 TAUREAU
29 MAI	TAUREAU	CANCER	GÉMEAUX	POISSONS	BÉLIER	TAUREAU	VIERGE	CANCER	6 GÉMEAUX
30 MAI	TAUREAU	CANCER	GÉMEAUX	POISSONS	BÉLIER	TAUREAU	VIERGE	CANCER	21 GÉMEAUX
31 MAI	TAUREAU	CANCER	GÉMEAUX	POISSONS	BÉLIER	TAUREAU	VIERGE	CANCER	6 CANCER
1 JUIN	TAUREAU	CANCER	GÉMEAUX	POISSONS	BÉLIER	TAUREAU	VIERGE	CANCER	21 CANCER
2 JUIN	TAUREAU	CANCER	GÉMEAUX	POISSONS	BÉLIER	TAUREAU	VIERGE	CANCER	6 LION
3 JUIN	TAUREAU	CANCER	GÉMEAUX	POISSONS	BÉLIER	TAUREAU	VIERGE	CANCER	20 LION
4 JUIN	TAUREAU	CANCER	GÉMEAUX	POISSONS	BÉLIER	TAUREAU	VIERGE	CANCER	4 VIERGE
5 JUIN	TAUREAU	CANCER	GÉMEAUX	POISSONS	BÉLIER	TAUREAU	VIERGE	CANCER	18 VIERGE
6 JUIN	TAUREAU	CANCER	GÉMEAUX	POISSONS	BÉLIER	TAUREAU	VIERGE	CANCER	1 BALANCE
7 JUIN	TAUREAU	CANCER	CANCER	POISSONS	BÉLIER	TAUREAU	VIERGE	CANCER	14 BALANCE
8 JUIN	GÉMEAUX	CANCER	CANCER	POISSONS	BÉLIER	TAUREAU	VIERGE	CANCER	27 BALANCE
9 JUIN	GÉMEAUX	CANCER	CANCER	POISSONS	BÉLIER	TAUREAU	VIERGE	CANCER	9 SCORPION
10 JUIN	GÉMEAUX	CANCER	CANCER	POISSONS	BÉLIER	TAUREAU	VIERGE	CANCER	21 SCORPION
11 JUIN	GÉMEAUX	CANCER	CANCER	POISSONS	BÉLIER	TAUREAU	VIERGE	CANCER	3 SAGITTAIRE
12 JUIN	GÉMEAUX	CANCER	CANCER	POISSONS	BÉLIER	TAUREAU	VIERGE	CANCER	15 SAGITTAIRE
13 JUIN	GÉMEAUX	CANCER	CANCER	POISSONS	BÉLIER	TAUREAU	VIERGE	CANCER	27 SAGITTAIRE
14 JUIN	GÉMEAUX	CANCER	CANCER	POISSONS	BÉLIER	TAUREAU	VIERGE	CANCER	9 CAPRICORN
15 JUIN	GÉMEAUX	CANCER	CANCER	POISSONS	BÉLIER	TAUREAU	VIERGE	CANCER	21 CAPRICORN
16 JUIN	GÉMEAUX	CANCER	CANCER	POISSONS	BÉLIER	TAUREAU	VIERGE	CANCER	3 VERSEAU
17 JUIN	GÉMEAUX	CANCER	CANCER	POISSONS	BÉLIER	TAUREAU	VIERGE	CANCER	15 VERSEAU
18 JUIN	GÉMEAUX	CANCER	CANCER	POISSONS	BÉLIER	TAUREAU	VIERGE	CANCER	27 VERSEAU
19 JUIN	GÉMEAUX	LION	CANCER	POISSONS	BÉLIER	TAUREAU	VIERGE	CANCER	9 POISSONS
20 JUIN	GÉMEAUX	LION	CANCER	POISSONS	BÉLIER	TAUREAU	VIERGE	CANCER	21 POISSONS
21 JUIN	GÉMEAUX	LION	CANCER	POISSONS	BÉLIER	TAUREAU	VIERGE	CANCER	4 BÉLIER
22 JUIN	GÉMEAUX	LION	CANCER	POISSONS	BÉLIER	TAUREAU	VIERGE	CANCER	17 BÉLIER

LE SOLEIL ENTRE DANS LE SIGNE DES GÉMEAUX LE 21 MAI 1938 A 17 h 45
LE SOLEIL QUITTE LE SIGNE DES GÉMEAUX LE 22 JUIN A 2 h 00
* LES CHIFFRES INDIQUENT LES DEGRÉS

1939	MERCURE	VÉNUS	MARS	JUPITER	SATURNE	URANUS	NEPTUNE	PLUTON	LUNE*
21 MAI	TAUREAU	TAUREAU	CAPRICORNE	BÉLIER	BÉLIER	TAUREAU	VIERGE	CANCER	29 GÉMEAUX
22 MAI	TAUREAU	TAUREAU	CAPRICORNE	BÉLIER	BÉLIER	TAUREAU	VIERGE	CANCER	14 CANCER
23 MAI	TAUREAU	TAUREAU	CAPRICORNE	BÉLIER	BÉLIER	TAUREAU	VIERGE	CANCER	28 CANCER
24 MAI	TAUREAU	TAUREAU	CAPRICORNE	BÉLIER	BÉLIER	TAUREAU	VIERGE	CANCER	12 LION
25 MAI	TAUREAU	TAUREAU	VERSEAU	BÉLIER	BÉLIER	TAUREAU	VIERGE	CANCER	27 LION
26 MAI	TAUREAU	TAUREAU	VERSEAU	BÉLIER	BÉLIER	TAUREAU	VIERGE	CANCER	11 VIERGE
27 MAI	TAUREAU	TAUREAU	VERSEAU	BÉLIER	BÉLIER	TAUREAU	VIERGE	CANCER	25 VIERGE
28 MAI	TAUREAU	TAUREAU	VERSEAU	BÉLIER	BÉLIER	TAUREAU	VIERGE	CANCER	9 BALANCE
29 MAI	TAUREAU	TAUREAU	VERSEAU	BÉLIER	BÉLIER	TAUREAU	VIERGE	CANCER	22 BALANCE
30 MAI	TAUREAU	TAUREAU	VERSEAU	BÉLIER	BÉLIER	TAUREAU	VIERGE	CANCER	6 SCORPION
31 MAI	GÉMEAUX	TAUREAU	VERSEAU	BÉLIER	BÉLIER	TAUREAU	VIERGE	CANCER	19 SCORPION
1 JUIN	GÉMEAUX	TAUREAU	VERSEAU	BÉLIER	BÉLIER	TAUREAU	VIERGE	CANCER	2 SAGITTAIRE
2 JUIN	GÉMEAUX	TAUREAU	VERSEAU	BÉLIER	BÉLIER	TAUREAU	VIERGE	CANCER	15 SAGITTAIRE
3 JUIN	GÉMEAUX	TAUREAU	VERSEAU	BÉLIER	BÉLIER	TAUREAU	VIERGE	CANCER	28 SAGITTAIRE
4 JUIN	GÉMEAUX	TAUREAU	VERSEAU	BÉLIER	BÉLIER	TAUREAU	VIERGE	CANCER	10 CAPRICORNE
5 JUIN	GÉMEAUX	TAUREAU	VERSEAU	BÉLIER	BÉLIER	TAUREAU	VIERGE	CANCER	22 CAPRICORNE
6 JUIN	GÉMEAUX	TAUREAU	VERSEAU	BÉLIER	BÉLIER	TAUREAU	VIERGE	CANCER	4 VERSEAU
7 JUIN	GÉMEAUX	TAUREAU	VERSEAU	BÉLIER	BÉLIER	TAUREAU	VIERGE	CANCER	16 VERSEAU
8 JUIN	GÉMEAUX	TAUREAU	VERSEAU	BÉLIER	BÉLIER	TAUREAU	VIERGE	CANCER	28 VERSEAU
9 JUIN	GÉMEAUX	TAUREAU	VERSEAU	BÉLIER	BÉLIER	TAUREAU	VIERGE	CANCER	10 POISSONS
10 JUIN	GÉMEAUX	TAUREAU	VERSEAU	BÉLIER	BÉLIER	TAUREAU	VIERGE	CANCER	22 POISSONS
11 JUIN	GÉMEAUX	TAUREAU	VERSEAU	BÉLIER	BÉLIER	TAUREAU	VIERGE	CANCER	4 BÉLIER
12 JUIN	GÉMEAUX	TAUREAU	VERSEAU	BÉLIER	BÉLIER	TAUREAU	VIERGE	CANCER	17 BÉLIER
13 JUIN	GÉMEAUX	TAUREAU	VERSEAU	BÉLIER	BÉLIER	TAUREAU	VIERGE	LION	29 BÉLIER
14 JUIN	CANCER	GÉMEAUX	VERSEAU	BÉLIER	BÉLIER	TAUREAU	VIERGE	LION	12 TAUREAU
15 JUIN	CANCER	GÉMEAUX	VERSEAU	BÉLIER	BÉLIER	TAUREAU	VIERGE	LION	26 TAUREAU
16 JUIN	CANCER	GÉMEAUX	VERSEAU	BÉLIER	BÉLIER	TAUREAU	VIERGE	LION	10 GÉMEAUX
17 JUIN	CANCER	GÉMEAUX	VERSEAU	BÉLIER	BÉLIER	TAUREAU	VIERGE	LION	24 GÉMEAUX
18 JUIN	CANCER	GÉMEAUX	VERSEAU	BÉLIER	BÉLIER	TAUREAU	VIERGE	LION	9 CANCER
19 JUIN	CANCER	GÉMEAUX	VERSEAU	BÉLIER	BÉLIER	TAUREAU	VIERGE	LION	24 CANCER
20 JUIN	CANCER	GÉMEAUX	VERSEAU	BÉLIER	BÉLIER	TAUREAU	VIERGE	LION	8 LION
21 JUIN	CANCER	GÉMEAUX	VERSEAU	BÉLIER	BÉLIER	TAUREAU	VIERGE	LION	23 LION
22 JUIN	CANCER	GÉMEAUX	VERSEAU	BÉLIER	BÉLIER	TAUREAU	VIERGE	LION	8 VIERGE

LE SOLEIL ENTRE DANS LE SIGNE DES GÉMEAUX LE 21 MAI 1939 A 23 h 20
LE SOLEIL QUITTE LE SIGNE DES GÉMEAUX LE 22 JUIN A 7 h 30
* LES CHIFFRES INDIQUENT LES DEGRÉS

DÉCOUVREZ DANS QUEL SIGNE SE TROUVAIENT LES PLANÈTES À VOTRE NAISSANCE

1940	MERCURE	VÉNUS	MARS	JUPITER	SATURNE	URANUS	NEPTUNE	PLUTON	LUNE*
1 MAI	TAUREAU	CANCER	CANCER	TAUREAU	TAUREAU	TAUREAU	VIERGE	LION	29 SCORPION
2 MAI	GÉMEAUX	CANCER	CANCER	TAUREAU	TAUREAU	TAUREAU	VIERGE	LION	13 SAGITTAIRE
3 MAI	GÉMEAUX	CANCER	CANCER	TAUREAU	TAUREAU	TAUREAU	VIERGE	LION	27 SAGITTAIRE
4 MAI	GÉMEAUX	CANCER	CANCER	TAUREAU	TAUREAU	TAUREAU	VIERGE	LION	11 CAPRICORNE
5 MAI	GÉMEAUX	CANCER	CANCER	TAUREAU	TAUREAU	TAUREAU	VIERGE	LION	24 CAPRICORNE
6 MAI	GÉMEAUX	CANCER	CANCER	TAUREAU	TAUREAU	TAUREAU	VIERGE	LION	6 VERSEAU
7 MAI	GÉMEAUX	CANCER	CANCER	TAUREAU	TAUREAU	TAUREAU	VIERGE	LION	19 VERSEAU
8 MAI	GÉMEAUX	CANCER	CANCER	TAUREAU	TAUREAU	TAUREAU	VIERGE	LION	1 POISSONS
9 MAI	GÉMEAUX	CANCER	CANCER	TAUREAU	TAUREAU	TAUREAU	VIERGE	LION	13 POISSONS
10 MAI	GÉMEAUX	CANCER	CANCER	TAUREAU	TAUREAU	TAUREAU	VIERGE	LION	25 POISSONS
11 MAI	GÉMEAUX	CANCER	CANCER	TAUREAU	TAUREAU	TAUREAU	VIERGE	LION	6 BÉLIER
1 JUIN	GÉMEAUX	CANCER	CANCER	TAUREAU	TAUREAU	TAUREAU	VIERGE	LION	18 BÉLIER
2 JUIN	GÉMEAUX	CANCER	CANCER	TAUREAU	TAUREAU	TAUREAU	VIERGE	LION	0 TAUREAU
3 JUIN	GÉMEAUX	CANCER	CANCER	TAUREAU	TAUREAU	TAUREAU	VIERGE	LION	13 TAUREAU
4 JUIN	GÉMEAUX	CANCER	CANCER	TAUREAU	TAUREAU	TAUREAU	VIERGE	LION	25 TAUREAU
5 JUIN	CANCER	CANCER	CANCER	TAUREAU	TAUREAU	TAUREAU	VIERGE	LION	8 GÉMEAUX
6 JUIN	CANCER	CANCER	CANCER	TAUREAU	TAUREAU	TAUREAU	VIERGE	LION	21 GÉMEAUX
7 JUIN	CANCER	CANCER	CANCER	TAUREAU	TAUREAU	TAUREAU	VIERGE	LION	4 CANCER
8 JUIN	CANCER	CANCER	CANCER	TAUREAU	TAUREAU	TAUREAU	VIERGE	LION	18 CANCER
9 JUIN	CANCER	CANCER	CANCER	TAUREAU	TAUREAU	TAUREAU	VIERGE	LION	1 LION
10 JUIN	CANCER	CANCER	CANCER	TAUREAU	TAUREAU	TAUREAU	VIERGE	LION	15 LION
11 JUIN	CANCER	CANCER	CANCER	TAUREAU	TAUREAU	TAUREAU	VIERGE	LION	29 LION
12 JUIN	CANCER	CANCER	CANCER	TAUREAU	TAUREAU	TAUREAU	VIERGE	LION	13 VIERGE
13 JUIN	CANCER	CANCER	CANCER	TAUREAU	TAUREAU	TAUREAU	VIERGE	LION	27 VIERGE
14 JUIN	CANCER	CANCER	CANCER	TAUREAU	TAUREAU	TAUREAU	VIERGE	LION	12 BALANCE
15 JUIN	CANCER	CANCER	CANCER	TAUREAU	TAUREAU	TAUREAU	VIERGE	LION	26 BALANCE
16 JUIN	CANCER	CANCER	CANCER	TAUREAU	TAUREAU	TAUREAU	VIERGE	LION	10 SCORPION
17 JUIN	CANCER	CANCER	CANCER	TAUREAU	TAUREAU	TAUREAU	VIERGE	LION	24 SCORPION
18 JUIN	CANCER	CANCER	CANCER	TAUREAU	TAUREAU	TAUREAU	VIERGE	LION	8 SAGITTAIRE
19 JUIN	CANCER	CANCER	CANCER	TAUREAU	TAUREAU	TAUREAU	VIERGE	LION	22 SAGITTAIRE
20 JUIN	CANCER	CANCER	CANCER	TAUREAU	TAUREAU	TAUREAU	VIERGE	LION	5 CAPRICORNE
21 JUIN	CANCER	CANCER	CANCER	TAUREAU	TAUREAU	TAUREAU	VIERGE	LION	19 CAPRICORNE

LE SOLEIL ENTRE DANS LE SIGNE DES GÉMEAUX LE 21 MAI 1940 A 5 h 15
QUITTE LE SIGNE DES LE 21 JUIN A 13 h 30
* LES CHIFFRES INDIQUENT LES DEGRÉS

1941	MERCURE	VÉNUS	MARS	JUPITER	SATURNE	URANUS	NEPTUNE	PLUTON	LUNE*
1 MAI	GÉMEAUX	GÉMEAUX	POISSONS	TAUREAU	TAUREAU	TAUREAU	VIERGE	LION	8 BÉLIER
2 MAI	GÉMEAUX	GÉMEAUX	POISSONS	TAUREAU	TAUREAU	TAUREAU	VIERGE	LION	20 BÉLIER
3 MAI	GÉMEAUX	GÉMEAUX	POISSONS	TAUREAU	TAUREAU	TAUREAU	VIERGE	LION	2 TAUREAU
4 MAI	GÉMEAUX	GÉMEAUX	POISSONS	TAUREAU	TAUREAU	TAUREAU	VIERGE	LION	14 TAUREAU
5 MAI	GÉMEAUX	GÉMEAUX	POISSONS	TAUREAU	TAUREAU	TAUREAU	VIERGE	LION	26 TAUREAU
6 MAI	GÉMEAUX	GÉMEAUX	POISSONS	GÉMEAUX	TAUREAU	TAUREAU	VIERGE	LION	8 GÉMEAUX
7 MAI	GÉMEAUX	GÉMEAUX	POISSONS	GÉMEAUX	TAUREAU	TAUREAU	VIERGE	LION	20 GÉMEAUX
8 MAI	GÉMEAUX	GÉMEAUX	POISSONS	GÉMEAUX	TAUREAU	TAUREAU	VIERGE	LION	2 CANCER
9 MAI	GÉMEAUX	GÉMEAUX	POISSONS	GÉMEAUX	TAUREAU	TAUREAU	VIERGE	LION	14 CANCER
10 MAI	CANCER	GÉMEAUX	POISSONS	GÉMEAUX	TAUREAU	TAUREAU	VIERGE	LION	27 CANCER
11 MAI	CANCER	GÉMEAUX	POISSONS	GÉMEAUX	TAUREAU	TAUREAU	VIERGE	LION	10 LION
1 JUIN	CANCER	GÉMEAUX	POISSONS	GÉMEAUX	TAUREAU	TAUREAU	VIERGE	LION	23 LION
2 JUIN	CANCER	GÉMEAUX	POISSONS	GÉMEAUX	TAUREAU	TAUREAU	VIERGE	LION	6 VIERGE
3 JUIN	CANCER	GÉMEAUX	POISSONS	GÉMEAUX	TAUREAU	TAUREAU	VIERGE	LION	20 VIERGE
4 JUIN	CANCER	GÉMEAUX	POISSONS	GÉMEAUX	TAUREAU	TAUREAU	VIERGE	LION	4 BALANCE
5 JUIN	CANCER	GÉMEAUX	POISSONS	GÉMEAUX	TAUREAU	TAUREAU	VIERGE	LION	18 BALANCE
6 JUIN	CANCER	GÉMEAUX	POISSONS	GÉMEAUX	TAUREAU	TAUREAU	VIERGE	LION	3 SCORPION
7 JUIN	CANCER	GÉMEAUX	POISSONS	GÉMEAUX	TAUREAU	TAUREAU	VIERGE	LION	18 SCORPION
8 JUIN	CANCER	CANCER	POISSONS	GÉMEAUX	TAUREAU	TAUREAU	VIERGE	LION	3 SAGITTAIRE
9 JUIN	CANCER	CANCER	POISSONS	GÉMEAUX	TAUREAU	TAUREAU	VIERGE	LION	18 SAGITTAIRE
10 JUIN	CANCER	CANCER	POISSONS	GÉMEAUX	TAUREAU	TAUREAU	VIERGE	LION	2 CAPRICORNE
11 JUIN	CANCER	CANCER	POISSONS	GÉMEAUX	TAUREAU	TAUREAU	VIERGE	LION	17 CAPRICORNE
12 JUIN	CANCER	CANCER	POISSONS	GÉMEAUX	TAUREAU	TAUREAU	VIERGE	LION	1 VERSEAU
13 JUIN	CANCER	CANCER	POISSONS	GÉMEAUX	TAUREAU	TAUREAU	VIERGE	LION	15 VERSEAU
14 JUIN	CANCER	CANCER	POISSONS	GÉMEAUX	TAUREAU	TAUREAU	VIERGE	LION	28 VERSEAU
15 JUIN	CANCER	CANCER	POISSONS	GÉMEAUX	TAUREAU	TAUREAU	VIERGE	LION	10 POISSONS
16 JUIN	CANCER	CANCER	POISSONS	GÉMEAUX	TAUREAU	TAUREAU	VIERGE	LION	23 POISSONS
17 JUIN	CANCER	CANCER	POISSONS	GÉMEAUX	TAUREAU	TAUREAU	VIERGE	LION	5 BÉLIER
18 JUIN	CANCER	CANCER	POISSONS	GÉMEAUX	TAUREAU	TAUREAU	VIERGE	LION	17 BÉLIER
19 JUIN	CANCER	CANCER	POISSONS	GÉMEAUX	TAUREAU	TAUREAU	VIERGE	LION	29 BÉLIER
20 JUIN	CANCER	CANCER	POISSONS	GÉMEAUX	TAUREAU	TAUREAU	VIERGE	LION	10 TAUREAU
21 JUIN	CANCER	CANCER	POISSONS	GÉMEAUX	TAUREAU	TAUREAU	VIERGE	LION	22 TAUREAU

LE SOLEIL ENTRE DANS LE SIGNE DES GÉMEAUX LE 21 MAI 1941 A 11 h 15
QUITTE LE SIGNE DES LE 21 JUIN A 19 h 30
* LES CHIFFRES INDIQUENT LES DEGRÉS

DÉCOUVREZ DANS QUEL SIGNE SE TROUVAIENT LES PLANÈTES À VOTRE NAISSANCE

1942	MERCURE	VÉNUS	MARS	JUPITER	SATURNE	URANUS	NEPTUNE	PLUTON	LUNE*
21 MAI	GÉMEAUX	BÉLIER	CANCER	GÉMEAUX	GÉMEAUX	GÉMEAUX	VIERGE	LION	8 LION
22 MAI	GÉMEAUX	BÉLIER	CANCER	GÉMEAUX	GÉMEAUX	GÉMEAUX	VIERGE	LION	20 LION
23 MAI	GÉMEAUX	BÉLIER	CANCER	GÉMEAUX	GÉMEAUX	GÉMEAUX	VIERGE	LION	3 VIERGE
24 MAI	GÉMEAUX	BÉLIER	CANCER	GÉMEAUX	GÉMEAUX	GÉMEAUX	VIERGE	LION	16 VIERGE
25 MAI	GÉMEAUX	BÉLIER	CANCER	GÉMEAUX	GÉMEAUX	GÉMEAUX	VIERGE	LION	29 VIERGE
26 MAI	GÉMEAUX	BÉLIER	CANCER	GÉMEAUX	GÉMEAUX	GÉMEAUX	VIERGE	LION	13 BALANCE
27 MAI	GÉMEAUX	BÉLIER	CANCER	GÉMEAUX	GÉMEAUX	GÉMEAUX	VIERGE	LION	27 BALANCE
28 MAI	GÉMEAUX	BÉLIER	CANCER	GÉMEAUX	GÉMEAUX	GÉMEAUX	VIERGE	LION	12 SCORPION
29 MAI	GÉMEAUX	BÉLIER	CANCER	GÉMEAUX	GÉMEAUX	GÉMEAUX	VIERGE	LION	27 SCORPION
30 MAI	GÉMEAUX	BÉLIER	CANCER	GÉMEAUX	GÉMEAUX	GÉMEAUX	VIERGE	LION	12 SAGITTAIRE
31 MAI	GÉMEAUX	BÉLIER	CANCER	GÉMEAUX	GÉMEAUX	GÉMEAUX	VIERGE	LION	27 SAGITTAIRE
1 JUIN	GÉMEAUX	BÉLIER	CANCER	GÉMEAUX	GÉMEAUX	GÉMEAUX	VIERGE	LION	12 CAPRICORNE
2 JUIN	GÉMEAUX	TAUREAU	CANCER	GÉMEAUX	GÉMEAUX	GÉMEAUX	VIERGE	LION	27 CAPRICORNE
3 JUIN	GÉMEAUX	TAUREAU	CANCER	GÉMEAUX	GÉMEAUX	GÉMEAUX	VIERGE	LION	12 VERSEAU
4 JUIN	GÉMEAUX	TAUREAU	CANCER	GÉMEAUX	GÉMEAUX	GÉMEAUX	VIERGE	LION	26 VERSEAU
5 JUIN	GÉMEAUX	TAUREAU	CANCER	GÉMEAUX	GÉMEAUX	GÉMEAUX	VIERGE	LION	9 POISSONS
6 JUIN	GÉMEAUX	TAUREAU	CANCER	GÉMEAUX	GÉMEAUX	GÉMEAUX	VIERGE	LION	22 POISSONS
7 JUIN	GÉMEAUX	TAUREAU	CANCER	GÉMEAUX	GÉMEAUX	GÉMEAUX	VIERGE	LION	5 BÉLIER
8 JUIN	GÉMEAUX	TAUREAU	CANCER	GÉMEAUX	GÉMEAUX	GÉMEAUX	VIERGE	LION	17 BÉLIER
9 JUIN	GÉMEAUX	TAUREAU	CANCER	GÉMEAUX	GÉMEAUX	GÉMEAUX	VIERGE	LION	0 TAUREAU
10 JUIN	GÉMEAUX	TAUREAU	CANCER	CANCER	GÉMEAUX	GÉMEAUX	VIERGE	LION	12 TAUREAU
11 JUIN	GÉMEAUX	TAUREAU	CANCER	CANCER	GÉMEAUX	GÉMEAUX	VIERGE	LION	24 TAUREAU
12 JUIN	GÉMEAUX	TAUREAU	CANCER	CANCER	GÉMEAUX	GÉMEAUX	VIERGE	LION	6 GÉMEAUX
13 JUIN	GÉMEAUX	TAUREAU	CANCER	CANCER	GÉMEAUX	GÉMEAUX	VIERGE	LION	17 GÉMEAUX
14 JUIN	GÉMEAUX	TAUREAU	LION	CANCER	GÉMEAUX	GÉMEAUX	VIERGE	LION	29 GÉMEAUX
15 JUIN	GÉMEAUX	TAUREAU	LION	CANCER	GÉMEAUX	GÉMEAUX	VIERGE	LION	11 CANCER
16 JUIN	GÉMEAUX	TAUREAU	LION	CANCER	GÉMEAUX	GÉMEAUX	VIERGE	LION	23 CANCER
17 JUIN	GÉMEAUX	TAUREAU	LION	CANCER	GÉMEAUX	GÉMEAUX	VIERGE	LION	5 LION
18 JUIN	GÉMEAUX	TAUREAU	LION	CANCER	GÉMEAUX	GÉMEAUX	VIERGE	LION	17 LION
19 JUIN	GÉMEAUX	TAUREAU	LION	CANCER	GÉMEAUX	GÉMEAUX	VIERGE	LION	29 LION
20 JUIN	GÉMEAUX	TAUREAU	LION	CANCER	GÉMEAUX	GÉMEAUX	VIERGE	LION	12 VIERGE
21 JUIN	GÉMEAUX	TAUREAU	LION	CANCER	GÉMEAUX	GÉMEAUX	VIERGE	LION	25 VIERGE
22 JUIN	GÉMEAUX	TAUREAU	LION	CANCER	GÉMEAUX	GÉMEAUX	VIERGE	LION	8 BALANCE

LE SOLEIL ENTRE DANS LE SIGNE DES GÉMEAUX LE 21 MAI 1942 A 17 h 00
LE SOLEIL QUITTE LE SIGNE DES GÉMEAUX LE 22 JUIN A 1 h 00

* LES CHIFFRES INDIQUENT LES DEGRÉS

1943	MERCURE	VÉNUS	MARS	JUPITER	SATURNE	URANUS	NEPTUNE	PLUTON	LUNE*
21 MAI	GÉMEAUX	CANCER	POISSONS	CANCER	GÉMEAUX	GÉMEAUX	VIERGE	LION	21 SAGITTAIRE
22 MAI	GÉMEAUX	CANCER	POISSONS	CANCER	GÉMEAUX	GÉMEAUX	VIERGE	LION	6 CAPRICORNE
23 MAI	GÉMEAUX	CANCER	POISSONS	CANCER	GÉMEAUX	GÉMEAUX	VIERGE	LION	20 CAPRICORNE
24 MAI	GÉMEAUX	CANCER	POISSONS	CANCER	GÉMEAUX	GÉMEAUX	VIERGE	LION	5 VERSEAU
25 MAI	GÉMEAUX	CANCER	POISSONS	CANCER	GÉMEAUX	GÉMEAUX	VIERGE	LION	19 VERSEAU
26 MAI	TAUREAU	CANCER	POISSONS	CANCER	GÉMEAUX	GÉMEAUX	VIERGE	LION	3 POISSONS
27 MAI	TAUREAU	CANCER	BÉLIER	CANCER	GÉMEAUX	GÉMEAUX	VIERGE	LION	17 POISSONS
28 MAI	TAUREAU	CANCER	BÉLIER	CANCER	GÉMEAUX	GÉMEAUX	VIERGE	LION	1 BÉLIER
29 MAI	TAUREAU	CANCER	BÉLIER	CANCER	GÉMEAUX	GÉMEAUX	VIERGE	LION	14 BÉLIER
30 MAI	TAUREAU	CANCER	BÉLIER	CANCER	GÉMEAUX	GÉMEAUX	VIERGE	LION	27 BÉLIER
31 MAI	TAUREAU	CANCER	BÉLIER	CANCER	GÉMEAUX	GÉMEAUX	VIERGE	LION	10 TAUREAU
1 JUIN	TAUREAU	CANCER	BÉLIER	CANCER	GÉMEAUX	GÉMEAUX	VIERGE	LION	23 TAUREAU
2 JUIN	TAUREAU	CANCER	BÉLIER	CANCER	GÉMEAUX	GÉMEAUX	VIERGE	LION	6 GÉMEAUX
3 JUIN	TAUREAU	CANCER	BÉLIER	CANCER	GÉMEAUX	GÉMEAUX	VIERGE	LION	18 GÉMEAUX
4 JUIN	TAUREAU	CANCER	BÉLIER	CANCER	GÉMEAUX	GÉMEAUX	VIERGE	LION	0 CANCER
5 JUIN	TAUREAU	CANCER	BÉLIER	CANCER	GÉMEAUX	GÉMEAUX	VIERGE	LION	12 CANCER
6 JUIN	TAUREAU	CANCER	BÉLIER	CANCER	GÉMEAUX	GÉMEAUX	VIERGE	LION	24 CANCER
7 JUIN	TAUREAU	LION	BÉLIER	CANCER	GÉMEAUX	GÉMEAUX	VIERGE	LION	6 LION
8 JUIN	TAUREAU	LION	BÉLIER	CANCER	GÉMEAUX	GÉMEAUX	VIERGE	LION	18 LION
9 JUIN	TAUREAU	LION	BÉLIER	CANCER	GÉMEAUX	GÉMEAUX	VIERGE	LION	0 VIERGE
10 JUIN	TAUREAU	LION	BÉLIER	CANCER	GÉMEAUX	GÉMEAUX	VIERGE	LION	12 VIERGE
11 JUIN	TAUREAU	LION	BÉLIER	CANCER	GÉMEAUX	GÉMEAUX	VIERGE	LION	24 VIERGE
12 JUIN	TAUREAU	LION	BÉLIER	CANCER	GÉMEAUX	GÉMEAUX	VIERGE	LION	6 BALANCE
13 JUIN	TAUREAU	LION	BÉLIER	CANCER	GÉMEAUX	GÉMEAUX	VIERGE	LION	19 BALANCE
14 JUIN	GÉMEAUX	LION	BÉLIER	CANCER	GÉMEAUX	GÉMEAUX	VIERGE	LION	2 SCORPION
15 JUIN	GÉMEAUX	LION	BÉLIER	CANCER	GÉMEAUX	GÉMEAUX	VIERGE	LION	16 SCORPION
16 JUIN	GÉMEAUX	LION	BÉLIER	CANCER	GÉMEAUX	GÉMEAUX	VIERGE	LION	1 SAGITTAIRE
17 JUIN	GÉMEAUX	LION	BÉLIER	CANCER	GÉMEAUX	GÉMEAUX	VIERGE	LION	15 SAGITTAIRE
18 JUIN	GÉMEAUX	LION	BÉLIER	CANCER	GÉMEAUX	GÉMEAUX	VIERGE	LION	0 CAPRICORNE
19 JUIN	GÉMEAUX	LION	BÉLIER	CANCER	GÉMEAUX	GÉMEAUX	VIERGE	LION	15 CAPRICORNE
20 JUIN	GÉMEAUX	LION	BÉLIER	CANCER	GÉMEAUX	GÉMEAUX	VIERGE	LION	0 VERSEAU
21 JUIN	GÉMEAUX	LION	BÉLIER	CANCER	GÉMEAUX	GÉMEAUX	VIERGE	LION	15 VERSEAU
22 JUIN	GÉMEAUX	LION	BÉLIER	CANCER	GÉMEAUX	GÉMEAUX	VIERGE	LION	29 VERSEAU

LE SOLEIL ENTRE DANS LE SIGNE DES GÉMEAUX LE 21 MAI 1943 A 23 h 00
LE SOLEIL QUITTE LE SIGNE DES GÉMEAUX LE 22 JUIN A 7 h 00

* LES CHIFFRES INDIQUENT LES DEGRÉS

DÉCOUVREZ DANS QUEL SIGNE SE TROUVAIENT LES PLANÈTES À VOTRE NAISSANCE

1944	MERCURE	VÉNUS	MARS	JUPITER	SATURNE	URANUS	NEPTUNE	PLUTON	LUNE*
MAI	TAUREAU	TAUREAU	CANCER	LION	GÉMEAUX	GÉMEAUX	BALANCE	LION	20 TAUREAU
MAI	TAUREAU	TAUREAU	CANCER	LION	GÉMEAUX	GÉMEAUX	BALANCE	LION	4 GÉMEAUX
MAI	TAUREAU	TAUREAU	LION	LION	GÉMEAUX	GÉMEAUX	BALANCE	LION	18 GÉMEAUX
MAI	TAUREAU	TAUREAU	LION	LION	GÉMEAUX	GÉMEAUX	BALANCE	LION	1 CANCER
MAI	TAUREAU	TAUREAU	LION	LION	GÉMEAUX	GÉMEAUX	BALANCE	LION	14 CANCER
MAI	TAUREAU	TAUREAU	LION	LION	GÉMEAUX	GÉMEAUX	BALANCE	LION	26 CANCER
MAI	TAUREAU	TAUREAU	LION	LION	GÉMEAUX	GÉMEAUX	BALANCE	LION	8 LION
MAI	TAUREAU	TAUREAU	LION	LION	GÉMEAUX	GÉMEAUX	BALANCE	LION	20 LION
MAI	TAUREAU	GÉMEAUX	LION	LION	GÉMEAUX	GÉMEAUX	BALANCE	LION	2 VIERGE
MAI	TAUREAU	GÉMEAUX	LION	LION	GÉMEAUX	GÉMEAUX	BALANCE	LION	14 VIERGE
MAI	TAUREAU	GÉMEAUX	LION	LION	GÉMEAUX	GÉMEAUX	BALANCE	LION	26 VIERGE
JUIN	TAUREAU	GÉMEAUX	LION	LION	GÉMEAUX	GÉMEAUX	BALANCE	LION	8 BALANCE
JUIN	TAUREAU	GÉMEAUX	LION	LION	GÉMEAUX	GÉMEAUX	BALANCE	LION	20 BALANCE
JUIN	TAUREAU	GÉMEAUX	LION	LION	GÉMEAUX	GÉMEAUX	BALANCE	LION	2 SCORPION
JUIN	TAUREAU	GÉMEAUX	LION	LION	GÉMEAUX	GÉMEAUX	BALANCE	LION	15 SCORPION
JUIN	TAUREAU	GÉMEAUX	LION	LION	GÉMEAUX	GÉMEAUX	BALANCE	LION	28 SCORPION
JUIN	TAUREAU	GÉMEAUX	LION	LION	GÉMEAUX	GÉMEAUX	BALANCE	LION	12 SAGITTAIRE
JUIN	TAUREAU	GÉMEAUX	LION	LION	GÉMEAUX	GÉMEAUX	BALANCE	LION	25 SAGITTAIRE
JUIN	TAUREAU	GÉMEAUX	LION	LION	GÉMEAUX	GÉMEAUX	BALANCE	LION	9 CAPRICORNE
JUIN	TAUREAU	GÉMEAUX	LION	LION	GÉMEAUX	GÉMEAUX	BALANCE	LION	23 CAPRICORNE
JUIN	TAUREAU	GÉMEAUX	LION	LION	GÉMEAUX	GÉMEAUX	BALANCE	LION	7 VERSEAU
JUIN	GÉMEAUX	GÉMEAUX	LION	LION	GÉMEAUX	GÉMEAUX	BALANCE	LION	21 VERSEAU
JUIN	GÉMEAUX	GÉMEAUX	LION	LION	GÉMEAUX	GÉMEAUX	BALANCE	LION	6 POISSONS
JUIN	GÉMEAUX	GÉMEAUX	LION	LION	GÉMEAUX	GÉMEAUX	BALANCE	LION	20 POISSONS
JUIN	GÉMEAUX	GÉMEAUX	LION	LION	GÉMEAUX	GÉMEAUX	BALANCE	LION	4 BÉLIER
JUIN	GÉMEAUX	GÉMEAUX	LION	LION	GÉMEAUX	GÉMEAUX	BALANCE	LION	18 BÉLIER
JUIN	GÉMEAUX	GÉMEAUX	LION	LION	GÉMEAUX	GÉMEAUX	BALANCE	LION	2 TAUREAU
JUIN	GÉMEAUX	GÉMEAUX	LION	LION	GÉMEAUX	GÉMEAUX	BALANCE	LION	16 TAUREAU
JUIN	GÉMEAUX	GÉMEAUX	LION	LION	GÉMEAUX	GÉMEAUX	BALANCE	LION	0 GÉMEAUX
JUIN	GÉMEAUX	GÉMEAUX	LION	LION	GÉMEAUX	GÉMEAUX	BALANCE	LION	13 GÉMEAUX
JUIN	GÉMEAUX	GÉMEAUX	LION	LION	CANCER	GÉMEAUX	BALANCE	LION	26 GÉMEAUX
JUIN	GÉMEAUX	GÉMEAUX	LION	LION	CANCER	GÉMEAUX	BALANCE	LION	9 CANCER

LE SOLEIL ENTRE DANS LE SIGNE DES GÉMEAUX LE 21 MAI A 4 h 40 1944
LE SOLEIL QUITTE LE SIGNE DES LE 21 JUIN A 13 h 00

* LES CHIFFRES INDIQUENT LES DEGRÉS

1945	MERCURE	VÉNUS	MARS	JUPITER	SATURNE	URANUS	NEPTUNE	PLUTON	LUNE*
MAI	TAUREAU	BÉLIER	BÉLIER	VIERGE	CANCER	GÉMEAUX	BALANCE	LION	10 BALANCE
MAI	TAUREAU	BÉLIER	BÉLIER	VIERGE	CANCER	GÉMEAUX	BALANCE	LION	22 BALANCE
MAI	TAUREAU	BÉLIER	BÉLIER	VIERGE	CANCER	GÉMEAUX	BALANCE	LION	4 SCORPION
MAI	TAUREAU	BÉLIER	BÉLIER	VIERGE	CANCER	GÉMEAUX	BALANCE	LION	16 SCORPION
MAI	TAUREAU	BÉLIER	BÉLIER	VIERGE	CANCER	GÉMEAUX	BALANCE	LION	28 SCORPION
MAI	TAUREAU	BÉLIER	BÉLIER	VIERGE	CANCER	GÉMEAUX	BALANCE	LION	10 SAGITTAIRE
MAI	TAUREAU	BÉLIER	BÉLIER	VIERGE	CANCER	GÉMEAUX	BALANCE	LION	23 SAGITTAIRE
MAI	TAUREAU	BÉLIER	BÉLIER	VIERGE	CANCER	GÉMEAUX	BALANCE	LION	5 CAPRICORNE
MAI	TAUREAU	BÉLIER	BÉLIER	VIERGE	CANCER	GÉMEAUX	BALANCE	LION	18 CAPRICORNE
MAI	TAUREAU	BÉLIER	BÉLIER	VIERGE	CANCER	GÉMEAUX	BALANCE	LION	1 VERSEAU
JUIN	TAUREAU	BÉLIER	BÉLIER	VIERGE	CANCER	GÉMEAUX	BALANCE	LION	14 VERSEAU
JUIN	TAUREAU	BÉLIER	BÉLIER	VIERGE	CANCER	GÉMEAUX	BALANCE	LION	28 VERSEAU
JUIN	TAUREAU	BÉLIER	BÉLIER	VIERGE	CANCER	GÉMEAUX	BALANCE	LION	11 POISSONS
JUIN	GÉMEAUX	BÉLIER	BÉLIER	VIERGE	CANCER	GÉMEAUX	BALANCE	LION	26 POISSONS
JUIN	GÉMEAUX	TAUREAU	BÉLIER	VIERGE	CANCER	GÉMEAUX	BALANCE	LION	10 BÉLIER
JUIN	GÉMEAUX	TAUREAU	BÉLIER	VIERGE	CANCER	GÉMEAUX	BALANCE	LION	25 BÉLIER
JUIN	GÉMEAUX	TAUREAU	BÉLIER	VIERGE	CANCER	GÉMEAUX	BALANCE	LION	9 TAUREAU
JUIN	GÉMEAUX	TAUREAU	BÉLIER	VIERGE	CANCER	GÉMEAUX	BALANCE	LION	24 TAUREAU
JUIN	GÉMEAUX	TAUREAU	BÉLIER	VIERGE	CANCER	GÉMEAUX	BALANCE	LION	9 GÉMEAUX
JUIN	GÉMEAUX	TAUREAU	BÉLIER	VIERGE	CANCER	GÉMEAUX	BALANCE	LION	23 GÉMEAUX
JUIN	GÉMEAUX	TAUREAU	TAUREAU	VIERGE	CANCER	GÉMEAUX	BALANCE	LION	7 CANCER
JUIN	GÉMEAUX	TAUREAU	TAUREAU	VIERGE	CANCER	GÉMEAUX	BALANCE	LION	21 CANCER
JUIN	GÉMEAUX	TAUREAU	TAUREAU	VIERGE	CANCER	GÉMEAUX	BALANCE	LION	4 LION
JUIN	GÉMEAUX	TAUREAU	TAUREAU	VIERGE	CANCER	GÉMEAUX	BALANCE	LION	17 LION
JUIN	GÉMEAUX	TAUREAU	TAUREAU	VIERGE	CANCER	GÉMEAUX	BALANCE	LION	0 VIERGE
JUIN	GÉMEAUX	TAUREAU	TAUREAU	VIERGE	CANCER	GÉMEAUX	BALANCE	LION	12 VIERGE
JUIN	GÉMEAUX	TAUREAU	TAUREAU	VIERGE	CANCER	GÉMEAUX	BALANCE	LION	25 VIERGE
JUIN	GÉMEAUX	TAUREAU	TAUREAU	VIERGE	CANCER	GÉMEAUX	BALANCE	LION	7 BALANCE
JUIN	CANCER	TAUREAU	TAUREAU	VIERGE	CANCER	GÉMEAUX	BALANCE	LION	18 BALANCE
JUIN	CANCER	TAUREAU	TAUREAU	VIERGE	CANCER	GÉMEAUX	BALANCE	LION	0 SCORPION
JUIN	CANCER	TAUREAU	TAUREAU	VIERGE	CANCER	GÉMEAUX	BALANCE	LION	12 SCORPION

LE SOLEIL ENTRE DANS LE SIGNE DES GÉMEAUX LE 22 MAI A 10 h 30 1945
LE SOLEIL QUITTE LE SIGNE DES LE 21 JUIN A 18 h 45

* LES CHIFFRES INDIQUENT LES DEGRÉS

DÉCOUVREZ DANS QUEL SIGNE SE TROUVAIENT LES PLANÈTES À VOTRE NAISSANCE

1946	MERCURE	VÉNUS	MARS	JUPITER	SATURNE	URANUS	NEPTUNE	PLUTON	LUNE*
21 MAI	TAUREAU	GÉMEAUX	LION	BALANCE	CANCER	GÉMEAUX	BALANCE	LION	28 CAPRICORNE
22 MAI	TAUREAU	GÉMEAUX	LION	BALANCE	CANCER	GÉMEAUX	BALANCE	LION	11 VERSEAU
23 MAI	TAUREAU	GÉMEAUX	LION	BALANCE	CANCER	GÉMEAUX	BALANCE	LION	23 VERSEAU
24 MAI	TAUREAU	CANCER	LION	BALANCE	CANCER	GÉMEAUX	BALANCE	LION	6 POISSONS
25 MAI	TAUREAU	CANCER	LION	BALANCE	CANCER	GÉMEAUX	BALANCE	LION	20 POISSONS
26 MAI	TAUREAU	CANCER	LION	BALANCE	CANCER	GÉMEAUX	BALANCE	LION	4 BÉLIER
27 MAI	GÉMEAUX	CANCER	LION	BALANCE	CANCER	GÉMEAUX	BALANCE	LION	18 BÉLIER
28 MAI	GÉMEAUX	CANCER	LION	BALANCE	CANCER	GÉMEAUX	BALANCE	LION	3 TAUREAU
29 MAI	GÉMEAUX	CANCER	LION	BALANCE	CANCER	GÉMEAUX	BALANCE	LION	18 TAUREAU
30 MAI	GÉMEAUX	CANCER	LION	BALANCE	CANCER	GÉMEAUX	BALANCE	LION	3 GÉMEAUX
31 MAI	GÉMEAUX	CANCER	LION	BALANCE	CANCER	GÉMEAUX	BALANCE	LION	18 GÉMEAUX
1 JUIN	GÉMEAUX	CANCER	LION	BALANCE	CANCER	GÉMEAUX	BALANCE	LION	3 CANCER
2 JUIN	GÉMEAUX	CANCER	LION	BALANCE	CANCER	GÉMEAUX	BALANCE	LION	18 CANCER
3 JUIN	GÉMEAUX	CANCER	LION	BALANCE	CANCER	GÉMEAUX	BALANCE	LION	2 LION
4 JUIN	GÉMEAUX	CANCER	LION	BALANCE	CANCER	GÉMEAUX	BALANCE	LION	16 LION
5 JUIN	GÉMEAUX	CANCER	LION	BALANCE	CANCER	GÉMEAUX	BALANCE	LION	0 VIERGE
6 JUIN	GÉMEAUX	CANCER	LION	BALANCE	CANCER	GÉMEAUX	BALANCE	LION	13 VIERGE
7 JUIN	GÉMEAUX	CANCER	LION	BALANCE	CANCER	GÉMEAUX	BALANCE	LION	26 VIERGE
8 JUIN	GÉMEAUX	CANCER	LION	BALANCE	CANCER	GÉMEAUX	BALANCE	LION	8 BALANCE
9 JUIN	GÉMEAUX	CANCER	LION	BALANCE	CANCER	GÉMEAUX	BALANCE	LION	20 BALANCE
10 JUIN	CANCER	CANCER	LION	BALANCE	CANCER	GÉMEAUX	BALANCE	LION	2 SCORPION
11 JUIN	CANCER	CANCER	LION	BALANCE	CANCER	GÉMEAUX	BALANCE	LION	14 SCORPION
12 JUIN	CANCER	CANCER	LION	BALANCE	CANCER	GÉMEAUX	BALANCE	LION	26 SCORPION
13 JUIN	CANCER	CANCER	LION	BALANCE	CANCER	GÉMEAUX	BALANCE	LION	8 SAGITTAIRE
14 JUIN	CANCER	CANCER	LION	BALANCE	CANCER	GÉMEAUX	BALANCE	LION	19 SAGITTAIRE
15 JUIN	CANCER	CANCER	LION	BALANCE	CANCER	GÉMEAUX	BALANCE	LION	1 CAPRICORNE
16 JUIN	CANCER	CANCER	LION	BALANCE	CANCER	GÉMEAUX	BALANCE	LION	13 CAPRICORNE
17 JUIN	CANCER	CANCER	LION	BALANCE	CANCER	GÉMEAUX	BALANCE	LION	25 CAPRICORNE
18 JUIN	CANCER	LION	LION	BALANCE	CANCER	GÉMEAUX	BALANCE	LION	8 VERSEAU
19 JUIN	CANCER	LION	LION	BALANCE	CANCER	GÉMEAUX	BALANCE	LION	20 VERSEAU
20 JUIN	CANCER	LION	VIERGE	BALANCE	CANCER	GÉMEAUX	BALANCE	LION	3 POISSONS
21 JUIN	CANCER	LION	VIERGE	BALANCE	CANCER	GÉMEAUX	BALANCE	LION	16 POISSONS
22 JUIN	CANCER	LION	VIERGE	BALANCE	CANCER	GÉMEAUX	BALANCE	LION	29 POISSONS

LE SOLEIL ENTRE DANS LE SIGNE DES GÉMEAUX LE 21 MAI 1946 A 16 h 30
LE SOLEIL QUITTE LE SIGNE DES LE 22 JUIN A 0 h 35
* LES CHIFFRES INDIQUENT LES DEGRÉS

1947	MERCURE	VÉNUS	MARS	JUPITER	SATURNE	URANUS	NEPTUNE	PLUTON	LUNE*
21 MAI	GÉMEAUX	TAUREAU	TAUREAU	SCORPION	LION	GÉMEAUX	BALANCE	LION	12 GÉMEAUX
22 MAI	GÉMEAUX	TAUREAU	TAUREAU	SCORPION	LION	GÉMEAUX	BALANCE	LION	27 GÉMEAUX
23 MAI	GÉMEAUX	TAUREAU	TAUREAU	SCORPION	LION	GÉMEAUX	BALANCE	LION	12 CANCER
24 MAI	GÉMEAUX	TAUREAU	TAUREAU	SCORPION	LION	GÉMEAUX	BALANCE	LION	26 CANCER
25 MAI	GÉMEAUX	TAUREAU	TAUREAU	SCORPION	LION	GÉMEAUX	BALANCE	LION	11 LION
26 MAI	GÉMEAUX	TAUREAU	TAUREAU	SCORPION	LION	GÉMEAUX	BALANCE	LION	25 LION
27 MAI	GÉMEAUX	TAUREAU	TAUREAU	SCORPION	LION	GÉMEAUX	BALANCE	LION	9 VIERGE
28 MAI	GÉMEAUX	TAUREAU	TAUREAU	SCORPION	LION	GÉMEAUX	BALANCE	LION	23 VIERGE
29 MAI	GÉMEAUX	TAUREAU	TAUREAU	SCORPION	LION	GÉMEAUX	BALANCE	LION	6 BALANCE
30 MAI	GÉMEAUX	TAUREAU	TAUREAU	SCORPION	LION	GÉMEAUX	BALANCE	LION	19 BALANCE
31 MAI	GÉMEAUX	TAUREAU	TAUREAU	SCORPION	LION	GÉMEAUX	BALANCE	LION	1 SCORPION
1 JUIN	GÉMEAUX	TAUREAU	TAUREAU	SCORPION	LION	GÉMEAUX	BALANCE	LION	14 SCORPION
2 JUIN	GÉMEAUX	TAUREAU	TAUREAU	SCORPION	LION	GÉMEAUX	BALANCE	LION	26 SCORPION
3 JUIN	CANCER	TAUREAU	TAUREAU	SCORPION	LION	GÉMEAUX	BALANCE	LION	8 SAGITTAIRE
4 JUIN	CANCER	TAUREAU	TAUREAU	SCORPION	LION	GÉMEAUX	BALANCE	LION	20 SAGITTAIRE
5 JUIN	CANCER	TAUREAU	TAUREAU	SCORPION	LION	GÉMEAUX	BALANCE	LION	2 CAPRICORNE
6 JUIN	CANCER	TAUREAU	TAUREAU	SCORPION	LION	GÉMEAUX	BALANCE	LION	14 CAPRICORNE
7 JUIN	CANCER	TAUREAU	TAUREAU	SCORPION	LION	GÉMEAUX	BALANCE	LION	26 CAPRICORNE
8 JUIN	CANCER	TAUREAU	TAUREAU	SCORPION	LION	GÉMEAUX	BALANCE	LION	8 VERSEAU
9 JUIN	CANCER	TAUREAU	TAUREAU	SCORPION	LION	GÉMEAUX	BALANCE	LION	20 VERSEAU
10 JUIN	CANCER	TAUREAU	TAUREAU	SCORPION	LION	GÉMEAUX	BALANCE	LION	2 POISSONS
11 JUIN	CANCER	TAUREAU	TAUREAU	SCORPION	LION	GÉMEAUX	BALANCE	LION	14 POISSONS
12 JUIN	CANCER	TAUREAU	TAUREAU	SCORPION	LION	GÉMEAUX	BALANCE	LION	27 POISSONS
13 JUIN	CANCER	TAUREAU	TAUREAU	SCORPION	LION	GÉMEAUX	BALANCE	LION	10 BÉLIER
14 JUIN	CANCER	GÉMEAUX	TAUREAU	SCORPION	LION	GÉMEAUX	BALANCE	LION	23 BÉLIER
15 JUIN	CANCER	GÉMEAUX	TAUREAU	SCORPION	LION	GÉMEAUX	BALANCE	LION	7 TAUREAU
16 JUIN	CANCER	GÉMEAUX	TAUREAU	SCORPION	LION	GÉMEAUX	BALANCE	LION	21 TAUREAU
17 JUIN	CANCER	GÉMEAUX	TAUREAU	SCORPION	LION	GÉMEAUX	BALANCE	LION	6 GÉMEAUX
18 JUIN	CANCER	GÉMEAUX	TAUREAU	SCORPION	LION	GÉMEAUX	BALANCE	LION	21 GÉMEAUX
19 JUIN	CANCER	GÉMEAUX	TAUREAU	SCORPION	LION	GÉMEAUX	BALANCE	LION	6 CANCER
20 JUIN	CANCER	GÉMEAUX	TAUREAU	SCORPION	LION	GÉMEAUX	BALANCE	LION	21 CANCER
21 JUIN	CANCER	GÉMEAUX	TAUREAU	SCORPION	LION	GÉMEAUX	BALANCE	LION	6 LION
22 JUIN	CANCER	GÉMEAUX	TAUREAU	SCORPION	LION	GÉMEAUX	BALANCE	LION	21 LION

LE SOLEIL ENTRE DANS LE SIGNE DES GÉMEAUX LE 21 MAI 1947 A 22 h 00
LE SOLEIL QUITTE LE SIGNE DES LE 22 JUIN A 6 h 15
* LES CHIFFRES INDIQUENT LES DEGRÉS

DÉCOUVREZ DANS QUEL SIGNE SE TROUVAIENT LES PLANÈTES À VOTRE NAISSANCE

948	MERCURE	VÉNUS	MARS	JUPITER	SATURNE	URANUS	NEPTUNE	PLUTON	LUNE*
MAI	GÉMEAUX	CANCER	VIERGE	SAGITTAIRE	LION	GÉMEAUX	BALANCE	LION	11 SCORPION
MAI	GÉMEAUX	CANCER	VIERGE	SAGITTAIRE	LION	GÉMEAUX	BALANCE	LION	24 SCORPION
MAI	GÉMEAUX	CANCER	VIERGE	SAGITTAIRE	LION	GÉMEAUX	BALANCE	LION	8 SAGITTAIRE
MAI	GÉMEAUX	CANCER	VIERGE	SAGITTAIRE	LION	GÉMEAUX	BALANCE	LION	21 SAGITTAIRE
MAI	GÉMEAUX	CANCER	VIERGE	SAGITTAIRE	LION	GÉMEAUX	BALANCE	LION	3 CAPRICORNE
MAI	GÉMEAUX	CANCER	VIERGE	SAGITTAIRE	LION	GÉMEAUX	BALANCE	LION	16 CAPRICORNE
MAI	CANCER	CANCER	VIERGE	SAGITTAIRE	LION	GÉMEAUX	BALANCE	LION	28 CAPRICORNE
MAI	CANCER	CANCER	VIERGE	SAGITTAIRE	LION	GÉMEAUX	BALANCE	LION	10 VERSEAU
MAI	CANCER	CANCER	VIERGE	SAGITTAIRE	LION	GÉMEAUX	BALANCE	LION	22 VERSEAU
MAI	CANCER	CANCER	VIERGE	SAGITTAIRE	LION	GÉMEAUX	BALANCE	LION	4 POISSONS
MAI	CANCER	CANCER	VIERGE	SAGITTAIRE	LION	GÉMEAUX	BALANCE	LION	16 POISSONS
JUIN	CANCER	CANCER	VIERGE	SAGITTAIRE	LION	GÉMEAUX	BALANCE	LION	28 POISSONS
JUIN	CANCER	CANCER	VIERGE	SAGITTAIRE	LION	GÉMEAUX	BALANCE	LION	10 BÉLIER
JUIN	CANCER	CANCER	VIERGE	SAGITTAIRE	LION	GÉMEAUX	BALANCE	LION	22 BÉLIER
JUIN	CANCER	CANCER	VIERGE	SAGITTAIRE	LION	GÉMEAUX	BALANCE	LION	5 TAUREAU
JUIN	CANCER	CANCER	VIERGE	SAGITTAIRE	LION	GÉMEAUX	BALANCE	LION	18 TAUREAU
JUIN	CANCER	CANCER	VIERGE	SAGITTAIRE	LION	GÉMEAUX	BALANCE	LION	2 GÉMEAUX
JUIN	CANCER	CANCER	VIERGE	SAGITTAIRE	LION	GÉMEAUX	BALANCE	LION	16 GÉMEAUX
JUIN	CANCER	CANCER	VIERGE	SAGITTAIRE	LION	GÉMEAUX	BALANCE	LION	0 CANCER
JUIN	CANCER	CANCER	VIERGE	SAGITTAIRE	LION	GÉMEAUX	BALANCE	LION	14 CANCER
JUIN	CANCER	CANCER	VIERGE	SAGITTAIRE	LION	GÉMEAUX	BALANCE	LION	29 CANCER
JUIN	CANCER	CANCER	VIERGE	SAGITTAIRE	LION	GÉMEAUX	BALANCE	LION	13 LION
JUIN	CANCER	CANCER	VIERGE	SAGITTAIRE	LION	GÉMEAUX	BALANCE	LION	28 LION
JUIN	CANCER	CANCER	VIERGE	SAGITTAIRE	LION	GÉMEAUX	BALANCE	LION	12 VIERGE
JUIN	CANCER	CANCER	VIERGE	SAGITTAIRE	LION	GÉMEAUX	BALANCE	LION	26 VIERGE
JUIN	CANCER	CANCER	VIERGE	SAGITTAIRE	LION	GÉMEAUX	BALANCE	LION	10 BALANCE
JUIN	CANCER	CANCER	VIERGE	SAGITTAIRE	LION	GÉMEAUX	BALANCE	LION	24 BALANCE
JUIN	CANCER	CANCER	VIERGE	SAGITTAIRE	LION	GÉMEAUX	BALANCE	LION	7 SCORPION
JUIN	CANCER	CANCER	VIERGE	SAGITTAIRE	LION	GÉMEAUX	BALANCE	LION	21 SCORPION
JUIN	CANCER	CANCER	VIERGE	SAGITTAIRE	LION	GÉMEAUX	BALANCE	LION	4 SAGITTAIRE
JUIN	CANCER	CANCER	VIERGE	SAGITTAIRE	LION	GÉMEAUX	BALANCE	LION	17 SAGITTAIRE
JUIN	CANCER	CANCER	VIERGE	SAGITTAIRE	LION	GÉMEAUX	BALANCE	LION	29 SAGITTAIRE

LE SOLEIL ENTRE DANS LE SIGNE DES GÉMEAUX LE 21 MAI 1948 A 3 h 50
QUITTE LE SIGNE DES LE 21 JUIN A 12 h 00
* LES CHIFFRES INDIQUENT LES DEGRÉS

949	MERCURE	VÉNUS	MARS	JUPITER	SATURNE	URANUS	NEPTUNE	PLUTON	LUNE*
MAI	GÉMEAUX	GÉMEAUX	TAUREAU	VERSEAU	LION	GÉMEAUX	BALANCE	LION	18 POISSONS
MAI	GÉMEAUX	GÉMEAUX	TAUREAU	VERSEAU	LION	GÉMEAUX	BALANCE	LION	0 BÉLIER
MAI	GÉMEAUX	GÉMEAUX	TAUREAU	VERSEAU	LION	GÉMEAUX	BALANCE	LION	12 BÉLIER
MAI	GÉMEAUX	GÉMEAUX	TAUREAU	VERSEAU	LION	GÉMEAUX	BALANCE	LION	24 BÉLIER
MAI	GÉMEAUX	GÉMEAUX	TAUREAU	VERSEAU	LION	GÉMEAUX	BALANCE	LION	6 TAUREAU
MAI	GÉMEAUX	GÉMEAUX	TAUREAU	VERSEAU	LION	GÉMEAUX	BALANCE	LION	18 TAUREAU
MAI	GÉMEAUX	GÉMEAUX	TAUREAU	VERSEAU	LION	GÉMEAUX	BALANCE	LION	0 GÉMEAUX
MAI	GÉMEAUX	GÉMEAUX	TAUREAU	VERSEAU	LION	GÉMEAUX	BALANCE	LION	13 GÉMEAUX
MAI	GÉMEAUX	GÉMEAUX	TAUREAU	VERSEAU	VIERGE	GÉMEAUX	BALANCE	LION	26 GÉMEAUX
MAI	GÉMEAUX	GÉMEAUX	TAUREAU	VERSEAU	VIERGE	GÉMEAUX	BALANCE	LION	9 CANCER
MAI	GÉMEAUX	GÉMEAUX	TAUREAU	VERSEAU	VIERGE	GÉMEAUX	BALANCE	LION	23 CANCER
JUIN	GÉMEAUX	GÉMEAUX	TAUREAU	VERSEAU	VIERGE	GÉMEAUX	BALANCE	LION	6 LION
JUIN	GÉMEAUX	GÉMEAUX	TAUREAU	VERSEAU	VIERGE	GÉMEAUX	BALANCE	LION	20 LION
JUIN	GÉMEAUX	GÉMEAUX	TAUREAU	VERSEAU	VIERGE	GÉMEAUX	BALANCE	LION	4 VIERGE
JUIN	GÉMEAUX	GÉMEAUX	TAUREAU	VERSEAU	VIERGE	GÉMEAUX	BALANCE	LION	18 VIERGE
JUIN	GÉMEAUX	GÉMEAUX	TAUREAU	VERSEAU	VIERGE	GÉMEAUX	BALANCE	LION	2 BALANCE
JUIN	GÉMEAUX	GÉMEAUX	TAUREAU	VERSEAU	VIERGE	GÉMEAUX	BALANCE	LION	16 BALANCE
JUIN	GÉMEAUX	CANCER	TAUREAU	VERSEAU	VIERGE	GÉMEAUX	BALANCE	LION	1 SCORPION
JUIN	GÉMEAUX	CANCER	TAUREAU	VERSEAU	VIERGE	GÉMEAUX	BALANCE	LION	15 SCORPION
JUIN	GÉMEAUX	CANCER	TAUREAU	VERSEAU	VIERGE	GÉMEAUX	BALANCE	LION	29 SCORPION
JUIN	GÉMEAUX	CANCER	GÉMEAUX	VERSEAU	VIERGE	CANCER	BALANCE	LION	14 SAGITTAIRE
JUIN	GÉMEAUX	CANCER	GÉMEAUX	VERSEAU	VIERGE	CANCER	BALANCE	LION	28 SAGITTAIRE
JUIN	GÉMEAUX	CANCER	GÉMEAUX	VERSEAU	VIERGE	CANCER	BALANCE	LION	11 CAPRICORNE
JUIN	GÉMEAUX	CANCER	GÉMEAUX	VERSEAU	VIERGE	CANCER	BALANCE	LION	25 CAPRICORNE
JUIN	GÉMEAUX	CANCER	GÉMEAUX	VERSEAU	VIERGE	CANCER	BALANCE	LION	7 VERSEAU
JUIN	GÉMEAUX	CANCER	GÉMEAUX	VERSEAU	VIERGE	CANCER	BALANCE	LION	20 VERSEAU
JUIN	GÉMEAUX	CANCER	GÉMEAUX	VERSEAU	VIERGE	CANCER	BALANCE	LION	2 POISSONS
JUIN	GÉMEAUX	CANCER	GÉMEAUX	VERSEAU	VIERGE	CANCER	BALANCE	LION	14 POISSONS
JUIN	GÉMEAUX	CANCER	GÉMEAUX	VERSEAU	VIERGE	CANCER	BALANCE	LION	26 POISSONS
JUIN	GÉMEAUX	CANCER	GÉMEAUX	VERSEAU	VIERGE	CANCER	BALANCE	LION	8 BÉLIER
JUIN	GÉMEAUX	CANCER	GÉMEAUX	VERSEAU	VIERGE	CANCER	BALANCE	LION	20 BÉLIER
JUIN	GÉMEAUX	CANCER	GÉMEAUX	VERSEAU	VIERGE	CANCER	BALANCE	LION	2 TAUREAU

LE SOLEIL ENTRE DANS LE SIGNE DES GÉMEAUX LE 21 MAI 1949 A 9 h 40
QUITTE LE SIGNE DES LE 21 JUIN A 18 h 00
* LES CHIFFRES INDIQUENT LES DEGRÉS

171

DÉCOUVREZ DANS QUEL SIGNE SE TROUVAIENT LES PLANÈTES À VOTRE NAISSANCE

1950	MERCURE	VÉNUS	MARS	JUPITER	SATURNE	URANUS	NEPTUNE	PLUTON	LUNE*
21 MAI	TAUREAU	BÉLIER	VIERGE	POISSONS	VIERGE	CANCER	BALANCE	LION	19 CANCER
22 MAI	TAUREAU	BÉLIER	VIERGE	POISSONS	VIERGE	CANCER	BALANCE	LION	2 LION
23 MAI	TAUREAU	BÉLIER	VIERGE	POISSONS	VIERGE	CANCER	BALANCE	LION	14 LION
24 MAI	TAUREAU	BÉLIER	VIERGE	POISSONS	VIERGE	CANCER	BALANCE	LION	28 LION
25 MAI	TAUREAU	BÉLIER	VIERGE	POISSONS	VIERGE	CANCER	BALANCE	LION	11 VIERGE
26 MAI	TAUREAU	BÉLIER	VIERGE	POISSONS	VIERGE	CANCER	BALANCE	LION	25 VIERGE
27 MAI	TAUREAU	BÉLIER	VIERGE	POISSONS	VIERGE	CANCER	BALANCE	LION	9 BALANCE
28 MAI	TAUREAU	BÉLIER	VIERGE	POISSONS	VIERGE	CANCER	BALANCE	LION	23 BALANCE
29 MAI	TAUREAU	BÉLIER	VIERGE	POISSONS	VIERGE	CANCER	BALANCE	LION	8 SCORPION
30 MAI	TAUREAU	BÉLIER	VIERGE	POISSONS	VIERGE	CANCER	BALANCE	LION	24 SCORPION
31 MAI	TAUREAU	BÉLIER	VIERGE	POISSONS	VIERGE	CANCER	BALANCE	LION	9 SAGITTAIRE
1 JUIN	TAUREAU	BÉLIER	VIERGE	POISSONS	VIERGE	CANCER	BALANCE	LION	24 SAGITTAIRE
2 JUIN	TAUREAU	TAUREAU	VIERGE	POISSONS	VIERGE	CANCER	BALANCE	LION	9 CAPRICORN
3 JUIN	TAUREAU	TAUREAU	VIERGE	POISSONS	VIERGE	CANCER	BALANCE	LION	23 CAPRICORN
4 JUIN	TAUREAU	TAUREAU	VIERGE	POISSONS	VIERGE	CANCER	BALANCE	LION	7 VERSEAU
5 JUIN	TAUREAU	TAUREAU	VIERGE	POISSONS	VIERGE	CANCER	BALANCE	LION	20 VERSEAU
6 JUIN	TAUREAU	TAUREAU	VIERGE	POISSONS	VIERGE	CANCER	BALANCE	LION	3 POISSONS
7 JUIN	TAUREAU	TAUREAU	VIERGE	POISSONS	VIERGE	CANCER	BALANCE	LION	16 POISSONS
8 JUIN	TAUREAU	TAUREAU	VIERGE	POISSONS	VIERGE	CANCER	BALANCE	LION	28 POISSONS
9 JUIN	TAUREAU	TAUREAU	VIERGE	POISSONS	VIERGE	CANCER	BALANCE	LION	10 BÉLIER
10 JUIN	TAUREAU	TAUREAU	VIERGE	POISSONS	VIERGE	CANCER	BALANCE	LION	23 BÉLIER
11 JUIN	TAUREAU	TAUREAU	VIERGE	POISSONS	VIERGE	CANCER	BALANCE	LION	4 TAUREAU
12 JUIN	TAUREAU	TAUREAU	BALANCE	POISSONS	VIERGE	CANCER	BALANCE	LION	16 TAUREAU
13 JUIN	TAUREAU	TAUREAU	BALANCE	POISSONS	VIERGE	CANCER	BALANCE	LION	28 TAUREAU
14 JUIN	TAUREAU	TAUREAU	BALANCE	POISSONS	VIERGE	CANCER	BALANCE	LION	10 GÉMEAUX
15 JUIN	GÉMEAUX	TAUREAU	BALANCE	POISSONS	VIERGE	CANCER	BALANCE	LION	22 GÉMEAUX
16 JUIN	GÉMEAUX	TAUREAU	BALANCE	POISSONS	VIERGE	CANCER	BALANCE	LION	4 CANCER
17 JUIN	GÉMEAUX	TAUREAU	BALANCE	POISSONS	VIERGE	CANCER	BALANCE	LION	16 CANCER
18 JUIN	GÉMEAUX	TAUREAU	BALANCE	POISSONS	VIERGE	CANCER	BALANCE	LION	29 CANCER
19 JUIN	GÉMEAUX	TAUREAU	BALANCE	POISSONS	VIERGE	CANCER	BALANCE	LION	12 LION
20 JUIN	GÉMEAUX	TAUREAU	BALANCE	POISSONS	VIERGE	CANCER	BALANCE	LION	24 LION
21 JUIN	GÉMEAUX	TAUREAU	BALANCE	POISSONS	VIERGE	CANCER	BALANCE	LION	8 VIERGE

LE SOLEIL ENTRE DANS LE SIGNE DES GÉMEAUX LE 21 MAI 1950 A 15 h 20
LE SOLEIL QUITTE LE SIGNE DES LE 21 JUIN A 23 h 30
* LES CHIFFRES INDIQUENT LES DEGRÉS

1951	MERCURE	VÉNUS	MARS	JUPITER	SATURNE	URANUS	NEPTUNE	PLUTON	LUNE*
21 MAI	TAUREAU	CANCER	TAUREAU	BÉLIER	VIERGE	CANCER	BALANCE	LION	3 SAGITTAIRE
22 MAI	TAUREAU	CANCER	GÉMEAUX	BÉLIER	VIERGE	CANCER	BALANCE	LION	18 SAGITTAIRE
23 MAI	TAUREAU	CANCER	GÉMEAUX	BÉLIER	VIERGE	CANCER	BALANCE	LION	3 CAPRICORN
24 MAI	TAUREAU	CANCER	GÉMEAUX	BÉLIER	VIERGE	CANCER	BALANCE	LION	18 CAPRICORN
25 MAI	TAUREAU	CANCER	GÉMEAUX	BÉLIER	VIERGE	CANCER	BALANCE	LION	3 VERSEAU
26 MAI	TAUREAU	CANCER	GÉMEAUX	BÉLIER	VIERGE	CANCER	BALANCE	LION	17 VERSEAU
27 MAI	TAUREAU	CANCER	GÉMEAUX	BÉLIER	VIERGE	CANCER	BALANCE	LION	1 POISSONS
28 MAI	TAUREAU	CANCER	GÉMEAUX	BÉLIER	VIERGE	CANCER	BALANCE	LION	14 POISSONS
29 MAI	TAUREAU	CANCER	GÉMEAUX	BÉLIER	VIERGE	CANCER	BALANCE	LION	27 POISSONS
30 MAI	TAUREAU	CANCER	GÉMEAUX	BÉLIER	VIERGE	CANCER	BALANCE	LION	10 BÉLIER
31 MAI	TAUREAU	CANCER	GÉMEAUX	BÉLIER	VIERGE	CANCER	BALANCE	PLUTON	22 BÉLIER
1 JUIN	TAUREAU	CANCER	GÉMEAUX	BÉLIER	VIERGE	CANCER	BALANCE	LION	4 TAUREAU
2 JUIN	TAUREAU	CANCER	GÉMEAUX	BÉLIER	VIERGE	CANCER	BALANCE	LION	17 TAUREAU
3 JUIN	TAUREAU	CANCER	GÉMEAUX	BÉLIER	VIERGE	CANCER	BALANCE	LION	29 TAUREAU
4 JUIN	TAUREAU	CANCER	GÉMEAUX	BÉLIER	VIERGE	CANCER	BALANCE	LION	11 GÉMEAUX
5 JUIN	TAUREAU	CANCER	GÉMEAUX	BÉLIER	VIERGE	CANCER	BALANCE	LION	22 GÉMEAUX
6 JUIN	TAUREAU	CANCER	GÉMEAUX	BÉLIER	VIERGE	CANCER	BALANCE	LION	4 CANCER
7 JUIN	TAUREAU	LION	GÉMEAUX	BÉLIER	VIERGE	CANCER	BALANCE	LION	16 CANCER
8 JUIN	TAUREAU	LION	GÉMEAUX	BÉLIER	VIERGE	CANCER	BALANCE	LION	28 CANCER
9 JUIN	GÉMEAUX	LION	GÉMEAUX	BÉLIER	VIERGE	CANCER	BALANCE	LION	10 LION
10 JUIN	GÉMEAUX	LION	GÉMEAUX	BÉLIER	VIERGE	CANCER	BALANCE	LION	22 LION
11 JUIN	GÉMEAUX	LION	GÉMEAUX	BÉLIER	VIERGE	CANCER	BALANCE	LION	4 VIERGE
12 JUIN	GÉMEAUX	LION	GÉMEAUX	BÉLIER	VIERGE	CANCER	BALANCE	LION	17 VIERGE
13 JUIN	GÉMEAUX	LION	GÉMEAUX	BÉLIER	VIERGE	CANCER	BALANCE	LION	0 BALANCE
14 JUIN	GÉMEAUX	LION	GÉMEAUX	BÉLIER	VIERGE	CANCER	BALANCE	LION	13 BALANCE
15 JUIN	GÉMEAUX	LION	GÉMEAUX	BÉLIER	VIERGE	CANCER	BALANCE	LION	27 BALANCE
16 JUIN	GÉMEAUX	LION	GÉMEAUX	BÉLIER	VIERGE	CANCER	BALANCE	LION	11 SCORPION
17 JUIN	GÉMEAUX	LION	GÉMEAUX	BÉLIER	VIERGE	CANCER	BALANCE	LION	26 SCORPION
18 JUIN	GÉMEAUX	LION	GÉMEAUX	BÉLIER	VIERGE	CANCER	BALANCE	LION	11 SAGITTAIRE
19 JUIN	GÉMEAUX	LION	GÉMEAUX	BÉLIER	VIERGE	CANCER	BALANCE	LION	27 SAGITTAIRE
20 JUIN	GÉMEAUX	LION	GÉMEAUX	BÉLIER	VIERGE	CANCER	BALANCE	LION	12 CAPRICORN
21 JUIN	GÉMEAUX	LION	GÉMEAUX	BÉLIER	VIERGE	CANCER	BALANCE	LION	27 CAPRICORN
22 JUIN	GÉMEAUX	LION	GÉMEAUX	BÉLIER	VIERGE	CANCER	BALANCE	LION	12 VERSEAU

LE SOLEIL ENTRE DANS LE SIGNE DES GÉMEAUX LE 21 MAI 1951 A 21 h 10
LE SOLEIL QUITTE LE SIGNE DES LE 22 JUIN A 5 h 20
* LES CHIFFRES INDIQUENT LES DEGRÉS

DÉCOUVREZ DANS QUEL SIGNE SE TROUVAIENT LES PLANÈTES À VOTRE NAISSANCE

1952	MERCURE	VÉNUS	MARS	JUPITER	SATURNE	URANUS	NEPTUNE	PLUTON	LUNE*
MAI	TAUREAU	TAUREAU	SCORPION	TAUREAU	BALANCE	CANCER	BALANCE	LION	2 TAUREAU
MAI	TAUREAU	TAUREAU	SCORPION	TAUREAU	BALANCE	CANCER	BALANCE	LION	15 TAUREAU
MAI	TAUREAU	TAUREAU	SCORPION	TAUREAU	BALANCE	CANCER	BALANCE	LION	28 TAUREAU
MAI	TAUREAU	TAUREAU	SCORPION	TAUREAU	BALANCE	CANCER	BALANCE	LION	11 GÉMEAUX
MAI	TAUREAU	TAUREAU	SCORPION	TAUREAU	BALANCE	CANCER	BALANCE	LION	23 GÉMEAUX
MAI	TAUREAU	TAUREAU	SCORPION	TAUREAU	BALANCE	CANCER	BALANCE	LION	6 CANCER
MAI	TAUREAU	TAUREAU	SCORPION	TAUREAU	BALANCE	CANCER	BALANCE	LION	18 CANCER
MAI	TAUREAU	TAUREAU	SCORPION	TAUREAU	BALANCE	CANCER	BALANCE	LION	0 LION
MAI	TAUREAU	GÉMEAUX	SCORPION	TAUREAU	BALANCE	CANCER	BALANCE	LION	11 LION
MAI	TAUREAU	GÉMEAUX	SCORPION	TAUREAU	BALANCE	CANCER	BALANCE	LION	23 LION
MAI	TAUREAU	GÉMEAUX	SCORPION	TAUREAU	BALANCE	CANCER	BALANCE	LION	5 VIERGE
JUIN	GÉMEAUX	GÉMEAUX	SCORPION	TAUREAU	BALANCE	CANCER	BALANCE	LION	17 VIERGE
JUIN	GÉMEAUX	GÉMEAUX	SCORPION	TAUREAU	BALANCE	CANCER	BALANCE	LION	29 VIERGE
JUIN	GÉMEAUX	GÉMEAUX	SCORPION	TAUREAU	BALANCE	CANCER	BALANCE	LION	12 BALANCE
JUIN	GÉMEAUX	GÉMEAUX	SCORPION	TAUREAU	BALANCE	CANCER	BALANCE	LION	25 BALANCE
JUIN	GÉMEAUX	GÉMEAUX	SCORPION	TAUREAU	BALANCE	CANCER	BALANCE	LION	8 SCORPION
JUIN	GÉMEAUX	GÉMEAUX	SCORPION	TAUREAU	BALANCE	CANCER	BALANCE	LION	22 SCORPION
JUIN	GÉMEAUX	GÉMEAUX	SCORPION	TAUREAU	BALANCE	CANCER	BALANCE	LION	7 SAGITTAIRE
JUIN	GÉMEAUX	GÉMEAUX	SCORPION	TAUREAU	BALANCE	CANCER	BALANCE	LION	21 SAGITTAIRE
JUIN	GÉMEAUX	GÉMEAUX	SCORPION	TAUREAU	BALANCE	CANCER	BALANCE	LION	6 CAPRICORNE
JUIN	GÉMEAUX	GÉMEAUX	SCORPION	TAUREAU	BALANCE	CANCER	BALANCE	LION	21 CAPRICORNE
JUIN	GÉMEAUX	GÉMEAUX	SCORPION	TAUREAU	BALANCE	CANCER	BALANCE	LION	6 VERSEAU
JUIN	GÉMEAUX	GÉMEAUX	SCORPION	TAUREAU	BALANCE	CANCER	BALANCE	LION	20 VERSEAU
JUIN	GÉMEAUX	GÉMEAUX	SCORPION	TAUREAU	BALANCE	CANCER	BALANCE	LION	4 POISSONS
JUIN	GÉMEAUX	GÉMEAUX	SCORPION	TAUREAU	BALANCE	CANCER	BALANCE	LION	18 POISSONS
JUIN	CANCER	GÉMEAUX	SCORPION	TAUREAU	BALANCE	CANCER	BALANCE	LION	2 BÉLIER
JUIN	CANCER	GÉMEAUX	SCORPION	TAUREAU	BALANCE	CANCER	BALANCE	LION	16 BÉLIER
JUIN	CANCER	GÉMEAUX	SCORPION	TAUREAU	BALANCE	CANCER	BALANCE	LION	29 BÉLIER
JUIN	CANCER	GÉMEAUX	SCORPION	TAUREAU	BALANCE	CANCER	BALANCE	LION	12 TAUREAU
JUIN	CANCER	GÉMEAUX	SCORPION	TAUREAU	BALANCE	CANCER	BALANCE	LION	25 TAUREAU
JUIN	CANCER	GÉMEAUX	SCORPION	TAUREAU	BALANCE	CANCER	BALANCE	LION	7 GÉMEAUX
JUIN	CANCER	GÉMEAUX	SCORPION	TAUREAU	BALANCE	CANCER	BALANCE	LION	20 GÉMEAUX

LE SOLEIL ENTRE DANS LE SIGNE DES GÉMEAUX LE 21 MAI 1952 A 3 h 00
LE SOLEIL QUITTE LE SIGNE DES GÉMEAUX LE 21 JUIN A 11 h 00

* LES CHIFFRES INDIQUENT LES DEGRÉS

1953	MERCURE	VÉNUS	MARS	JUPITER	SATURNE	URANUS	NEPTUNE	PLUTON	LUNE*
MAI	TAUREAU	BÉLIER	GÉMEAUX	GÉMEAUX	BALANCE	CANCER	BALANCE	LION	8 VIERGE
MAI	TAUREAU	BÉLIER	GÉMEAUX	GÉMEAUX	BALANCE	CANCER	BALANCE	LION	20 VIERGE
MAI	GÉMEAUX	BÉLIER	GÉMEAUX	GÉMEAUX	BALANCE	CANCER	BALANCE	LION	2 BALANCE
MAI	GÉMEAUX	BÉLIER	GÉMEAUX	GÉMEAUX	BALANCE	CANCER	BALANCE	LION	14 BALANCE
MAI	GÉMEAUX	BÉLIER	GÉMEAUX	GÉMEAUX	BALANCE	CANCER	BALANCE	LION	26 BALANCE
MAI	GÉMEAUX	BÉLIER	GÉMEAUX	GÉMEAUX	BALANCE	CANCER	BALANCE	LION	8 SCORPION
MAI	GÉMEAUX	BÉLIER	GÉMEAUX	GÉMEAUX	BALANCE	CANCER	BALANCE	LION	21 SCORPION
MAI	GÉMEAUX	BÉLIER	GÉMEAUX	GÉMEAUX	BALANCE	CANCER	BALANCE	LION	4 SAGITTAIRE
MAI	GÉMEAUX	BÉLIER	GÉMEAUX	GÉMEAUX	BALANCE	CANCER	BALANCE	LION	17 SAGITTAIRE
MAI	GÉMEAUX	BÉLIER	GÉMEAUX	GÉMEAUX	BALANCE	CANCER	BALANCE	LION	0 CAPRICORNE
MAI	GÉMEAUX	BÉLIER	GÉMEAUX	GÉMEAUX	BALANCE	CANCER	BALANCE	LION	14 CAPRICORNE
JUIN	GÉMEAUX	BÉLIER	GÉMEAUX	GÉMEAUX	BALANCE	CANCER	BALANCE	LION	28 CAPRICORNE
JUIN	GÉMEAUX	BÉLIER	GÉMEAUX	GÉMEAUX	BALANCE	CANCER	BALANCE	LION	12 VERSEAU
JUIN	GÉMEAUX	BÉLIER	GÉMEAUX	GÉMEAUX	BALANCE	CANCER	BALANCE	LION	26 VERSEAU
JUIN	GÉMEAUX	BÉLIER	GÉMEAUX	GÉMEAUX	BALANCE	CANCER	BALANCE	LION	10 POISSONS
JUIN	GÉMEAUX	TAUREAU	GÉMEAUX	GÉMEAUX	BALANCE	CANCER	BALANCE	LION	24 POISSONS
JUIN	CANCER	TAUREAU	GÉMEAUX	GÉMEAUX	BALANCE	CANCER	BALANCE	LION	9 BÉLIER
JUIN	CANCER	TAUREAU	GÉMEAUX	GÉMEAUX	BALANCE	CANCER	BALANCE	LION	23 BÉLIER
JUIN	CANCER	TAUREAU	GÉMEAUX	GÉMEAUX	BALANCE	CANCER	BALANCE	LION	7 TAUREAU
JUIN	CANCER	TAUREAU	GÉMEAUX	GÉMEAUX	BALANCE	CANCER	BALANCE	LION	21 TAUREAU
JUIN	CANCER	TAUREAU	GÉMEAUX	GÉMEAUX	BALANCE	CANCER	BALANCE	LION	5 GÉMEAUX
JUIN	CANCER	TAUREAU	GÉMEAUX	GÉMEAUX	BALANCE	CANCER	BALANCE	LION	18 GÉMEAUX
JUIN	CANCER	TAUREAU	GÉMEAUX	GÉMEAUX	BALANCE	CANCER	BALANCE	LION	2 CANCER
JUIN	CANCER	TAUREAU	GÉMEAUX	GÉMEAUX	BALANCE	CANCER	BALANCE	LION	15 CANCER
JUIN	CANCER	TAUREAU	CANCER	GÉMEAUX	BALANCE	CANCER	BALANCE	LION	27 CANCER
JUIN	CANCER	TAUREAU	CANCER	GÉMEAUX	BALANCE	CANCER	BALANCE	LION	10 LION
JUIN	CANCER	TAUREAU	CANCER	GÉMEAUX	BALANCE	CANCER	BALANCE	LION	22 LION
JUIN	CANCER	TAUREAU	CANCER	GÉMEAUX	BALANCE	CANCER	BALANCE	LION	4 VIERGE
JUIN	CANCER	TAUREAU	CANCER	GÉMEAUX	BALANCE	CANCER	BALANCE	LION	16 VIERGE
JUIN	CANCER	TAUREAU	CANCER	GÉMEAUX	BALANCE	CANCER	BALANCE	LION	28 VIERGE
JUIN	CANCER	TAUREAU	CANCER	GÉMEAUX	BALANCE	CANCER	BALANCE	LION	9 BALANCE
JUIN	CANCER	TAUREAU	CANCER	GÉMEAUX	BALANCE	CANCER	BALANCE	LION	22 BALANCE

LE SOLEIL ENTRE DANS LE SIGNE DES GÉMEAUX LE 21 MAI 1953 A 8 h 40
LE SOLEIL QUITTE LE SIGNE DES GÉMEAUX LE 21 JUIN A 17 h 00

* LES CHIFFRES INDIQUENT LES DEGRÉS

DÉCOUVREZ DANS QUEL SIGNE SE TROUVAIENT LES PLANÈTES À VOTRE NAISSANCE

1954	MERCURE	VÉNUS	MARS	JUPITER	SATURNE	URANUS	NEPTUNE	PLUTON	LUNE*
21 MAI	GÉMEAUX	GÉMEAUX	CAPRICORNE	GÉMEAUX	SCORPION	CANCER	BALANCE	LION	10 CAPRICORNE
22 MAI	GÉMEAUX	GÉMEAUX	CAPRICORNE	GÉMEAUX	SCORPION	CANCER	BALANCE	LION	23 CAPRICORNE
23 MAI	GÉMEAUX	GÉMEAUX	CAPRICORNE	GÉMEAUX	SCORPION	CANCER	BALANCE	LION	6 VERSEAU
24 MAI	GÉMEAUX	CANCER	CAPRICORNE	CANCER	SCORPION	CANCER	BALANCE	LION	19 VERSEAU
25 MAI	GÉMEAUX	CANCER	CAPRICORNE	CANCER	SCORPION	CANCER	BALANCE	LION	2 POISSONS
26 MAI	GÉMEAUX	CANCER	CAPRICORNE	CANCER	SCORPION	CANCER	BALANCE	LION	16 POISSONS
27 MAI	GÉMEAUX	CANCER	CAPRICORNE	CANCER	SCORPION	CANCER	BALANCE	LION	1 BÉLIER
28 MAI	GÉMEAUX	CANCER	CAPRICORNE	CANCER	SCORPION	CANCER	BALANCE	LION	15 BÉLIER
29 MAI	GÉMEAUX	CANCER	CAPRICORNE	CANCER	SCORPION	CANCER	BALANCE	LION	0 TAUREAU
30 MAI	GÉMEAUX	CANCER	CAPRICORNE	CANCER	SCORPION	CANCER	BALANCE	LION	15 TAUREAU
31 MAI	CANCER	CANCER	CAPRICORNE	CANCER	SCORPION	CANCER	BALANCE	LION	0 GÉMEAUX
1 JUIN	CANCER	CANCER	CAPRICORNE	CANCER	SCORPION	CANCER	BALANCE	LION	15 GÉMEAUX
2 JUIN	CANCER	CANCER	CAPRICORNE	CANCER	SCORPION	CANCER	BALANCE	LION	29 GÉMEAUX
3 JUIN	CANCER	CANCER	CAPRICORNE	CANCER	SCORPION	CANCER	BALANCE	LION	13 CANCER
4 JUIN	CANCER	CANCER	CAPRICORNE	CANCER	SCORPION	CANCER	BALANCE	LION	27 CANCER
5 JUIN	CANCER	CANCER	CAPRICORNE	CANCER	SCORPION	CANCER	BALANCE	LION	10 LION
6 JUIN	CANCER	CANCER	CAPRICORNE	CANCER	SCORPION	CANCER	BALANCE	LION	23 LION
7 JUIN	CANCER	CANCER	CAPRICORNE	CANCER	SCORPION	CANCER	BALANCE	LION	6 VIERGE
8 JUIN	CANCER	CANCER	CAPRICORNE	CANCER	SCORPION	CANCER	BALANCE	LION	18 VIERGE
9 JUIN	CANCER	CANCER	CAPRICORNE	CANCER	SCORPION	CANCER	BALANCE	LION	0 BALANCE
10 JUIN	CANCER	CANCER	CAPRICORNE	CANCER	SCORPION	CANCER	BALANCE	LION	12 BALANCE
11 JUIN	CANCER	CANCER	CAPRICORNE	CANCER	SCORPION	CANCER	BALANCE	LION	24 BALANCE
12 JUIN	CANCER	CANCER	CAPRICORNE	CANCER	SCORPION	CANCER	BALANCE	LION	6 SCORPION
13 JUIN	CANCER	CANCER	CAPRICORNE	CANCER	SCORPION	CANCER	BALANCE	LION	18 SCORPION
14 JUIN	CANCER	CANCER	CAPRICORNE	CANCER	SCORPION	CANCER	BALANCE	LION	0 SAGITTAIRE
15 JUIN	CANCER	CANCER	CAPRICORNE	CANCER	SCORPION	CANCER	BALANCE	LION	12 SAGITTAIRE
16 JUIN	CANCER	CANCER	CAPRICORNE	CANCER	SCORPION	CANCER	BALANCE	LION	24 SAGITTAIRE
17 JUIN	CANCER	CANCER	CAPRICORNE	CANCER	SCORPION	CANCER	BALANCE	LION	7 CAPRICORNE
18 JUIN	CANCER	LION	CAPRICORNE	CANCER	SCORPION	CANCER	BALANCE	LION	20 CAPRICORNE
19 JUIN	CANCER	LION	CAPRICORNE	CANCER	SCORPION	CANCER	BALANCE	LION	3 VERSEAU
20 JUIN	CANCER	LION	CAPRICORNE	CANCER	SCORPION	CANCER	BALANCE	LION	16 VERSEAU
21 JUIN	CANCER	LION	CAPRICORNE	CANCER	SCORPION	CANCER	BALANCE	LION	29 VERSEAU

LE SOLEIL ENTRE DANS LE SIGNE DES GÉMEAUX LE 21 MAI 1954 A 14 h 40
QUITTE LE SIGNE DES LE 21 JUIN A 22 h 50
* LES CHIFFRES INDIQUENT LES DEGRÉS

1955	MERCURE	VÉNUS	MARS	JUPITER	SATURNE	URANUS	NEPTUNE	PLUTON	LUNE*
21 MAI	GÉMEAUX	TAUREAU	GÉMEAUX	CANCER	SCORPION	CANCER	BALANCE	LION	24 TAUREAU
22 MAI	GÉMEAUX	TAUREAU	GÉMEAUX	CANCER	SCORPION	CANCER	BALANCE	LION	9 GÉMEAUX
23 MAI	GÉMEAUX	TAUREAU	GÉMEAUX	CANCER	SCORPION	CANCER	BALANCE	LION	24 GÉMEAUX
24 MAI	GÉMEAUX	TAUREAU	GÉMEAUX	CANCER	SCORPION	CANCER	BALANCE	LION	9 CANCER
25 MAI	GÉMEAUX	TAUREAU	GÉMEAUX	CANCER	SCORPION	CANCER	BALANCE	LION	24 CANCER
26 MAI	GÉMEAUX	TAUREAU	CANCER	CANCER	SCORPION	CANCER	BALANCE	LION	8 LION
27 MAI	GÉMEAUX	TAUREAU	CANCER	CANCER	SCORPION	CANCER	BALANCE	LION	22 LION
28 MAI	GÉMEAUX	TAUREAU	CANCER	CANCER	SCORPION	CANCER	BALANCE	LION	5 VIERGE
29 MAI	GÉMEAUX	TAUREAU	CANCER	CANCER	SCORPION	CANCER	BALANCE	LION	18 VIERGE
30 MAI	GÉMEAUX	TAUREAU	CANCER	CANCER	SCORPION	CANCER	BALANCE	LION	1 BALANCE
31 MAI	GÉMEAUX	TAUREAU	CANCER	CANCER	SCORPION	CANCER	BALANCE	LION	13 BALANCE
1 JUIN	GÉMEAUX	TAUREAU	CANCER	CANCER	SCORPION	CANCER	BALANCE	LION	25 BALANCE
2 JUIN	GÉMEAUX	TAUREAU	CANCER	CANCER	SCORPION	CANCER	BALANCE	LION	7 SCORPION
3 JUIN	GÉMEAUX	TAUREAU	CANCER	CANCER	SCORPION	CANCER	BALANCE	LION	19 SCORPION
4 JUIN	GÉMEAUX	TAUREAU	CANCER	CANCER	SCORPION	CANCER	BALANCE	LION	1 SAGITTAIRE
5 JUIN	GÉMEAUX	TAUREAU	CANCER	CANCER	SCORPION	CANCER	BALANCE	LION	13 SAGITTAIRE
6 JUIN	GÉMEAUX	TAUREAU	CANCER	CANCER	SCORPION	CANCER	BALANCE	LION	25 SAGITTAIRE
7 JUIN	GÉMEAUX	TAUREAU	CANCER	CANCER	SCORPION	CANCER	BALANCE	LION	6 CAPRICORNE
8 JUIN	GÉMEAUX	TAUREAU	CANCER	CANCER	SCORPION	CANCER	BALANCE	LION	18 CAPRICORNE
9 JUIN	GÉMEAUX	TAUREAU	CANCER	CANCER	SCORPION	CANCER	BALANCE	LION	0 VERSEAU
10 JUIN	GÉMEAUX	TAUREAU	CANCER	CANCER	SCORPION	CANCER	BALANCE	LION	13 VERSEAU
11 JUIN	GÉMEAUX	TAUREAU	CANCER	CANCER	SCORPION	CANCER	BALANCE	LION	25 VERSEAU
12 JUIN	GÉMEAUX	TAUREAU	CANCER	CANCER	SCORPION	CANCER	BALANCE	LION	8 POISSONS
13 JUIN	GÉMEAUX	GÉMEAUX	CANCER	LION	SCORPION	CANCER	BALANCE	LION	21 POISSONS
14 JUIN	GÉMEAUX	GÉMEAUX	CANCER	LION	SCORPION	CANCER	BALANCE	LION	5 BÉLIER
15 JUIN	GÉMEAUX	GÉMEAUX	CANCER	LION	SCORPION	CANCER	BALANCE	LION	18 BÉLIER
16 JUIN	GÉMEAUX	GÉMEAUX	CANCER	LION	SCORPION	CANCER	BALANCE	LION	3 TAUREAU
17 JUIN	GÉMEAUX	GÉMEAUX	CANCER	LION	SCORPION	CANCER	BALANCE	LION	17 TAUREAU
18 JUIN	GÉMEAUX	GÉMEAUX	CANCER	LION	SCORPION	CANCER	BALANCE	LION	2 GÉMEAUX
19 JUIN	GÉMEAUX	GÉMEAUX	CANCER	LION	SCORPION	CANCER	BALANCE	LION	18 GÉMEAUX
20 JUIN	GÉMEAUX	GÉMEAUX	CANCER	LION	SCORPION	CANCER	BALANCE	LION	3 CANCER
21 JUIN	GÉMEAUX	GÉMEAUX	CANCER	LION	SCORPION	CANCER	BALANCE	LION	18 CANCER
22 JUIN	GÉMEAUX	GÉMEAUX	CANCER	LION	SCORPION	CANCER	BALANCE	LION	2 LION

LE SOLEIL ENTRE DANS LE SIGNE DES GÉMEAUX LE 21 MAI 1955 A 20 h 20
QUITTE LE SIGNE DES LE 22 JUIN A 4 h 30
* LES CHIFFRES INDIQUENT LES DEGRÉS

DÉCOUVREZ DANS QUEL SIGNE SE TROUVAIENT LES PLANÈTES À VOTRE NAISSANCE

1956	MERCURE	VÉNUS	MARS	JUPITER	SATURNE	URANUS	NEPTUNE	PLUTON	LUNE*
MAI	GÉMEAUX	CANCER	VERSEAU	LION	SCORPION	CANCER	BALANCE	LION	24 BALANCE
MAI	GÉMEAUX	CANCER	VERSEAU	LION	SCORPION	CANCER	BALANCE	LION	6 SCORPION
MAI	GÉMEAUX	CANCER	VERSEAU	LION	SCORPION	CANCER	BALANCE	LION	19 SCORPION
MAI	GÉMEAUX	CANCER	VERSEAU	LION	SCORPION	CANCER	BALANCE	LION	1 SAGITTAIRE
MAI	GÉMEAUX	CANCER	VERSEAU	LION	SCORPION	CANCER	BALANCE	LION	14 SAGITTAIRE
MAI	GÉMEAUX	CANCER	VERSEAU	LION	SCORPION	CANCER	BALANCE	LION	26 SAGITTAIRE
MAI	GÉMEAUX	CANCER	VERSEAU	LION	SCORPION	CANCER	BALANCE	LION	8 CAPRICORNE
MAI	GÉMEAUX	CANCER	VERSEAU	LION	SCORPION	CANCER	BALANCE	LION	19 CAPRICORNE
MAI	GÉMEAUX	CANCER	VERSEAU	LION	SCORPION	CANCER	BALANCE	LION	1 VERSEAU
MAI	GÉMEAUX	CANCER	VERSEAU	LION	SCORPION	CANCER	BALANCE	LION	13 VERSEAU
MAI	GÉMEAUX	CANCER	VERSEAU	LION	SCORPION	CANCER	BALANCE	LION	25 VERSEAU
JUIN	GÉMEAUX	CANCER	VERSEAU	LION	SCORPION	CANCER	BALANCE	LION	7 POISSONS
JUIN	GÉMEAUX	CANCER	VERSEAU	LION	SCORPION	CANCER	BALANCE	LION	20 POISSONS
JUIN	GÉMEAUX	CANCER	POISSONS	LION	SCORPION	CANCER	BALANCE	LION	2 BÉLIER
JUIN	GÉMEAUX	CANCER	POISSONS	LION	SCORPION	CANCER	BALANCE	LION	15 BÉLIER
JUIN	GÉMEAUX	CANCER	POISSONS	LION	SCORPION	CANCER	BALANCE	LION	29 BÉLIER
JUIN	GÉMEAUX	CANCER	POISSONS	LION	SCORPION	CANCER	BALANCE	LION	13 TAUREAU
JUIN	GÉMEAUX	CANCER	POISSONS	LION	SCORPION	CANCER	BALANCE	LION	27 TAUREAU
JUIN	GÉMEAUX	CANCER	POISSONS	LION	SCORPION	CANCER	BALANCE	LION	12 GÉMEAUX
JUIN	GÉMEAUX	CANCER	POISSONS	LION	SCORPION	CANCER	BALANCE	LION	27 GÉMEAUX
JUIN	GÉMEAUX	CANCER	POISSONS	LION	SCORPION	LION	BALANCE	LION	12 CANCER
JUIN	GÉMEAUX	CANCER	POISSONS	LION	SCORPION	LION	BALANCE	LION	27 CANCER
JUIN	GÉMEAUX	CANCER	POISSONS	LION	SCORPION	LION	BALANCE	LION	12 LION
JUIN	GÉMEAUX	CANCER	POISSONS	LION	SCORPION	LION	BALANCE	LION	26 LION
JUIN	GÉMEAUX	CANCER	POISSONS	LION	SCORPION	LION	BALANCE	LION	10 VIERGE
JUIN	GÉMEAUX	CANCER	POISSONS	LION	SCORPION	LION	BALANCE	LION	24 VIERGE
JUIN	GÉMEAUX	CANCER	POISSONS	LION	SCORPION	LION	BALANCE	LION	7 BALANCE
JUIN	GÉMEAUX	CANCER	POISSONS	LION	SCORPION	LION	BALANCE	LION	21 BALANCE
JUIN	GÉMEAUX	CANCER	POISSONS	LION	SCORPION	LION	BALANCE	LION	3 SCORPION
JUIN	GÉMEAUX	CANCER	POISSONS	LION	SCORPION	LION	BALANCE	LION	16 SCORPION
JUIN	GÉMEAUX	CANCER	POISSONS	LION	SCORPION	LION	BALANCE	LION	28 SCORPION
JUIN	GÉMEAUX	CANCER	POISSONS	LION	SCORPION	LION	BALANCE	LION	10 SAGITTAIRE

LE SOLEIL ENTRE DANS LE SIGNE DES GÉMEAUX LE 21 MAI 1956 A 2 h 00
LE SOLEIL QUITTE LE SIGNE DES LE 21 JUIN A 10 h 20

* LES CHIFFRES INDIQUENT LES DEGRÉS

1957	MERCURE	VÉNUS	MARS	JUPITER	SATURNE	URANUS	NEPTUNE	PLUTON	LUNE*
MAI	TAUREAU	GÉMEAUX	CANCER	VIERGE	SAGITTAIRE	LION	SCORPION	LION	28 VERSEAU
MAI	TAUREAU	GÉMEAUX	CANCER	VIERGE	SAGITTAIRE	LION	SCORPION	LION	9 POISSONS
MAI	TAUREAU	GÉMEAUX	CANCER	VIERGE	SAGITTAIRE	LION	SCORPION	LION	21 POISSONS
MAI	TAUREAU	GÉMEAUX	CANCER	VIERGE	SAGITTAIRE	LION	SCORPION	LION	3 BÉLIER
MAI	TAUREAU	GÉMEAUX	CANCER	VIERGE	SAGITTAIRE	LION	SCORPION	LION	16 BÉLIER
MAI	TAUREAU	GÉMEAUX	CANCER	VIERGE	SAGITTAIRE	LION	SCORPION	LION	28 BÉLIER
MAI	TAUREAU	GÉMEAUX	CANCER	VIERGE	SAGITTAIRE	LION	SCORPION	LION	11 TAUREAU
MAI	TAUREAU	GÉMEAUX	CANCER	VIERGE	SAGITTAIRE	LION	SCORPION	LION	24 TAUREAU
MAI	TAUREAU	GÉMEAUX	CANCER	VIERGE	SAGITTAIRE	LION	SCORPION	LION	8 GÉMEAUX
MAI	TAUREAU	GÉMEAUX	CANCER	VIERGE	SAGITTAIRE	LION	SCORPION	LION	21 GÉMEAUX
MAI	TAUREAU	GÉMEAUX	CANCER	VIERGE	SAGITTAIRE	LION	SCORPION	LION	5 CANCER
JUIN	TAUREAU	GÉMEAUX	CANCER	VIERGE	SAGITTAIRE	LION	SCORPION	LION	20 CANCER
JUIN	TAUREAU	GÉMEAUX	CANCER	VIERGE	SAGITTAIRE	LION	SCORPION	LION	4 LION
JUIN	TAUREAU	GÉMEAUX	CANCER	VIERGE	SAGITTAIRE	LION	SCORPION	LION	18 LION
JUIN	TAUREAU	GÉMEAUX	CANCER	VIERGE	SAGITTAIRE	LION	SCORPION	LION	3 VIERGE
JUIN	TAUREAU	GÉMEAUX	CANCER	VIERGE	SAGITTAIRE	LION	SCORPION	LION	17 VIERGE
JUIN	TAUREAU	GÉMEAUX	CANCER	VIERGE	SAGITTAIRE	LION	SCORPION	LION	1 BALANCE
JUIN	TAUREAU	CANCER	CANCER	VIERGE	SAGITTAIRE	LION	SCORPION	LION	15 BALANCE
JUIN	TAUREAU	CANCER	CANCER	VIERGE	SAGITTAIRE	LION	SCORPION	LION	29 BALANCE
JUIN	TAUREAU	CANCER	CANCER	VIERGE	SAGITTAIRE	LION	SCORPION	LION	12 SCORPION
JUIN	TAUREAU	CANCER	CANCER	VIERGE	SAGITTAIRE	LION	SCORPION	LION	26 SCORPION
JUIN	TAUREAU	CANCER	CANCER	VIERGE	SAGITTAIRE	LION	SCORPION	LION	9 SAGITTAIRE
JUIN	TAUREAU	CANCER	CANCER	VIERGE	SAGITTAIRE	LION	SCORPION	LION	22 SAGITTAIRE
JUIN	GÉMEAUX	CANCER	CANCER	VIERGE	SAGITTAIRE	LION	SCORPION	LION	5 CAPRICORNE
JUIN	GÉMEAUX	CANCER	CANCER	VIERGE	SAGITTAIRE	LION	SCORPION	LION	17 CAPRICORNE
JUIN	GÉMEAUX	CANCER	CANCER	VIERGE	SAGITTAIRE	LION	SCORPION	LION	29 CAPRICORNE
JUIN	GÉMEAUX	CANCER	CANCER	VIERGE	SAGITTAIRE	LION	BALANCE	LION	12 VERSEAU
JUIN	GÉMEAUX	CANCER	CANCER	VIERGE	SAGITTAIRE	LION	BALANCE	LION	24 VERSEAU
JUIN	GÉMEAUX	CANCER	CANCER	VIERGE	SAGITTAIRE	LION	BALANCE	LION	5 POISSONS
JUIN	GÉMEAUX	CANCER	CANCER	VIERGE	SAGITTAIRE	LION	BALANCE	LION	17 POISSONS
JUIN	GÉMEAUX	CANCER	CANCER	VIERGE	SAGITTAIRE	LION	BALANCE	LION	29 POISSONS
JUIN	GÉMEAUX	CANCER	CANCER	VIERGE	SAGITTAIRE	LION	BALANCE	LION	11 BÉLIER

LE SOLEIL ENTRE DANS LE SIGNE DES GÉMEAUX LE 21 MAI 1957 A 8 h 00
LE SOLEIL QUITTE LE SIGNE DES LE 21 JUIN A 16 h 15

* LES CHIFFRES INDIQUENT LES DEGRÉS

DÉCOUVREZ DANS QUEL SIGNE SE TROUVAIENT LES PLANÈTES À VOTRE NAISSANCE

1958	MERCURE	VÉNUS	MARS	JUPITER	SATURNE	URANUS	NEPTUNE	PLUTON	LUNE*
21 MAI	TAUREAU	BÉLIER	POISSONS	BALANCE	SAGITTAIRE	LION	SCORPION	LION	1 CANCER
22 MAI	TAUREAU	BÉLIER	POISSONS	BALANCE	SAGITTAIRE	LION	SCORPION	LION	14 CANCER
23 MAI	TAUREAU	BÉLIER	POISSONS	BALANCE	SAGITTAIRE	LION	SCORPION	LION	27 CANCER
24 MAI	TAUREAU	BÉLIER	POISSONS	BALANCE	SAGITTAIRE	LION	SCORPION	LION	11 LION
25 MAI	TAUREAU	BÉLIER	POISSONS	BALANCE	SAGITTAIRE	LION	SCORPION	LION	24 LION
26 MAI	TAUREAU	BÉLIER	POISSONS	BALANCE	SAGITTAIRE	LION	SCORPION	LION	8 VIERGE
27 MAI	TAUREAU	BÉLIER	POISSONS	BALANCE	SAGITTAIRE	LION	SCORPION	LION	23 VIERGE
28 MAI	TAUREAU	BÉLIER	POISSONS	BALANCE	SAGITTAIRE	LION	SCORPION	LION	7 BALANCE
29 MAI	TAUREAU	BÉLIER	POISSONS	BALANCE	SAGITTAIRE	LION	SCORPION	LION	21 BALANCE
30 MAI	TAUREAU	BÉLIER	POISSONS	BALANCE	SAGITTAIRE	LION	SCORPION	LION	6 SCORPION
31 MAI	TAUREAU	BÉLIER	POISSONS	BALANCE	SAGITTAIRE	LION	SCORPION	LION	20 SCORPION
1 JUIN	TAUREAU	TAUREAU	POISSONS	BALANCE	SAGITTAIRE	LION	SCORPION	LION	5 SAGITTAIRE
2 JUIN	TAUREAU	TAUREAU	POISSONS	BALANCE	SAGITTAIRE	LION	SCORPION	LION	19 SAGITTAIRE
3 JUIN	TAUREAU	TAUREAU	POISSONS	BALANCE	SAGITTAIRE	LION	SCORPION	LION	3 CAPRICORNE
4 JUIN	TAUREAU	TAUREAU	POISSONS	BALANCE	SAGITTAIRE	LION	SCORPION	LION	17 CAPRICORNE
5 JUIN	TAUREAU	TAUREAU	POISSONS	BALANCE	SAGITTAIRE	LION	SCORPION	LION	0 VERSEAU
6 JUIN	GÉMEAUX	TAUREAU	POISSONS	BALANCE	SAGITTAIRE	LION	SCORPION	LION	13 VERSEAU
7 JUIN	GÉMEAUX	TAUREAU	BÉLIER	BALANCE	SAGITTAIRE	LION	SCORPION	LION	26 VERSEAU
8 JUIN	GÉMEAUX	TAUREAU	BÉLIER	BALANCE	SAGITTAIRE	LION	SCORPION	LION	8 POISSONS
9 JUIN	GÉMEAUX	TAUREAU	BÉLIER	BALANCE	SAGITTAIRE	LION	SCORPION	LION	20 POISSONS
10 JUIN	GÉMEAUX	TAUREAU	BÉLIER	BALANCE	SAGITTAIRE	LION	SCORPION	LION	2 BÉLIER
11 JUIN	GÉMEAUX	TAUREAU	BÉLIER	BALANCE	SAGITTAIRE	LION	SCORPION	VIERGE	14 BÉLIER
12 JUIN	GÉMEAUX	TAUREAU	BÉLIER	BALANCE	SAGITTAIRE	LION	SCORPION	VIERGE	26 BÉLIER
13 JUIN	GÉMEAUX	TAUREAU	BÉLIER	BALANCE	SAGITTAIRE	LION	SCORPION	VIERGE	8 TAUREAU
14 JUIN	GÉMEAUX	TAUREAU	BÉLIER	BALANCE	SAGITTAIRE	LION	SCORPION	VIERGE	20 TAUREAU
15 JUIN	GÉMEAUX	TAUREAU	BÉLIER	BALANCE	SAGITTAIRE	LION	SCORPION	VIERGE	2 GÉMEAUX
16 JUIN	GÉMEAUX	TAUREAU	BÉLIER	BALANCE	SAGITTAIRE	LION	SCORPION	VIERGE	15 GÉMEAUX
17 JUIN	GÉMEAUX	TAUREAU	BÉLIER	BALANCE	SAGITTAIRE	LION	SCORPION	VIERGE	27 GÉMEAUX
18 JUIN	GÉMEAUX	TAUREAU	BÉLIER	BALANCE	SAGITTAIRE	LION	SCORPION	VIERGE	11 CANCER
19 JUIN	GÉMEAUX	TAUREAU	BÉLIER	BALANCE	SAGITTAIRE	LION	SCORPION	VIERGE	24 CANCER
20 JUIN	CANCER	TAUREAU	BÉLIER	BALANCE	SAGITTAIRE	LION	SCORPION	VIERGE	8 LION
21 JUIN	CANCER	TAUREAU	BÉLIER	BALANCE	SAGITTAIRE	LION	SCORPION	VIERGE	21 LION

LE SOLEIL ENTRE DANS LE SIGNE DES GÉMEAUX LE 21 MAI A 13 h 40 1958
QUITTE LE SIGNE DES LE 21 JUIN A 21 h 50
* LES CHIFFRES INDIQUENT LES DEGRÉS

1959	MERCURE	VÉNUS	MARS	JUPITER	SATURNE	URANUS	NEPTUNE	PLUTON	LUNE*
21 MAI	TAUREAU	CANCER	CANCER	SCORPION	CAPRICORNE	LION	SCORPION	VIERGE	15 SCORPION
22 MAI	TAUREAU	CANCER	CANCER	SCORPION	CAPRICORNE	LION	SCORPION	VIERGE	0 SAGITTAIRE
23 MAI	TAUREAU	CANCER	CANCER	SCORPION	CAPRICORNE	LION	SCORPION	VIERGE	15 SAGITTAIRE
24 MAI	TAUREAU	CANCER	CANCER	SCORPION	CAPRICORNE	LION	SCORPION	VIERGE	0 CAPRICORNE
25 MAI	TAUREAU	CANCER	CANCER	SCORPION	CAPRICORNE	LION	SCORPION	VIERGE	15 CAPRICORNE
26 MAI	TAUREAU	CANCER	CANCER	SCORPION	CAPRICORNE	LION	SCORPION	VIERGE	29 CAPRICORNE
27 MAI	TAUREAU	CANCER	CANCER	SCORPION	CAPRICORNE	LION	SCORPION	VIERGE	13 VERSEAU
28 MAI	TAUREAU	CANCER	CANCER	SCORPION	CAPRICORNE	LION	SCORPION	VIERGE	26 VERSEAU
29 MAI	GÉMEAUX	CANCER	CANCER	SCORPION	CAPRICORNE	LION	SCORPION	VIERGE	9 POISSONS
30 MAI	GÉMEAUX	CANCER	CANCER	SCORPION	CAPRICORNE	LION	SCORPION	VIERGE	21 POISSONS
31 MAI	GÉMEAUX	CANCER	CANCER	SCORPION	CAPRICORNE	LION	SCORPION	VIERGE	4 BÉLIER
1 JUIN	GÉMEAUX	CANCER	LION	SCORPION	CAPRICORNE	LION	SCORPION	VIERGE	16 BÉLIER
2 JUIN	GÉMEAUX	CANCER	LION	SCORPION	CAPRICORNE	LION	SCORPION	VIERGE	27 BÉLIER
3 JUIN	GÉMEAUX	CANCER	LION	SCORPION	CAPRICORNE	LION	SCORPION	VIERGE	9 TAUREAU
4 JUIN	GÉMEAUX	CANCER	LION	SCORPION	CAPRICORNE	LION	SCORPION	VIERGE	21 TAUREAU
5 JUIN	GÉMEAUX	CANCER	LION	SCORPION	CAPRICORNE	LION	SCORPION	VIERGE	3 GÉMEAUX
6 JUIN	GÉMEAUX	CANCER	LION	SCORPION	CAPRICORNE	LION	SCORPION	VIERGE	15 GÉMEAUX
7 JUIN	GÉMEAUX	LION	LION	SCORPION	CAPRICORNE	LION	SCORPION	VIERGE	27 GÉMEAUX
8 JUIN	GÉMEAUX	LION	LION	SCORPION	CAPRICORNE	LION	SCORPION	VIERGE	9 CANCER
9 JUIN	GÉMEAUX	LION	LION	SCORPION	CAPRICORNE	LION	SCORPION	VIERGE	21 CANCER
10 JUIN	GÉMEAUX	LION	LION	SCORPION	CAPRICORNE	LION	SCORPION	VIERGE	4 LION
11 JUIN	GÉMEAUX	LION	LION	SCORPION	CAPRICORNE	LION	SCORPION	VIERGE	16 LION
12 JUIN	CANCER	LION	LION	SCORPION	CAPRICORNE	LION	SCORPION	VIERGE	29 LION
13 JUIN	CANCER	LION	LION	SCORPION	CAPRICORNE	LION	SCORPION	VIERGE	12 VIERGE
14 JUIN	CANCER	LION	LION	SCORPION	CAPRICORNE	LION	SCORPION	VIERGE	26 VIERGE
15 JUIN	CANCER	LION	LION	SCORPION	CAPRICORNE	LION	SCORPION	VIERGE	10 BALANCE
16 JUIN	CANCER	LION	LION	SCORPION	CAPRICORNE	LION	SCORPION	VIERGE	24 BALANCE
17 JUIN	CANCER	LION	LION	SCORPION	CAPRICORNE	LION	SCORPION	VIERGE	8 SCORPION
18 JUIN	CANCER	LION	LION	SCORPION	CAPRICORNE	LION	SCORPION	VIERGE	23 SCORPION
19 JUIN	CANCER	LION	LION	SCORPION	CAPRICORNE	LION	SCORPION	VIERGE	8 SAGITTAIRE
20 JUIN	CANCER	LION	LION	SCORPION	CAPRICORNE	LION	SCORPION	VIERGE	23 SAGITTAIRE
21 JUIN	CANCER	LION	LION	SCORPION	CAPRICORNE	LION	SCORPION	VIERGE	8 CAPRICORNE
22 JUIN	CANCER	LION	LION	SCORPION	CAPRICORNE	LION	SCORPION	VIERGE	23 CAPRICORNE

LE SOLEIL ENTRE DANS LE SIGNE DES GÉMEAUX LE 21 MAI A 19 h 30 1959
QUITTE LE SIGNE DES LE 22 JUIN A 3 h 40
* LES CHIFFRES INDIQUENT LES DEGRÉS

DÉCOUVREZ DANS QUEL SIGNE SE TROUVAIENT LES PLANÈTES À VOTRE NAISSANCE

1960	MERCURE	VÉNUS	MARS	JUPITER	SATURNE	URANUS	NEPTUNE	PLUTON	LUNE*
MAI	GÉMEAUX	TAUREAU	BÉLIER	CAPRICORNE	CAPRICORNE	LION	SCORPION	VIERGE	15 BÉLIER
MAI	GÉMEAUX	TAUREAU	BÉLIER	CAPRICORNE	CAPRICORNE	LION	SCORPION	VIERGE	27 BÉLIER
MAI	GÉMEAUX	TAUREAU	BÉLIER	CAPRICORNE	CAPRICORNE	LION	SCORPION	VIERGE	9 TAUREAU
MAI	GÉMEAUX	TAUREAU	BÉLIER	CAPRICORNE	CAPRICORNE	LION	SCORPION	VIERGE	22 TAUREAU
MAI	GÉMEAUX	TAUREAU	BÉLIER	CAPRICORNE	CAPRICORNE	LION	SCORPION	VIERGE	4 GÉMEAUX
MAI	GÉMEAUX	TAUREAU	BÉLIER	CAPRICORNE	CAPRICORNE	LION	SCORPION	VIERGE	16 GÉMEAUX
MAI	GÉMEAUX	TAUREAU	BÉLIER	CAPRICORNE	CAPRICORNE	LION	SCORPION	VIERGE	28 GÉMEAUX
MAI	GÉMEAUX	GÉMEAUX	BÉLIER	CAPRICORNE	CAPRICORNE	LION	SCORPION	VIERGE	9 CANCER
MAI	GÉMEAUX	GÉMEAUX	BÉLIER	CAPRICORNE	CAPRICORNE	LION	SCORPION	VIERGE	21 CANCER
MAI	GÉMEAUX	GÉMEAUX	BÉLIER	CAPRICORNE	CAPRICORNE	LION	SCORPION	VIERGE	3 LION
MAI	GÉMEAUX	GÉMEAUX	BÉLIER	CAPRICORNE	CAPRICORNE	LION	SCORPION	VIERGE	15 LION
JUIN	GÉMEAUX	GÉMEAUX	BÉLIER	CAPRICORNE	CAPRICORNE	LION	SCORPION	VIERGE	27 LION
JUIN	GÉMEAUX	GÉMEAUX	BÉLIER	CAPRICORNE	CAPRICORNE	LION	SCORPION	VIERGE	10 VIERGE
JUIN	CANCER	GÉMEAUX	BÉLIER	CAPRICORNE	CAPRICORNE	LION	SCORPION	VIERGE	22 VIERGE
JUIN	CANCER	GÉMEAUX	BÉLIER	CAPRICORNE	CAPRICORNE	LION	SCORPION	VIERGE	5 BALANCE
JUIN	CANCER	GÉMEAUX	BÉLIER	CAPRICORNE	CAPRICORNE	LION	SCORPION	VIERGE	19 BALANCE
JUIN	CANCER	GÉMEAUX	BÉLIER	CAPRICORNE	CAPRICORNE	LION	SCORPION	VIERGE	3 SCORPION
JUIN	CANCER	GÉMEAUX	BÉLIER	CAPRICORNE	CAPRICORNE	LION	SCORPION	VIERGE	18 SCORPION
JUIN	CANCER	GÉMEAUX	BÉLIER	CAPRICORNE	CAPRICORNE	LION	SCORPION	VIERGE	2 SAGITTAIRE
JUIN	CANCER	GÉMEAUX	BÉLIER	CAPRICORNE	CAPRICORNE	LION	SCORPION	VIERGE	18 SAGITTAIRE
JUIN	CANCER	GÉMEAUX	BÉLIER	SAGITTAIRE	CAPRICORNE	LION	SCORPION	VIERGE	3 CAPRICORNE
JUIN	CANCER	GÉMEAUX	BÉLIER	SAGITTAIRE	CAPRICORNE	LION	SCORPION	VIERGE	18 CAPRICORNE
JUIN	CANCER	GÉMEAUX	BÉLIER	SAGITTAIRE	CAPRICORNE	LION	SCORPION	VIERGE	3 VERSEAU
JUIN	CANCER	GÉMEAUX	BÉLIER	SAGITTAIRE	CAPRICORNE	LION	SCORPION	VIERGE	18 VERSEAU
JUIN	CANCER	GÉMEAUX	BÉLIER	SAGITTAIRE	CAPRICORNE	LION	SCORPION	VIERGE	2 POISSONS
JUIN	CANCER	GÉMEAUX	BÉLIER	SAGITTAIRE	CAPRICORNE	LION	SCORPION	VIERGE	15 POISSONS
JUIN	CANCER	GÉMEAUX	BÉLIER	SAGITTAIRE	CAPRICORNE	LION	SCORPION	VIERGE	29 POISSONS
JUIN	CANCER	GÉMEAUX	BÉLIER	SAGITTAIRE	CAPRICORNE	LION	SCORPION	VIERGE	12 BÉLIER
JUIN	CANCER	GÉMEAUX	BÉLIER	SAGITTAIRE	CAPRICORNE	LION	SCORPION	VIERGE	24 BÉLIER
JUIN	CANCER	GÉMEAUX	BÉLIER	SAGITTAIRE	CAPRICORNE	LION	SCORPION	VIERGE	7 TAUREAU
JUIN	CANCER	GÉMEAUX	TAUREAU	SAGITTAIRE	CAPRICORNE	LION	SCORPION	VIERGE	19 TAUREAU
JUIN	CANCER	GÉMEAUX	TAUREAU	SAGITTAIRE	CAPRICORNE	LION	SCORPION	VIERGE	1 GÉMEAUX

LE SOLEIL ENTRE DANS LE SIGNE DES GÉMEAUX LE 21 MAI 1960 A 1 h 30
QUITTE LE SIGNE DES LE 21 JUIN A 9 h 30
* LES CHIFFRES INDIQUENT LES DEGRÉS

1961	MERCURE	VÉNUS	MARS	JUPITER	SATURNE	URANUS	NEPTUNE	PLUTON	LUNE*
MAI	GÉMEAUX	BÉLIER	LION	VERSEAU	CAPRICORNE	LION	SCORPION	VIERGE	17 LION
MAI	GÉMEAUX	BÉLIER	LION	VERSEAU	CAPRICORNE	LION	SCORPION	VIERGE	29 LION
MAI	GÉMEAUX	BÉLIER	LION	VERSEAU	CAPRICORNE	LION	SCORPION	VIERGE	11 VIERGE
MAI	GÉMEAUX	BÉLIER	LION	VERSEAU	CAPRICORNE	LION	SCORPION	VIERGE	23 VIERGE
MAI	GÉMEAUX	BÉLIER	LION	VERSEAU	CAPRICORNE	LION	SCORPION	VIERGE	5 BALANCE
MAI	GÉMEAUX	BÉLIER	LION	VERSEAU	CAPRICORNE	LION	SCORPION	VIERGE	18 BALANCE
MAI	GÉMEAUX	BÉLIER	LION	VERSEAU	CAPRICORNE	LION	SCORPION	VIERGE	1 SCORPION
MAI	GÉMEAUX	BÉLIER	LION	VERSEAU	CAPRICORNE	LION	SCORPION	VIERGE	14 SCORPION
MAI	CANCER	BÉLIER	LION	VERSEAU	CAPRICORNE	LION	SCORPION	VIERGE	28 SCORPION
MAI	CANCER	BÉLIER	LION	VERSEAU	CAPRICORNE	LION	SCORPION	VIERGE	13 SAGITTAIRE
MAI	CANCER	BÉLIER	LION	VERSEAU	CAPRICORNE	LION	SCORPION	VIERGE	27 SAGITTAIRE
JUIN	CANCER	BÉLIER	LION	VERSEAU	CAPRICORNE	LION	SCORPION	VIERGE	12 CAPRICORNE
JUIN	CANCER	BÉLIER	LION	VERSEAU	CAPRICORNE	LION	SCORPION	VIERGE	26 CAPRICORNE
JUIN	CANCER	BÉLIER	LION	VERSEAU	CAPRICORNE	LION	SCORPION	VIERGE	11 VERSEAU
JUIN	CANCER	BÉLIER	LION	VERSEAU	CAPRICORNE	LION	SCORPION	VIERGE	25 VERSEAU
JUIN	CANCER	BÉLIER	LION	VERSEAU	CAPRICORNE	LION	SCORPION	VIERGE	9 POISSONS
JUIN	CANCER	TAUREAU	LION	VERSEAU	CAPRICORNE	LION	SCORPION	VIERGE	23 POISSONS
JUIN	CANCER	TAUREAU	LION	VERSEAU	CAPRICORNE	LION	SCORPION	VIERGE	7 BÉLIER
JUIN	CANCER	TAUREAU	LION	VERSEAU	CAPRICORNE	LION	SCORPION	VIERGE	20 BÉLIER
JUIN	CANCER	TAUREAU	LION	VERSEAU	CAPRICORNE	LION	SCORPION	VIERGE	4 TAUREAU
JUIN	CANCER	TAUREAU	LION	VERSEAU	CAPRICORNE	LION	SCORPION	VIERGE	17 TAUREAU
JUIN	CANCER	TAUREAU	LION	VERSEAU	CAPRICORNE	LION	SCORPION	VIERGE	0 GÉMEAUX
JUIN	CANCER	TAUREAU	LION	VERSEAU	CAPRICORNE	LION	SCORPION	VIERGE	13 GÉMEAUX
JUIN	CANCER	TAUREAU	LION	VERSEAU	CAPRICORNE	LION	SCORPION	VIERGE	25 GÉMEAUX
JUIN	CANCER	TAUREAU	LION	VERSEAU	CAPRICORNE	LION	SCORPION	VIERGE	7 CANCER
JUIN	CANCER	TAUREAU	LION	VERSEAU	CAPRICORNE	LION	SCORPION	VIERGE	20 CANCER
JUIN	CANCER	TAUREAU	LION	VERSEAU	CAPRICORNE	LION	SCORPION	VIERGE	2 LION
JUIN	CANCER	TAUREAU	LION	VERSEAU	CAPRICORNE	LION	SCORPION	VIERGE	13 LION
JUIN	CANCER	TAUREAU	LION	VERSEAU	CAPRICORNE	LION	SCORPION	VIERGE	25 LION
JUIN	CANCER	TAUREAU	LION	VERSEAU	CAPRICORNE	LION	SCORPION	VIERGE	7 VIERGE
JUIN	CANCER	TAUREAU	LION	VERSEAU	CAPRICORNE	LION	SCORPION	VIERGE	19 VIERGE
JUIN	CANCER	TAUREAU	LION	VERSEAU	CAPRICORNE	LION	SCORPION	VIERGE	1 BALANCE

LE SOLEIL ENTRE DANS LE SIGNE DES GÉMEAUX LE 21 MAI 1961 A 6 h 40
QUITTE LE SIGNE DES LE 21 JUIN A 15 h 00
* LES CHIFFRES INDIQUENT LES DEGRÉS

DÉCOUVREZ DANS QUEL SIGNE SE TROUVAIENT LES PLANÈTES À VOTRE NAISSANCE

1962	MERCURE	VÉNUS	MARS	JUPITER	SATURNE	URANUS	NEPTUNE	PLUTON	LUNE*
21 MAI	GÉMEAUX	GÉMEAUX	BÉLIER	POISSONS	VERSEAU	LION	SCORPION	VIERGE	22 SAGITTAIR
22 MAI	GÉMEAUX	GÉMEAUX	BÉLIER	POISSONS	VERSEAU	LION	SCORPION	VIERGE	6 CAPRICOR
23 MAI	GÉMEAUX	CANCER	BÉLIER	POISSONS	VERSEAU	LION	SCORPION	VIERGE	19 CAPRICOR
24 MAI	GÉMEAUX	CANCER	BÉLIER	POISSONS	VERSEAU	LION	SCORPION	VIERGE	3 VERSEAU
25 MAI	GÉMEAUX	CANCER	BÉLIER	POISSONS	VERSEAU	LION	SCORPION	VIERGE	17 VERSEAU
26 MAI	GÉMEAUX	CANCER	BÉLIER	POISSONS	VERSEAU	LION	SCORPION	VIERGE	1 POISSONS
27 MAI	GÉMEAUX	CANCER	BÉLIER	POISSONS	VERSEAU	LION	SCORPION	VIERGE	15 POISSONS
28 MAI	GÉMEAUX	CANCER	BÉLIER	POISSONS	VERSEAU	LION	SCORPION	VIERGE	29 POISSONS
29 MAI	GÉMEAUX	CANCER	TAUREAU	POISSONS	VERSEAU	LION	SCORPION	VIERGE	13 BÉLIER
30 MAI	GÉMEAUX	CANCER	TAUREAU	POISSONS	VERSEAU	LION	SCORPION	VIERGE	28 BÉLIER
31 MAI	GÉMEAUX	CANCER	TAUREAU	POISSONS	VERSEAU	LION	SCORPION	VIERGE	12 TAUREAU
1 JUIN	GÉMEAUX	CANCER	TAUREAU	POISSONS	VERSEAU	LION	SCORPION	VIERGE	26 TAUREAU
2 JUIN	GÉMEAUX	CANCER	TAUREAU	POISSONS	VERSEAU	LION	SCORPION	VIERGE	10 GÉMEAUX
3 JUIN	GÉMEAUX	CANCER	TAUREAU	POISSONS	VERSEAU	LION	SCORPION	VIERGE	24 GÉMEAUX
4 JUIN	GÉMEAUX	CANCER	TAUREAU	POISSONS	VERSEAU	LION	SCORPION	VIERGE	7 CANCER
5 JUIN	GÉMEAUX	CANCER	TAUREAU	POISSONS	VERSEAU	LION	SCORPION	VIERGE	20 CANCER
6 JUIN	GÉMEAUX	CANCER	TAUREAU	POISSONS	VERSEAU	LION	SCORPION	VIERGE	3 LION
7 JUIN	GÉMEAUX	CANCER	TAUREAU	POISSONS	VERSEAU	LION	SCORPION	VIERGE	15 LION
8 JUIN	GÉMEAUX	CANCER	TAUREAU	POISSONS	VERSEAU	LION	SCORPION	VIERGE	28 LION
9 JUIN	GÉMEAUX	CANCER	TAUREAU	POISSONS	VERSEAU	LION	SCORPION	VIERGE	9 VIERGE
10 JUIN	GÉMEAUX	CANCER	TAUREAU	POISSONS	VERSEAU	LION	SCORPION	VIERGE	21 VIERGE
11 JUIN	GÉMEAUX	CANCER	TAUREAU	POISSONS	VERSEAU	LION	SCORPION	VIERGE	3 BALANCE
12 JUIN	GÉMEAUX	CANCER	TAUREAU	POISSONS	VERSEAU	LION	SCORPION	VIERGE	15 BALANCE
13 JUIN	GÉMEAUX	CANCER	TAUREAU	POISSONS	VERSEAU	LION	SCORPION	VIERGE	27 BALANCE
14 JUIN	GÉMEAUX	CANCER	TAUREAU	POISSONS	VERSEAU	LION	SCORPION	VIERGE	10 SCORPION
15 JUIN	GÉMEAUX	CANCER	TAUREAU	POISSONS	VERSEAU	LION	SCORPION	VIERGE	22 SCORPION
16 JUIN	GÉMEAUX	CANCER	TAUREAU	POISSONS	VERSEAU	LION	SCORPION	VIERGE	5 SAGITTAIR
17 JUIN	GÉMEAUX	LION	TAUREAU	POISSONS	VERSEAU	LION	SCORPION	VIERGE	18 SAGITTAIR
18 JUIN	GÉMEAUX	LION	TAUREAU	POISSONS	VERSEAU	LION	SCORPION	VIERGE	1 CAPRICOR
19 JUIN	GÉMEAUX	LION	TAUREAU	POISSONS	VERSEAU	LION	SCORPION	VIERGE	15 CAPRICOR
20 JUIN	GÉMEAUX	LION	TAUREAU	POISSONS	VERSEAU	LION	SCORPION	VIERGE	29 CAPRICOR
21 JUIN	GÉMEAUX	LION	TAUREAU	POISSONS	VERSEAU	LION	SCORPION	VIERGE	13 VERSEAU

LE SOLEIL ENTRE DANS LE SIGNE DES GÉMEAUX LE 21 MAI 1962 A 13 h 10
QUITTE LE SIGNE DES LE 21 JUIN A 21 h 15
* LES CHIFFRES INDIQUENT LES DEGRÉS

1963	MERCURE	VÉNUS	MARS	JUPITER	SATURNE	URANUS	NEPTUNE	PLUTON	LUNE*
21 MAI	TAUREAU	TAUREAU	LION	BÉLIER	VERSEAU	VIERGE	SCORPION	VIERGE	6 TAUREAU
22 MAI	TAUREAU	TAUREAU	LION	BÉLIER	VERSEAU	VIERGE	SCORPION	VIERGE	21 TAUREAU
23 MAI	TAUREAU	TAUREAU	LION	BÉLIER	VERSEAU	VIERGE	SCORPION	VIERGE	6 GÉMEAUX
24 MAI	TAUREAU	TAUREAU	LION	BÉLIER	VERSEAU	VIERGE	SCORPION	VIERGE	21 GÉMEAUX
25 MAI	TAUREAU	TAUREAU	LION	BÉLIER	VERSEAU	VIERGE	SCORPION	VIERGE	5 CANCER
26 MAI	TAUREAU	TAUREAU	LION	BÉLIER	VERSEAU	VIERGE	SCORPION	VIERGE	19 CANCER
27 MAI	TAUREAU	TAUREAU	LION	BÉLIER	VERSEAU	VIERGE	SCORPION	VIERGE	3 LION
28 MAI	TAUREAU	TAUREAU	LION	BÉLIER	VERSEAU	VIERGE	SCORPION	VIERGE	16 LION
29 MAI	TAUREAU	TAUREAU	LION	BÉLIER	VERSEAU	VIERGE	SCORPION	VIERGE	29 LION
30 MAI	TAUREAU	TAUREAU	LION	BÉLIER	VERSEAU	VIERGE	SCORPION	VIERGE	11 VIERGE
31 MAI	TAUREAU	TAUREAU	LION	BÉLIER	VERSEAU	VIERGE	SCORPION	VIERGE	24 VIERGE
1 JUIN	TAUREAU	TAUREAU	LION	BÉLIER	VERSEAU	VIERGE	SCORPION	VIERGE	6 BALANCE
2 JUIN	TAUREAU	TAUREAU	LION	BÉLIER	VERSEAU	VIERGE	SCORPION	VIERGE	17 BALANCE
3 JUIN	TAUREAU	TAUREAU	VIERGE	BÉLIER	VERSEAU	VIERGE	SCORPION	VIERGE	29 BALANCE
4 JUIN	TAUREAU	TAUREAU	VIERGE	BÉLIER	VERSEAU	VIERGE	SCORPION	VIERGE	11 SCORPION
5 JUIN	TAUREAU	TAUREAU	VIERGE	BÉLIER	VERSEAU	VIERGE	SCORPION	VIERGE	23 SCORPION
6 JUIN	TAUREAU	TAUREAU	VIERGE	BÉLIER	VERSEAU	VIERGE	SCORPION	VIERGE	5 SAGITTAIR
7 JUIN	TAUREAU	TAUREAU	VIERGE	BÉLIER	VERSEAU	VIERGE	SCORPION	VIERGE	17 SAGITTAIR
8 JUIN	TAUREAU	TAUREAU	VIERGE	BÉLIER	VERSEAU	VIERGE	SCORPION	VIERGE	0 CAPRICOR
9 JUIN	TAUREAU	TAUREAU	VIERGE	BÉLIER	VERSEAU	VIERGE	SCORPION	VIERGE	12 CAPRICOR
10 JUIN	TAUREAU	TAUREAU	VIERGE	BÉLIER	VERSEAU	VIERGE	SCORPION	VIERGE	25 CAPRICOR
11 JUIN	TAUREAU	TAUREAU	VIERGE	BÉLIER	VERSEAU	VIERGE	SCORPION	VIERGE	8 VERSEAU
12 JUIN	TAUREAU	TAUREAU	VIERGE	BÉLIER	VERSEAU	VIERGE	SCORPION	VIERGE	21 VERSEAU
13 JUIN	TAUREAU	GÉMEAUX	VIERGE	BÉLIER	VERSEAU	VIERGE	SCORPION	VIERGE	4 POISSONS
14 JUIN	TAUREAU	GÉMEAUX	VIERGE	BÉLIER	VERSEAU	VIERGE	SCORPION	VIERGE	18 POISSONS
15 JUIN	GÉMEAUX	GÉMEAUX	VIERGE	BÉLIER	VERSEAU	VIERGE	SCORPION	VIERGE	2 BÉLIER
16 JUIN	GÉMEAUX	GÉMEAUX	VIERGE	BÉLIER	VERSEAU	VIERGE	SCORPION	VIERGE	16 BÉLIER
17 JUIN	GÉMEAUX	GÉMEAUX	VIERGE	BÉLIER	VERSEAU	VIERGE	SCORPION	VIERGE	0 TAUREAU
18 JUIN	GÉMEAUX	GÉMEAUX	VIERGE	BÉLIER	VERSEAU	VIERGE	SCORPION	VIERGE	15 TAUREAU
19 JUIN	GÉMEAUX	GÉMEAUX	VIERGE	BÉLIER	VERSEAU	VIERGE	SCORPION	VIERGE	0 GÉMEAUX
20 JUIN	GÉMEAUX	GÉMEAUX	VIERGE	BÉLIER	VERSEAU	VIERGE	SCORPION	VIERGE	15 GÉMEAUX
21 JUIN	GÉMEAUX	GÉMEAUX	VIERGE	BÉLIER	VERSEAU	VIERGE	SCORPION	VIERGE	29 GÉMEAUX
22 JUIN	GÉMEAUX	GÉMEAUX	VIERGE	BÉLIER	VERSEAU	VIERGE	SCORPION	VIERGE	14 CANCER

LE SOLEIL ENTRE DANS LE SIGNE DES GÉMEAUX LE 21 MAI 1963 A 18 h 50
QUITTE LE SIGNE DES LE 22 JUIN A 3 h 00
* LES CHIFFRES INDIQUENT LES DEGRÉS

DÉCOUVREZ DANS QUEL SIGNE SE TROUVAIENT LES PLANÈTES À VOTRE NAISSANCE

1964	MERCURE	VÉNUS	MARS	JUPITER	SATURNE	URANUS	NEPTUNE	PLUTON	LUNE*
MAI	TAUREAU	CANCER	TAUREAU	TAUREAU	POISSONS	VIERGE	SCORPION	VIERGE	6 BALANCE
MAI	TAUREAU	CANCER	TAUREAU	TAUREAU	POISSONS	VIERGE	SCORPION	VIERGE	18 BALANCE
MAI	TAUREAU	CANCER	TAUREAU	TAUREAU	POISSONS	VIERGE	SCORPION	VIERGE	0 SCORPION
MAI	TAUREAU	CANCER	TAUREAU	TAUREAU	POISSONS	VIERGE	SCORPION	VIERGE	12 SCORPION
MAI	TAUREAU	CANCER	TAUREAU	TAUREAU	POISSONS	VIERGE	SCORPION	VIERGE	24 SCORPION
MAI	TAUREAU	CANCER	TAUREAU	TAUREAU	POISSONS	VIERGE	SCORPION	VIERGE	6 SAGITTAIRE
MAI	TAUREAU	CANCER	TAUREAU	TAUREAU	POISSONS	VIERGE	SCORPION	VIERGE	18 SAGITTAIRE
MAI	TAUREAU	CANCER	TAUREAU	TAUREAU	POISSONS	VIERGE	SCORPION	VIERGE	0 CAPRICORNE
MAI	TAUREAU	CANCER	TAUREAU	TAUREAU	POISSONS	VIERGE	SCORPION	VIERGE	11 CAPRICORNE
MAI	TAUREAU	CANCER	TAUREAU	TAUREAU	POISSONS	VIERGE	SCORPION	VIERGE	23 CAPRICORNE
MAI	TAUREAU	CANCER	TAUREAU	TAUREAU	POISSONS	VIERGE	SCORPION	VIERGE	5 VERSEAU
JUIN	TAUREAU	CANCER	TAUREAU	TAUREAU	POISSONS	VIERGE	SCORPION	VIERGE	18 VERSEAU
JUIN	TAUREAU	CANCER	TAUREAU	TAUREAU	POISSONS	VIERGE	SCORPION	VIERGE	0 POISSONS
JUIN	TAUREAU	CANCER	TAUREAU	TAUREAU	POISSONS	VIERGE	SCORPION	VIERGE	13 POISSONS
JUIN	TAUREAU	CANCER	TAUREAU	TAUREAU	POISSONS	VIERGE	SCORPION	VIERGE	26 POISSONS
JUIN	TAUREAU	CANCER	TAUREAU	TAUREAU	POISSONS	VIERGE	SCORPION	VIERGE	10 BÉLIER
JUIN	TAUREAU	CANCER	TAUREAU	TAUREAU	POISSONS	VIERGE	SCORPION	VIERGE	24 BÉLIER
JUIN	TAUREAU	CANCER	TAUREAU	TAUREAU	POISSONS	VIERGE	SCORPION	VIERGE	8 TAUREAU
JUIN	TAUREAU	CANCER	TAUREAU	TAUREAU	POISSONS	VIERGE	SCORPION	VIERGE	23 TAUREAU
JUIN	TAUREAU	CANCER	TAUREAU	TAUREAU	POISSONS	VIERGE	SCORPION	VIERGE	9 GÉMEAUX
JUIN	GÉMEAUX	CANCER	TAUREAU	TAUREAU	POISSONS	VIERGE	SCORPION	VIERGE	24 GÉMEAUX
JUIN	GÉMEAUX	CANCER	TAUREAU	TAUREAU	POISSONS	VIERGE	SCORPION	VIERGE	9 CANCER
JUIN	GÉMEAUX	CANCER	TAUREAU	TAUREAU	POISSONS	VIERGE	SCORPION	VIERGE	24 CANCER
JUIN	GÉMEAUX	CANCER	TAUREAU	TAUREAU	POISSONS	VIERGE	SCORPION	VIERGE	8 LION
JUIN	GÉMEAUX	CANCER	TAUREAU	TAUREAU	POISSONS	VIERGE	SCORPION	VIERGE	22 LION
JUIN	GÉMEAUX	CANCER	TAUREAU	TAUREAU	POISSONS	VIERGE	SCORPION	VIERGE	6 VIERGE
JUIN	GÉMEAUX	CANCER	TAUREAU	TAUREAU	POISSONS	VIERGE	SCORPION	VIERGE	19 VIERGE
JUIN	GÉMEAUX	CANCER	GÉMEAUX	TAUREAU	POISSONS	VIERGE	SCORPION	VIERGE	2 BALANCE
JUIN	GÉMEAUX	GÉMEAUX	GÉMEAUX	TAUREAU	POISSONS	VIERGE	SCORPION	VIERGE	15 BALANCE
JUIN	GÉMEAUX	GÉMEAUX	GÉMEAUX	TAUREAU	POISSONS	VIERGE	SCORPION	VIERGE	27 BALANCE
JUIN	GÉMEAUX	GÉMEAUX	GÉMEAUX	TAUREAU	POISSONS	VIERGE	SCORPION	VIERGE	9 SCORPION
JUIN	GÉMEAUX	GÉMEAUX	GÉMEAUX	TAUREAU	POISSONS	VIERGE	SCORPION	VIERGE	21 SCORPION

LE SOLEIL ENTRE DANS LE SIGNE DES GÉMEAUX LE 21 MAI 1964 A 1 h 30
QUITTE LE SIGNE DES LE 21 JUIN A 9 h 30
* LES CHIFFRES INDIQUENT LES DEGRÉS

1965	MERCURE	VÉNUS	MARS	JUPITER	SATURNE	URANUS	NEPTUNE	PLUTON	LUNE*
MAI	TAUREAU	GÉMEAUX	VIERGE	GÉMEAUX	POISSONS	VIERGE	SCORPION	VIERGE	7 VERSEAU
MAI	TAUREAU	GÉMEAUX	VIERGE	GÉMEAUX	POISSONS	VIERGE	SCORPION	VIERGE	19 VERSEAU
MAI	TAUREAU	GÉMEAUX	VIERGE	GÉMEAUX	POISSONS	VIERGE	SCORPION	VIERGE	1 POISSONS
MAI	TAUREAU	GÉMEAUX	VIERGE	GÉMEAUX	POISSONS	VIERGE	SCORPION	VIERGE	13 POISSONS
MAI	TAUREAU	GÉMEAUX	VIERGE	GÉMEAUX	POISSONS	VIERGE	SCORPION	VIERGE	25 POISSONS
MAI	TAUREAU	GÉMEAUX	VIERGE	GÉMEAUX	POISSONS	VIERGE	SCORPION	VIERGE	8 BÉLIER
MAI	TAUREAU	GÉMEAUX	VIERGE	GÉMEAUX	POISSONS	VIERGE	SCORPION	VIERGE	21 BÉLIER
MAI	TAUREAU	GÉMEAUX	VIERGE	GÉMEAUX	POISSONS	VIERGE	SCORPION	VIERGE	5 TAUREAU
MAI	TAUREAU	GÉMEAUX	VIERGE	GÉMEAUX	POISSONS	VIERGE	SCORPION	VIERGE	19 TAUREAU
MAI	TAUREAU	GÉMEAUX	VIERGE	GÉMEAUX	POISSONS	VIERGE	SCORPION	VIERGE	3 GÉMEAUX
MAI	TAUREAU	GÉMEAUX	VIERGE	GÉMEAUX	POISSONS	VIERGE	SCORPION	VIERGE	18 GÉMEAUX
JUIN	TAUREAU	GÉMEAUX	VIERGE	GÉMEAUX	POISSONS	VIERGE	SCORPION	VIERGE	3 CANCER
JUIN	GÉMEAUX	GÉMEAUX	VIERGE	GÉMEAUX	POISSONS	VIERGE	SCORPION	VIERGE	17 CANCER
JUIN	GÉMEAUX	GÉMEAUX	VIERGE	GÉMEAUX	POISSONS	VIERGE	SCORPION	VIERGE	2 LION
JUIN	GÉMEAUX	GÉMEAUX	VIERGE	GÉMEAUX	POISSONS	VIERGE	SCORPION	VIERGE	17 LION
JUIN	GÉMEAUX	GÉMEAUX	VIERGE	GÉMEAUX	POISSONS	VIERGE	SCORPION	VIERGE	1 VIERGE
JUIN	GÉMEAUX	CANCER	VIERGE	GÉMEAUX	POISSONS	VIERGE	SCORPION	VIERGE	15 VIERGE
JUIN	GÉMEAUX	CANCER	VIERGE	GÉMEAUX	POISSONS	VIERGE	SCORPION	VIERGE	29 VIERGE
JUIN	GÉMEAUX	CANCER	VIERGE	GÉMEAUX	POISSONS	VIERGE	SCORPION	VIERGE	12 BALANCE
JUIN	GÉMEAUX	CANCER	VIERGE	GÉMEAUX	POISSONS	VIERGE	SCORPION	VIERGE	25 BALANCE
JUIN	GÉMEAUX	CANCER	VIERGE	GÉMEAUX	POISSONS	VIERGE	SCORPION	VIERGE	8 SCORPION
JUIN	GÉMEAUX	CANCER	VIERGE	GÉMEAUX	POISSONS	VIERGE	SCORPION	VIERGE	21 SCORPION
JUIN	GÉMEAUX	CANCER	VIERGE	GÉMEAUX	POISSONS	VIERGE	SCORPION	VIERGE	3 SAGITTAIRE
JUIN	GÉMEAUX	CANCER	VIERGE	GÉMEAUX	POISSONS	VIERGE	SCORPION	VIERGE	15 SAGITTAIRE
JUIN	GÉMEAUX	CANCER	VIERGE	GÉMEAUX	POISSONS	VIERGE	SCORPION	VIERGE	27 SAGITTAIRE
JUIN	GÉMEAUX	CANCER	VIERGE	GÉMEAUX	POISSONS	VIERGE	SCORPION	VIERGE	9 CAPRICORNE
JUIN	CANCER	CANCER	VIERGE	GÉMEAUX	POISSONS	VIERGE	SCORPION	VIERGE	21 CAPRICORNE
JUIN	CANCER	CANCER	VIERGE	GÉMEAUX	POISSONS	VIERGE	SCORPION	VIERGE	3 VERSEAU
JUIN	CANCER	CANCER	VIERGE	GÉMEAUX	POISSONS	VIERGE	SCORPION	VIERGE	15 VERSEAU
JUIN	CANCER	CANCER	VIERGE	GÉMEAUX	POISSONS	VIERGE	SCORPION	VIERGE	27 VERSEAU
JUIN	CANCER	CANCER	VIERGE	GÉMEAUX	POISSONS	VIERGE	SCORPION	VIERGE	9 POISSONS
JUIN	CANCER	CANCER	VIERGE	GÉMEAUX	POISSONS	VIERGE	SCORPION	VIERGE	21 POISSONS

LE SOLEIL ENTRE DANS LE SIGNE DES GÉMEAUX LE 21 MAI 1965 A 6 h 40
QUITTE LE SIGNE DES LE 21 JUIN A 14 h 50
* LES CHIFFRES INDIQUENT LES DEGRÉS

DÉCOUVREZ DANS QUEL SIGNE SE TROUVAIENT LES PLANÈTES À VOTRE NAISSANCE

1966	MERCURE	VÉNUS	MARS	JUPITER	SATURNE	URANUS	NEPTUNE	PLUTON	LUNE*
21 MAI	TAUREAU	BÉLIER	TAUREAU	CANCER	POISSONS	VIERGE	SCORPION	VIERGE	13 GÉMEAUX
22 MAI	TAUREAU	BÉLIER	TAUREAU	CANCER	POISSONS	VIERGE	SCORPION	VIERGE	27 GÉMEAUX
23 MAI	TAUREAU	BÉLIER	TAUREAU	CANCER	POISSONS	VIERGE	SCORPION	VIERGE	11 CANCER
24 MAI	TAUREAU	BÉLIER	TAUREAU	CANCER	POISSONS	VIERGE	SCORPION	VIERGE	25 CANCER
25 MAI	GÉMEAUX	BÉLIER	TAUREAU	CANCER	POISSONS	VIERGE	SCORPION	VIERGE	9 LION
26 MAI	GÉMEAUX	BÉLIER	TAUREAU	CANCER	POISSONS	VIERGE	SCORPION	VIERGE	23 LION
27 MAI	GÉMEAUX	BÉLIER	TAUREAU	CANCER	POISSONS	VIERGE	SCORPION	VIERGE	7 VIERGE
28 MAI	GÉMEAUX	BÉLIER	TAUREAU	CANCER	POISSONS	VIERGE	SCORPION	VIERGE	21 VIERGE
29 MAI	GÉMEAUX	BÉLIER	GÉMEAUX	CANCER	POISSONS	VIERGE	SCORPION	VIERGE	6 BALANCE
30 MAI	GÉMEAUX	BÉLIER	GÉMEAUX	CANCER	POISSONS	VIERGE	SCORPION	VIERGE	20 BALANCE
31 MAI	GÉMEAUX	BÉLIER	GÉMEAUX	CANCER	POISSONS	VIERGE	SCORPION	VIERGE	4 SCORPION
1 JUIN	GÉMEAUX	TAUREAU	GÉMEAUX	CANCER	POISSONS	VIERGE	SCORPION	VIERGE	17 SCORPION
2 JUIN	GÉMEAUX	TAUREAU	GÉMEAUX	CANCER	POISSONS	VIERGE	SCORPION	VIERGE	1 SAGITTAIRE
3 JUIN	GÉMEAUX	TAUREAU	GÉMEAUX	CANCER	POISSONS	VIERGE	SCORPION	VIERGE	14 SAGITTAIRE
4 JUIN	GÉMEAUX	TAUREAU	GÉMEAUX	CANCER	POISSONS	VIERGE	SCORPION	VIERGE	27 SAGITTAIRE
5 JUIN	GÉMEAUX	TAUREAU	GÉMEAUX	CANCER	POISSONS	VIERGE	SCORPION	VIERGE	10 CAPRICORNE
6 JUIN	GÉMEAUX	TAUREAU	GÉMEAUX	CANCER	POISSONS	VIERGE	SCORPION	VIERGE	23 CAPRICORNE
7 JUIN	GÉMEAUX	TAUREAU	GÉMEAUX	CANCER	POISSONS	VIERGE	SCORPION	VIERGE	5 VERSEAU
8 JUIN	CANCER	TAUREAU	GÉMEAUX	CANCER	POISSONS	VIERGE	SCORPION	VIERGE	17 VERSEAU
9 JUIN	CANCER	TAUREAU	GÉMEAUX	CANCER	POISSONS	VIERGE	SCORPION	VIERGE	29 VERSEAU
10 JUIN	CANCER	TAUREAU	GÉMEAUX	CANCER	POISSONS	VIERGE	SCORPION	VIERGE	11 POISSONS
11 JUIN	CANCER	TAUREAU	GÉMEAUX	CANCER	POISSONS	VIERGE	SCORPION	VIERGE	23 POISSONS
12 JUIN	CANCER	TAUREAU	GÉMEAUX	CANCER	POISSONS	VIERGE	SCORPION	VIERGE	5 BÉLIER
13 JUIN	CANCER	TAUREAU	GÉMEAUX	CANCER	POISSONS	VIERGE	SCORPION	VIERGE	17 BÉLIER
14 JUIN	CANCER	TAUREAU	GÉMEAUX	CANCER	POISSONS	VIERGE	SCORPION	VIERGE	29 BÉLIER
15 JUIN	CANCER	TAUREAU	GÉMEAUX	CANCER	POISSONS	VIERGE	SCORPION	VIERGE	12 TAUREAU
16 JUIN	CANCER	TAUREAU	GÉMEAUX	CANCER	POISSONS	VIERGE	SCORPION	VIERGE	25 TAUREAU
17 JUIN	CANCER	TAUREAU	GÉMEAUX	CANCER	POISSONS	VIERGE	SCORPION	VIERGE	8 GÉMEAUX
18 JUIN	CANCER	TAUREAU	GÉMEAUX	CANCER	POISSONS	VIERGE	SCORPION	VIERGE	22 GÉMEAUX
19 JUIN	CANCER	TAUREAU	GÉMEAUX	CANCER	POISSONS	VIERGE	SCORPION	VIERGE	6 CANCER
20 JUIN	CANCER	TAUREAU	GÉMEAUX	CANCER	POISSONS	VIERGE	SCORPION	VIERGE	20 CANCER
21 JUIN	CANCER	TAUREAU	GÉMEAUX	CANCER	POISSONS	VIERGE	SCORPION	VIERGE	5 LION

LE SOLEIL ENTRE DANS LE SIGNE DES GÉMEAUX LE 21 MAI 1966 A 12 h 30
LE SOLEIL QUITTE LE SIGNE DES GÉMEAUX LE 21 JUIN A 20 h 30
* LES CHIFFRES INDIQUENT LES DEGRÉS

1967	MERCURE	VÉNUS	MARS	JUPITER	SATURNE	URANUS	NEPTUNE	PLUTON	LUNE*
21 MAI	GÉMEAUX	CANCER	BALANCE	CANCER	BÉLIER	VIERGE	SCORPION	VIERGE	27 BALANCE
22 MAI	GÉMEAUX	CANCER	BALANCE	CANCER	BÉLIER	VIERGE	SCORPION	VIERGE	12 SCORPION
23 MAI	GÉMEAUX	CANCER	BALANCE	LION	BÉLIER	VIERGE	SCORPION	VIERGE	27 SCORPION
24 MAI	GÉMEAUX	CANCER	BALANCE	LION	BÉLIER	VIERGE	SCORPION	VIERGE	11 SAGITTAIRE
25 MAI	GÉMEAUX	CANCER	BALANCE	LION	BÉLIER	VIERGE	SCORPION	VIERGE	26 SAGITTAIRE
26 MAI	GÉMEAUX	CANCER	BALANCE	LION	BÉLIER	VIERGE	SCORPION	VIERGE	10 CAPRICORNE
27 MAI	GÉMEAUX	CANCER	BALANCE	LION	BÉLIER	VIERGE	SCORPION	VIERGE	23 CAPRICORNE
28 MAI	GÉMEAUX	CANCER	BALANCE	LION	BÉLIER	VIERGE	SCORPION	VIERGE	6 VERSEAU
29 MAI	GÉMEAUX	CANCER	BALANCE	LION	BÉLIER	VIERGE	SCORPION	VIERGE	19 VERSEAU
30 MAI	GÉMEAUX	CANCER	BALANCE	LION	BÉLIER	VIERGE	SCORPION	VIERGE	2 POISSONS
31 MAI	GÉMEAUX	CANCER	BALANCE	LION	BÉLIER	VIERGE	SCORPION	VIERGE	14 POISSONS
1 JUIN	CANCER	CANCER	BALANCE	LION	BÉLIER	VIERGE	SCORPION	VIERGE	26 POISSONS
2 JUIN	CANCER	CANCER	BALANCE	LION	BÉLIER	VIERGE	SCORPION	VIERGE	7 BÉLIER
3 JUIN	CANCER	CANCER	BALANCE	LION	BÉLIER	VIERGE	SCORPION	VIERGE	19 BÉLIER
4 JUIN	CANCER	CANCER	BALANCE	LION	BÉLIER	VIERGE	SCORPION	VIERGE	1 TAUREAU
5 JUIN	CANCER	CANCER	BALANCE	LION	BÉLIER	VIERGE	SCORPION	VIERGE	13 TAUREAU
6 JUIN	CANCER	CANCER	BALANCE	LION	BÉLIER	VIERGE	SCORPION	VIERGE	25 TAUREAU
7 JUIN	CANCER	LION	BALANCE	LION	BÉLIER	VIERGE	SCORPION	VIERGE	7 GÉMEAUX
8 JUIN	CANCER	LION	BALANCE	LION	BÉLIER	VIERGE	SCORPION	VIERGE	20 GÉMEAUX
9 JUIN	CANCER	LION	BALANCE	LION	BÉLIER	VIERGE	SCORPION	VIERGE	3 CANCER
10 JUIN	CANCER	LION	BALANCE	LION	BÉLIER	VIERGE	SCORPION	VIERGE	16 CANCER
11 JUIN	CANCER	LION	BALANCE	LION	BÉLIER	VIERGE	SCORPION	VIERGE	29 CANCER
12 JUIN	CANCER	LION	BALANCE	LION	BÉLIER	VIERGE	SCORPION	VIERGE	12 LION
13 JUIN	CANCER	LION	BALANCE	LION	BÉLIER	VIERGE	SCORPION	VIERGE	26 LION
14 JUIN	CANCER	LION	BALANCE	LION	BÉLIER	VIERGE	SCORPION	VIERGE	10 VIERGE
15 JUIN	CANCER	LION	BALANCE	LION	BÉLIER	VIERGE	SCORPION	VIERGE	24 VIERGE
16 JUIN	CANCER	LION	BALANCE	LION	BÉLIER	VIERGE	SCORPION	VIERGE	8 BALANCE
17 JUIN	CANCER	LION	BALANCE	LION	BÉLIER	VIERGE	SCORPION	VIERGE	22 BALANCE
18 JUIN	CANCER	LION	BALANCE	LION	BÉLIER	VIERGE	SCORPION	VIERGE	7 SCORPION
19 JUIN	CANCER	LION	BALANCE	LION	BÉLIER	VIERGE	SCORPION	VIERGE	21 SCORPION
20 JUIN	CANCER	LION	BALANCE	LION	BÉLIER	VIERGE	SCORPION	VIERGE	5 SAGITTAIRE
21 JUIN	CANCER	LION	BALANCE	LION	BÉLIER	VIERGE	SCORPION	VIERGE	20 SAGITTAIRE
22 JUIN	CANCER	LION	BALANCE	LION	BÉLIER	VIERGE	SCORPION	VIERGE	4 CAPRICORNE

LE SOLEIL ENTRE DANS LE SIGNE DES GÉMEAUX LE 21 MAI 1967 A 18 h 15
LE SOLEIL QUITTE LE SIGNE DES GÉMEAUX LE 22 JUIN A 2 h 15
* LES CHIFFRES INDIQUENT LES DEGRÉS

DÉCOUVREZ DANS QUEL SIGNE SE TROUVAIENT LES PLANÈTES À VOTRE NAISSANCE

1968	MERCURE	VÉNUS	MARS	JUPITER	SATURNE	URANUS	NEPTUNE	PLUTON	LUNE*
21 MAI	GÉMEAUX	TAUREAU	GÉMEAUX	LION	BÉLIER	VIERGE	SCORPION	VIERGE	26 POISSONS
22 MAI	GÉMEAUX	TAUREAU	GÉMEAUX	LION	BÉLIER	VIERGE	SCORPION	VIERGE	9 BÉLIER
23 MAI	GÉMEAUX	TAUREAU	GÉMEAUX	LION	BÉLIER	VIERGE	SCORPION	VIERGE	21 BÉLIER
24 MAI	GÉMEAUX	TAUREAU	GÉMEAUX	LION	BÉLIER	VIERGE	SCORPION	VIERGE	2 TAUREAU
25 MAI	GÉMEAUX	TAUREAU	GÉMEAUX	LION	BÉLIER	VIERGE	SCORPION	VIERGE	14 TAUREAU
26 MAI	GÉMEAUX	TAUREAU	GÉMEAUX	LION	BÉLIER	VIERGE	SCORPION	VIERGE	26 TAUREAU
27 MAI	GÉMEAUX	TAUREAU	GÉMEAUX	LION	BÉLIER	VIERGE	SCORPION	VIERGE	8 GÉMEAUX
28 MAI	GÉMEAUX	GÉMEAUX	GÉMEAUX	LION	BÉLIER	VIERGE	SCORPION	VIERGE	20 GÉMEAUX
29 MAI	GÉMEAUX	GÉMEAUX	GÉMEAUX	LION	BÉLIER	VIERGE	SCORPION	VIERGE	2 CANCER
30 MAI	CANCER	GÉMEAUX	GÉMEAUX	LION	BÉLIER	VIERGE	SCORPION	VIERGE	14 CANCER
31 MAI	CANCER	GÉMEAUX	GÉMEAUX	LION	BÉLIER	VIERGE	SCORPION	VIERGE	26 CANCER
1 JUIN	CANCER	GÉMEAUX	GÉMEAUX	LION	BÉLIER	VIERGE	SCORPION	VIERGE	9 LION
2 JUIN	CANCER	GÉMEAUX	GÉMEAUX	LION	BÉLIER	VIERGE	SCORPION	VIERGE	21 LION
3 JUIN	CANCER	GÉMEAUX	GÉMEAUX	LION	BÉLIER	VIERGE	SCORPION	VIERGE	4 VIERGE
4 JUIN	CANCER	GÉMEAUX	GÉMEAUX	LION	BÉLIER	VIERGE	SCORPION	VIERGE	17 VIERGE
5 JUIN	CANCER	GÉMEAUX	GÉMEAUX	LION	BÉLIER	VIERGE	SCORPION	VIERGE	1 BALANCE
6 JUIN	CANCER	GÉMEAUX	GÉMEAUX	LION	BÉLIER	VIERGE	SCORPION	VIERGE	15 BALANCE
7 JUIN	CANCER	GÉMEAUX	GÉMEAUX	LION	BÉLIER	VIERGE	SCORPION	VIERGE	29 BALANCE
8 JUIN	CANCER	GÉMEAUX	GÉMEAUX	LION	BÉLIER	VIERGE	SCORPION	VIERGE	14 SCORPION
9 JUIN	CANCER	GÉMEAUX	GÉMEAUX	LION	BÉLIER	VIERGE	SCORPION	VIERGE	29 SCORPION
10 JUIN	CANCER	GÉMEAUX	GÉMEAUX	LION	BÉLIER	VIERGE	SCORPION	VIERGE	14 SAGITTAIRE
11 JUIN	CANCER	GÉMEAUX	GÉMEAUX	LION	BÉLIER	VIERGE	SCORPION	VIERGE	0 CAPRICORNE
12 JUIN	CANCER	GÉMEAUX	GÉMEAUX	LION	BÉLIER	VIERGE	SCORPION	VIERGE	15 CAPRICORNE
13 JUIN	CANCER	GÉMEAUX	GÉMEAUX	LION	BÉLIER	VIERGE	SCORPION	VIERGE	29 CAPRICORNE
14 JUIN	GÉMEAUX	GÉMEAUX	GÉMEAUX	LION	BÉLIER	VIERGE	SCORPION	VIERGE	13 VERSEAU
15 JUIN	GÉMEAUX	GÉMEAUX	GÉMEAUX	LION	BÉLIER	VIERGE	SCORPION	VIERGE	27 VERSEAU
16 JUIN	GÉMEAUX	GÉMEAUX	GÉMEAUX	VIERGE	BÉLIER	VIERGE	SCORPION	VIERGE	10 POISSONS
17 JUIN	GÉMEAUX	GÉMEAUX	GÉMEAUX	VIERGE	BÉLIER	VIERGE	SCORPION	VIERGE	23 POISSONS
18 JUIN	GÉMEAUX	GÉMEAUX	GÉMEAUX	VIERGE	BÉLIER	VIERGE	SCORPION	VIERGE	5 BÉLIER
19 JUIN	GÉMEAUX	GÉMEAUX	GÉMEAUX	VIERGE	BÉLIER	VIERGE	SCORPION	VIERGE	18 BÉLIER
20 JUIN	GÉMEAUX	GÉMEAUX	GÉMEAUX	VIERGE	BÉLIER	VIERGE	SCORPION	VIERGE	29 BÉLIER
21 JUIN	GÉMEAUX	CANCER	CANCER	VIERGE	BÉLIER	VIERGE	SCORPION	VIERGE	11 TAUREAU

LE SOLEIL ENTRE DANS LE SIGNE DES GÉMEAUX LE 21 MAI 1968 A 0 h 05
LE SOLEIL QUITTE LE SIGNE DES LE 21 JUIN A 8 h 00
* LES CHIFFRES INDIQUENT LES DEGRÉS

1969	MERCURE	VÉNUS	MARS	JUPITER	SATURNE	URANUS	NEPTUNE	PLUTON	LUNE*
21 MAI	GÉMEAUX	BÉLIER	SAGITTAIRE	VIERGE	TAUREAU	VIERGE	SCORPION	VIERGE	27 CANCER
22 MAI	GÉMEAUX	BÉLIER	SAGITTAIRE	VIERGE	TAUREAU	VIERGE	SCORPION	VIERGE	8 LION
23 MAI	GÉMEAUX	BÉLIER	SAGITTAIRE	VIERGE	TAUREAU	VIERGE	SCORPION	VIERGE	20 LION
24 MAI	GÉMEAUX	BÉLIER	SAGITTAIRE	VIERGE	TAUREAU	VIERGE	SCORPION	VIERGE	3 VIERGE
25 MAI	GÉMEAUX	BÉLIER	SAGITTAIRE	VIERGE	TAUREAU	VIERGE	SCORPION	VIERGE	15 VIERGE
26 MAI	GÉMEAUX	BÉLIER	SAGITTAIRE	VIERGE	TAUREAU	VIERGE	SCORPION	VIERGE	28 VIERGE
27 MAI	GÉMEAUX	BÉLIER	SAGITTAIRE	VIERGE	TAUREAU	VIERGE	SCORPION	VIERGE	11 BALANCE
28 MAI	GÉMEAUX	BÉLIER	SAGITTAIRE	VIERGE	TAUREAU	VIERGE	SCORPION	VIERGE	25 BALANCE
29 MAI	GÉMEAUX	BÉLIER	SAGITTAIRE	VIERGE	TAUREAU	VIERGE	SCORPION	VIERGE	9 SCORPION
30 MAI	GÉMEAUX	BÉLIER	SAGITTAIRE	VIERGE	TAUREAU	VIERGE	SCORPION	VIERGE	24 SCORPION
31 MAI	GÉMEAUX	BÉLIER	SAGITTAIRE	VIERGE	TAUREAU	VIERGE	SCORPION	VIERGE	9 SAGITTAIRE
1 JUIN	GÉMEAUX	BÉLIER	SAGITTAIRE	VIERGE	TAUREAU	VIERGE	SCORPION	VIERGE	24 SAGITTAIRE
2 JUIN	GÉMEAUX	BÉLIER	SAGITTAIRE	VIERGE	TAUREAU	VIERGE	SCORPION	VIERGE	9 CAPRICORNE
3 JUIN	GÉMEAUX	BÉLIER	SAGITTAIRE	VIERGE	TAUREAU	VIERGE	SCORPION	VIERGE	24 CAPRICORNE
4 JUIN	GÉMEAUX	BÉLIER	SAGITTAIRE	VIERGE	TAUREAU	VIERGE	SCORPION	VIERGE	9 VERSEAU
5 JUIN	GÉMEAUX	BÉLIER	SAGITTAIRE	VIERGE	TAUREAU	VIERGE	SCORPION	VIERGE	23 VERSEAU
6 JUIN	GÉMEAUX	TAUREAU	SAGITTAIRE	VIERGE	TAUREAU	VIERGE	SCORPION	VIERGE	7 POISSONS
7 JUIN	GÉMEAUX	TAUREAU	SAGITTAIRE	VIERGE	TAUREAU	VIERGE	SCORPION	VIERGE	21 POISSONS
8 JUIN	GÉMEAUX	TAUREAU	SAGITTAIRE	VIERGE	TAUREAU	VIERGE	SCORPION	VIERGE	4 BÉLIER
9 JUIN	GÉMEAUX	TAUREAU	SAGITTAIRE	VIERGE	TAUREAU	VIERGE	SCORPION	VIERGE	17 BÉLIER
10 JUIN	GÉMEAUX	TAUREAU	SAGITTAIRE	VIERGE	TAUREAU	VIERGE	SCORPION	VIERGE	29 BÉLIER
11 JUIN	GÉMEAUX	TAUREAU	SAGITTAIRE	VIERGE	TAUREAU	VIERGE	SCORPION	VIERGE	11 TAUREAU
12 JUIN	GÉMEAUX	TAUREAU	SAGITTAIRE	VIERGE	TAUREAU	VIERGE	SCORPION	VIERGE	24 TAUREAU
13 JUIN	GÉMEAUX	TAUREAU	SAGITTAIRE	VIERGE	TAUREAU	VIERGE	SCORPION	VIERGE	6 GÉMEAUX
14 JUIN	GÉMEAUX	TAUREAU	SAGITTAIRE	VIERGE	TAUREAU	VIERGE	SCORPION	VIERGE	18 GÉMEAUX
15 JUIN	GÉMEAUX	TAUREAU	SAGITTAIRE	VIERGE	TAUREAU	VIERGE	SCORPION	VIERGE	0 CANCER
16 JUIN	GÉMEAUX	TAUREAU	SAGITTAIRE	VIERGE	TAUREAU	VIERGE	SCORPION	VIERGE	12 CANCER
17 JUIN	GÉMEAUX	TAUREAU	SAGITTAIRE	VIERGE	TAUREAU	VIERGE	SCORPION	VIERGE	23 CANCER
18 JUIN	GÉMEAUX	TAUREAU	SAGITTAIRE	VIERGE	TAUREAU	VIERGE	SCORPION	VIERGE	5 LION
19 JUIN	GÉMEAUX	TAUREAU	SAGITTAIRE	VIERGE	TAUREAU	VIERGE	SCORPION	VIERGE	17 LION
20 JUIN	GÉMEAUX	TAUREAU	SAGITTAIRE	VIERGE	TAUREAU	VIERGE	SCORPION	VIERGE	29 LION
21 JUIN	GÉMEAUX	TAUREAU	SAGITTAIRE	VIERGE	TAUREAU	VIERGE	SCORPION	VIERGE	11 VIERGE

LE SOLEIL ENTRE DANS LE SIGNE DES GÉMEAUX LE 21 MAI 1969 A 5 h 30
LE SOLEIL QUITTE LE SIGNE DES LE 21 JUIN A 17 h 45
* LES CHIFFRES INDIQUENT LES DEGRÉS

DÉCOUVREZ DANS QUEL SIGNE SE TROUVAIENT LES PLANÈTES À VOTRE NAISSANCE

1970	MERCURE	VÉNUS	MARS	JUPITER	SATURNE	URANUS	NEPTUNE	PLUTON	LUNE*
21 MAI	TAUREAU	GÉMEAUX	GÉMEAUX	BALANCE	TAUREAU	BALANCE	SCORPION	VIERGE	4 SAGITTAIRE
22 MAI	TAUREAU	GÉMEAUX	GÉMEAUX	BALANCE	TAUREAU	BALANCE	SCORPION	VIERGE	18 SAGITTAIRE
23 MAI	TAUREAU	CANCER	GÉMEAUX	BALANCE	TAUREAU	BALANCE	SCORPION	VIERGE	3 CAPRICORNE
24 MAI	TAUREAU	CANCER	GÉMEAUX	BALANCE	TAUREAU	BALANCE	SCORPION	VIERGE	17 CAPRICORNE
25 MAI	TAUREAU	CANCER	GÉMEAUX	BALANCE	TAUREAU	BALANCE	SCORPION	VIERGE	1 VERSEAU
26 MAI	TAUREAU	CANCER	GÉMEAUX	BALANCE	TAUREAU	BALANCE	SCORPION	VIERGE	15 VERSEAU
27 MAI	TAUREAU	CANCER	GÉMEAUX	BALANCE	TAUREAU	BALANCE	SCORPION	VIERGE	0 POISSONS
28 MAI	TAUREAU	CANCER	GÉMEAUX	BALANCE	TAUREAU	BALANCE	SCORPION	VIERGE	14 POISSONS
29 MAI	TAUREAU	CANCER	GÉMEAUX	BALANCE	TAUREAU	BALANCE	SCORPION	VIERGE	28 POISSONS
30 MAI	TAUREAU	CANCER	GÉMEAUX	BALANCE	TAUREAU	BALANCE	SCORPION	VIERGE	11 BÉLIER
31 MAI	TAUREAU	CANCER	GÉMEAUX	BALANCE	TAUREAU	BALANCE	SCORPION	VIERGE	25 BÉLIER
1 JUIN	TAUREAU	CANCER	GÉMEAUX	BALANCE	TAUREAU	BALANCE	SCORPION	VIERGE	9 TAUREAU
2 JUIN	TAUREAU	CANCER	CANCER	BALANCE	TAUREAU	BALANCE	SCORPION	VIERGE	22 TAUREAU
3 JUIN	TAUREAU	CANCER	CANCER	BALANCE	TAUREAU	BALANCE	SCORPION	VIERGE	5 GÉMEAUX
4 JUIN	TAUREAU	CANCER	CANCER	BALANCE	TAUREAU	BALANCE	SCORPION	VIERGE	18 GÉMEAUX
5 JUIN	TAUREAU	CANCER	CANCER	BALANCE	TAUREAU	BALANCE	SCORPION	VIERGE	0 CANCER
6 JUIN	TAUREAU	CANCER	CANCER	BALANCE	TAUREAU	BALANCE	SCORPION	VIERGE	13 CANCER
7 JUIN	TAUREAU	CANCER	CANCER	BALANCE	TAUREAU	BALANCE	SCORPION	VIERGE	25 CANCER
8 JUIN	TAUREAU	CANCER	CANCER	BALANCE	TAUREAU	BALANCE	SCORPION	VIERGE	7 LION
9 JUIN	TAUREAU	CANCER	CANCER	BALANCE	TAUREAU	BALANCE	SCORPION	VIERGE	19 LION
10 JUIN	TAUREAU	CANCER	CANCER	BALANCE	TAUREAU	BALANCE	SCORPION	VIERGE	1 VIERGE
11 JUIN	TAUREAU	CANCER	CANCER	BALANCE	TAUREAU	BALANCE	SCORPION	VIERGE	12 VIERGE
12 JUIN	TAUREAU	CANCER	CANCER	BALANCE	TAUREAU	BALANCE	SCORPION	VIERGE	24 VIERGE
13 JUIN	TAUREAU	CANCER	CANCER	BALANCE	TAUREAU	BALANCE	SCORPION	VIERGE	7 BALANCE
14 JUIN	GÉMEAUX	CANCER	CANCER	BALANCE	TAUREAU	BALANCE	SCORPION	VIERGE	19 BALANCE
15 JUIN	GÉMEAUX	CANCER	CANCER	BALANCE	TAUREAU	BALANCE	SCORPION	VIERGE	2 SCORPION
16 JUIN	GÉMEAUX	CANCER	CANCER	BALANCE	TAUREAU	BALANCE	SCORPION	VIERGE	15 SCORPION
17 JUIN	GÉMEAUX	LION	CANCER	BALANCE	TAUREAU	BALANCE	SCORPION	VIERGE	29 SCORPION
18 JUIN	GÉMEAUX	LION	CANCER	BALANCE	TAUREAU	BALANCE	SCORPION	VIERGE	13 SAGITTAIRE
19 JUIN	GÉMEAUX	LION	CANCER	BALANCE	TAUREAU	BALANCE	SCORPION	VIERGE	27 SAGITTAIRE
20 JUIN	GÉMEAUX	LION	CANCER	BALANCE	TAUREAU	BALANCE	SCORPION	VIERGE	12 CAPRICORNE
21 JUIN	GÉMEAUX	LION	CANCER	BALANCE	TAUREAU	BALANCE	SCORPION	VIERGE	27 CAPRICORNE

LE SOLEIL ENTRE DANS LE SIGNE DES GÉMEAUX LE 21 MAI 1970 A 11 h 30
LE SOLEIL QUITTE LE SIGNE DES LE 21 JUIN A 19 h 40
* LES CHIFFRES INDIQUENT LES DEGRÉS

1971	MERCURE	VÉNUS	MARS	JUPITER	SATURNE	URANUS	NEPTUNE	PLUTON	LUNE*
21 MAI	TAUREAU	TAUREAU	VERSEAU	SAGITTAIRE	TAUREAU	BALANCE	SAGITTAIRE	VIERGE	18 BÉLIER
22 MAI	TAUREAU	TAUREAU	VERSEAU	SAGITTAIRE	TAUREAU	BALANCE	SAGITTAIRE	VIERGE	3 TAUREAU
23 MAI	TAUREAU	TAUREAU	VERSEAU	SAGITTAIRE	TAUREAU	BALANCE	SAGITTAIRE	VIERGE	18 TAUREAU
24 MAI	TAUREAU	TAUREAU	VERSEAU	SAGITTAIRE	TAUREAU	BALANCE	SAGITTAIRE	VIERGE	2 GÉMEAUX
25 MAI	TAUREAU	TAUREAU	VERSEAU	SAGITTAIRE	TAUREAU	BALANCE	SAGITTAIRE	VIERGE	16 GÉMEAUX
26 MAI	TAUREAU	TAUREAU	VERSEAU	SAGITTAIRE	TAUREAU	BALANCE	SAGITTAIRE	VIERGE	0 CANCER
27 MAI	TAUREAU	TAUREAU	VERSEAU	SAGITTAIRE	TAUREAU	BALANCE	SAGITTAIRE	VIERGE	13 CANCER
28 MAI	TAUREAU	TAUREAU	VERSEAU	SAGITTAIRE	TAUREAU	BALANCE	SAGITTAIRE	VIERGE	26 CANCER
29 MAI	TAUREAU	TAUREAU	VERSEAU	SAGITTAIRE	TAUREAU	BALANCE	SAGITTAIRE	VIERGE	9 LION
30 MAI	TAUREAU	TAUREAU	VERSEAU	SAGITTAIRE	TAUREAU	BALANCE	SAGITTAIRE	VIERGE	21 LION
31 MAI	TAUREAU	TAUREAU	VERSEAU	SAGITTAIRE	TAUREAU	BALANCE	SAGITTAIRE	VIERGE	3 VIERGE
1 JUIN	TAUREAU	TAUREAU	VERSEAU	SAGITTAIRE	TAUREAU	BALANCE	SAGITTAIRE	VIERGE	15 VIERGE
2 JUIN	TAUREAU	TAUREAU	VERSEAU	SAGITTAIRE	TAUREAU	BALANCE	SAGITTAIRE	VIERGE	27 VIERGE
3 JUIN	TAUREAU	TAUREAU	VERSEAU	SAGITTAIRE	TAUREAU	BALANCE	SAGITTAIRE	VIERGE	9 BALANCE
4 JUIN	TAUREAU	TAUREAU	VERSEAU	SAGITTAIRE	TAUREAU	BALANCE	SAGITTAIRE	VIERGE	21 BALANCE
5 JUIN	TAUREAU	TAUREAU	VERSEAU	SCORPION	TAUREAU	BALANCE	SAGITTAIRE	VIERGE	3 SCORPION
6 JUIN	TAUREAU	TAUREAU	VERSEAU	SCORPION	TAUREAU	BALANCE	SAGITTAIRE	VIERGE	15 SCORPION
7 JUIN	GÉMEAUX	TAUREAU	VERSEAU	SCORPION	TAUREAU	BALANCE	SAGITTAIRE	VIERGE	28 SCORPION
8 JUIN	GÉMEAUX	TAUREAU	VERSEAU	SCORPION	TAUREAU	BALANCE	SAGITTAIRE	VIERGE	11 SAGITTAIRE
9 JUIN	GÉMEAUX	TAUREAU	VERSEAU	SCORPION	TAUREAU	BALANCE	SAGITTAIRE	VIERGE	24 SAGITTAIRE
10 JUIN	GÉMEAUX	TAUREAU	VERSEAU	SCORPION	TAUREAU	BALANCE	SAGITTAIRE	VIERGE	7 CAPRICORNE
11 JUIN	GÉMEAUX	TAUREAU	VERSEAU	SCORPION	TAUREAU	BALANCE	SAGITTAIRE	VIERGE	21 CAPRICORNE
12 JUIN	GÉMEAUX	GÉMEAUX	VERSEAU	SCORPION	TAUREAU	BALANCE	SAGITTAIRE	VIERGE	4 VERSEAU
13 JUIN	GÉMEAUX	GÉMEAUX	VERSEAU	SCORPION	TAUREAU	BALANCE	SAGITTAIRE	VIERGE	18 VERSEAU
14 JUIN	GÉMEAUX	GÉMEAUX	VERSEAU	SCORPION	TAUREAU	BALANCE	SAGITTAIRE	VIERGE	2 POISSONS
15 JUIN	GÉMEAUX	GÉMEAUX	VERSEAU	SCORPION	TAUREAU	BALANCE	SAGITTAIRE	VIERGE	16 POISSONS
16 JUIN	GÉMEAUX	GÉMEAUX	VERSEAU	SCORPION	TAUREAU	BALANCE	SAGITTAIRE	VIERGE	0 BÉLIER
17 JUIN	GÉMEAUX	GÉMEAUX	VERSEAU	SCORPION	TAUREAU	BALANCE	SAGITTAIRE	VIERGE	14 BÉLIER
18 JUIN	GÉMEAUX	GÉMEAUX	VERSEAU	SCORPION	TAUREAU	BALANCE	SAGITTAIRE	VIERGE	29 BÉLIER
19 JUIN	GÉMEAUX	GÉMEAUX	VERSEAU	SCORPION	GÉMEAUX	BALANCE	SAGITTAIRE	VIERGE	13 TAUREAU
20 JUIN	GÉMEAUX	GÉMEAUX	VERSEAU	SCORPION	GÉMEAUX	BALANCE	SAGITTAIRE	VIERGE	27 TAUREAU
21 JUIN	GÉMEAUX	GÉMEAUX	VERSEAU	SCORPION	GÉMEAUX	BALANCE	SAGITTAIRE	VIERGE	11 GÉMEAUX
22 JUIN	CANCER	GÉMEAUX	VERSEAU	SCORPION	GÉMEAUX	BALANCE	SAGITTAIRE	VIERGE	25 GÉMEAUX

LE SOLEIL ENTRE DANS LE SIGNE DES GÉMEAUX LE 21 MAI 1971 A 17 h 15
LE SOLEIL QUITTE LE SIGNE DES LE 22 JUIN A 1 h 15
* LES CHIFFRES INDIQUENT LES DEGRÉS

DÉCOUVREZ DANS QUEL SIGNE SE TROUVAIENT LES PLANÈTES À VOTRE NAISSANCE

1972	MERCURE	VÉNUS	MARS	JUPITER	SATURNE	URANUS	NEPTUNE	PLUTON	LUNE*
20 MAI	TAUREAU	CANCER	CANCER	CAPRICORNE	GÉMEAUX	BALANCE	SAGITTAIRE	VIERGE	4 VIERGE
21 MAI	TAUREAU	CANCER	CANCER	CAPRICORNE	GÉMEAUX	BALANCE	SAGITTAIRE	VIERGE	17 VIERGE
22 MAI	TAUREAU	CANCER	CANCER	CAPRICORNE	GÉMEAUX	BALANCE	SAGITTAIRE	VIERGE	29 VIERGE
23 MAI	TAUREAU	CANCER	CANCER	CAPRICORNE	GÉMEAUX	BALANCE	SAGITTAIRE	VIERGE	11 BALANCE
24 MAI	TAUREAU	CANCER	CANCER	CAPRICORNE	GÉMEAUX	BALANCE	SAGITTAIRE	VIERGE	23 BALANCE
25 MAI	TAUREAU	CANCER	CANCER	CAPRICORNE	GÉMEAUX	BALANCE	SAGITTAIRE	VIERGE	5 SCORPION
26 MAI	TAUREAU	CANCER	CANCER	CAPRICORNE	GÉMEAUX	BALANCE	SAGITTAIRE	VIERGE	16 SCORPION
27 MAI	TAUREAU	CANCER	CANCER	CAPRICORNE	GÉMEAUX	BALANCE	SAGITTAIRE	VIERGE	28 SCORPION
28 MAI	TAUREAU	CANCER	CANCER	CAPRICORNE	GÉMEAUX	BALANCE	SAGITTAIRE	VIERGE	10 SAGITTAIRE
29 MAI	GÉMEAUX	CANCER	CANCER	CAPRICORNE	GÉMEAUX	BALANCE	SAGITTAIRE	VIERGE	22 SAGITTAIRE
30 MAI	GÉMEAUX	CANCER	CANCER	CAPRICORNE	GÉMEAUX	BALANCE	SAGITTAIRE	VIERGE	5 CAPRICORNE
31 MAI	GÉMEAUX	CANCER	CANCER	CAPRICORNE	GÉMEAUX	BALANCE	SAGITTAIRE	VIERGE	17 CAPRICORNE
1 JUIN	GÉMEAUX	CANCER	CANCER	CAPRICORNE	GÉMEAUX	BALANCE	SAGITTAIRE	VIERGE	0 VERSEAU
2 JUIN	GÉMEAUX	CANCER	CANCER	CAPRICORNE	GÉMEAUX	BALANCE	SAGITTAIRE	VIERGE	12 VERSEAU
3 JUIN	GÉMEAUX	CANCER	CANCER	CAPRICORNE	GÉMEAUX	BALANCE	SAGITTAIRE	VIERGE	25 VERSEAU
4 JUIN	GÉMEAUX	CANCER	CANCER	CAPRICORNE	GÉMEAUX	BALANCE	SAGITTAIRE	VIERGE	9 POISSONS
5 JUIN	GÉMEAUX	CANCER	CANCER	CAPRICORNE	GÉMEAUX	BALANCE	SAGITTAIRE	VIERGE	22 POISSONS
6 JUIN	GÉMEAUX	CANCER	CANCER	CAPRICORNE	GÉMEAUX	BALANCE	SAGITTAIRE	VIERGE	6 BÉLIER
7 JUIN	GÉMEAUX	CANCER	CANCER	CAPRICORNE	GÉMEAUX	BALANCE	SAGITTAIRE	VIERGE	21 BÉLIER
8 JUIN	GÉMEAUX	CANCER	CANCER	CAPRICORNE	GÉMEAUX	BALANCE	SAGITTAIRE	VIERGE	6 TAUREAU
9 JUIN	GÉMEAUX	CANCER	CANCER	CAPRICORNE	GÉMEAUX	BALANCE	SAGITTAIRE	VIERGE	21 TAUREAU
10 JUIN	GÉMEAUX	CANCER	CANCER	CAPRICORNE	GÉMEAUX	BALANCE	SAGITTAIRE	VIERGE	6 GÉMEAUX
11 JUIN	GÉMEAUX	CANCER	CANCER	CAPRICORNE	GÉMEAUX	BALANCE	SAGITTAIRE	VIERGE	21 GÉMEAUX
12 JUIN	CANCER	GÉMEAUX	CANCER	CAPRICORNE	GÉMEAUX	BALANCE	SAGITTAIRE	VIERGE	5 CANCER
13 JUIN	CANCER	GÉMEAUX	CANCER	CAPRICORNE	GÉMEAUX	BALANCE	SAGITTAIRE	VIERGE	20 CANCER
14 JUIN	CANCER	GÉMEAUX	CANCER	CAPRICORNE	GÉMEAUX	BALANCE	SAGITTAIRE	VIERGE	4 LION
15 JUIN	CANCER	GÉMEAUX	CANCER	CAPRICORNE	GÉMEAUX	BALANCE	SAGITTAIRE	VIERGE	17 LION
16 JUIN	CANCER	GÉMEAUX	CANCER	CAPRICORNE	GÉMEAUX	BALANCE	SAGITTAIRE	VIERGE	0 VIERGE
17 JUIN	CANCER	GÉMEAUX	CANCER	CAPRICORNE	GÉMEAUX	BALANCE	SAGITTAIRE	VIERGE	13 VIERGE
18 JUIN	CANCER	GÉMEAUX	CANCER	CAPRICORNE	GÉMEAUX	BALANCE	SAGITTAIRE	VIERGE	25 VIERGE
19 JUIN	CANCER	GÉMEAUX	CANCER	CAPRICORNE	GÉMEAUX	BALANCE	SAGITTAIRE	VIERGE	7 BALANCE
20 JUIN	CANCER	GÉMEAUX	CANCER	CAPRICORNE	GÉMEAUX	BALANCE	SAGITTAIRE	VIERGE	19 BALANCE
21 JUIN	CANCER	GÉMEAUX	CANCER	CAPRICORNE	GÉMEAUX	BALANCE	SAGITTAIRE	VIERGE	1 SCORPION

LE SOLEIL ENTRE DANS LE SIGNE DES GÉMEAUX LE 20 MAI 1972 A 23 h 00
LE SOLEIL QUITTE LE SIGNE DES LE 21 JUIN A 7 h 00

* LES CHIFFRES INDIQUENT LES DEGRÉS

1973	MERCURE	VÉNUS	MARS	JUPITER	SATURNE	URANUS	NEPTUNE	PLUTON	LUNE*
21 MAI	GÉMEAUX	GÉMEAUX	POISSONS	VERSEAU	GÉMEAUX	BALANCE	SAGITTAIRE	BALANCE	17 CAPRICORNE
22 MAI	GÉMEAUX	GÉMEAUX	POISSONS	VERSEAU	GÉMEAUX	BALANCE	SAGITTAIRE	BALANCE	29 CAPRICORNE
23 MAI	GÉMEAUX	GÉMEAUX	POISSONS	VERSEAU	GÉMEAUX	BALANCE	SAGITTAIRE	BALANCE	10 VERSEAU
24 MAI	GÉMEAUX	GÉMEAUX	POISSONS	VERSEAU	GÉMEAUX	BALANCE	SAGITTAIRE	BALANCE	23 VERSEAU
25 MAI	GÉMEAUX	GÉMEAUX	POISSONS	VERSEAU	GÉMEAUX	BALANCE	SAGITTAIRE	BALANCE	5 POISSONS
26 MAI	GÉMEAUX	GÉMEAUX	POISSONS	VERSEAU	GÉMEAUX	BALANCE	SAGITTAIRE	BALANCE	18 POISSONS
27 MAI	GÉMEAUX	GÉMEAUX	POISSONS	VERSEAU	GÉMEAUX	BALANCE	SAGITTAIRE	BALANCE	2 BÉLIER
28 MAI	GÉMEAUX	GÉMEAUX	POISSONS	VERSEAU	GÉMEAUX	BALANCE	SAGITTAIRE	BALANCE	16 BÉLIER
29 MAI	GÉMEAUX	GÉMEAUX	POISSONS	VERSEAU	GÉMEAUX	BALANCE	SAGITTAIRE	BALANCE	0 TAUREAU
30 MAI	GÉMEAUX	GÉMEAUX	POISSONS	VERSEAU	GÉMEAUX	BALANCE	SAGITTAIRE	BALANCE	15 TAUREAU
31 MAI	GÉMEAUX	GÉMEAUX	POISSONS	VERSEAU	GÉMEAUX	BALANCE	SAGITTAIRE	BALANCE	0 GÉMEAUX
1 JUIN	GÉMEAUX	GÉMEAUX	POISSONS	VERSEAU	GÉMEAUX	BALANCE	SAGITTAIRE	BALANCE	15 GÉMEAUX
2 JUIN	GÉMEAUX	GÉMEAUX	POISSONS	VERSEAU	GÉMEAUX	BALANCE	SAGITTAIRE	BALANCE	0 CANCER
3 JUIN	GÉMEAUX	GÉMEAUX	POISSONS	VERSEAU	GÉMEAUX	BALANCE	SAGITTAIRE	BALANCE	15 CANCER
4 JUIN	CANCER	GÉMEAUX	POISSONS	VERSEAU	GÉMEAUX	BALANCE	SAGITTAIRE	BALANCE	0 LION
5 JUIN	CANCER	GÉMEAUX	POISSONS	VERSEAU	GÉMEAUX	BALANCE	SAGITTAIRE	BALANCE	14 LION
6 JUIN	CANCER	CANCER	POISSONS	VERSEAU	GÉMEAUX	BALANCE	SAGITTAIRE	BALANCE	28 LION
7 JUIN	CANCER	CANCER	POISSONS	VERSEAU	GÉMEAUX	BALANCE	SAGITTAIRE	BALANCE	12 VIERGE
8 JUIN	CANCER	CANCER	POISSONS	VERSEAU	GÉMEAUX	BALANCE	SAGITTAIRE	BALANCE	25 VIERGE
9 JUIN	CANCER	CANCER	POISSONS	VERSEAU	GÉMEAUX	BALANCE	SAGITTAIRE	BALANCE	7 BALANCE
10 JUIN	CANCER	CANCER	POISSONS	VERSEAU	GÉMEAUX	BALANCE	SAGITTAIRE	BALANCE	20 BALANCE
11 JUIN	CANCER	CANCER	POISSONS	VERSEAU	GÉMEAUX	BALANCE	SAGITTAIRE	BALANCE	2 SCORPION
12 JUIN	CANCER	CANCER	POISSONS	VERSEAU	GÉMEAUX	BALANCE	SAGITTAIRE	BALANCE	14 SCORPION
13 JUIN	CANCER	CANCER	POISSONS	VERSEAU	GÉMEAUX	BALANCE	SAGITTAIRE	BALANCE	26 SCORPION
14 JUIN	CANCER	CANCER	POISSONS	VERSEAU	GÉMEAUX	BALANCE	SAGITTAIRE	BALANCE	8 SAGITTAIRE
15 JUIN	CANCER	CANCER	POISSONS	VERSEAU	GÉMEAUX	BALANCE	SAGITTAIRE	BALANCE	20 SAGITTAIRE
16 JUIN	CANCER	CANCER	POISSONS	VERSEAU	GÉMEAUX	BALANCE	SAGITTAIRE	BALANCE	2 CAPRICORNE
17 JUIN	CANCER	CANCER	POISSONS	VERSEAU	GÉMEAUX	BALANCE	SAGITTAIRE	BALANCE	14 CAPRICORNE
18 JUIN	CANCER	CANCER	POISSONS	VERSEAU	GÉMEAUX	BALANCE	SAGITTAIRE	BALANCE	26 CAPRICORNE
19 JUIN	CANCER	CANCER	POISSONS	VERSEAU	GÉMEAUX	BALANCE	SAGITTAIRE	BALANCE	8 VERSEAU
20 JUIN	CANCER	CANCER	POISSONS	VERSEAU	GÉMEAUX	BALANCE	SAGITTAIRE	BALANCE	20 VERSEAU
21 JUIN	CANCER	CANCER	BÉLIER	VERSEAU	GÉMEAUX	BALANCE	SAGITTAIRE	BALANCE	2 POISSONS

LE SOLEIL ENTRE DANS LE SIGNE DES GÉMEAUX LE 21 MAI 1973 A 4 h 50
LE SOLEIL QUITTE LE SIGNE DES LE 21 JUIN A 13 h 00

* LES CHIFFRES INDIQUENT LES DEGRÉS

DÉCOUVREZ DANS QUEL SIGNE SE TROUVAIENT LES PLANÈTES À VOTRE NAISSANCE

1974	MERCURE	VÉNUS	MARS	JUPITER	SATURNE	URANUS	NEPTUNE	PLUTON	LUNE*
21 MAI	GÉMEAUX	BÉLIER	CANCER	POISSONS	CANCER	BALANCE	SAGITTAIRE	BALANCE	25 TAUREAU
22 MAI	GÉMEAUX	BÉLIER	CANCER	POISSONS	CANCER	BALANCE	SAGITTAIRE	BALANCE	9 GÉMEAUX
23 MAI	GÉMEAUX	BÉLIER	CANCER	POISSONS	CANCER	BALANCE	SAGITTAIRE	BALANCE	24 GÉMEAUX
24 MAI	GÉMEAUX	BÉLIER	CANCER	POISSONS	CANCER	BALANCE	SAGITTAIRE	BALANCE	8 CANCER
25 MAI	GÉMEAUX	BÉLIER	CANCER	POISSONS	CANCER	BALANCE	SAGITTAIRE	BALANCE	23 CANCER
26 MAI	GÉMEAUX	BÉLIER	CANCER	POISSONS	CANCER	BALANCE	SAGITTAIRE	BALANCE	7 LION
27 MAI	GÉMEAUX	BÉLIER	CANCER	POISSONS	CANCER	BALANCE	SAGITTAIRE	BALANCE	22 LION
28 MAI	GÉMEAUX	BÉLIER	CANCER	POISSONS	CANCER	BALANCE	SAGITTAIRE	BALANCE	6 VIERGE
29 MAI	CANCER	BÉLIER	CANCER	POISSONS	CANCER	BALANCE	SAGITTAIRE	BALANCE	20 VIERGE
30 MAI	CANCER	BÉLIER	CANCER	POISSONS	CANCER	BALANCE	SAGITTAIRE	BALANCE	3 BALANCE
31 MAI	CANCER	TAUREAU	CANCER	POISSONS	CANCER	BALANCE	SAGITTAIRE	BALANCE	17 BALANCE
1 JUIN	CANCER	TAUREAU	CANCER	POISSONS	CANCER	BALANCE	SAGITTAIRE	BALANCE	0 SCORPION
2 JUIN	CANCER	TAUREAU	CANCER	POISSONS	CANCER	BALANCE	SAGITTAIRE	BALANCE	13 SCORPION
3 JUIN	CANCER	TAUREAU	CANCER	POISSONS	CANCER	BALANCE	SAGITTAIRE	BALANCE	26 SCORPION
4 JUIN	CANCER	TAUREAU	CANCER	POISSONS	CANCER	BALANCE	SAGITTAIRE	BALANCE	8 SAGITTAIRE
5 JUIN	CANCER	TAUREAU	CANCER	POISSONS	CANCER	BALANCE	SAGITTAIRE	BALANCE	21 SAGITTAIRE
6 JUIN	CANCER	TAUREAU	CANCER	POISSONS	CANCER	BALANCE	SAGITTAIRE	BALANCE	3 CAPRICORNE
7 JUIN	CANCER	TAUREAU	CANCER	POISSONS	CANCER	BALANCE	SAGITTAIRE	BALANCE	15 CAPRICORNE
8 JUIN	CANCER	TAUREAU	CANCER	POISSONS	CANCER	BALANCE	SAGITTAIRE	BALANCE	27 CAPRICORNE
9 JUIN	CANCER	TAUREAU	LION	POISSONS	CANCER	BALANCE	SAGITTAIRE	BALANCE	9 VERSEAU
10 JUIN	CANCER	TAUREAU	LION	POISSONS	CANCER	BALANCE	SAGITTAIRE	BALANCE	20 VERSEAU
11 JUIN	CANCER	TAUREAU	LION	POISSONS	CANCER	BALANCE	SAGITTAIRE	BALANCE	2 POISSONS
12 JUIN	CANCER	TAUREAU	LION	POISSONS	CANCER	BALANCE	SAGITTAIRE	BALANCE	14 POISSONS
13 JUIN	CANCER	TAUREAU	LION	POISSONS	CANCER	BALANCE	SAGITTAIRE	BALANCE	27 POISSONS
14 JUIN	CANCER	TAUREAU	LION	POISSONS	CANCER	BALANCE	SAGITTAIRE	BALANCE	9 BÉLIER
15 JUIN	CANCER	TAUREAU	LION	POISSONS	CANCER	BALANCE	SAGITTAIRE	BALANCE	22 BÉLIER
16 JUIN	CANCER	TAUREAU	LION	POISSONS	CANCER	BALANCE	SAGITTAIRE	BALANCE	5 TAUREAU
17 JUIN	CANCER	TAUREAU	LION	POISSONS	CANCER	BALANCE	SAGITTAIRE	BALANCE	19 TAUREAU
18 JUIN	CANCER	TAUREAU	LION	POISSONS	CANCER	BALANCE	SAGITTAIRE	BALANCE	3 GÉMEAUX
19 JUIN	CANCER	TAUREAU	LION	POISSONS	CANCER	BALANCE	SAGITTAIRE	BALANCE	18 GÉMEAUX
20 JUIN	CANCER	TAUREAU	LION	POISSONS	CANCER	BALANCE	SAGITTAIRE	BALANCE	3 CANCER
21 JUIN	CANCER	TAUREAU	LION	POISSONS	CANCER	BALANCE	SAGITTAIRE	BALANCE	17 CANCER

LE SOLEIL ENTRE DANS LE SIGNE DES GÉMEAUX LE 21 MAI 1974 A 10 h 30
QUITTE LE SIGNE DES LE 21 JUIN A 18 h 30
* LES CHIFFRES INDIQUENT LES DEGRÉS

1975	MERCURE	VÉNUS	MARS	JUPITER	SATURNE	URANUS	NEPTUNE	PLUTON	LUNE*
21 MAI	GÉMEAUX	CANCER	BÉLIER	BÉLIER	CANCER	BALANCE	SAGITTAIRE	BALANCE	10 BALANCE
22 MAI	GÉMEAUX	CANCER	BÉLIER	BÉLIER	CANCER	BALANCE	SAGITTAIRE	BALANCE	25 BALANCE
23 MAI	GÉMEAUX	CANCER	BÉLIER	BÉLIER	CANCER	BALANCE	SAGITTAIRE	BALANCE	9 SCORPION
24 MAI	GÉMEAUX	CANCER	BÉLIER	BÉLIER	CANCER	BALANCE	SAGITTAIRE	BALANCE	23 SCORPION
25 MAI	GÉMEAUX	CANCER	BÉLIER	BÉLIER	CANCER	BALANCE	SAGITTAIRE	BALANCE	7 SAGITTAIRE
26 MAI	GÉMEAUX	CANCER	BÉLIER	BÉLIER	CANCER	BALANCE	SAGITTAIRE	BALANCE	20 SAGITTAIRE
27 MAI	GÉMEAUX	CANCER	BÉLIER	BÉLIER	CANCER	BALANCE	SAGITTAIRE	BALANCE	3 CAPRICORNE
28 MAI	GÉMEAUX	CANCER	BÉLIER	BÉLIER	CANCER	BALANCE	SAGITTAIRE	BALANCE	16 CAPRICORNE
29 MAI	GÉMEAUX	CANCER	BÉLIER	BÉLIER	CANCER	BALANCE	SAGITTAIRE	BALANCE	29 CAPRICORNE
30 MAI	GÉMEAUX	CANCER	BÉLIER	BÉLIER	CANCER	BALANCE	SAGITTAIRE	BALANCE	11 VERSEAU
31 MAI	GÉMEAUX	CANCER	BÉLIER	BÉLIER	CANCER	BALANCE	SAGITTAIRE	BALANCE	23 VERSEAU
1 JUIN	GÉMEAUX	CANCER	BÉLIER	BÉLIER	CANCER	BALANCE	SAGITTAIRE	BALANCE	5 POISSONS
2 JUIN	GÉMEAUX	CANCER	BÉLIER	BÉLIER	CANCER	BALANCE	SAGITTAIRE	BALANCE	17 POISSONS
3 JUIN	GÉMEAUX	CANCER	BÉLIER	BÉLIER	CANCER	BALANCE	SAGITTAIRE	BALANCE	29 POISSONS
4 JUIN	GÉMEAUX	CANCER	BÉLIER	BÉLIER	CANCER	BALANCE	SAGITTAIRE	BALANCE	11 BÉLIER
5 JUIN	GÉMEAUX	CANCER	BÉLIER	BÉLIER	CANCER	BALANCE	SAGITTAIRE	BALANCE	23 BÉLIER
6 JUIN	GÉMEAUX	LION	BÉLIER	BÉLIER	CANCER	BALANCE	SAGITTAIRE	BALANCE	5 TAUREAU
7 JUIN	GÉMEAUX	LION	BÉLIER	BÉLIER	CANCER	BALANCE	SAGITTAIRE	BALANCE	18 TAUREAU
8 JUIN	GÉMEAUX	LION	BÉLIER	BÉLIER	CANCER	BALANCE	SAGITTAIRE	BALANCE	1 GÉMEAUX
9 JUIN	GÉMEAUX	LION	BÉLIER	BÉLIER	CANCER	BALANCE	SAGITTAIRE	BALANCE	14 GÉMEAUX
10 JUIN	GÉMEAUX	LION	BÉLIER	BÉLIER	CANCER	BALANCE	SAGITTAIRE	BALANCE	28 GÉMEAUX
11 JUIN	GÉMEAUX	LION	BÉLIER	BÉLIER	CANCER	BALANCE	SAGITTAIRE	BALANCE	12 CANCER
12 JUIN	GÉMEAUX	LION	BÉLIER	BÉLIER	CANCER	BALANCE	SAGITTAIRE	BALANCE	26 CANCER
13 JUIN	GÉMEAUX	LION	BÉLIER	BÉLIER	CANCER	BALANCE	SAGITTAIRE	BALANCE	10 LION
14 JUIN	GÉMEAUX	LION	BÉLIER	BÉLIER	CANCER	BALANCE	SAGITTAIRE	BALANCE	24 LION
15 JUIN	GÉMEAUX	LION	BÉLIER	BÉLIER	CANCER	BALANCE	SAGITTAIRE	BALANCE	8 VIERGE
16 JUIN	GÉMEAUX	LION	BÉLIER	BÉLIER	CANCER	BALANCE	SAGITTAIRE	BALANCE	23 VIERGE
17 JUIN	GÉMEAUX	LION	BÉLIER	BÉLIER	CANCER	BALANCE	SAGITTAIRE	BALANCE	7 BALANCE
18 JUIN	GÉMEAUX	LION	BÉLIER	BÉLIER	CANCER	BALANCE	SAGITTAIRE	BALANCE	21 BALANCE
19 JUIN	GÉMEAUX	LION	BÉLIER	BÉLIER	CANCER	BALANCE	SAGITTAIRE	BALANCE	5 SCORPION
20 JUIN	GÉMEAUX	LION	BÉLIER	BÉLIER	CANCER	BALANCE	SAGITTAIRE	BALANCE	19 SCORPION
21 JUIN	GÉMEAUX	LION	BÉLIER	BÉLIER	CANCER	BALANCE	SAGITTAIRE	BALANCE	2 SAGITTAIRE
22 JUIN	GÉMEAUX	LION	BÉLIER	BÉLIER	CANCER	BALANCE	SAGITTAIRE	BALANCE	15 SAGITTAIRE

LE SOLEIL ENTRE DANS LE SIGNE DES GÉMEAUX LE 21 MAI 1975 A 16 h 15
QUITTE LE SIGNE DES LE 22 JUIN A 0 h 15
* LES CHIFFRES INDIQUENT LES DEGRÉS

DÉCOUVREZ DANS QUEL SIGNE SE TROUVAIENT LES PLANÈTES À VOTRE NAISSANCE

1976	MERCURE	VÉNUS	MARS	JUPITER	SATURNE	URANUS	NEPTUNE	PLUTON	LUNE*
0 MAI	TAUREAU	TAUREAU	LION	TAUREAU	CANCER	SCORPION	SAGITTAIRE	BALANCE	25 VERSEAU
1 MAI	TAUREAU	TAUREAU	LION	TAUREAU	CANCER	SCORPION	SAGITTAIRE	BALANCE	7 POISSONS
2 MAI	TAUREAU	TAUREAU	LION	TAUREAU	CANCER	SCORPION	SAGITTAIRE	BALANCE	19 POISSONS
3 MAI	TAUREAU	TAUREAU	LION	TAUREAU	CANCER	SCORPION	SAGITTAIRE	BALANCE	1 BÉLIER
4 MAI	TAUREAU	TAUREAU	LION	TAUREAU	CANCER	SCORPION	SAGITTAIRE	BALANCE	13 BÉLIER
5 MAI	TAUREAU	TAUREAU	LION	TAUREAU	CANCER	SCORPION	SAGITTAIRE	BALANCE	25 BÉLIER
6 MAI	TAUREAU	TAUREAU	LION	TAUREAU	CANCER	SCORPION	SAGITTAIRE	BALANCE	7 TAUREAU
7 MAI	TAUREAU	GÉMEAUX	LION	TAUREAU	CANCER	SCORPION	SAGITTAIRE	BALANCE	18 TAUREAU
8 MAI	TAUREAU	GÉMEAUX	LION	TAUREAU	CANCER	SCORPION	SAGITTAIRE	BALANCE	0 GÉMEAUX
9 MAI	TAUREAU	GÉMEAUX	LION	TAUREAU	CANCER	SCORPION	SAGITTAIRE	BALANCE	13 GÉMEAUX
0 MAI	TAUREAU	GÉMEAUX	LION	TAUREAU	CANCER	SCORPION	SAGITTAIRE	BALANCE	25 GÉMEAUX
1 MAI	TAUREAU	GÉMEAUX	LION	TAUREAU	CANCER	SCORPION	SAGITTAIRE	BALANCE	8 CANCER
1 JUIN	TAUREAU	GÉMEAUX	LION	TAUREAU	CANCER	SCORPION	SAGITTAIRE	BALANCE	21 CANCER
2 JUIN	TAUREAU	GÉMEAUX	LION	TAUREAU	CANCER	SCORPION	SAGITTAIRE	BALANCE	4 LION
3 JUIN	TAUREAU	GÉMEAUX	LION	TAUREAU	CANCER	SCORPION	SAGITTAIRE	BALANCE	17 LION
4 JUIN	TAUREAU	GÉMEAUX	LION	TAUREAU	CANCER	SCORPION	SAGITTAIRE	BALANCE	1 VIERGE
5 JUIN	TAUREAU	GÉMEAUX	LION	TAUREAU	LION	SCORPION	SAGITTAIRE	BALANCE	14 VIERGE
6 JUIN	TAUREAU	GÉMEAUX	LION	TAUREAU	LION	SCORPION	SAGITTAIRE	BALANCE	28 VIERGE
7 JUIN	TAUREAU	GÉMEAUX	LION	TAUREAU	LION	SCORPION	SAGITTAIRE	BALANCE	13 BALANCE
8 JUIN	TAUREAU	GÉMEAUX	LION	TAUREAU	LION	SCORPION	SAGITTAIRE	BALANCE	27 BALANCE
9 JUIN	TAUREAU	GÉMEAUX	LION	TAUREAU	LION	SCORPION	SAGITTAIRE	BALANCE	12 SCORPION
0 JUIN	TAUREAU	GÉMEAUX	LION	TAUREAU	LION	SCORPION	SAGITTAIRE	BALANCE	27 SCORPION
1 JUIN	TAUREAU	GÉMEAUX	LION	TAUREAU	LION	SCORPION	SAGITTAIRE	BALANCE	11 SAGITTAIRE
2 JUIN	TAUREAU	GÉMEAUX	LION	TAUREAU	LION	SCORPION	SAGITTAIRE	BALANCE	26 SAGITTAIRE
3 JUIN	TAUREAU	GÉMEAUX	LION	TAUREAU	LION	SCORPION	SAGITTAIRE	BALANCE	10 CAPRICORNE
4 JUIN	GÉMEAUX	GÉMEAUX	LION	TAUREAU	LION	SCORPION	SAGITTAIRE	BALANCE	24 CAPRICORNE
5 JUIN	GÉMEAUX	GÉMEAUX	LION	TAUREAU	LION	SCORPION	SAGITTAIRE	BALANCE	7 VERSEAU
6 JUIN	GÉMEAUX	GÉMEAUX	LION	TAUREAU	LION	SCORPION	SAGITTAIRE	BALANCE	20 VERSEAU
7 JUIN	GÉMEAUX	GÉMEAUX	LION	TAUREAU	LION	SCORPION	SAGITTAIRE	BALANCE	3 POISSONS
8 JUIN	GÉMEAUX	GÉMEAUX	LION	TAUREAU	LION	SCORPION	SAGITTAIRE	BALANCE	15 POISSONS
9 JUIN	GÉMEAUX	GÉMEAUX	LION	TAUREAU	LION	SCORPION	SAGITTAIRE	BALANCE	27 POISSONS
20 JUIN	GÉMEAUX	GÉMEAUX	LION	TAUREAU	LION	SCORPION	SAGITTAIRE	BALANCE	9 BÉLIER
21 JUIN	GÉMEAUX	CANCER	LION	TAUREAU	LION	SCORPION	SAGITTAIRE	BALANCE	21 BÉLIER

LE SOLEIL ENTRE DANS LE SIGNE DES GÉMEAUX LE 20 MAI 1976 A 22 h 00
LE SOLEIL QUITTE LE SIGNE DES LE 21 JUIN A 6 h 20

* LES CHIFFRES INDIQUENT LES DEGRÉS

1977	MERCURE	VÉNUS	MARS	JUPITER	SATURNE	URANUS	NEPTUNE	PLUTON	LUNE*
21 MAI	TAUREAU	BÉLIER	BÉLIER	GÉMEAUX	LION	SCORPION	SAGITTAIRE	BALANCE	7 CANCER
22 MAI	TAUREAU	BÉLIER	BÉLIER	GÉMEAUX	LION	SCORPION	SAGITTAIRE	BALANCE	19 CANCER
23 MAI	TAUREAU	BÉLIER	BÉLIER	GÉMEAUX	LION	SCORPION	SAGITTAIRE	BALANCE	1 LION
24 MAI	TAUREAU	BÉLIER	BÉLIER	GÉMEAUX	LION	SCORPION	SAGITTAIRE	BALANCE	13 LION
25 MAI	TAUREAU	BÉLIER	BÉLIER	GÉMEAUX	LION	SCORPION	SAGITTAIRE	BALANCE	26 LION
26 MAI	TAUREAU	BÉLIER	BÉLIER	GÉMEAUX	LION	SCORPION	SAGITTAIRE	BALANCE	9 VIERGE
27 MAI	TAUREAU	BÉLIER	BÉLIER	GÉMEAUX	LION	SCORPION	SAGITTAIRE	BALANCE	23 VIERGE
28 MAI	TAUREAU	BÉLIER	BÉLIER	GÉMEAUX	LION	SCORPION	SAGITTAIRE	BALANCE	6 BALANCE
29 MAI	TAUREAU	BÉLIER	BÉLIER	GÉMEAUX	LION	SCORPION	SAGITTAIRE	BALANCE	21 BALANCE
30 MAI	TAUREAU	BÉLIER	BÉLIER	GÉMEAUX	LION	SCORPION	SAGITTAIRE	BALANCE	5 SCORPION
31 MAI	TAUREAU	BÉLIER	BÉLIER	GÉMEAUX	LION	SCORPION	SAGITTAIRE	BALANCE	20 SCORPION
1 JUIN	TAUREAU	BÉLIER	BÉLIER	GÉMEAUX	LION	SCORPION	SAGITTAIRE	BALANCE	5 SAGITTAIRE
2 JUIN	TAUREAU	BÉLIER	BÉLIER	GÉMEAUX	LION	SCORPION	SAGITTAIRE	BALANCE	21 SAGITTAIRE
3 JUIN	TAUREAU	BÉLIER	BÉLIER	GÉMEAUX	LION	SCORPION	SAGITTAIRE	BALANCE	6 CAPRICORNE
4 JUIN	TAUREAU	BÉLIER	BÉLIER	GÉMEAUX	LION	SCORPION	SAGITTAIRE	BALANCE	21 CAPRICORNE
5 JUIN	TAUREAU	BÉLIER	BÉLIER	GÉMEAUX	LION	SCORPION	SAGITTAIRE	BALANCE	5 VERSEAU
6 JUIN	TAUREAU	TAUREAU	TAUREAU	GÉMEAUX	LION	SCORPION	SAGITTAIRE	BALANCE	19 VERSEAU
7 JUIN	TAUREAU	TAUREAU	TAUREAU	GÉMEAUX	LION	SCORPION	SAGITTAIRE	BALANCE	3 POISSONS
8 JUIN	TAUREAU	TAUREAU	TAUREAU	GÉMEAUX	LION	SCORPION	SAGITTAIRE	BALANCE	16 POISSONS
9 JUIN	TAUREAU	TAUREAU	TAUREAU	GÉMEAUX	LION	SCORPION	SAGITTAIRE	BALANCE	28 POISSONS
10 JUIN	TAUREAU	TAUREAU	TAUREAU	GÉMEAUX	LION	SCORPION	SAGITTAIRE	BALANCE	11 BÉLIER
11 JUIN	GÉMEAUX	TAUREAU	TAUREAU	GÉMEAUX	LION	SCORPION	SAGITTAIRE	BALANCE	23 BÉLIER
12 JUIN	GÉMEAUX	TAUREAU	TAUREAU	GÉMEAUX	LION	SCORPION	SAGITTAIRE	BALANCE	5 TAUREAU
13 JUIN	GÉMEAUX	TAUREAU	TAUREAU	GÉMEAUX	LION	SCORPION	SAGITTAIRE	BALANCE	16 TAUREAU
14 JUIN	GÉMEAUX	TAUREAU	TAUREAU	GÉMEAUX	LION	SCORPION	SAGITTAIRE	BALANCE	28 TAUREAU
15 JUIN	GÉMEAUX	TAUREAU	TAUREAU	GÉMEAUX	LION	SCORPION	SAGITTAIRE	BALANCE	10 GÉMEAUX
16 JUIN	GÉMEAUX	TAUREAU	TAUREAU	GÉMEAUX	LION	SCORPION	SAGITTAIRE	BALANCE	22 GÉMEAUX
17 JUIN	GÉMEAUX	TAUREAU	TAUREAU	GÉMEAUX	LION	SCORPION	SAGITTAIRE	BALANCE	4 CANCER
18 JUIN	GÉMEAUX	TAUREAU	TAUREAU	GÉMEAUX	LION	SCORPION	SAGITTAIRE	BALANCE	16 CANCER
19 JUIN	GÉMEAUX	TAUREAU	TAUREAU	GÉMEAUX	LION	SCORPION	SAGITTAIRE	BALANCE	28 CANCER
20 JUIN	GÉMEAUX	TAUREAU	TAUREAU	GÉMEAUX	LION	SCORPION	SAGITTAIRE	BALANCE	11 LION
21 JUIN	GÉMEAUX	TAUREAU	TAUREAU	GÉMEAUX	LION	SCORPION	SAGITTAIRE	BALANCE	23 LION

LE SOLEIL ENTRE DANS LE SIGNE DES GÉMEAUX LE 21 MAI 1977 A 4 h 00
LE SOLEIL QUITTE LE SIGNE DES LE 21 JUIN A 12 h 00

* LES CHIFFRES INDIQUENT LES DEGRÉS

DÉCOUVREZ DANS QUEL SIGNE SE TROUVAIENT LES PLANÈTES À VOTRE NAISSANCE

1978	MERCURE	VÉNUS	MARS	JUPITER	SATURNE	URANUS	NEPTUNE	PLUTON	LUNE*
21 MAI	TAUREAU	GÉMEAUX	LION	CANCER	LION	SCORPION	SAGITTAIRE	BALANCE	15 SCORPION
22 MAI	TAUREAU	CANCER	LION	CANCER	LION	SCORPION	SAGITTAIRE	BALANCE	0 SAGITTAIRE
23 MAI	TAUREAU	CANCER	LION	CANCER	LION	SCORPION	SAGITTAIRE	BALANCE	15 SAGITTAIRE
24 MAI	TAUREAU	CANCER	LION	CANCER	LION	SCORPION	SAGITTAIRE	BALANCE	0 CAPRICORNE
25 MAI	TAUREAU	CANCER	LION	CANCER	LION	SCORPION	SAGITTAIRE	BALANCE	15 CAPRICORNE
26 MAI	TAUREAU	CANCER	LION	CANCER	LION	SCORPION	SAGITTAIRE	BALANCE	0 VERSEAU
27 MAI	TAUREAU	CANCER	LION	CANCER	LION	SCORPION	SAGITTAIRE	BALANCE	14 VERSEAU
28 MAI	TAUREAU	CANCER	LION	CANCER	LION	SCORPION	SAGITTAIRE	BALANCE	28 VERSEAU
29 MAI	TAUREAU	CANCER	LION	CANCER	LION	SCORPION	SAGITTAIRE	BALANCE	12 POISSONS
30 MAI	TAUREAU	CANCER	LION	CANCER	LION	SCORPION	SAGITTAIRE	BALANCE	25 POISSONS
31 MAI	TAUREAU	CANCER	LION	CANCER	LION	SCORPION	SAGITTAIRE	BALANCE	8 BÉLIER
1 JUIN	TAUREAU	CANCER	LION	CANCER	LION	SCORPION	SAGITTAIRE	BALANCE	21 BÉLIER
2 JUIN	TAUREAU	CANCER	LION	CANCER	LION	SCORPION	SAGITTAIRE	BALANCE	4 TAUREAU
3 JUIN	TAUREAU	CANCER	LION	CANCER	LION	SCORPION	SAGITTAIRE	BALANCE	16 TAUREAU
4 JUIN	GÉMEAUX	CANCER	LION	CANCER	LION	SCORPION	SAGITTAIRE	BALANCE	29 TAUREAU
5 JUIN	GÉMEAUX	CANCER	LION	CANCER	LION	SCORPION	SAGITTAIRE	BALANCE	11 GÉMEAUX
6 JUIN	GÉMEAUX	CANCER	LION	CANCER	LION	SCORPION	SAGITTAIRE	BALANCE	23 GÉMEAUX
7 JUIN	GÉMEAUX	CANCER	LION	CANCER	LION	SCORPION	SAGITTAIRE	BALANCE	5 CANCER
8 JUIN	GÉMEAUX	CANCER	LION	CANCER	LION	SCORPION	SAGITTAIRE	BALANCE	17 CANCER
9 JUIN	GÉMEAUX	CANCER	LION	CANCER	LION	SCORPION	SAGITTAIRE	BALANCE	29 CANCER
10 JUIN	GÉMEAUX	CANCER	LION	CANCER	LION	SCORPION	SAGITTAIRE	BALANCE	10 LION
11 JUIN	GÉMEAUX	CANCER	LION	CANCER	LION	SCORPION	SAGITTAIRE	BALANCE	22 LION
12 JUIN	GÉMEAUX	CANCER	LION	CANCER	LION	SCORPION	SAGITTAIRE	BALANCE	4 VIERGE
13 JUIN	GÉMEAUX	CANCER	LION	CANCER	LION	SCORPION	SAGITTAIRE	BALANCE	17 VIERGE
14 JUIN	GÉMEAUX	CANCER	VIERGE	CANCER	LION	SCORPION	SAGITTAIRE	BALANCE	29 VIERGE
15 JUIN	GÉMEAUX	CANCER	VIERGE	CANCER	LION	SCORPION	SAGITTAIRE	BALANCE	12 BALANCE
16 JUIN	GÉMEAUX	LION	VIERGE	CANCER	LION	SCORPION	SAGITTAIRE	BALANCE	25 BALANCE
17 JUIN	GÉMEAUX	LION	VIERGE	CANCER	LION	SCORPION	SAGITTAIRE	BALANCE	9 SCORPION
18 JUIN	CANCER	LION	VIERGE	CANCER	LION	SCORPION	SAGITTAIRE	BALANCE	24 SCORPION
19 JUIN	CANCER	LION	VIERGE	CANCER	LION	SCORPION	SAGITTAIRE	BALANCE	8 SAGITTAIRE
20 JUIN	CANCER	LION	VIERGE	CANCER	LION	SCORPION	SAGITTAIRE	BALANCE	24 SAGITTAIRE
21 JUIN	CANCER	LION	VIERGE	CANCER	LION	SCORPION	SAGITTAIRE	BALANCE	9 CAPRICORNE

LE SOLEIL ENTRE DANS LE SIGNE DES GÉMEAUX LE 21 MAI 1978 A 10 h 00
LE SOLEIL QUITTE LE SIGNE DES LE 21 JUIN A 18 h 00
* LES CHIFFRES INDIQUENT LES DEGRÉS

1979	MERCURE	VÉNUS	MARS	JUPITER	SATURNE	URANUS	NEPTUNE	PLUTON	LUNE*
21 MAI	TAUREAU	TAUREAU	TAUREAU	LION	VIERGE	SCORPION	SAGITTAIRE	BALANCE	2 BÉLIER
22 MAI	TAUREAU	TAUREAU	TAUREAU	LION	VIERGE	SCORPION	SAGITTAIRE	BALANCE	16 BÉLIER
23 MAI	TAUREAU	TAUREAU	TAUREAU	LION	VIERGE	SCORPION	SAGITTAIRE	BALANCE	0 TAUREAU
24 MAI	TAUREAU	TAUREAU	TAUREAU	LION	VIERGE	SCORPION	SAGITTAIRE	BALANCE	14 TAUREAU
25 MAI	TAUREAU	TAUREAU	TAUREAU	LION	VIERGE	SCORPION	SAGITTAIRE	BALANCE	27 TAUREAU
26 MAI	GÉMEAUX	TAUREAU	TAUREAU	LION	VIERGE	SCORPION	SAGITTAIRE	BALANCE	10 GÉMEAUX
27 MAI	GÉMEAUX	TAUREAU	TAUREAU	LION	VIERGE	SCORPION	SAGITTAIRE	BALANCE	23 GÉMEAUX
28 MAI	GÉMEAUX	TAUREAU	TAUREAU	LION	VIERGE	SCORPION	SAGITTAIRE	BALANCE	6 CANCER
29 MAI	GÉMEAUX	TAUREAU	TAUREAU	LION	VIERGE	SCORPION	SAGITTAIRE	BALANCE	18 CANCER
30 MAI	GÉMEAUX	TAUREAU	TAUREAU	LION	VIERGE	SCORPION	SAGITTAIRE	BALANCE	1 LION
31 MAI	GÉMEAUX	TAUREAU	TAUREAU	LION	VIERGE	SCORPION	SAGITTAIRE	BALANCE	13 LION
1 JUIN	GÉMEAUX	TAUREAU	TAUREAU	LION	VIERGE	SCORPION	SAGITTAIRE	BALANCE	24 LION
2 JUIN	GÉMEAUX	TAUREAU	TAUREAU	LION	VIERGE	SCORPION	SAGITTAIRE	BALANCE	6 VIERGE
3 JUIN	GÉMEAUX	TAUREAU	TAUREAU	LION	VIERGE	SCORPION	SAGITTAIRE	BALANCE	18 VIERGE
4 JUIN	GÉMEAUX	TAUREAU	TAUREAU	LION	VIERGE	SCORPION	SAGITTAIRE	BALANCE	0 BALANCE
5 JUIN	GÉMEAUX	TAUREAU	TAUREAU	LION	VIERGE	SCORPION	SAGITTAIRE	BALANCE	12 BALANCE
6 JUIN	GÉMEAUX	TAUREAU	TAUREAU	LION	VIERGE	SCORPION	SAGITTAIRE	BALANCE	25 BALANCE
7 JUIN	GÉMEAUX	TAUREAU	TAUREAU	LION	VIERGE	SCORPION	SAGITTAIRE	BALANCE	8 SCORPION
8 JUIN	GÉMEAUX	TAUREAU	TAUREAU	LION	VIERGE	SCORPION	SAGITTAIRE	BALANCE	21 SCORPION
9 JUIN	CANCER	TAUREAU	TAUREAU	LION	VIERGE	SCORPION	SAGITTAIRE	BALANCE	5 SAGITTAIRE
10 JUIN	CANCER	TAUREAU	TAUREAU	LION	VIERGE	SCORPION	SAGITTAIRE	BALANCE	19 SAGITTAIRE
11 JUIN	CANCER	TAUREAU	TAUREAU	LION	VIERGE	SCORPION	SAGITTAIRE	BALANCE	3 CAPRICORNE
12 JUIN	CANCER	GÉMEAUX	TAUREAU	LION	VIERGE	SCORPION	SAGITTAIRE	BALANCE	17 CAPRICORNE
13 JUIN	CANCER	GÉMEAUX	TAUREAU	LION	VIERGE	SCORPION	SAGITTAIRE	BALANCE	2 VERSEAU
14 JUIN	CANCER	GÉMEAUX	TAUREAU	LION	VIERGE	SCORPION	SAGITTAIRE	BALANCE	17 VERSEAU
15 JUIN	CANCER	GÉMEAUX	TAUREAU	LION	VIERGE	SCORPION	SAGITTAIRE	BALANCE	1 POISSONS
16 JUIN	CANCER	GÉMEAUX	TAUREAU	LION	VIERGE	SCORPION	SAGITTAIRE	BALANCE	15 POISSONS
17 JUIN	CANCER	GÉMEAUX	TAUREAU	LION	VIERGE	SCORPION	SAGITTAIRE	BALANCE	29 POISSONS
18 JUIN	CANCER	GÉMEAUX	TAUREAU	LION	VIERGE	SCORPION	SAGITTAIRE	BALANCE	13 BÉLIER
19 JUIN	CANCER	GÉMEAUX	TAUREAU	LION	VIERGE	SCORPION	SAGITTAIRE	BALANCE	27 BÉLIER
20 JUIN	CANCER	GÉMEAUX	TAUREAU	LION	VIERGE	SCORPION	SAGITTAIRE	BALANCE	10 TAUREAU
21 JUIN	CANCER	GÉMEAUX	TAUREAU	LION	VIERGE	SCORPION	SAGITTAIRE	BALANCE	23 TAUREAU

LE SOLEIL ENTRE DANS LE SIGNE DES GÉMEAUX LE 21 MAI 1979 A 15 h 40
LE SOLEIL QUITTE LE SIGNE DES LE 21 JUIN A 23 h 40
* LES CHIFFRES INDIQUENT LES DEGRÉS

DÉCOUVREZ DANS QUEL SIGNE SE TROUVAIENT LES PLANÈTES À VOTRE NAISSANCE

1980	MERCURE	VÉNUS	MARS	JUPITER	SATURNE	URANUS	NEPTUNE	PLUTON	LUNE*
0 MAI	GÉMEAUX	CANCER	VIERGE	VIERGE	VIERGE	SCORPION	SAGITTAIRE	BALANCE	15 LION
1 MAI	GÉMEAUX	CANCER	VIERGE	VIERGE	VIERGE	SCORPION	SAGITTAIRE	BALANCE	27 LION
2 MAI	GÉMEAUX	CANCER	VIERGE	VIERGE	VIERGE	SCORPION	SAGITTAIRE	BALANCE	9 VIERGE
3 MAI	GÉMEAUX	CANCER	VIERGE	VIERGE	VIERGE	SCORPION	SAGITTAIRE	BALANCE	21 VIERGE
4 MAI	GÉMEAUX	CANCER	VIERGE	VIERGE	VIERGE	SCORPION	SAGITTAIRE	BALANCE	3 BALANCE
5 MAI	GÉMEAUX	CANCER	VIERGE	VIERGE	VIERGE	SCORPION	SAGITTAIRE	BALANCE	14 BALANCE
6 MAI	GÉMEAUX	CANCER	VIERGE	VIERGE	VIERGE	SCORPION	SAGITTAIRE	BALANCE	26 BALANCE
7 MAI	GÉMEAUX	CANCER	VIERGE	VIERGE	VIERGE	SCORPION	SAGITTAIRE	BALANCE	8 SCORPION
8 MAI	GÉMEAUX	CANCER	VIERGE	VIERGE	VIERGE	SCORPION	SAGITTAIRE	BALANCE	21 SCORPION
9 MAI	GÉMEAUX	CANCER	VIERGE	VIERGE	VIERGE	SCORPION	SAGITTAIRE	BALANCE	3 SAGITTAIRE
0 MAI	GÉMEAUX	CANCER	VIERGE	VIERGE	VIERGE	SCORPION	SAGITTAIRE	BALANCE	16 SAGITTAIRE
1 MAI	GÉMEAUX	CANCER	VIERGE	VIERGE	VIERGE	SCORPION	SAGITTAIRE	BALANCE	29 SAGITTAIRE
1 JUIN	CANCER	CANCER	VIERGE	VIERGE	VIERGE	SCORPION	SAGITTAIRE	BALANCE	12 CAPRICORNE
2 JUIN	CANCER	CANCER	VIERGE	VIERGE	VIERGE	SCORPION	SAGITTAIRE	BALANCE	25 CAPRICORNE
3 JUIN	CANCER	CANCER	VIERGE	VIERGE	VIERGE	SCORPION	SAGITTAIRE	BALANCE	9 VERSEAU
4 JUIN	CANCER	CANCER	VIERGE	VIERGE	VIERGE	SCORPION	SAGITTAIRE	BALANCE	23 VERSEAU
5 JUIN	CANCER	GÉMEAUX	VIERGE	VIERGE	VIERGE	SCORPION	SAGITTAIRE	BALANCE	7 POISSONS
6 JUIN	CANCER	GÉMEAUX	VIERGE	VIERGE	VIERGE	SCORPION	SAGITTAIRE	BALANCE	21 POISSONS
7 JUIN	CANCER	GÉMEAUX	VIERGE	VIERGE	VIERGE	SCORPION	SAGITTAIRE	BALANCE	5 BÉLIER
8 JUIN	CANCER	GÉMEAUX	VIERGE	VIERGE	VIERGE	SCORPION	SAGITTAIRE	BALANCE	19 BÉLIER
9 JUIN	CANCER	GÉMEAUX	VIERGE	VIERGE	VIERGE	SCORPION	SAGITTAIRE	BALANCE	4 TAUREAU
0 JUIN	CANCER	GÉMEAUX	VIERGE	VIERGE	VIERGE	SCORPION	SAGITTAIRE	BALANCE	18 TAUREAU
1 JUIN	CANCER	GÉMEAUX	VIERGE	VIERGE	VIERGE	SCORPION	SAGITTAIRE	BALANCE	2 GÉMEAUX
2 JUIN	CANCER	GÉMEAUX	VIERGE	VIERGE	VIERGE	SCORPION	SAGITTAIRE	BALANCE	17 GÉMEAUX
3 JUIN	CANCER	GÉMEAUX	VIERGE	VIERGE	VIERGE	SCORPION	SAGITTAIRE	BALANCE	1 CANCER
4 JUIN	CANCER	GÉMEAUX	VIERGE	VIERGE	VIERGE	SCORPION	SAGITTAIRE	BALANCE	14 CANCER
5 JUIN	CANCER	GÉMEAUX	VIERGE	VIERGE	VIERGE	SCORPION	SAGITTAIRE	BALANCE	27 CANCER
6 JUIN	CANCER	GÉMEAUX	VIERGE	VIERGE	VIERGE	SCORPION	SAGITTAIRE	BALANCE	10 LION
7 JUIN	CANCER	GÉMEAUX	VIERGE	VIERGE	VIERGE	SCORPION	SAGITTAIRE	BALANCE	23 LION
8 JUIN	CANCER	GÉMEAUX	VIERGE	VIERGE	VIERGE	SCORPION	SAGITTAIRE	BALANCE	5 VIERGE
9 JUIN	CANCER	GÉMEAUX	VIERGE	VIERGE	VIERGE	SCORPION	SAGITTAIRE	BALANCE	17 VIERGE
0 JUIN	CANCER	GÉMEAUX	VIERGE	VIERGE	VIERGE	SCORPION	SAGITTAIRE	BALANCE	29 VIERGE
1 JUIN	CANCER	GÉMEAUX	VIERGE	VIERGE	VIERGE	SCORPION	SAGITTAIRE	BALANCE	11 BALANCE

LE SOLEIL ENTRE DANS LE SIGNE DES GÉMEAUX LE 20 MAI A 21 h 20 1980
QUITTE LE SIGNE DES LE 21 JUIN A 5 h 30
* LES CHIFFRES INDIQUENT LES DEGRÉS

1981	MERCURE	VÉNUS	MARS	JUPITER	SATURNE	URANUS	NEPTUNE	PLUTON	LUNE*
1 MAI	GÉMEAUX	GÉMEAUX	TAUREAU	BALANCE	BALANCE	SCORPION	SAGITTAIRE	BALANCE	27 SAGITTAIRE
2 MAI	GÉMEAUX	GÉMEAUX	TAUREAU	BALANCE	BALANCE	SCORPION	SAGITTAIRE	BALANCE	10 CAPRICORNE
3 MAI	GÉMEAUX	GÉMEAUX	TAUREAU	BALANCE	BALANCE	SCORPION	SAGITTAIRE	BALANCE	22 CAPRICORNE
4 MAI	GÉMEAUX	GÉMEAUX	TAUREAU	BALANCE	BALANCE	SCORPION	SAGITTAIRE	BALANCE	4 VERSEAU
5 MAI	GÉMEAUX	GÉMEAUX	TAUREAU	BALANCE	BALANCE	SCORPION	SAGITTAIRE	BALANCE	17 VERSEAU
6 MAI	GÉMEAUX	GÉMEAUX	TAUREAU	BALANCE	BALANCE	SCORPION	SAGITTAIRE	BALANCE	0 POISSONS
7 MAI	GÉMEAUX	GÉMEAUX	TAUREAU	BALANCE	BALANCE	SCORPION	SAGITTAIRE	BALANCE	14 POISSONS
8 MAI	GÉMEAUX	GÉMEAUX	TAUREAU	BALANCE	BALANCE	SCORPION	SAGITTAIRE	BALANCE	27 POISSONS
9 MAI	CANCER	GÉMEAUX	TAUREAU	BALANCE	BALANCE	SCORPION	SAGITTAIRE	BALANCE	12 BÉLIER
0 MAI	CANCER	GÉMEAUX	TAUREAU	BALANCE	BALANCE	SCORPION	SAGITTAIRE	BALANCE	26 BÉLIER
1 MAI	CANCER	GÉMEAUX	TAUREAU	BALANCE	BALANCE	SCORPION	SAGITTAIRE	BALANCE	11 TAUREAU
1 JUIN	CANCER	GÉMEAUX	TAUREAU	BALANCE	BALANCE	SCORPION	SAGITTAIRE	BALANCE	27 TAUREAU
2 JUIN	CANCER	GÉMEAUX	TAUREAU	BALANCE	BALANCE	SCORPION	SAGITTAIRE	BALANCE	12 GÉMEAUX
3 JUIN	CANCER	GÉMEAUX	TAUREAU	BALANCE	BALANCE	SCORPION	SAGITTAIRE	BALANCE	27 GÉMEAUX
4 JUIN	CANCER	GÉMEAUX	TAUREAU	BALANCE	BALANCE	SCORPION	SAGITTAIRE	BALANCE	11 CANCER
5 JUIN	CANCER	CANCER	GÉMEAUX	BALANCE	BALANCE	SCORPION	SAGITTAIRE	BALANCE	26 CANCER
6 JUIN	CANCER	CANCER	GÉMEAUX	BALANCE	BALANCE	SCORPION	SAGITTAIRE	BALANCE	10 LION
7 JUIN	CANCER	CANCER	GÉMEAUX	BALANCE	BALANCE	SCORPION	SAGITTAIRE	BALANCE	23 LION
8 JUIN	CANCER	CANCER	GÉMEAUX	BALANCE	BALANCE	SCORPION	SAGITTAIRE	BALANCE	6 VIERGE
9 JUIN	CANCER	CANCER	GÉMEAUX	BALANCE	BALANCE	SCORPION	SAGITTAIRE	BALANCE	18 VIERGE
0 JUIN	CANCER	CANCER	GÉMEAUX	BALANCE	BALANCE	SCORPION	SAGITTAIRE	BALANCE	1 BALANCE
1 JUIN	CANCER	CANCER	GÉMEAUX	BALANCE	BALANCE	SCORPION	SAGITTAIRE	BALANCE	13 BALANCE
2 JUIN	CANCER	CANCER	GÉMEAUX	BALANCE	BALANCE	SCORPION	SAGITTAIRE	BALANCE	25 BALANCE
3 JUIN	CANCER	CANCER	GÉMEAUX	BALANCE	BALANCE	SCORPION	SAGITTAIRE	BALANCE	7 SCORPION
4 JUIN	CANCER	CANCER	GÉMEAUX	BALANCE	BALANCE	SCORPION	SAGITTAIRE	BALANCE	18 SCORPION
5 JUIN	CANCER	CANCER	GÉMEAUX	BALANCE	BALANCE	SCORPION	SAGITTAIRE	BALANCE	0 SAGITTAIRE
6 JUIN	CANCER	CANCER	GÉMEAUX	BALANCE	BALANCE	SCORPION	SAGITTAIRE	BALANCE	12 SAGITTAIRE
7 JUIN	CANCER	CANCER	GÉMEAUX	BALANCE	BALANCE	SCORPION	SAGITTAIRE	BALANCE	24 SAGITTAIRE
8 JUIN	CANCER	CANCER	GÉMEAUX	BALANCE	BALANCE	SCORPION	SAGITTAIRE	BALANCE	7 CAPRICORNE
9 JUIN	CANCER	CANCER	GÉMEAUX	BALANCE	BALANCE	SCORPION	SAGITTAIRE	BALANCE	19 CAPRICORNE
0 JUIN	CANCER	CANCER	GÉMEAUX	BALANCE	BALANCE	SCORPION	SAGITTAIRE	BALANCE	1 VERSEAU
1 JUIN	CANCER	CANCER	GÉMEAUX	BALANCE	BALANCE	SCORPION	SAGITTAIRE	BALANCE	14 VERSEAU

LE SOLEIL ENTRE DANS LE SIGNE DES GÉMEAUX LE 21 MAI A 3 h 20 1981
QUITTE LE SIGNE DES LE 21 JUIN A 12 h 00
* LES CHIFFRES INDIQUENT LES DEGRÉS

DÉCOUVREZ DANS QUEL SIGNE SE TROUVAIENT LES PLANÈTES À VOTRE NAISSANCE

1982	MERCURE	VÉNUS	MARS	JUPITER	SATURNE	URANUS	NEPTUNE	PLUTON	LUNE*
21 MAI	GÉMEAUX	BÉLIER	BALANCE	SCORPION	BALANCE	SAGITTAIRE	SAGITTAIRE	BALANCE	6 TAUREAU
22 MAI	GÉMEAUX	BÉLIER	BALANCE	SCORPION	BALANCE	SAGITTAIRE	SAGITTAIRE	BALANCE	21 TAUREAU
23 MAI	GÉMEAUX	BÉLIER	BALANCE	SCORPION	BALANCE	SAGITTAIRE	SAGITTAIRE	BALANCE	6 GÉMEAUX
24 MAI	GÉMEAUX	BÉLIER	BALANCE	SCORPION	BALANCE	SAGITTAIRE	SAGITTAIRE	BALANCE	21 GÉMEAUX
25 MAI	GÉMEAUX	BÉLIER	BALANCE	SCORPION	BALANCE	SAGITTAIRE	SAGITTAIRE	BALANCE	6 CANCER
26 MAI	GÉMEAUX	BÉLIER	BALANCE	SCORPION	BALANCE	SAGITTAIRE	SAGITTAIRE	BALANCE	21 CANCER
27 MAI	GÉMEAUX	BÉLIER	BALANCE	SCORPION	BALANCE	SAGITTAIRE	SAGITTAIRE	BALANCE	5 LION
28 MAI	GÉMEAUX	BÉLIER	BALANCE	SCORPION	BALANCE	SAGITTAIRE	SAGITTAIRE	BALANCE	19 LION
29 MAI	GÉMEAUX	BÉLIER	BALANCE	SCORPION	BALANCE	SAGITTAIRE	SAGITTAIRE	BALANCE	3 VIERGE
30 MAI	GÉMEAUX	BÉLIER	BALANCE	SCORPION	BALANCE	SAGITTAIRE	SAGITTAIRE	BALANCE	17 VIERGE
31 MAI	GÉMEAUX	TAUREAU	BALANCE	SCORPION	BALANCE	SAGITTAIRE	SAGITTAIRE	BALANCE	0 BALANCE
1 JUIN	GÉMEAUX	TAUREAU	BALANCE	SCORPION	BALANCE	SAGITTAIRE	SAGITTAIRE	BALANCE	12 BALANCE
2 JUIN	GÉMEAUX	TAUREAU	BALANCE	SCORPION	BALANCE	SAGITTAIRE	SAGITTAIRE	BALANCE	25 BALANCE
3 JUIN	GÉMEAUX	TAUREAU	BALANCE	SCORPION	BALANCE	SAGITTAIRE	SAGITTAIRE	BALANCE	7 SCORPION
4 JUIN	GÉMEAUX	TAUREAU	BALANCE	SCORPION	BALANCE	SAGITTAIRE	SAGITTAIRE	BALANCE	19 SCORPION
5 JUIN	GÉMEAUX	TAUREAU	BALANCE	SCORPION	BALANCE	SAGITTAIRE	SAGITTAIRE	BALANCE	1 SAGITTAIRE
6 JUIN	GÉMEAUX	TAUREAU	BALANCE	SCORPION	BALANCE	SAGITTAIRE	SAGITTAIRE	BALANCE	13 SAGITTAIRE
7 JUIN	GÉMEAUX	TAUREAU	BALANCE	SCORPION	BALANCE	SAGITTAIRE	SAGITTAIRE	BALANCE	25 SAGITTAIRE
8 JUIN	GÉMEAUX	TAUREAU	BALANCE	SCORPION	BALANCE	SAGITTAIRE	SAGITTAIRE	BALANCE	7 CAPRICORN
9 JUIN	GÉMEAUX	TAUREAU	BALANCE	SCORPION	BALANCE	SAGITTAIRE	SAGITTAIRE	BALANCE	19 CAPRICORN
10 JUIN	GÉMEAUX	TAUREAU	BALANCE	SCORPION	BALANCE	SAGITTAIRE	SAGITTAIRE	BALANCE	1 VERSEAU
11 JUIN	GÉMEAUX	TAUREAU	BALANCE	SCORPION	BALANCE	SAGITTAIRE	SAGITTAIRE	BALANCE	13 VERSEAU
12 JUIN	GÉMEAUX	TAUREAU	BALANCE	SCORPION	BALANCE	SAGITTAIRE	SAGITTAIRE	BALANCE	25 VERSEAU
13 JUIN	GÉMEAUX	TAUREAU	BALANCE	SCORPION	BALANCE	SAGITTAIRE	SAGITTAIRE	BALANCE	7 POISSONS
14 JUIN	GÉMEAUX	TAUREAU	BALANCE	SCORPION	BALANCE	SAGITTAIRE	SAGITTAIRE	BALANCE	20 POISSONS
15 JUIN	GÉMEAUX	TAUREAU	BALANCE	SCORPION	BALANCE	SAGITTAIRE	SAGITTAIRE	BALANCE	3 BÉLIER
16 JUIN	GÉMEAUX	TAUREAU	BALANCE	SCORPION	BALANCE	SAGITTAIRE	SAGITTAIRE	BALANCE	16 BÉLIER
17 JUIN	GÉMEAUX	TAUREAU	BALANCE	SCORPION	BALANCE	SAGITTAIRE	SAGITTAIRE	BALANCE	0 TAUREAU
18 JUIN	GÉMEAUX	TAUREAU	BALANCE	SCORPION	BALANCE	SAGITTAIRE	SAGITTAIRE	BALANCE	15 TAUREAU
19 JUIN	GÉMEAUX	TAUREAU	BALANCE	SCORPION	BALANCE	SAGITTAIRE	SAGITTAIRE	BALANCE	29 TAUREAU
20 JUIN	GÉMEAUX	TAUREAU	BALANCE	SCORPION	BALANCE	SAGITTAIRE	SAGITTAIRE	BALANCE	14 GÉMEAUX
21 JUIN	GÉMEAUX	TAUREAU	BALANCE	SCORPION	BALANCE	SAGITTAIRE	SAGITTAIRE	BALANCE	0 CANCER

LE SOLEIL ENTRE DANS LE SIGNE DES GÉMEAUX LE 21 MAI 1982 A 9 h 00
LE SOLEIL QUITTE LE SIGNE DES GÉMEAUX LE 21 JUIN A 17 h 15
* LES CHIFFRES INDIQUENT LES DEGRÉS

1983	MERCURE	VÉNUS	MARS	JUPITER	SATURNE	URANUS	NEPTUNE	PLUTON	LUNE*
21 MAI	TAUREAU	CANCER	GÉMEAUX	SAGITTAIRE	BALANCE	SAGITTAIRE	SAGITTAIRE	BALANCE	24 VIERGE
22 MAI	TAUREAU	CANCER	GÉMEAUX	SAGITTAIRE	BALANCE	SAGITTAIRE	SAGITTAIRE	BALANCE	8 BALANCE
23 MAI	TAUREAU	CANCER	GÉMEAUX	SAGITTAIRE	BALANCE	SAGITTAIRE	SAGITTAIRE	BALANCE	22 BALANCE
24 MAI	TAUREAU	CANCER	GÉMEAUX	SAGITTAIRE	BALANCE	SAGITTAIRE	SAGITTAIRE	BALANCE	5 SCORPION
25 MAI	TAUREAU	CANCER	GÉMEAUX	SAGITTAIRE	BALANCE	SAGITTAIRE	SAGITTAIRE	BALANCE	18 SCORPION
26 MAI	TAUREAU	CANCER	GÉMEAUX	SAGITTAIRE	BALANCE	SAGITTAIRE	SAGITTAIRE	BALANCE	1 SAGITTAIRE
27 MAI	TAUREAU	CANCER	GÉMEAUX	SAGITTAIRE	BALANCE	SAGITTAIRE	SAGITTAIRE	BALANCE	14 SAGITTAIRE
28 MAI	TAUREAU	CANCER	GÉMEAUX	SAGITTAIRE	BALANCE	SAGITTAIRE	SAGITTAIRE	BALANCE	26 SAGITTAIRE
29 MAI	TAUREAU	CANCER	GÉMEAUX	SAGITTAIRE	BALANCE	SAGITTAIRE	SAGITTAIRE	BALANCE	8 CAPRICORN
30 MAI	TAUREAU	CANCER	GÉMEAUX	SAGITTAIRE	BALANCE	SAGITTAIRE	SAGITTAIRE	BALANCE	20 CAPRICORN
31 MAI	TAUREAU	CANCER	GÉMEAUX	SAGITTAIRE	BALANCE	SAGITTAIRE	SAGITTAIRE	BALANCE	2 VERSEAU
1 JUIN	TAUREAU	CANCER	GÉMEAUX	SAGITTAIRE	BALANCE	SAGITTAIRE	SAGITTAIRE	BALANCE	14 VERSEAU
2 JUIN	TAUREAU	CANCER	GÉMEAUX	SAGITTAIRE	BALANCE	SAGITTAIRE	SAGITTAIRE	BALANCE	26 VERSEAU
3 JUIN	TAUREAU	CANCER	GÉMEAUX	SAGITTAIRE	BALANCE	SAGITTAIRE	SAGITTAIRE	BALANCE	8 POISSONS
4 JUIN	TAUREAU	CANCER	GÉMEAUX	SAGITTAIRE	BALANCE	SAGITTAIRE	SAGITTAIRE	BALANCE	20 POISSONS
5 JUIN	TAUREAU	CANCER	GÉMEAUX	SAGITTAIRE	BALANCE	SAGITTAIRE	SAGITTAIRE	BALANCE	2 BÉLIER
6 JUIN	TAUREAU	LION	GÉMEAUX	SAGITTAIRE	BALANCE	SAGITTAIRE	SAGITTAIRE	BALANCE	15 BÉLIER
7 JUIN	TAUREAU	LION	GÉMEAUX	SAGITTAIRE	BALANCE	SAGITTAIRE	SAGITTAIRE	BALANCE	28 BÉLIER
8 JUIN	TAUREAU	LION	GÉMEAUX	SAGITTAIRE	BALANCE	SAGITTAIRE	SAGITTAIRE	BALANCE	11 TAUREAU
9 JUIN	TAUREAU	LION	GÉMEAUX	SAGITTAIRE	BALANCE	SAGITTAIRE	SAGITTAIRE	BALANCE	25 TAUREAU
10 JUIN	TAUREAU	LION	GÉMEAUX	SAGITTAIRE	BALANCE	SAGITTAIRE	SAGITTAIRE	BALANCE	9 GÉMEAUX
11 JUIN	TAUREAU	LION	GÉMEAUX	SAGITTAIRE	BALANCE	SAGITTAIRE	SAGITTAIRE	BALANCE	24 GÉMEAUX
12 JUIN	TAUREAU	LION	GÉMEAUX	SAGITTAIRE	BALANCE	SAGITTAIRE	SAGITTAIRE	BALANCE	9 CANCER
13 JUIN	TAUREAU	LION	GÉMEAUX	SAGITTAIRE	BALANCE	SAGITTAIRE	SAGITTAIRE	BALANCE	23 CANCER
14 JUIN	GÉMEAUX	LION	GÉMEAUX	SAGITTAIRE	BALANCE	SAGITTAIRE	SAGITTAIRE	BALANCE	8 LION
15 JUIN	GÉMEAUX	LION	GÉMEAUX	SAGITTAIRE	BALANCE	SAGITTAIRE	SAGITTAIRE	BALANCE	23 LION
16 JUIN	GÉMEAUX	LION	GÉMEAUX	SAGITTAIRE	BALANCE	SAGITTAIRE	SAGITTAIRE	BALANCE	7 VIERGE
17 JUIN	GÉMEAUX	LION	GÉMEAUX	SAGITTAIRE	BALANCE	SAGITTAIRE	SAGITTAIRE	BALANCE	21 VIERGE
18 JUIN	GÉMEAUX	LION	GÉMEAUX	SAGITTAIRE	BALANCE	SAGITTAIRE	SAGITTAIRE	BALANCE	5 BALANCE
19 JUIN	GÉMEAUX	LION	GÉMEAUX	SAGITTAIRE	BALANCE	SAGITTAIRE	SAGITTAIRE	BALANCE	19 BALANCE
20 JUIN	GÉMEAUX	LION	GÉMEAUX	SAGITTAIRE	BALANCE	SAGITTAIRE	SAGITTAIRE	BALANCE	2 SCORPION
21 JUIN	GÉMEAUX	LION	GÉMEAUX	SAGITTAIRE	BALANCE	SAGITTAIRE	SAGITTAIRE	BALANCE	15 SCORPION

LE SOLEIL ENTRE DANS LE SIGNE DES GÉMEAUX LE 21 MAI 1983 A 15 h 20
LE SOLEIL QUITTE LE SIGNE DES GÉMEAUX LE 21 JUIN A 23 h 00
* LES CHIFFRES INDIQUENT LES DEGRÉS

DÉCOUVREZ DANS QUEL SIGNE SE TROUVAIENT LES PLANÈTES À VOTRE NAISSANCE

1984	MERCURE	VÉNUS	MARS	JUPITER	SATURNE	URANUS	NEPTUNE	PLUTON	LUNE*
MAI	TAUREAU	TAUREAU	SCORPION	CAPRICORNE	SCORPION	SAGITTAIRE	CAPRICORNE	BALANCE	4 VERSEAU
MAI	TAUREAU	TAUREAU	SCORPION	CAPRICORNE	SCORPION	SAGITTAIRE	CAPRICORNE	BALANCE	17 VERSEAU
MAI	TAUREAU	TAUREAU	SCORPION	CAPRICORNE	SCORPION	SAGITTAIRE	CAPRICORNE	BALANCE	29 VERSEAU
MAI	TAUREAU	TAUREAU	SCORPION	CAPRICORNE	SCORPION	SAGITTAIRE	CAPRICORNE	BALANCE	11 POISSONS
MAI	TAUREAU	TAUREAU	SCORPION	CAPRICORNE	SCORPION	SAGITTAIRE	CAPRICORNE	BALANCE	22 POISSONS
MAI	TAUREAU	TAUREAU	SCORPION	CAPRICORNE	SCORPION	SAGITTAIRE	CAPRICORNE	BALANCE	4 BÉLIER
MAI	TAUREAU	TAUREAU	SCORPION	CAPRICORNE	SCORPION	SAGITTAIRE	CAPRICORNE	BALANCE	16 BÉLIER
MAI	TAUREAU	GÉMEAUX	SCORPION	CAPRICORNE	SCORPION	SAGITTAIRE	CAPRICORNE	BALANCE	29 BÉLIER
MAI	TAUREAU	GÉMEAUX	SCORPION	CAPRICORNE	SCORPION	SAGITTAIRE	CAPRICORNE	BALANCE	11 TAUREAU
MAI	TAUREAU	GÉMEAUX	SCORPION	CAPRICORNE	SCORPION	SAGITTAIRE	CAPRICORNE	BALANCE	24 TAUREAU
MAI	TAUREAU	GÉMEAUX	SCORPION	CAPRICORNE	SCORPION	SAGITTAIRE	CAPRICORNE	BALANCE	6 GÉMEAUX
MAI	TAUREAU	GÉMEAUX	SCORPION	CAPRICORNE	SCORPION	SAGITTAIRE	CAPRICORNE	BALANCE	20 GÉMEAUX
JUIN	TAUREAU	GÉMEAUX	SCORPION	CAPRICORNE	SCORPION	SAGITTAIRE	CAPRICORNE	BALANCE	3 CANCER
JUIN	TAUREAU	GÉMEAUX	SCORPION	CAPRICORNE	SCORPION	SAGITTAIRE	CAPRICORNE	BALANCE	17 CANCER
JUIN	TAUREAU	GÉMEAUX	SCORPION	CAPRICORNE	SCORPION	SAGITTAIRE	CAPRICORNE	BALANCE	1 LION
JUIN	TAUREAU	GÉMEAUX	SCORPION	CAPRICORNE	SCORPION	SAGITTAIRE	CAPRICORNE	BALANCE	15 LION
JUIN	TAUREAU	GÉMEAUX	SCORPION	CAPRICORNE	SCORPION	SAGITTAIRE	CAPRICORNE	BALANCE	29 LION
JUIN	TAUREAU	GÉMEAUX	SCORPION	CAPRICORNE	SCORPION	SAGITTAIRE	CAPRICORNE	BALANCE	13 VIERGE
JUIN	TAUREAU	GÉMEAUX	SCORPION	CAPRICORNE	SCORPION	SAGITTAIRE	CAPRICORNE	BALANCE	27 VIERGE
JUIN	GÉMEAUX	GÉMEAUX	SCORPION	CAPRICORNE	SCORPION	SAGITTAIRE	CAPRICORNE	BALANCE	11 BALANCE
JUIN	GÉMEAUX	GÉMEAUX	SCORPION	CAPRICORNE	SCORPION	SAGITTAIRE	CAPRICORNE	BALANCE	26 BALANCE
JUIN	GÉMEAUX	GÉMEAUX	SCORPION	CAPRICORNE	SCORPION	SAGITTAIRE	CAPRICORNE	BALANCE	10 SCORPION
JUIN	GÉMEAUX	GÉMEAUX	SCORPION	CAPRICORNE	SCORPION	SAGITTAIRE	CAPRICORNE	BALANCE	24 SCORPION
JUIN	GÉMEAUX	GÉMEAUX	SCORPION	CAPRICORNE	SCORPION	SAGITTAIRE	CAPRICORNE	BALANCE	7 SAGITTAIRE
JUIN	GÉMEAUX	GÉMEAUX	SCORPION	CAPRICORNE	SCORPION	SAGITTAIRE	CAPRICORNE	BALANCE	21 SAGITTAIRE
JUIN	GÉMEAUX	GÉMEAUX	SCORPION	CAPRICORNE	SCORPION	SAGITTAIRE	CAPRICORNE	BALANCE	4 CAPRICORNE
JUIN	GÉMEAUX	GÉMEAUX	SCORPION	CAPRICORNE	SCORPION	SAGITTAIRE	CAPRICORNE	BALANCE	17 CAPRICORNE
JUIN	GÉMEAUX	GÉMEAUX	SCORPION	CAPRICORNE	SCORPION	SAGITTAIRE	CAPRICORNE	BALANCE	0 VERSEAU
JUIN	GÉMEAUX	GÉMEAUX	SCORPION	CAPRICORNE	SCORPION	SAGITTAIRE	CAPRICORNE	BALANCE	12 VERSEAU
JUIN	GÉMEAUX	GÉMEAUX	SCORPION	CAPRICORNE	SCORPION	SAGITTAIRE	CAPRICORNE	BALANCE	24 VERSEAU
JUIN	GÉMEAUX	GÉMEAUX	SCORPION	CAPRICORNE	SCORPION	SAGITTAIRE	CAPRICORNE	BALANCE	7 POISSONS
JUIN	GÉMEAUX	CANCER	SCORPION	CAPRICORNE	SCORPION	SAGITTAIRE	CAPRICORNE	BALANCE	18 POISSONS
JUIN	GÉMEAUX	CANCER	SCORPION	CAPRICORNE	SCORPION	SAGITTAIRE	CAPRICORNE	BALANCE	0 BÉLIER

LE SOLEIL ENTRE DANS LE SIGNE DES GÉMEAUX LE 20 MAI 1984 A 21 h 00
QUITTE LE SIGNE DES LE 21 JUIN A 4 h 40
* LES CHIFFRES INDIQUENT LES DEGRÉS

1985	MERCURE	VÉNUS	MARS	JUPITER	SATURNE	URANUS	NEPTUNE	PLUTON	LUNE*
MAI	TAUREAU	BÉLIER	GÉMEAUX	VERSEAU	SCORPION	SAGITTAIRE	CAPRICORNE	SCORPION	18 GÉMEAUX
MAI	TAUREAU	BÉLIER	GÉMEAUX	VERSEAU	SCORPION	SAGITTAIRE	CAPRICORNE	SCORPION	0 CANCER
MAI	TAUREAU	BÉLIER	GÉMEAUX	VERSEAU	SCORPION	SAGITTAIRE	CAPRICORNE	SCORPION	13 CANCER
MAI	TAUREAU	BÉLIER	GÉMEAUX	VERSEAU	SCORPION	SAGITTAIRE	CAPRICORNE	SCORPION	25 CANCER
MAI	TAUREAU	BÉLIER	GÉMEAUX	VERSEAU	SCORPION	SAGITTAIRE	CAPRICORNE	SCORPION	8 LION
MAI	TAUREAU	BÉLIER	GÉMEAUX	VERSEAU	SCORPION	SAGITTAIRE	CAPRICORNE	SCORPION	22 LION
MAI	TAUREAU	BÉLIER	GÉMEAUX	VERSEAU	SCORPION	SAGITTAIRE	CAPRICORNE	SCORPION	5 VIERGE
MAI	TAUREAU	BÉLIER	GÉMEAUX	VERSEAU	SCORPION	SAGITTAIRE	CAPRICORNE	SCORPION	19 VIERGE
MAI	TAUREAU	BÉLIER	GÉMEAUX	VERSEAU	SCORPION	SAGITTAIRE	CAPRICORNE	SCORPION	3 BALANCE
MAI	TAUREAU	BÉLIER	GÉMEAUX	VERSEAU	SCORPION	SAGITTAIRE	CAPRICORNE	SCORPION	18 BALANCE
MAI	GÉMEAUX	BÉLIER	GÉMEAUX	VERSEAU	SCORPION	SAGITTAIRE	CAPRICORNE	SCORPION	3 SCORPION
JUIN	GÉMEAUX	BÉLIER	GÉMEAUX	VERSEAU	SCORPION	SAGITTAIRE	CAPRICORNE	SCORPION	18 SCORPION
JUIN	GÉMEAUX	BÉLIER	GÉMEAUX	VERSEAU	SCORPION	SAGITTAIRE	CAPRICORNE	SCORPION	2 SAGITTAIRE
JUIN	GÉMEAUX	BÉLIER	GÉMEAUX	VERSEAU	SCORPION	SAGITTAIRE	CAPRICORNE	SCORPION	17 SAGITTAIRE
JUIN	GÉMEAUX	BÉLIER	GÉMEAUX	VERSEAU	SCORPION	SAGITTAIRE	CAPRICORNE	SCORPION	2 CAPRICORNE
JUIN	GÉMEAUX	BÉLIER	GÉMEAUX	VERSEAU	SCORPION	SAGITTAIRE	CAPRICORNE	SCORPION	16 CAPRICORNE
JUIN	GÉMEAUX	TAUREAU	GÉMEAUX	VERSEAU	SCORPION	SAGITTAIRE	CAPRICORNE	SCORPION	0 VERSEAU
JUIN	GÉMEAUX	TAUREAU	GÉMEAUX	VERSEAU	SCORPION	SAGITTAIRE	CAPRICORNE	SCORPION	13 VERSEAU
JUIN	GÉMEAUX	TAUREAU	GÉMEAUX	VERSEAU	SCORPION	SAGITTAIRE	CAPRICORNE	SCORPION	26 VERSEAU
JUIN	GÉMEAUX	TAUREAU	CANCER	VERSEAU	SCORPION	SAGITTAIRE	CAPRICORNE	SCORPION	9 POISSONS
JUIN	GÉMEAUX	TAUREAU	CANCER	VERSEAU	SCORPION	SAGITTAIRE	CAPRICORNE	SCORPION	21 POISSONS
JUIN	GÉMEAUX	TAUREAU	CANCER	VERSEAU	SCORPION	SAGITTAIRE	CAPRICORNE	SCORPION	3 BÉLIER
JUIN	GÉMEAUX	TAUREAU	CANCER	VERSEAU	SCORPION	SAGITTAIRE	CAPRICORNE	SCORPION	15 BÉLIER
JUIN	GÉMEAUX	TAUREAU	CANCER	VERSEAU	SCORPION	SAGITTAIRE	CAPRICORNE	SCORPION	27 BÉLIER
JUIN	CANCER	TAUREAU	CANCER	VERSEAU	SCORPION	SAGITTAIRE	CAPRICORNE	SCORPION	8 TAUREAU
JUIN	CANCER	TAUREAU	CANCER	VERSEAU	SCORPION	SAGITTAIRE	CAPRICORNE	SCORPION	20 TAUREAU
JUIN	CANCER	TAUREAU	CANCER	VERSEAU	SCORPION	SAGITTAIRE	CAPRICORNE	SCORPION	2 GÉMEAUX
JUIN	CANCER	TAUREAU	CANCER	VERSEAU	SCORPION	SAGITTAIRE	CAPRICORNE	SCORPION	14 GÉMEAUX
JUIN	CANCER	TAUREAU	CANCER	VERSEAU	SCORPION	SAGITTAIRE	CAPRICORNE	SCORPION	27 GÉMEAUX
JUIN	CANCER	TAUREAU	CANCER	VERSEAU	SCORPION	SAGITTAIRE	CAPRICORNE	SCORPION	9 CANCER
JUIN	CANCER	TAUREAU	CANCER	VERSEAU	SCORPION	SAGITTAIRE	CAPRICORNE	SCORPION	22 CANCER
JUIN	CANCER	TAUREAU	CANCER	VERSEAU	SCORPION	SAGITTAIRE	CAPRICORNE	SCORPION	5 LION

LE SOLEIL ENTRE DANS LE SIGNE DES GÉMEAUX LE 21 MAI 1985 A 2 h 30
QUITTE LE SIGNE DES LE 21 JUIN A 10 h 30
* LES CHIFFRES INDIQUENT LES DEGRÉS

DÉCOUVREZ DANS QUEL SIGNE SE TROUVAIENT LES PLANÈTES À VOTRE NAISSANCE

1986	MERCURE	VÉNUS	MARS	JUPITER	SATURNE	URANUS	NEPTUNE	PLUTON	LUNE*
21 MAI	TAUREAU	GÉMEAUX	CAPRICORNE	POISSONS	SAGITTAIRE	SAGITTAIRE	CAPRICORNE	SCORPION	27 BALANCE
22 MAI	GÉMEAUX	CANCER	CAPRICORNE	POISSONS	SAGITTAIRE	SAGITTAIRE	CAPRICORNE	SCORPION	11 SCORPION
23 MAI	GÉMEAUX	CANCER	CAPRICORNE	POISSONS	SAGITTAIRE	SAGITTAIRE	CAPRICORNE	SCORPION	27 SCORPION
24 MAI	GÉMEAUX	CANCER	CAPRICORNE	POISSONS	SAGITTAIRE	SAGITTAIRE	CAPRICORNE	SCORPION	12 SAGITTAIRE
25 MAI	GÉMEAUX	CANCER	CAPRICORNE	POISSONS	SAGITTAIRE	SAGITTAIRE	CAPRICORNE	SCORPION	27 SAGITTAIRE
26 MAI	GÉMEAUX	CANCER	CAPRICORNE	POISSONS	SAGITTAIRE	SAGITTAIRE	CAPRICORNE	SCORPION	12 CAPRICORNE
27 MAI	GÉMEAUX	CANCER	CAPRICORNE	POISSONS	SAGITTAIRE	SAGITTAIRE	CAPRICORNE	SCORPION	27 CAPRICORNE
28 MAI	GÉMEAUX	CANCER	CAPRICORNE	POISSONS	SAGITTAIRE	SAGITTAIRE	CAPRICORNE	SCORPION	11 VERSEAU
29 MAI	GÉMEAUX	CANCER	CAPRICORNE	POISSONS	SAGITTAIRE	SAGITTAIRE	CAPRICORNE	SCORPION	25 VERSEAU
30 MAI	GÉMEAUX	CANCER	CAPRICORNE	POISSONS	SAGITTAIRE	SAGITTAIRE	CAPRICORNE	SCORPION	8 POISSONS
31 MAI	GÉMEAUX	CANCER	CAPRICORNE	POISSONS	SAGITTAIRE	SAGITTAIRE	CAPRICORNE	SCORPION	21 POISSONS
1 JUIN	GÉMEAUX	CANCER	CAPRICORNE	POISSONS	SAGITTAIRE	SAGITTAIRE	CAPRICORNE	SCORPION	3 BÉLIER
2 JUIN	GÉMEAUX	CANCER	CAPRICORNE	POISSONS	SAGITTAIRE	SAGITTAIRE	CAPRICORNE	SCORPION	16 BÉLIER
3 JUIN	GÉMEAUX	CANCER	CAPRICORNE	POISSONS	SAGITTAIRE	SAGITTAIRE	CAPRICORNE	SCORPION	28 BÉLIER
4 JUIN	GÉMEAUX	CANCER	CAPRICORNE	POISSONS	SAGITTAIRE	SAGITTAIRE	CAPRICORNE	SCORPION	10 TAUREAU
5 JUIN	GÉMEAUX	CANCER	CAPRICORNE	POISSONS	SAGITTAIRE	SAGITTAIRE	CAPRICORNE	SCORPION	22 TAUREAU
6 JUIN	CANCER	CANCER	CAPRICORNE	POISSONS	SAGITTAIRE	SAGITTAIRE	CAPRICORNE	SCORPION	3 GÉMEAUX
7 JUIN	CANCER	CANCER	CAPRICORNE	POISSONS	SAGITTAIRE	SAGITTAIRE	CAPRICORNE	SCORPION	15 GÉMEAUX
8 JUIN	CANCER	CANCER	CAPRICORNE	POISSONS	SAGITTAIRE	SAGITTAIRE	CAPRICORNE	SCORPION	27 GÉMEAUX
9 JUIN	CANCER	CANCER	CAPRICORNE	POISSONS	SAGITTAIRE	SAGITTAIRE	CAPRICORNE	SCORPION	9 CANCER
10 JUIN	CANCER	CANCER	CAPRICORNE	POISSONS	SAGITTAIRE	SAGITTAIRE	CAPRICORNE	SCORPION	21 CANCER
11 JUIN	CANCER	CANCER	CAPRICORNE	POISSONS	SAGITTAIRE	SAGITTAIRE	CAPRICORNE	SCORPION	3 LION
12 JUIN	CANCER	CANCER	CAPRICORNE	POISSONS	SAGITTAIRE	SAGITTAIRE	CAPRICORNE	SCORPION	15 LION
13 JUIN	CANCER	CANCER	CAPRICORNE	POISSONS	SAGITTAIRE	SAGITTAIRE	CAPRICORNE	SCORPION	28 LION
14 JUIN	CANCER	CANCER	CAPRICORNE	POISSONS	SAGITTAIRE	SAGITTAIRE	CAPRICORNE	SCORPION	11 VIERGE
15 JUIN	CANCER	CANCER	CAPRICORNE	POISSONS	SAGITTAIRE	SAGITTAIRE	CAPRICORNE	SCORPION	24 VIERGE
16 JUIN	CANCER	LION	CAPRICORNE	POISSONS	SAGITTAIRE	SAGITTAIRE	CAPRICORNE	SCORPION	7 BALANCE
17 JUIN	CANCER	LION	CAPRICORNE	POISSONS	SAGITTAIRE	SAGITTAIRE	CAPRICORNE	SCORPION	21 BALANCE
18 JUIN	CANCER	LION	CAPRICORNE	POISSONS	SAGITTAIRE	SAGITTAIRE	CAPRICORNE	SCORPION	5 SCORPION
19 JUIN	CANCER	LION	CAPRICORNE	POISSONS	SAGITTAIRE	SAGITTAIRE	CAPRICORNE	SCORPION	20 SCORPION
20 JUIN	CANCER	LION	CAPRICORNE	POISSONS	SAGITTAIRE	SAGITTAIRE	CAPRICORNE	SCORPION	5 SAGITTAIRE
21 JUIN	CANCER	LION	CAPRICORNE	POISSONS	SAGITTAIRE	SAGITTAIRE	CAPRICORNE	SCORPION	20 SAGITTAIRE

LE SOLEIL ENTRE DANS LE SIGNE DES GÉMEAUX LE 21 MAI 1986 A 8 h 15
QUITTE LE SIGNE DES LE 21 JUIN A 16 h 15
* LES CHIFFRES INDIQUENT LES DEGRÉS

1987	MERCURE	VÉNUS	MARS	JUPITER	SATURNE	URANUS	NEPTUNE	PLUTON	LUNE*
21 MAI	GÉMEAUX	TAUREAU	CANCER	BÉLIER	SAGITTAIRE	SAGITTAIRE	CAPRICORNE	SCORPION	17 POISSONS
22 MAI	GÉMEAUX	TAUREAU	CANCER	BÉLIER	SAGITTAIRE	SAGITTAIRE	CAPRICORNE	SCORPION	0 BÉLIER
23 MAI	GÉMEAUX	TAUREAU	CANCER	BÉLIER	SAGITTAIRE	SAGITTAIRE	CAPRICORNE	SCORPION	13 BÉLIER
24 MAI	GÉMEAUX	TAUREAU	CANCER	BÉLIER	SAGITTAIRE	SAGITTAIRE	CAPRICORNE	SCORPION	26 BÉLIER
25 MAI	GÉMEAUX	TAUREAU	CANCER	BÉLIER	SAGITTAIRE	SAGITTAIRE	CAPRICORNE	SCORPION	9 TAUREAU
26 MAI	GÉMEAUX	TAUREAU	CANCER	BÉLIER	SAGITTAIRE	SAGITTAIRE	CAPRICORNE	SCORPION	21 TAUREAU
27 MAI	GÉMEAUX	TAUREAU	CANCER	BÉLIER	SAGITTAIRE	SAGITTAIRE	CAPRICORNE	SCORPION	4 GÉMEAUX
28 MAI	GÉMEAUX	TAUREAU	CANCER	BÉLIER	SAGITTAIRE	SAGITTAIRE	CAPRICORNE	SCORPION	16 GÉMEAUX
29 MAI	GÉMEAUX	TAUREAU	CANCER	BÉLIER	SAGITTAIRE	SAGITTAIRE	CAPRICORNE	SCORPION	28 GÉMEAUX
30 MAI	CANCER	TAUREAU	CANCER	BÉLIER	SAGITTAIRE	SAGITTAIRE	CAPRICORNE	SCORPION	10 CANCER
31 MAI	CANCER	TAUREAU	CANCER	BÉLIER	SAGITTAIRE	SAGITTAIRE	CAPRICORNE	SCORPION	22 CANCER
1 JUIN	CANCER	TAUREAU	CANCER	BÉLIER	SAGITTAIRE	SAGITTAIRE	CAPRICORNE	SCORPION	4 LION
2 JUIN	CANCER	TAUREAU	CANCER	BÉLIER	SAGITTAIRE	SAGITTAIRE	CAPRICORNE	SCORPION	16 LION
3 JUIN	CANCER	TAUREAU	CANCER	BÉLIER	SAGITTAIRE	SAGITTAIRE	CAPRICORNE	SCORPION	28 LION
4 JUIN	CANCER	TAUREAU	CANCER	BÉLIER	SAGITTAIRE	SAGITTAIRE	CAPRICORNE	SCORPION	10 VIERGE
5 JUIN	CANCER	TAUREAU	CANCER	BÉLIER	SAGITTAIRE	SAGITTAIRE	CAPRICORNE	SCORPION	22 VIERGE
6 JUIN	CANCER	TAUREAU	CANCER	BÉLIER	SAGITTAIRE	SAGITTAIRE	CAPRICORNE	SCORPION	5 BALANCE
7 JUIN	CANCER	TAUREAU	CANCER	BÉLIER	SAGITTAIRE	SAGITTAIRE	CAPRICORNE	SCORPION	18 BALANCE
8 JUIN	CANCER	TAUREAU	CANCER	BÉLIER	SAGITTAIRE	SAGITTAIRE	CAPRICORNE	SCORPION	1 SCORPION
9 JUIN	CANCER	TAUREAU	CANCER	BÉLIER	SAGITTAIRE	SAGITTAIRE	CAPRICORNE	SCORPION	15 SCORPION
10 JUIN	CANCER	TAUREAU	CANCER	BÉLIER	SAGITTAIRE	SAGITTAIRE	CAPRICORNE	SCORPION	0 SAGITTAIRE
11 JUIN	CANCER	GÉMEAUX	CANCER	BÉLIER	SAGITTAIRE	SAGITTAIRE	CAPRICORNE	SCORPION	15 SAGITTAIRE
12 JUIN	CANCER	GÉMEAUX	CANCER	BÉLIER	SAGITTAIRE	SAGITTAIRE	CAPRICORNE	SCORPION	0 CAPRICORNE
13 JUIN	CANCER	GÉMEAUX	CANCER	BÉLIER	SAGITTAIRE	SAGITTAIRE	CAPRICORNE	SCORPION	15 CAPRICORNE
14 JUIN	CANCER	GÉMEAUX	CANCER	BÉLIER	SAGITTAIRE	SAGITTAIRE	CAPRICORNE	SCORPION	0 VERSEAU
15 JUIN	CANCER	GÉMEAUX	CANCER	BÉLIER	SAGITTAIRE	SAGITTAIRE	CAPRICORNE	SCORPION	15 VERSEAU
16 JUIN	CANCER	GÉMEAUX	CANCER	BÉLIER	SAGITTAIRE	SAGITTAIRE	CAPRICORNE	SCORPION	29 VERSEAU
17 JUIN	CANCER	GÉMEAUX	CANCER	BÉLIER	SAGITTAIRE	SAGITTAIRE	CAPRICORNE	SCORPION	13 POISSONS
18 JUIN	CANCER	GÉMEAUX	CANCER	BÉLIER	SAGITTAIRE	SAGITTAIRE	CAPRICORNE	SCORPION	27 POISSONS
19 JUIN	CANCER	GÉMEAUX	CANCER	BÉLIER	SAGITTAIRE	SAGITTAIRE	CAPRICORNE	SCORPION	10 BÉLIER
20 JUIN	CANCER	GÉMEAUX	CANCER	BÉLIER	SAGITTAIRE	SAGITTAIRE	CAPRICORNE	SCORPION	23 BÉLIER
21 JUIN	CANCER	GÉMEAUX	CANCER	BÉLIER	SAGITTAIRE	SAGITTAIRE	CAPRICORNE	SCORPION	6 TAUREAU

LE SOLEIL ENTRE DANS LE SIGNE DES GÉMEAUX LE 21 MAI 1987 A 13 h 50
QUITTE LE SIGNE DES LE 21 JUIN A 21 h 50
* LES CHIFFRES INDIQUENT LES DEGRÉS

DÉCOUVREZ DANS QUEL SIGNE SE TROUVAIENT LES PLANÈTES À VOTRE NAISSANCE

1988	MERCURE	VÉNUS	MARS	JUPITER	SATURNE	URANUS	NEPTUNE	PLUTON	LUNE*
MAI	GÉMEAUX	CANCER	VERSEAU	TAUREAU	CAPRICORNE	CAPRICORNE	CAPRICORNE	SCORPION	24 CANCER
MAI	GÉMEAUX	CANCER	VERSEAU	TAUREAU	CAPRICORNE	CAPRICORNE	CAPRICORNE	SCORPION	6 LION
MAI	GÉMEAUX	CANCER	POISSONS	TAUREAU	CAPRICORNE	CAPRICORNE	CAPRICORNE	SCORPION	18 LION
MAI	GÉMEAUX	CANCER	POISSONS	TAUREAU	CAPRICORNE	CAPRICORNE	CAPRICORNE	SCORPION	0 VIERGE
MAI	GÉMEAUX	CANCER	POISSONS	TAUREAU	CAPRICORNE	CAPRICORNE	CAPRICORNE	SCORPION	12 VIERGE
MAI	GÉMEAUX	CANCER	POISSONS	TAUREAU	CAPRICORNE	CAPRICORNE	CAPRICORNE	SCORPION	24 VIERGE
MAI	GÉMEAUX	CANCER	POISSONS	TAUREAU	CAPRICORNE	CAPRICORNE	CAPRICORNE	SCORPION	6 BALANCE
MAI	GÉMEAUX	GÉMEAUX	POISSONS	TAUREAU	CAPRICORNE	SAGITTAIRE	CAPRICORNE	SCORPION	18 BALANCE
MAI	GÉMEAUX	GÉMEAUX	POISSONS	TAUREAU	CAPRICORNE	SAGITTAIRE	CAPRICORNE	SCORPION	1 SCORPION
MAI	GÉMEAUX	GÉMEAUX	POISSONS	TAUREAU	CAPRICORNE	SAGITTAIRE	CAPRICORNE	SCORPION	14 SCORPION
MAI	GÉMEAUX	GÉMEAUX	POISSONS	TAUREAU	CAPRICORNE	SAGITTAIRE	CAPRICORNE	SCORPION	27 SCORPION
MAI	GÉMEAUX	GÉMEAUX	POISSONS	TAUREAU	CAPRICORNE	SAGITTAIRE	CAPRICORNE	SCORPION	10 SAGITTAIRE
JUIN	GÉMEAUX	GÉMEAUX	POISSONS	TAUREAU	CAPRICORNE	SAGITTAIRE	CAPRICORNE	SCORPION	24 SAGITTAIRE
JUIN	GÉMEAUX	GÉMEAUX	POISSONS	TAUREAU	CAPRICORNE	SAGITTAIRE	CAPRICORNE	SCORPION	9 CAPRICORNE
JUIN	GÉMEAUX	GÉMEAUX	POISSONS	TAUREAU	CAPRICORNE	SAGITTAIRE	CAPRICORNE	SCORPION	23 CAPRICORNE
JUIN	GÉMEAUX	GÉMEAUX	POISSONS	TAUREAU	CAPRICORNE	SAGITTAIRE	CAPRICORNE	SCORPION	7 VERSEAU
JUIN	GÉMEAUX	GÉMEAUX	POISSONS	TAUREAU	CAPRICORNE	SAGITTAIRE	CAPRICORNE	SCORPION	21 VERSEAU
JUIN	GÉMEAUX	GÉMEAUX	POISSONS	TAUREAU	CAPRICORNE	SAGITTAIRE	CAPRICORNE	SCORPION	6 POISSONS
JUIN	GÉMEAUX	GÉMEAUX	POISSONS	TAUREAU	CAPRICORNE	SAGITTAIRE	CAPRICORNE	SCORPION	20 POISSONS
JUIN	GÉMEAUX	GÉMEAUX	POISSONS	TAUREAU	CAPRICORNE	SAGITTAIRE	CAPRICORNE	SCORPION	4 BÉLIER
JUIN	GÉMEAUX	GÉMEAUX	POISSONS	TAUREAU	CAPRICORNE	SAGITTAIRE	CAPRICORNE	SCORPION	18 BÉLIER
JUIN	GÉMEAUX	GÉMEAUX	POISSONS	TAUREAU	SAGITTAIRE	SAGITTAIRE	CAPRICORNE	SCORPION	1 TAUREAU
JUIN	GÉMEAUX	GÉMEAUX	POISSONS	TAUREAU	SAGITTAIRE	SAGITTAIRE	CAPRICORNE	SCORPION	15 TAUREAU
JUIN	GÉMEAUX	GÉMEAUX	POISSONS	TAUREAU	SAGITTAIRE	SAGITTAIRE	CAPRICORNE	SCORPION	28 TAUREAU
JUIN	GÉMEAUX	GÉMEAUX	POISSONS	TAUREAU	SAGITTAIRE	SAGITTAIRE	CAPRICORNE	SCORPION	12 GÉMEAUX
JUIN	GÉMEAUX	GÉMEAUX	POISSONS	TAUREAU	SAGITTAIRE	SAGITTAIRE	CAPRICORNE	SCORPION	25 GÉMEAUX
JUIN	GÉMEAUX	GÉMEAUX	POISSONS	TAUREAU	SAGITTAIRE	SAGITTAIRE	CAPRICORNE	SCORPION	7 CANCER
JUIN	GÉMEAUX	GÉMEAUX	POISSONS	TAUREAU	SAGITTAIRE	SAGITTAIRE	CAPRICORNE	SCORPION	20 CANCER
JUIN	GÉMEAUX	GÉMEAUX	POISSONS	TAUREAU	SAGITTAIRE	SAGITTAIRE	CAPRICORNE	SCORPION	2 LION
JUIN	GÉMEAUX	GÉMEAUX	POISSONS	TAUREAU	SAGITTAIRE	SAGITTAIRE	CAPRICORNE	SCORPION	14 LION
JUIN	GÉMEAUX	GÉMEAUX	POISSONS	TAUREAU	SAGITTAIRE	SAGITTAIRE	CAPRICORNE	SCORPION	26 LION
JUIN	GÉMEAUX	GÉMEAUX	POISSONS	TAUREAU	SAGITTAIRE	SAGITTAIRE	CAPRICORNE	SCORPION	8 VIERGE
JUIN	GÉMEAUX	GÉMEAUX	POISSONS	TAUREAU	SAGITTAIRE	SAGITTAIRE	CAPRICORNE	SCORPION	20 VIERGE

LE SOLEIL ENTRE DANS LE SIGNE DES GÉMEAUX LE 20 MAI 1988 A 19 h 45
QUITTE LE SIGNE DES LE 21 JUIN A 3 h 45
* LES CHIFFRES INDIQUENT LES DEGRÉS

1989	MERCURE	VÉNUS	MARS	JUPITER	SATURNE	URANUS	NEPTUNE	PLUTON	LUNE*
MAI	GÉMEAUX	GÉMEAUX	CANCER	GÉMEAUX	CAPRICORNE	CAPRICORNE	CAPRICORNE	SCORPION	9 SAGITTAIRE
MAI	GÉMEAUX	GÉMEAUX	CANCER	GÉMEAUX	CAPRICORNE	CAPRICORNE	CAPRICORNE	SCORPION	21 SAGITTAIRE
MAI	GÉMEAUX	GÉMEAUX	CANCER	GÉMEAUX	CAPRICORNE	CAPRICORNE	CAPRICORNE	SCORPION	4 CAPRICORNE
MAI	GÉMEAUX	GÉMEAUX	CANCER	GÉMEAUX	CAPRICORNE	CAPRICORNE	CAPRICORNE	SCORPION	17 CAPRICORNE
MAI	GÉMEAUX	GÉMEAUX	CANCER	GÉMEAUX	CAPRICORNE	CAPRICORNE	CAPRICORNE	SCORPION	0 VERSEAU
MAI	GÉMEAUX	GÉMEAUX	CANCER	GÉMEAUX	CAPRICORNE	CAPRICORNE	CAPRICORNE	SCORPION	14 VERSEAU
MAI	GÉMEAUX	GÉMEAUX	CANCER	GÉMEAUX	CAPRICORNE	CAPRICORNE	CAPRICORNE	SCORPION	27 VERSEAU
MAI	GÉMEAUX	GÉMEAUX	CANCER	GÉMEAUX	CAPRICORNE	CAPRICORNE	CAPRICORNE	SCORPION	11 POISSONS
MAI	TAUREAU	GÉMEAUX	CANCER	GÉMEAUX	CAPRICORNE	CAPRICORNE	CAPRICORNE	SCORPION	25 POISSONS
MAI	TAUREAU	GÉMEAUX	CANCER	GÉMEAUX	CAPRICORNE	CAPRICORNE	CAPRICORNE	SCORPION	10 BÉLIER
MAI	TAUREAU	GÉMEAUX	CANCER	GÉMEAUX	CAPRICORNE	CAPRICORNE	CAPRICORNE	SCORPION	24 BÉLIER
JUIN	TAUREAU	GÉMEAUX	CANCER	GÉMEAUX	CAPRICORNE	CAPRICORNE	CAPRICORNE	SCORPION	9 TAUREAU
JUIN	TAUREAU	GÉMEAUX	CANCER	GÉMEAUX	CAPRICORNE	CAPRICORNE	CAPRICORNE	SCORPION	24 TAUREAU
JUIN	TAUREAU	GÉMEAUX	CANCER	GÉMEAUX	CAPRICORNE	CAPRICORNE	CAPRICORNE	SCORPION	8 GÉMEAUX
JUIN	TAUREAU	GÉMEAUX	CANCER	GÉMEAUX	CAPRICORNE	CAPRICORNE	CAPRICORNE	SCORPION	22 GÉMEAUX
JUIN	TAUREAU	CANCER	CANCER	GÉMEAUX	CAPRICORNE	CAPRICORNE	CAPRICORNE	SCORPION	6 CANCER
JUIN	TAUREAU	CANCER	CANCER	GÉMEAUX	CAPRICORNE	CAPRICORNE	CAPRICORNE	SCORPION	20 CANCER
JUIN	TAUREAU	CANCER	CANCER	GÉMEAUX	CAPRICORNE	CAPRICORNE	CAPRICORNE	SCORPION	3 LION
JUIN	TAUREAU	CANCER	CANCER	GÉMEAUX	CAPRICORNE	CAPRICORNE	CAPRICORNE	SCORPION	16 LION
JUIN	TAUREAU	CANCER	CANCER	GÉMEAUX	CAPRICORNE	CAPRICORNE	CAPRICORNE	SCORPION	28 LION
JUIN	TAUREAU	CANCER	CANCER	GÉMEAUX	CAPRICORNE	CAPRICORNE	CAPRICORNE	SCORPION	11 VIERGE
JUIN	TAUREAU	CANCER	CANCER	GÉMEAUX	CAPRICORNE	CAPRICORNE	CAPRICORNE	SCORPION	22 VIERGE
JUIN	GÉMEAUX	CANCER	CANCER	GÉMEAUX	CAPRICORNE	CAPRICORNE	CAPRICORNE	SCORPION	4 BALANCE
JUIN	GÉMEAUX	CANCER	CANCER	GÉMEAUX	CAPRICORNE	CAPRICORNE	CAPRICORNE	SCORPION	16 BALANCE
JUIN	GÉMEAUX	CANCER	CANCER	GÉMEAUX	CAPRICORNE	CAPRICORNE	CAPRICORNE	SCORPION	28 BALANCE
JUIN	GÉMEAUX	CANCER	CANCER	GÉMEAUX	CAPRICORNE	CAPRICORNE	CAPRICORNE	SCORPION	10 SCORPION
JUIN	GÉMEAUX	CANCER	CANCER	GÉMEAUX	CAPRICORNE	CAPRICORNE	CAPRICORNE	SCORPION	22 SCORPION
JUIN	GÉMEAUX	CANCER	LION	GÉMEAUX	CAPRICORNE	CAPRICORNE	CAPRICORNE	SCORPION	5 SAGITTAIRE
JUIN	GÉMEAUX	CANCER	LION	GÉMEAUX	CAPRICORNE	CAPRICORNE	CAPRICORNE	SCORPION	17 SAGITTAIRE
JUIN	GÉMEAUX	CANCER	LION	GÉMEAUX	CAPRICORNE	CAPRICORNE	CAPRICORNE	SCORPION	0 CAPRICORNE
JUIN	GÉMEAUX	CANCER	LION	GÉMEAUX	CAPRICORNE	CAPRICORNE	CAPRICORNE	SCORPION	13 CAPRICORNE
JUIN	GÉMEAUX	CANCER	LION	GÉMEAUX	CAPRICORNE	CAPRICORNE	CAPRICORNE	SCORPION	27 CAPRICORNE

LE SOLEIL ENTRE DANS LE SIGNE DES GÉMEAUX LE 21 MAI 1989 A 1 h 45
QUITTE LE SIGNE DES LE 21 JUIN A 9 h 30
* LES CHIFFRES INDIQUENT LES DEGRÉS

191

DÉCOUVREZ DANS QUEL SIGNE SE TROUVAIENT LES PLANÈTES A VOTRE NAISSANCE

1990	MERCURE	VENUS	MARS	JUPITER	SATURNE	URANUS	NEPTUNE	PLUTON	LUNE*
21 MAI	TAUREAU	BELIER	POISSONS	CANCER	CAPRICORNE	CAPRICORNE	CAPRICORNE	SCORPION	17 BELIER
22 MAI	TAUREAU	BELIER	POISSONS	CANCER	CAPRICORNE	CAPRICORNE	CAPRICORNE	SCORPION	2 TAUREAU
23 MAI	TAUREAU	BELIER	POISSONS	CANCER	CAPRICORNE	CAPRICORNE	CAPRICORNE	SCORPION	18 TAUREAU
24 MAI	TAUREAU	BELIER	POISSONS	CANCER	CAPRICORNE	CAPRICORNE	CAPRICORNE	SCORPION	3 GEMEAUX
25 MAI	TAUREAU	BELIER	POISSONS	CANCER	CAPRICORNE	CAPRICORNE	CAPRICORNE	SCORPION	18 GEMEAUX
26 MAI	TAUREAU	BELIER	POISSONS	CANCER	CAPRICORNE	CAPRICORNE	CAPRICORNE	SCORPION	3 CANCER
27 MAI	TAUREAU	BELIER	POISSONS	CANCER	CAPRICORNE	CAPRICORNE	CAPRICORNE	SCORPION	18 CANCER
28 MAI	TAUREAU	BELIER	POISSONS	CANCER	CAPRICORNE	CAPRICORNE	CAPRICORNE	SCORPION	2 LION
29 MAI	TAUREAU	BELIER	POISSONS	CANCER	CAPRICORNE	CAPRICORNE	CAPRICORNE	SCORPION	15 LION
30 MAI	TAUREAU	TAUREAU	POISSONS	CANCER	CAPRICORNE	CAPRICORNE	CAPRICORNE	SCORPION	29 LION
31 MAI	TAUREAU	TAUREAU	BELIER	CANCER	CAPRICORNE	CAPRICORNE	CAPRICORNE	SCORPION	11 VIERGE
1 JUIN	TAUREAU	TAUREAU	BELIER	CANCER	CAPRICORNE	CAPRICORNE	CAPRICORNE	SCORPION	24 VIERGE
2 JUIN	TAUREAU	TAUREAU	BELIER	CANCER	CAPRICORNE	CAPRICORNE	CAPRICORNE	SCORPION	6 BALANCE
3 JUIN	TAUREAU	TAUREAU	BELIER	CANCER	CAPRICORNE	CAPRICORNE	CAPRICORNE	SCORPION	18 BALANCE
4 JUIN	TAUREAU	TAUREAU	BELIER	CANCER	CAPRICORNE	CAPRICORNE	CAPRICORNE	SCORPION	0 SCORPION
5 JUIN	TAUREAU	TAUREAU	BELIER	CANCER	CAPRICORNE	CAPRICORNE	CAPRICORNE	SCORPION	12 SCORPION
6 JUIN	TAUREAU	TAUREAU	BELIER	CANCER	CAPRICORNE	CAPRICORNE	CAPRICORNE	SCORPION	24 SCORPION
7 JUIN	TAUREAU	TAUREAU	BELIER	CANCER	CAPRICORNE	CAPRICORNE	CAPRICORNE	SCORPION	6 SAGITTAIR
8 JUIN	TAUREAU	TAUREAU	BELIER	CANCER	CAPRICORNE	CAPRICORNE	CAPRICORNE	SCORPION	18 SAGITTAIR
9 JUIN	TAUREAU	TAUREAU	BELIER	CANCER	CAPRICORNE	CAPRICORNE	CAPRICORNE	SCORPION	0 CAPRICOR
10 JUIN	TAUREAU	TAUREAU	BELIER	CANCER	CAPRICORNE	CAPRICORNE	CAPRICORNE	SCORPION	12 CAPRICOR
11 JUIN	TAUREAU	TAUREAU	BELIER	CANCER	CAPRICORNE	CAPRICORNE	CAPRICORNE	SCORPION	24 CAPRICOR
12 JUIN	GEMEAUX	TAUREAU	BELIER	CANCER	CAPRICORNE	CAPRICORNE	CAPRICORNE	SCORPION	6 VERSEAU
13 JUIN	GEMEAUX	TAUREAU	BELIER	CANCER	CAPRICORNE	CAPRICORNE	CAPRICORNE	SCORPION	19 VERSEAU
14 JUIN	GEMEAUX	TAUREAU	BELIER	CANCER	CAPRICORNE	CAPRICORNE	CAPRICORNE	SCORPION	0 POISSONS
15 JUIN	GEMEAUX	TAUREAU	BELIER	CANCER	CAPRICORNE	CAPRICORNE	CAPRICORNE	SCORPION	15 POISSONS
16 JUIN	GEMEAUX	TAUREAU	BELIER	CANCER	CAPRICORNE	CAPRICORNE	CAPRICORNE	SCORPION	29 POISSONS
17 JUIN	GEMEAUX	TAUREAU	BELIER	CANCER	CAPRICORNE	CAPRICORNE	CAPRICORNE	SCORPION	12 BELIER
18 JUIN	GEMEAUX	TAUREAU	BELIER	CANCER	CAPRICORNE	CAPRICORNE	CAPRICORNE	SCORPION	27 BELIER
19 JUIN	GEMEAUX	TAUREAU	BELIER	CANCER	CAPRICORNE	CAPRICORNE	CAPRICORNE	SCORPION	11 TAUREAU
20 JUIN	GEMEAUX	TAUREAU	BELIER	CANCER	CAPRICORNE	CAPRICORNE	CAPRICORNE	SCORPION	26 TAUREAU
21 JUIN	GEMEAUX	TAUREAU	BELIER	CANCER	CAPRICORNE	CAPRICORNE	CAPRICORNE	SCORPION	11 GEMEAUX

LE SOLEIL ENTRE DANS LE SIGNE DES GÉMEAUX LE 21 MAI 1990 A 7 h 30
QUITTE LE SIGNE DES LE 21 JUIN A 15 h 30
* LES CHIFFRES INDIQUENT LES DEGRÉS

1991	MERCURE	VENUS	MARS	JUPITER	SATURNE	URANUS	NEPTUNE	PLUTON	LUNE*
21 MAI	TAUREAU	CANCER	CANCER	LION	VERSEAU	CAPRICORNE	CAPRICORNE	SCORPION	8 VIERGE
22 MAI	TAUREAU	CANCER	CANCER	LION	VERSEAU	CAPRICORNE	CAPRICORNE	SCORPION	21 VIERGE
23 MAI	TAUREAU	CANCER	CANCER	LION	VERSEAU	CAPRICORNE	CAPRICORNE	SCORPION	4 BALANCE
24 MAI	TAUREAU	CANCER	CANCER	LION	VERSEAU	CAPRICORNE	CAPRICORNE	SCORPION	17 BALANCE
25 MAI	TAUREAU	CANCER	CANCER	LION	VERSEAU	CAPRICORNE	CAPRICORNE	SCORPION	0 SCORPION
26 MAI	TAUREAU	CANCER	CANCER	LION	VERSEAU	CAPRICORNE	CAPRICORNE	SCORPION	12 SCORPION
27 MAI	TAUREAU	CANCER	LION	LION	VERSEAU	CAPRICORNE	CAPRICORNE	SCORPION	27 SCORPION
28 MAI	TAUREAU	CANCER	LION	LION	VERSEAU	CAPRICORNE	CAPRICORNE	SCORPION	7 SAGITTAIR
29 MAI	TAUREAU	CANCER	LION	LION	VERSEAU	CAPRICORNE	CAPRICORNE	SCORPION	18 SAGITTAIR
30 MAI	TAUREAU	CANCER	LION	LION	VERSEAU	CAPRICORNE	CAPRICORNE	SCORPION	0 CAPRICOR
31 MAI	TAUREAU	CANCER	LION	LION	VERSEAU	CAPRICORNE	CAPRICORNE	SCORPION	12 CAPRICOR
1 JUIN	TAUREAU	CANCER	LION	LION	VERSEAU	CAPRICORNE	CAPRICORNE	SCORPION	24 CAPRICOR
2 JUIN	TAUREAU	CANCER	LION	LION	VERSEAU	CAPRICORNE	CAPRICORNE	SCORPION	8 VERSEAU
3 JUIN	TAUREAU	CANCER	LION	LION	VERSEAU	CAPRICORNE	CAPRICORNE	SCORPION	18 VERSEAU
4 JUIN	TAUREAU	CANCER	LION	LION	VERSEAU	CAPRICORNE	CAPRICORNE	SCORPION	0 POISSONS
5 JUIN	GEMEAUX	CANCER	LION	LION	VERSEAU	CAPRICORNE	CAPRICORNE	SCORPION	12 POISSONS
6 JUIN	GEMEAUX	LION	LION	LION	VERSEAU	CAPRICORNE	CAPRICORNE	SCORPION	25 POISSONS
7 JUIN	GEMEAUX	LION	LION	LION	VERSEAU	CAPRICORNE	CAPRICORNE	SCORPION	8 BELIER
8 JUIN	GEMEAUX	LION	LION	LION	VERSEAU	CAPRICORNE	CAPRICORNE	SCORPION	22 BELIER
9 JUIN	GEMEAUX	LION	LION	LION	VERSEAU	CAPRICORNE	CAPRICORNE	SCORPION	6 TAUREAU
10 JUIN	GEMEAUX	LION	LION	LION	VERSEAU	CAPRICORNE	CAPRICORNE	SCORPION	21 TAUREAU
11 JUIN	GEMEAUX	LION	LION	LION	VERSEAU	CAPRICORNE	CAPRICORNE	SCORPION	6 GEMEAUX
12 JUIN	GEMEAUX	LION	LION	LION	VERSEAU	CAPRICORNE	CAPRICORNE	SCORPION	21 GEMEAUX
13 JUIN	GEMEAUX	LION	LION	LION	VERSEAU	CAPRICORNE	CAPRICORNE	SCORPION	6 CANCER
14 JUIN	GEMEAUX	LION	LION	LION	VERSEAU	CAPRICORNE	CAPRICORNE	SCORPION	21 CANCER
15 JUIN	GEMEAUX	LION	LION	LION	VERSEAU	CAPRICORNE	CAPRICORNE	SCORPION	6 LION
16 JUIN	GEMEAUX	LION	LION	LION	VERSEAU	CAPRICORNE	CAPRICORNE	SCORPION	20 LION
17 JUIN	GEMEAUX	LION	LION	LION	VERSEAU	CAPRICORNE	CAPRICORNE	SCORPION	4 VIERGE
18 JUIN	GEMEAUX	LION	LION	LION	VERSEAU	CAPRICORNE	CAPRICORNE	SCORPION	18 VIERGE
19 JUIN	CANCER	LION	LION	LION	VERSEAU	CAPRICORNE	CAPRICORNE	SCORPION	1 BALANCE
20 JUIN	CANCER	LION	LION	LION	VERSEAU	CAPRICORNE	CAPRICORNE	SCORPION	14 BALANCE
21 JUIN	CANCER	LION	LION	LION	VERSEAU	CAPRICORNE	CAPRICORNE	SCORPION	27 BALANCE

LE SOLEIL ENTRE DANS LE SIGNE DES GÉMEAUX LE 21 MAI 1990 A 13 h 15
QUITTE LE SIGNE DES LE 21 JUIN A 21 h 15
* LES CHIFFRES INDIQUENT LES DEGRÉS

DÉCOUVREZ DANS QUEL SIGNE SE TROUVAIENT LES PLANÈTES A VOTRE NAISSANCE

1992	MERCURE	VENUS	MARS	JUPITER	SATURNE	URANUS	NEPTUNE	PLUTON	LUNE*
20 MAI	TAUREAU	TAUREAU	BELIER	VIERGE	VERSEAU	CAPRICORNE	CAPRICORNE	SCORPION	14 CAPRICORNE
21 MAI	TAUREAU	TAUREAU	BELIER	VIERGE	VERSEAU	CAPRICORNE	CAPRICORNE	SCORPION	26 CAPRICORNE
22 MAI	TAUREAU	TAUREAU	BELIER	VIERGE	VERSEAU	CAPRICORNE	CAPRICORNE	SCORPION	8 VERSEAU
23 MAI	TAUREAU	TAUREAU	BELIER	VIERGE	VERSEAU	CAPRICORNE	CAPRICORNE	SCORPION	20 VERSEAU
24 MAI	TAUREAU	TAUREAU	BELIER	VIERGE	VERSEAU	CAPRICORNE	CAPRICORNE	SCORPION	1 POISSONS
25 MAI	TAUREAU	TAUREAU	BELIER	VIERGE	VERSEAU	CAPRICORNE	CAPRICORNE	SCORPION	13 POISSONS
26 MAI	TAUREAU	GEMEAUX	BELIER	VIERGE	VERSEAU	CAPRICORNE	CAPRICORNE	SCORPION	26 POISSONS
27 MAI	GEMEAUX	GEMEAUX	BELIER	VIERGE	VERSEAU	CAPRICORNE	CAPRICORNE	SCORPION	8 BELIER
28 MAI	GEMEAUX	GEMEAUX	BELIER	VIERGE	VERSEAU	CAPRICORNE	CAPRICORNE	SCORPION	21 BELIER
29 MAI	GEMEAUX	GEMEAUX	BELIER	VIERGE	VERSEAU	CAPRICORNE	CAPRICORNE	SCORPION	4 TAUREAU
30 MAI	GEMEAUX	GEMEAUX	BELIER	VIERGE	VERSEAU	CAPRICORNE	CAPRICORNE	SCORPION	17 TAUREAU
31 MAI	GEMEAUX	GEMEAUX	BELIER	VIERGE	VERSEAU	CAPRICORNE	CAPRICORNE	SCORPION	1 GEMEAUX
1 JUIN	GEMEAUX	GEMEAUX	BELIER	VIERGE	VERSEAU	CAPRICORNE	CAPRICORNE	SCORPION	15 GEMEAUX
2 JUIN	GEMEAUX	GEMEAUX	BELIER	VIERGE	VERSEAU	CAPRICORNE	CAPRICORNE	SCORPION	0 CANCER
3 JUIN	GEMEAUX	GEMEAUX	BELIER	VIERGE	VERSEAU	CAPRICORNE	CAPRICORNE	SCORPION	14 CANCER
4 JUIN	GEMEAUX	GEMEAUX	BELIER	VIERGE	VERSEAU	CAPRICORNE	CAPRICORNE	SCORPION	29 CANCER
5 JUIN	GEMEAUX	GEMEAUX	BELIER	VIERGE	VERSEAU	CAPRICORNE	CAPRICORNE	SCORPION	13 LION
6 JUIN	GEMEAUX	GEMEAUX	BELIER	VIERGE	VERSEAU	CAPRICORNE	CAPRICORNE	SCORPION	28 LION
7 JUIN	GEMEAUX	GEMEAUX	BELIER	VIERGE	VERSEAU	CAPRICORNE	CAPRICORNE	SCORPION	12 VIERGE
8 JUIN	GEMEAUX	GEMEAUX	BELIER	VIERGE	VERSEAU	CAPRICORNE	CAPRICORNE	SCORPION	26 VIERGE
9 JUIN	GEMEAUX	GEMEAUX	BELIER	VIERGE	VERSEAU	CAPRICORNE	CAPRICORNE	SCORPION	10 BALANCE
10 JUIN	CANCER	GEMEAUX	BELIER	VIERGE	VERSEAU	CAPRICORNE	CAPRICORNE	SCORPION	23 BALANCE
11 JUIN	CANCER	GEMEAUX	BELIER	VIERGE	VERSEAU	CAPRICORNE	CAPRICORNE	SCORPION	7 SCORPION
12 JUIN	CANCER	GEMEAUX	BELIER	VIERGE	VERSEAU	CAPRICORNE	CAPRICORNE	SCORPION	20 SCORPION
13 JUIN	CANCER	GEMEAUX	BELIER	VIERGE	VERSEAU	CAPRICORNE	CAPRICORNE	SCORPION	3 SAGITTAIRE
14 JUIN	CANCER	GEMEAUX	BELIER	VIERGE	VERSEAU	CAPRICORNE	CAPRICORNE	SCORPION	15 SAGITTAIRE
15 JUIN	CANCER	GEMEAUX	TAUREAU	VIERGE	VERSEAU	CAPRICORNE	CAPRICORNE	SCORPION	28 SAGITTAIRE
16 JUIN	CANCER	GEMEAUX	TAUREAU	VIERGE	VERSEAU	CAPRICORNE	CAPRICORNE	SCORPION	10 CAPRICORNE
17 JUIN	CANCER	GEMEAUX	TAUREAU	VIERGE	VERSEAU	CAPRICORNE	CAPRICORNE	SCORPION	22 CAPRICORNE
18 JUIN	CANCER	GEMEAUX	TAUREAU	VIERGE	VERSEAU	CAPRICORNE	CAPRICORNE	SCORPION	4 VERSEAU
19 JUIN	CANCER	CANCER	TAUREAU	VIERGE	VERSEAU	CAPRICORNE	CAPRICORNE	SCORPION	16 VERSEAU
20 JUIN	CANCER	CANCER	TAUREAU	VIERGE	VERSEAU	CAPRICORNE	CAPRICORNE	SCORPION	28 VERSEAU
21 JUIN	CANCER	CANCER	TAUREAU	VIERGE	VERSEAU	CAPRICORNE	CAPRICORNE	SCORPION	10 POISSONS

LE SOLEIL ENTRE DANS LE SIGNE DES GÉMEAUX LE 21 MAI 1992 A 19 h 05
QUITTE LE SIGNE DES LE 21 JUIN A 3 h 10

* LES CHIFFRES INDIQUENT LES DEGRÉS

1993	MERCURE	VENUS	MARS	JUPITER	SATURNE	URANUS	NEPTUNE	PLUTON	LUNE*
21 MAI	GEMEAUX	BELIER	LION	BALANCE	POISSONS	CAPRICORNE	CAPRICORNE	SCORPION	29 TAUREAU
22 MAI	GEMEAUX	BELIER	LION	BALANCE	POISSONS	CAPRICORNE	CAPRICORNE	SCORPION	12 GEMEAUX
23 MAI	GEMEAUX	BELIER	LION	BALANCE	POISSONS	CAPRICORNE	CAPRICORNE	SCORPION	25 GEMEAUX
24 MAI	GEMEAUX	BELIER	LION	BALANCE	POISSONS	CAPRICORNE	CAPRICORNE	SCORPION	8 CANCER
25 MAI	GEMEAUX	BELIER	LION	BALANCE	POISSONS	CAPRICORNE	CAPRICORNE	SCORPION	22 CANCER
26 MAI	GEMEAUX	BELIER	LION	BALANCE	POISSONS	CAPRICORNE	CAPRICORNE	SCORPION	5 LION
27 MAI	GEMEAUX	BELIER	LION	BALANCE	POISSONS	CAPRICORNE	CAPRICORNE	SCORPION	19 LION
28 MAI	GEMEAUX	BELIER	LION	BALANCE	POISSONS	CAPRICORNE	CAPRICORNE	SCORPION	3 VIERGE
29 MAI	GEMEAUX	BELIER	LION	BALANCE	POISSONS	CAPRICORNE	CAPRICORNE	SCORPION	18 VIERGE
30 MAI	GEMEAUX	BELIER	LION	BALANCE	POISSONS	CAPRICORNE	CAPRICORNE	SCORPION	2 BALANCE
31 MAI	GEMEAUX	BELIER	LION	BALANCE	POISSONS	CAPRICORNE	CAPRICORNE	SCORPION	16 BALANCE
1 JUIN	GEMEAUX	BELIER	LION	BALANCE	POISSONS	CAPRICORNE	CAPRICORNE	SCORPION	1 SCORPION
2 JUIN	CANCER	BELIER	LION	BALANCE	POISSONS	CAPRICORNE	CAPRICORNE	SCORPION	15 SCORPION
3 JUIN	CANCER	BELIER	LION	BALANCE	POISSONS	CAPRICORNE	CAPRICORNE	SCORPION	29 SCORPION
4 JUIN	CANCER	BELIER	LION	BALANCE	POISSONS	CAPRICORNE	CAPRICORNE	SCORPION	13 SAGITTAIRE
5 JUIN	CANCER	BELIER	LION	BALANCE	POISSONS	CAPRICORNE	CAPRICORNE	SCORPION	27 SAGITTAIRE
6 JUIN	CANCER	TAUREAU	LION	BALANCE	POISSONS	CAPRICORNE	CAPRICORNE	SCORPION	10 CAPRICORNE
7 JUIN	CANCER	TAUREAU	LION	BALANCE	POISSONS	CAPRICORNE	CAPRICORNE	SCORPION	23 CAPRICORNE
8 JUIN	CANCER	TAUREAU	LION	BALANCE	POISSONS	CAPRICORNE	CAPRICORNE	SCORPION	6 VERSEAU
9 JUIN	CANCER	TAUREAU	LION	BALANCE	POISSONS	CAPRICORNE	CAPRICORNE	SCORPION	18 VERSEAU
10 JUIN	CANCER	TAUREAU	LION	BALANCE	POISSONS	CAPRICORNE	CAPRICORNE	SCORPION	0 POISSONS
11 JUIN	CANCER	TAUREAU	LION	BALANCE	POISSONS	CAPRICORNE	CAPRICORNE	SCORPION	12 POISSONS
12 JUIN	CANCER	TAUREAU	LION	BALANCE	POISSONS	CAPRICORNE	CAPRICORNE	SCORPION	24 POISSONS
13 JUIN	CANCER	TAUREAU	LION	BALANCE	POISSONS	CAPRICORNE	CAPRICORNE	SCORPION	6 BELIER
14 JUIN	CANCER	TAUREAU	LION	BALANCE	POISSONS	CAPRICORNE	CAPRICORNE	SCORPION	18 BELIER
15 JUIN	CANCER	TAUREAU	LION	BALANCE	POISSONS	CAPRICORNE	CAPRICORNE	SCORPION	0 TAUREAU
16 JUIN	CANCER	TAUREAU	LION	BALANCE	POISSONS	CAPRICORNE	CAPRICORNE	SCORPION	12 TAUREAU
17 JUIN	CANCER	TAUREAU	LION	BALANCE	POISSONS	CAPRICORNE	CAPRICORNE	SCORPION	25 TAUREAU
18 JUIN	CANCER	TAUREAU	LION	BALANCE	POISSONS	CAPRICORNE	CAPRICORNE	SCORPION	8 GEMEAUX
19 JUIN	CANCER	TAUREAU	LION	BALANCE	POISSONS	CAPRICORNE	CAPRICORNE	SCORPION	21 GEMEAUX
20 JUIN	CANCER	TAUREAU	LION	BALANCE	POISSONS	CAPRICORNE	CAPRICORNE	SCORPION	4 CANCER
21 JUIN	CANCER	TAUREAU	LION	BALANCE	POISSONS	CAPRICORNE	CAPRICORNE	SCORPION	18 CANCER

LE SOLEIL ENTRE DANS LE SIGNE DES GÉMEAUX LE 21 MAI 1993 A 1 h 00
QUITTE LE SIGNE DES LE 21 JUIN A 8 h 55

* LES CHIFFRES INDIQUENT LES DEGRÉS

DÉCOUVREZ DANS QUEL SIGNE SE TROUVAIENT LES PLANÈTES A VOTRE NAISSANCE

1994	MERCURE	VENUS	MARS	JUPITER	SATURNE	URANUS	NEPTUNE	PLUTON	LUNE*
21 MAI	GEMEAUX	CANCER	BELIER	SCORPION	POISSONS	CAPRICORNE	CAPRICORNE	SCORPION	9 BALANCE
22 MAI	GEMEAUX	CANCER	BELIER	SCORPION	POISSONS	CAPRICORNE	CAPRICORNE	SCORPION	24 BALANCE
23 MAI	GEMEAUX	CANCER	BELIER	SCORPION	POISSONS	CAPRICORNE	CAPRICORNE	SCORPION	9 SCORPION
24 MAI	GEMEAUX	CANCER	TAUREAU	SCORPION	POISSONS	CAPRICORNE	CAPRICORNE	SCORPION	24 SCORPION
25 MAI	GEMEAUX	CANCER	TAUREAU	SCORPION	POISSONS	CAPRICORNE	CAPRICORNE	SCORPION	9 SAGITTAIRE
26 MAI	GEMEAUX	CANCER	TAUREAU	SCORPION	POISSONS	CAPRICORNE	CAPRICORNE	SCORPION	23 SAGITTAIRE
27 MAI	GEMEAUX	CANCER	TAUREAU	SCORPION	POISSONS	CAPRICORNE	CAPRICORNE	SCORPION	8 CAPRICORNE
28 MAI	GEMEAUX	CANCER	TAUREAU	SCORPION	POISSONS	CAPRICORNE	CAPRICORNE	SCORPION	22 CAPRICORNE
29 MAI	CANCER	CANCER	TAUREAU	SCORPION	POISSONS	CAPRICORNE	CAPRICORNE	SCORPION	6 VERSEAU
30 MAI	CANCER	CANCER	TAUREAU	SCORPION	POISSONS	CAPRICORNE	CAPRICORNE	SCORPION	19 VERSEAU
31 MAI	CANCER	CANCER	TAUREAU	SCORPION	POISSONS	CAPRICORNE	CAPRICORNE	SCORPION	2 POISSONS
1 JUIN	CANCER	CANCER	TAUREAU	SCORPION	POISSONS	CAPRICORNE	CAPRICORNE	SCORPION	14 POISSONS
2 JUIN	CANCER	CANCER	TAUREAU	SCORPION	POISSONS	CAPRICORNE	CAPRICORNE	SCORPION	26 POISSONS
3 JUIN	CANCER	CANCER	TAUREAU	SCORPION	POISSONS	CAPRICORNE	CAPRICORNE	SCORPION	8 BELIER
4 JUIN	CANCER	CANCER	TAUREAU	SCORPION	POISSONS	CAPRICORNE	CAPRICORNE	SCORPION	20 BELIER
5 JUIN	CANCER	CANCER	TAUREAU	SCORPION	POISSONS	CAPRICORNE	CAPRICORNE	SCORPION	2 TAUREAU
6 JUIN	CANCER	CANCER	TAUREAU	SCORPION	POISSONS	CAPRICORNE	CAPRICORNE	SCORPION	14 TAUREAU
7 JUIN	CANCER	CANCER	TAUREAU	SCORPION	POISSONS	CAPRICORNE	CAPRICORNE	SCORPION	26 TAUREAU
8 JUIN	CANCER	CANCER	TAUREAU	SCORPION	POISSONS	CAPRICORNE	CAPRICORNE	SCORPION	8 GEMEAUX
9 JUIN	CANCER	CANCER	TAUREAU	SCORPION	POISSONS	CAPRICORNE	CAPRICORNE	SCORPION	20 GEMEAUX
10 JUIN	CANCER	CANCER	TAUREAU	SCORPION	POISSONS	CAPRICORNE	CAPRICORNE	SCORPION	2 CANCER
11 JUIN	CANCER	CANCER	TAUREAU	SCORPION	POISSONS	CAPRICORNE	CAPRICORNE	SCORPION	15 CANCER
12 JUIN	CANCER	CANCER	TAUREAU	SCORPION	POISSONS	CAPRICORNE	CAPRICORNE	SCORPION	27 CANCER
13 JUIN	CANCER	CANCER	TAUREAU	SCORPION	POISSONS	CAPRICORNE	CAPRICORNE	SCORPION	10 LION
14 JUIN	CANCER	CANCER	TAUREAU	SCORPION	POISSONS	CAPRICORNE	CAPRICORNE	SCORPION	23 LION
15 JUIN	CANCER	LION	TAUREAU	SCORPION	POISSONS	CAPRICORNE	CAPRICORNE	SCORPION	7 VIERGE
16 JUIN	CANCER	LION	TAUREAU	SCORPION	POISSONS	CAPRICORNE	CAPRICORNE	SCORPION	21 VIERGE
17 JUIN	CANCER	LION	TAUREAU	SCORPION	POISSONS	CAPRICORNE	CAPRICORNE	SCORPION	4 BALANCE
18 JUIN	CANCER	LION	TAUREAU	SCORPION	POISSONS	CAPRICORNE	CAPRICORNE	SCORPION	19 BALANCE
19 JUIN	CANCER	LION	TAUREAU	SCORPION	POISSONS	CAPRICORNE	CAPRICORNE	SCORPION	3 SCORPION
20 JUIN	CANCER	LION	TAUREAU	SCORPION	POISSONS	CAPRICORNE	CAPRICORNE	SCORPION	18 SCORPION
21 JUIN	CANCER	LION	TAUREAU	SCORPION	POISSONS	CAPRICORNE	CAPRICORNE	SCORPION	2 SAGITTAIRE

LE SOLEIL ENTRE DANS LE SIGNE DES GÉMEAUX LE 21 MAI 1994 A 6 h 45 * LES CHIFFRES INDIQUENT LES DEGRÉS
QUITTE LE SIGNE DES LE 21 JUIN A 14 h 45

1995	MERCURE	VENUS	MARS	JUPITER	SATURNE	URANUS	NEPTUNE	PLUTON	LUNE*
21 MAI	GEMEAUX	TAUREAU	LION	SAGITTAIRE	POISSONS	VERSEAU	CAPRICORNE	SCORPION	0 POISSONS
22 MAI	GEMEAUX	TAUREAU	LION	SAGITTAIRE	POISSONS	VERSEAU	CAPRICORNE	SCORPION	13 POISSONS
23 MAI	GEMEAUX	TAUREAU	LION	SAGITTAIRE	POISSONS	VERSEAU	CAPRICORNE	SCORPION	26 POISSONS
24 MAI	GEMEAUX	TAUREAU	LION	SAGITTAIRE	POISSONS	VERSEAU	CAPRICORNE	SCORPION	8 BELIER
25 MAI	GEMEAUX	TAUREAU	LION	SAGITTAIRE	POISSONS	VERSEAU	CAPRICORNE	SCORPION	21 BELIER
26 MAI	GEMEAUX	TAUREAU	VIERGE	SAGITTAIRE	POISSONS	VERSEAU	CAPRICORNE	SCORPION	3 TAUREAU
27 MAI	GEMEAUX	TAUREAU	VIERGE	SAGITTAIRE	POISSONS	VERSEAU	CAPRICORNE	SCORPION	15 TAUREAU
28 MAI	GEMEAUX	TAUREAU	VIERGE	SAGITTAIRE	POISSONS	VERSEAU	CAPRICORNE	SCORPION	29 TAUREAU
29 MAI	GEMEAUX	TAUREAU	VIERGE	SAGITTAIRE	POISSONS	VERSEAU	CAPRICORNE	SCORPION	8 GEMEAUX
30 MAI	GEMEAUX	TAUREAU	VIERGE	SAGITTAIRE	POISSONS	VERSEAU	CAPRICORNE	SCORPION	20 GEMEAUX
31 MAI	GEMEAUX	TAUREAU	VIERGE	SAGITTAIRE	POISSONS	VERSEAU	CAPRICORNE	SCORPION	2 CANCER
1 JUIN	GEMEAUX	TAUREAU	VIERGE	SAGITTAIRE	POISSONS	VERSEAU	CAPRICORNE	SCORPION	14 CANCER
2 JUIN	GEMEAUX	TAUREAU	VIERGE	SAGITTAIRE	POISSONS	VERSEAU	CAPRICORNE	SCORPION	26 CANCER
3 JUIN	GEMEAUX	TAUREAU	VIERGE	SAGITTAIRE	POISSONS	VERSEAU	CAPRICORNE	SCORPION	8 LION
4 JUIN	GEMEAUX	TAUREAU	VIERGE	SAGITTAIRE	POISSONS	VERSEAU	CAPRICORNE	SCORPION	20 LION
5 JUIN	GEMEAUX	TAUREAU	VIERGE	SAGITTAIRE	POISSONS	VERSEAU	CAPRICORNE	SCORPION	3 VIERGE
6 JUIN	GEMEAUX	TAUREAU	VIERGE	SAGITTAIRE	POISSONS	VERSEAU	CAPRICORNE	SCORPION	16 VIERGE
7 JUIN	GEMEAUX	TAUREAU	VIERGE	SAGITTAIRE	POISSONS	VERSEAU	CAPRICORNE	SCORPION	29 VIERGE
8 JUIN	GEMEAUX	TAUREAU	VIERGE	SAGITTAIRE	POISSONS	VERSEAU	CAPRICORNE	SCORPION	13 BALANCE
9 JUIN	GEMEAUX	TAUREAU	VIERGE	SAGITTAIRE	POISSONS	VERSEAU	CAPRICORNE	SCORPION	27 BALANCE
10 JUIN	GEMEAUX	TAUREAU	VIERGE	SAGITTAIRE	POISSONS	CAPRICORNE	CAPRICORNE	SCORPION	11 SCORPION
11 JUIN	GEMEAUX	GEMEAUX	VIERGE	SAGITTAIRE	POISSONS	CAPRICORNE	CAPRICORNE	SCORPION	26 SCORPION
12 JUIN	GEMEAUX	GEMEAUX	VIERGE	SAGITTAIRE	POISSONS	CAPRICORNE	CAPRICORNE	SCORPION	11 SAGITTAIRE
13 JUIN	GEMEAUX	GEMEAUX	VIERGE	SAGITTAIRE	POISSONS	CAPRICORNE	CAPRICORNE	SCORPION	26 SAGITTAIRE
14 JUIN	GEMEAUX	GEMEAUX	VIERGE	SAGITTAIRE	POISSONS	CAPRICORNE	CAPRICORNE	SCORPION	12 CAPRICORNE
15 JUIN	GEMEAUX	GEMEAUX	VIERGE	SAGITTAIRE	POISSONS	CAPRICORNE	CAPRICORNE	SCORPION	27 CAPRICORNE
16 JUIN	GEMEAUX	GEMEAUX	VIERGE	SAGITTAIRE	POISSONS	CAPRICORNE	CAPRICORNE	SCORPION	11 VERSEAU
17 JUIN	GEMEAUX	GEMEAUX	VIERGE	SAGITTAIRE	POISSONS	CAPRICORNE	CAPRICORNE	SCORPION	25 VERSEAU
18 JUIN	GEMEAUX	GEMEAUX	VIERGE	SAGITTAIRE	POISSONS	CAPRICORNE	CAPRICORNE	SCORPION	9 POISSONS
19 JUIN	GEMEAUX	GEMEAUX	VIERGE	SAGITTAIRE	POISSONS	CAPRICORNE	CAPRICORNE	SCORPION	22 POISSONS
20 JUIN	GEMEAUX	GEMEAUX	VIERGE	SAGITTAIRE	POISSONS	CAPRICORNE	CAPRICORNE	SCORPION	5 BELIER
21 JUIN	GEMEAUX	GEMEAUX	VIERGE	SAGITTAIRE	POISSONS	CAPRICORNE	CAPRICORNE	SCORPION	18 BELIER

LE SOLEIL ENTRE DANS LE SIGNE DES GÉMEAUX LE 21 MAI 1995 A 12 h 30 * LES CHIFFRES INDIQUENT LES DEGRÉS
QUITTE LE SIGNE DES LE 21 JUIN A 20 h 30

DÉCOUVREZ DANS QUEL SIGNE SE TROUVAIENT LES PLANÈTES A VOTRE NAISSANCE

1996	MERCURE	VENUS	MARS	JUPITER	SATURNE	URANUS	NEPTUNE	PLUTON	LUNE*
20 MAI	TAUREAU	GEMEAUX	TAUREAU	CAPRICORNE	BELIER	VERSEAU	CAPRICORNE	SAGITTAIRE	4 CANCER
21 MAI	TAUREAU	GEMEAUX	TAUREAU	CAPRICORNE	BELIER	VERSEAU	CAPRICORNE	SAGITTAIRE	16 CANCER
22 MAI	TAUREAU	GEMEAUX	TAUREAU	CAPRICORNE	BELIER	VERSEAU	CAPRICORNE	SAGITTAIRE	28 CANCER
23 MAI	TAUREAU	GEMEAUX	TAUREAU	CAPRICORNE	BELIER	VERSEAU	CAPRICORNE	SAGITTAIRE	9 LION
24 MAI	TAUREAU	GEMEAUX	TAUREAU	CAPRICORNE	BELIER	VERSEAU	CAPRICORNE	SAGITTAIRE	21 LION
25 MAI	TAUREAU	GEMEAUX	TAUREAU	CAPRICORNE	BELIER	VERSEAU	CAPRICORNE	SAGITTAIRE	3 VIERGE
26 MAI	TAUREAU	GEMEAUX	TAUREAU	CAPRICORNE	BELIER	VERSEAU	CAPRICORNE	SAGITTAIRE	15 VIERGE
27 MAI	TAUREAU	GEMEAUX	TAUREAU	CAPRICORNE	BELIER	VERSEAU	CAPRICORNE	SAGITTAIRE	28 VIERGE
28 MAI	TAUREAU	GEMEAUX	TAUREAU	CAPRICORNE	BELIER	VERSEAU	CAPRICORNE	SAGITTAIRE	11 BALANCE
29 MAI	TAUREAU	GEMEAUX	TAUREAU	CAPRICORNE	BELIER	VERSEAU	CAPRICORNE	SAGITTAIRE	24 BALANCE
30 MAI	TAUREAU	GEMEAUX	TAUREAU	CAPRICORNE	BELIER	VERSEAU	CAPRICORNE	SAGITTAIRE	7 SCORPION
31 MAI	TAUREAU	GEMEAUX	TAUREAU	CAPRICORNE	BELIER	VERSEAU	CAPRICORNE	SAGITTAIRE	22 SCORPION
1 JUIN	TAUREAU	GEMEAUX	TAUREAU	CAPRICORNE	BELIER	VERSEAU	CAPRICORNE	SAGITTAIRE	6 SAGITTAIRE
2 JUIN	TAUREAU	GEMEAUX	TAUREAU	CAPRICORNE	BELIER	VERSEAU	CAPRICORNE	SAGITTAIRE	21 SAGITTAIRE
3 JUIN	TAUREAU	GEMEAUX	TAUREAU	CAPRICORNE	BELIER	VERSEAU	CAPRICORNE	SAGITTAIRE	6 CAPRICORNE
4 JUIN	TAUREAU	GEMEAUX	TAUREAU	CAPRICORNE	BELIER	VERSEAU	CAPRICORNE	SAGITTAIRE	21 CAPRICORNE
5 JUIN	TAUREAU	GEMEAUX	TAUREAU	CAPRICORNE	BELIER	VERSEAU	CAPRICORNE	SAGITTAIRE	5 VERSEAU
6 JUIN	TAUREAU	GEMEAUX	TAUREAU	CAPRICORNE	BELIER	VERSEAU	CAPRICORNE	SAGITTAIRE	20 VERSEAU
7 JUIN	TAUREAU	GEMEAUX	TAUREAU	CAPRICORNE	BELIER	VERSEAU	CAPRICORNE	SAGITTAIRE	4 POISSONS
8 JUIN	TAUREAU	GEMEAUX	TAUREAU	CAPRICORNE	BELIER	VERSEAU	CAPRICORNE	SAGITTAIRE	18 POISSONS
9 JUIN	TAUREAU	GEMEAUX	TAUREAU	CAPRICORNE	BELIER	VERSEAU	CAPRICORNE	SAGITTAIRE	2 BELIER
10 JUIN	TAUREAU	GEMEAUX	TAUREAU	CAPRICORNE	BELIER	VERSEAU	CAPRICORNE	SAGITTAIRE	15 BELIER
11 JUIN	TAUREAU	GEMEAUX	TAUREAU	CAPRICORNE	BELIER	VERSEAU	CAPRICORNE	SAGITTAIRE	28 BELIER
12 JUIN	TAUREAU	GEMEAUX	TAUREAU	CAPRICORNE	BELIER	VERSEAU	CAPRICORNE	SAGITTAIRE	11 TAUREAU
13 JUIN	TAUREAU	GEMEAUX	GEMEAUX	CAPRICORNE	BELIER	VERSEAU	CAPRICORNE	SAGITTAIRE	23 TAUREAU
14 JUIN	GEMEAUX	GEMEAUX	GEMEAUX	CAPRICORNE	BELIER	VERSEAU	CAPRICORNE	SAGITTAIRE	6 GEMEAUX
15 JUIN	GEMEAUX	GEMEAUX	GEMEAUX	CAPRICORNE	BELIER	VERSEAU	CAPRICORNE	SAGITTAIRE	18 GEMEAUX
16 JUIN	GEMEAUX	GEMEAUX	GEMEAUX	CAPRICORNE	BELIER	VERSEAU	CAPRICORNE	SAGITTAIRE	0 CANCER
17 JUIN	GEMEAUX	GEMEAUX	GEMEAUX	CAPRICORNE	BELIER	VERSEAU	CAPRICORNE	SAGITTAIRE	12 CANCER
18 JUIN	GEMEAUX	GEMEAUX	GEMEAUX	CAPRICORNE	BELIER	VERSEAU	CAPRICORNE	SAGITTAIRE	24 CANCER
19 JUIN	GEMEAUX	GEMEAUX	GEMEAUX	CAPRICORNE	BELIER	VERSEAU	CAPRICORNE	SAGITTAIRE	6 LION
20 JUIN	GEMEAUX	GEMEAUX	GEMEAUX	CAPRICORNE	BELIER	VERSEAU	CAPRICORNE	SAGITTAIRE	18 LION
21 JUIN	GEMEAUX	GEMEAUX	GEMEAUX	CAPRICORNE	BELIER	VERSEAU	CAPRICORNE	SAGITTAIRE	0 VIERGE

LE SOLEIL ENTRE DANS LE SIGNE DES GÉMEAUX LE 20 MAI 1996 A 18 h 20
QUITTE LE SIGNE DES LE 21 JUIN A 2 h 20

* LES CHIFFRES INDIQUENT LES DEGRÉS

1997	MERCURE	VENUS	MARS	JUPITER	SATURNE	URANUS	NEPTUNE	PLUTON	LUNE*
21 MAI	TAUREAU	GEMEAUX	VIERGE	VERSEAU	BELIER	VERSEAU	CAPRICORNE	SAGITTAIRE	19 SCORPION
22 MAI	TAUREAU	GEMEAUX	VIERGE	VERSEAU	BELIER	VERSEAU	CAPRICORNE	SAGITTAIRE	3 SAGITTAIRE
23 MAI	TAUREAU	GEMEAUX	VIERGE	VERSEAU	BELIER	VERSEAU	CAPRICORNE	SAGITTAIRE	16 SAGITTAIRE
24 MAI	TAUREAU	GEMEAUX	VIERGE	VERSEAU	BELIER	VERSEAU	CAPRICORNE	SAGITTAIRE	0 CAPRICORNE
25 MAI	TAUREAU	GEMEAUX	VIERGE	VERSEAU	BELIER	VERSEAU	CAPRICORNE	SAGITTAIRE	14 CAPRICORNE
26 MAI	TAUREAU	GEMEAUX	VIERGE	VERSEAU	BELIER	VERSEAU	CAPRICORNE	SAGITTAIRE	28 CAPRICORNE
27 MAI	TAUREAU	GEMEAUX	VIERGE	VERSEAU	BELIER	VERSEAU	CAPRICORNE	SAGITTAIRE	12 VERSEAU
28 MAI	TAUREAU	GEMEAUX	VIERGE	VERSEAU	BELIER	VERSEAU	CAPRICORNE	SAGITTAIRE	26 VERSEAU
29 MAI	TAUREAU	GEMEAUX	VIERGE	VERSEAU	BELIER	VERSEAU	CAPRICORNE	SAGITTAIRE	10 POISSONS
30 MAI	TAUREAU	GEMEAUX	VIERGE	VERSEAU	BELIER	VERSEAU	CAPRICORNE	SAGITTAIRE	24 POISSONS
31 MAI	TAUREAU	GEMEAUX	VIERGE	VERSEAU	BELIER	VERSEAU	CAPRICORNE	SAGITTAIRE	8 BELIER
1 JUIN	TAUREAU	GEMEAUX	VIERGE	VERSEAU	BELIER	VERSEAU	CAPRICORNE	SAGITTAIRE	22 BELIER
2 JUIN	TAUREAU	GEMEAUX	VIERGE	VERSEAU	BELIER	VERSEAU	CAPRICORNE	SAGITTAIRE	6 TAUREAU
3 JUIN	TAUREAU	GEMEAUX	VIERGE	VERSEAU	BELIER	VERSEAU	CAPRICORNE	SAGITTAIRE	20 TAUREAU
4 JUIN	TAUREAU	CANCER	VIERGE	VERSEAU	BELIER	VERSEAU	CAPRICORNE	SAGITTAIRE	4 GEMEAUX
5 JUIN	TAUREAU	CANCER	VIERGE	VERSEAU	BELIER	VERSEAU	CAPRICORNE	SAGITTAIRE	17 GEMEAUX
6 JUIN	TAUREAU	CANCER	VIERGE	VERSEAU	BELIER	VERSEAU	CAPRICORNE	SAGITTAIRE	0 CANCER
7 JUIN	TAUREAU	CANCER	VIERGE	VERSEAU	BELIER	VERSEAU	CAPRICORNE	SAGITTAIRE	13 CANCER
8 JUIN	TAUREAU	CANCER	VIERGE	VERSEAU	BELIER	VERSEAU	CAPRICORNE	SAGITTAIRE	26 CANCER
9 JUIN	GEMEAUX	CANCER	VIERGE	VERSEAU	BELIER	VERSEAU	CAPRICORNE	SAGITTAIRE	8 LION
10 JUIN	GEMEAUX	CANCER	VIERGE	VERSEAU	BELIER	VERSEAU	CAPRICORNE	SAGITTAIRE	20 LION
11 JUIN	GEMEAUX	CANCER	VIERGE	VERSEAU	BELIER	VERSEAU	CAPRICORNE	SAGITTAIRE	2 VIERGE
12 JUIN	GEMEAUX	CANCER	VIERGE	VERSEAU	BELIER	VERSEAU	CAPRICORNE	SAGITTAIRE	14 VIERGE
13 JUIN	GEMEAUX	CANCER	VIERGE	VERSEAU	BELIER	VERSEAU	CAPRICORNE	SAGITTAIRE	25 VIERGE
14 JUIN	GEMEAUX	CANCER	VIERGE	VERSEAU	BELIER	VERSEAU	CAPRICORNE	SAGITTAIRE	7 BALANCE
15 JUIN	GEMEAUX	CANCER	VIERGE	VERSEAU	BELIER	VERSEAU	CAPRICORNE	SAGITTAIRE	20 BALANCE
16 JUIN	GEMEAUX	CANCER	VIERGE	VERSEAU	BELIER	VERSEAU	CAPRICORNE	SAGITTAIRE	2 SCORPION
17 JUIN	GEMEAUX	CANCER	VIERGE	VERSEAU	BELIER	VERSEAU	CAPRICORNE	SAGITTAIRE	15 SCORPION
18 JUIN	GEMEAUX	CANCER	VIERGE	VERSEAU	BELIER	VERSEAU	CAPRICORNE	SAGITTAIRE	28 SCORPION
19 JUIN	GEMEAUX	CANCER	BALANCE	VERSEAU	BELIER	VERSEAU	CAPRICORNE	SAGITTAIRE	11 SAGITTAIRE
20 JUIN	GEMEAUX	CANCER	BALANCE	VERSEAU	BELIER	VERSEAU	CAPRICORNE	SAGITTAIRE	25 SAGITTAIRE
21 JUIN	GEMEAUX	CANCER	BALANCE	VERSEAU	BELIER	VERSEAU	CAPRICORNE	SAGITTAIRE	9 CAPRICORNE

LE SOLEIL ENTRE DANS LE SIGNE DES GÉMEAUX LE 21 MAI 1997 A 0 h 15
QUITTE LE SIGNE DES LE 21 JUIN A 8 h 15

* LES CHIFFRES INDIQUENT LES DEGRÉS

DÉCOUVREZ DANS QUEL SIGNE SE TROUVAIENT LES PLANÈTES A VOTRE NAISSANCE

1998	MERCURE	VENUS	MARS	JUPITER	SATURNE	URANUS	NEPTUNE	PLUTON	LUNE*
21 MAI	TAUREAU	BELIER	TAUREAU	POISSONS	BELIER	VERSEAU	VERSEAU	SAGITTAIRE	0 BELIER
22 MAI	TAUREAU	BELIER	TAUREAU	POISSONS	BELIER	VERSEAU	VERSEAU	SAGITTAIRE	15 BELIER
23 MAI	TAUREAU	BELIER	TAUREAU	POISSONS	BELIER	VERSEAU	VERSEAU	SAGITTAIRE	0 TAUREAU
24 MAI	TAUREAU	BELIER	GEMEAUX	POISSONS	BELIER	VERSEAU	VERSEAU	SAGITTAIRE	15 TAUREAU
25 MAI	TAUREAU	BELIER	GEMEAUX	POISSONS	BELIER	VERSEAU	VERSEAU	SAGITTAIRE	0 GEMEAUX
26 MAI	TAUREAU	BELIER	GEMEAUX	POISSONS	BELIER	VERSEAU	VERSEAU	SAGITTAIRE	14 GEMEAUX
27 MAI	TAUREAU	BELIER	GEMEAUX	POISSONS	BELIER	VERSEAU	VERSEAU	SAGITTAIRE	29 GEMEAUX
28 MAI	TAUREAU	BELIER	GEMEAUX	POISSONS	BELIER	VERSEAU	VERSEAU	SAGITTAIRE	12 CANCER
29 MAI	TAUREAU	BELIER	GEMEAUX	POISSONS	BELIER	VERSEAU	VERSEAU	SAGITTAIRE	26 CANCER
30 MAI	TAUREAU	TAUREAU	GEMEAUX	POISSONS	BELIER	VERSEAU	VERSEAU	SAGITTAIRE	9 LION
31 MAI	TAUREAU	TAUREAU	GEMEAUX	POISSONS	BELIER	VERSEAU	VERSEAU	SAGITTAIRE	22 LION
1 JUIN	GEMEAUX	TAUREAU	GEMEAUX	POISSONS	BELIER	VERSEAU	VERSEAU	SAGITTAIRE	4 VIERGE
2 JUIN	GEMEAUX	TAUREAU	GEMEAUX	POISSONS	BELIER	VERSEAU	VERSEAU	SAGITTAIRE	16 VIERGE
3 JUIN	GEMEAUX	TAUREAU	GEMEAUX	POISSONS	BELIER	VERSEAU	VERSEAU	SAGITTAIRE	28 VIERGE
4 JUIN	GEMEAUX	TAUREAU	GEMEAUX	POISSONS	BELIER	VERSEAU	VERSEAU	SAGITTAIRE	10 BALANCE
5 JUIN	GEMEAUX	TAUREAU	GEMEAUX	POISSONS	BELIER	VERSEAU	VERSEAU	SAGITTAIRE	22 BALANCE
6 JUIN	GEMEAUX	TAUREAU	GEMEAUX	POISSONS	BELIER	VERSEAU	VERSEAU	SAGITTAIRE	4 SCORPION
7 JUIN	GEMEAUX	TAUREAU	GEMEAUX	POISSONS	BELIER	VERSEAU	VERSEAU	SAGITTAIRE	16 SCORPION
8 JUIN	GEMEAUX	TAUREAU	GEMEAUX	POISSONS	BELIER	VERSEAU	VERSEAU	SAGITTAIRE	28 SCORPION
9 JUIN	GEMEAUX	TAUREAU	GEMEAUX	POISSONS	TAUREAU	VERSEAU	VERSEAU	SAGITTAIRE	10 SAGITTAIRE
10 JUIN	GEMEAUX	TAUREAU	GEMEAUX	POISSONS	TAUREAU	VERSEAU	VERSEAU	SAGITTAIRE	23 SAGITTAIRE
11 JUIN	GEMEAUX	TAUREAU	GEMEAUX	POISSONS	TAUREAU	VERSEAU	VERSEAU	SAGITTAIRE	6 CAPRICORNE
12 JUIN	GEMEAUX	TAUREAU	GEMEAUX	POISSONS	TAUREAU	VERSEAU	VERSEAU	SAGITTAIRE	19 CAPRICORNE
13 JUIN	GEMEAUX	TAUREAU	GEMEAUX	POISSONS	TAUREAU	VERSEAU	VERSEAU	SAGITTAIRE	2 VERSEAU
14 JUIN	GEMEAUX	TAUREAU	GEMEAUX	POISSONS	TAUREAU	VERSEAU	VERSEAU	SAGITTAIRE	15 VERSEAU
15 JUIN	CANCER	TAUREAU	GEMEAUX	POISSONS	TAUREAU	VERSEAU	VERSEAU	SAGITTAIRE	29 VERSEAU
16 JUIN	CANCER	TAUREAU	GEMEAUX	POISSONS	TAUREAU	VERSEAU	VERSEAU	SAGITTAIRE	13 POISSONS
17 JUIN	CANCER	TAUREAU	GEMEAUX	POISSONS	TAUREAU	VERSEAU	VERSEAU	SAGITTAIRE	27 POISSONS
18 JUIN	CANCER	TAUREAU	GEMEAUX	POISSONS	TAUREAU	VERSEAU	VERSEAU	SAGITTAIRE	11 BELIER
19 JUIN	CANCER	TAUREAU	GEMEAUX	POISSONS	TAUREAU	VERSEAU	VERSEAU	SAGITTAIRE	25 BELIER
20 JUIN	CANCER	TAUREAU	GEMEAUX	POISSONS	TAUREAU	VERSEAU	VERSEAU	SAGITTAIRE	9 TAUREAU
21 JUIN	CANCER	TAUREAU	GEMEAUX	POISSONS	TAUREAU	VERSEAU	VERSEAU	SAGITTAIRE	24 TAUREAU

LE SOLEIL ENTRE DANS LE SIGNE DES GÉMEAUX LE 21 MAI 1998 A 6 h 00
QUITTE LE SIGNE DES LE 21 JUIN A 14 h 00
* LES CHIFFRES INDIQUENT LES DEGRÉS

1999	MERCURE	VENUS	MARS	JUPITER	SATURNE	URANUS	NEPTUNE	PLUTON	LUNE*
21 MAI	TAUREAU	CANCER	BALANCE	BELIER	TAUREAU	VERSEAU	VERSEAU	SAGITTAIRE	21 LION
22 MAI	TAUREAU	CANCER	BALANCE	BELIER	TAUREAU	VERSEAU	VERSEAU	SAGITTAIRE	4 VIERGE
23 MAI	TAUREAU	CANCER	BALANCE	BELIER	TAUREAU	VERSEAU	VERSEAU	SAGITTAIRE	16 VIERGE
24 MAI	GEMEAUX	CANCER	BALANCE	BELIER	TAUREAU	VERSEAU	VERSEAU	SAGITTAIRE	29 VIERGE
25 MAI	GEMEAUX	CANCER	BALANCE	BELIER	TAUREAU	VERSEAU	VERSEAU	SAGITTAIRE	11 BALANCE
26 MAI	GEMEAUX	CANCER	BALANCE	BELIER	TAUREAU	VERSEAU	VERSEAU	SAGITTAIRE	23 BALANCE
27 MAI	GEMEAUX	CANCER	BALANCE	BELIER	TAUREAU	VERSEAU	VERSEAU	SAGITTAIRE	5 SCORPION
28 MAI	GEMEAUX	CANCER	BALANCE	BELIER	TAUREAU	VERSEAU	VERSEAU	SAGITTAIRE	17 SCORPION
29 MAI	GEMEAUX	CANCER	BALANCE	BELIER	TAUREAU	VERSEAU	VERSEAU	SAGITTAIRE	29 SCORPION
30 MAI	GEMEAUX	CANCER	BALANCE	BELIER	TAUREAU	VERSEAU	VERSEAU	SAGITTAIRE	11 SAGITTAIRE
31 MAI	GEMEAUX	CANCER	BALANCE	BELIER	TAUREAU	VERSEAU	VERSEAU	SAGITTAIRE	23 SAGITTAIRE
1 JUIN	GEMEAUX	CANCER	BALANCE	BELIER	TAUREAU	VERSEAU	VERSEAU	SAGITTAIRE	5 CAPRICORNE
2 JUIN	GEMEAUX	CANCER	BALANCE	BELIER	TAUREAU	VERSEAU	VERSEAU	SAGITTAIRE	17 CAPRICORNE
3 JUIN	GEMEAUX	CANCER	BALANCE	BELIER	TAUREAU	VERSEAU	VERSEAU	SAGITTAIRE	29 CAPRICORNE
4 JUIN	GEMEAUX	CANCER	BALANCE	BELIER	TAUREAU	VERSEAU	VERSEAU	SAGITTAIRE	11 VERSEAU
5 JUIN	GEMEAUX	CANCER	BALANCE	BELIER	TAUREAU	VERSEAU	VERSEAU	SAGITTAIRE	24 VERSEAU
6 JUIN	GEMEAUX	LION	BALANCE	BELIER	TAUREAU	VERSEAU	VERSEAU	SAGITTAIRE	7 POISSONS
7 JUIN	CANCER	LION	BALANCE	BELIER	TAUREAU	VERSEAU	VERSEAU	SAGITTAIRE	20 POISSONS
8 JUIN	CANCER	LION	BALANCE	BELIER	TAUREAU	VERSEAU	VERSEAU	SAGITTAIRE	4 BELIER
9 JUIN	CANCER	LION	BALANCE	BELIER	TAUREAU	VERSEAU	VERSEAU	SAGITTAIRE	18 BELIER
10 JUIN	CANCER	LION	BALANCE	BELIER	TAUREAU	VERSEAU	VERSEAU	SAGITTAIRE	2 TAUREAU
11 JUIN	CANCER	LION	BALANCE	BELIER	TAUREAU	VERSEAU	VERSEAU	SAGITTAIRE	17 TAUREAU
12 JUIN	CANCER	LION	BALANCE	BELIER	TAUREAU	VERSEAU	VERSEAU	SAGITTAIRE	2 GEMEAUX
13 JUIN	CANCER	LION	BALANCE	BELIER	TAUREAU	VERSEAU	VERSEAU	SAGITTAIRE	18 GEMEAUX
14 JUIN	CANCER	LION	BALANCE	BELIER	TAUREAU	VERSEAU	VERSEAU	SAGITTAIRE	3 CANCER
15 JUIN	CANCER	LION	BALANCE	BELIER	TAUREAU	VERSEAU	VERSEAU	SAGITTAIRE	17 CANCER
16 JUIN	CANCER	LION	BALANCE	BELIER	TAUREAU	VERSEAU	VERSEAU	SAGITTAIRE	2 LION
17 JUIN	CANCER	LION	BALANCE	BELIER	TAUREAU	VERSEAU	VERSEAU	SAGITTAIRE	16 LION
18 JUIN	CANCER	LION	BALANCE	BELIER	TAUREAU	VERSEAU	VERSEAU	SAGITTAIRE	0 VIERGE
19 JUIN	CANCER	LION	BALANCE	BELIER	TAUREAU	VERSEAU	VERSEAU	SAGITTAIRE	13 VIERGE
20 JUIN	CANCER	LION	BALANCE	BELIER	TAUREAU	VERSEAU	VERSEAU	SAGITTAIRE	25 VIERGE
21 JUIN	CANCER	LION	BALANCE	BELIER	TAUREAU	VERSEAU	VERSEAU	SAGITTAIRE	8 BALANCE

LE SOLEIL ENTRE DANS LE SIGNE DES GÉMEAUX LE 21 MAI 1999 A 11 h 40
QUITTE LE SIGNE DES LE 21 JUIN A 19 h 45
* LES CHIFFRES INDIQUENT LES DEGRÉS

DÉCOUVREZ DANS QUEL SIGNE SE TROUVAIENT LES PLANÈTES A VOTRE NAISSANCE

2000	MERCURE	VENUS	MARS	JUPITER	SATURNE	URANUS	NEPTUNE	PLUTON	LUNE*
20 MAI	GEMEAUX	TAUREAU	GEMEAUX	TAUREAU	TAUREAU	VERSEAU	VERSEAU	SAGITTAIRE	24 SAGITTAIRE
21 MAI	GEMEAUX	TAUREAU	GEMEAUX	TAUREAU	TAUREAU	VERSEAU	VERSEAU	SAGITTAIRE	6 CAPRICORNE
22 MAI	GEMEAUX	TAUREAU	GEMEAUX	TAUREAU	TAUREAU	VERSEAU	VERSEAU	SAGITTAIRE	18 CAPRICORNE
23 MAI	GEMEAUX	TAUREAU	GEMEAUX	TAUREAU	TAUREAU	VERSEAU	VERSEAU	SAGITTAIRE	0 VERSEAU
24 MAI	GEMEAUX	TAUREAU	GEMEAUX	TAUREAU	TAUREAU	VERSEAU	VERSEAU	SAGITTAIRE	11 VERSEAU
25 MAI	GEMEAUX	TAUREAU	GEMEAUX	TAUREAU	TAUREAU	VERSEAU	VERSEAU	SAGITTAIRE	23 VERSEAU
26 MAI	GEMEAUX	GEMEAUX	GEMEAUX	TAUREAU	TAUREAU	VERSEAU	VERSEAU	SAGITTAIRE	5 POISSONS
27 MAI	GEMEAUX	GEMEAUX	GEMEAUX	TAUREAU	TAUREAU	VERSEAU	VERSEAU	SAGITTAIRE	18 POISSONS
28 MAI	GEMEAUX	GEMEAUX	GEMEAUX	TAUREAU	TAUREAU	VERSEAU	VERSEAU	SAGITTAIRE	1 BELIER
29 MAI	GEMEAUX	GEMEAUX	GEMEAUX	TAUREAU	TAUREAU	VERSEAU	VERSEAU	SAGITTAIRE	14 BELIER
30 MAI	GEMEAUX	GEMEAUX	GEMEAUX	TAUREAU	TAUREAU	VERSEAU	VERSEAU	SAGITTAIRE	28 BELIER
31 MAI	CANCER	GEMEAUX	GEMEAUX	TAUREAU	TAUREAU	VERSEAU	VERSEAU	SAGITTAIRE	12 TAUREAU
1 JUIN	CANCER	GEMEAUX	GEMEAUX	TAUREAU	TAUREAU	VERSEAU	VERSEAU	SAGITTAIRE	27 TAUREAU
2 JUIN	CANCER	GEMEAUX	GEMEAUX	TAUREAU	TAUREAU	VERSEAU	VERSEAU	SAGITTAIRE	12 GEMEAUX
3 JUIN	CANCER	GEMEAUX	GEMEAUX	TAUREAU	TAUREAU	VERSEAU	VERSEAU	SAGITTAIRE	27 GEMEAUX
4 JUIN	CANCER	GEMEAUX	GEMEAUX	TAUREAU	TAUREAU	VERSEAU	VERSEAU	SAGITTAIRE	12 CANCER
5 JUIN	CANCER	GEMEAUX	GEMEAUX	TAUREAU	TAUREAU	VERSEAU	VERSEAU	SAGITTAIRE	27 CANCER
6 JUIN	CANCER	GEMEAUX	GEMEAUX	TAUREAU	TAUREAU	VERSEAU	VERSEAU	SAGITTAIRE	11 LION
7 JUIN	CANCER	GEMEAUX	GEMEAUX	TAUREAU	TAUREAU	VERSEAU	VERSEAU	SAGITTAIRE	26 LION
8 JUIN	CANCER	GEMEAUX	GEMEAUX	TAUREAU	TAUREAU	VERSEAU	VERSEAU	SAGITTAIRE	10 VIERGE
9 JUIN	CANCER	GEMEAUX	GEMEAUX	TAUREAU	TAUREAU	VERSEAU	VERSEAU	SAGITTAIRE	23 VIERGE
10 JUIN	CANCER	GEMEAUX	GEMEAUX	TAUREAU	TAUREAU	VERSEAU	VERSEAU	SAGITTAIRE	7 BALANCE
11 JUIN	CANCER	GEMEAUX	GEMEAUX	TAUREAU	TAUREAU	VERSEAU	VERSEAU	SAGITTAIRE	20 BALANCE
12 JUIN	CANCER	GEMEAUX	GEMEAUX	TAUREAU	TAUREAU	VERSEAU	VERSEAU	SAGITTAIRE	2 SCORPION
13 JUIN	CANCER	GEMEAUX	GEMEAUX	TAUREAU	TAUREAU	VERSEAU	VERSEAU	SAGITTAIRE	14 SCORPION
14 JUIN	CANCER	GEMEAUX	GEMEAUX	TAUREAU	TAUREAU	VERSEAU	VERSEAU	SAGITTAIRE	26 SCORPION
15 JUIN	CANCER	GEMEAUX	GEMEAUX	TAUREAU	TAUREAU	VERSEAU	VERSEAU	SAGITTAIRE	9 SAGITTAIRE
16 JUIN	CANCER	GEMEAUX	GEMEAUX	TAUREAU	TAUREAU	VERSEAU	VERSEAU	SAGITTAIRE	21 SAGITTAIRE
17 JUIN	CANCER	GEMEAUX	CANCER	TAUREAU	TAUREAU	VERSEAU	VERSEAU	SAGITTAIRE	3 CAPRICORNE
18 JUIN	CANCER	GEMEAUX	CANCER	TAUREAU	TAUREAU	VERSEAU	VERSEAU	SAGITTAIRE	14 CAPRICORNE
19 JUIN	CANCER	CANCER	CANCER	TAUREAU	TAUREAU	VERSEAU	VERSEAU	SAGITTAIRE	26 CAPRICORNE
20 JUIN	CANCER	CANCER	CANCER	TAUREAU	TAUREAU	VERSEAU	VERSEAU	SAGITTAIRE	8 VERSEAU
21 JUIN	CANCER	CANCER	CANCER	TAUREAU	TAUREAU	VERSEAU	VERSEAU	SAGITTAIRE	20 VERSEAU

LE SOLEIL ENTRE DANS LE SIGNE DES GÉMEAUX LE 20 MAI 2000 A 17 h 45
          QUITTE LE SIGNE DES   LE 21 JUIN   A 1 h 45

* LES CHIFFRES INDIQUENT LES DEGRÉS

197

Ce Mercure espiègle du Dufy préfigure ce que la planète Mercure apporte au signe où elle se place : de la légèreté, qui confine à l'insouciance parfois, le sens de l'échange et celui du geste.

Comment interpréter Mercure dans les Signes

Mercure en Gémeaux

C'est la position idéale pour cette planète, qui se trouve en affinité totale avec les tendances du signe. Comment la divinité qui régit la parole, les échanges, l'intellect, ne donnerait-elle pas toute sa mesure dans un signe ayant, dans l'ensemble, des significations semblables ?

La souplesse d'esprit, le besoin de connaître, celui de transmettre le message dont on est porteur s'allient à une exceptionnelle facilité d'assimilation de toutes les données que l'esprit doit intégrer. A cela s'ajoute l'association des idées, tout aussi rapide, qui permet d'élaborer très vite des ensembles d'où sortira la résolution des problèmes posés. En revanche, si la compréhension ne s'effectue pas dans l'instant même, il est fréquent que l'on doive s'y atteler à nouveau au prix d'efforts inhabituels et fastidieux. Il va sans dire qu'un tel Mercure est un atout important dans les thèmes des avocats, des hommes politiques, des représentants. Parfois s'y joint le sens de l'humour, de l'ironie, de la repartie. Le sujet est apprécié pour ses dons de causeur. Il lui est assez difficile de se spécialiser, car il veut tout savoir, tout apprendre, mais se contente trop souvent d'un survol rapide. Il sait s'insérer dans les conversations pour les orienter selon son gré.

C'est un type d'intelligence raffinée et souvent brillante. Son risque est d'être le dilettante, qui perd pied lorsqu'on le pousse dans ses retranchements, mais s'en tire par une pirouette. Il déteste la spécialisation trop poussée et a besoin de reprendre des forces nerveuses par le changement, ce qui ne veut pas dire qu'il soit versatile. Il aime apprendre, mais aussi enseigner. Le don d'imitation est non seulement verbal, mais aussi gestuel, par un remarquable sens d'expression par la mimique.

S'il utilise parfois des idées, des expressions puisées ailleurs, qu'on ne l'accuse pas de plagiat, car ce Mercure épris de liberté pense que le domaine des idées est un champ ouvert à tous. On a dit qu'il est capable de parler brillamment et intelligemment de n'importe quel sujet pendant un quart d'heure, après quoi il lui faut changer de sujet. Mais il sait aussi écouter les autres avec intérêt, tout au moins en apparence.

Il possède à l'extrême l'art de la communication, et beaucoup lui envient la clarté de ses exposés et la présentation captivante de ce qu'il veut exprimer. Les jaloux prétendent que sa lecture favorite est celle du dictionnaire encyclopédique, mais il sait en tirer le meilleur parti. Il lui arrive d'être naïf, mais il n'est jamais stupide, et s'il était plus persévérant, il n'y aurait guère de limites à ses possibilités.

Toujours intéressé par l'actualité la plus récente, il a le sens de la vie et profite d'un certain optimisme. Sa réussite est souvent due à son sens de l'opportunité.

Mercure en Cancer

La planète de l'intelligence se teinte ici de finesse analytique, de sensitivité, d'irrationnel. L'intuition s'affine, se laisse diriger par une perception subjective des problèmes, et les résout grâce au « flair », au doigté, à l'instinct beaucoup plus que par raisonnement. Mercure en Cancer fait des êtres qui écoutent plus qu'ils ne parlent, qui enregistrent et mémorisent les moindres faits et gestes pour s'en servir plus tard dans des circonstances appropriées. L'esprit, à la démarche lente et sûre, donne du poids aux synthèses. C'est un esprit qui allie des qualités inventives aux déductions logiques.

Mercure en Lion

Vous pouvez par exemple connaître la sensation grisante de pouvoir venir à bout de toutes les énigmes, d'affronter comme en vous en jouant les problèmes filandreux où s'entortillent les esprits moins alertes. Pour vous, les discours choc, les idées fortes et les images frappantes, pour peu qu'on les répande suffisamment, recèlent une efficacité redoutable, un pouvoir libérateur hors pair. Nulle muraille ne s'avise de résister à un trompettiste assez constant et malicieux, tous les rescapés de Jéricho vous le diront.

Mercure en Vierge

Mercure donne une insatiable curiosité, vierge de tout *a priori*, libre de toute entrave. Le monde est un passionnant champ d'investigation pour le Mercurien, qui engage un dialogue permanent avec son entourage. C'est un libre penseur, toujours prêt à jeter un regard neuf sur les êtres et les choses, d'autant plus qu'il a l'art de changer les angles de vues.

Mercure en Vierge souligne les qualités de mémoire et d'observation. Le sujet excelle dans les domaines où il faut fidèlement retranscrire une réalité plutôt que l'interpréter ou l'intellectualiser.

Mercure en Balance

La pensée est juste et le jugement sûr. C'est une pensée qui pèse volontiers le pour et le contre, car elle s'efforce d'être impartiale. Elle est tout en nuances et se veut conciliante. Loin de jeter de l'huile sur le feu, le sujet cherche à apaiser les esprits et à réconcilier les points de vue. Il est doué pour jouer les intermédiaires ou les arbitres.

Mercure et la Balance se rapportent à tout ce qui est lié à la communication, y compris les moyens de communication. Voilà pourquoi le sujet, toujours dans la Maison V, se lie volontiers à des artistes, que ce soient des gens du spectacle, des écrivains, des peintres ou des musiciens.

Mercure en Scorpion

Bonne position pour l'astre, que l'on interprète d'après le symbolisme suivant : Mercure = intelligence, Scorpion = les Enfers, les choses cachées, le subconscient.

Est-ce que vous avez remarqué l'œil en vrille de certains Scorpion ? Œil d'aigle, œil en laser, qui vous perce à jour jusqu'au fond de l'âme, œil auquel rien n'échappe, et surtout pas vos désirs secrets... Mercure en Scorpion devine tout ! Dans ce signe, l'esprit a toutes les audaces. L'intuition est non seulement très fine dans ses relations avec autrui, mais encore elle porte le natif jusqu'à des vues cosmiques, des visions prophétiques ou mystiques. Doué pour la divination, perspicace, incisif, ne craignant ni Dieu ni Diable dans sa quête de la connaissance, le Mercurien du Scorpion s'aventure aux frontières des Enfers. Son intelligence est attirée par les interdits à violer : elle veut tout savoir, tout connaître, quoi qu'il en coûte. C'est Ève devant l'arbre défendu, qui lui ouvrait la connaissance du bien et du mal. Mercure en Scorpion est plus puissant encore lorsqu'il est en aspect harmonique avec Pluton. Il donne au sujet une grande discrétion, un grand discernement, une prudence qui lui évite de tomber dans bien des pièges.

Mercure en Sagittaire

Celui qui craint d'être dépassé par les événements prend la peine de tout prévoir, de fixer dans les moindres détails le calendrier et l'ordre du jour. Le Sagittaire, lui, n'a pas besoin de se reposer sur un Mercure très actif et minutieux.

Il se fie à ses dons d'improvisateur faisant flèche de tout bois. Il compte sur sa chance pour achever ce qu'il n'a qu'esquissé. Il se méfie des plans dressés sur la comète et des pronostics toujours bafoués par la réalité.

Mercure en Capricorne

Attribue au sujet une intelligence pénétrante et profonde, lente et logique, inexorable dans sa recherche et sa découverte de la vérité, en toute chose.

La pensée se dégage de l'affectivité pour juger froidement les situations et en tirer parti.

Mercure en Verseau

Mercure en Verseau signe une intelligence intuitive mais rigoureuse, à condition que le sujet soit motivé. Sinon, il se laisse plutôt envahir passivement par les informations qu'il emmagasine et qui resteront latentes, en attendant de ressortir un jour sous forme créative.

Au Verseau, Mercure est souvent distrait. Il n'établit le contact avec autrui que si l'ambiance est mobilisatrice, l'interlocuteur plaisant, ou si la discussion porte sur ses convictions.

Mercure en Poissons

Cette planète est en exil dans les Poissons. Dans ce signe d'Eau, elle donne un fort potentiel de sensibilité intuitive. Elle représente, en effet, le filtre intellectuel à travers lequel vous vous exprimez en tant que Poissons. Ce n'est pas seulement votre forme d'intelligence mais aussi la direction qu'elle va prendre. C'est votre faculté d'adaptation qu'elle définit, et vos relations avec l'entourage. Cette direction sera, dans le sens de Neptune, infinie. La perception des choses sera beaucoup plus intuitive, immédiate, que déductive. C'est une perception sans détails. Rien de précis, mais une vision « globale » instantanée. La compréhension est « affective ».

Mercure en Bélier

« L'exercice de la justice ne saurait être séparé de celui de la terreur » (Lénine). La planète Mercure représentant le mental, celui-ci se trouve ici sous la domination de Mars et Pluton : fougue, intuition foudroyante, certitude d'avoir raison. Les choses sont vécues dans l'instant, avec l'ivresse de la découverte. Cette position laisse peu de place au doute, à l'hésitation. L'intellect est très actif, avec une tendance à la polémique (Mars) et au sarcasme (Pluton).

La franchise est brutale, tranchante comme un scalpel. La diplomatie et la douceur ne sont pas l'apanage de Mercure en Bélier ! C'est la position des polémistes, des « fonceurs ». Le passage de la pensée à l'acte est immédiat, c'est un peu la conjonction Mercure-Mars, avec son don de persuasion, sa rapidité redoutable. Au négatif, cette position qui donne un ascendant sur autrui peut aussi entraîner les autres sur une fausse piste. Le Bélier conduit le troupeau, mais il ne sait pas toujours où ; un de ses côtés les plus dangereux étant l'aveuglement, le résultat peut être catastrophique. Mais peu lui importe, l'essentiel, pour lui, est de conduire.

Mercure en Taureau

L'effet du Taureau sur Mercure limite la disponibilité intellectuelle et sociale. Il n'y a pas d'affinité évidente entre l'astre de l'ouverture, des réponses réflexes aux sollicitations ambiantes, et le signe du contrôle, de la première réaction de défense contre les incitations extérieures. L'astro-psychologie insiste donc sur la spécialisation des facultés mentales plutôt que sur la diversité d'aptitudes.

Les dons d'observation, l'application travailleuse, la continuité des idées pallient les lenteurs de l'intelligence et ses réticences (non insurmontables) devant les abstractions. Cependant, l'esprit progresse fort loin si sa matière se prête à une compréhension logique, méthodique, et à une démarche analytique raisonnée du concret à l'abstrait.

La curiosité serait plus vive et l'intelligence plus habile dans la détection des sources de plaisir, de profit et de possession.

Comment utiliser vos heure et lieu de naissance
pour déterminer le signe zodiacal de la Lune

Votre heure solaire de naissance (déjà calculée pour votre Ascendant)................ H

Rectification de cette heure d'après la carte de géographie mondiale
et en fonction de votre lieu de naissance (p. 8-9).................................... H *

*Par exemple, si vous êtes né(e) en Égypte, vous vous reportez à ce pays
sur la carte des pages 8 et 9 ; vous suivez le trait vertical vers le haut et vous lisez.*
Retranchez 2 h. *Vous inscrivez donc — 2 h, ci-contre.*

Soit l'heure de Greenwich correspondant à votre heure
solaire de naissance : (HG).. H **

* Si cette valeur est supérieure à votre heure solaire de naissance et que vous devez la retrancher, il vous suffit d'ajouter d'abord 24 heures à votre heure solaire de naissance :
4 h 30 — 6 h soit 4 h 30 + 24 h = 28 h 30 — 6 h = **22 h 30.**
** Si ce total est supérieur à 24 heures, vous retranchez simplement 24 heures :
19 h + 7 h = 26 h — 24 h = **2 h.**

Par simple lecture du tableau ci-dessous vous trouvez alors le nombre de degrés zodiacaux à ajouter ou à retrancher du nombre indiqué par la Table pour obtenir le signe zodiacal final de la Lune à votre naissance.

Si l'heure de Greenwich (HG) est comprise		Voici l'opération que vous effectuez	
entre ▼	et ▼	▼	
0 h	1 h 30	Vous retranchez	6 degrés
1 h 31	3 h 30	Vous retranchez	5 degrés
3 h 31	5 h 30	Vous retranchez	4 degrés
5 h 31	7 h 30	Vous retranchez	3 degrés
7 h 31	9 h 30	Vous retranchez	2 degrés
9 h 31	11 h 30	Vous retranchez	1 degré
11 h 31	12 h 30	Aucun changement	
12 h 31	14 h 30	Vous ajoutez	1 degré
14 h 31	16 h 30	Vous ajoutez	2 degrés
16 h 31	18 h 30	Vous ajoutez	3 degrés
18 h 31	20 h 30	Vous ajoutez	4 degrés
20 h 31	22 h 30	Vous ajoutez	5 degrés
22 h 31	0 h 00	Vous ajoutez	6 degrés

Exemple : Lune à 27 degrés du Capricorne pour une naissance à Mexico à 15 heures solaires. L'heure Greenwich correspondante est égale à 15 h + 6 h 30 = 21 h 30 qui se situe entre 20 h 31 et 22 h 30, et l'on doit ajouter 5 degrés zodiacaux soit 27 degrés Capricorne + 5 = 32 et 32 = 30 + 2, soit Lune à 2 degrés du Verseau = Lune en Verseau.

Deux personnages bien mercuriens, peints par Derain : Arlequin et Pierrot. On peut constater à quel point leur expression se trouve en désaccord avec leur fonction, qui est d'amuser, de divertir, d'enchanter par la musique.

Ce magnifique auto-portrait du Dürer, peintre des Gémeaux, montre son androgynie latente. Ses cheveux longs et bouclés, le geste de sa main aux doigts effilés et sensuels, l'expression de sa bouche, tout concourt à rendre ce visage ambigu, mixte, de cette mixité typique des mercuriens.

Généralités sur les aspects planétaires

Dans leur mouvement autour du Soleil, des planètes occupent des positions différentes les unes par rapport aux autres.

Les aspects planétaires correspondent à certaines de ces positions vues de la Terre, c'est-à-dire en fonction du signe zodiacal occupé par chaque planète.

Certains écarts entre deux planètes constituent des aspects harmoniques.

Dans ce cas, les énergies des deux planètes se combinent aisément et s'enrichissent mutuellement : il existe une heureuse possibilité de développement des facultés physiques et psychologiques correspondant à ces deux planètes.

D'autres écarts entre planètes constituent des aspects dissonants.

Dans ce cas, les énergies des deux planètes entrent en conflit et ne parviennent pas à s'associer positivement : il se produit un excès ou une carence des facultés planétaires correspondantes.

Vous trouverez dans les tableaux d'aspects ci-après la nature harmonique (H) ou dissonante (D) des aspects que formaient, à votre naissance, les différentes planètes entre elles.

Dans certains cas, les planètes ne forment aucun aspect, ce qui correspond aux zones vides des tableaux.

Si, par exemple, vous désirez connaître la nature de l'aspect éventuel que formait Jupiter en Cancer avec Mars en Poissons, vous utilisez le tableau « Si vous avez une planète dans le Cancer ».

Vous cherchez la ligne Mars dans ce tableau, et à la colonne Poissons vous lisez H, ce qui signifie que Jupiter et Mars ont entre eux un aspect harmonique.

Au cas où les deux planètes sont dans la même ligne, vous utilisez le tableau spécial dont l'emploi se passe de commentaire.

La recherche de la signification des aspects constitue une exploration nouvelle et enrichissante de votre personnalité.

Vous pouvez en retirer une connaissance très utile des forces qui, en vous, se complètent ou s'opposent, ce qui vous donne la possibilité de les exprimer encore mieux.

QUALITÉ DES ASPECTS LORSQUE DEUX PLANÈTES SE TROUVENT DANS LE MÊME SIGNE ZODIACAL

AUTRES PLANÈTES DANS LE MÊME SIGNE	PLANÈTE DANS LE SIGNE ZODIACAL									
	SOLEIL	LUNE	MERCURE	VÉNUS	MARS	JUPITER	SATURNE	URANUS	NEPTUNE	PLUTON
SOLEIL		H	H	H	D	H	D	D	H	D
LUNE	H		H	H	D	H	D	D	H	D
MERCURE	H	H		H	D	H	D	D	H	D
VÉNUS	H	H	H		D	H	D	D	H	D
MARS	D	D	D	D		D	D	D	D	D
JUPITER	H	H	H	H	D		D	D	H	D
SATURNE	D	D	D	D	D	D		D	D	D
URANUS	D	D	D	D	D	D	D		D	D
NEPTUNE	H	H	H	H	D	H	D	D		D
PLUTON	D	D	D	D	D	D	D	D	D	

SI VOUS AVEZ UNE PLANÈTE DANS LE BÉLIER

Elle a les aspects suivants avec les autres Planètes dans les autres signes	BÉLIER	TAUREAU	GÉMEAUX	CANCER	LION	VIERGE	BALANCE	SCORPION	SAGITTAIRE	CAPRICORNE	VERSEAU	POISSONS
SOLEIL			H	D	H		D		H	D	H	
LUNE			H	D	H		D		H	D	H	
MERCURE		VOIR TABLEAU SPÉCIAL	H	D	H		D		H	D	H	
VÉNUS			H	D	H		D		H	D	H	
MARS			H	D	H		D		H	D	H	
JUPITER			H	D	H		D		H	D	H	
SATURNE			H	D	H		D		H	D	H	
URANUS			H	D	H		D		H	D	H	
NEPTUNE			H	D	H		D		H	D	H	
PLUTON			H	D	H		D		H	D	H	

SI VOUS AVEZ UNE PLANETE DANS LE TAUREAU

Elle a les aspects suivants avec les autres Planètes dans les autres signes	BÉLIER	TAUREAU	GÉMEAUX	CANCER	LION	VIERGE	BALANCE	SCORPION	SAGITTAIRE	CAPRICORNE	VERSEAU	POISSONS
SOLEIL				H	D	H		D		H	D	H
LUNE				H	D	H		D		H	D	H
MERCURE		VOIR TABLEAU SPÉCIAL		H	D	H		D		H	D	H
VÉNUS				H	D	H		D		H	D	H
MARS				H	D	H		D		H	D	H
JUPITER				H	D	H		D		H	D	H
SATURNE				H	D	H		D		H	D	H
URANUS				H	D	H		D		H	D	H
NEPTUNE				H	D	H		D		H	D	H
PLUTON				H	D	H		D		H	D	H

SI VOUS AVEZ UNE PLANÈTE DANS LES GÉMEAUX

Elle a les aspects suivants avec les autres Planètes dans les autres signes	BÉLIER	TAUREAU	GÉMEAUX	CANCER	LION	VIERGE	BALANCE	SCORPION	SAGITTAIRE	CAPRICORNE	VERSEAU	POISSONS
SOLEIL	H				H	D	H		D		H	D
LUNE	H				H	D	H		D		H	D
MERCURE	H		VOIR TABLEAU SPÉCIAL		H	D	H		D		H	D
VÉNUS	H				H	D	H		D		H	D
MARS	H				H	D	H		D		H	D
JUPITER	H				H	D	H		D		H	D
SATURNE	H				H	D	H		D		H	D
URANUS	H				H	D	H		D		H	D
NEPTUNE	H				H	D	H		D		H	D
PLUTON	H				H	D	H		D		H	D

Généralités sur les aspects planétaires

SI VOUS AVEZ UNE PLANÈTE DANS LE CANCER

Elle a les aspects suivants avec les autres Planètes dans les autres signes	BÉLIER	TAUREAU	GÉMEAUX	CANCER	LION	VIERGE	BALANCE	SCORPION	SAGITTAIRE	CAPRICORNE	VERSEAU	POISSONS
SOLEIL	D	H		VOIR TABLEAU SPÉCIAL		H	D	H		D		H
LUNE	D	H				H	D	H		D		H
MERCURE	D	H				H	D	H		D		H
VÉNUS	D	H				H	D	H		D		H
MARS	D	H				H	D	H		D		H
JUPITER	D	H				H	D	H		D		H
SATURNE	D	H				H	D	H		D		H
URANUS	D	H				H	D	H		D		H
NEPTUNE	D	H				H	D	H		D		H
PLUTON	D	H				H	D	H		D		H

SI VOUS AVEZ UNE PLANÈTE DANS LE LION

Elle a les aspects suivants avec les autres Planètes dans les autres signes	BÉLIER	TAUREAU	GÉMEAUX	CANCER	LION	VIERGE	BALANCE	SCORPION	SAGITTAIRE	CAPRICORNE	VERSEAU	POISSONS
SOLEIL	H	D	H			VOIR TABLEAU SPÉCIAL	H	D	H		D	
LUNE	H	D	H				H	D	H		D	
MERCURE	H	D	H				H	D	H		D	
VÉNUS	H	D	H				H	D	H		D	
MARS	H	D	H				H	D	H		D	
JUPITER	H	D	H				H	D	H		D	
SATURNE	H	D	H				H	D	H		D	
URANUS	H	D	H				H	D	H		D	
NEPTUNE	H	D	H				H	D	H		D	
PLUTON	H	D	H				H	D	H		D	

SI VOUS AVEZ UNE PLANÈTE DANS LA VIERGE

Elle a les aspects suivants avec les autres Planètes dans les autres signes	BÉLIER	TAUREAU	GÉMEAUX	CANCER	LION	VIERGE	BALANCE	SCORPION	SAGITTAIRE	CAPRICORNE	VERSEAU	POISSONS
SOLEIL		H	D	H			VOIR TABLEAU SPÉCIAL	H	D	H		D
LUNE		H	D	H				H	D	H		D
MERCURE		H	D	H				H	D	H		D
VÉNUS		H	D	H				H	D	H		D
MARS		H	D	H				H	D	H		D
JUPITER		H	D	H				H	D	H		D
SATURNE		H	D	H				H	D	H		D
URANUS		H	D	H				H	D	H		D
NEPTUNE		H	D	H				H	D	H		D
PLUTON		H	D	H				H	D	H		D

SI VOUS AVEZ UNE PLANÈTE DANS LA BALANCE

Elle a les aspects suivants avec les autres Planètes dans les autres signes	BÉLIER	TAUREAU	GÉMEAUX	CANCER	LION	VIERGE	BALANCE	SCORPION	SAGITTAIRE	CAPRICORNE	VERSEAU	POISSONS
SOLEIL	D		H	D	H				H		D	H
LUNE	D		H	D	H			VOIR TABLEAU SPÉCIAL	H		D	H
MERCURE	D		H	D	H				H		D	H
VÉNUS	D		H	D	H				H		D	H
MARS	D		H	D	H				H		D	H
JUPITER	D		H	D	H				H		D	H
SATURNE	D		H	D	H				H		D	H
URANUS	D		H	D	H				H		D	H
NEPTUNE	D		H	D	H				H		D	H
PLUTON	D		H	D	H				H		D	H

SI VOUS AVEZ UNE PLANÈTE DANS LE SCORPION

Elle a les aspects suivants avec les autres Planètes dans les autres signes	BÉLIER	TAUREAU	GÉMEAUX	CANCER	LION	VIERGE	BALANCE	SCORPION	SAGITTAIRE	CAPRICORNE	VERSEAU	POISSONS
SOLEIL		D		H	D	H				H	D	H
LUNE		D		H	D	H		VOIR TABLEAU SPÉCIAL		H	D	H
MERCURE		D		H	D	H				H	D	H
VÉNUS		D		H	D	H				H	D	H
MARS		D		H	D	H				H	D	H
JUPITER		D		H	D	H				H	D	H
SATURNE		D		H	D	H				H	D	H
URANUS		D		H	D	H				H	D	H
NEPTUNE		D		H	D	H				H	D	H
PLUTON		D		H	D	H				H	D	H

SI VOUS AVEZ UNE PLANÈTE DANS LE SAGITTAIRE

Elle a les aspects suivants avec les autres Planètes dans les autres signes	BÉLIER	TAUREAU	GÉMEAUX	CANCER	LION	VIERGE	BALANCE	SCORPION	SAGITTAIRE	CAPRICORNE	VERSEAU	POISSONS
SOLEIL	H		D		H	D	H				H	D
LUNE	H		D		H	D	H			VOIR TABLEAU SPÉCIAL	H	D
MERCURE	H		D		H	D	H				H	D
VÉNUS	H		D		H	D	H				H	D
MARS	H		D		H	D	H				H	D
JUPITER	H		D		H	D	H				H	D
SATURNE	H		D		H	D	H				H	D
URANUS	H		D		H	D	H				H	D
NEPTUNE	H		D		H	D	H				H	D
PLUTON	H		D		H	D	H				H	D

Généralités sur les aspects planétaires

SI VOUS AVEZ UNE PLANÈTE DANS LE CAPRICORNE

Elle a les aspects suivants avec les autres Planètes dans les autres signes	BÉLIER	TAUREAU	GÉMEAUX	CANCER	LION	VIERGE	BALANCE	SCORPION	SAGITTAIRE	CAPRICORNE	VERSEAU	POISSONS
SOLEIL	D	H		D	H	D	H			VOIR TABLEAU SPÉCIAL		H
LUNE	D	H		D	H	D	H					H
MERCURE	D	H		D	H	D	H					H
VÉNUS	D	H		D	H	D	H					H
MARS	D	H		D	H	D	H					H
JUPITER	D	H		D	H	D	H					H
SATURNE	D	H		D	H	D	H					H
URANUS	D	H		D	H	D	H					H
NEPTUNE	D	H		D	H	D	H					H
PLUTON	D	H		D	H	D	H					H

SI VOUS AVEZ UNE PLANÈTE DANS LE VERSEAU

Elle a les aspects suivants avec les autres Planètes dans les autres signes	BÉLIER	TAUREAU	GÉMEAUX	CANCER	LION	VIERGE	BALANCE	SCORPION	SAGITTAIRE	CAPRICORNE	VERSEAU	POISSONS
SOLEIL	H	D	H		D	H	D	H			VOIR TABLEAU SPÉCIAL	
LUNE	H	D	H		D	H	D	H				
MERCURE	H	D	H		D	H	D	H				
VÉNUS	H	D	H		D	H	D	H				
MARS	H	D	H		D	H	D	H				
JUPITER	H	D	H		D	H	D	H				
SATURNE	H	D	H		D	H	D	H				
URANUS	H	D	H		D	H	D	H				
NEPTUNE	H	D	H		D	H	D	H				
PLUTON	H	D	H		D	H	D	H				

SI VOUS AVEZ UNE PLANÈTE DANS LES POISSONS

Elle a les aspects suivants avec les autres Planètes dans les autres signes	BÉLIER	TAUREAU	GÉMEAUX	CANCER	LION	VIERGE	BALANCE	SCORPION	SAGITTAIRE	CAPRICORNE	VERSEAU	POISSONS
SOLEIL		H	D	H		D	H	D	H			VOIR TABLEAU SPÉCIAL
LUNE		H	D	H		D	H	D	H			
MERCURE		H	D	H		D	H	D	H			
VÉNUS		H	D	H		D	H	D	H			
MARS		H	D	H		D	H	D	H			
JUPITER		H	D	H		D	H	D	H			
SATURNE		H	D	H		D	H	D	H			
URANUS		H	D	H		D	H	D	H			
NEPTUNE		H	D	H		D	H	D	H			
PLUTON		H	D	H		D	H	D	H			

Cet enfant, peint par Vélasquez, présente quelque chose de boudeur et de mutin qu'aucun aléa dans la vie ne semble en mesure d'éroder.

Comment interpréter les aspects de Mercure avec les autres Planètes

Les planètes évoluant dans le Zodiaque à des vitesses différentes, l'observation a prouvé qu'à certains moments de leur course il se crée entre elles un rapport, évalué en degrés de longitude. A ces moments, les planètes en question semblent s'activer mutuellement, d'une manière que les humains ressentent de façon agréable ou désagréable, favorable ou contrariante.

L'exemple classique est celui des phases de la Lune : au moment de la nouvelle Lune, le Soleil et la Lune se retrouvent au même degré zodiacal par rapport à la Terre ; ils sont en *conjonction*. A la pleine Lune, ils sont placés à des degrés se faisant face, ils sont en *opposition*. Au premier et au second quartier, ils sont séparés par 90 degrés, et l'aspect prend alors le nom de *quadrature* ou *carré*.

Jusqu'à la moitié de ce siècle, on classait les aspects en maléfiques, bénéfiques ou neutres. Puis on a dit favorables et défavorables. Enfin, les expressions harmoniques et dissonantes, ou aspects de détente et aspects de tension, ont prévalu, les anciennes expressions provoquant trop souvent une inquiétude excessive dans l'esprit des consultants.

Quel est l'effet général des aspects ?

Avec la conjonction, les planètes en cause, séparées par une distance de 0 à 10 degrés, semblent unifier leurs effets, opérer une sorte de fusion. Avec l'opposition, chacune d'elle s'efforce de jouer son rôle au détriment de l'autre : c'est donc un aspect de séparation, d'hostilité, de compétition.

Le carré crée une sorte de tension, parfois très stimulante, mais qui risque de susciter des obstacles continuels ou des hostilités permanentes. Quant aux aspects harmoniques, le trigone, valant 120 degrés avec un orbe de 8 degrés, et le sextile (60 degrés) avec une approximation de 5 degrés, ils créent des situations de facilité et d'optimisme. Il existe enfin des aspects mineurs, dont le rôle, en dépit de certaines affirmations, ne doit pas être négligé : ce sont le semi-sextile (30 degrés), le semi-carré (45 degrés), le sexqui-carré (135 degrés) et le quinconce (150 degrés) ; ils n'admettent que 1 degré d'orbe.

Le rôle des aspects est extrêmement important en astrologie : ce sont eux qui, par leurs rapports amicaux ou hostiles, modifient parfois presque totalement l'apport d'une planète. Kepler, qui fut astronome et astrologue au XVIIe siècle, disait poétiquement que les aspects sont la musique des sphères célestes. Il disait aussi que s'il lui fallait abandonner une partie des affirmations de l'astrologie, il conserverait avant tout les aspects.

Il ne faut pas, cependant, dramatiser les significations des aspects, les prendre totalement au pied de la lettre. L'interprétation d'un thème doit être globale : les débutants ne doivent pas croire qu'elle consiste à additionner toutes les significations données dans les manuels, comme une accumulation de pièces détachées. Chacune ne prend sa signification réelle que par rapport à l'ensemble du thème, et c'est là tout l'art de l'astrologue.

Seuls les aspects de Mercure seront étudiés ici, c'est-à-dire les aspects qu'il forme avec les neuf autres planètes.

Mercure-Soleil

Seule la conjonction peut exister, ces deux astres ne pouvant être séparés de plus de 28 degrés.

On distingue la conjonction supérieure, avec Mercure en sens direct et placé avant le Soleil dans l'ordre normal des douze signes, qui stimulerait alors les besoins d'enrichissement de l'esprit. Avec la conjonction inférieure, Mercure étant rétrograde et placé à 1 degré plus haut que le Soleil ou dans le signe suivant, la capacité du mental n'est pas atteinte, mais le sujet peut manquer de prévoyance, se livrer à l'improvisation, etc.

En pratique, et dans son ensemble, la conjonction Mercure-Soleil accentue les possibilités d'adaptation (sauf intervention d'un aspect contrariant d'une troisième planète), développe la facilité d'expression sur tous les plans. Ainsi se forme une sorte de centre des valeurs rationnelles et conscientes.

Selon la Tradition, une conjonction trop rapprochée de ces deux astres, dite « combuste » serait nocive, produisant une sorte de cerveau brûlé, manquant de logique et de raison. Mais cette affirmation mérite d'être vérifiée.

Mercure-Lune

Ces deux astres très rapides mettent en jeu l'intuition et la logique, l'imagination et l'observation, augmentent la rapidité des réflexes.

Aspects harmoniques (y compris la conjonction). La liaison entre le sensible et le mental crée un équilibre harmonieux, développe la mémoire, facilite la vie pratique aussi bien que les facultés intellectuelles. Parfois, un peu de paresse. Grandes facilités de contact sur le plan social.

Aspects dissonants. La logique est absente, l'intelligence et la sensibilité se heurtent. Le sujet peut être léger, futile, instable, tête de linotte, versatile. Trop limité par le quotidien, il peut à l'inverse faire une grande place à la fantaisie. Le défaut de concentration, la mémoire capricieuse, l'esprit de contradiction, tout cela joue défavorablement dans les rapports avec l'entourage proche, surtout les frères et sœurs, et gêne le cours des études, sauf intervention d'une tierce planète rééquilibrante.

Mercure-Vénus

Seuls peuvent exister la conjonction, le semi-carré et le sextile.

Dans l'ensemble, ces aspects n'ont que peu d'importance sur le plan intellectuel. Le côté un peu sec exprimé par Mercure se trouve ici adouci, tenant mieux compte de la sensibilité d'autrui. C'est un élément très positif dans les relations amicales et sociales où le charme peut jouer un rôle, le côté humain devenant prioritaire. Il subsiste cependant la lucidité un peu critique de Mercure qui n'est pas dupe, mais qui, de son côté, sait allier l'adresse et la séduction. Tendances artistiques assez fréquentes. Le semi-carré diminue ces traits positifs et provoque souvent des erreurs du comportement amoureux, allant de l'impatience à la légèreté, à la dissimulation, à la maladresse. Parfois, reconstruction de la vie affective entre quarante-deux et quarante-cinq ans, après bien des intrigues.

Mercure-Mars

Aspects harmoniques. On trouve une grande activité mentale, Mars apportant le dynamisme et parfois l'agressivité. Le sens critique ne manque pas, mais l'adresse, la dextérité même, à la fois cérébrale et corporelle, est un atout important. Les débouchés professionnels exigeant de l'action ne manqueront pas, à n'importe quel niveau. Souvent, décisions imprévisibles, soudaines mais pouvant être modifiées après réflexion.

La conjonction est à la limite de la dissonance, car elle incite à l'action immédiate sans réflexion suffisante. Le sens de l'humour, l'esprit volontiers caustique font des polémistes : déjà en germe dans les bons aspects, ces traits s'accentuent ici, tout en conservant l'enthousiasme, l'audace qui permettent de s'imposer, les qualités pratiques et constructives. L'amour de la discussion et de la dialectique reste dans des limites acceptables.

Aspects dissonants. Avec le carré et l'opposition, les notations précédentes sont portées à un niveau de contestation, d'irritabilité ne supportant pas la contradiction, ni même la simple discussion. Caustique, sarcastique, chicanier même, le sujet ne peut se contrôler en raison de son agitation. On lui attribue bien des points négatifs qui, naturellement, ne sont pas tous à prendre en même temps, mais contribuent à noircir la situation. Le lecteur dont le thème comporte cette dissonance en admettra tout de même quelques-uns, ne serait-ce que l'impatience et l'imprudence génératrices d'accidents corporels.

L'effet de la conjonction est intermédiaire entre l'harmonique et le dissonant. De toute façon, les aspects Mercure-Mars font un sujet en perpétuel mouvement, ayant du mal à trouver le calme et le repos, qui, du reste, l'ennuient. Sa façon de discuter sans cesse tout en ne craignant pas de heurter ses interlocuteurs lui vaudra plus d'ennemis que d'amis véritables. Au fond, l'agressivité martienne perturbe plus ou moins les qualités mercuriennes.

Mercure-Jupiter

Aspects harmoniques. La conjonction figure parmi les aspects harmoniques. L'intellect gagne en largeur de vue sans négliger pour autant les nécessités pratiques et sociales. Le jugement est sûr et sain, et s'efforce de trouver ce qu'il peut y avoir de meilleur dans chaque être ou dans chaque situation. L'esprit de conciliation permet de s'intégrer avec optimisme à l'existence en atténuant ou résolvant pacifiquement les conflits, mais l'optimisme est parfois excessif. Le côté matériel n'est pas négligé, mais l'avidité et l'excès de jouissance sont écartés, car on en connaît les inconvénients. Au fond, cet aspect développe un côté habile mais juste et bienveillant, sachant tirer le meilleur emploi de ses capacités, aussi bien dans une activité intellectuelle que dans les affaires, comme par exemple l'édition. Cet aspect peut constituer un élément de philosophie sage et compréhensive.

Aspects dissonants. Les dissonances font ressortir le côté négatif de chacun des deux astres. Des exigences matérialistes égoïstes se manifesteront au détriment de la cohésion et de l'équilibre. L'habileté intellectuelle de Mercure se tournera uniquement vers la satisfaction des intérêts personnels par l'usage du mensonge et de la ruse, qui deviendront des armes habituelles. L'égoïsme conduira à l'imprudence, à une estimation erronée des atouts personnels aussi bien que de ceux des partenaires et des adversaires. La même tendance entraînera des erreurs matérielles, par exemple dans les achats, les transactions commerciales et financières, la fixation des prix de vente, etc. La lucidité naturelle cède devant l'esprit jouisseur d'un Jupiter dissonant. On peut également agir à la limite extrême de la légalité, par la connaissance pratique des textes légaux et juridiques. Parfois, un sentiment d'infériorité intellectuelle veut se compenser par une supériorité matérielle. Il faut qu'il existe d'autres aspects puissants et favorables dans le thème individuel pour que cette dissonance ne soit pas source de sérieuses difficultés.

Mercure-Saturne

Les aspects Mercure-Saturne, de par la nature propre de ces deux astres, accentuent la cérébralité, le côté sec et un peu froid, ils apportent un frein à la liberté divagatrice de Mercure, avec une certaine dose de gravité et d'intériorisation.

Aspects harmoniques. C'est sur le plan intellectuel surtout que ces forces joueront au mieux car le raisonnement logique et déductif atteint son maximum, il est rigoureux et la pensée veut aboutir à un résultat effectif. La concentration de l'esprit facilite l'aboutissement philosophique ou la tendance à l'abstraction. Méthode, rigueur, profondeur, sérieux, continuité, persévérance même, rationalité jusqu'au-boutiste, telles sont les armes qui aboutissent à la certitude. En somme, c'est l'esprit cartésien. Cela exclut toute fantaisie, toute donnée intuitive. Pratiquement, le sujet a le sens de ses responsabilités et est fortement attaché à ses idées, qui deviennent des principes. Se croyant très objectif, il lui arrive de ne pas l'être. Professionnellement, c'est un atout pour un expert-comptable, un contrôleur de gestion, un directeur financier.

La conjonction relève des aspects harmoniques, mais il s'en faut parfois de peu pour que, l'âge aidant, elle atteigne la dissonance.

Aspects dissonants. La cérébralité peut tourner à l'introversion, à la rumination mentale. Parfois, risque de retards dans le développement intellectuel, difficultés d'expression comme le bégaiement. Une certaine dureté se fait jour, rendant les contacts humains difficiles, sans ouverture, car le sujet se montre soupçonneux, calculateur, trop intéressé, routinier, sceptique, sans idéal, sectaire dans ses idées. Peu confiant en lui-même, il manque de courage physique et tombe parfois dans l'apathie, le renoncement à l'effort. Il voit avant tout l'avantage qu'il peut tirer. Sa froideur décourage les amitiés, il ne comprend pas les actes désintéressés, il est plus souvent amer et déçu qu'heureux et épanoui. Ce triste tableau peut s'éclaircir par l'effet d'aspects compensateurs venant de Jupiter ou de Neptune.

Mercure-Uranus

Les aspects Mercure-Uranus donnent naissance à un type d'intelligence assez remarquable qui peut rendre le sujet constamment orienté vers la nouveauté, l'originalité, le perfectionnement. Ce côté novateur, détaché des chaînes du déjà vu, d'une tradition vermoulue et obsédante, s'exprime avec une grande finesse. L'intelligence saisit d'emblée le point crucial, l'essentiel d'une théorie, d'un problème, d'une mise en pratique. Le jugement est à la fois intuitif et fondé sur des faits irréfutables. Autant dire que le sujet est capable de s'inscrire à la pointe d'une spécialisation, qu'elle soit intellectuelle, technique ou autre. Il apporte des vues nouvelles ou jusque-là ignorées : sans nier le passé, il le dépoussière et le remodèle. C'est l'intelligence libérée de toute contrainte et prenant son envol vers l'avenir. Capable de synthèses audacieuses et en général confirmées par l'expérience, le sujet est doué pour l'expression sincère et convaincante de ses idées. Sa faculté d'adaptation aux êtres facilite son insertion sociale, de préférence dans des activités et des techniques de pointe. Son arme intellectuelle de choc est une extrême rapidité dans l'association des idées, grâce à la finesse de son système nerveux. Tout cela implique une forte tension nerveuse, qui s'amplifie dans la conjonction et devient excessive et contrariante dans les aspects dissonants. L'habileté dialectique peut être fascinante pour des esprits moins dynamisés.

Aspects dissonants. Comme dans les conjonctions de Mercure avec Mars ou avec Saturne, la conjonction peut se trouver à la limite de la dissonance, tout en astrologie étant question de dosages nuancés.

Les dissonances font ressortir l'accentuation de l'esprit novateur en esprit d'aventure aussi bien qu'en esprit de système se bloquant lui-même par sa propre crispation. Le sujet, en effet, de nerveux devient crispé, instable, manquant d'efficacité et de précision, incapable de cette adaptation facile qui fait la valeur des aspects favorables, la souplesse devenant raideur. La dialectique devient mauvaise foi, contradiction permanente et systématique. La marche en avant devient entêtement, la logique est celle de l'absurde, l'originalité est excentricité. Mercure et Uranus sont en conflit au lieu de coopérer. Si la perspicacité diminue, il n'en reste pas moins que l'intellect reste à un bon niveau de compréhension.

Mercure-Neptune

Les aspects Mercure-Neptune mettent en rapport le mental et l'intuition provenant du psychisme inconscient. L'intelligence rationnelle de Mercure s'imprègne d'une sensibilité, d'une réceptivité venant par vagues. Il en résulte une sorte de flair qui ne trompe pas, si des aspects harmoniques venant d'autres planètes s'y incorporent, sinon la réceptivité neptunienne laisse la porte ouverte aux fantasmes. Il est essentiel que Mercure puisse continuer à faire jouer son esprit critique afin de ne pas se perdre dans les nuées de l'irrationnel.

Aspects harmoniques. L'intelligence, fécondée par ces aspects, est susceptible de réaliser ses dons d'une façon surprenante, et la sensibilité devient créatrice. Les esprits scientifiques peuvent alors trouver des solutions imprévues dans leurs recherches. C'est l'intuition créatrice de Bergson. Ce mélange de rêverie et de pensée logique peut aussi se traduire par un idéalisme un peu vague, qui détache le natif des exigences quotidiennes pour lui faire atteindre l'évasion par l'art ou le sentiment poétique, au détriment de la vie pratique. On trouve parfois la connaissance par une sorte de sens visionnaire, médiumnique même.

Aspects dissonants. Plus l'aspect dissonant est fort, moins on trouve de capacité de concentration mentale, et plus le mental risque de voguer vers le flou, de perdre tout contact avec la vie matérielle. Le caractère est porté à prendre ses désirs pour des réalités et à négliger les contingences extérieures. Sa grande sensibilité le rend vulnérable, il est contre toute décision énergique, virile, et vit trop souvent dans un climat irréel, confus, où la chimère côtoie le mensonge. Quoi d'étonnant à ce que la vérité s'estompe, que l'on se fasse aisément duper, et, si l'on est sans principes solides, qu'on trouve plaisir à tromper les autres !

Comment interpréter les aspects de Mercure avec les autres Planètes

Mercure-Pluton

On entre ici dans un domaine où la connaissance est encore incertaine, en raison de la proximité de la découverte de Pluton (1930). Pluton est considéré comme constructif ou au contraire comme un élément destructeur, et détermine ainsi l'impact des aspects.

Aspects harmoniques. L'intelligence n'est nullement diminuée ou bloquée par l'action de Pluton. Celle-ci se traduit par une accentuation de la perspicacité, par le désir de découvrir tout ce qui est caché et de l'amener au grand jour. Le sens critique est acéré, il se met au service de la volonté de puissance plutonienne. Les bons aspects permettent de dominer les terribles forces souterraines symbolisées par Pluton et de ne les utiliser qu'à bon escient, tout au moins en sachant ce que l'on fait. Ils aident à prendre conscience de ce terrible capital de puissance instinctive. Dans les meilleurs cas, cet aspect stimule un inextinguible besoin de création personnelle qui, même réalisé, laisse insatisfait, mais provoque chez autrui une sorte de fascination. La lutte pour la puissance peut prendre la forme d'une conquête de l'argent considéré comme le moteur du monde.

Aspects dissonants. Les tendances étudiées se maintiennent, mais en tenant compte d'une accentuation dangereuse de l'inquiétude psychique, engendrant une vie tourmentée. L'ambition devient dévorante, le sujet est en proie à une surévaluation de ses idées et de ses capacités. L'intellect ne maîtrise plus les forces profondes, mais est sous leur coupe et produit un comportement révolté ou destructeur. Cette outrance, alliée au désir de domination, se traduit par des intrigues répétées, des complications, des inimitiés irréductibles. Il faut ajouter une sorte de cabotinage de mauvais aloi qui pousse le sujet à travestir ses idées et ses intentions, rappelant ainsi que Pluton, chez les Latins, était un dieu à deux faces.

*Le Gémeaux est le premier signe intellectuel, rempli de zèle et d'insouciance. Les natifs en seront toujours, même dans un âge avancé, des êtres pétris de jeunesse. (*Enfants chanteurs, *par Andica della Robbia.)*

Comment interpréter les Planètes dans les Signes

Dans leur course incessante autour du Zodiaque, les dix planètes, chacune à sa vitesse propre, traversent successivement chacun des douze signes. Il arrive qu'une planète donnée semble s'épanouir dans un ou deux signes, et au contraire s'étioler dans un ou deux autres, son action étant normale dans les huit restants. De même qu'une graine prospérera ou non selon le terrain où elle a été semée, de même l'action d'une planète sera amplifiée ou contrariée selon le signe qu'elle traverse. S'il y a harmonie, on dit que la planète est en domicile dans ce signe, qu'elle est maîtresse de ce signe ou qu'elle le gouverne ou le régit. Si l'affinité est particulièrement intense, la planète est dite en exaltation. Dans le cas contraire, elle est dite en exil ou, plus encore, en chute.

Il faut savoir que la présence d'une planète dans un signe quelconque ne transforme pas la signification fondamentale de la planète, mais donne une certaine coloration à son action. C'est ainsi que Mars, astre du dynamisme et de l'agressivité, ne jouera pas de la même façon selon qu'il se trouvera dans le Bélier, avec lequel il est en affinité particulière, ou dans le Cancer, signe d'Eau qui le rend plus réagissant que spontanément actif.

De même, on ne peut tirer aucune signification spéciale de la présence d'une planète dans un signe. Aucun type d'événement ne peut en résulter. L'action d'une planète sur le destin d'un individu peut se marquer par sa position dans l'une ou l'autre des douze Maisons, mais non par sa position en signe, qui est beaucoup plus générale.

Les Planètes dans les Gémeaux

Soleil en Gémeaux

Le Soleil est l'archétype du père, du chef, du héros, psychologiquement l'idéal du Moi. Il a surtout pour effet de valoriser les diverses significations du signe dans lequel il est placé ; on se reportera donc aux chapitres précédents. Sa force peut être modifiée, positivement ou négativement, en fonction des rapports angulaires ou aspects qu'il peut former avec d'autres planètes.

Lune en Gémeaux

En revanche, on pourrait être intarissable lorsqu'il s'agit de la Lune.

Si les significations fondamentales du Soleil sont relativement simples, celles attribuées à la lune sont presque illimitées.

La part de la Lune en astrologie, c'est ce que le Soleil lui a laissé. L'astre du jour symbolise notre action personnelle et profonde pour réaliser un certain idéal social et professionnel, notre volonté de puissance, il a trait au côté conscient et objectif de notre vie. La Lune, elle, a pour domaine

Le Grand Livre des Gémeaux

l'inconscient, ses automatismes qui règlent notre vie végétative, ininterrompue pendant le sommeil. Elle concerne aussi l'imagination, le rêve, la mémoire, la faculté d'adaptation inconsciente à la vie.

Si le Soleil est rayonnant, émetteur, positif, la Lune est réceptive, absorbante, négative. C'est pourquoi le Soleil est considéré comme l'élément mâle, viril, et la Lune comme l'élément féminin ; il est la masculinité, elle est la féminité ; il est réfléchi et entier, elle est impulsive et adaptable. Le Soleil est l'autorité, elle est la dépendance.

Cette différenciation nous permet de mieux envisager le très vaste éventail de significations que recouvre l'enseigne lunaire. Il convient d'ajouter que, chez la femme, la Lune représente globalement sa féminité, la façon dont elle vit sa condition féminine. Chez l'homme, en dehors du côté inconscient, la Lune représente l'image de la femme, de la mère, de l'épouse. C'est enfin sa vie intime, son épanouissement, l'enfant qui subsiste en lui, son psychisme primitif, archaïque.

La position de la Lune dans les Gémeaux doit donc présenter une gamme de significations intimement liées au symbolisme de ce signe.

C'est surtout la parfaite adaptation entre la planète et le signe, puisqu'il s'agit d'un astre symbolisant le changement constant, le plus rapide de tous, et d'un signe tout aussi réputé pour sa mobilité, exemple même de la primarité psychologique. C'est l'instant présent qui est privilégié, instant dont la fugacité est celle de l'hirondelle.

Le monde de l'inconscient est ici constamment agité par les fluctuations de l'environnement, le changement incessant des circonstances et des contacts, mais il ne s'agit là que d'une agitation de surface, celle de la brise qui fait naître des vaguelettes. Les racines de l'être ne semblent pas en être ébranlées. Extérieurement, l'humeur est vagabonde, elle varie selon les émotions du moment et ne peut être saisie. Elle s'est déjà transformée lorsque l'interlocuteur l'a saisie au vol. Pour mieux dire, c'est la Lune natale de Brigitte Bardot, astre cinématographique qui a suffisamment occupé la chronique pour que l'on sache de quoi il retourne. Un prompt emballement, vite tombé dans l'oubli, aussi vite remplacé par une passion non moins vive ; et il ne s'agit pas seulement de l'affectivité, mais aussi de l'humeur, qui ne peut être autre que capricieuse et frissonnante. Sur le fond mercurien, en perpétuelle vibration, la Lune multiplie les variations de ses phases, même si sa face cachée reste obstinément ignorée.

L'homme aussi, bien entendu, peut avoir la Lune en Gémeaux ; il n'en est pas féminisé pour autant, mais l'agrément et la légèreté de sa conduite forment un trait marquant, contrastant parfois curieusement avec le restant du thème. On ne sera pas surpris de la trouver chez Gilbert Bécaud, où elle allège son Scorpion natal. Elle représente le côté infantile qui peut persister chez les non-Gémeaux, elle est en même temps facteur de variabilité dans le comportement, témoin Talleyrand. La Lune en Gémeaux de Mussolini, natif du Cancer, lui a inspiré son attitude de simili sportif entraînant ses ministres épuisés dans des exhibitions : course, natation, etc. Cette Lune est aussi capable d'apporter un supplément d'inspiration, peu profonde, mais rapide et vivante, aux écrivains en panne.

Mais c'est sur le plan de l'affectivité que les significations sont les plus accentuées. André Barbault insiste sur le rapport indiqué par la Lune en Gémeaux tel qu'il est vécu dans l'enfance avec la sœur, la cousine, la petite camarade (et inversement avec le frère, le cousin, le camarade). Ce rapport influera sur les relations affectives de l'adulte, lequel tendra inconsciemment à se placer dans des situations triangulaires, où le duo amoureux se déforme en trio avec l'intervention d'un troisième larron, plus ou moins accepté dans le couple. Parmi les nombreux cas cités par Barbault, on détachera Chateaubriand, très marqué par son affection pour sa sœur Amélie ; le grand Condé, amoureux de sa sœur Anne ; le trio formé par Louis-Philippe, sa femme et sa sœur Madame Adélaïde. De tels cas ne vont pas forcément jusqu'à l'inceste, mais indiquent un attachement excessif dépassant le cadre fraternel. Citons encore Marguerite de Valois et ses trois frères Charles IX, Henri III et le duc d'Anjou, dont les liens sont bien connus.

En dehors de cet aspect bien particulier, il en est d'autres. On peut avoir une Lune en Gémeaux à la naissance, et n'avoir ni frère ni sœur, le rapport se formant sur la petite amie d'enfance, toujours présente intérieurement.

En tant que représentation astrologique de l'anima, la Lune est l'image du type féminin auquel l'homme est sensibilisé et qu'il recherche toujours au long des années. Ce type, ou plutôt cet archétype, se modèle selon la nature du signe et aussi selon les aspects reçus d'autres planètes. Mais cela nous entraînerait un peu trop loin. Sous le seul angle de la Lune en Gémeaux, l'homme, quel que soit son signe et son ascendant, tend à intellectualiser cette image féminine et se sent de préférence attiré par les femmes intelligentes et spirituelles. Le dialogue et la conversation peuvent prendre le pas sur l'attraction sexuelle. En fait, il a besoin d'une compagne peu encombrante, d'une amie tendre, et surtout extravertie, spontanée, sans arrière-pensées. Il ne comprend pas tellement les désirs plus concrets d'une femme à la Lune en Taureau ou en Scorpion, il veut être sur un pied d'égalité. C'est presque la mode unisexe.

Sur le plan affectif, la Lune en Gémeaux chez une femme apporte un besoin de discuter, de raisonner, en un mot de rationaliser presque tout ce qui a trait aux relations sentimentales. Selon l'astrologue américaine Julienne Sturm, il y aurait un besoin de « verbaliser » les émotions, de les disséquer, de les cataloguer. Un certain langage pseudo-intellectuel en vogue, imprégné de sociologie, se prête admirablement à ces exercices de style coupés de la vie. Une certaine froideur, bien mercurienne, se cache sous les mots, le contact étant plus superficiel qu'intime et chaleureux. Comme le dit excellemment Barbault, cette Lune est l'archétype de la féminité « à fleur de peau », qui n'engage pas en profondeur et contrarie donc les grandes et authentiques passions, celles qui marquent un destin. Mais l'agréable contrepartie est que la femme Gémeaux, et plus encore la femme avec la Lune en Gémeaux, dispose d'une grande aisance d'adaptation, qui lui permet de se modeler sur l'homme qu'elle aime, quels que soient son milieu, ses goûts, ses idées, sa profession. En fait, cette disponibilité traduit une incertitude, celle de la juste estimation de soi. Le manque de racines profondes — sauf toutefois si une configuration planétaire importante intervient — rend trop sensible aux conflits et aux crises, la personnalité ayant du mal à s'arc-bouter. La solution de facilité, c'est la fuite.

La vie quotidienne, ses incidents, ses fluctuations sont aussi du domaine lunaire. Avec la Lune en Gémeaux se manifeste un climat de changement, d'inconstance dans les projets quotidiens, dans les études, les motifs d'intérêt. Beaucoup de sociabilité, certes, une grande facilité d'adaptation quasi immédiate aux problèmes pratiques. Une certaine négligence se remarque parfois dans la tenue de la maison, où règne un désordre très intellectuel, où livres et magazines tiennent une grande place, le confort passant au second plan. La vivacité de l'esprit est un atout dans des activités telles que le journalisme, apprécié aussi par ses possibilités de voyages et déplacements. La productivité du travail est gênée, deux préoccupations simultanées pouvant se présenter à l'esprit. Certains affirment que des changements considérables d'existence ne sont pas rares dans l'enfance ou la jeunesse. Bien du temps est gaspillé en discussions et bavardages. La facilité presque trop grande de l'élocution n'est pas toujours un atout.

Vénus en Gémeaux

Certes, Vénus n'est pas mal placée dans les Gémeaux, mais elle s'y trouve un peu comme Mercure dans le Taureau. L'affinité planète-signe n'est pas totale.

Le désir de plaire, et surtout, a-t-on pu dire, de ne pas déplaire, est grand, ce qui lui vaut beaucoup d'amis et d'admirateurs. Elle risque de gagner ici un certain goût de l'intrigue, qui lui permet de jouer les coquettes, les Célimène au bel esprit ou, tout au moins, de sembler dans le vent.

Le goût du flirt, de la comédie amoureuse, est fréquent, celui du changement ne l'est pas moins. Ces deux tendances aboutissent à de nombreuses relations affectives, le flirt plus ou moins poussé surpassant la passion authentique. Au pire, ce serait l'image du papillon. Le choix est difficile, aussi ne le fait-on pas.

Pour ne pas se perdre dans tout cela, il faut ne pas provoquer de drames, conserver un certain sang-froid, une lucidité raisonnable, sous une apparence d'amitié courtoise où chacun croit discerner un amour partagé. La sensualité n'est pas un élément dominant, bien qu'elle ne soit pas exempte de raffinements. La vie sentimentale peut donc être assez compliquée, mais l'adresse permet d'éviter les crises trop périlleuses. Les déceptions, en général, ne durent pas, tant il est facile de trouver de nouveaux partenaires.

Mars en Gémeaux

L'un des Dioscures serait-il Caïn ? Certes pas, car ce signe est pacifique. Mais il aime les joutes oratoires, les combats d'idées, les épithètes qui font mal. L'agressivité représentée par Mars le belliqueux prend donc, surtout en Gémeaux, une forme verbale. On s'accorde à donner à cette position une propension à la polémique, voire à la chicane pour peu qu'une dissonance de Mercure s'y mêle. Certes, il y a un côté positif : ceux qui pratiquent l'art oratoire ne seront jamais à court de souffle ni d'argument avec ce Mars, qui sait conquérir sa liberté d'expression, et même en abuser, car il risque d'ignorer le sens des nuances, et ses reparties sont souvent brutales.

C'est, en tout cas, un important facteur d'activité, pas seulement mentale, qui peut entraîner un certain esprit sportif, la sincérité dans l'action. Mais l'amour-propre réagit par la susceptibilité : les caprices, les colères sont difficilement dominés. Tout cela est un peu remuant, turbulent, avec des vagues d'agressivité inattendues, au moindre prétexte. Il faut dire que les réflexes musculaires sont rapides, le passage à l'acte ne traîne pas, tout au moins le passage à la parole qui vaut un acte.

De bonne foi, il promet plus qu'il ne peut tenir. Il s'efforce de convaincre avec passion. Dans les cas extrêmes, il aboutit au sadisme mental, à une certaine agitation. Avec Mars dans son signe, le Géminien est plus sûr de lui et moins hésitant.

Jupiter en Gémeaux

Opposé à son signe de prédilection, le Sagittaire, Jupiter se trouve en exil dans les Gémeaux, qu'il trouve trop légers pour sa pompe et trop libres pour son autorité paternaliste.

Jupiter est considéré comme la planète de l'expansion. On l'appelle le Grand Bénéfique, bien qu'on soit amené à réduire quelque peu le coefficient de chance qu'il représente suivant la Tradition. Mais il indique les possibilités d'expansion du sujet, liées à son esprit social respectueux de l'ordre établi, à son équité et à sa bienveillance. C'est donc une planète favorable à l'intégration heureuse dans la vie. Il donne une propension au bonheur, il permet de réussir socialement et matériellement grâce à son optimisme, à un certain bon sens, il apporte succès et abondance, facilité d'accession à des emplois représentatifs. Bien entendu, s'il forme des aspects dissonants avec d'autres planètes, les possibilités seront moins réjouissantes.

Dans les Gémeaux, la bonhomie et l'équilibre accompagnés d'autosatisfaction de Jupiter se heurtent à la nervosité un peu fébrile de ce signe. Un peu dérouté, Jupiter n'utilise pas ses atouts habituels avec autant d'efficacité. Les avis des astrologues sur cette position sont, il faut le dire, quelque peu divergents. Certains y voient la prépondérance des relations humaines sur l'argent, d'autres des aptitudes aux mathématiques et au commerce. Droiture et loyauté pour les uns, avec la mise en valeur des qualités intellectuelles. Pour d'autres, paresse physique, atténuation de l'éparpillement mental, dualité des sources de revenus. Tout cela est plutôt imprécis. Barbault dit avec humour que l'autorité et la puissance de l'astre sont affectées comme celle d'un pontife dans un milieu d'adolescents irrespectueux, mais que cette position est heureuse dans l'ordre de la diplomatie et de l'habileté manœuvrière.

Il semble finalement que le séjour de Jupiter en Gémeaux soit légèrement restrictif et qu'il ne puisse y développer l'essentiel de ses qualités. Pour un natif des Gémeaux, la position de son Jupiter natal serait plus bénéfique s'il était placé en Bélier, en Lion, en Balance ou en Verseau.

Saturne en Gémeaux

Saturne, symbole du temps et de la durée, mais aussi de l'effort patient, se montre possessif et conservateur. C'est l'astre qui nous impose des limites en toutes choses. Sa prudence peut se muer en peur, sa crainte de l'avenir en avarice. Il pousse à la réflexion, à l'introversion, à l'abstraction, il ne s'extériorise guère par peur du ridicule et devient facilement mélancolique et dépressif. C'est lui qui accentue nos inhibitions, nos tabous, provoque nos échecs et nos épreuves affectives. Mais celui qui sait dominer ce côté négatif parvient à la sagesse philosophique, au détachement, à la ténacité qui aboutissent à la sécurité morale et matérielle.

On admettra qu'un astre aussi sec et peu enclin à une certaine joie de vivre comme à une animation turbulente ne se sentira guère à l'aise dans le signe jeune et perpétuellement en mouvement des Gémeaux. Cette fois-ci, c'est le vieux monsieur strict chez les joueurs de ping-pong. Sa logique excessive tue la fantaisie, et l'humour devient de l'humour noir. Certes, il peut y avoir un acquis pour le signe, dans la mesure où Saturne peut donner un apport de circonspection, de sagesse, de concentration, de résistance morale devant les épreuves, de minutie, de discrétion, le sens des responsabilités, ce dernier parfois excessif. Mais il peut aussi, par réserve ou inhibition, éteindre le côté brillant des Gémeaux, le sens de la repartie devient l'esprit d'escalier, ou se fait trop lourd. C'est un Saturne qui veut se rajeunir, un Gémeaux qui veut être trop sage au risque d'étouffer sa spontanéité. Il est un fait que bien des Gémeaux nés dans une période où Saturne traversait leur signe ne correspondent plus au portrait habituel de leur signe et sont fortement saturnisés. On objectera que Johnny Halliday est un Gémeaux trépidant et survolté, en dépit de Saturne. La réponse est — car l'astrologie dans son interprétation est un dosage subtil — qu'Uranus était également dans son signe et venait fortement modifier la tendance saturnienne.

Uranus en Gémeaux

Uranus, qui gouvernait le chaos, est considéré comme l'astre de l'individualisme le plus poussé, qui veut à tout prix se démarquer du milieu ambiant. Hyperrationnel, peu sentimental, maître du Verseau, il a quelques analogies avec Mercure, mais poussées à un niveau plus brutal ; il est systématique, intolérant, il tend à entraîner vers un avenir robotisé, froid, excluant les faibles et les cœurs sensibles. Il crée l'imprévu, les destins en dents de scie, impose des techniques toujours nouvelles.

Avec lui, comme avec Neptune et Pluton, il est difficile d'indiquer des tendances de caractère se rapportant à la vie quotidienne.

Uranus met sept ans pour parcourir un signe. Ce n'est donc que tous les quatre-vingt-quatre ans qu'il se retrouve dans le même secteur zodiacal. Il s'est trouvé dans les Gémeaux de 1942 à 1948, et l'on a pu constater l'accord entre le côté nerveux et remuant du signe, et l'effet électrisant de la planète, ainsi que le facteur commun que constitue le côté intellectuel et cérébral de leur nature. Uranus, très à son aise en Gémeaux, y agit comme s'il induisait un courant électrique susceptible de galvaniser les Gémeaux et de leur donner un sens plus aigu de leur Moi et d'atténuer leur tendance dispersive.

Leurs diverses capacités gagnent en intensité, mais, en contrepartie, le côté nerveux risque de s'accentuer fortement. Pour les gens calmes, un tel Gémeaux est une pile électrique qu'il est pénible de supporter longtemps, en raison de son manque de patience et parfois de son agitation permanente.

Sur le plan intellectuel, en revanche, l'audace des idées, la stimulation permanente, le besoin de nouveauté et une sorte de dépassement permanent marquent l'empreinte uranienne. C'est pendant la période 1942-1948 que la technique permettant les vols interplanétaires a pris naissance avec la production des engins destructeurs V1 et V2. C'est aussi la période d'incubation de la bande dessinée, technique très Gémeaux. Uranus a apporté dans ce signe son processus de fuite en avant et la multiplication des techniques d'avant-garde. Il est curieux de noter que lors du séjour d'Uranus dans la Vierge, autre signe mercurien très cérébralisé, se sont développées les techniques de miniaturisation qui entraînèrent l'essor foudroyant de l'électronique appliquée. Pendant le passage en Scorpion (1974-1981), on a pu remarquer le début d'application de l'énergie solaire et, sur un plan très scorpionique, la révélation intensive au public des techniques sexuelles.

Neptune en Gémeaux

Neptune, prince de l'élément liquide, perd-il sa sensibilité dans un signe qui le dessèche ? Ou lui transmet-il un peu de sa grande sensibilité ? Son dernier passage dans ce signe s'est produit de 1889 à 1901, mais il est difficile de préciser l'influence qu'il y a exercée, car en même temps, une autre planète lente s'y trouvait — Pluton — dont on ignorait alors l'existence.

Il semble donc y avoir plus de théorie que de constatations effectives dans ce que l'on peut en dire. Selon André Barbault, l'émotivité géminienne serait intensifiée et la sensibilité de l'astre le serait aussi, dans un échange courtois de bons procédés. D'autres astrologues affirment que l'intuition devient plus lucide, que l'action neptunienne devient plus créatrice, se cantonnant surtout sur l'immédiat, le quotidien. On y voit aussi des dons de clairvoyance, surtout dans les affaires, et les femmes seraient peu fidèles. Certains décèlent des tendances hystériques, des états d'âme chaotiques.

On remarquera que dans la période 1889-1901, le développement de l'instruction publique était devenu une véritable mystique laïque. Il faudra attendre le milieu du XXIe siècle pour faire de nouvelles observations sur le tas, si j'ose dire.

Pluton en Gémeaux

On se souviendra que Pluton n'est apparu devant les télescopes qu'en 1930. Comme pour Uranus et Neptune, le champ d'observation se limite donc rétroactivement à la période 1883-1914.

Le Grand Livre des Gémeaux

Selon Lisa Morpurgo, Pluton a alors influencé le comportement d'une génération intellectuellement éveillée. Et il est vrai que l'on ne s'était jamais posé autant de questions qu'à cette période, qui était à la fois la fin d'un siècle et le commencement d'un autre, tant il est vrai que Pluton, comme Janus, est à double face. Cette génération était lucidement critique envers les idéologies et les éthiques des époques antérieures. Mais elle a aussi été attirée par le culte de la personnalité. André Barbault a exprimé une opinion à peu près semblable en disant que Pluton en Gémeaux se mue généralement en sadisme mental, ou apporte une inquiétude intérieure qui fertilise la recherche de l'esprit. Négativement, Lisa Morpurgo indique une tendance à la corruption et à l'escroquerie, et il est vrai que les premiers grands scandales financiers d'envergure internationale eurent lieu à cette époque, témoin l'affaire du canal de Panama.

Si l'on envisage son côté négatif, le passage plutonien en Gémeaux, signe de la respiration et des poumons, a correspondu au maximum d'intensité des ravages de la tuberculose pulmonaire et à la construction d'immenses sanatoriums aujourd'hui abandonnés.

Il est assez difficile de définir Pluton, qui ne peut être considéré ni comme un épouvantail ni comme un porte-bonheur. Selon la mythologie, il était le dieu des enfers, mais l'enfer des Grecs est très différent de l'enfer judéo-chrétien. Il n'était pas seulement un lieu de tourments mais surtout le séjour des morts, qui se répartissaient en bienheureux ou en punis. Pluton, souverain de ces lieux souterrains, distribuait à la fois les punitions et les récompenses.

Il fut également considéré comme le dieu des richesses, d'où le terme « ploutocratie » pour désigner les super-capitalistes en tant que classe dirigeante. L'influence de Pluton échappe à toute caractérologie bien tranchée. S'il occupe une place importante dans un thème, il signifie ambition tenace, capacité de s'imposer par la force. En aspect dissonant, surtout avec Saturne, il crée l'angoisse, le pessimisme, le goût du néant, entraîne dans l'existence des traversées du désert. Mais s'il est positif, il apporte des facultés de régénération, de mutation même, et ouvre à l'être des possibilités infinies. Mal relié à Mars, il devient un facteur de sadisme et parfois d'auto-destruction. Ses analogies avec le Scorpion sont évidentes, et l'on pourrait dire que dans ses passages à travers les signes, il dépose quelques ferments scorpioniques.

Les Planètes dans le Cancer

Soleil en Cancer

Donne des indications sur la personnalité extérieure du sujet : grande sensibilité, à l'écoute du non dit, du non visible. Beaucoup d'intuition : cette intuition se fait parfois devineresse, pressent des événements et des situations à venir. Les rêves prémonitoires sont fréquents chez le Cancer hyperréceptif. « Idéalisation du passé, attachement à la Tradition, qui sert de point d'appui contre l'insécurité du futur [...]. Manque d'initiative, défaut d'agressivité et d'esprit compétitif [...] compensés par la souplesse intuitive de l'intelligence. L'équilibre ainsi créé permet d'atteindre avec autant d'efficacité l'objectif recherché [1] ».

Lune en Cancer

Accentue toutes les tendances extérieures du signe en leur donnant quelquefois une exaltation excessive : douceur extrême, intense réceptivité qui peut aller jusqu'à la médiumnité. La voyance, la précognition, les phénomènes extra-sensoriels sont tout à fait courants avec la Lune dans ce signe. Elle donne également des dons artistiques réels que la timidité du Cancer ne sait pas toujours faire valoir. Besoin immense de tendresse, de protection. Forte sensualité réceptive.

Vénus en Cancer

La planète de l'amour et de l'art se trouve en affinité avec le signe d'eau. Vénus en Cancer s'intériorise, gagne en pudeur et en réserve ce qu'elle perdait en extraversion ; elle devient plus

---

1. Lisa Morpurgo, *Introduction à la nouvelle astrologie,* Hachette Littérature, 1976.

artiste, plus profonde et plus douce. Sa recherche de l'amour sensuel se transforme en quête de tendresse, de protection, de sécurité affective. C'est une Vénus mouvante mais fidèle, capricieuse mais sage. Sensualité « sensorielle ».

Mars en Cancer

L'activité impatiente, brusque, agressive de Mars s'émousse en Cancer. L'action devient plus mesurée, plus flottante, plus fragile extérieurement. Mais elle se concentre grâce à la profondeur que lui donne le signe, elle acquiert une longue portée. Elle devient plus durable, plus obstinée, moins spectaculaire mais peut-être plus efficace, en s'exerçant sur des registres qui lui conviennent, soutenue par l'intuition que confère le signe : l'art, le commerce sont ses terrains d'élection. Le dynamisme, l'énergie vitale n'apparaissent pas : il faut se rappeler que le Cancer n'est pas un signe de grande santé. En revanche, la sagesse, l'économie de moyens dans l'objectif à atteindre, l'instinct très puissant remplacent avantageusement une extériorisation chaleureuse de la personnalité.

Jupiter en Cancer

Jupiter, qui aime tant son confort, ses aises, le luxe en toute chose, exalte la sensualité du Cancer, la matérialise. La philosophie d'un Jupiter en Cancer est dans la jouissance pure et le confort personnel. La réussite professionnelle se fait dans le respect de la tradition et des lois hiérarchiques, dans le culte de la famille et des ancêtres. Que de bienveillance, que de concessions, que de souplesse dans cet alliage ! Rien ne doit freiner ou entraver le désir qu'a le natif de jouir de la vie par tous ses pores. S'il gagne facilement de l'argent, il le dépense encore plus facilement, pour le plaisir de dépenser.

Il a besoin d'abondance et de richesse, de beaux objets, de bijoux, de fourrures, de luxueuses voitures. Cet être est, en général, extrêmement séduisant.

Saturne en Cancer

C'est la logique, le raisonnement, la rigueur froide et calculatrice de Saturne dans l'univers fantasque, imaginatif et sensuel du Cancer. Résultat : ou bien Saturne canalise la fantaisie du Cancer et lui donne du poids, de la mesure, de l'ambition et de la discipline, auquel cas le sujet perd beaucoup de caractéristiques lunaires (réactions imprévisibles, tempérament secret et changeant, parfois un peu versatile) ; ou bien Saturne broie le Cancer, et, à ce moment-là, il crée toutes sortes de frustrations dans les domaines régis par la Lune : la créativité est freinée, l'élan vital s'amenuise, l'affectivité n'est jamais comblée, la sensibilité reste à vif sans parvenir à s'épanouir dans une activité inventive et riche.

Uranus en Cancer

Le goût d'Uranus pour les bouleversements, les changements radicaux, les décisions rapides et irrévocables se trouve singulièrement étouffé par le Cancer. En effet, le Cancer est le signe des petits changements, des petites modifications, mais pas de hautes tensions familières à Uranus. D'où affaiblissement des valeurs proprement uraniennes dans ce signe : individualisme moyen, esprit de décision plus flou, activité créatrice moins volontaire et ambitieuse. La vitalité uranienne devient un peu aquatique : c'est la foudre dans l'eau. En revanche, le Cancer accentue la réceptivité d'Uranus, d'où une réelle générosité à l'égard d'autrui, la volonté d'emporter une certaine adhésion de son entourage.

Neptune en Cancer

La planète double son inspiration intuitive dans le Cancer : elle devient très fortement sensible à toute vibration sensorielle.

Elle capte les moindres ondes de son entourage et plonge dans les eaux sans fond de la sensation, du délire artistique (musical, visuel, auditif) avec un goût prononcé pour tout ce qui a trait à l'eau, à l'élément liquide.

Pluton en Cancer

Les forces souterraines et créatives de Pluton prennent de la sensibilité et de la fragilité cancériennes. Elles deviennent moins ambitieuses sans perdre en invention, ni en profondeur. Mais le sujet risque de se sentir limité dans sa créativité par son respect des valeurs familiales, traditionnelles, parfois même conservatrices.

Les Planètes dans le Lion

Soleil en Lion

En vérité, dans votre cas, la fonction solaire, qui sensibilise aux modèles culturels en usage, vous a fait percevoir avec une acuité particulière tout ce qui, dans ces modèles, participe des fonctions de base du Lion. Vous avez retenu en priorité les leçons et les principes qui mettaient l'accent sur l'autonomie personnelle, la volonté de surpassement, l'extension de la puissance. Vos premiers héros, vous les avez choisis spontanément parmi ceux qui incarnaient le mieux ces facultés. Notez bien que cela ne veut pas forcément dire que vous suiviez ces exemples-là en permanence : les premières et fortes impressions qui ont marqué votre esprit peuvent subir bien des avatars. On peut cependant affirmer que tous ces grands dadas léoniens demeureront vos points de référence essentiels. Sujets de vos discours, thèmes de vos œuvres, mobiles de vos actes, objets de vos recherches, motifs de vos craintes ou cibles de vos sarcasmes, ils seront ici les fermes pivots de votre conscience lucide.

Tout cela, d'ailleurs, va dans le même sens que votre prédilection pour les grandes idées, les forces qui orientent toute une existence dans une direction privilégiée.

Lune en Lion

Les interprétations classiques insistent sur l'effervescence des instincts, leur générosité, leur noblesse et leur panache. On vous accorde en outre une imagination tournée vers le grandiose, le prestigieux, le magnifique, et la valeur publique vous est, paraît-il, acquise si vous abordez la carrière artistique. Parmi les travers qui vous sont le plus souvent reprochés, on note une certaine fatuité, un côté snob épris de luxe, un penchant pour les caprices voyants et la paresse dorée.

Quelques « Lune en Lion » assez connus : Louis XIV, Churchill, Trotski, Mao, Rocard, Rosa Luxemburg, Willy Brandt... Parmi les poètes, citons Verlaine, Jules Laforgue, Charles Cros et Schiller.

Vénus en Lion

Vous savez jouer au maximum de l'efficacité des apparences, de l'impact affectif des paroles. Votre Moi en représentation s'affirme par le canal de l'émotion ainsi produite sur les autres. Vous vous efforcez de susciter la sympathie admirative par les moyens les plus extérieurs — d'aucuns diraient les plus superficiels — tels que la beauté physique, le vêtement, la parure, le maintien, la qualité du langage et le respect de l'étiquette.

Selon votre orientation générale extravertie ou introvertie, vous viserez par ces biais à donner une impression de force, d'aisance souveraine, de liberté superbe, ou bien de noblesse, de générosité, d'élégance morale.

Mars en Lion

La force d'excitation débloquante joue ici sur le mode d'une confrontation directe et immédiate avec le monde environnant. Elle n'a rien d'un fantasme, d'une simple spéculation théorique ou d'une évocation évanescente. Elle acquiert une présence telle qu'il est impossible à autrui de l'ignorer ou de n'en point constater les effets percutants. Dans le combat quotidien pour la survie personnelle, vous refusez absolument toute entrave à vos initiatives. Vous ne vous préoccupez guère des implications philosophiques de vos actes ou de ce que l'on va penser de vous : l'essentiel est de vaincre l'obstacle par les moyens les plus rapides et les plus indiscutablement efficaces. Vous n'êtes pas une personne à vous décourager facilement. Non pas tellement par le fait d'une patience obstinée, mais surtout parce que vous savez surmonter vos fatigues, recharger à bloc vos batteries au moment où l'on vous croit épuisé.

Jupiter en Lion

Voilà encore une rencontre qui a eu, de tout temps, fort bonne réputation. Comment d'ailleurs pourrait-il en être autrement ? Aux yeux de la Tradition, l'alliance du signe royal par excellence et de l'astre qualifié de Grand Bénéfique ne saurait enfanter qu'une avalanche de bienfaits : honneurs, célébrités, succès, triomphe et autorité indiscutée vous sont octroyés sans lésiner par les célestes cornes d'abondance.

Quant aux seuls inconvénients évoqués, ils découlent des risques de démesure et de surabondance. L'astro-psychologie descriptive, tout en étant moins catégorique sur les événements promis, ne dément pas la tonalité générale du tableau. L'astre et le signe se rejoignent par leur côté extraverti, optimiste, théâtral et ambitieux, le tout saupoudré de ce paternalisme pontifiant qui est, paraît-il, l'apanage enviable de la maturité bien assise.

Saturne en Lion

Là, ce n'est pas tellement la fête. De toute manière, dès que Saturne est en cause, les astrologues traditionnels éteignent leur beau sourire commercial et vous prennent des airs gravement constipés. Comme, par-dessus le marché, ils considèrent le Lion comme le lieu d'exil de la planète — c'est-à-dire le signe avec lequel elle présente le moins d'affinités —, vous voyez d'ici le tableau engageant. Dans le meilleur des cas, ils évoquent une autorité froide, une implacable ambition, des buts politiques à long terme, le sens de l'organisation. La plupart du temps, il est surtout question de despotisme, d'avidité insatiable, d'orgueil égocentrique et misanthrope, de dureté, de cruauté, de lâcheté.

Uranus en Lion

Le point commun fondamental entre Uranus et le Lion, c'est un processus de concentration, de réduction extrême à un pôle unique dans un but d'efficacité maximale. Imposer son point de vue aux autres, se sentir invulnérable, être sûr de son bon droit, ne pas concéder la moindre miette de son pouvoir et de son autorité.

Uranus exacerbe ces tendances, les radicalise, les assortit d'un impact et d'un tranchant tels qu'elles ont bien peu de chances de passer inaperçues. Vous visez toujours les sommets, qu'il s'agisse de ceux du pouvoir, de l'intensité d'expression de votre personnalité, de l'acuité de votre conscience lucide ou de la rigueur concise de vos formulations.

Vous dissipez le brouillard à coups d'éclairs soudains, vous localisez les lueurs éparses en faisceau aveuglant, vous rassemblez les forces les plus diluées en un seul invicible fer de lance. Vos irruptions sur le devant de la scène sont souvent plus provocantes que celles du Lion jupitérien. Vous ne prenez pas comme lui votre élan à partir de données familières, de réalités que chacun peut voir et palper. Vous vous appuyez sur vos pulsions les plus intimes, vos tendances les plus inaliénables.

Neptune en Lion

Énigmatique et problématique alliage. Les affinités entre la planète et le signe sont nettement moins évidentes que dans le cas d'Uranus ou de Jupiter, et la coopération ne sera vraiment effective que si Neptune reçoit par ailleurs de forts aspects dynamisants. Dans le cas contraire, les fonctions dominantes du Lion sont passablement altérées. Les manuels traditionnels parlent d'exaltation lyrique, idéaliste, mystique ou romanesque, de sens esthétique noble et raffiné, avec forte propension aux illusions et déceptions sentimentales, dans l'hypothèse d'un Neptune très dissoné.

Pluton en Lion

A priori, la cohabitation avec le Lion s'annonce plutôt malaisée. Le désir de surclasser les autres et le goût de la parade tonitruante, notamment, en prennent un sacré coup. Un Plutonien bon teint, vu de l'extérieur, a fort peu de chance de cadrer avec le portrait-robot du signe. Avec Pluton, on aurait cependant bien tort de se fier aux apparences, l'essentiel se passant au niveau de votre inaliénable for intérieur. En fait, Pluton, tout comme le Lion, refuse les limites. Il les refuse même de la façon la plus radicale qui soit. Le temps et l'espace n'ont pas de bornes, l'éternel et l'infini sont ses domaines. Il n'a de compte à rendre à personne, il ne se soumet à aucune autorité humaine. Il engendre lui-même sa propre loi et sa propre vérité. C'est un réfractaire, un irréductible, un pur, un authentique. On pourrait croire que Pluton, éloigné de tout personnalisme, désintègre le narcissisme du Lion. En fait, il remplace un narcissisme superficiel par un narcissisme beaucoup plus profond : la contemplation inexprimable, intégrale et perpétuelle de vos rouages les plus secrets, de vos mobiles les plus intimes. Vous vous retrouvez seul avec vous-même pour assumer l'angoissante étendue des possibles qui vous habitent.

Les Planètes dans la Vierge

Soleil en Vierge

Dire que vous êtes natif de la Vierge signifie qu'à votre naissance le Soleil occupait ce signe. Dans ce cas, la planète ne fait donc que souligner les valeurs du signe. En Vierge, le Soleil est dit pérégrin, c'est-à-dire neutre, son domicile étant en Lion et son lieu d'exaltation en Bélier.

Lune en Vierge

Les valeurs lunaires de sensibilité, d'émotivité, de réceptivité, sont brimées et ne trouvent guère de possibilité d'épanouissement. La Lune, symbole de l'inconscient (le « Ça » en terme psychanalytique), n'est certes pas à son aise dans un signe répressif, qui s'acharne à contrôler les pulsions instinctives. Il en résulte un risque de refoulement, surtout en cas de dissonances de la Lune (avec Saturne ou Uranus notamment).

La difficulté d'extériorisation entraîne un malaise, un sentiment diffus de culpabilité qui se traduit par une attitude déroutante, déconcertante, même pour les proches. Inquiet, souvent affligé d'un complexe d'infériorité, le sujet se livre à une introspection poussée, qui ne fait qu'aggraver ses problèmes.

Vénus en Vierge

Vénus s'adresse au cœur. La Vierge (associée en mythologie à Athéna, déesse de l'intelligence) n'écoute que la raison.

Cette problématique peut se vivre de différentes manières. Il est certain, en tout cas, que la position de Vénus dans ce signe donne souvent au sujet un comportement amoureux comparable à celui du Virginien. On retrouve le même refus de perdre la tête, de se laisser aller. La passion est tenue en bride, dissimulée sous un masque d'ironie, de scepticisme, de froideur.

Les instincts amoureux ne sont pas nécessairement inhibés, mais leur expression est freinée, sans cesse contrôlée. Parfois, cependant, les sentiments sont tièdes, les effusions rares, les unions raisonnables.

Mars en Vierge

Pour qui se contente de voir en Mars la manifestation des instincts agressifs, la position de cette planète dans le signe de la Vierge présente plus d'inconvénients que d'avantages. La violence, l'agressivité étant rentrées, elles se retournent contre le sujet et aboutissent à une lente autodestruction. Ou bien, ces forces s'extériorisent par poussées brutales.

Concret, réaliste... voilà des termes qui s'accordent bien avec les caractéristiques de la Vierge. Cette configuration (surtout si Mars est harmonieusement aspecté) donne une grande puissance de travail (Jean-Louis Barrault, conjonction Soleil-Mars en Vierge). Le sujet est un perfectionniste qui « fignole » sa tâche dans les moindres détails.

La planète « dynamise » le signe, le pousse à l'action, décuple son efficacité en coupant court à ses hésitations.

Quant au signe, il modère l'impulsivité conférée par la planète, évite certaines erreurs.

Jupiter en Vierge

Les relations entre la planète et le signe sont assez complexes. Selon la Tradition, Jupiter est en exil en Vierge. La définition suivante permet de comprendre pourquoi : « Jupiter est une force de développement de l'être humain, par assimilation de ce qui lui vient du monde extérieur.[1] »

Au principe d'expansion, d'ampleur de Jupiter, s'oppose le principe de rétraction de la Vierge. La planète s'ouvre et s'intègre au monde. Le signe s'entoure d'une écorce imperméable aux suggestions extérieures. Cette antinomie, loin de faciliter l'osmose, provoque des « tiraillements » intérieurs éprouvants.

Le problème est particulièrement épineux si les facteurs d'affirmation du Moi sont très puissants dans le thème, si Jupiter est valorisé (conjonction Soleil-Jupiter, par exemple), ou si la Vierge occupe la Maison I (personnalité profonde). Car c'est toute la puissance vitale du sujet qui est contrainte, étouffée dans les limites strictes imposées par le signe. L'extraversion jupitérienne se heurte à l'introversion virginienne.

Saturne en Vierge

Si elle reçoit la puissance intellectuelle et favorise la résolution des questions pratiques, cette position de Saturne est plutôt critique dans le domaine de la vie affective. La planète et le signe se renforcent dans leur tendance à l'inhibition et à l'introversion, entraînant une répression impitoyable des instincts.

Sous le coup de frein de Saturne, les risques de refoulement sont accentués. Par son attitude constamment « en retrait », le sujet se coupe des autres. Il méprise les relations sociales, trop superficielles à son gré. Le goût de la solitude devient facilement de la misanthropie. Il n'y a aucune fantaisie dans cette vie réglée, ordonnée, programmée à l'avance. Toutes les précautions sont prises contre un déferlement de l'imprévu dans l'existence.

Uranus en Vierge

Comme Saturne, Uranus conduit le sujet à adopter une attitude de rigueur, de discipline, de dépouillement. La planète et le signe sont tous deux marqués par l'étroitesse du champ de conscience. L'Uranien tend à l'« unité de l'être ». Il se veut essentiellement lui-même, affranchi des idées en usage, des coutumes. La Vierge, de son côté, cherche à ne compter que sur soi. Aussi, le sujet risque-t-il, d'une façon ou d'une autre, de « faire le vide » autour de lui, d'autant plus qu'il a besoin, sur le plan professionnel notamment, de liberté et d'indépendance.

Uranus en Vierge peut aussi donner la solitude du créateur, souvent révolutionnaire et difficilement compris par son entourage. Cette configuration se retrouve dans les thèmes de Picasso, de Modigliani (Uranus puissant par sa conjonction à Mars, lui-même conjoint à l'Ascendant), de Coco Chanel (Uranus conjoint à Mercure opposé à la Lune, sextile à Jupiter).

Neptune en Vierge

Neptune, maître des Poissons, est en exil dans le signe opposé, la Vierge. Tout, en effet, oppose le signe et la planète. Neptune est caractérisé par l'extrême ampleur du champ de conscience, d'où une très forte intuition, une façon d'appréhender les choses et les situations sans passer par le canal

---

[1]. Claire Santagostini, *Assimil astrologique*.

Le Grand Livre des Gémeaux

de la logique, de la raison. Quel décalage avec la Vierge, dont les mécanismes de pensée s'appuient précisément sur ces deux facultés !

De ce perpétuel affrontement entre être et réalité, entre plasticité psychique et rigidité mentale, entre désordre et ordre, naît une sorte d'inadaptation permanente.

Neptune en Vierge risque de perturber la vie quotidienne, mais le sujet conserve néanmoins une dimension imaginative, une « inspiration » très favorable sur le plan artistique (Annie Girardot, Neptune conjoint à l'Ascendant en Vierge). Cette position peut aussi accentuer l'idéalisme et le dévouement à une cause humanitaire (Arlette Laguiller, Neptune conjoint à l'Ascendant en Vierge, opposé à la conjonction Soleil-Mercure en Poissons).

Pluton en Vierge

Pluton a été découvert en 1930 seulement par les astronomes. C'est pourquoi les indications astrologiques sur cette planète diffèrent encore sensiblement. Il est prématuré de donner des indications détaillées sur l'influence de Pluton en Vierge. En revanche, il est intéressant de connaître le « climat général » qui a prévalu durant son transit dans le signe, de novembre 1956 à septembre 1971. C'est, par exemple, pendant cette période que s'est produite la révolte de la jeunesse contre les modèles reçus et les principes inculqués par les parents et les éducateurs, révolte ayant abouti, en France, aux événements de Mai 1968.

La maîtrise du Scorpion a été attribuée à Pluton. Sa position en Vierge donne donc, comme pour Mars, des tendances Scorpion au sujet.

Les Planètes dans la Balance

Soleil en Balance

Sens de l'harmonie. Adaptation spontanée de la personnalité à tous les milieux, tous les événements, tous les modes de vie. Goût profond pour les associations, les activités artistiques, les relations sociales. La beauté, sous toutes ses formes, préoccupe beaucoup le natif de la Balance. Sa séduction est extrême, sa douceur et sa tolérance en font un partenaire de choix. Sa réussite tient à son charme.

Lune en Balance

La Lune, c'est avant tout le monde de l'âme. Elle représente donc la vie sensible, l'affectivité, l'imagination et toute une série de significations dérivées, telles que la femme, la mère, le foyer, la mémoire, etc. Il nous faut donc combiner toutes ces significations avec celles de la Balance.

Si la Balance ne donne pas nécessairement l'équilibre, elle en donne le goût, de sorte que le sujet ayant la Lune en Balance tend à réaliser l'équilibre et l'harmonie dans sa vie psychique. Toute injustice, qui n'est finalement rien d'autre qu'un déséquilibre, lui est insupportable et le blesse au plus profond de lui-même.

Vénus en Balance

Affectueux, affable, dévoué, le sujet prend un grand plaisir à la vie en société qui lui donne l'occasion de nouer de nombreuses relations. On apprécie son esprit de conciliation et son amour de la paix. Son sens de la justice, qui n'est pas fermé à l'indulgence, fait de lui l'arbitre idéal pour régler les différends qui pourraient surgir dans son entourage.

Il cherche à se créer des conditions de vie agréables, et son goût du confort fait qu'il s'entoure, partout où il passe, de musique, de fleurs, d'objets d'art qui donnent à son cadre de vie une note raffinée. La Balance, 7e signe, est analogue à la Maison VII, secteur des contrats et du mariage en particulier. Si rien dans l'horoscope ne s'y oppose, le mariage peut apporter au sujet les dons de Vénus : l'amour, le bonheur et l'aisance.

Mars en Balance

Comme la justice est un des domaines de la Balance, le sujet est prêt à se battre pour que soit respecté le droit et que cessent les injustices. Il sera tenté de militer dans des organisations politiques ou non, qui luttent en faveur des victimes de toutes les formes d'oppression. Parmi les carrières juridiques qui s'offrent à lui, c'est évidemment celle d'avocat qui lui permettra le mieux de mettre sa fougue au service de la justice. Il défendra ses clients avec autant d'énergie que d'habileté (la Balance sait aussi être diplomate). Dans sa vie privée comme dans sa vie publique, il est prêt à se battre pour la vérité, souvent inséparable de la justice, et à donner équitablement à chacun ce qui lui revient.

Jupiter en Balance

Le sujet rayonne la sympathie (Jupiter représente le principe de l'énergie centrifuge en expansion permanente). Il a donc des contacts faciles et heureux avec les autres, que ce soit dans son mariage, ses associations ou ses relations. Les qualités de la planète et du signe se renforcent mutuellement, et les conditions semblent réunies pour que le sujet trouve le bonheur, en particulier dans le mariage, car il a l'esprit large et il est tout prêt à faire des concessions au nom de l'harmonie. Non seulement il peut faire un mariage heureux, mais ce mariage peut être pour lui l'occasion de trouver le bonheur. Le bonheur, et parfois l'élévation sociale et un accroissement de fortune.

Saturne en Balance

Saturne donne au sujet un sentiment à la fois profond et élevé de la justice, on pourrait presque dire un sens institutionnel de la justice.

Dans le domaine de l'art, l'influence de Saturne joue dans le sens d'un strict classicisme.

Dans le domaine du mariage, le sujet cherche un conjoint qui réponde au modèle qu'il porte plus ou moins consciemment en lui, celui d'un être sérieux et pondéré, mesuré et réfléchi, consciencieux et économe, chaste et réservé. Nous savons que la Balance donne à ses natifs davantage le sens et le goût de l'équilibre que l'équilibre lui-même. La présence dans la Balance de Saturne, qui est un facteur de stabilité, est de nature à conférer au sujet la pondération qui fait de lui un être équilibré.

Uranus en Balance

Dans tous les domaines propres à la Balance, Uranus apporte ses bons et ses mauvais côtés : indépendance, originalité, progrès, invention, intuition, mais aussi impatience, irascibilité, violence et révolte.

Uranus, planète de l'intuition, dans le signe d'art qu'est la Balance, peut renforcer l'inspiration du sujet dans ce domaine. Soutenu par une vive imagination, il développe une expression artistique originale qui est bien souvent en avance sur les idées et les goûts de son temps.

La Balance est encore le signe des associations et du mariage. Dans ce dernier domaine, les idées modernes tendant à l'instauration de l'union libre s'accordent parfaitement avec le besoin d'indépendance et de liberté qui caractérise Uranus.

Neptune en Balance

Le sujet qui a Neptune dans la Balance se fait de la justice une idée très élevée. Il est même près de croire à l'existence d'une justice immanente.

La sensibilité, la tendresse, la douceur neptuniennes transforment l'amour de la Balance en un sentiment idéal qui se porte naturellement sur le conjoint ou les partenaires, puisque la Balance est le signe des associations. Le mariage lui-même peut évoluer vers une union platonique qui trouvera sa finalité dans une recherche commune des valeurs spirituelles.

Son art, raffiné, est marqué par le flou et la légèreté neptuniens qui lui donnent quelque chose d'irréel. La musique, le cinéma, la poésie sont des supports particulièrement bien adaptés à cette inspiration.

Pluton en Balance

Il faut déplorer qu'aucune recherche systématique, portant sur des milliers de thèmes, n'ait été entreprise pour essayer de déterminer la nature bénéfique ou maléfique (ou neutre) de Pluton, ainsi que le signe qui pourrait être son Domicile. Dans ces conditions, il nous paraît plus sage de renoncer à donner pour Pluton dans la Balance des significations qui seraient pour le moins incertaines.

Les Planètes dans le Scorpion

Soleil en Scorpion

Symboliquement, le Soleil règne sur le jour, le Scorpion sur la nuit. Dès lors, le Soleil dans le signe du Scorpion peut s'interpréter comme une grande lumière éclairant les ténèbres (du subconscient ou des Enfers). Mise en valeur de la face cachée de toute chose. Goût du secret. Tendances à l'angoisse ; passions tourmentés, violentes, destructrices. Intelligence pénétrante. Cette personnalité se démarque toujours de la collectivité par des comportements inhabituels.

Lune en Scorpion

Mauvaise position pour cette planète, dont la tendresse ne peut pas s'exprimer. Sous cette configuration, les rapports humains sont difficiles pour le natif qui, tourmenté de conflits intérieurs, extériorise mal ses sentiments. Attitudes coupantes, propos caustiques, jalousies blessent l'entourage.

Sa franchise trop brutale est mal comprise. Les procès sont fréquents, les échanges de paroles cinglantes amènent des inimitiés. Le natif est foncièrement maladroit dans ses rapports avec les autres ; même sous de bons aspects, sa courtoisie est... à éclipses. En nativité masculine, longues rancunes et risques de mort de l'épouse (Gœbbels, par exemple, qui avait la Lune en Scorpion en Maison XII), de la mère ou de la sœur.

Vénus en Scorpion

Vénus en Scorpion signifie souvent, pour le natif, l'exil ou la perte de la personne aimée, et cette séparation est intensément douloureuse puisque le Scorpion aime profondément et passionnément (Marie-Antoinette). Sur le plan matrimonial : destruction de l'union assez fréquente, puis reconstruction d'un autre foyer, suivant le symbolisme de Pluton, qui est « mort et résurrection ». Dans un thème féminin, Vénus en Scorpion signe quelquefois la prostitution avec un enchaînement de situations marginales et dramatiques dont la native ne réussit pas à sortir. De façon générale, c'est une position de la planète qui apporte des passions violentes et dramatiques : une saison en enfer. Vénus en Scorpion accorde au natif un magnétisme sexuel intense, un grand charme et une séduction irrésistible.

Mars en Scorpion

Excellente position pour la planète rouge : elle est ici en domicile. Mars : l'énergie ; le Scorpion : le feu des Enfers.

L'énergie de Mars est beaucoup plus puissante en Scorpion, elle devient souterraine, implacablement efficace. Elle est capable de se contenir, de se maîtriser, de se canaliser en vue d'un objectif lointain et précis. Mars en Scorpion est extraordinairement opérationnel. Il réunit à la fois les qualités du Bélier et celles du Capricorne. Comme le premier, il peut être impulsif, rapide, mobilisé en quelques secondes, capable d'une attaque foudroyante ou d'une contre-attaque qui met définitivement l'ennemi K.O.

Jupiter en Scorpion

Nature courageuse, puissante, très intuitive et inventive. Confiance en soi, aptitudes réalisatrices : Jupiter, pratique, organise les forces bouillonnantes du Scorpion. Dans la lutte pour la vie, le Jupitérien du Scorpion est bien armé. Il a de l'autorité, du bon sens, le sens stratégique aussi. Il ne lâche jamais son morceau. Parfois, ses entreprises semblent d'une audace insensée, marquées au coin d'un optimisme délirant. Eh bien, à la surprise générale, il ne se casse pas la figure, il réussit. Son fabuleux optimisme attire la chance. Tout seul, perdu au milieu des tempêtes de la vie, les yeux fixés sur sa bonne étoile, il ne voit qu'elle...

Saturne en Scorpion

Voici ce que donne Saturne en Scorpion : persévérance et ténacité, discipline des instincts, sens stratégique, sagacité, ruse, prévoyance, dons d'inventions, aptitudes scientifiques.

Saturne est un frein qui oblige le natif à canaliser son énergie. Le Saturnien du Scorpion est un ambitieux, jaloux de son pouvoir et de son indépendance (Giscard d'Estaing, Jean-Jacques Servan-Schreiber, Mazarin). Il sait parfaitement se défendre et attaquer quand il le faut, en visant bien. Ce n'est pas quelqu'un de passif, mais d'énergique et d'actif, dont l'existence, pleine de luttes, progresse régulièrement grâce à des efforts persistants. Il surmonte avec courage des conditions de vie difficiles (le commandant Charcot), et la réussite peut venir assez tard (Adenauer et Mazarin avaient tous deux Saturne en Scorpion au Milieu-du-Ciel).

Uranus en Scorpion

Que d'écrivains, de penseurs, de novateurs, sous cette configuration ! Les yeux fixés sur leur étoile, ce sont des gens qui avancent avec détermination en suivant une idée novatrice. Ils ont le sentiment de devoir lutter pour le progrès. Dans ce but généreux, la révolution ne leur fait pas peur : Uranus détruit l'ordre ancien pour permettre à Pluton de reconstruire le nouveau.

L'Uranien du Scorpion est souvent amené, dans son existence, à se révolter contre la pesanteur des institutions de son temps, contre la dureté des contraintes sociales qui pèsent sur ses contemporains.

Neptune en Scorpion

Affinités entre cette planète de rêve et d'imagination, et notre Scorpion naturellement attiré par l'étrange, le fantastique, le mystère.

Les Neptuniens du Scorpion sont médiums, clairvoyants, ils ont des dons occultes, s'intéressent aux problèmes de l'au-delà. Mystiques, artistes, sensibles, intelligents, ils devinent tout ce qu'on leur cache. Ils travaillent dans le secret, s'enfermant à double tour dans leur chambre ou leur bureau. Les forces invisibles se mettent au service de la création.

Pluton en Scorpion

La plus lointaine de nos grandes planètes transitera en Scorpion de 1984 à 1995 : on se demande ce qu'elle va apporter. En principe, elle est bien placée dans le signe dont elle est la maîtresse.

En astrologie mondiale, on pense que cette position plutonienne donnera naissance à une civilisation tout à fait nouvelle, totalement différente de celle que nous connaissons actuellement. Au prix de quels bouleversements ? Verrons-nous le triomphe de l'énergie atomique (l'ère du plutonium, ce n'est pas un hasard si cet élément tire son nom du dieu des Enfers...) ?

Les Planètes dans le Sagittaire

Soleil en Sagittaire

C'est la position qui, traditionnellement, fait que l'on se dit né sous le signe du Sagittaire. Exalte les tendances naturelles du signe : courage, esprit d'aventure, projets de grande envergure, intelligence, réussite professionnelle. Souvent, carrière brillante.

Lune en Sagittaire

La Lune est épanouie dans ce signe. Elle confère de la spontanéité, une certaine bonhomie, bref, une relation cordiale et détendue avec l'entourage. Avec le Sagittaire, on n'a pas de mal à briser la glace. Certes, il attend de l'autre un certain respect, mais il n'hésite pas à parler sur un pied d'égalité, d'homme à homme.

C'est un signe d'amitié plus que d'amour et l'on aime retrouver les copains de naguère, rappeler les souvenirs, faire un petit flash-back qui permet de voir le chemin parcouru depuis.

Vénus en Sagittaire

La conception artistique du Sagittaire s'incarne à merveille dans le jazz. Cette musique à chaud qui se joue en équipe où l'on est entraîné par un rythme endiablé, où la dépense nerveuse est intense, où l'on n'a pas à déchiffrer une partition ou à se souvenir de bien respecter telle ou telle règle, où l'on danse de tout son corps, est la meilleure détente du signe.

Le Sagittaire aime le mouvement, il se plaît entre deux destinations. Il ne sait guère passer des vacances calmes et casanières.

Mars en Sagittaire

Le Sagittaire n'aime guère le travail trop régulier et quotidien. Cette position planétaire, dans un thème, n'indique donc pas un employé modèle mais bien plutôt un représentant qui court sur les routes, quelqu'un qui doit prendre des initiatives, s'adapter à des situations imprévues, faire preuve d'esprit d'à-propos.

L'énergie est mobilisée dès lors que le jeu en vaut la chandelle, excitée par l'épreuve, par l'obstacle. A certains moments, on est prêt à se dépenser intensivement comme dans les charrettes des architectes. On peut aussi trouver là un stakhanoviste, avide de records.

Jupiter en Sagittaire

C'est une position qui annonce une capacité certaine à organiser, à rassembler. Non pas tant à étudier une affaire dans tous ses détails qu'à faire se rencontrer des gens, à leur donner le sentiment d'un destin commun. C'est ainsi que se forment les sociétés humaines, autour de ces chefs qui, à partir d'une situation confuse et disparate, parviennent à instituer un ordre, à faire apparaître des horizons, à cimenter des réseaux encore fragiles.

Celui qui a cette indication dans son thème laissera souvent le souvenir de quelqu'un qui a modifié sensiblement le paysage social et humain, « là où son cheval est passé ».

Saturne en Sagittaire

Si les entreprises sagittariennes font parfois long feu, elles ne durent que tant que leur instigateur brandit le flambeau.

Dès que celui-ci disparaît, c'est la guerre entre les héritiers et l'on s'aperçoit bien vite que tout l'édifice ne reposait que sur le dynamisme d'un seul. Le Sagittaire va de l'avant et a du mal à choisir ses lieutenants et ses dauphins tant il agit par inspiration. C'est l'homme des grandes épopées que seule la mémoire d'un chroniqueur sauvera de l'oubli.

Uranus en Sagittaire

Le Sagittaire, signe de Feu, n'est pas très favorable à Uranus qui s'épanouit dans les signes d'Air. C'est pourquoi le signe peut décevoir en ce qui concerne sa capacité à faire passer des réformes en profondeur. En effet, à force de se soucier de réunir autour de soi les courants les plus divers, on peut dire que le Sagittaire « gouverne au centre », qu'il est prisonnier de sa propre stratégie et tiraillé entre plusieurs tendances, quelle que soit sa volonté personnelle de changer le monde.

Neptune en Sagittaire

Le Sagittaire a le sens de l'idéologie ! Il sait que pour entraîner le grand nombre, il convient de lancer un certain nombre de slogans, de proposer des modèles d'explication, à la façon dont on parle de la lutte des classes, par exemple. Cette position de Neptune est donc favorable, elle révèle quelqu'un qui saisit les vagues de fond, qui prophétise les grands bouleversements, mais qui ne sait pas toujours faire les choix qui s'imposent quand il est trop entraîné par la politique politicienne.

Pluton en Sagittaire

Ce n'est pas une très bonne position pour Pluton. On n'aime guère la contestation et la satire lorsqu'on est en train de développer de grands principes et que l'on se prend plutôt au sérieux. On sait ce qu'on entend par « raison d'État », c'est-à-dire une sorte d'oukase sans réplique. Par ailleurs, l'homme politique doit souvent faire taire sa conscience et ses scrupules s'il désire rester à son poste. L'usure du pouvoir rend méfiant à l'égard des fervents de la vérité.

Les Planètes dans le Capricorne

Soleil en Capricorne

L'astre de l'expansion, du rayonnement de l'été brûlant, se trouve nécessairement refroidi par ce signe d'hiver, d'hibernation, de grand frimas. La personnalité est donc réservée, distante, froide et concentrée. En outre, l'attente du printemps donne à ce signe un sens du temps particulièrement intense : si tout se fige sous la glace, c'est pour mieux éclore dès que la tiédeur revient. Signe d'ambition, de volonté, de réussite, lente et sûre. Maladresse dans l'expression de l'affectivité.

Lune en Capricorne

La planète des sentiments, de la vie intérieure, de la sensibilité et du climat affectif n'est pas non plus fort à son aise dans ce signe. Rend défiant à l'égard de toute manifestation amoureuse, peu expansif et aussi peu généreux. En revanche, donne une stabilité, une profondeur, une fidélité et une grande persévérance dans les attachements.

Vénus en Capricorne

Cette Vénus est possessive, très rigoriste. Elle retire de la passion à la relation amoureuse — la raison, le scepticisme du signe interdisant les grands élans — et lui attribue en compensation de la solidité, de l'endurance, de la ténacité : cette Vénus se contente de peu (à la limite, elle vit d'amour platonique) ou alors, mais c'est plus rare, elle multiplie les expériences « utilitaires ».

Mars en Capricorne

Magnifique position de la planète dans un signe qui lui fait aller droit à l'essentiel, avec dépouillement, esprit de synthèse, profondeur et sens de l'analyse. Sur le plan de l'intelligence,

Le Grand Livre des Gémeaux

c'est une des plus fortes et des plus belles configurations. Elle confère au sujet de la dureté, de l'ambition, de l'agressivité et beaucoup de calcul, en même temps qu'un sens politique aigu... Mais absence totale de subjectivité et de sensibilité en ce qui concerne les affaires, les négociations, les rapports avec autrui en général.

Jupiter en Capricorne

Mêmes effets que le Soleil dans ce signe, légèrement atténués. Les valeurs protectrices, chaleureuses, bienfaitrices de Jupiter sont amoindries par le signe concentré et réservé du Capricorne. La réussite professionnelle est pourtant certaine grâce à l'ambition tenace du signe.

Saturne en Capricorne

Refus de l'artifice, du jeu, du maquillage. Une sorte de Capricorne au carré. Il peut dissimuler ses frustrations infinies derrière un ricanement sceptique ou l'attitude souveraine de l'ermite replié dans sa tour d'ivoire. Cet orgueilleux est d'abord un grand blessé de l'âme qui ne s'est jamais consolé des rejets qu'il a subis. C'est le vrai misanthrope, lucide sur le monde et sur lui-même, qui s'interdit tout mensonge et sanctionne tout manquement à la vérité.

Uranus en Capricorne

Dur signe pour Uranus qui symbolise la force, la volonté, la résolution, ici et maintenant : en Capricorne, la résolution devient cruellement efficace, l'organisation méthodique des objectifs s'élabore avec une perfection presque maniaque. Goût pour toutes les techniques avancées, pour la politique et les sciences.

Neptune en Capricorne

La planète de la sensibilité artistique, de la douceur, de la souplesse et de la mobilité psychique n'est pas spécialement confortée par le Capricorne qui lui interdit les vraies intuitions ou les soumet au crible d'une raison moralisatrice très refroidissante. La sensibilité et la rigueur de la pensée se trouvent en contradiction.

Pluton en Capricorne

Pluton qui symbolise les forces obscures de création, la lenteur et la puissance dans les grands bouleversements, est admirablement servi par le signe ambitieux, sévère et patient du Capricorne. Cette position renforce l'ambition et lui donne une portée mondiale.

Les Planètes dans le Verseau

Soleil en Verseau

Besoin intense d'extériorisation. Chaleur humaine irrépressible, élan vers autrui, compréhension spontanée des êtres. Volonté et capacité de renouvellement incessant. Ce Soleil en Verseau signe une nature passionnée, extrêmement concentrée sur ses intérêts du moment ; simplement, ses intérêts changent, du tout au tout, au cours de sa vie.

Lune en Verseau

La Lune en Verseau vous permettra de cultiver des valeurs personnelles, de canaliser vos pulsions au profit d'un idéal et de décrire vos états d'âme avec les mots qui conviennent.

Comment interpréter les Planètes dans les Signes

La Lune en Verseau, c'est aussi réagir quand le vent se lève, profiter du zéphyr, naviguer en douceur. C'est parfois s'oublier pour aider à transformer le monde, ou se recréer soi-même quand on s'est perdu. C'est notre dépendance envers nos amis, notre besoin d'originalité ou notre soif de changement, c'est une mémoire qui oublie tout, sauf l'essentiel : ce qui est riche en potentialités nouvelles, ce qui est positif et utile, ce qui débloque les situations.

Vénus en Verseau

Le Verseau est spontanément doué pour le bonheur parce qu'il fait crédit à la nature humaine, mais qu'il est sans illusions sur ses imperfections. Il refuse donc toute complaisance envers le chagrin. Pour les sujets évolués, point de lyrisme romantique : on analyse le mal d'amour et, pour le dompter, on fait appel à la raison ou à l'oubli.

Que ce soit dans le choix d'un objet ou dans les rapports humains, si vous êtes Verseau bon teint, une grande indifférence vous habite jusqu'à ce que quelque chose ou quelqu'un mobilise votre attention : vous réagissez, alors, par une attirance extrême ou une répulsion spontanée, que vous essayez de modérer en compensant, par un compliment, la rigueur d'une attitude, et en éteignant, provisoirement, l'emballement d'un moment.

Mars en Verseau

Ici, les faits l'emportent sur les idées, mais, comme nous sommes encore en Verseau, où les choix sont réfléchis afin de ne choquer personne, idées et faits vont donc se mêler adroitement.

Le pouvoir réalisateur du Verseau est plus dans la réaction que dans l'action, et la réalité des faits bruts pousse le sujet à agir en rénovant.

Jupiter en Verseau

A condition que ces tendances soient convenablement mûries, vous pouvez vous faire apprécier par des sentiments humanitaires ou par de larges conceptions sociales. Il s'agit de « mettre la main à la pâte », de « relever vos manches » pour que le monde, le pays, votre groupe professionnel ou votre famille sortent de leur enlisement, de leurs difficultés ou de leurs routines. Vous comptez bien que l'on vous en saura gré et vous vous y employez utilement.

Comme vous préférez donner qu'accumuler, l'état de vos finances risque de souffrir de générosités au-dessus de vos moyens ou de l'oubli des contingences matérielles.

Saturne en Verseau

Saturne en Verseau n'échappe pas à sa règle : il fait le point sur soi-même et les autres, prend conscience de la nécessité d'évoluer et de dégager des événements leur inconnu libérateur. Il cherche à communiquer pour atténuer le doute que l'isolement amplifie.

Saturne en Verseau pondère votre réactivité ou votre enthousiasme, vous fait prendre conscience que l'on s'use parfois à défendre des causes perdues d'avance et qu'il faut se méfier de l'illusoire, au profit d'une connaissance plus approfondie des choses.

Uranus en Verseau

Avec les planètes précédentes, l'homme s'est intégré au monde extérieur et à la société de son temps ; les aptitudes à acquérir sont les mêmes pour tous. Avec Uranus, nous entrons dans l'analyse des valeurs qui sont propres à chaque individu. Indépendantes du milieu, elles font de lui un être unique. Uranus en Verseau, s'il choisit la nouveauté en tout, sait la vulgariser, la transmettre avec le maximum d'efficacité et des mots simples, accessibles à tous ; mais il lui est parfois difficile de donner un exemple concret.

Neptune en Verseau

Si vous êtes Neptunien, vous vous dégagez facilement des conditionnements sociaux pour tenter de vivre votre réalité intérieure. Vous êtes intuitif, généreux et crédule, parfois naïf. Vous projetez souvent vos impressions et présentez parfois des vérités que vous avez du mal à formuler. Si vous transformez la réalité, c'est qu'un fait brutal vous émeut et que vous désirez prendre des distances pour amortir le choc.

Pluton en Verseau

Si l'on veut donner à Pluton une dimension humaine, on s'aperçoit qu'il est un signal difficilement intégrable car sa connaisance se heurte à ce que nous pouvons savoir de l'inconnu. C'est la force profonde de nos pulsions informulées, cette immensité refoulée parce qu'elle fait peur ou honte et qui ne nous laisse en paix que si l'on accepte de la vivre.

Ceux chez qui Pluton domine recherchent une authenticité qu'ils ne trouvent qu'en eux-mêmes, car elle est rebelle à toute assimilation par le milieu et difficilement communicable.

Les Planètes dans les Poissons

Soleil en Poissons

Ce Soleil va vous « identifier » totalement aux autres. Vous ne vous imposerez pas. Vous entrerez dans le jeu d'autrui : cette identification sera, selon votre évolution intérieure, bonne ou mauvaise. Dans ce signe « double » la gamme des « possibles » est infinie...

Vous adapter est, en général, chose facile. Vous offrirez aussi aux autres quelque chose de rare à notre époque : votre compréhension... Vous vous attirerez de nombreuses sympathies. Mais vos relations avec les gens ne seront pas suivies. Elles seront « fluides ». Vous échapperez à leur compréhension. Ils auront l'impression que vous leur « glissez » entre les doigts...

Lune en Poissons

Si le Soleil est l'animus, partie volontaire, active, masculine qui est en chacun de nous, principe « yang », la Lune est le reflet de notre anima : partie réceptive, passive, féminine, « yin », en chacun de nous. C'est la face inconsciente de notre personnalité. Elle est le rêve, l'imaginaire, la sensibilité.

En fait, elle donne une sorte d'irréalité à cet être « lunaire » des Poissons. Il a du mal à s'intégrer dans la vie réelle. En effet, les qualités comme les défauts d'expansion et d'inflation envahissantes propres aux Poissons sont exacerbés. Le potentiel imaginatif est fabuleux, donnant une véritable vision fantasmagorique des choses.

Vénus en Poissons

Avec Vénus aux Poissons, le partenaire est idéalisé ; l'amour est vécu comme un rêve. On peut reprendre ici l'expression de Gaston Bachelard dans *l'Eau et les rêves* : « Le fait imaginé est plus important que le fait réel. » Exaltée dans le signe des Poissons : l'amour y prend une ampleur lyrique. L'affectivité est débordante. Toutes les motivations sensorielles et affectives se manifestent, en effet, sur un mode Poissons ; c'est-à-dire sans mesure et sans caractère logique... les amours sont sans frontières. Amours souvent impossibles, chimériques, utopiques dans lesquelles on se jette à corps perdu. L'élu est mis sur un piédestal. Si le rêve s'effondre, le « château de sable » est emporté par la vague... Les chimères évanouies, il ne reste plus rien.

Mars en Poissons

Dans le signe des Poissons, l'action diffuse se perd dans l'immensité des désirs qui restent inassouvis. Si cette action est souvent incapable de viser droit au but immédiat, l'énergie n'en est pas moins mordante. Mais elle demeure souvent intermittente.

Il faut toutefois se méfier de « l'eau qui dort ». L'on songe à ces tempêtes qui se lèvent sous les tropiques, dans cet océan que d'aucuns avaient nommé Pacifique ! La fureur de la vague peut être mortelle. La tempête est soudaine, elle n'en est que plus violente. L'action de Mars en Poissons est souvent illogique. On agit par à-coups. Elle manque, en tout cas, d'organisation. On fonce au moment où il ne le faut pas. Et l'on se fatigue inutilement.

Jupiter en Poissons

Jupiter, planète féconde, planète d'expansion, indique dans un thème les qualités d'extraversion, d'extériorisation de la personne. L'expansion de ce signe des Poissons donne à Jupiter un grand amour de la vie et un magnétisme personnel qu'il utilise à bon escient. En effet, le Jupitérien des Poissons a une grande confiance dans son étoile. Sa chance peut d'ailleurs être insolente. Elle reste néanmoins fluctuante. Pourtant, au dernier moment, alors que tout paraît perdu, notre Jupitérien « refera surface ». Il s'en sort souvent « miraculeusement ». Un certain goût du faste, un côté un peu ostentatoire n'excluent nullement une générosité réelle.

Saturne en Poissons

Bien vécue, cette planète représente l'influence « contractive » dans le ciel : elle affecte la capacité de l'individu à rassembler les choses pour les concentrer. Elle indique une autodiscipline. Elle est la conscience « morale » dans ce qu'elle a parfois de rigide. L'être se construit un système de défense. Mal vécue, nous avons, alors, l'isolement ; l'être s'enferme. Il perd ses qualités d'adaptation. Il ne sait plus se rendre aussi ouvert. Il ne cherche pas la sympathie. Il s'isole et se laisse gagner par le découragement. C'est le Saturnien « découragé », renfermé, qui refuse de s'adapter à la vie.

Uranus en Poissons

Avec Uranus, l'être va dans une seule direction. Cette planète s'accorde mal avec la sensibilité et l'émotivité vibrante du Poissons. Le refus des contraintes donne dans ce ciel une certaine incapacité à dominer les problèmes de la vie quotidienne. Le Poissons uranien s'individualise. Il s'affirme avec originalité. Il va dans une direction et s'y tient. Contradiction profonde de l'être entre ce côté « ultra » et les perspectives neptuniennes. Uranus évolue mal dans le monde de la subtilité et des nuances, dans le monde de l'évasif, de l'imprécis, de l'indécis.

Neptune en Poissons

Le Neptunien vit dans un monde sans frontière (le « citoyen du Monde » : Camille Flammarion). Antenne captatrice, Neptune ouvre aussi les portes à la perception de l'infini. Le monde inconscient, du mystère, prend le pas sur la logique cartésienne : c'est le monde de la clairvoyance et de la télépathie.

Avec Neptune s'ouvre tout un monde secret. Nous sommes aux portes de l'Invisible. Au niveau le plus simple, dans la vie de chaque jour, Neptune crée un « climat », une « atmosphère » : la vraie spiritualité, la sainteté, se cachent souvent dans la vie la plus simple.

Pluton en Poissons

Le natif des Poissons est marqué par Pluton, planète d'angoisse qui peut empoisonner notre bonheur, qui dramatise notre vie, qui nous confronte à notre propre enfer, qui n'est ni malfaisant ni cruel, mais juste. Il va vivre cet aspect au niveau le plus morbide ou au contraire accéder, grâce à lui, aux plus belles sublimations. C'est elle qui marque le thème de Victor Hugo (conjonction Soleil-Vénus-Pluton en Poissons) de son empreinte. La puissance de son inspiration, la profondeur de sa sensibilité, la diversité des sujets qu'il traita : c'est, sans doute, à cette double valorisation neptunienne et plutonienne qu'il les doit.

Les Planètes dans le Bélier

Soleil en Bélier

Avoir le Soleil en Bélier, c'est « être du signe » du Bélier. C'est donc, rappelons-le, avoir une planète (la principale) sur dix dans le signe du Bélier. Quel que soit le nombre de planètes dans un ou plusieurs autres signes, le signe où se trouve le Soleil est toujours primordial. Le Soleil est en exaltation dans le Bélier, ce qui peut donner un excès : décision, enthousiasme, impulsion, entêtement, passion, esprit d'entreprise, violence, générosité.

Lune en Bélier

La Lune dans le signe de Mars est bien malmenée... Comme elle représente l'inconscient et la sensibilité, ceux-ci deviennent houleux et marqués par l'impulsivité. L'ardeur et la vivacité, une sensibilité brûlante, tiennent lieu de tendresse. C'est souvent aussi une composante de révolte, de non-conformisme. Élément de réceptivité et de féminité, cette Lune, placée dans ce signe viril, n'est pas en bonne position dans le thème d'une femme. Tendance au scandale, exhibitionnisme, indépendance, témérité, tempérament enflammé.

La Lune représentant l'idéal féminin dans le thème d'un homme, ce sera alors la recherche de l'amazone, la composante féminine étant virile.

Vénus en Bélier

Les sentiments sont passionnés, l'esprit de conquête violent, l'impulsion sexuelle intarissable. L'amour est vécu comme un sentiment exclusif, intense, brûlant, mais souvent pas très durable. Grande générosité.

« Vénus tout entière à sa proie attachée. » L'affectivité est importante, chaleureuse, un peu brusque. Nombreuses et brèves passions.

Mars en Bélier

Fougue, énergie, volonté constructive, entreprenante, dynamisante. Goût pour les épreuves de force, où le courage le plus fou trouve son expression. Activités intarissables : sport, course, dépense physique. Résistance à toute épreuve. Plus il y a d'obstacles à son désir, à son projet ou à sa volonté, plus le natif se sentira stimulé.

Jupiter en Bélier

Le dieu de la foudre dans le signe du Feu primordial. Ce n'est pas un gage de modération, mais Jupiter canalise et rend efficace l'agressivité en dents de scie du Bélier. C'est donc un facteur de chance, de rayonnement, d'optimisme et de générosité. Le goût des plaisirs s'en trouve augmenté, ainsi que le contentement de soi. Cette combinaison comparable à Mars-Jupiter peut donner un tempérament quelque peu exhibitionniste, un excès de confiance en soi, une faconde envahissante et vaniteuse.

Mais le caractère est puissant et l'optimisme communicatif. La maturité coïncide avec l'affirmation de la personnalité, bien que la réussite soit souvent précoce. Exemples : Claudia Cardinale, Dali, Chopin, Goering.

Saturne en Bélier

La planète et le signe sont en contradiction totale : c'est le froid intense au sein du brasier. La force de caractère est grande et risque, avec l'âge, de dégénérer en dureté et en aigreur. La solitude est inévitable, avec une tendance à l'auto-analyse, aux aventures (Bélier) solitaires (Saturne). L'impression d'être incompris par les autres est particulièrement forte, et peut mener aux limites de la paranoïa. C'est une position difficile, douloureuse, qui aboutit en général à une solitude hautaine, à un durcissement. Avec une telle position, les maux de tête, les névralgies, les accidents à la tête sont garantis. Les risques de congestion cérébrale sont accrus.

Exemples : Baudelaire, Goya, Staline, tous trois atteints gravement à la tête. Goya sourd et à demi fou, Baudelaire et Staline morts de congestion cérébrale.

Uranus en Bélier

La foudre dans le signe de la foudre. L'impulsivité et la faculté de saisir la « bonne occasion » sont décuplées. Le dynamisme est trépidant, irrésistible, l'efficacité et la coordination des réflexes sont foudroyantes à condition que les aspects soient bons. Ce sont la hardiesse, la témérité et la révolte prométhéenne qui dominent. Elles aboutiront, ou bien finiront dans la catastrophe, suivant le reste du thème. Uranus était en Bélier au moment de la montée du fascisme et du national-socialisme : l'ascension fut foudroyante mais la chute ne le fut pas moins... Exemples : Tchaïkovski (le côté « électrisé » de sa musique), Nietzsche.

Neptune en Bélier

Dans le signe de Mars, Neptune amplifie l'agressivité ou le rêve. Là encore, tout dépend des aspects, en particulier des positions respectives de ces deux planètes. Ou bien c'est Mars qui domine (l'action) ou bien c'est Neptune (l'idéal, le rêve). Les deux sont le plus souvent en conflit, mais il peut arriver qu'ils coïncident : on a alors une action révolutionnaire qui réalise le rêve (Lénine, conjonction Mars-Neptune). Mais le tsar qu'il renversa avait aussi Neptune en Bélier, non loin du Soleil ! C'est alors l'illusion, la chimère. Avec cette position, on peut aussi avoir une tendance au scandale ou au mysticisme (Cervantes).

Pluton en Bélier

Le Bélier est le domicile diurne de Pluton. C'est une position extraordinaire, que les astrologues oublient généralement (Pluton ayant le don de se rendre invisible, comme le Diable). Pluton, en domicile chez son complice Mars, devient d'une agressivité démoniaque, trépidante, une sorte de piétinement sourd et implacable. Il apporte la subtilité et le sens de l'invincible à la force parfois brutale du Bélier, et la transforme en puissance irrésistible. C'est alors l'aspect vengeur, implacable, inhumain du Bélier, premier signe, qui apparaît.

Exemples : Baudelaire, Zola, Tchaïkovski, Anton Bruckner (chez ce dernier, la tornade ascensionnelle d'une musique marquée par Pluton en Bélier en Maison VIII est particulièrement impressionnante).

Les Planètes dans le Taureau

Soleil en Taureau

La relation harmonique entre le signe et l'astre souligne la force d'inhibition (résultante d'excitation concentrée) dans ses effets louables de conquête, investissement et colonisation de l'obstacle. Les Soleil en Taureau adaptés réussissent aussi, c'est bien connu, par leurs « grandes aptitudes de travail exploitant à fond des facultés parfois seulement moyennes, lentes à s'éveiller[1] ».

Lune en Taureau

Féminité, dans la mesure où la féminité est la mère de tous les sexes. Ces dispositions apportent à l'homme de précieuses satisfactions dans ses liens avec mère, sœurs, filles, amies, épouse, sauf si

---

1. E. Brûlard, *Nouvelle Méthode d'astrologie pratique,* éditions des *Cahiers astrologiques,* 1946.

les interlocutrices en question sont agressives, névrotiques, ratiocinant avec tous les défauts des mâles dans leurs revendications socio-sexuelles.

Homme ou femme, la Lune en Taureau non dissonante aime la tranquillité et tient en haute estime tout ce qui participe à l'harmonie de sa santé physique et psychique : un décor paisible, un environnement doux, serein, lumineux, des gens heureux, des saisons régulières, des digestions sans problèmes.

Vénus en Taureau

L'astro-psychologie applique à la vie amoureuse la constance du signe. Harmonique, cette position favorise donc les longs attachements, les liens dont on ne se défait que dans de tragiques douleurs. Elle donne, sans doute, la patience, la bonne proportion de soumission et de domination nécessaire à l'entretien d'une heureuse relation affective.

Comme Mercure, mais à un bien moindre degré, Vénus stimule la force de combinaison ou d'intégration du signe. Ce qui, dans le contexte sensuel-sensoriel, s'exprime volontiers par le plaisir de possession amoureuse sans cesse renouvelé, ou par quelque propension analogue à embrasser, tenir, faire sienne, en son corps, la chose que l'on aime.

Mars en Taureau

Mars régit les duos-duels de l'existence et le niveau d'excitabilité nécessaire aux compétitions vitales. L'astro-psychologie voit dans sa rencontre avec le Taureau un bon indice de vitalité, de robustesse physique, de courage moral. Configuration musclée, en somme.

Elle inspire des initiatives hardies et radicales, des entreprises aux audaces longuement mûries, engageant, lorsqu'elles s'affirment, toutes les forces dans un seul combat en se privant volontairement de toute échappatoire et possibilité de retraite.

Jupiter en Taureau

L'apport de Jupiter au Taureau ne peut être que chaud. L'astre et le signe se revigorent. Sur ce point, l'astro-psychologie souligne avec à-propos l'afflux des besoins sexuels et sensuels, l'entrain et la santé de la tendance dionysiaque festoyante. Les réactions autocompensatrices (inhibition) défensives préviennent ce tempérament contre ses propres excès, mais rien ne peut être plus mutilant et contristant qu'un régime sans sel, sans rires, vignes, muses et flonflons.

Jupiter favorise l'extraversion du signe, les turbulences de l'excitation labile et les inductions fortes qui concentrent l'excitabilité en passions dévorantes, avidités diverses en amour, argent ou domination, selon le plan d'intérêt.

Saturne en Taureau

Le Jupitérien a des dispositions pour faire de son vécu l'assise, le cheval d'arçons de ses prouesses. En revanche, le Saturnien en tire craintes et reculs qui, dans les meilleurs cas, déplacent sa pensée vers les coulisses de l'exploit, là où les héros redeviennent des hommes et les hommes des êtres.

La réduction saturnienne en excitabilité peut donc déterminer un type d'équilibre raisonné, moins bonhomme que celui de Jupiter, tout de flegme, d'ajustements calculés et de qui-vive cachés.

Économie veut dire ici épargne avisée. L'être s'assure des voies qu'il peut pratiquer sans risque d'y rencontrer ce qu'il redoute : l'imprévu exigeant un débours de confiance. L'économie joue aussi bien dans sa conduite obstinée, sa suppression ou organisation des besoins.

Uranus en Taureau

D'une formule inverse à celle de Mercure, Uranus va du complexe au simple, du faible au fortement excitable. Avec l'apport du Taureau, cohérent, compact, massif, le schéma uranien prend tournure d'un tout ou rien. Les paliers, approches ou reculs, par touches et retouches successives ne sont pas de saison. Cet Uranien est complètement *in* ou *out,* dedans ou dehors. Sa nature réductrice s'y prête, le Taureau lui fait litière.

Psychologiquement, n'attendez pas de lui beaucoup de diplomatie. Il n'est pas du genre perplexe, entre deux eaux, flottant. S'il est réfractaire, sa surdité et son opposition iront jusqu'aux extrêmes conséquences.

Neptune en Taureau

Neptune est rebelle aux œillères, et décourage la faculté d'obstruction du signe. Ce n'est plus le Taureau animal aux résistances farouches, mais le Taureau fleuve réunissant deux rives dont l'une pourrait être celle des premiers mythes liant l'âme à la Terre comme la plante à ses racines.

La zone obscure du signe, son intuition archaïque s'ouvre peut-être à d'immenses vérités poético-cosmologiques, images ancestrales, souvenirs virtuels en nos cellules vivantes. Le visionnaire intérieur peut lire le passé dans ses propres entrailles.

La sensation intériorisée est flagrante. Elle rend peu descriptible ce caractère qui n'entend pas les mots et les idées, agit et réagit selon des baromètres organiques.

Pluton en Taureau

Pluton en Taureau, dans l'optique analogiste, anéantira des engouements du signe. Son esprit possessif risque d'être douloureusement sonné par la perte d'êtres chers, la destruction de tout ce à quoi l'on tenait. Un destin sans égards s'acharne à frapper pour enseigner la vanité des ambitions temporelles et les dures lois de l'autopunition lorsque l'être brave la transcendance en l'oubliant (les buts de l'espèce, pour être remplis, utilisent d'abord les buts personnels et les rejettent ensuite).

On attribue au signe du Gémeaux la lame XIX du Tarot : « le Soleil ». Elle représente en effet deux adolescents à la morphologie très ressemblante, assez androgynes et qui semblent unis comme un frère et une sœur. La fratrie est une notion chère au signe.

Comment interpréter les Planètes dans les Maisons

Comment explorer certains aspects de votre destinée

Votre signe solaire, votre Ascendant, les planètes dans les signes ainsi que leurs aspects concernent essentiellement les dispositions de votre caractère.

Les planètes dans les Maisons exercent une action de fond sur les différents aspects de votre existence, c'est-à-dire sur votre destinée.

N'y voyez aucune fatalité extérieure.

En effet, ce sont les mêmes énergies planétaires qui, à travers le signes zodiacaux, agissent sur la qualité de votre personnalité et qui, à travers les Maisons, créent un potentiel favorable ou restrictif dans les divers domaines de votre vie.

Ainsi, l'événement est produit autant par votre propre comportement que par l'existence des choses et des êtres extérieurs à vous-même. Autrement dit, si nous avons jusqu'à présent donné les moyens d'étudier les bases de votre caractère, nous allons maintenant entrer dans une phase plus précise de votre personnalité, c'est-à-dire de votre comportement : la manière dont vous utilisez vos tendances de base.

Admettons, par exemple, que vous ayez le Soleil en Bélier : votre tendance fondamentale est d'agir, de vous extérioriser. Mais si votre Soleil se trouve en Maison XII, alors vous serez tenté d'agir en secret, dans une certaine solitude et avec beaucoup de noblesse, quitte à ce que vos intérêts personnels soient sacrifiés à votre aspiration morale.

A partir de votre Ascendant, douze Maisons se succèdent, chacune occupant une certaine portion du Zodiaque. La détermination de l'emplacement zodiacal précis de chaque Maison est liée à l'établissement de votre horoscope détaillé. Le treizième livre de cette collection, intitulé *Comment établir et interpréter votre horoscope ?,* par Robert Malzac, vous fournit toutes les informations nécessaires, sous présentation facilement accessible aux non-initiés. En particulier, cette méthode vous permet de savoir dans quelle Maison horoscopique se trouvait chaque planète lors de votre naissance.

Vous pouvez alors chercher, dans les pages qui suivent, les textes qui concernent votre destinée personnelle.

ACTION DU SOLEIL DANS LES DIFFÉRENTES MAISONS

MAISON 1	Puissance, vitalité, sens de sa propre valeur, loyauté, désir de briller, autorité, capacité de réussite.
MAISON 2	Grandes ambitions financières, vie large, faste, aptitudes à la gestion bancaire, situation lucrative.
MAISON 3	Bonne éducation, instruction solide, succès dans les études, réussite par les écrits et dans les voyages, bonne entente avec l'entourage.
MAISON 4	Bonne hérédité paternelle, parents aisés, vie familiale heureuse, gains immobiliers, réussite tardive.
MAISON 5	Succès sentimentaux, de qualité, dons pour l'enseignement, talent pour le théâtre, les divertissements publics.
MAISON 6	Poste de responsabilité dans le travail, protection contre la maladie, amour des animaux.
MAISON 7	Mariage fortuné, conjoint élevé, autoritaire, réussite par les contrats et associations, rivaux puissants mais loyaux.
MAISON 8	Conjoint fortuné, gains par contrats, héritage important, intérêt pour l'occulte, dons pour l'assurance, forces à ménager.
MAISON 9	Dons pour la philosophie, le droit, les études supérieures, attrait pour l'étranger, les grands voyages, l'import-export.
MAISON 10	Situation de premier plan, réussite sociale remarquable, toutes vos énergies sont centrées sur l'éclat de votre statut social.
MAISON 11	Nombreuses relations d'amitié, protections influentes, amis fidèles, sélectionnés, projets vastes, ambitieux.
MAISON 12	Esprit de dévouement, d'abnégation, goût de la vie retirée, dons pour soigner les malades, protection contre les épreuves.

ACTION DE LA LUNE DANS LES DIFFÉRENTES MAISONS

MAISON 1	Nature sensible, émotive, romanesque, attachement à la mère, à la famille, popularité mais fluctuations, indécision.
MAISON 2	Gains de sources diverses, travail en famille, gains par l'alimentation, dépenses pour le foyer, soutien pour les femmes.
MAISON 3	Changements fréquents de milieu et d'entourage, nombreux déplacements en groupe, journalisme.
MAISON 4	Fort attachement au foyer, forte influence de la mère, vie d'intérieur, changements de résidence, goût pour le passé.
MAISON 5	Plaisirs variés, goût des réunions joyeuses, désir de plaire, relations amoureuses éphémères, nombreux enfants.
MAISON 6	Santé délicate, mauvaise hérédité maternelle, troubles gastriques, chance dans service public, popularité au travail.
MAISON 7	Nombreux contacts sociaux, nombreuses occasions d'association, d'union, mais une certaine instabilité de part et d'autre.
MAISON 8	Rêves fréquents, impressionnabilité, occultisme déconseillé, dons et cadeaux, goût du mystère.
MAISON 9	Idéal de sociabilité, de solidarité, idées changeantes, voyages importants, popularité à l'étranger.
MAISON 10	Succès dans le contact avec la foule, surtout auprès des femmes, souplesse sociale, variété d'occupations.
MAISON 11	Nombreuses relations d'amitié, réunions, sorties un peu superficielles, projet trop changeants.
MAISON 12	Nostalgie, goût de la solitude, du calme, dons psychiques, les femmes sont peu favorables, surveillez l'estomac.

ACTION DE MERCURE DANS LES DIFFÉRENTES MAISONS

MAISON 1	Intelligence, vivacité, adresse, don pour la parole et l'écriture, goût de l'étude, mobilité, échanges.
MAISON 2	L'intelligence et l'habileté sont au service du désir de gains, talent d'intermédiaire, revenus variés.
MAISON 3	Réussite dans les études, assimilation rapide, talent de polémiste, don pour la publicité, déplacements fréquents.
MAISON 4	Hérédité intellectuelle, changements de domicile, achat et vente d'immeubles, lucidité mentale tardive.
MAISON 5	Attirance pour les personnes jeunes et intelligentes, amours cérébralisés, jeux éducatifs, cyclisme, enseignement.
MAISON 6	Activités de secrétariat, d'écritures, de classement, d'analyse, d'assistance ; bronches à surveiller.
MAISON 7	Intelligence appréciée par les autres, contrats pour des travaux littéraires, scientifiques, mariage avec partenaire plus jeune.
MAISON 8	Intérêt pour les problèmes psychiques, aptitude au contrôle, aux écrits relatifs aux assurances, successions, partages.
MAISON 9	Capacité de haute érudition, clarté d'esprit, don de conférencier, professorat, droit, relations avec l'étranger.
MAISON 10	Réussite sociale par occupations commerciales, littéraires ou scientifiques, travail en association, travaux multiples.
MAISON 11	Amitiés intellectuelles, correspondance amicale, projets ingénieux mais persévérance insuffisante.
MAISON 12	Dons pour les recherches de laboratoire, pour l'étude des choses cachées, discrétion, méfiance.

ACTION DE VÉNUS DANS LES DIFFÉRENTES MAISONS

MAISON 1	Charme, gentillesse, gaieté, sociabilité, désir de plaire, vie heureuse, protection contre la violence.
MAISON 2	Gains aisés par un travail agréable, commerce de luxe, mode, femmes favorables, dépenses pour le confort.
MAISON 3	Dons pour la poésie, la musique, l'art, excellentes relations avec l'entourage, lectures romantiques, voyages plaisants.
MAISON 4	Vie familiale heureuse, amour de la famille, intérieur confortable, amour au foyer, chance dans les placement immobiliers.
MAISON 5	Succès sentimentaux, goût des spectacles, succès dans l'enseignement d'un art, enfants affectueux, chance au jeu.
MAISON 6	Santé équilibrée, sensibilité de la gorge et des reins, éviter le surmenage, collaborateurs dévoués, travail facile.
MAISON 7	Mariage heureux, vie en société élégante et gaie, contrats fructueux sans conflits, pas d'ennemis.
MAISON 8	Dons, cadeaux artistiques, héritage profitable, conjoint fortuné, sommeil reposant.
MAISON 9	Culte de la paix, philosophie souriante, esthétisme, chance à l'étranger, voyages réussis, union à l'étranger.
MAISON 10	Succès social par sympathie, par les femmes, carrière artistique, ou commerce de luxe.
MAISON 11	Amitiés féminines, amis artistes, projets amoureux.
MAISON 12	Dévouement envers les malades, mélancolie, désir de recueillement et de sacrifice.

ACTION DE MARS DANS LES DIFFÉRENTES MAISONS

MAISON 1	Nature énergique, impulsive, forte capacité d'action, courage, robustesse, virilité, goût de la lutte.
MAISON 2	L'action, l'esprit d'entreprise sont au service du désir de gain, fortes rentrées, fortes dépenses, l'audace paie.
MAISON 3	Don pour mettre les idées en pratique, pensée rapide, talent oratoire, goût pour la vitesse, voyages hâtifs.
MAISON 4	Hérédité active, père homme d'action, vigueur maintenue longtemps, accroissement du patrimoine immobilier.
MAISON 5	Ardeur, passion en amour, désir sexuel précoce, goût des sports violents, besoin de conquête.
MAISON 6	Travail dans la mécanique, dans l'armée, la police, zèle au travail, tendance aux maladies aiguës mais récupération rapide.
MAISON 7	Mariage précoce, partenaire énergique, succès par l'activité des associés, conflits, rivalités, procès.
MAISON 8	Grande puissance sexuelle, puissance psychique, dispute en cas d'héritage, actions héroïques.
MAISON 9	Opinions catégoriques, passionnées, propagandisme, valorisation de la force, études d'ingénieur, safaris, succès à l'étranger.
MAISON 10	Carrière active, d'industriel, de militaire, de chirurgien, maniement d'outils de fer, goût de vaincre les obstacles, victoires.
MAISON 11	Plans audacieux mais impatience, amis sportifs.
MAISON 12	Activité secrète ou s'exerçant dans des lieux calmes, éventuellement dangereuse, ennemis secrets, danger par virus.

ACTION DE JUPITER DANS LES DIFFÉRENTES MAISONS

MAISON 1	Caractère jovial, bienveillant, bon sens, dynamisme, constitution imposante, confiance en soi, embonpoint.
MAISON 2	Avantages financiers importants, crédit large, goût du faste, sens financier, commerce de gros.
MAISON 3	Réussite d'études, largeur de vues, aptitudes de juriste, sens commercial, talent littéraire, bon voisinage.
MAISON 4	Origines aisées, parents notables, chance dans le développement du patrimoine foncier, fin de vie heureuse.
MAISON 5	Chance pure aux jeux de hasard, bons placements financiers, pédagogie, sport, distractions saines.
MAISON 6	Protection contre la maladie, travail lucratif, efficacité professionnelle, amour des chevaux.
MAISON 7	Mariage heureux, conjoint de niveau social supérieur, relations mondaines, contrats importants, accords amiables.
MAISON 8	Protection contre une mort violente, fortune par conjoint, gratifications, intéressements, sérénité.
MAISON 9	Principes religieux, tolérance, études supérieures, magistrature, chance à l'étranger, voyages fructueux.
MAISON 10	Brillante réussite sociale, profession libérale, banque, finance, bonne réputation, position solide.
MAISON 11	Excellentes relations amicales, appuis financiers et moraux aux projets de grande envergure.
MAISON 12	Générosité, philanthropie, mysticisme, goût pour la vie religieuse, protection contre les ennemis.

ACTION DE SATURNE DANS LES DIFFÉRENTES MAISONS

MAISON 1	Nature sérieuse, pondérée, ordre, méthode, lenteur, froideur, économie, sens des responsabilités.
MAISON 2	Gains réguliers mais limités, dépenses contrôlées, sens des questions immobilières et foncières.
MAISON 3	Sens de la précision, logique, besoin d'isolement pour étudier, voyages préparés, contacts sérieux.
MAISON 4	Père austère, éducation stricte, attachement aux traditions, dons pour l'agriculture, les mines.
MAISON 5	Goûts des délassements calmes, des jeux d'échecs, attirance vers des personnes plus âgées.
MAISON 6	Tendance aux refroidissements, aux rhumatismes, emplois subalternes, travaux précis et fatigants.
MAISON 7	Mariage tardif avec partenaire plus âgé, sérieux, stable, mais peu expansif, vie sociale réduite, sélective.
MAISON 8	Héritage immobilier, accroissement du capital par l'économie du conjoint.
MAISON 9	Opinions conservatrices, morales, austères, idéal rigoureux, intolérance, goût pour les mathématiques.
MAISON 10	Réussite lente par ambition persévérante, talent d'administrateur, sens politique, prestige sans popularité.
MAISON 11	Projets tenaces, systématiques, à long terme, amis âgés, sérieux, fidèles.
MAISON 12	Limitations volontaires ou non de votre liberté, travaux secrets, tâches fastidieuses, obscures.

ACTION D'URANUS DANS LES DIFFÉRENTES MAISONS

MAISON 1	Indépendance, originalité, goût du progrès, solidarité, comportement imprévisible, intuition, coopération.
MAISON 2	Gains par profession indépendante, par inventions, chances et tuiles brusques, irrégularité financière.
MAISON 3	Études sélectives, expériences personnelles, modernisme, risque d'accidents en déplacements.
MAISON 4	Milieu familial original, bohème, mobilier ultra-moderne, foyer très libre, risque de séparation.
MAISON 5	Liaisons soudaines, coups de foudre, excentricité, joueur, goût des performances mécaniques, du risque.
MAISON 6	Nervosité, difficulté à se détendre, travail autonome, de spécialiste, attitude peu disciplinée.
MAISON 7	Mariage brusque, union libre, partenaire indépendant, relations intellectuelles, instabilité des contrats.
MAISON 8	Aptitudes de psychologue, forte intuition pour pénétrer les secrets, gains par les associés.
MAISON 9	Idéal de progrès, de fraternité, idées révolutionnaires, talent pour les techniques avancées.
MAISON 10	Dons pour le lancement de nouveautés techniques, succès par réforme, carrière indépendante, changeante.
MAISON 11	Projets ingénieux, réalisables dans des conditions subites, amis francs, intelligents.
MAISON 12	Possibilité d'adhérer à une secte, dévouement à une communauté.

ACTION DE NEPTUNE DANS LES DIFFÉRENTES MAISONS

MAISON 1	Grande sensibilité, tendances spirituelles, idéalistes, moments d'inspiration, de génie, isolement.
MAISON 2	Gains importants par publicité, spéculations commerciales, combinaisons exceptionnelles.
MAISON 3	Assimilation extraordinaire, imagination vive, don pour la publicité, voyages imaginaires.
MAISON 4	Piété familiale, foyer recueilli, intime, sérénité, béatitude.
MAISON 5	Relations idéalistes, platoniques, exaltation sentimentale, désir d'évasion, talent spéculatif.
MAISON 6	Maladies psychiques, intoxication nerveuse, occupation désintéressée au service des souffrants.
MAISON 7	Partenaire exerçant une forte emprise psychique, relations compliquées, contrats illusoires.
MAISON 8	Héritages compliqués.
MAISON 9	Tendances mystiques, dévotion, dons pour l'étude des problèmes métaphysiques, génie mais utopie.
MAISON 10	Talent pour les vastes combinaisons liées aux trusts, succès par la mer, la psychologie, succès par les masses.
MAISON 11	Projets idéalistes mais utopiques, amis évolués, spiritualistes.
MAISON 12	Attrait pour le mystérieux, l'occulte, médiumnité, dévouement secret.

ACTION DE PLUTON DANS LES DIFFÉRENTES MAISONS

MAISON 1	Grande puissance passionnelle, force sexualité, attitude de justicier, capacité de pénétrer les secrets.
MAISON 2	Gains secrets, héritages favorisés.
MAISON 3	Intelligence des choses cachées, destructrice, déplacements entourés de secret.
MAISON 4	Danger de destruction du foyer. Capacité de reconstruire celui-ci.
MAISON 5	Relations sentimentales passionnées, liaison cachée, forte créativité, conflit avec les enfants.
MAISON 6	Maladie possible des organes génitaux. Talent de réorganisation dans le travail.
MAISON 7	Conjoint passionné, risque de rupture des associations, ennemis cachés.
MAISON 8	Magnétisme, forte sexualité.
MAISON 9	Bouleversements des opinions et des idéaux, espionnage à l'étranger.
MAISON 10	Sens des affaires, capacité de profiter des bouleversements pour réussir, aptitude à transformer.
MAISON 11	Projets en constante évolution, amis occultes.
MAISON 12	Ennemis cachés, épreuve concernant la sexualité.

Comment interpréter Mercure dans les Maisons

En sa qualité de planète « maîtresse » du signe des Gémeaux, Mercure doit être étudié successivement dans chacune des douze Maisons. Pour la facilité de l'exposé, il ne sera pas tenu compte du signe dans lequel se trouvent à la fois Mercure et la Maison considérée, car de telles indications ne peuvent se trouver que dans un manuel complet d'astrologie, et ne peuvent prendre leur pleine signification que si l'on fait entrer en ligne les aspects possibles avec les autres planètes.

Mercure en Maison I

Le rôle de Mercure sera amplifié dans la mesure où il sera placé plus près de l'Ascendant ou début de la Maison I, devenant ainsi planète dominante de la personnalité.

Si les aspects reçus sont propices (sextile ou trigone, la conjonction étant ambivalente), Mercure ainsi placé témoigne d'appréciables capacités intellectuelles, notamment dans l'adaptation aisée et souple, et dans l'aptitude au raisonnement logique.

L'ingéniosité, une sorte de virtuosité mentale, la faculté d'expression et même d'improvisation, tout cela forme d'excellents atouts en vue d'une réussite conforme aux désirs du sujet. Il lui est assez facile de changer d'orientation s'il n'a pu réussir dans la voie d'abord choisie. Le désir avide de connaître et de comprendre favorise l'assimilation de nombreuses connaissances, non seulement sur le plan de la théorie, mais aussi dans leur utilisation pratique.

Le sujet est donc nettement un intellectuel, qui cherche à s'assurer le maximum d'indépendance grâce à ses capacités. Vif, entreprenant, il peut être écrivain, journaliste, commerçant habile. Plus intuitif qu'imaginatif, il excelle dans l'art d'utiliser tout ce qui lui paraît valable. Son habileté et son sens de l'adaptation lui font toujours trouver des solutions avantageuses, il sait lâcher du lest en cas de litige, car, s'il est parfois assez polémique, il n'aime pas les procès, surtout s'il n'est pas très sûr de son bon droit.

En cas de dissonance avec une ou plusieurs autres planètes et Mercure en Maison I, on trouve une adaptation beaucoup moins facile, risquant justement de provoquer conflits et procédures. L'habileté excessive se transforme en mensonge, en dissimulation, en discussions inutiles, rendant la personnalité envahissante et irritante. Suivant l'ensemble du thème, il peut s'agir d'un intrigant que l'on ne doit pas croire, ou d'un individu adroit mais peu scrupuleux dans l'art de mener ses affaires. En somme, c'est un maladroit ou un tricheur.

Mercure en Maison II

Le sujet se tourne d'instinct vers les gains et l'acquisition des biens matériels. Il se plaît à effectuer des transactions où son habileté lui permettra de multiplier et de développer ses sources de revenus. Ses activités seront toujours rentables d'une manière ou d'une autre. Il n'est pas nécessaire qu'il soit commerçant, car quelle que soit sa profession il saura la rendre rémunératrice. En dehors de sa profession, il manœuvrera avec profit lorsqu'il aura à acheter ou à revendre des terrains, maisons, voitures, objets de valeur ou collections, etc. Il s'introduira habilement dans les combinaisons financières, tout cela pouvant être réalisé avec la plus grande honnêteté.

Lorsque Mercure est dissonant, le sujet devient âpre au gain, combinard, obsédé par l'idée de se procurer de l'argent, fût-ce par des moyens peu orthodoxes, car il espère que son habileté l'aidera à ne pas trop s'exposer aux rigueurs de la loi. C'est l'homme qui sait jouer avec les chèques et les traites pour « faire » ses échéances en tirant un peu. Sa maxime devient : « Qui veut la fin veut les moyens », mais l'excès de situations scabreuses finit par lui valoir plus d'ennuis que de succès. Parfois, c'est simplement le jugement de Mercure qui n'atteint pas le niveau voulu pour se risquer dans de grandes affaires. Au pire, c'est la mauvaise foi voulue, l'escroquerie, le recours délibéré aux fausses factures, à ce que l'on appelait naguère la « carambouille ».

Mercure en Maison III

C'est l'une des meilleures positions pour Mercure, puisque nous savons qu'il y a un rapport d'analogie entre le signe des Gémeaux, lieu de prédilection de Mercure, troisième signe du Zodiaque, et la troisième Maison d'un thème individuel. Le summum serait bien entendu Mercure en Gémeaux en Maison III !

Jointe à une capacité d'observation aiguë et à une grande perspicacité, l'intelligence, rapide et précise à la fois, s'exerce dans le domaine des choses concrètes, immédiates. La curiosité intellectuelle, très vive, nourrit une élocution et une plume également faciles et permet de se constituer une véritable « banque de données » en beaucoup de matières. D'aucuns affirment que les capacités intellectuelles ne peuvent atteindre certains domaines, trop complexes et trop ardus. Le désir de culture ne serait pas toujours réalisable : il est vrai qu'un tel personnage excelle surtout à saisir les opportunités du moment, les nouveautés, l'actualité. Il faudrait un peu de Saturne pour pénétrer plus au fond des choses.

Cependant, il ne faut pas dénigrer les qualités de cette position. Ce n'est pas si mal que de comprendre vite et bien, d'avoir de la sagacité, de la perspicacité, de savoir s'exprimer, de trouver des débouchés conformes à ce que l'on aime dans la presse, l'édition, de savoir transmettre aux autres ce que l'on sait à l'occasion de cours, de séminaires, de n'avoir aucun problème de communication avec autrui, de sillonner un pays dans des tournées de conférences, bref, d'être parfaitement à l'aise dans tout cela.

Mais si Mercure est dissoné, le désir de se réaliser dans l'une ou l'autre des activités ci-dessus se heurtera à une certaine instabilité de l'esprit, une indécision provoquant des désaccords avec l'entourage sans raisons valables, une mobilité excessive se traduisant par un besoin quasi pathologique de se déplacer sans motifs sérieux, par le risque de rencontrer des désagréments dans ces activités intinérantes. C'est alors que la communication devient un réel problème et que des difficultés apparaissent dans l'entourage proche, en particulier avec les frères ou sœurs, le cas échéant. Le côté ambulatoire devient un complexe d'errance, les rapports fraternels sont vécus sous le signe de l'hostilité.

Mercure en Maison IV

Cette position n'est pas parfaite pour le besoin qu'éprouve Mercure de se déplacer, d'être toujours par monts et par vaux, de contacter les autres. C'est plutôt contraire à la stabilité familiale, à sa sécurité. L'adaptation au milieu familial ne peut se faire que s'il est possible de prendre des initiatives, d'apporter des changements selon ses propres idées, de secouer un peu les usages et les traditions. Cependant l'habileté mercurienne est capable d'arrondir les angles. Au positif, on verra qu'un bon Mercure est capable de développer le patrimoine, de faire fructifier les biens venant du père. Il aura du goût à se créer un habitat confortable et bohème à la fois. Il pourra même exceller dans les transactions immobilières, faire fructifier les terrains et les propriétés bâties. L'intérieur sera moderne, doté des équipements les plus perfectionnés, de façon à laisser l'esprit libre des servitudes ménagères. Selon la Tradition, les changements de résidence peuvent être assez fréquents, ou alors transformations et rénovations assez nombreuses.

C'est un climat jeune et gai qui règne au foyer, et l'entente sera bonne avec les beaux-parents (en principe).

Mais si Mercure reçoit des aspects contrariants, les problèmes matériels ne sont pas rares dans la famille. On devra se préoccuper assez tôt des ressources pour le troisième âge, car ce Mercure est imprévoyant ou préoccupé par des nécessités plus immédiates. L'entente ne règne pas toujours avec les membres de la famille.

Mercure en Maison V

En raison des diverses significations de la Maison V, plusieurs possibilités se présentent ici.

La plupart des astrologues estiment que les plaisirs amoureux et les intrigues sont vécus plus cérébralement que sentimentalement. Parfois, recherche de complications sur le plan de l'érotisme ; l'esprit risque d'être obsédé par le désir de flirts ou d'amours intenses mais de peu de durée, avec une tendance à la recherche de partenaires plus jeunes. L'amour devient un jeu, les aventures se produisent dans un cercle de camarades des deux sexes. Dans certains cas, le goût du jeu peut prendre un caractère professionnel, bien qu'à mon avis l'intervention de Jupiter soit de règle dans les thèmes de joueurs (dans le cas de jeux d'argent, bien entendu). Très diplomate, plein de savoir-faire et d'adresse, le sujet a de nombreuses relations de toute nature. Il peut rester bon camarade lorsque ses liaisons sont terminées. Dans la sphère professionnelle, on trouve l'enseignement, l'éducation, et, sur un autre plan, l'organisation de spectacles et de divertissements.

Lorsque Mercure est dissonant, il se produit une tendance aux excès, ceux-ci agissant défavorablement sur l'équilibre nerveux. Les questions d'intérêt risquent de se mêler aux affaires d'amour, parfois même il peut être question d'amours vénales. Tendance aux dépenses pour les plaisirs, grande inconstance dans les sentiments, qui n'engagent pas profondément.

Mercure en Maison VI

L'activité intellectuelle du sujet se tourne surtout vers les questions pratiques. Il cherche à organiser au mieux sa vie quotidienne, surtout en ce qui concerne son travail, servi en cela par de grandes facilités d'adaptation, par un esprit inventif, quelque peu bricoleur, ayant le souci du détail. Il trouve les meilleurs débouchés dans une vie professionnelle exigeant beaucoup de savoir-faire et de précision, telle que secrétariat, comptabilité, traduction, petit commerce, hygiène, diététique, et comportant presque toujours une certaine dépendance à l'égard d'un supérieur. Les rapports avec les collègues, comme avec les subordonnés, comptent beaucoup dans le déroulement quotidien. On a pu dire que cette position fait de meilleurs employés que de bons patrons, en raison de l'adaptation facile aux nécessités du travail et de la difficulté à se dégager des problèmes de chaque jour pour réaliser une expansion importante qui n'est pas tellement souhaitée. Parfois, intérêt pour la médecine et ses activités annexes.

En dissonance, Mercure est l'indice d'un système nerveux assez fragile exigeant une vie calme et équilibrée. Il suscite aussi des ennuis tels que médisance, intrigues, diffamation, surtout dans le travail et avec les subordonnés. Parfois risques d'exploiter ou d'être exploité, petites malversations, fraudes.

Mercure en Maison VII

Esprit coopératif, bonne volonté qui s'affirment dans toutes les relations. Le mariage est souvent réalisé dans la jeunesse, ou avec un conjoint plus jeune. Il se peut qu'une grande lucidité jointe à l'esprit pratique fasse intervenir des questions d'intérêt dans l'union légale. Cela n'empêche pas, d'ailleurs, une grande compréhension dans la vie du couple.

Il sait utiliser des relations personnelles pour promouvoir ses intérêts ; c'est une bonne position pour envisager des collaborations intéressantes. Il se montre très adroit dans les discussions d'affaires, ainsi que dans les procédures et litiges divers. Il peut jouer le rôle d'un médiateur avisé et de bon conseil et parvient même à neutraliser ses adversaires, sinon à s'en faire des alliés.

C'est donc un élément excellent pour la vie sociale et professionnelle.

Cependant, avec des aspects dissonants, on court le risque de tomber dans les pièges de gens fourbes et sournois, tout ce qui relève du domaine associatif pouvant devenir une source de déceptions ou de contestations. Les querelles d'intérêt viennent perturber les associations comme le mariage. On se méfiera des relations peu sûres, avec qui il vaut mieux éviter les ruses et les atermoiements. C'est, en somme, le renversement complet des indications du premier paragraphe.

Mercure en Maison VIII

Cette position donne ordinairement un esprit studieux et sérieux, attiré par les problèmes difficiles, surtout s'ils sont en relation avec le mystère, l'ésotérisme, l'insolite. Le goût du secret incite parfois à exercer plusieurs activités dans des milieux différents. L'esprit sait prendre le temps de la réflexion. Selon la Tradition, avantages appréciables du fait d'héritages, successions, biens venant par mariage. Recherche de combinaisons financières avantageuses, par placements, ou investissements peu courants.

Recherche de l'aventure non sentimentale mais plutôt intellectuelle. Dans ce domaine, goût possible de complications érotiques. Mercure est favorable aux recherches de disparus, de trésors, de mystères historiques. Il fait profiter de la chance ou des biens des autres.

Si Mercure est très dissonant, on peut avoir affaire à une nature inquiète, tourmentée par les problèmes liés à la mort, à l'au-delà. Le pessimisme est parfois contagieux. Dans les questions de successions et de finances, les contestations, déceptions, spoliations même, ne sont pas rares, donnant lieu à des idées fixes, souvent accentuées si l'on porte trop d'intérêt à l'occultisme, au spiritisme, sujets d'une curiosité morbide.

Mercure en Maison IX

L'idéologie se fait persuasive, l'activité mentale se braque sur de grandes idées que l'on veut communiquer. Toute sa vie, le sujet cherchera à améliorer sa culture générale, tant par la lecture, les conférences, le travail d'autodidacte que par les contacts avec les pays étrangers. Mercure doit être épaulé par Uranus ou Neptune pour atteindre un niveau supérieur sur le plan de la connaissance, mais, au niveau courant, Mercure manifeste ici des efforts louables qui méritent encouragement. La finesse d'esprit du sujet le gardera de l'écueil qui consisterait à emmagasiner pour le plaisir des notions sans but aucun.

Un autre écueil serait la perte du sens des réalités. Sur un plan plus concret, cette position mercurienne facilite les rapports d'affaires avec l'étranger, l'exportation, la représentation, la publicité à l'étranger. Les voyages, en principe nombreux, sont à but lucratif ou culturel.

Au négatif, on peut craindre des conflits idéologiques, des difficultés d'adaptation pratique aux mœurs des pays lointains, des complications administratives à l'étranger, pertes et déceptions financières avec les autres pays ou avec des personnes étrangères. On trouve une forte instabilité dans les opinions, les croyances, les motivations d'études ou de voyages. Les polémiques et discussions sont une source d'ennuis ou de brouilles.

Mercure en Maison X

C'est une excellente position, aussi bien sur le plan du travail dans les affaires ou l'administration que pour le succès dans une activité intellectuelle, la littérature de préférence. Le sujet ne sera pas un chef, un dirigeant de choc, mais aura une position en vue : secrétariat général, poste diplomatique, dirigeant universitaire, etc., les professions libérales étant également un bon choix professionnel.

Les facteurs de réussite sont la facilité des contacts, de l'expression, des relations. Souvent la carrière va dans le sens d'une idée que l'on suivra toujours. Le sujet veut avoir le maximum de liberté dans l'exercice de son activité, liberté de mouvement et liberté de parole. Généralement, les gains sont appréciables et la réussite matérielle assurée.

Dans les cas de dissonances, on s'attendra à des difficultés par imprudence, excès d'ambition, manque d'organisation et de continuité, dispersion dans les projets et entreprises. Le sujet n'est pas apte à être son propre patron lorsqu'il veut mener une carrière indépendante, Mercure étant défavorablement aspecté.

Mercure en Maison XI

C'est surtout dans le domaine de l'amitié que cette position de Mercure prend toute sa valeur. Les qualités d'habileté, de camaraderie, apportent un grand nombre de relations, souvent datant de la période des études. Ces relations sont plutôt empreintes de cordialité, ou parfois sont fondées sur un intérêt plus ou moins avoué, mais il est rare qu'elles aient un caractère de profonde amitié et leur chaleur n'est souvent qu'apparente, avec tapes dans le dos et bonnes plaisanteries du type « anciens élèves ».

Le sujet sait profiter de ses nombreuses relations, surtout lorsqu'elles se font dans son milieu professionnel, telles que le professorat, le journalisme, etc.

Les projets, également régis par la Maison XI, sont nombreux et habiles.

Avec un Mercure dissonant, les relations amicales ne durent pas et prennent l'allure d'un défilé. Le sujet rencontre souvent des amitiés intéressées, des concours qui veulent une contrepartie ou s'éclipsent. Il évitera d'accorder une trop grande confiance à ceux qui se disent ses amis ; de même, il ne devra pas se montrer excessivement calculateur dans le jeu de la camaraderie et de l'amitié. Son inconstance nuit à sa bonne réputation auprès de ses vrais amis. La jeunesse de caractère et la vivacité d'esprit sont appréciées dans le choix des amitiés.

Mercure en Maison XII

Dans ce secteur qui représente la captivité, l'exil ou les grandes épreuves, Mercure manque de liberté d'expression et de mouvement, et ne peut donc se sentir à l'aise. Il y perd son habileté coutumière, son adresse en toutes situations ; au mieux, c'est dans une activité secrète qu'il pourrait les faire jouer. L'éveil de la personnalité peut être tardif et ne vient qu'après quelques échecs. L'esprit travaille dans le secret ou l'isolement, mais la gamme peut être très large, de l'infirmier au chef de clinique, de la laborantine à l'agent secret. Parfois, le sujet est attiré par la recherche, la parapsychologie, la psychiatrie. Ingénieux, subtil, il risque cependant de s'égarer dans les détails infimes.

Il n'est pas très bien armé devant les combines des affairistes, le mensonge, l'escroquerie. Mais les épreuves, en général, ne sont pas de longue durée. Il doit donc lui-même faire preuve de prudence à l'égard de relations douteuses, et ne pas céder à la tentation d'utiliser les armes de ses adversaires : la trop grande habileté, la ruse, la perfidie, la corruption. S'il s'intéresse aux sciences secrètes, à l'occultisme, et surtout au spiritisme, il devra faire preuve d'une grande réserve et ne pas se livrer à des expérimentations dangereuses. Les relations avec le « milieu », la contrebande, les bas-fonds sont à proscrire totalement.

La vie du Gauguin est exemplaire de son signe : il voyage beaucoup pour trouver des sources d'inspiration (« le droit de tout oser ») et mène une existence bohème à la recherche de Dieu. Toute son œuvre porte l'empreinte de cette double quête, artistique et spirituelle.

Comment interpréter les Signes dans les Maisons

Il y a douze Maisons comme il y a douze signes. Il existe entre ces deux découpages du Zodiaque une analogie indiscutable, les Maisons étant une projection objective des signes, dont la signification est totalement subjective et profonde. Cette équivalence fait que le Bélier, premier des douze signes à partir de l'équinoxe de printemps, période de renouvellement et départ d'un nouveau cycle, correspond symboliquement à la Maison — ou Secteur — I, qui dépeint le Moi. Le Taureau, signe de l'avidité, de l'oralité, correspond à la Maison II, Secteur des biens matériels, des acquisitions, et ainsi de suite. Mais ce symbolisme ne doit pas faire négliger l'authentique calcul des douze Maisons à partir de l'heure et du lieu de naissance, et chacune d'elles peut évidemment se situer dans un signe avec lequel il n'existe pas d'analogie.

Bien que ce livre ne soit pas un manuel d'astrologie, il est bon que le lecteur se familiarise avec les significations des douze Maisons.

Les Maisons étant diamétralement opposées dans la carte du ciel, leur étude sera facilitée en les considérant deux par deux, comme les deux pôles d'un même axe.

Maison I (son début est l'Ascendant). Le Moi, prise de conscience du sujet par rapport à lui-même, le corps physique, l'hérédité.

Maison II. Attitude du sujet vis-à-vis des biens matériels. Les gains acquis par sa propre activité.

Maison III. Rapports avec l'entourage immédiat. Les frères et sœurs, les voisins. L'éducation, les études, les communications, les petits voyages.

Maison IV. Rapports avec les parents, la famille, le foyer. La stabilité ou non de la vie privée, le patrimoine, les biens immobiliers. Le pays natal.

Maison V. Projection du Moi dans le monde des plaisirs, de l'art, des amours, des jeux et spéculations. La procréation, les enfants. La créativité. L'enseignement.

Maison VI. Les limites imposées par les servitudes du travail, de la santé, des régimes. Rapports avec les subalternes.

Maison VII. Le non-Moi, l'Autre. Les réactions envers les autres. Les rapports avec les associés, le conjoint, le partenaire, l'adversaire.

Maison VIII. La mort, le genre de mort. Les biens venant des morts et du conjoint, les investissements financiers. Les crises existentielles, l'autodestruction. L'érotisme. Transformation de la personnalité. Rapports avec l'occulte.

Maison IX. L'appel du lointain, les grands voyages, l'idéal religieux ou spirituel, les buts supérieurs de l'esprit. L'étranger.

Maison X. Le point où le sujet se crée sa place dans le monde, la carrière, la consécration, les honneurs.

Maison XI. Les relations avec les amis. Les protecteurs. Les grands projets.

Maison XII. Les circonstances secrètes et inavouées de la vie privée. Les épreuves du destin : maux chroniques, exil, isolement, captivité, échec, longues inimitiés. Au positif, vie monastique, vie de recherches, relations avec le monde secret, l'espionnage, les bas-fonds, l'occulte.

Le Grand Livre des Gémeaux

Les Gémeaux dans les Maisons

Gémeaux en Maison I

Ce sont les significations générales du signe, telles qu'elles ont été exposées dans la première partie, qui se manifesteront lorsqu'il y a identité entre le signe solaire et le signe ascendant. Deux cas sont à considérer :

S'il est né au début du jour, le Gémeaux a donc le Soleil à l'Ascendant. On voudra bien se reporter au paragraphe « Gémeaux Ascendant Gémeaux », dans le chapitre consacré aux douze Ascendants possibles de ce signe.

Le second cas est celui du natif de l'un des douze signes dont l'Ascendant tombe en Gémeaux. Il se présente alors une sorte de complémentarité entre les tendances du signe solaire de naissance et celles de l'Ascendant Gémeaux. Dans la pratique, il faut reconnaître qu'il est délicat d'opérer une distinction entre ce qui revient à chacun d'eux, une assez longue expérience étant le seul moyen effectif pour y parvenir.

En soi, et à l'exclusion de tout autre élément du thème, les Gémeaux en première Maison accentuent le côté mental et cérébral du sujet, la vivacité de son esprit, l'importance qu'il donne à sa propre éducation, à un besoin de se cultiver, d'être au courant des choses, le désir des contacts humains et de la participation active à une vie sociale animée et intéressante. Le pôle affectif de l'être n'est guère concerné par cette position. Le besoin de se sentir libre est l'une des constantes de l'existence.

Gémeaux en Maison II

Si dans ce cas l'Ascendant se trouve dans le Taureau, les préoccupations matérielles, le besoin d'assurer une sécurité financière seront singulièrement amplifiées. Il n'est pas rare de voir le sujet exercer deux activités différentes en même temps, ou réaliser des gains provenant de deux sources, comme le ferait le peintre du dimanche parvenant à vendre ses tableaux. En général, le natif montre beaucoup d'habileté à se procurer des moyens d'existence suffisants, il sait utiliser les ressources de son esprit délié pour tirer un profit substantiel à l'occasion de circonstances fortuites. La désinvolture qu'il sait manifester à l'égard de l'argent, dont il n'est jamais l'esclave, l'aide justement à exercer une attraction sur celui-ci. Dans certains cas, on a remarqué des avantages provenant des frères et sœurs.

Gémeaux en Maison III

Cette position constitue un véritable atout pour tout ce qui a trait aux problèmes d'éducation, au développement de l'intellect, plus sur un plan pratique que sur le plan du maniement des grandes idées ou de la philosophie.

Le sujet s'épanouit dans son proche entourage, les frères, sœurs, cousins, amis d'enfance forment corps avec lui. Ses facultés d'adaptation sont rapides, immédiates même, et il ne lui faut pas longtemps pour créer de bonnes relations avec les nouveaux collègues, voisins, rencontres. Il se trouve heureux de bouger, d'accomplir des déplacements courts, mais répétés fréquemment, et si possible dans des lieux différents. Sa facilité d'expression est son arme pour créer ces contacts qu'il apprécie tant. Il aime écrire, ou rester en relation, surtout téléphonique, avec des amis ou de simples connaissances. Mais il faut qu'il y trouve un net intérêt, non pas un intérêt matériel, mais disons plutôt le plaisir de maintenir ces liens.

Toujours au courant de ce qui se dit, se fait ou se prépare, le sujet tire gloire, et parfois même avantage, d'être, ou de croire être, à la page, dans le vent. C'est une sorte de parisianisme qui n'a pas besoin d'être parisien. Il aime surprendre par ses traits d'esprit, ses jeux de mots, ses anecdotes. En somme, il crée de l'animation autour de lui.

Gémeaux en Maison IV

C'est dans le cadre de la vie familiale que le sujet trouve une certaine joie, un épanouissement, grâce à une sorte de complicité qu'il parvient à établir entre les membres de la famille, jeunes et vieux. Les facultés, les qualités pratiques demeurent vivaces tard dans la vie. On trouve de l'intérêt à tout. C'est donc un élément favorable à une vive activité, maintenue par une ambiance jeune, gaie. L'âge de la retraite peut s'écouler dans une région très différente du lieu d'origine. Le désir de se déplacer, parfois un mode de vie plutôt itinérant, pourrait faire préférer la caravane à la maison de campagne.

Gémeaux en Maison V

Le goût des divertissements et des plaisirs, s'il n'est pas trop accentué par l'action d'une planète, constitue un élément stimulant et vivifiant dans l'existence. Les flirts et aventures amoureuses, en revanche, se multiplient peut-être à l'excès. Une certaine dose de cérébralité risque de s'introduire dans les amours, qui se compliquent et restent plus en surface qu'animées par une passion authentique. Les aventures, les liaisons durent peu mais se compliquent. S'il y a des enfants, il s'établit avec eux une sorte de camaraderie, le père se comportant comme un grand frère, mais l'autorité pouvant y perdre.

Au sujet des jeux et spéculations, il existe certainement un goût du risque, qui influera diversement selon les autres éléments du thème personnel.

Gémeaux en Maison VI

Exprimant tout d'abord les contacts du natif avec les éléments de la vie quotidienne, avec les objets, les subalternes, la Maison VI placée dans les Gémeaux ne pose pas de problèmes particuliers, sauf que toutes ces questions semblent ennuyer prodigieusement beaucoup de Géminiens, qui n'aiment guère la routine du quotidien, s'ils ne peuvent y apporter un peu d'imprévu. Dans son aspect « nécessité d'un travail pour vivre », la Maison VI peut offrir des débouchés dans les professions médicales et paramédicales, le diagnostic pouvant être fin et même subtil. Si la Lune est présente, on peut songer à la pédiatrie. Pour préciser ces diverses questions, il sera bon d'étudier la position particulière de Mercure et ses aspects.

Gémeaux en Maison VII

Il advient qu'une certaine fantaisie, un peu inconsciente, intervienne pour choisir le ou la partenaire, conjoint ou associé, sans trop se préoccuper de la suite des événements. C'est surtout dans cette maison qu'il y a lieu de réfléchir profondément avant d'effectuer un choix qui entraîne un engagement durable. Le mot durée prend le sens d'éternité pour les Gémeaux, qui préfèrent le bannir de leur vocabulaire, sauf toutefois si Saturne est présent dans le signe.

Traditionnellement, se présente la possibilité de deux ou plusieurs unions, ou d'une union légale et d'une union libre aussi importante. Les inimitiés déclarées, également régies par la Maison VII, ne sont généralement pas très graves, prenant surtout l'allure de polémiques et de désaccords par écrit.

Gémeaux en Maison VIII

L'indication classique de perte de frères ou sœurs dans l'enfance n'est heureusement pas toujours constatée. De même les héritages ou biens venant à l'occasion d'une mort doivent être confirmés par d'autres indications, surtout par les planètes.

Le problème de la mort peut revêtir une importance excessive, en raison du fait que si le Soleil est dans la Maison VIII en Gémeaux, l'Ascendant se trouve en Scorpion, dont les tendances fondamentales s'apparentent aux significations de la Maison VIII. Dans certains cas, ces tendances sont transcendées et donnent un fort penchant pour l'étude de l'ésotérisme et des sciences secrètes. Sur le plan de l'érotisme, celui-ci se mêle de théories liées à l'ésotérisme mais, contrairement à ce que l'on pourrait supposer, il peut manquer de spontanéité en voulant se référer aux doctrines orientales ou à cause d'un aspect scientifique moderne. Attiré par le principe de la réincarnation, le Gémeaux de la huitième Maison ne peut y adhérer totalement, en raison de son esprit critique qui a du mal à se libérer du rationnel. Quant au problème de la durée de la vie, il n'a jamais pu trouver de solution satisfaisante par l'astrologie, et les calculs que certains obstinés continuent à faire n'aboutissent qu'à de fausses indications. Il est à croire qu'il y aurait là un interdit que seuls de rares êtres très évolués seraient peut-être en mesure de franchir.

Gémeaux en Maison IX

Les données de plusieurs astrologues de valeur sont un peu blessantes pour les Gémeaux qui s'efforcent d'évoluer spirituellement. C'est ainsi que l'on a écrit que cette position amoindrit les significations de la Maison IX, les réduisant à des buts trop personnels et pas toujours d'une rectitude irréprochable. Il peut y avoir de grandes capacités intellectuelles, malheureusement employées dans de mauvais buts : écrits corrupteurs, calomniateurs ou de chantage. Un autre astrologue, plus indulgent, affirme que le sujet ne sera peut-être pas très idéaliste, mais que des échappées vers la religion, la philosophie, l'idéal, sont possibles lorsque les soucis matériels ne sont pas trop absorbants.

Voilà comment on fait les bonnes réputations ! Je m'insurge contre une représentation aussi partiale et injuste des Gémeaux, car il serait facile à un esprit un peu mordant d'établir des portraits aussi négatifs en appuyant sur l'ironie et l'acidité. Cela dit, il est vrai que les Gémeaux sont portés vers les jeux de l'intelligence proprement dite plutôt que vers les aspirations dans le domaine spirituel. Mais cependant, si des configurations liées à Neptune, par exemple, sont présentes dans un thème, l'esprit critique et le doute inhérents aux Gémeaux s'effaceront devant le désir d'une envolée vers les béatitudes célestes. Quant au côté concret de la Maison IX, il est évident que les Gémeaux aiment les voyages, petits ou grands.

Gémeaux en Maison X

Les grandes facultés d'adaptation trouveront leur emploi dans cette position consacrée à l'intégration heureuse dans la vie sociale et professionnelle, à la consécration des efforts.

Le degré d'adresse, d'habileté manœuvrière dans les contacts, d'ingéniosité dans la présentation des arguments, tout cela constitue l'essentiel des chances, en dehors des connaissances indispensables à l'activité choisie, connaissances d'ailleurs assez rapidement assimilées par les Géminiens. L'un des principaux obstacles à franchir est la difficulté assez fréquente de se faire prendre au sérieux par les employeurs, les subordonnés ou les clients, obstacle facilement surmonté si le sujet parvient à éduquer sa nervosité, à rendre son activité plus efficace, et à soigner sa présentation, parfois trop fantaisiste pour certains emplois.

Des changements d'activité ou de lieux de travail ne sont pas rares avec cette position qui a beaucoup de similitudes avec celles de Mercure en Maison X.

Gémeaux en Maison XI

Des relations amicales s'établissent facilement avec les proches, les collègues, et de petits groupes liés par une certaine camaraderie. Les amis d'enfance ne se perdent pas de vue. Avec cette position, la solitude n'existe pas et l'on fréquente assidûment des réunions, cercles et associations. La personnalité du sujet trouve à s'affirmer dans ces réunions. On prendra garde, cependant, à éviter des amitiés trop intéressées ou simplement inutiles et superficielles.

Gémeaux en Maison XII

L'insouciance, fréquente dans ce signe, porte à une attitude de légèreté dans les épreuves de l'existence. Celles-ci sont donc plus facilement supportées, mais, en revanche, auraient pu être évitées ou atténuées par plus de prévoyance et de prudence. Les inimitiés, sous forme de médisance surtout, ou de mensonges volontaires, proviennent souvent de l'entourage ou de faux ou anciens amis. Faites de bouche à oreille, ces attaques restent longtemps ignorées et ne peuvent être parées.

Le Cancer dans les Maisons

Cancer en Maison I

« Cette maison est un point de départ [...] mais aussi d'arrivée. Elle peut représenter un retour éternel de phénomènes fondamentaux à répétition » (Lisa Morpurgo). Elle indique traditionnellement le lieu où s'expriment les composantes de la personnalité — et non du caractère — avec leurs possibilités d'évolution.

En Maison I, le Cancer donne une tendance à l'introspection, à la fragilité psychologique, avec inquiétudes, peur d'autrui, curiosité pour l'irrationnel, l'inconnu, l'occulte.

Cancer en Maison II

En Maison II, le Cancer donne un comportement de refus total ou partiel à l'égard des biens matériels. La carapace du crabe le protège, ici, de la dépendance « économique », de la recherche du confort, du « standing », etc. En revanche, il peut donner de l'imagination dans ce domaine, si bien qu'on verra des intérieurs ou des objets marqués par la fantaisie lunaire.

Cancer en Maison III

En Maison III, le Cancer n'établit pas facilement de relations avec son entourage proche : frères et sœurs, camarades d'école, de lycée ou de faculté, et, plus tard, voisins de palier ! Provoque un blocage sur tout rapport facile et superficiel, sur les relations légères ou mondaines. Les informations par radio ou télévision sont honnies : on leur préfère la presse écrite.

Cancer en maison IV

Le Cancer est ici dans ce qu'il est convenu d'appeler sa Maison. Celle de la famille, des enfants, du foyer, des bases à la fois parentales et filiales du sujet. C'est le lieu de sa personnalité intime, privée, et du lien très fort qui l'attache à ses origines. C'est une bonne Maison pour le signe, il s'y sent à l'aise, en sécurité, protégé du monde extérieur. Le sujet éprouve un goût profond pour la vie et les réunions de famille, sans étrangers.

Cancer en Maison V

La Maison V étant la Maison des plaisirs, des distractions, du trop-plein de vie, elle limite en Cancer — qui n'est pas, rappelons-le, un signe de santé ni même de grande résistance physique — à des joies simples : mots croisés après le travail, ou jeux de sociétés paisibles, ou petits travaux d'artisanat. La distraction sociale, les sorties du soir sont considérées la plupart du temps, en Cancer, comme superflues, voire ennuyeuses. En revanche, le sujet privilégiera la distraction personnelle, qui fait intervenir l'imagination.

Cancer en Maison VI

C'est la Maison du quotidien, des petits travaux journaliers, des choses et des êtres qui dépendent du natif : la maison (pour la ranger, par exemple), le bureau, le lieu de travail (pour les affaires courantes, le classement, le fonctionnel et le routinier). On mesure, dans cette Maison, la capacité du natif à recommencer tous les jours les mêmes petites corvées, à s'occuper régulièrement des mêmes petites tâches. En Cancer, signe de fantaisie, de petits changements permanents (à l'inverse du Verseau qui bouleverse tout), cette Maison VI est mal servie. Aucune discipline dans la hiérarchie des problèmes à régler, aucune méthode.

Cancer en Maison VII

La Maison VII représentant tout ce qui concerne les alliances et les associations, elle acquiert, en

Le Grand Livre des Gémeaux

Cancer, des caractéristiques lunaires : sous-estimation de sa valeur propre, surestimation de la valeur des autres. Besoin d'être protégé, choyé, conforté, un peu comme un enfant, dans le mariage. Apporte, dans une association, un élément de création très fort, d'imagination et de renouvellement, mais participe de loin, sans vraiment se sentir impliqué (même s'il prend toujours ses responsabilités). Fondamentalement solitaire, intériorisé.

Cancer en Maison VIII

La Maison VIII étant celle de la mort (physique ou psychologique) et de la résurrection, elle a des affinités avec le Cancer : d'abord parce que le Cancer représente la fécondité, l'enfantement, donc la vie après la mort, ensuite parce que c'est un signe fort du point de vue de l'imagination créatrice.

D'où possibilité, pour la Maison VIII en Cancer, de recréer ou de reconstituer ce qui est mort. Au premier degré : le sujet fait revivre en imagination un parent mort. Au second degré : il utilise, il recompose sa souffrance en créant.

Donne au sujet la possibilité de surmonter tout ce qui peut l'anéantir.

Cancer en Maison IX

C'est la Maison de la quête : spirituelle, philosophique ou géographique. Les limites cancériennes éclatent, le signe se laisse attirer par les grands espaces que suggère la Maison, les interrogations métaphysiques, métapsychiques, archéologiques ou ethnologiques.

Mais la femme Cancer, inhibée, fragile, qui doit toujours transporter sa coquille avec elle, peut freiner, surtout à partir de quarante-cinq ans, les grands voyages que propose ce Secteur, le neuf, le nouveau, l'inconnu. Alors, les explorations se font en imagination, et l'invention cancérienne remplace son défaut d'énergie.

Cancer en Maison X

Cette Maison, à laquelle est attribuée la vocation d'un individu, son expression professionnelle dans ce qu'elle peut avoir de rayonnant, de remarquable, de volontaire, cette Maison, disais-je, n'est pas particulièrement à son aise en Cancer. Il existe une contradiction fondamentale entre la réserve timide et maladroite du signe et l'assurance, la confiance dynamique, l'autorité qu'appelle le Secteur X.

En réalité, la contradiction est neutralisée si le sujet se réalise dans une profession nettement cancérienne où la création, l'invention, l'inattendu, l'étrange, le nouveau ont la meilleure part. Il faut éviter les carrières administratives, et, d'une manière générale, toutes celles qui excluent l'interprétation subjective, les initiatives personnelles, les décisions individuelles et autonomes.

Cancer en Maison XI

Lisa Morpurgo attribue à cette Maison une force toute particulière : « Elle est, en un certain sens, la section d'or du thème zodiacal. Elle indique la possibilité de parvenir à un examen objectif de soi-même et des circonstances, de s'adapter à ces dernières et au caractère d'autrui, en jugeant avec objectivité, mais aussi indulgence, les besoins, les faiblesses, et les qualités des autres. [...] La Maison XI est celle de la tolérance, des idées larges, d'une volonté accommodante et compréhensive. »

En Cancer, les idées larges s'évadent dans l'imaginaire — souvent aux dépens du réel —, l'amitié acquiert malgré tout quelque chose de passionnel, d'exclusif, d'enveloppant, mais le sujet s'adapte particulièrement bien au milieu social dans lequel il a choisi d'évoluer après une dure sélection intérieure.

Cancer en Maison XII

On l'appelle la Maison du destin, de la fatalité. Je préfère dire que c'est la Maison des événements sur lesquels la volonté humaine ne peut agir : « les grandes épreuves de la vie », comme le dit encore Lisa Morpurgo. C'est le lieu où le natif s'isole, prend de la distance pour se

Comment interpréter les Signes dans les Maisons

préparer à la mort. Le Cancer, en ce Secteur, donne la faculté de s'abstraire totalement du réel, l'imaginaire empiète alors complètement sur la vie et, si une planète lourde comme Saturne ne vient pas peser sur ce Secteur, il donne une créativité inépuisable, un besoin de nier la fin des choses par une prolifération magique d'œuvres d'art, une production ininterrompue dans la solitude et l'isolement.

Le Lion dans les Maisons

Lion en Maison I

Cette Maison a trait au sujet dans ce qu'il y a de plus représentatif et de plus évident. Elle concerne votre extériorité physique et la conscience que vous acquérez peu à peu de vous-même. Une Maison I fortement chargée signale un natif préoccupé avant tout de sa personne et faisant de celle-ci son principal centre d'intérêt : on voit tout de suite ce que ça peut donner dans le cas du Lion. Je crois bon, par ailleurs, de vous rappeler que la pointe de la Maison I s'appelle l'Ascendant. Toute planète située à proximité de l'Ascendant a de fortes chances d'être l'une des dominantes de votre thème.

Lion en Maison II

Cette Maison est censée renseigner sur votre attitude face à l'argent, sur vos aléas financiers, sur la nature de vos gains. Pour juger sainement de la question, l'astrologue peut bien se contenter de considérer vos planètes dominantes, ainsi que les aspects lunaires, jupitériens et vénusiens. Si, conformément à la Tradition, l'argent occupe une place prépondérante dans votre existence, cherchez plutôt de ce côté-là et regardez aussi où se trouve votre Ascendant : il est peut-être dans le signe thésauriseur et engrangeur du Cancer. Une Maison II en Lion est souvent un indice de fortune et de réussite financière, quoique certains auteurs vous jugent suprêmement désintéressé et attiré par des métiers plus honorifiques que lucratifs. Pour ce qui est de la source des gains, on mentionne habituellement l'enseignement, le spectacle et les commerces de luxe.

Lion en Maison III

Les attributions classiques de cette maison sont multiples : rapports avec frères et sœurs, cousins et voisins, petits déplacements, correspondance, publications littéraires, intelligence pratique, enseignement primaire. Les compilateurs classiques parlent de prix littéraires, de frères haut placés, de déplacements profitables, se cantonnant aux réunions mondaines et aux spectacles. Si vous avez vraiment la bougeotte et si vous êtes pris d'une frénésie de communication et d'énergie, voyez plutôt la force de votre Mercure, de votre Mars et de votre Lune. Quant à votre Ascendant, il pourrait se situer dans les derniers degrés des Gémeaux et cela expliquerait aussi bien des choses.

Lion en Maison IV

En analogie avec sa position au Fond-du-Ciel, la Tradition associe à cette Maison tout ce qui constitue la souche, les bases, les racines profondes. Elle concerne donc l'atavisme, l'hérédité, le terroir, le domicile, la famille. Pour faire bonne mesure, on y ajoute aussi la fin des choses, les trésors cachés, la sépulture et l'héritage de propriétés. Du Lion en Maison IV, nos élucubrateurs à chapeau étoilé s'accordent à déduire une prestigieuse galerie d'ancêtres ou tout au moins des parents haut placés. Ce qui ne laisse pas de rendre perplexe si l'on songe que les frères et sœurs d'une même famille ont très rarement la Maison IV dans le même signe.

Lion en Maison V

Cette Maison concerne vos amours, votre progéniture, vos œuvres, vos amusements et vos spéculations. Dans la logique de l'astrologie traditionnelle, avec l'appoint du Lion, vos amours ne sauraient être qu'ardentes et dignes, votre progéniture remarquable, vos œuvres brillantes, vos amusements fastueux et vos spéculations fructueuses. Si ce n'est pas tout à fait le cas, plutôt que de vous adresser à un bureau des réclamations, qui d'ailleurs n'existe pas, cherchez l'explication du côté de vos planètes et signes dominants, tenez compte de la position et des aspects de la Lune, de Vénus, de Neptune et de Jupiter. A mon humble avis, vous auriez mieux fait de commencer par là, les déductions sont nettement plus sûres.

Lion en Maison VI

Cette Maison met l'accent sur vos problèmes de santé, sur votre travail dans son côté terre à terre et astreignant, sur vos relations avec les subordonnés, les petites gens, les oncles et les tantes, les animaux domestiques. Quant aux oncles, tantes et menues bestioles, le Lion se sent à leur égard un peu amoindri.

Lion en Maison VII

Logiquement, le Lion en Maison VII devrait donc vous conduire, plus que jamais, à percevoir le conjoint, le partenaire, l'adversaire ou l'associé d'après votre propre image. Selon votre dominante planétaire, vous êtes incité à modeler de force vos vis-à-vis à ladite image, ou bien vous vous contentez de vivre vos aspirations léoniennes par délégation, par le biais d'un complémentaire en qui vous avez décelé de prometteuses potentialités.

Lion en Maison VIII

Si l'on en croit la Tradition, avec une Maison VIII fortement occupée, votre existence, d'une façon ou d'une autre, sera marquée par la mort et par ses conséquences. Les deuils, les testaments, les héritages sont censés prendre une importance toute particulière. Ou alors, vous vous contentez de brasser des idées morbides et suicidaires et de mettre la mort au centre de toutes vos théories. Moins macabrement, cette Maison est également en rapport avec l'argent du conjoint et des associés. L'astro-psychologie, d'une façon plus générale, en fait la Maison des crises, des transformations, des régénérations et de la sexualité. On devine ce que peut donner, dans l'optique du traditionaliste, le Lion en Maison VIII : la mort par accident cardiaque, le grandiose héritage, les honneurs posthumes et autres joyeusetés.

Lion en Maison IX

Pour la Tradition, c'est la Maison des grands élans vers le lointain et vers le spirituel : elle concerne aussi bien les longs voyages et les rapports avec l'étranger que l'intelligence spéculative, la religion, la philosophie, l'enseignement supérieur. L'interférence avec le Lion est censée apporter générosité et noblesse de pensée, hautes fonctions universitaires, diplomatiques ou ecclésiastiques, attrait pour les longs périples honorifiques et représentatifs. Cela peut se vérifier surtout, à mon humble avis, en cas de dominance plutôt harmonique de Mars, Jupiter, Saturne et Neptune. Mars met l'accent sur le goût de l'action, de l'entreprise et de l'aventure. Jupiter insiste sur le côté officiel et pontifiant. Saturne favorise la réflexion, la méditation et le détachement, tandis que Neptune sensibilise à l'inconnu, au collectif, à l'universel et à toute autre transcendance qu'il vous plaît d'imaginer.

Lion en Maison X

Cette Maison importante, qui valorise les planètes s'y trouvant, concerne la façon dont vous vivez votre carrière, votre engagement socioprofessionnel dans ce qu'il y a de plus officiel et de plus formel. Pour les astrologues qui interprètent un thème en y cherchant des événements, elle renseigne sur les chances de succès, la célébrité éventuelle, les honneurs, le pouvoir que vous pouvez acquérir, et naturellement sur les éventualités contraires : les risques d'échec, de déshonneur, de chute. Comme on s'en doute, pour les manuels classiques, la présence du Lion dans ce Secteur est éminemment prometteuse : autorité, vedettariat, brillante ascension, réussite magistrale dans les domaines de l'art, de l'éducation, de la politique, de la mode, de la joaillerie, du théâtre, et j'en oublie certainement.

Lion en Maison XI

Cette sympathique Maison a trait aux amitiés, aux espérances et aux projets. Selon l'interprétation la plus traditionnelle, le Lion dans ce secteur devrait vous valoir des amis brillants, fidèles, enthousiastes et quelque peu dominateurs, des relations puissantes et des protections en haut lieu. Vos projets, enfin, ne sauraient qu'être empreints de grandeur, de noblesse ou d'outrecuidance. En fait, pour que votre vie amicale soit euphorique, détendue et sans problèmes, il suffit bien d'une dominance harmonique des planètes Jupiter, Vénus, Mercure et Lune.

Lion en Maison XII

Comme le chanterait Brassens, dans les thèmes sans prétention, elle n'a pas bonne réputation, cette fichue Maison XII... On lui attribue en effet les épreuves majeures et les grands chagrins. Maladies chroniques, hospitalisations, exils, emprisonnements sont de son triste ressort. Elle passe pour prédisposer à une existence marquée par le secret, les choses cachées, la vie occulte.

Les ennemis sournois et les complots y élisent également domicile, en bonne compagnie avec les vices et les tendances au suicide. Pauvre Lion, prisonnier à perpétuité des barreaux de ses inhibitions. A ce propos, remarquons tout de même que le Lion en Maison XII correspond presque immanquablement à un Ascendant Vierge, ce qui peut expliquer bien des choses. Examinez les grandes dissonances de votre thème, en particulier celles de Neptune, Saturne et Pluton.

La Vierge dans les Maisons

Vierge en Maison I

La pointe de la Maison I étant délimitée par l'Ascendant, le sujet a donc l'Ascendant en Vierge, ce qui lui confère les principaux traits de caractère du natif de la Vierge.

D'autre part, si l'Ascendant se trouve dans les derniers degrés d'un signe, la Maison I repose presque totalement sur le signe suivant. Dans ce cas, l'influence de ce signe prend une importance accrue, dont il faut tenir compte dans l'interprétation.

Vierge en Maison II

Cette position indique une attitude parcimonieuse vis-à-vis des biens matériels. Une certaine avarice est probable, mais elle est limitée aux petites choses. Toutefois, le sujet n'ayant pas de besoins très importants, il doit réussir à s'accommoder d'une existence un peu chiche. La prudence naturelle du signe interdit les spéculations hasardeuses ou les risques excessifs. Le sujet gère son budget avec sagesse.

Vierge en Maison III

La timidité inhérente au signe freine quelque peu les contacts avec le milieu social. Le sujet demeure sur la défensive, et met un certain temps avant de se sentir détendu, en confiance avec de nouvelles connaissances. S'il ne fait pas un usage immodéré du téléphone, il se livre plus facilement par écrit. Sa correspondance sera soigneuse, méthodique et dans l'ensemble assez fournie.

Le sujet est plutôt sédentaire, il renonce souvent aux possibilités de petits voyages.

En revanche, l'intelligence pratique est très développée. Les réalisations à court terme sont favorisées, les occasions sont exploitées habilement. Goût pour les études et grande curiosité intellectuelle.

Vierge en Maison IV

Le sujet se plaît dans un cercle familial étroit. Peu attiré par les mondanités, il ne se sent bien qu'en petit comité. Sédentaire, il aime ses habitudes et peut se montrer tatillon, au risque d'incommoder les membres de sa famille.

Le foyer domestique est surtout considéré sous l'angle le plus utilitaire. Le sujet aimera vivre dans un décor simple, avec un mobilier solide et fonctionnel. Il fera passer au second plan les critères d'ordre esthétique.

Les rapports avec les parents ne sont pas très chaleureux. Ils sont plutôt fondés sur le respect et la déférence. Cependant, du fait d'un grand attachement aux traditions, les vertus « travail-famille-patrie » sont exaltées.

Vierge en Maison V

Le besoin de sécurité affective est important, toutefois le sujet ne fait sans doute pas passer sa vie sentimentale au premier plan (à moins, bien sûr, que des planètes d'affectivité ou de sensualité n'occupent ce Secteur).

La pudeur freine la sensualité. Le sujet n'apprécie pas les aventures sans lendemain. Il préfère une liaison stable, durable, mais pas trop envahissante. Il ne sait pas vraiment se détendre ou se distraire, encore moins perdre du temps. Quoi qu'il en soit, le sujet préfère les plaisirs calmes (lectures, jeux de cartes) aux loisirs de groupe ou aux sports exigeant une grande dépense physique.

L'amour pour les enfants ne se traduit pas par des démonstrations débordantes, mais plutôt par un soin très attentif porté à leur hygiène, à la propreté de leurs vêtements.

Vierge en Maison VI

Il existe de grandes affinités entre le Secteur et le signe. Le sujet est très consciencieux, très méticuleux dans son travail. Il accomplit à la perfection les tâches de routine. Ses principales qualités : l'ordre, la méthode, le sens de l'organisation.

En revanche, il risque de manquer d'envergure et de se contenter de postes subalternes sans réel rapport avec ses capacités. Il a facilement une mentalité de « rond-de-cuir ». Les rapports avec les collaborateurs sont généralement satisfaisants. Le sujet sait se montrer serviable et dévoué.

Les tendances hypocondriaques du signe sont renforcées dans ce Secteur qui concerne également la santé. Les servitudes de la vie quotidienne sont bien acceptées, et les corvées domestiques accomplies avec diligence et efficacité.

Vierge en Maison VII

D'une façon générale, les rapports avec les autres sont fondés sur la sélectivité. Le sujet ne se lance pas à l'aveuglette dans le mariage ou dans toute autre forme d'association. Il n'apprécie pas à proprement parler la solitude, mais la choisira plutôt que de consentir à une union mal assortie.

Une autre tendance du signe (qui devra être renforcée par d'autres configurations du thème) inclinera au contraire le sujet à faire un mariage de raison ou d'intérêt, surtout si, à force de tergiverser, il a raté les « bonnes occasions ».

Le sujet peut choisir l'union libre (à condition qu'il n'y ait pas d'enfant). Mais s'il décide d'être uni à son partenaire par les liens du mariage, il s'opposera alors farouchement à un éventuel divorce.

Les occasions peuvent être assez fructueuses, encore que le sujet risque d'avoir des « comptes à rendre ». Il s'efforcera de choisir ses associés sur la base d'affinités électives.

Vierge en Maison VIII

L'idée de la mort n'est pas une source d'angoisse insoutenable dans la mesure où le sujet accepte, au départ, son caractère inéluctable et implacable. Mais sa prévoyance et son réalisme l'incitent à prendre des dispositions d'ordre purement pratique et à s'assurer que sa famille ne manquera de rien après sa disparition.

Le sujet peut faire preuve d'exigences tatillonnes en ce qui concerne les problèmes d'héritages.

S'il se sent (à tort ou à raison) floué, il peut révéler certaines tendances des plus mesquines.
L'attitude vis-à-vis de la sexualité est assez ambiguë. Le sujet, dans son exigence de pureté, s'accommode mal d'avoir des besoins sexuels importants. D'où des risques de complexes, d'inhibitions débouchant sur des frustrations.

Vierge en Maison IX

La prudence restrictive du signe freine l'invitation au voyage ; cependant, la curiosité intellectuelle du sujet peut avoir raison de ses hésitations. Mais il a besoin d'organiser méthodiquement ses longs déplacements. Il ne laisse jamais rien au hasard. Ce n'est pas lui qui partira « le nez au vent », à l'aventure.

La prédominance de la fonction pensée chez la Vierge met toutefois l'accent sur le développement des connaissances. Le sujet est très soucieux d'élargir constamment son horizon intellectuel. Il a de grandes aptitudes pour les études, d'autant qu'il a un goût marqué pour les diplômes.

L'acquisition des connaissances se fait « dans les règles ». Le sujet, très attentif et appliqué, aime s'entourer de professeurs susceptibles de le conseiller utilement. Quel que soit le domaine concerné, il aime prendre des leçons et se révèle un élève assidu.

Le sujet peut également, dans certains cas, se dévouer totalement à une cause qu'il estime juste, voire se sacrifier au nom d'un idéal.

Vierge en Maison X

La Maison X exprime les tendances à la lutte pour la réussite sociale, et le degré d'ambition. Or, le signe de la Vierge pécherait plutôt par excès de modestie. Loin de rechercher les honneurs, il s'en méfie. A tout prendre, il préfère servir que commander, et choisit la coulisse, abandonnant volontiers le devant de la scène aux ambitieux.

Le sujet peut avoir tendance à se sous-estimer, et l'essor de sa carrière risque de s'en ressentir. Néanmoins, dans les limites qu'il s'impose, il tient à réussir, et sa conscience professionnelle, son sens de l'organisation sont ses plus précieux atouts.

La conquête d'une position sociale élevée peut, en revanche, devenir un objectif majeur en cas d'angularité (au Milieu-du-Ciel, notamment) d'une planète représentative : Soleil, Jupiter ou Uranus. Dans ce cas, le professionnalisme et la compétence, caractéristiques du signe, deviendront des facteurs déterminants de réussite, en particulier dans les carrières administratives et publiques.

Vierge en Maison XI

Le sujet choisit ses amis en fonction d'affinités électives. Il en a très peu, mais ceux-là sont triés sur le volet. Il cherche surtout à s'entourer d'êtres intelligents ou très cultivés. Comme il fait rarement les premiers pas, ce sont les autres qui doivent venir à lui, mais une fois qu'il a accordé son amitié, c'est généralement pour la vie. Cependant, il peut arriver qu'une amitié de plusieurs années soit rompue brusquement du fait de la sévérité morale excessive du sujet. Celui-ci ne supporte pas d'être déçu.

Cette personne fuit les mondanités, préférant les ambiances intimes, tranquilles. Par extension, elle se refuse à cultiver les « relations utiles » et choisit, délibérément, de ne pas exploiter certaines occasions.

Vierge en Maison XII

Les grandes épreuves de la vie sont généralement acceptées avec fatalisme. Elles peuvent aussi être l'occasion, pour le sujet, de révéler sa grandeur d'âme ou son abnégation.

Cependant, les risques de renoncement *a priori* ne sont pas exclus, d'autant plus que la lucidité se double de pessimisme. C'est la déchéance physique ou intellectuelle que le sujet aura le plus de mal à assumer.

Il arrive que le détachement des objets matériels soit plus difficile à réaliser que le détachement moral de soi-même.

La Balance dans les Maisons

Balance en Maison I

L'Ascendant en Balance est l'un des plus chanceux du Zodiaque : douceur, diplomatie, charme, dons artistiques, volonté accorte et cependant tenace mènent irrésistiblement le natif à la réussite de ce qu'il entreprend.

Balance en Maison II

Les dépenses ont un caractère vénusien. Ce sont celles qui sont liées, entre autres, aux réceptions que l'on donne, ou aux sorties faites avec des amis.

D'autre part, la création d'un cadre de vie agréable et raffiné peut entraîner d'importantes dépenses susceptibles de déséquilibrer un budget.

L'équilibre est justement un mot clé de la Balance, mais c'est un équilibre bien souvent instable, et la situation financière risque d'être fluctuante. Cependant, malgré les hauts et les bas, on peut penser qu'en raison de la protection de Vénus la situation ne sera jamais désespérée.

Balance en Maison III

La Maison III concerne généralement l'intelligence concrète du sujet, ses dispositions et ses moyens d'expression, le langage et les écrits. Autrement dit, tout ce qui lui permet d'entrer en contact avec l'entourage.

Comme la Balance est un signe d'Air, l'intelligence sera mobile, souple, prompte, fantaisiste, sensible à la beauté, mais trop soumise aux influences changeantes venues de l'extérieur. Le sujet cherche à plaire et à faire partager ses opinions à son entourage. Le badinage est un mode d'expression qui le séduit et dont il use facilement.

Balance en Maison IV

Si rien ne vient modifier profondément les dispositions naturelles de la Balance, le sujet grandira dans un foyer harmonieux. Il est possible qu'on y cultive un art de vivre raffiné, de sorte que l'enfant baignera dans un climat favorable à l'éclosion de dispositions artistiques.

Il est fort probable que le sujet créera son propre foyer à l'image de celui de ses parents. La Balance, qui est un signe de fête, peut lui donner le goût des réceptions, et sa maison sera largement ouverte aux amis.

Balance en Maison V

La nature de la Balance semble particulièrement bien accordée à celle de la Maison V, de sorte que le signe renforce les manifestations propres à ce Secteur. Ce qui revient à dire que le sujet est naturellement porté vers les distractions et l'art. Une femme sera peut-être encore plus sensible qu'un homme aux effets de cette configuration. Elle se montrera enjouée et coquette, raffinée et élégante, et sa distinction naturelle la gardera de toute vulgarité. Les effets d'une Balance et d'une Maison V affligées mettent en jeu l'instabilité du signe.

Balance en Maison VI

Le travail ne devrait pas être trop pénible : il peut s'exercer dans un cadre agréable et élégant, par exemple une parfumerie, un magasin de fleurs, une galerie de peinture. Parfois, les préoccupations artistiques ou juridiques sont liées au travail. Le sujet entretient de bons rapports avec ceux qui travaillent sous ses ordres. Il comprend leurs difficultés et s'efforce de faciliter leur tâche.

En retour, il jouit de leur confiance et de leur attachement. C'est ainsi que se nouent parfois des idylles entre patrons et employées qui, dans certains cas, aboutissent au mariage.

Balance en Maison VII

Malgré la fougue que lui vaut un Ascendant Bélier, le sujet s'efforce d'avoir des relations harmonieuses avec autrui et il est ouvert à toutes les formes d'associations. La première, c'est évidemment le mariage. Il ne conçoit pas d'autre forme d'union et, dans sa vie, les relations conjugales tiennent une place importante. Il est même prêt à faire des concessions pour parvenir à l'équilibre intérieur qu'il attend du mariage.

Son besoin d'harmonie dans ses relations extérieures lui fait rechercher les associations et les collaborations. Il en retire le sentiment d'une insertion réussie dans la société dont il se veut un membre à part entière.

Balance en Maison VIII

La présence de la Balance en Maison VIII permet d'espérer que le caractère vénusien du signe favorisera une mort naturelle et douce.

La Balance faisant intervenir l'idée de mariage, on peut penser à un veuvage précoce et, éventuellement, à un héritage provenant du conjoint, du fait d'une donation entre époux. Mais des héritages venant des associés sont possibles.

Enfin, dans sa vie sexuelle, le sujet devrait faire preuve de mesure et de délicatesse, tout en s'efforçant de communier avec son partenaire car, pour lui, il n'est de vrai plaisir que partagé.

Balance en Maison IX

La présence de la Balance dans la Maison IX implique la possibilité d'un mariage dans un pays étranger où le sujet peut être amené à faire sa vie. Ou bien c'est le conjoint qui vient de l'étranger et qui a été connu à l'occasion d'un voyage lointain.

Ces voyages à l'étranger peuvent être de simples voyages d'agrément qui procurent de grandes satisfactions au sujet tout en enrichissant ses connaissances. A moins qu'ils n'aient été entrepris pour signer des contrats à l'étranger (éventuellement avec des éditeurs).

Balance en Maison X

Les qualités vénusiennes que la Balance apporte dans la Maison X sont de nature à favoriser la carrière du sujet en aplanissant son chemin. La sensibilité qu'il manifeste dans l'exercice de sa profession, son charme qui agit sur les gens avec lesquels son travail le met en contact, les relations que sa nature sociale le pousse à nouer avec ses collègues et ses chefs sont autant d'atouts qui facilitent son évolution sociale. D'autant plus qu'ils se combinent de façon très heureuse avec la chance dispensée par Vénus.

Le mariage, une association, peuvent influer sur la carrière : ils sont parfois l'occasion pour le sujet d'élargir le champ de ses activités ou même de changer de profession.

Balance en Maison XI

La Balance est aussi favorable en Maison XI qu'elle l'est en Maison V. En effet, comment ce signe, qui est éminemment sociable, ne créerait-il pas les meilleures conditions pour permettre au sujet de se faire des amis ? D'autre part, l'on sait que les contrats sont du ressort de la Balance. Enfin, la gentillesse, la délicatesse et le charme de ce signe contribuent efficacement à resserrer les liens d'amitié existants.

La Balance donne également une indication sur l'origine des amis. Ils pourraient venir d'un milieu où l'on cultive les arts, à moins qu'ils ne soient eux-mêmes artistes.

Balance en Maison XII

La Maison XII n'est pas une Maison de joie (comme la Maison V). Les seules joies qu'elle dispense sont les joies spirituelles. Mais nous venons de voir qu'on ne peut les atteindre qu'après avoir parcouru son « chemin de croix ». Il ne faut donc pas attendre de cette Maison beaucoup de bienfaits dans la vie ordinaire. Cependant, la présence de la Balance dans ce Secteur peut atténuer les chocs du destin. Même ici, Vénus, la déesse compatissante, ne renonce pas à étendre sur les humains son manteau protecteur. Aussi les ennemis cachés seront-ils moins virulents.

Le Scorpion dans les Maisons

Scorpion en Maison I

Le Scorpion en Maison I est à l'Ascendant. Même s'il est vide de planètes, il marque profondément le natif.

Le Scorpion en première Maison donne une bien plus grande énergie au natif : il étoffe sa personnalité de cette âpreté, de cette persévérance, de cette volonté de puissance qu'ont les gens du signe. Le sujet lutte contre le groupe pour s'imposer. Actif, entreprenant, il tend à diriger les siens au point de devenir parfois tyrannique. Il profite des révolutions, des situations conflictuelles — qu'il sait, d'ailleurs, provoquer — pour en sortir vainqueur. Passionné mais très lucide, l'Ascendant Scorpion donne du réalisme, du courage... et le pardon difficile.

Scorpion en Maison II

Dans ce Secteur concernant les biens du natif et son aptitude à acquérir (ou à perdre), le Scorpion n'est pas trop mal placé. Son réalisme et son activité persévérante lui assurent souvent un bon job, assez stable, parfois même assez brillant. Réussite dans les professions de Mars et d'Uranus (militaires, ingénieurs, hommes politiques, inventeurs, aviateurs, techniciens dans les secteurs de pointe).

Le Scorpion n'est pas avare : il dépense soit de façon impulsive, soit avec une arrière-pensée. Il est souvent généreux.

Scorpion en Maison III

Cette Maison renseigne l'astrologue sur l'intelligence du natif, sur ses capacités à établir des relations de cause à effet, sur son agilité d'esprit. Également dans cette Maison, les relations avec tout ce qui est proche : entourage, frères et sœurs, petits voyages...

Le Scorpion, dévoré de curiosité et malin comme un singe, n'est pas mal situé dans cette Maison. Curiosité scientifique, vocation de chercheur (chimie, biologie, parapsychologie...), aptitudes à la littérature, au journalisme, à l'enseignement, on peut trouver tout cela dans un Scorpion en Maison III.

Scorpion en Maison IV

Ici, est logé tout ce qui concerne le foyer du natif : sa famille d'origine, son père, sa mère, les biens de sa famille ascendante ; la famille dans laquelle il vit, son patrimoine ; et, enfin, sa vieillesse.

Le Scorpion, dans cette Maison, donne une ambiance assez dure où le natif est contraint de refouler ses instincts. Ce n'est pas une position très favorable pour le foyer. A moins de très bons aspects, on peut craindre des divergences familiales très vives, toutes espèces de ruptures violentes, un divorce... Le foyer est malheureux ou négligé. Le natif peut être orphelin de père ou de mère, ou éprouver un deuil à son foyer. Les valeurs du Scorpion sont trop différentes de celles symbolisées par la Maison IV : notre animal n'est pas, en principe, très doué pour l'intimité bourgeoise. Le Scorpion en Maison IV n'est pas favorable aux biens immobiliers et au patrimoine familial qui souffre de l'ambiance tendue du foyer.

Scorpion en Maison V

Drôle de panier où la Tradition jette pêle-mêle les enfants, les amours (non légalisées), les spéculations boursières ou financières, les loisirs, les désirs, les réalisations, les publications, les jeux... Cela surprend notre logique rationaliste du XXᵉ siècle, mais on constate tous les jours que la Tradition a ses raisons... et que cela marche très bien !

Le Scorpion, lui, ne marche pas très bien dans cette Maison, trop légère pour lui. Ses enfants, s'ils sont brillants, sont parfois difficiles de caractère ou de santé fragile. En thème féminin, les mauvais aspects prédisposent aux grossesses et accouchements pénibles. La sexualité du Scorpion est puissante : passions intenses et jamais « platoniques ». Les impulsions sexuelles, violentes et incontrôlables, amènent des ruptures brusques après lesquelles l'amour peut se changer en haine.

Scorpion en Maison VI

La Maison VI n'est pas un palais, c'est plutôt une usine ou un hôpital... Le Scorpion, là-dedans, travaille bravement, le pauvre, à des travaux assez durs ; mais il finit par s'en sortir, surtout dans ses domaines préférés : médecine, chirurgie, pharmacie, psychiatrie, police, recherche scientifique... Cette situation astrale donne des subordonnés difficiles à commander et, pour le sujet, une peine infinie à s'élever jusqu'aux tout premiers postes. La santé n'est pas très brillante.

Scorpion en Maison VII

Le Scorpion en Maison VII décrit un conjoint difficile, pas forcément du signe solaire du Scorpion, mais marqué par Mars, Pluton et Uranus. Ni souple ni accommodant, jaloux et agressif. Beaucoup de discussions et de bagarres en perspective. Cependant, le mariage tient, grâce à un attrait physique réciproque. Les conjoints ont des relations physiques fréquentes. Le partenaire indiqué par le Scorpion en Maison VII est très attaché à ses enfants. Finalement, le mariage est plus solide qu'on ne le croit, et le conjoint, fidèle et dévoué. Le couple se dissout plutôt par la mort de l'un des partenaires que par un divorce.

Scorpion en Maison VIII

Sur la carte du ciel, chaque Maison correspond à un signe : ainsi, la Maison I correspond au Bélier. C'est le lieu où le Soleil se lève, le commencement du jour, qui correspond par analogie avec le commencement de l'année sous le Bélier. La Maison II correspond au Taureau, la Maison III au Gémeaux, etc. Ainsi de suite jusqu'à la Maison VIII, qui correspond analogiquement au Scorpion.

Dans cette Maison est localisé tout ce qui touche à la mort du natif et, aussi, tout ce qui se rattache à la mort des autres, lorsqu'elle le concerne : héritages, par exemple. Par analogie avec le Scorpion, cette Maison renseigne aussi sur la sexualité du natif (selon certains auteurs).

Scorpion en Maison IX

Tout ce qui est lointain. La Maison IX se comprend mieux par référence au Sagittaire, cet homme de désir, ce chevalier errant, qui a toujours envie d'être ailleurs, plus haut, plus loin, plus brillant...

Le Scorpion n'est pas si mal hébergé dans cette Maison qui oriente son esprit vers les sciences de la vie et de la mort : biologie, physique, thanatologie, occultisme et même astrologie ! Le Scorpion en Maison IX aime la recherche scientifique et s'y applique souvent avec passion. Mais, ce qu'il adore par-dessus tout, ce sont les théories farfelues sur « la vie après la mort ». Cela peut le rendre mystique, rêveur, philosophe... Les voyages, dans cette maison et pour lui, sont à hauts risques, mais il aime cela, justement.

Scorpion en Maison X

Le Milieu-du-Ciel est un « angle » important du thème, et toute planète, tout signe qui s'y trouve, prend un relief particulier. On regarde le Milieu-du-Ciel en levant les yeux ; c'est le zénith, le point le plus haut où monte le Soleil dans sa course quotidienne : il indique les possibilités de réussite sociale et professionnelle du natif. En opposition à la Maison IV — celle du père —, le Milieu-du-Ciel est aussi, accessoirement, la Maison de la mère du natif.

Les gens célèbres, ceux qui ont brillamment réussi dans leur entreprise, ont presque toujours un

Le Grand Livre des Gémeaux

Milieu-du-Ciel soit habité par un amas de planètes, soit occupé par une seule planète dignifiée et très aspectée ; ou encore, un signe, mis en valeur par le reste du thème, attire l'attention sur ce Milieu-du-Ciel.

Scorpion en Maison XI

Espace, liberté, égalité, fraternité... C'est le sens de la Maison XI, qui correspond analogiquement au signe du Verseau. Celui-ci est donc le signe de l'amitié, des mass média, des idées généreuses, plus ou moins révolutionnaires. Amitiés et désirs, projets et publicité, tout ce qui circule sur les ondes entre dans cette Maison.

Le Scorpion apporte une coloration particulière à la Maison XI. Certains auteurs lui octroient peu de popularité mais cela dépend des planètes qui s'y trouvent hébergées, des aspects reçus, etc.

Scorpion en Maison XII

Le sujet est particulièrement vulnérable aux maladies du signe (voies génito-urinaires, maladies vénériennes), lesquelles entraînent ici, plus qu'en aucune autre Maison, des hospitalisations et des opérations (avec Mars mal aspecté). Risque de mort à l'hôpital, ou dans un endroit isolé et confiné. Les maladies chroniques sont, ici, particulièrement pesantes.

Pourtant, avec un bon thème et pas de mauvais aspect, cette position est très favorable à une brillante réussite professionnelle dans le domaine médical (chirurgie, biologie) ou paramédical (psychiatrie, psychologie).

Le Sagittaire dans les Maisons

Sagittaire en Maison I

C'est la force d'expansion, de démonstration solaire, de magnanimité, qui s'épanouit dans toute sa splendeur. L'individu est chaleureux, extériorisé, combatif et entreprenant. Il aime, sauf si des aspects contraires dans le thème viennent contrarier sa nature, entreprendre, se battre et gagner. Beaucoup de luminosité, de réussite et d'atouts « chance » dans cette combinaison.

Sagittaire en Maison II

C'est au domaine des biens et de l'argent que touche le Sagittaire : il facilite les gains, les spéculations financières, il donne des aptitudes extrêmement appréciables dans le domaine de la gestion de patrimoine ou d'entreprises. L'argent est facile, aisément gagné, ou bien il existait de toute éternité. Possibilité, également, d'héritages.

Sagittaire en Maison III

Il donne à la Maison de l'échange, de la communication, des petits voyages, des frères et sœurs, une richesse très particulière : le sujet est enclin à donner généreusement, tant du point de vue moral que du point de vue financier, à son entourage proche. Il cherche même souvent à devenir le Pygmalion des personnes qu'il aime, au risque de s'oublier lui-même. Configuration très bonne.

Sagittaire en Maison IV

Nous voici dans la Maison de la famille, du foyer, de l'ascendance et de la descendance du sujet. Peu d'affinités entre le signe et ce Secteur. Tiraillements entre le désir sagittarien de voyager de par le monde, d'occuper de son ambition de grands espaces, et la nécessité cancérienne (la Maison IV symbolise le Cancer) de s'enfermer, de se protéger dans un espace clos.

Sagittaire en Maison V

Donne trop d'attirance pour les distractions, les fêtes, les changements, les jeux, la chasse. C'est un organisateur-né de festivités, de grands jeux, de réceptions. Toutes les manifestations qui rassemblent les êtres humains pour les divertir ont la faveur de ce sujet. Chance et réussite en ce qui concerne les activités de ce Secteur.

Sagittaire en Maison VI

La Maison VI est celle des subordonnés, des petites tâches quotidiennes, des êtres et des choses qui dépendent du sujet dans ses activités journalières. Le Sagittaire ne s'y sent pas spécialement à son aise car c'est un signe d'espace, de grandeur, de mouvement, d'initiatives nouvelles, et le quotidien l'ennuie. Voilà une position qui lui donne de l'impatience dans la vie de tous les jours bien qu'elle rende ses relations très faciles et chaleureuses avec ses employés ou ses subordonnés, ainsi qu'avec ses animaux domestiques.

Sagittaire en Maison VII

Le Sagittaire, signe légaliste et respectueux des lois établies, dans une Maison liée aux contrats, aux associations, aux alliances et au mariage, donne au sujet le goût d'officialiser toute association, de la rendre légale et de la faire reconnaître. L'expansion, la chaleur, la générosité du signe se trouvent en harmonie très heureuse avec les signifiants de la Maison : époux (ou épouse), associés, collaborateurs, etc.

Sagittaire en Maison VIII

Ce qui touche à la mort, aux héritages, est mal ressenti par un signe qui met au premier plan la vitalité, l'activité et l'efficacité en tous domaines. Pour le Sagittaire, la mort n'existe pas, et si le sujet s'y trouve confronté (mort des parents, du conjoint), il peut en être profondément perturbé.

Sagittaire en Maison IX

Ce Secteur est en accord parfait avec le signe. Les voyages, spirituels aussi bien que réels, marquent très fort cette combinaison. Largeur de vues, courage, sagesse, aspirations morales, religieuses ou philosophiques très élevées. Déploiement d'énergie et de volonté dans l'amélioration de la personnalité.

Sagittaire en Maison X

Brillante position. Recherche des honneurs, de la popularité, de distinctions dans tous les domaines. Le désir de réussite sociale est très fort et peut dominer l'ensemble du caractère. Cette configuration fait souvent des personnalités remarquables et remarquées.

Sagittaire en Maison XI

Ce Sagittaire dans la Maison de l'amitié, de la sagesse, du recueillement, du sens politique à long terme donne beaucoup de sérénité chaleureuse, de bienveillance calme au sujet. Les amitiés sont fortes et durables, protégées et protectrices. Le temps joue un rôle important dans cet aspect, tant du point de vue social et professionnel que du point de vue privé.

Sagittaire en Maison XII

Rétraction du signe ouvert et expansif du Sagittaire dans une Maison d'isolement et de solitude. Peut faire beaucoup de voyages solitaires et provoquer de longues éclipses dans les amitiés. Comme c'est aussi la Maison de la transcendance, le signe permet de surmonter par son énergie la solitude, et de la transformer en atout.

Le Capricorne dans les Maisons

Capricorne en Maison I

Durcit la personnalité dans ses rapports avec les autres, donne une ambition forte, des possibilités de travail et de concentration exceptionnelles, de l'entêtement et une force de caractère qui confine à l'ascétisme.

Capricorne en Maison II

L'attitude du sujet envers les biens matériels, l'argent et son « territoire » est à la fois accapareuse et méfiante. Il ferme ses clôtures. Ce qui est à lui ne peut, en aucun cas, être prêté. C'est un épargnant-né. Souvent, des difficultés se présentent à lui dès qu'il cherche à faire fructifier ses acquis.

Capricorne en Maison III

Les contacts faciles et superficiels sont totalement rejetés. Grande exigence sur la qualité des relations. Rigueur morale, sévérité de jugement, réserve et laconisme dans tout ce qui concerne les rapports avec l'entourage proche, les frères, les sœurs, les cousins.

Capricorne en Maison IV

Les rapports du sujet avec sa famille sont froids, distants, réservés. Le détachement d'avec le foyer se fait très jeune, parfois dans l'enfance. Le caractère économe, austère et répressif du Capricorne donne à sa Maison les mêmes caractéristiques : un peu monacales.

Capricorne en Maison V

Les plaisirs sont dirigés vers une recherche méticuleuse dans un domaine choisi : la concentration de l'énergie vers un but austère pousse le sujet à l'érudition, aux durs travaux intellectuels réalisés dans les temps de loisir.

Le sujet manifeste peu de complaisance à l'égard des « distractions » : il fait du labeur son vrai plaisir.

Capricorne en Maison VI

Rapports durs et utilitaristes avec les subordonnés, les collaborateurs, les employés. Pas la moindre tendresse pour les animaux, les plantes, tout ce qui dépend du sujet. Comportement très égal, discipliné, dans le travail quotidien.

La répression saturnienne apparaît dès que s'immisce à l'intérieur de tâches régulières la moindre fantaisie.

Capricorne en Maison VII

Les associations, les contrats, le mariage sont suspects : traités avec froideur, rationalisme, distance, calcul. De ce fait, grande est la difficulté du natif à s'engager. S'il s'y décide, c'est tard dans la vie. A ce moment-là, il reste fidèle à la parole donnée (et dûment signée), quoi qu'il lui en coûte.

Capricorne en Maison VIII

La mort et la sexualité qui s'y rattachent sont traitées sur un mode cynique et glacé, dans une observations méticuleuse, précise, des phénomènes physiques, chimiques et biologiques. Froideur, dureté, hygiène dans tout ce qui se rapporte à ces sujets.

Capricorne en Maison IX

Les voyages ont toujours un but pratique et servent généralement l'ambition sociale et professionnelle du sujet.

Lorsqu'ils revêtent un caractère gratuit, par exemple lors des vacances, ils sont malgré tout accomplis sous le signe du *devoir* : il *faut* voir tel musée ou tel vestige, il *faut* entrer dans tel restaurant, etc.

Capricorne en Maison X

Très bonne combinaison : ambition tenace et réussite obtenue par persévérance, concentration, travail personnel de longue haleine.

Le Capricorne donne une très belle carrière dans ce secteur, quoique tardive. Mais elle n'en a que plus de poids, de valeur et de pérennité.

Capricorne en Maison XI

La Maison de l'amitié est certes très gelée par le Capricorne qui n'a rien d'expansif ni de démonstratif dans ses attachements. Sait-on même s'ils existent ? En réalité, l'amitié est rare dans ce signe (rarement donnée, rarement reçue), mais, lorsqu'elle a pris racine dans l'individu, elle a les qualités capricorniennes de stabilité profonde, de présence durable, même si elle semble froide et plus que discrète.

C'est quelqu'un sur qui l'on peut toujours compter.

Capricorne en Maison XII

Dans la Maison des épreuves et des grands obstacles, le Capricorne se trouve en pays connu : il les a, de toute éternité, prévus et « assumés ». Son détachement naturel, le frein systématique qu'il a mis à ses impulsions, lui donnent, face à l'adversité de l'existence, beaucoup de philosophie, de sang-froid et de maîtrise.

Le Verseau dans les Maisons

Verseau en Maison I

Dynamisme créateur, magnétisme, volonté d'innover, d'inventer, de précéder en toute chose. Intelligence exceptionnelle dans toutes les relations personnelles du sujet. Créations et destructions aussi rapides les unes que les autres. Immense faculté de recommencement.

Verseau en Maison II

Rapports très difficiles avec l'argent : ou bien on le dilapide, ou l'on s'en passe complètement. Les biens matériels sont méprisés, parfois totalement rejetés. Ce n'est pas une très bonne position pour garder l'argent, le faire fructifier ou réussir des placements. Les spéculations financières sont soumises à de rudes « revers de fortune », à des hasards, chanceux ou pas, suivant la capacité du sujet à dominer les événements.

Verseau en Maison III

Changements touchant la famille proche, les sœurs et les frères : rapports houleux, pleins de rebondissements heureux ou moins heureux, petits voyages imprévus ; changements intervenant aussi par l'écriture, la communication (orale ou écrite) et la littérature, d'une manière générale.

Verseau en Maison IV

Le père du sujet a pu marquer profondément, par son intelligence et ses remises en question permanentes, son caractère profond. Sa vie familiale est soumise au climat Verseau, renouvelée, changeante, novatrice et parfois aussi destructrice. Bouleversements liés à la famille et à ses significateurs, par analogie : la mère patrie, les confréries, les groupes politiques ou sociaux.

Verseau en Maison V

La Maison de la création, des enfants, des distractions, des jeux, des inventions, est en affinité idéale avec le Verseau qui élargit les visées des domaines que concerne la Maison V, les rend dynamiques et agissants. Les plaisirs sont liés à la complicité et à l'amitié.

Verseau en Maison VI

Le Verseau est ici astreint à de petites tâches sans envergure et sans invention, ce qui le met très mal à l'aise. Il se crée quantité d'obligations inutiles pour ne pas avoir à faire face à celles qui existent. Il bâcle tout ce qui est quotidien et banal, l'expédie en un rien de temps, aux dépens, parfois, de la bonne administration de ses affaires.

Verseau en Maison VII

La fantaisie, l'originalité, l'invention règnent ici, dans le domaine de l'association, des contrats et des mariages. Donne, dans ce Secteur, un grand sens de la « rénovation », pas seulement par changement de partenaires ou d'associés, mais aussi dans une même relation : le sujet sait apporter du nouveau, créer une communication dynamique, un langage neuf, de nouveaux désirs et amener de nouvelles réalisations.

Verseau en Maison VIII

Ce qui a trait à la mort, à l'arrêt de toute chose est parfaitement dépassé par ce signe. Le Verseau voit des siècles à l'avance et ne se préoccupe guère de la fin humaine et corporelle. Celle-ci ne le touche pas profondément. Il peut donc avoir, à son endroit, une attitude détachée, voire indifférente, mais c'est qu'il se préoccupe davantage de la mort de l'âme, de l'esprit, et de l'humanité en général que de celle d'un individu, même très aimé.

Verseau en Maison IX

Le besoin de renouvellement, de progression et d'invention se manifeste dans les voyages, spirituels ou géographiques. Le sujet s'enrichit par l'exploration, la découverte de nouveaux espaces, la quête de nouveaux objectifs. Il aime les destinations lointaines et difficiles qui lui permettent d'exercer son insatiable curiosité. Grande affinité entre le signe et le Secteur.

Verseau en Maison X

La recherche de l'invention et du nouveau prend une motivation sociale et professionnelle. C'est de créer pour *faire carrière* que le sujet a besoin. Le goût du Verseau pour l'humanité le prédispose à agir dans ses activités professionnelles comme un mage, un messager, une sorte de prophète à vaste ambition, mais sans que l'intérêt financier ou matériel y soit mêlé. Souvent, cette position donne de la renommée sans aucun avantage matériel.

Verseau en Maison XI

L'accord est parfait entre le signe et la Maison qu'il occupe. Sagesse, sérénité, créativité paisible, stabilité dans l'innovation et le renouvellement psychique. Les qualités s'appliquent tout particulièrement aux amitiés : le sujet a d'ailleurs tendance à transformer tout sentiment en amitié, par horreur des excès passionnels. Grandes satisfactions dans les affections durables et fidèles.

Verseau en Maison XII

Le Verseau, adaptable, prend les épreuves, les revers et les secousses graves de la Maison XII dans le bon sens : sans affolement, sans passion, sans paroxysme. Sagesse, distance, souplesse psychique amènent le sujet à se conformer aux événements plutôt qu'à tenter de les orienter. Cette attitude le rend finalement peu vulnérable aux grandes difficultés qui se présentent.

Les Poissons dans les Maisons

Poissons en Maison I

L'Ascendant Poissons fait des êtres très séduisants, vaporeux, insaisissables, fluctuants et artistes. Le sujet reçoit et enregistre toutes les atmosphères, s'y adapte avec bonheur, se coule dans autrui comme dans une eau douce. Sa générosité risque d'être trop grande pour ses forces. Don de soi qui confine, parfois, à l'abnégation.

Poissons en Maison II

Le grenier sera plutôt spirituel. Il y aura une certaine indifférence aux problèmes matériels si le thème va dans ce sens. S'il y a besoin de possession, le désir d'avoir et d'acquérir sera vague. On voudra beaucoup, mais on ne saura pas comment s'organiser pour y parvenir. La vie matérielle sera généralement instable. Le hasard jouera un rôle important. Avec Neptune en Maison II, dans un thème Poissons, il y a un certain manque de bon sens. On peut « faire fortune » et tout perdre sur un simple « coups de dés ». Là aussi, on ne sait pas comment s'y prendre. On change souvent de route, et d'idées. Si Jupiter marque le thème, ou s'il est en Poissons en Secteur II, la réussite sera spectaculaire (Claude François). Elle n'en restera pas moins extrêmement fragile.

Poissons en Maison III

Les rapports avec les proches sont intuitifs, confus ; vécus sur le mode Poissons, hypersensibles et douloureux. La générosité du sujet à l'égard de ses frères, sœurs ou parents proches confine au dévouement un peu masochiste. Les voyages, les petits déplacements sont empreints de flou, d'événements inattendus et singuliers.

Poissons en Maison IV

Dans ce Secteur de nos racines et de nos origines, des liens familiaux, les Poissons donnent un sens patriotique profond. Il y a là une sorte d'amour « romantique » pour la patrie. La cellule familiale est un refuge. On s'y sent protégé, à l'abri des difficultés du monde extérieur. C'est une bonne configuration, confortable et douce.

Poissons en Maison V

La sensualité est souvent trouble. Le signe fécond des Poissons donne des appétits intenses mais imprécis. La Maison des divertissements, des créations, des loisirs, est teintée de l'hyperréceptivité neptunienne. Aventures sans suite. Sens artistique très développé.

Poissons en Maison VI

Il y a là dans la vie un manque total de sens pratique. On manque de méthode dans son travail. D'où de nombreuses complications. Les problèmes domestiques limitent l'existence. On a tendance à se « noyer » pour un rien. En analogie avec le signe de la Vierge, cette Maison peut donner des problèmes intestinaux, des problèmes d'assimilation, des problèmes nerveux ou respiratoires.

Poissons en Maison VII

Elle nous met en relation avec les autres (affrontement ou complémentarité). La sociabilité sera très grande mais les échanges agréables n'aboutiront pas toujours à des résultats concrets. Les associations, les unions, se feront sur un mode « intuitif ». Les affinités seront très fortes : irraisonnées, illogiques. On se bercera parfois d'illusions sur les autres... D'où les confusions, les erreurs de jugement, les déboires, les déceptions venant des autres (ou de l'autre, ce Secteur étant, en effet, le Secteur du conjoint). Il entraînera, au niveau des associations comme des unions, une vie assez « mouvante ». Il y aura, souvent, plusieurs unions.

Poissons en Maison VIII

Le changement résultera d'une situation douloureuse. A la suite d'une crise, on « s'évadera » ailleurs. Ce pourra être une fuite hors du milieu d'origine ou hors du pays natal.

Avec cet aspect, on s'intéressera aux problèmes occultes, au spiritisme, à l'au-delà.

Avec Neptune, les expériences psychiques seront intenses. On côtoiera les mondes occultes. On s'intéressera aux vies antérieures. La voyance n'est pas exclue (Edgard Cayce, le célèbre voyant).

Avec Jupiter, les héritages pourront changer la vie, ou permettre un redémarrage.

Poissons en Maison IX

Dans ce Secteur, le signe des Poissons donnera l'amour des grands voyages. On ira souvent au-delà des mers. La vie spirituelle sera intense. Parfois, il y aura des dons de perception « extra-sensorielle », notamment avec Neptune. Les brumes neptuniennes pourront donner le goût des spéculations philosophiques un peu « nébuleuses ». L'idéalisme, néanmoins, ne sera jamais absent...

A noter : aussi bien pour l'une ou l'autre de ces Maisons, l'étude des religions, voire une vie religieuse intense, relèvent de cet axe III-IX Poissons. En Maison IX, l'attirance sera très grande pour des religions « exotiques » : orientalisme, par exemple, mais aussi hindouisme, bouddhisme, zen, etc.

Poissons en Maison X

C'est le Secteur de l'affirmation sociale. C'est l'envol dans la vie active.

Il est vécu, chez les Poissons, sur un mode étrange. Les aspirations sont élevées mais embrouillées. Les occupations souvent mystérieuses. La vie manque généralement d'organisation...

Neptune en Maison X peut vouer la vie à des changements mystérieux. La réussite peut être spectaculaire. Elle restera toujours hasardeuse, elle sera rarement durable. On s'orientera vers une recherche spirituelle à un moment donné de son existence. Les vocations médicales, paramédicales sont fréquentes. Sens du mystère et sens du mysticisme très amplifiés, qui se concrétisent au niveau de l'existence.

Poissons en Maison XI

Les projets sont abondants. Mais les espérances confuses... Les aspirations élevées peuvent rester « vagues ». On est souvent insatisfait.

Les amis disparaissent et reparaissent sans crier gare. La susceptibilité du sujet y est pour quelque chose. Les objectifs ne sont pas poursuivis avec acharnement. Le sujet a des idées brillantes, mais il a besoin de quelqu'un de proche et d'amical pour les réaliser.

Poissons en Maison XII

Les grandes épreuves de la vie sont surmontées avec courage. La vie peut être axée sur des

Comment interpréter les Signes dans les Maisons

investigations plus ou moins secrètes. Les rapports avec le monde occulte sont fréquents, les dons de voyance également. On s'intéresse à la psychologie, mais aussi à la parapsychologie. En général, on mènera une vie assez retirée.

La vie pourra être mêlée à des affaires mystérieuses. Avec les Poissons en Maison XII, ou Neptune en Maison XII, on a souvent des contacts avec les polices parallèles. Cette configuration semble signer une activité « secrète ». Des agents secrets ont cet aspect dans leur thème.

Le Bélier dans les Maisons

Bélier en Maison I

A l'Ascendant, le Bélier confère au sujet la plupart des caractéristiques du Soleil en Bélier.

Bélier en Maison II

Les rapports aux acquis sont soumis à l'impulsivité du signe, avec de brusques besoins d'argent suivis de périodes ascétiques. Comportement « panier percé », dépenses inconsidérées, tendance à dilapider.

Bélier en Maison III

L'humeur changeante et impulsive du signe s'applique au domaine de la communication. Recherche de l'amitié sur un mode viril, besoin d'affirmer son autorité dans un environnement inconditionnel et soumis. Les groupements, associations et amicales sont appréciés.

Bélier en Maison IV

Dans ses relations avec la famille, le signe du Bélier impose toutes ses caractéristiques : rapports passionnels, ruptures et réconciliations impulsives, car il y a un certain respect des traditions.

Bélier en Maison V

C'est dans les loisirs, les jeux, les distractions, que la nature irréfléchie du signe s'épanche. Liaisons inconsidérées, dépenses et dettes de jeu, incapacité à « suivre » ses actes qui sont soumis à l'impulsion ludique du signe. L'amour pour les enfants est généreux quoique légèrement irresponsable.

Bélier en Maison VI

Difficultés en perspective dans le travail quotidien. Le sujet a des comportements abrupts avec ses collègues, un manque de souplesse et de diplomatie dans l'organisation de son travail, des hauts et des bas dans son activité.

Bélier en Maison VII

Coups de tête permanents dans les associations et le mariage, notamment. On se décide trop vite et l'on rompt aussi brutalement. On passe de phases d'enthousiasme à des phases d'abattement dans la façon de percevoir les associés... ou les conjoints.

Bélier en Maison VIII

« Risques de perte de patrimoine sur des coups de tête ou des malversations. » Les héritages sont soumis aux actes impulsifs du Bélier. La mort et la sexualité sont vécues avec une intrépidité téméraire voire provocatrice. L'affrontement plein de dérision cynique du danger de mort est suivi de périodes de repli, de négation totale du phénomène. Attitude violente face à la sexualité.

Bélier en Maison IX

Départs impromptus vers de longues destinations, voyages irréfléchis et non préparés. Le Bélier, dont la dynamique est superficielle, enlève à cette Maison ses propriétés : la philosophie, la réflexion, la méditation.

Bélier en Maison X

La volonté de réussir, de s'affirmer dans le domaine social n'est pas suffisamment persévérante pour permettre de longues carrières. C'est souvent des coups d'éclat que réussit le sujet, de brillantes grimpées vers la gloire suivies d'éclipses du fait que l'activité n'est pas soutenue.

Bélier en Maison XI

Les relations amicales du sujet sont brouillées par le mode passionnel de l'affectivité Bélier. Il s'agit tantôt de manifester son enthousiasme, sa confiance optimiste en un « ami » inconnu la veille, tantôt de le fuir pour quelque obscure déception.

Bélier en Maison XII

Les maladies, épreuves, grands tournants du destin sont abordés avec la vitalité un peu inconsciente du signe qui vit intensément les drames mais les oublie très vite. Tendance à jouer avec le feu, à provoquer l'aggravation d'une maladie par simple provocation. Une grande foi en ses propres forces mêlée à des crises d'abattement.

Le Taureau dans les Maisons

Taureau en Maison I

Indice de constitution forte et de vitalité. Tempérament sensuel, d'humeur assez variable sous un flegme apparent.

Poli, avenant de premier abord, le sujet s'irrite lorsqu'on touche à son confort. A le goût de la stabilité et apprécie les êtres qui participent à la construction méthodique de sa destinée en lui épargnant les vaines histoires. Ses atouts sont dans l'endurance, la résistance physique et morale, un certain courage face à une adversité qui s'acharne souvent après lui. Le caractère se forge d'ailleurs dans les luttes de fond, appelant une grande concentration des forces plutôt que des actions spectaculaires.

Les démarrages sont lents, l'ascension laborieuse et les chances réelles ne s'affirment vraiment qu'au terme d'années de travail.

Taureau en Maison II

Position moyennement confortable pour les gains. Là encore, le travail rapporte mieux que les coups heureux du hasard. Il faut se donner un programme, le plus souvent d'épargne, pour disposer d'un fonds solide de sécurité. Selon la symbolique, des réserves substantielles sont nécessaires à l'équilibre psychique.

Le Taureau en II doit donc être attentif pour s'assurer des revenus réguliers. Le fonctionnariat est indiqué mais il y a aussi, pour les à-côtés, les placements dans la pierre, le terrain, les biens fonciers.

Taureau en Maison III

Puisque la Maison II gouverne les frères, sœurs, cousins, cousines, il faut qu'il y ait au moins un ou une Taureau dans ce petit monde, et ce ne doit pas être bien difficile. L'analogisme précise que le Taureau en III pourra ainsi nourrir des relations privilégiées avec un membre de son entourage privé. Le rapport sera encore plus intense s'il s'agit, en outre, d'un membre du sexe opposé.

En dehors de ces conditions, le Taureau en III n'est pas très fraternisant. Aîné, puîné, cadet... Quel que soit l'ordre d'arrivée, les autres le dérangent. Il risque ainsi d'avoir des réactions d'un égoïsme surprenant à l'égard de ses proches. C'est que, dans son esprit, il ne comprend pas la nécessité d'accepter des inconnus qui lui tombent du ciel par la loterie de l'hérédité et les alliances de la fratrie.

Taureau en Maison IV

On mérite d'avoir des parents fermiers, ce qui en fouillant vers les aïeux n'est tout de même pas introuvable. Nous avons tous des racines en terre, des grands-parents dans les herbages ou les prés. Le Taureau en IV s'en flatte et si par bonheur il est né à la campagne ou s'il y a passé son enfance, sa santé physique et morale en restera à jamais imprégnée. Dans les moments difficiles de sa vie, il saura respirer l'air pur d'un souvenir revigorant, se remettre en mémoire tel vieux dicton de son pays ou telle parole ferme et sage de son père.

Il faudrait naître avec le Taureau en IV pour ne pas perdre les pédales dans les périodes les plus sombres.

Taureau en Maison V

En Maison des amours, plaisirs, enfants de la chair ou de l'esprit, le Taureau est en bonne place. Dans son action bénéfique, s'il accorde une vive sensualité, il donne également l'antidote : une fidélité de cœur qui répugne au libertinage, assure la constance des liens en dépit des tentations.

Le Taureau en V est promis à des amours sereines. Sans doute, comme ce 1/12e d'humanité qu'il représente ici, aspirera-t-il à un bonheur idyllique d'un romantisme n'excluant pas les avantages pratiques. Le partenaire éventuel, postulant au mariage ou à l'union libre, doit présenter des garanties, ouvrir des perspectives réjouissantes : situation stable, santé florissante, des biens à l'ombre ou au soleil et surtout pas d'interminables crédits, ou des pensions à payer pour les enfants de précédents ménages.

Taureau en Maison VI

Dans cette Maison en rapport avec la santé, le travail et les petits animaux, l'effet Taureau ne peut être que bénéfique. Il dispense une santé de fer, un physique robuste tout à fait adapté, bien entendu, aux emplois que favorise le signe dans la manutention, le débardage, et autres travaux exigeant du muscle, du coffre, de la stature. Certes, il existe aussi dans la série des vocations tauriennes, des compétences administratives qui ne demandent qu'assez d'énergie pour tenir un porte-plume, mais alors la résistance et la vitalité s'amalgament en une combativité longue et souterraine décourageant la multitude des concurrents, traçant sinueusement sa route à travers les intrigues, les stages et les concours, pour devenir cadre, cadre supérieur, sous-directeur, directeur, puis secrétaire d'État.

Taureau en Maison VII

A cette Maison consacrée au mariage, aux unions, contrats et associations, le Taureau apporte ses perspectives de stabilité. Il faut en déduire que le mariage d'amour est proscrit, la passion n'étant pas, ici-bas, ce qu'il y a de plus durable et encore moins de confortable. Cependant, s'il est vrai que le cœur a ses raisons, le Taureau en VII écoutera à la fois son cœur et ses raisons. C'est dire qu'il ne choisira pas n'importe qui, n'importe quand, n'importe comment. Une fois son dévolu jeté, une stratégie de conduite au mariage, dont le ou la partenaire ne sera pas forcément conscient, se déclenchera automatiquement. L'étau se resserrera insensiblement autour de la victime, en quelques mois ou quelques années.

Taureau en Maison VIII

Le Taureau bien disposé, ne recevant pas d'afflictions planétaires, se doit d'apporter, ici, des terres et biens fonciers par dons, legs ou héritages. Mais si réjouissantes que soient ces perspectives, mieux vaudra travailler, les lenteurs tauriennes ne réservant qu'au vieil âge les félicités matérielles.

Les divorces, les associations peuvent être sources de pensions ou de rapports substantiels. Et, compte tenu de l'affinité de la Maison avec les gains tombés du ciel, l'on gagne à risquer sa chance dans les tombolas de kermesses, fêtes foraines, où il y a des lopins de terre, des bestiaux, des voitures, des machines et gros appareils ménagers à gagner.

Taureau en Maison IX

La symbolique, ici, lève les bras au ciel ! Cette Maison du rêve, des voyages, de la haute spiritualité ne saurait s'harmoniser à un signe réaliste, casanier, libertin. Cependant, l'application travailleuse peut s'exprimer au niveau supérieur des recherches et œuvres savantes exigeant une documentation massive, des aptitudes de compilateur et un cerveau champion en logico-mathématiques. Évidemment, l'ensemble du ciel doit se prêter à cette interprétation favorable. Sinon, en fait de savant, l'on aura plutôt un réfractaire, endurci dans le matérialisme et la réduction des belles envolées de l'âme à des motivations élémentaires. Au mieux, un esthète glanant dans la philosophie des fruits que l'on rumine en attendant la mort.

Taureau en Maison X

Ce n'est pas une position facilitant une ascension sociale rapide et aisée. Le choix du métier risque déjà de se faire dans les hésitations et embarras. Ou bien la carrière choisie est l'une de celles qui demandent de faire longtemps antichambre avant d'avoir droit au chapitre. D'autres parasitages sur l'ambition peuvent provenir de confrères, rivaux ou supérieurs obstruant l'horizon du succès par des actions spectaculaires qui éclipsent les aptitudes plus solides mais moins évidentes du Taureau. Pour sortir de l'ombre, il faut tôt ou tard frapper fort. Le Taureau bénéfique saura choisir son heure et l'on découvrira soudainement ses indispensables mérites après les avoir longuement exploités dans des rôles subalternes. Le Taureau maléficié tente sa sortie à contre-courant, au moment où sa maladresse va réconcilier sur son dos tous ceux qu'il pensait renverser.

Taureau en Maison XI

Le Taureau bénéfique en secteur XI dispense à ses amis et amies ses qualités d'indulgence, de serviabilité raisonnée, de bonhomie compréhensive. Puisque l'on est dans son clan, par un choix délibéré, il préfère se montrer sous un jour patient et réserver ses colères à ses ennemis. Une fois sa confiance accordée, il préfère endurer quelques bavures que revenir sur son sentiment. C'est par ce trait, d'ailleurs, que le Taureau dissonant en XI encourt divers abus de confiance, s'expose à de lourds mécomptes par l'aveuglement de ses choix. Dissonant, le Taureau en XI exerce sur ses relations amicales une emprise dominatrice qui appelle la trahison par légitime défense. Et, ce Taureau-là n'étant pas capable d'analyser objectivement ses responsabilités, les déceptions le renforcent dans une humeur de grogne et de tyran incompris.

Taureau en Maison XII

Les étoiles et le signe s'accordent pour accroître la rage des ennemis cachés. Si le Taureau agit favorablement, il ajoutera, en guise de consolation, la vitalité et le moral nécessaires à l'affrontement d'adversaires sournois, traîtres, ne reculant devant aucune basse manœuvre pour le succès de forfaitures qu'ils mettront au compte de leur élévation d'esprit.

Il faut préciser, avec les traditionalistes, que le Taureau en XII a de sérieuses dispositions pour exciter de puissantes inimitiés. Son manque de diplomatie, sa volonté réfractaire aux bluffs, rodomontades, esbroufes et verbiages finissent souvent par l'opposer aux sots pontifiants qui ne supportent guère d'être démasqués. Et puis il irrite par son réalisme rebelle aux effets des phraseurs, qui menace de lui valoir très tôt l'antipathie des maîtres à parler. Dieu merci, il dispose d'une défense étalée dans le temps, paisiblement efficace.

Fusillé par la garde franquiste aux premiers jours de la guerre civile en Espagne, Garcia Lorca avait fondé une troupe théâtrale pour laquelle il écrivait des pièces (répondant en cela aux dons de son signe). Il cherchait principalement à détruire la séparation entre les êtres, à communiquer par-dessus tout. Il vécut 37 ans.

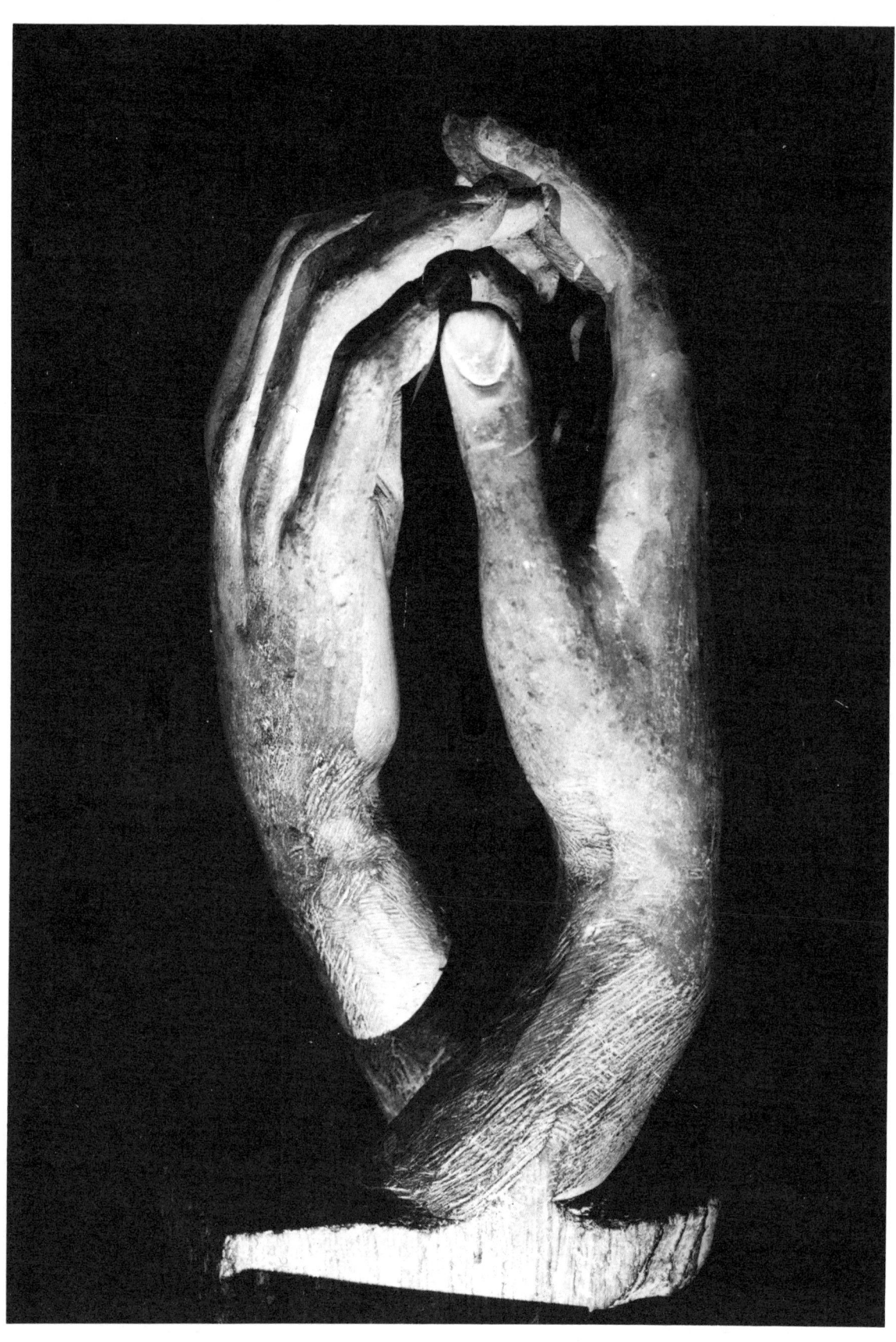

*Un des points forts du signe des Gémeaux : les mains. Ce sont elles qui écrivent, qui négocient, qui miment, qui permettent la gestuelle illusionniste et magicienne de la personnalité mercurienne. (*La Cathédrale, *de Rodin.)*

Chapitre VI

D'autres influences à découvrir

Cette mystérieuse main de Max Ernst, qui tient comme par prestidigitation, entre son index et son médium croisés, une petite boule (de bilboquet), pourrait être une parabole inventée pour le signe des Gémeaux : D'où vient la main ? A qui appartient-elle ? Comment peut-elle retenir la boule ? Autant de questions que l'on se pose face à un natif des Gémeaux.

Les Images Degrés

Le cercle est fait de 360 degrés. Chacun de ces degrés, en fonction d'une Tradition très diversifiée, semble contenir sa propre valeur symbolique, évoquer une image sur laquelle chacun aura le loisir de méditer, un peu à la façon dont on réfléchit sur l'hexagramme du I-King qu'on a interrogé.

Comment les utiliser ? Dans le thème de naissance, chaque planète occupe — ainsi que le Milieu-du-Ciel et l'Ascendant — un degré précis sur le Zodiaque. On en fera donc le relevé et on lira ensuite le texte consacré à ce degré. Les planètes n'occupant pas un degré « rond », on tiendra compte du degré précédent, ou du suivant, et on choisira celui avec lequel on entre le mieux en résonance. Ainsi une planète située à 11° 34' pourra aussi bien être associée au onzième degré qu'au douzième degré du signe.

Certains de ces degrés semblent évoquer des événements précis de la destinée, d'autres sont en rapport avec l'activité professionnelle. (Je pense au thème d'un homme dont le métier consiste, au cinéma, à régler toutes les bagarres, duels, etc. Tous les degrés de son thème désignent soit deux hommes en train de s'entr'égorger, deux hommes tirant un poignard, un homme sautant en croupe d'un cheval lancé au galop...) D'autres paraissent plus « intérieurs », désigner des étapes d'ordre essentiel plutôt qu'existentiel.

On voit aussi que, parfois, une très belle conjonction, par exemple de Vénus à Jupiter, prometteuse de beaucoup de bonheur, perd beaucoup de sa valeur si elle se trouve sur des degrés douloureux. Et inversement, un « beau » degré peut compenser une conjonction « dure ».

1er degré. C'est la distance zodiacale allant de 0 à 1 degré du signe ; elle correspond, selon les années, aux naissances du 20 ou du 21 mai.
L'image symbolique est celle donnée par Janduz dans son ouvrage : *les 360 Degrés du Zodiaque*[1], complétée s'il y a lieu par les données d'André Costesèque[2].

Deux enfants (ou deux hommes) se tenant par la main admirent deux fleurs poussant sous un bel arbre.
Il s'en dégage une idée d'amitié confiante, aidant au succès par la protection qu'elle implique. On peut espérer une vie paisible, confortable, équilibrée, où la confiance accordée et reçue sera un atout majeur.

2e degré. De 1 à 2 degrés, pour les naissances du 21 ou du 22 mai.
Un homme armé escalade un mur. Selon les variantes, il traîne deux hommes nus ou est suivi d'un policier entraînant deux prisonniers. Cet homme sera porté à jouer un rôle de militant, de meneur d'hommes. Sa vie sera une longue suite d'efforts, d'exploits même, mais il risque de ne pas atteindre le but suprême qu'il s'était assigné.

3e degré. De 2 à 3 degrés, pour les naissances du 22 ou du 23 mai.
Deux hommes, deux troubadours peut-être, auprès d'une cascade. L'un écoute son bruissement, l'autre joue de la lyre.
Ce symbole exprime une nature artistique, capable de goûter d'intenses satisfactions dans la poésie

---

1. Janduz, *les 300 Degrés du Zodiaque,* Niclaus, 1938.
2. André Costesèque, *les Correspondances symboliques des degrés du Zodiaque,* Éditions des Cahiers astrologiques.

et l'art. Il risque cependant de mener une existence décousue et bohème, mais, s'il a le goût de l'effort, il pourra réussir brillamment dans une carrière artistique. Sensible et raffiné, il sera aimé du public.

4e degré. De 3 à 4 degrés, pour les naissances du 23 ou du 24 mai.
Selon Janduz, *deux malandrins se battent, tandis qu'un troisième s'apprête à leur dérober leur butin.* Il y a désaccord avec Costesèque, qui situe cette image au cinquième degré.
Le sujet est porté à gagner de l'argent par tous les moyens, courant ainsi de grands risques. S'il est honnête, il sera néanmoins très batailleur et son agressivité l'exposera à des violences et des blessures. Des événements contrariants et soudains ne seront pas rares dans son destin.

5e degré. De 4 à 5 degrés, pour les naissances du 24 ou du 25 mai. Il correspond au quatrième degré de la liste de Costesèque.
Un haut personnage tend la main à un homme qui s'incline devant lui avec respect.
Ce degré exprime une nature pleine de dignité, d'esprit de justice, dont on reconnaît les mérites. Son mérite personnel et ses capacités justifieront une situation élevée dans les arts ou au service de l'État. Pour lui, le succès est assuré, et il en est digne.

6e degré. De 5 à 6 degrés, pour les naissances du 25 ou du 26 mai.
Une femme tenant un livre d'une main et une balance de l'autre est debout près d'un adroit jongleur.
C'est l'image même de la Justice. Elle apporte le succès dans les carrières juridiques, les assemblées, le commerce, les successions. Quant au jongleur, il représente l'agilité et favorise certains sports très géminiens : course à pied, tennis, ping-pong, pelote basque... C'est un peu le Bateleur du tarot, à l'esprit vif et mobile.

7e degré. De 6 à 7 degrés, pour les naissances du 26 ou 27 mai.
Deux jeunes filles, au bord d'un lac, où vogue un cygne.
Symbole d'une vie calme, au bonheur simple et paisible, d'une destinée sans histoires. Pour une femme, possibilité d'avoir des jumeaux. C'est l'équilibre dans un environnement agréable. L'amitié sera une source de satisfactions.

8e degré. De 7 à 8 degrés, pour les naissances du 27 ou du 28 mai.
Une femme regarde travailler son mari forgeron, mais ne voit pas que les étincelles de la forge ont provoqué l'incendie de la maison.
Ce degré correspond à la position de l'étoile fixe Aldébaran, significatrice de bravoure mais aussi d'événements violents. Le natif tend à être agressif, bagarreur, fauteur de discorde. Si Mercure se trouve à ce degré, c'est l'activité intellectuelle, l'habileté mentale qui seront sources de profit. Il advient aussi que l'infortune sera due au mauvais choix de l'époux ou de l'épouse.

9e degré. De 8 à 9 degrés, pour les naissances du 28 ou du 29 mai.
Un roi et une reine sont assis sur un trône.
En dépit de vicissitudes dans la carrière, ce degré promet une élévation certaine. Le sujet est fier, ambitieux, mais infatigable et capable de diriger. La réussite, professionnelle et familiale, vient à l'âge mûr.

10e degré. De 9 à 10 degrés, pour les naissances du 29 ou du 30 mai.
Une jeune femme donne à boire à un enfant. Plus loin, un jeune homme aide un vieillard à se relever.
Le sujet de ce degré désire s'occuper activement du sort des deshérités, des handicapés, des enfants abandonnés, des délinquants, du quart-monde. C'est une excellente position pour un médecin, un prêtre, un philanthrope.

11e degré. De 10 à 11 degrés, pour les naissances du 30 ou du 31 mai.
Un aigle plane près du nid où sont trois aiglons. En dessous, un groupe de bohémiens prend son repas.
Deux idées se dégagent : le natif appartient à un groupe, à un clan, honorable ou pas. En outre, ses préoccupations se concentrent sur son foyer, tout en aimant les déplacements. L'image de l'aigle évoque un esprit fier et dominateur. Il laisse planer une inquiétude sur le sort des enfants par suite de divorce, enlèvement, etc.

12e degré. De 11 à 12 degrés, pour les naissances du 31 mai ou du 1er juin.
Deux femmes en larmes devant un laurier brisé par le vent, duquel s'élève une jeune pousse.
La réussite sera entravée par l'action de gens malhonnêtes, peu scrupuleux, mais, devenu philosophe, le sujet pourra cependant parvenir à une réussite moyenne. Pour une femme, risque d'abandon, veuvage ou déceptions continuelles auprès d'un homme indigne.

Les Images Degrés

13ᵉ degré. De 12 à 13 degrés, pour les naissances du 1ᵉʳ ou du 2 juin.
Deux loups dévorant une carcasse, tandis que trois corbeaux attendent les restes.
Surtout si le Soleil est en douzième Maison, le sujet, par son caractère égoïste, rusé, vindicatif, par ses fréquentations et ses actes, s'exposera à la justice immanente.

14ᵉ degré. De 13 à 14 degrés, pour les naissances du 2 ou du 3 juin.
Un homme masqué, près d'un cheval mort. Près de lui, deux renards dévorent des poules.
Sous le masque de la vertu, le natif multiplie les ruses et les malversations. Au mieux, c'est un ambitieux solitaire cherchant à guider et à conduire les autres, car il croit avoir en lui la réponse à tous les problèmes et ne manque pas d'inspirer confiance.

15ᵉ degré. De 14 à 15 degrés, pour les naissances du 3 ou du 4 juin.
Un homme s'efforce de casser une grosse pierre avec un petit marteau. Près de lui, un pont ne menant à rien est bâti sur la rive d'un fleuve.
Ce degré fait craindre un manque total de sens pratique, des efforts dépensés en pure perte, et l'existence peut être manquée par suite de conceptions fausses ou inapplicables.

16ᵉ degré. De 15 à 16 degrés, pour les naissances du 4 ou du 5 juin.
Une femme portant un fagot cherche quelque chose à terre. Elle est suivie par un homme à deux têtes, chacune d'une expression différente.
Le temps est perdu en projets contradictoires, le manque d'ordre dans les idées nuit au sujet, qui peut être un savant utopique et maladroit. La réussite est difficile, mais non pas impossible.

17ᵉ degré. De 16 à 17 degrés, pour les naissances du 5 ou du 6 juin.
Un homme sans mains essaie d'atteindre des objets divers et attrayants. Une cruche cassée est à ses pieds.
Au pire, cette image évoque des accidents causant mutilations, perte de capacité. Au mieux, le sujet désole les siens par son inactivité, ses idées irréalisables, ses travaux inutiles.

18ᵉ degré. De 17 à 18 degrés, pour les naissances du 6 ou du 7 juin.
Un renard lutte de vitesse avec une flèche.
Le sujet s'épuise en agitation inutile, changeant sans cesse de but, d'objectif, de projet. Négligeant le simple bon sens, son esprit adroit l'égare et égare aussi ceux qu'il entraîne avec lui.

19ᵉ degré. De 18 à 19 degrés, pour les naissances du 7 ou du 8 juin.
Un couple ruiné quitte à regret une belle propriété.
Ce degré peu encourageant fait redouter une chute de situation, ou du moins une diminution sérieuse des ressources. Pour une femme, ce risque peut se doubler d'un abandon sentimental qui lui fera regretter son passé.

20ᵉ degré. De 19 à 20 degrés, pour les naissances du 8 ou du 9 juin.
Deux hommes bien vêtus conduisent par la main leurs chevaux, dont l'un est blanc, l'autre sombre. Trois serpents s'enfuient sur le côté du chemin.
Le cheval blanc évoque la possibilité de pouvoirs dans le domaine spirituel. Mais l'autre signifie les dangers que de telles recherches peuvent impliquer. Son conducteur met en garde contre des relations dangereuses. Enfin, les trois serpents évoquent un déshonneur possible. Si le sujet est prudent et avisé, il triomphera d'inimitiés secrètes. Succès par amitiés et relations.

21ᵉ degré. De 20 à 21 degrés, pour les naissances du 9 ou du 10 juin.
Un jeune cavalier tend un récipient à un autre jeune homme qui lui lance des pièces de monnaie.
Ce degré apporte de l'insouciance, le goût des divertissements surtout sportifs, mais ne contrarie pas la réussite. Il pousse à la fantaisie et au gaspillage.

22ᵉ degré. De 21 à 22 degrés, pour les naissances du 10 ou du 11 juin.
Une jeune femme étendue au pied d'un arbre nourrit des oiseaux qui l'entourent.
Ce degré d'harmonie accorde l'intelligence, le sens artistique, la bienveillance, la chance par une union heureuse. Cependant, on craindra les troubles de la vue.

23ᵉ degré. De 22 à 23 degrés, pour les naissances du 11 ou du 12 juin.
Un vieillard marchant difficilement passe près d'un vieux chêne sans feuillage.
La première partie de la vie pourrait être plus brillante que la seconde, qui sera marquée par des épreuves et des déceptions. Le sujet devra se prémunir assez tôt en vue d'une fin de vie dans l'isolement et les restrictions.

24ᵉ degré. De 23 à 24 degrés, pour les naissances du 12 ou du 13 juin.
Deux femmes bavardent entre elles dans un jardin. Elles sont entourées de nombreux moineaux.
Le sujet tend à se disperser en conversations oiseuses bien qu'agréables. Ses relations seront nombreuses, mais superficielles, à caractère mondain. D'une nature honnête et plaisante, il oublie

trop les affaires sérieuses et son imprévoyance risque de lui causer un jour de sérieux déboires.

25e degré. De 24 à 25 degrés, pour les naissances du 13 ou du 14 juin.

Dans sa bibliothèque, un homme âgé lit un vieil ouvrage.

Ce symbole facile découvre une nature intelligente, passionnée par l'étude et la recherche, pour qui la vie intérieure prédomine. Souvent, le sujet répandra autour de lui les connaissances qu'il aura acquises.

26e degré. De 25 à 26 degrés, pour les naissances du 14 ou du 15 juin.

Sur un marché en plein air, ménagères et marchandes se querellent, tandis que des chiens se mordent et que deux hommes sont prêts à en venir aux mains.

Le besoin de contester marque les natifs de ce degré, qui sont incapables de discuter calmement. Prompts à la chicane, ils manquent de ce qu'on appelait l'urbanité. Leur défaut les exposera à de nombreux dangers, dus parfois à des animaux.

27e degré. De 26 à 27 degrés, pour les naissances du 15 ou du 16 juin.

Un jeune couple, assis près de la mer, dont chacun se tourne le dos et pleure.

Symbole facile, exprimant pour les deux sexes de grandes déceptions dues au sexe opposé. De caractère doux et confiant, l'homme manque de dynamisme et se laisse berner. La femme paie cher le mauvais choix de l'époux, risquant de finir sa vie dans la solitude.

28e degré. De 27 à 28 degrés, pour les naissances du 16 ou du 17 juin.

Un paysan sème son grain à l'ancienne dans un sol bien préparé.

Le sujet sera heureux s'il mène la vie d'un agriculteur. Sur un autre plan, celui de l'intelligence, le sujet mettra en valeur ses connaissances et parviendra à la réussite. La vie familiale, en général, donnera bien des satisfactions ainsi que les amitiés.

29e degré. De 28 à 29 degrés, pour les naissances du 17 ou du 18 juin.

Sous un ciel bas et lourd, un vol de corbeaux, puis trois chiens qui s'enfuient chacun de son côté.

Par manque d'esprit de suite, impréparation ou comportement hésitant, le sujet n'aboutit à rien et ne sait pas tirer parti de ses chances ; assailli par le doute, il devient pessimiste.

30e degré. De 29 à 30 degrés, pour les naissances du 18 ou du 19 juin.

Deux hommes, dont l'un est armé, marchent en s'épiant discrètement ; derrière eux, un mouton suivi doucement par un loup.

On se méfiera de faux amis ou collègues, même en politique, d'intrigants apparemment dévoués, on leur préférera la solitude. Il arrive parfois que le sujet lui-même tende à se conduire de la sorte !

Le thème du double, vu par Giotto. Les deux personnages qui structurent le Gémeaux-type ressembleraient, si on pouvait leur donner un visage, à ces deux profils : l'un montre de la douceur bienveillante et tolérante, l'autre de la dureté, un esprit calculateur et froid.

Raymond Radiguet, dont le talent neuf et précoce émerveilla sa génération, traversa la gloire comme une météorite. Le Diable au corps *et le Bal du Comte d'Orgel,* romans brefs d'une ineffable poésie, sont devenus de grands classiques du romantisme moderne.

Les Étoiles Fixes

Qu'est-ce qu'une étoile fixe, et pourquoi cette désignation, alors qu'on sait que tout dans le cosmos est mobile et en perpétuelle évolution ?

En réalité, ces étoiles sont dites fixes parce qu'en raison de leur très grand éloignement de la Terre — elles sont hors du système solaire — leur déplacement dans le ciel nous semble inexistant. Elles sont rassemblées en groupes de dimensions très variables, qui sont les constellations. Dès la plus haute Antiquité, le dénombrement de ces étoiles, tout au moins des plus importantes, fut entrepris, et le premier catalogue remonte à 250 avant notre ère. Longtemps avant cette date, les Babyloniens les avaient réparties en douze groupes. On a conservé les noms que la mythologie grecque leur avait attribués. Il n'est pas dans notre propos d'expliquer ici les raisons astronomiques du décalage qui s'est produit peu à peu entre les constellations, de dimensions inégales, et les douze divisions égales du cercle zodiacal, appelées signes zodiacaux. C'est le phénomène de la précession des équinoxes, qui exigerait des développements techniques ; il est à l'origine des discussions sur les douze ères cosmiques, dont la prochaine, celle du Verseau, suscite d'interminables discussions.

Dans chacune des douze constellations, émergent quelques étoiles dont les noms sont bien connus, telles Antarès, Spica, Sirius, Véga, etc. Au fil des âges, les astrologues ont établi des rapports analogiques entre certaines de ces étoiles et les planètes du système solaire. Ils ont affirmé que ces étoiles avaient une influence sur certains types d'événements mondiaux, surtout de caractère violent. Leur rôle dans les thèmes individuels concernerait surtout les sujets dont l'existence serait en rapport étroit avec des événements d'ordre mondial.

De ces myriades d'étoiles de toutes grandeurs, environ soixante-quinze ont été sélectionnées par les anciens astrologues comme étant susceptibles d'exercer une influence sur les humains. Dans la pratique astrologique, on ne tient compte que de celles qui se trouvent en conjonction avec l'Ascendant, le Milieu-du-Ciel, le Soleil, la Lune, les planètes. On n'accordera qu'une orbe étroite à ces conjonctions. En principe, on ne devrait pas excéder 1 degré. Les aspects qu'elles forment par carré ou opposition ne sont pas à négliger, mais semblent néanmoins moins puissants.

Seules les étoiles fixes entrant dans la zone attribuée au signe des Gémeaux seront étudiées ici. Un certain nombre d'indications signifiantes sont empruntées à l'ouvrage publié par les astrologues allemands Reinhold Ebertin et Hausmann [1].

Prima Hvadum, de 4 à 6 degrés Gémeaux, concerne les naissances du 25 au 27 mai, pour ses rapports avec le Soleil natal. Tempérament excitable, pulsions puissantes, volonté de puissance, mais avec risques de chute. Cette influence plus ou moins positive se constate dans les thèmes de Mesmer le magnétiseur, Emerson, la reine Victoria, Tito.

Aldebaran, 9 degrés Gémeaux, première grandeur, étoile royale de nature martienne. Accorde une grande énergie. Nature très nerveuse, alternance d'indulgence et de rigueur, accorde le succès mais suscite de dangereux ennemis. Cas types : Oswald Spengler, Mussolini, Mozart, Machiavel, Rudolf Steiner. Vénus conjointe à Aldebaran peut donner des anomalies sexuelles (naissances du 29 mai au 1er juin).

---

1. Reinhold Ebertin et Hausmann, *Die Bedeutung der Fixsterne,* Aalen, R.F.A., éd. Ebertin, 1969.

Rigel, 16 degrés Gémeaux, naissances des 6, 7 et 8 juin. Également de 1re grandeur, influence mixte de Mars et Jupiter, accorde érudition, esprit vif et inventif, activité. Peut apporter le succès même en dissonance. Erreurs par imprévoyance. Exemples : Thomas Mann, E.M. Remarque, Max Heindel, Rudolf Valentino, Washington, Franco, J.F. Kennedy, comte Zeppelin, Ernst Jünger.

Bellatrix, 20 degrés Gémeaux, naissances des 9, 10 ou 11 juin. De caractère belliqueux, nature Mercure-Mars, décisions et réalisations rapides, dons d'organisation, succès. Parfois blessures ou accidents aux yeux. On relève l'influence de cette étoile de seconde grandeur chez Thérèse Neumann, Marlène Dietrich, Rockefeller, Philip d'Edimbourg, Bernard Shaw.

Capella, Phakt, situées à 21 degrés Gémeaux, de nature Mercure-Mars et Mercure-Vénus, favorisent l'esprit de découverte et la curiosité, surtout avec Lune, Mercure et l'Ascendant. (Heisenberg, Jaspers, Newton, Richard Strauss). Mais quatre autres étoiles de moindre importance situées à la même longitude envoient un influx moins positif, qui peut beaucoup compliquer les naissances des 12 et 13 juin. Leur intégration exige discipline et vigilance. Cela complique les thèmes de Anthony Eden, Leopold Stokowski, R. Valentino, Emerson, l'astronome Halley.

L'Étoile polaire, 27 à 28 degrés des Gémeaux, naissances des 18 et 19 juin. De nature Saturne-Soleil-Vénus. Au même degré se trouve *Bételgeuse,* de couleur rouge, de nature Mars-Jupiter. Il est difficile de départager leurs influences, en raison de leur proximité en longitude. On cite W. von Braun, Sikorsky, Dickens, Soekarno.

Il est à noter que les étoiles fixes tombant dans le secteur des Gémeaux peuvent influencer des individus non Gémeaux, dont le thème renferme l'Ascendant, le Milieu-du-Ciel ou une planète à l'un des degrés indiqués.

L'utilisation des étoiles fixes est plutôt restreinte dans l'étude des thèmes individuels. Elle trouve davantage d'applications dans les études d'astrologie mondiale.

Philippe II, roi d'Espagne par le Titien. Proportions longilignes, visage à l'étage frontal développé qui s'amenuise vers le menton, expression moqueuse : autant de caractéristiques qui signent son appartenance — physique, en tout cas — aux Gémeaux.

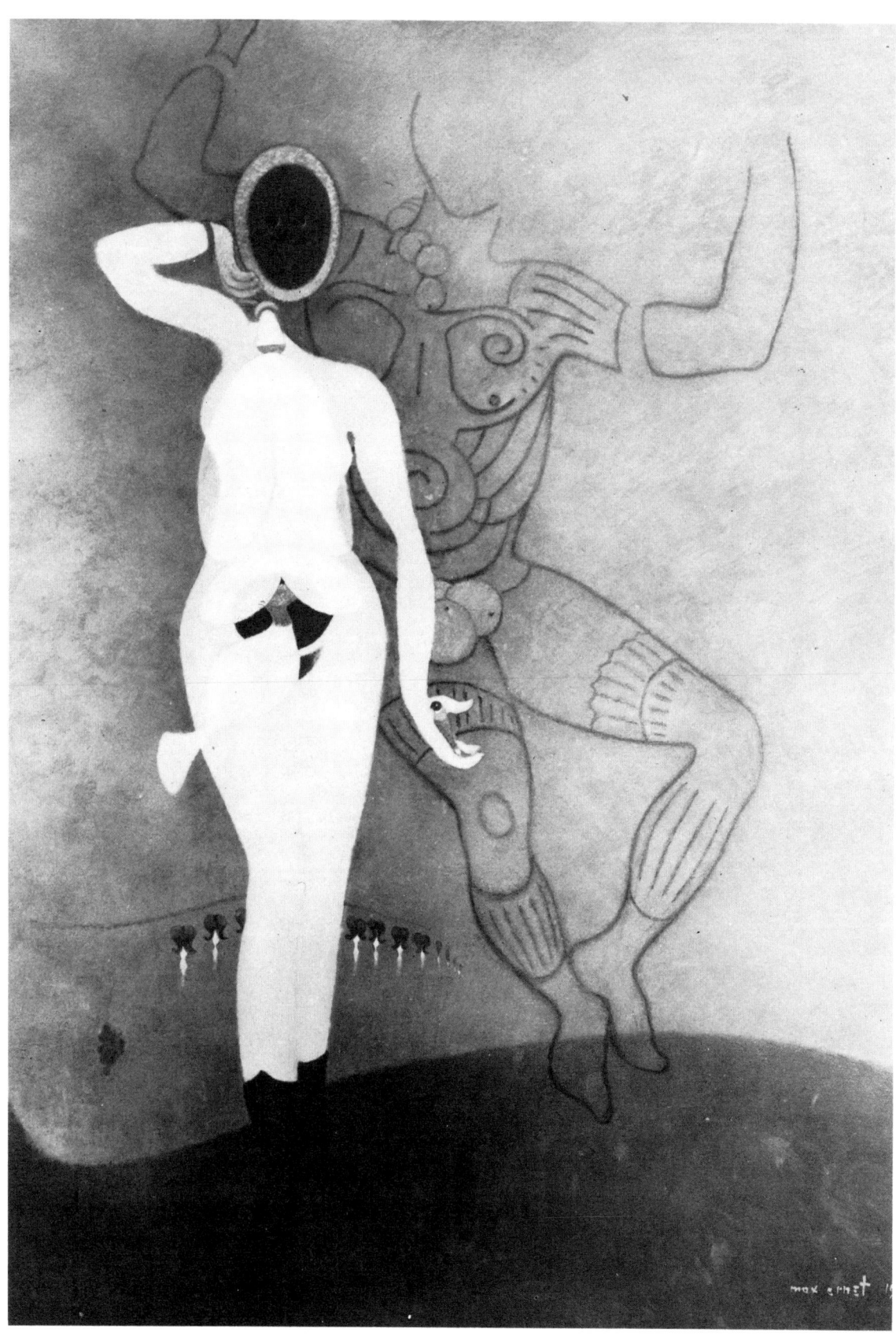

La Lune noire en Gémeaux suggère une difficulté, un empêchement dans la communication avec autrui, par la parole ou par le geste. Cette peinture de Max Ernst, au visage occulté, illustre à merveille l'impression que donne une personne marquée par cet aspect.

La Lune Noire

Ce nom étrange évoque de mystérieux rites nocturnes proches de la sorcellerie. En fait, il s'agit simplement d'un facteur cosmographique, qui n'a rien de matériel : c'est le foyer vide de l'orbite elliptique que la Lune parcourt autour de notre Terre.

Les astrologues très classiques refusent de la prendre en considération, du fait de sa non-existence matérielle. D'autres, en revanche, lui accordent la plus grande importance en tant que symbole permettant de comprendre bien des secrets de notre vie affective et sexuelle. Il serait facile de répondre aux premiers que ni l'Ascendant ni les onze autres Maisons n'ont d'existence matérielle, au contraire des planètes. Les signes eux-mêmes ne sont après tout que des sortes de champs magnétiques, des zones d'influence à la réalité encore mal définie. Dans ces conditions, pourquoi se refuser systématiquement à l'étude de la Lune Noire ?

Celle-ci, que l'on nomme également Lilith, se pare du reflet légendaire de ce nom, celui de la première compagne d'Adam. C'était, dit-on, une créature perverse qui devint si odieuse que Jéhovah la chassa, et lui substitua notre mère Ève, extirpée directement des côtes d'Adam.

Avec une pareille hérédité, la Lune Noire pourrait-elle être autre chose qu'un élément de perturbation dans notre psyché ? Nous dirons simplement qu'elle rend difficile la communication entre les êtres, qu'elle représente l'aspiration à l'inaccessible, le désir provocant qui se refuse et interdit tout accomplissement dans la normalité des choses. En aspect dissonant avec la Lune, elle crée des problèmes avec l'image de la mère : mère refusante ou refusée et surtout mère castratrice. En somme, c'est un facteur d'ascèse et d'initiation qui complique beaucoup la vie affective, mais elle peut créer chez les poètes et les artistes des situations insoutenables qui les aident à se dépasser dans la douleur, par leurs œuvres.

Si l'on examine le thème de Gérard de Nerval, qui consuma sa vie à la recherche de la mère inconnue et cependant toujours présente en lui, on aura une idée des complications que son rôle peut entraîner dans l'étude d'une personne et de son thème. C'est pourquoi, en dépit des hésitations que l'on peut éprouver dans son interprétation, j'estime qu'elle constitue un facteur essentiel que l'on doit toujours placer dans une carte du ciel, en fonction de la date de naissance.

Lune Noire en Gémeaux

La plus belle illustration se trouve dans le thème de Paul Valéry, où elle est fichée sur l'Ascendant et en aspect à presque toutes les planètes du thème.

A cet égard, elle est l'image du double androgyne, *animus* et *anima*, Narcisse et la Jeune Parque, qui se fascine lui-même.

Dans les Gémeaux, il y a forcément un inceste ou une androgynie. La Lune Noire représente l'inceste perpétuel avec le propre frère ou la propre sœur que le Gémeaux porte en lui. Homosexualité, soit avec lui-même (homme objet), soit avec l'autre : c'est un rapport avec son double immortel ou mortel.

Un des deux est nécessairement condamné à mort.

Couverture : Alain Meylan
Iconographie : Betty Jais
Maquette : Michel Cravan

Origine des illustrations

Agence France-Presse : 74, 138 (b. g. ; b. d.). — Anderson/Giraudon : 283. — Apesteguy/Gamma : 41, 131, 146. — Archives de l'éditeur : 145 (h.). — Barbey/Magnum : 138 (h. g.). — Berrety/Rapho : 60. — Brogi/Giraudon : 18. — Bulloz : 10, 16, 20, 22, 23, 24, 26, 29, 150, 192, 197, 198, 204, 210, 248, 276, 287. — Cartier-Bresson/Magnum : 42. — Charlon/Gamma : 52, 138 (h. d.). — Jean-Loup Charmet : 32, 86, 88, 135, 139, 143, 144, 148. — Éd. Casterman : 67. — Jean-Pierre Duriez/Éd. Mercure de France : 133. — Fontanel/Gamma : 134. — Éd. Gallimard : 132. — Gamma : 82. — Geretsen/Gamma : 126. — Giraudon : 21, 27, 30, 284. — Glinn/Magnum : 55. — Interpress : 56, 64, 142. — I.P.S. : 141 (b.). — Keystone : 72. — Lauros-Giraudon : 278, 288. — Lipnitzki/Viollet : 140. — Lochon/Gamma : 145 (b.). — Moore/Gamma : 130. — Pietri/Rapho : 34. — J.-L. Rancurel : 141 (h.). — Roger-Viollet : 78, 97, 275. — Jean Ségalat : 68. — © ADAGP : 197. — © SPADEM : 10, 192, 276, 278, 284, 288.

Cet ouvrage
a été achevé d'imprimer
en janvier 1991
sur les presses de l'imprimerie
Hérissey à Évreux
pour le compte des
Éditions Sand
6, rue du Mail, 75002 Paris

N° d'éditeur : 760
N° d'imprimeur : 53329
Dépôt légal : 1er trimestre 1991
ISBN 2-7107-0341-6
Imprimé en France